国家出版基金项目
NATIONAL PUBLICATION FOUNDATION

“十三五”国家重点出版物出版规划项目

20世纪中期云南少数民族社会历史调查实录

第十卷

民族人口·民族识别

主　编◎申　旭
副主编◎肖依群

云南人民出版社

图书在版编目（CIP）数据

20世纪中期云南少数民族社会历史调查实录. 第十卷, 民族人口·民族识别 / 申旭主编 ; 肖依群副主编. -- 昆明 : 云南人民出版社, 2023.4

ISBN 978-7-222-21686-0

Ⅰ. ①2… Ⅱ. ①申… ②肖… Ⅲ. ①少数民族—民族历史—社会调查—云南—20世纪 Ⅳ. ①K280.74

中国国家版本馆CIP数据核字(2023)第017129号

责任编辑　郭木玉　溥　思
特约编辑　周元晖
助理编辑　巫孟连
装帧设计　石　斌
责任校对　文永清　明　珍
　　　　　费　珺　李　红
　　　　　董郎文清　白　帅
责任印制　代隆参

20世纪中期云南少数民族社会历史调查实录

第十卷
民族人口·民族识别

主　编◎申　旭
副主编◎肖依群

出　版　云南人民出版社
发　行　云南人民出版社
社　址　昆明市环城西路609号
邮　编　650034
网　址　www.ynpph.com.cn
E-mail　ynrms@sina.com
开　本　787mm × 1092mm　1/16
印　张　41.75
字　数　970千
版　次　2023年4月第1版第1次印刷
印　刷　昆明瑆煋印务有限公司
书　号　ISBN 978-7-222-21686-0
定　价　500.00元

云南人民出版社微信公众号

写在前面

一

2019年1月，我在5卷本《秘境——云南民族濒危影像记忆》的开篇“写在前面”中写道：

编成本套图书前后历经10个月，而搜集、梳理和研究云南民族影像资料，则自我来云南工作以后直到退休，花费了整整30年的时间。

在2016年出版的《云南民族调查史料钩沉（1950—1965）》开篇“前言”中，我曾写下这样一段话：出版本书最主要的目的，就是将我们20多年来搜集到的云南民族调查史料的相关内容和目录公之于世。这些史料绝大部分至今尚未公开出版，也很少为有关部门和专业研究人员所使用，很多人甚至不知道其存在。而这些珍贵的云南民族调查史料，正是中华人民共和国建立初期党的民族政策在西南边陲得以良好贯彻执行的确切依据，也是部分民族政策基于民族调查而制定的最好见证。如果要总结新中国民族工作的“云南现象”和“云南经验”，了解云南民族团结进步、边疆繁荣稳定的历史发展轨迹，这些史料则是其中最早和最重要的组成部分。

编纂《秘境——云南民族濒危影像记忆》丛书，我们有着同样的初衷。“为了明天而收集昨天”，则是我们的终极目的。

2020年1月，《20世纪中期云南少数民族社会历史调查实录》（后文简称《实录》）的选编工作正式启动。

我们对于20世纪中期云南少数民族文献史料和影像资料的搜集是同步进行的，因而编纂《实录》和编纂《秘境——云南民族濒危影像记忆》一样，有着同样的初衷和终极目的，两套图书同为“历史记忆”，一为文字，一为图片，相互观照，彼此成就。5卷本《秘境——云南民族濒危影像记忆》于两年前编定，即将面世，而《实录》的编辑和出版事宜肇始于2012年，至今已8年有余。其间不断大费周折与各方机构、多个部门商谈切磋，多次按照要求提交情况说明、申请报告、策划方案、出版计划、经费预算；曾接到过项目已获批准的通知，也见到了权威机构的立项文件，但结果都无从言说，令人身心俱疲、感喟不已。2015年，我在《云南民族调查史料钩沉（1950—1965）》（云南人民出版社2016年版）一书的"前言"中写道：

2004年，我们策划并出版了《见证历史的巨变——云南少数民族社会发展纪实》一书，全书分为4卷，即社会发展卷、生产劳作卷、生活习俗卷和文化艺术卷，书中提供了1480幅珍贵的历史照片，是我们搜集、整理云南民族调查资料的阶段性成果。之后在继续查找、搜集和购买各种云南民族调查资料的同时，我们在极为困难的条件下，阅读了全部能够找得到和看得到的云南民族调查资料，并开始着手辨识和系统分类整理工作，计划将其部分陆续公开出版。由于经费等多方面的原因，这项工作至今仍在进行之中，因而先将云南民族调查资料的主要情况和一万多份史料的目录编成《云南民族调查史料钩沉（1950—1965）》一书，抛砖引玉，希冀有更多的人来关注和研究新中国建立初期云南各民族的发展历程，也期望有更多的人去抢救和保护云南民族调查资料，少存遗憾，给后人留下一笔不可多得的精神财富。

来到"十三五"收官之年，《实录》史料的辨识、分类、整理、选编和出版进程步入快速前行的轨道。

二

20世纪中期云南少数民族社会历史调查资料，主要包括以下几个方面的内容：

1. 民国时期的调查资料；
2. 中共云南省委边疆工作委员会的调查资料；
3. 云南省民族事务委员会的调查资料；
4. 云南省民族工作队的调查资料；
5. 中央民族访问团西南民族访问团第二分团的访问调查资料；
6. 云南民族识别研究组的调查资料；
7. 云南民族语言调查组的调查资料；

8. 全国少数民族社会历史调查中的云南民族调查资料；

9. 为贯彻执行民族政策，配合中央、云南省有关方面的各项工作，云南省各专区、自治区（州）、县、市、区、乡以各种组织形式进行的调查资料。

《实录》中民国时期的调查资料收录较少，范围也不甚广，目的仅在于使阅读者和使用者对1950年前后阶段云南少数民族的基本情况和发展进程有一个连续性的概念，不致截然割裂开来，重点仍聚焦于1950年云南解放以后各方面所发生的重大变革，并以1956—1964年的调查资料最为集中。因1956年开始的全国少数民族社会历史调查，包括云南在内的大部分地区在1965年时已基本结束，《民族问题三种丛书》的编写工作又因"文化大革命"的来临而陷于停顿状态，《实录》内容的时间下限也就确定在1966年"文化大革命"开始以前。

提起"云南民族调查"，人们首先想到的就是始于1956年的全国少数民族社会历史调查，即人们通常所说的"全国民族大调查"。实际上，早在1941年8月，中国共产党就做出了《中共中央关于调查研究的决定》，对中国社会各阶层进行调查研究。在1956年全国少数民族社会历史调查开始之前，中央人民政府先后派出了中央民族访问团西南民族访问团第二分团、云南民族识别研究组和云南民族语言调查组前往云南进行各项访问调查，中共云南省委边疆工作委员会、云南省民族事务委员会、云南省民族工作队等也对云南省解放初期各方面的情况做了大量的调查研究工作，为云南省少数民族身份和种类的最终确认、云南边疆民族地区社会经济的发展和中央民族政策的制定、贯彻执行奠定了坚实的基础。

从1956年开始，中国历史上第一次有组织、有计划进行的全国少数民族社会历史状况科学调查，系由毛泽东倡议、彭真负责。当时明确了调查工作由全国人民代表大会民族委员会主持，成立了由全国人民代表大会民族委员会主任委员刘格平、中央民族事务委员会副主任刘春和中央民族学院副院长费孝通组成的调查领导小组，在全国人民代表大会民族委员会成立了调查办公室。1956年4月，全国人民代表大会民族委员会制订了民族调查规划，拟定筹建云南、贵州、广西、西藏等地区少数民族社会历史调查组，计划在4—7年内基本弄清楚各主要少数民族的社会经济结构和阶级情况。当年就组织了云南、四川等地8个调查组，抽调了民族学家、社会学家、历史学家、经济学家以及社会科学研究人员、民族工作干部、大专院校师生参加。对云南各民族的调查，至"文化大革命"以前基本结束。据不完全统计，20世纪50—60年代云南民族调查资料初步整理出万余种，总字数在1亿字以上；整理档案资料和文献摘录数百种，计2000多万字；录制少数民族社会历史科学纪录片7部，拍摄各民族照片数万幅，还搜集了一批少数民族历史文物。

中国少数民族社会历史调查及其资料的整理、出版时间前后长达数十年之久。这是新中国成立以来唯一的一次大范围、全方位的少数民族调查，丰富的材料比较详细、忠实地记录下了各民族历史和现状，是非常可贵的第一手材料，为我国少数民族身份、种类的识别和确认提供了科学依据，培养了新中国第一批民族学家和人类学家，为中国少数民族的社会发展和新中国民族学、人类学的奠基与成长发挥了举足轻重的作用。就最终确定少数民族种类最多的云南省而言，民族识别和调查做得最好，民族工作尤为仔细和认真，民族政策的贯彻和落实最到位，调查资料数量及保留较多，内容也极为丰富，因而显得尤为弥足珍贵。

《实录》所说的"云南少数民族调查资料"即指上述各项调查的文献、提纲、记录、报告、总结、信件、照片、纪录片文本、研究成果、纸质文物等各类历史资料，以及20世纪50—60年代铅印的云南民族调查资料。

20世纪50—60年代，全国人民代表大会民族委员会云南少数民族社会历史调查组、中国科学院民族研究所云南民族调查组和云南省少数民族社会历史研究所等部门和研究机构编辑铅印的调查资料，由于封面一律为白色，故又被称为"白皮书"。

云南民族调查资料白皮书总共印刷了多少种，目前尚不得而知。到目前为止，我们收藏到58种，涉及云南25个世居少数民族中的14个，即彝族、哈尼族、白族、傣族、傈僳族、拉祜族、佤族、纳西族、景颇族、布朗族、阿昌族、怒族、德昂族、独龙族等。其他11个少数民族没有涉及，原因和可能性有3点。

1. 当时进行的少数民族社会历史调查主要是为撰写各少数民族简史、简志提供资料，具体分工的方法是：一个民族若同时分布在若干省区，则由分布该民族人数最多的省区负责撰写，其他省区负责该民族的社会历史调查，并把调查资料提供给承担撰写任务的省区。云南配合贵州、广西等省区撰写任务而进行调查的少数民族共有8个，即蒙古族、回族、藏族、苗族、壮族、布依族、瑶族、水族等。

2. 普米族、基诺族和满族3个民族被识别和确定为单一民族的时间较晚。普米族于1961年被确定为单一民族，而基诺族直到1979年才被确定为单一民族。当时普米族和满族两个民族的调查资料已经初步整理，但未被列入白皮书，而基诺族尚被称为攸乐人，其调查资料则被列入彝族的内容范畴。

3. 某些民族的调查资料，也许已经收入白皮书，只是我们尚未见到。

通过阅读白皮书，并将其与云南民族调查资料手稿及后来公开出版的国家民委

《民族问题五种丛书》之《中国少数民族社会历史调查资料丛刊》中的云南部分进行对照，简而言之，白皮书的价值主要体现在以下4个方面。

第一，《中国少数民族社会历史调查资料丛刊》没有全部收录白皮书的内容。仅举一例如下。

中国科学院民族研究所云南省少数民族社会历史调查组、云南省少数民族社会历史研究所办公室在《四川及云南昭通地区彝族社会历史调查资料》（彝族调查资料之二，1963年5月10日）白皮书的“说明”中写道：

因为编写《彝族简史》的需要，中国科学院民族研究所云南省少数民族社会历史调查组与云南省少数民族社会历史研究所于1960年2月至5月，至四川凉山彝族自治州和西昌地区以及羌族地区进行了调查。此次调查中，以云南大学历史系方国瑜教授为首的20多位师生，也作为调查组的成员参加了工作。本资料就是以此次调查的一部分专题材料为主，包括云南昭通地区毗连四川凉山的有关部分调查而成的。

《四川及云南昭通地区彝族社会历史调查资料》白皮书共收录四川、云南有关彝族的调查16篇。20世纪80年代，在出版国家民委《民族问题五种丛书》之《中国少数民族社会历史调查资料丛刊》时，云南省编辑组编辑了一本《四川广西云南彝族社会历史调查》（云南人民出版社1987年版），但未收录任何一篇该白皮书中的调查资料。

第二，云南民族调查资料白皮书主要来自当年的调查手稿，但现今部分手稿已不存在或很难寻觅，白皮书就成为当时调查最真实的记录。

截至目前，我们已粗读过1万多份尚未系统整理和公开出版的云南民族调查资料，大多为复写本、刻印本、油印本和抄本，表明这些资料并非孤本，其中部分曾经内部印刷，部分已经编入白皮书或《中国少数民族社会历史调查资料丛刊》。例如，《思茅　玉溪　红河傣族社会历史调查》编者指出：

本集共收集孟连傣族历史文献译文、社会调查资料及景谷、元江、新平、金平、红河各县调查材料共十七篇，其中八篇曾由中国科学院民族研究所云南民族调查组、云南省民族研究所以内部资料形式铅印过。[1]

---

① 云南省编辑组编：《思茅 玉溪 红河傣族社会历史调查·后记》，国家民委民族问题五种丛书之一《中国少数民族社会历史调查资料丛刊》，云南人民出版社1985年版。

《傣族社会历史调查》（西双版纳之十）编者指出，该集收入的资料中，“《勐海县勐混区曼蚌乡傣族农村公社和家族组织调查》一文，曾见于云南省历史研究所的内刊”①。《傣族社会历史调查》（西双版纳之三）编者指出：

本集收入的译稿，都是1954年至1955年间收集的有关西双版纳宣慰使司和各勐的史料，大部分在五十年代作内部资料刊印过。《傣族宣慰使司地方志》，是傅懋勣教授和刀忠强同志在1953年翻译的，我们根据中共西双版纳州委档案科和省历史研究所的复写本和油印本，选用了其中几节。《防火的通告》《宣慰使侍卫轮流执勤牌》等五篇，均选自省历史研究所的手抄稿，没有译者署名，只在卷内目录“调查写作年月”栏中注明“1954年”。这些稿件均请当年西双版纳傣族社会联合调查组翻译小组主持工作的刀国栋同志过目，认定确系这个小组的翻译稿。②

《傣族社会历史调查》（西双版纳之六）编者指出：

本集共收入十二篇调查资料，其中《勐遮傣族社会经济情况调查》和《勐遮傣族农民内部的封建等级调查》两篇，在六十年代初期作为内部资料铅印过。其余各篇原件，除了《版纳勐遮景真傣族社会历史情况调查》存中共西双版纳傣族自治州州委档案室外，均存省历史研究所。③

《傣族社会历史调查》（西双版纳之七）编者指出：

本集收入了景糯、勐很、勐旺、景董以及象明的调查资料共十四篇。收入的这些资料原件，除《景糯傣族社会经济情况调查》《勐旺傣族社会经济调查补充材料》《勐旺曼练景寨调查》《勐旺曼扫寨调查》存中共西双版纳傣族自治州州委档案科外，其他各

① 云南省编辑组编：《傣族社会历史调查（西双版纳之十）·后记》，国家民委民族问题五种丛书之一《中国少数民族社会历史调查资料丛刊》，云南民族出版社1987年版。
②《民族问题五种丛书》云南省编辑委员会编：《傣族社会历史调查（西双版纳之三）·后记》，《中国少数民族社会历史调查资料丛刊》，云南民族出版社1983年版。
③《民族问题五种丛书》云南省编辑委员会编：《傣族社会历史调查（西双版纳之六）·后记》，《中国少数民族社会历史调查资料丛刊》，云南民族出版社1984年版。

件均存省历史研究所。[①]

《傣族社会历史调查》（西双版纳之八）编者指出：

> 本集收入勐罕、勐笼、勐养和勐景哈、勐宽等五个勐的调查资料十二篇。……除上述外，其余各篇五十年代的油印本，原件存省历史研究所。[②]

仅仅要弄清楚这些原件现今是否还存世，其中哪些作为内部资料刊印过、哪些曾收入云南民族调查资料白皮书、哪些已收入《中国少数民族社会历史调查资料丛刊》、都进行了哪些删节和修改等，都不是一件简单容易的事情。

第三，《中国少数民族社会历史调查资料丛刊》遗漏了太多白皮书原有的信息。

白皮书大多有“前言”或“编后记”，如1958年2月13日全国人民代表大会民族委员会云南民族调查组、云南民族研究所《1956年12月至1957年6月云南西盟卡瓦族社会经济调查总结报告·卡瓦族调查材料之一》（全国人民代表大会民族委员会办公室编，1958年3月）白皮书的“编辑前言”：

> 自1956年12月至1957年6月，我组、所3个田野调查组分别调查了德宏州南部景颇族6个点，西盟县卡瓦族6个点，碧江县傈僳族2个点，贡山县四区独龙族3个点，碧江、福贡、贡山三县怒族3个点。在过去调查的基础上，进一步调查研究了这五族地区的生产力、生产关系、阶级分化、政治及家族制度、意识形态及生活习惯和社会主义改造中的问题。但我组、所初创之际，全部干部都是生手，受过资产阶级社会学、民族学一定的影响，几次批判又软弱无力；尤其对马列主义学习不深，不善于正确地进行阶级分析，特别是对过渡时期两条道路斗争的认识不明确，因此五族调查材料在目前社会主义改造与生产大跃进两个高潮中不能够全部说明问题，就是阶级分化与社会主义改造中的矛盾问题，组、所内干部意见也不一致，尚不能得出准确结论。
>
> 上述五族调查，原始材料164万字，景颇族社会、经济、政治、意识形态及历史的专题材料38万字，五族各点的综合材料50万字，卡瓦与景颇两族的综合材料51万字，

---

① 云南省编辑组编：《傣族社会历史调查（西双版纳之七）·后记》，国家民委民族问题五种丛书之一《中国少数民族社会历史调查资料丛刊》，云南民族出版社1985年版。

② 云南省编辑组编：《傣族社会历史调查（西双版纳之八）·后记》，国家民委民族问题五种丛书之一《中国少数民族社会历史调查资料丛刊》，云南民族出版社1985年版。

五族 5 个总结材料共 30 万字。另收集文物 193 件，摄拍照片 900 张，可供研究参考。

办公室编印资料 150 万字，这是研究边疆各民族社会经济的基础。争取文史馆、参事室及云大教师多人协助，抄录明清两代云南及东南亚民族史料 400 余万字，翻译外文著作中的云南及东南亚民族资料 120 万字，对于明清以来各民族历史关系研究有参考价值。

五族田野调查材料及总结材料，尚须较长时间修改才能付印。就是五族 5 个总结材料，合计亦达 30 万字，不便领导同志看阅。为便于领导同志在百忙中以短时间看阅我组、所调查研究情况，特将五族调查材料各写成 2000—4000 字的总结提要。

该书的“编后记”除了告诉我们该书的编辑者是云南少数民族社会历史调查组、云南省少数民族社会历史研究所，校阅者是张凤岐以外，还讲述了此次调查的基本情况：

1956 年 12 月至 1957 年 6 月，我组在西盟瓦族自治县对马散、永广、中课、翁戛科、岳宋等 5 个瓦族寨子进行了重点调查，并对该县其他少数民族（拉祜族、傈僳族、“罗缅”）进行了某些调查。我们的调查是在过去调查材料的基础上进行的，过去的材料给了我们帮助和启发。

在调查过程中，是在思茅地委会、澜沧边工委会、西盟工委会和西盟瓦族自治县筹委会以及西盟各区委会的具体领导和帮助下进行的，并得到当地驻军的大力协助。

由于我组同志多是初次参加调查工作，缺乏农村工作经验，理论水平不高，因而我们的调查是很肤浅的、不全面的，有些材料还须复查，有些论点还值得商榷。

云南民族调查组第一分组

1957 年 12 月　昆明

《1956年12月至1957年6月云南西盟大马散卡瓦族社会经济调查报告·卡瓦族调查材料之三》（全国人民代表大会民族委员会办公室编，1958年3月）白皮书除了“前言”以外，还有“编者说明”和“编后记”。全国人民代表大会民族委员会云南少数民族社会历史调查组、云南省少数民族社会历史研究所撰写的“编者说明”主要讲述了此次调查的时间、地点和内容：

全国人民代表大会民族委员会云南少数民族社会历史调查组第一分组于 1956 年 11 月至 1957 年 7 月，到云南西盟卡瓦族自治县（筹备委员会）在卡瓦族的 6 个点（大马散、岳宋、永广、中课、翁戛科、龙坎）进行了社会经济和历史的调查工作。大马散是分组的调查重点，在这里调查历时 7 个多月之久，写成了这个调查报告。

本册包括大马散寨卡瓦族的概况、经济［包括农业（生产力：生产工具、生产技术、劳动力的使用、产量。生产关系：生产资料占有、劳动组织与分工、合种、土地买卖、雇工、债务、蓄奴），手工业及副业，商业］、社会历史（历史、政治、军事、物质生活、家庭、婚丧、宗教、科学文艺、文教卫生）和大马散农业生产合作社情况。第一分组试图在几年来地、县委调查的基础上，进一步调查研究了大马散卡瓦族的生产力、生产关系、阶级分化、政治及家族制度、意识形态及生活习惯和社会主义改造的问题。大马散是西盟卡瓦族的腹心地区，保留本民族的固有特点较多些，代表面较宽，所以，在这里进行实地调查就能了解西盟腹心地区卡瓦族的特点。

自从 1957 年冬至 1958 年春省委提出苦战三年改变我省的面貌以来，西盟大马散卡瓦族与全省各族人民一样，掀起了生产大跃进和合作化大跃进的高潮，两个高潮互相推动，使大马散卡瓦族起了亘古未有的大变化，如猎头之俗已在大跃进中停止；许多落后习惯已完全改变。本调查报告由于调查时间的限制性，有些卡瓦族在前进中所存在的矛盾和问题，在 1956—1957 年夏调查时还没有暴露出来，或尚未发现。因此当时调查研究的认识与今天卡瓦族大跃进中生动活泼的局面，容或有不全面不深透之处。但作为了解大马散卡瓦族生产和合作化大跃进以前的实际情况，仍然有参考价值，特刊印出来，以供各方研究之助。

“编后记”则提供了整理者的分工情况：

我组在马散调查中得到中共西盟工委会、西盟瓦族自治县筹委会及马散区委会的大力帮助，区上的同志们更提供了许多材料，特此致谢！本报告的整理者是：顾宗振同志负责“概况”“生产资料占有”“劳动组织与分工”“合种”，杨炳炎同志负责“生产力”“手工业及副业”“文教卫生”，沈琼英同志负责“土地买卖”“雇工”“大马散农业生产合作社情况”，李仰松同志负责“债务”“物质生活”，黄宝璠同志负责“蓄奴”“商业”，徐志远同志负责“历史”“军事”“姓氏与父子连名制度”“科学文艺”，傅懋斐同志负责“政治”“家庭”“婚丧”“宗教”。

云南民族调查组第一分组

1957 年 12 月　昆明

国家民委《民族问题五种丛书》云南省编辑委员会编的《佤族社会历史调查（一）》[1]将该册的标题改成了《西盟大马散佤族社会经济调查报告》，删去了《1956年12月至1957年6月云南西盟大马散卡瓦族社会经济调查报告》白皮书中的“前言”“编者说明”和“编后记”。

云南民族调查资料白皮书的“前言”“编辑前言”“说明”“编辑说明”“编后记”为我们提供了丰富和宝贵的云南民族调查组的信息，但在公开出版《中国少数民族社会历史调查资料丛刊》时大多被删去，留下了太多的缺憾，其中部分也许已经无法弥补。

第四，《中国少数民族社会历史调查资料丛刊》几乎对所有收录进白皮书的内容进行了修改或删节。

鉴于上述，《实录》将收录部分白皮书的内容，主要包括3个方面：一是《中国少数民族社会历史调查资料丛刊》没有收录的文稿，二是《中国少数民族社会历史调查资料丛刊》虽然收录但删改过多的文稿，三是《中国少数民族社会历史调查资料丛刊》仅做了部分收录的文稿。《实录》对于部分白皮书文稿的收录，如果能找到原稿，即以原稿为准；如果无法找到原稿，则以白皮书为准。

三

《中国少数民族社会历史调查资料丛刊》云南部分，收录的不仅是1956年开始的“全国民族大调查”中云南的民族调查资料，而且包括部分1950年至1955年中央和云南省有关部门所做的各项云南民族调查的资料。例如，1958年5月云南少数民族社会历史调查组在《西双版纳傣族社会经济史料译丛》“前言”中写道：

中央访问团第二分团，中共云南省委边疆工作委员会，云南省民族事务委员会，各地、县委，各民族工作队及其他部门和民族工作干部，几年来对云南各少数民族地区的社会经济情况曾进行了许多调查工作，搜集了大量资料，这些资料是此次调查研究的基础。现特委托中共云南省委边疆工作委员会研究室、云南省民族事务委员会、我组参加其工作，将上项资料分别整理编辑；全国人民代表大会民族委员会并指定我组负责刊印出来，

① 《民族问题五种丛书》云南省编辑委员会编：《佤族社会历史调查（一）》，《中国少数民族社会历史调查资料丛刊》，云南人民出版社1983年版。

以供我组作为调查研究的基础材料及各有关部门和民族工作的参考。[①]

在该书的“编者说明”中，编者又写道：

在解放后几年民族工作基础上，1954 年九十月间，中共云南省委边委、省委宣传部与省民委先后派去工作组，会同思茅地委联络组与西双版纳工委调查组，并选拔当地傣族干部 20 余人，共同组成近 70 人的调查工作队，展开了景洪、勐海、勐遮、勐腊、勐捧等版纳的傣族社会调查工作。在进行调查工作中，也广泛地搜集过去西双版纳宣慰使司和各勐公私所藏的傣文抄本进行翻译，编成本书。[②]

另外，如《中国少数民族社会历史调查资料丛刊》收录的云南民族识别等方面的资料，调查时间也都在1956年“全国民族大调查”开始以前。

云南民族调查资料最初计划用来编写《民族问题三种丛书》，即《中国少数民族简史》《中国少数民族简志》《中国少数民族自治地方概况》。1978年党的十一届三中全会以后，中央决定将《民族问题三种丛书》扩成《民族问题五种丛书》，增加了《中国少数民族语言简志丛书》和《中国少数民族社会历史调查资料丛刊》。《民族问题五种丛书》中的前4种已于20世纪80年代前后基本出版完毕，第五种即《中国少数民族社会历史调查资料丛刊》，作为国家民委《民族问题五种丛书》之一，于20世纪80年代前后全国共出版143册。其中，云南部分由云南人民出版社和云南民族出版社共出版73册，约计3000万字，册数和字数均约占全国出版总量的一半。国家民委《民族问题五种丛书》修订本于2009年由民族出版社出版，合计为86种147册，其中《中国少数民族社会历史调查资料丛刊》云南部分，虽然《崩龙族社会历史调查》不再单独出版，但是加上民族出版社1990年出版的《基诺族普米族社会历史综合调查》1册，仍为73册。

国家民委《民族问题五种丛书》之《中国少数民族社会历史调查资料丛刊》的编纂工作始于1979年。费孝通曾回忆说：“我是1950年到贵州的，从那年开始就搞民族调查。在这以前，什么叫少数民族，我们也不大清楚。通过中央访问团的几次调查，搜集到不少资料，了解了有些什么民族。……总之，过去30年的民族调查工

① 全国人民代表大会民族委员会办公室编：《西双版纳傣族社会经济史料译丛·傣族调查材料之一·前言》，1958 年 5 月。

② 全国人民代表大会民族委员会办公室编：《西双版纳傣族社会经济史料译丛·傣族调查材料之一·编者说明》，1958 年 5 月。

作，国家是花了钱花了力的，各个民族都出了力。我们搞了不少资料，数量很大。可是，这一大批资料很多都不在了，在‘四人帮’横行时损失了。据我所知，贵州烧得很厉害，一卡车一卡车的资料拉去烧掉了，别的地方也损失了不少。这样，现在剩下的材料就很宝贵了。正是因为这个教训，所以在三中全会之后，国家民族事务委员会就提出来，要抓紧时间把过去的材料整理出来，要编五种丛书，供大家使用。”① “1978年的中共十一届三中全会后，国家民委行政机构得以恢复，隔年即在北京召开了出版‘五丛’的规划会议，并成立了由众多著名专家学者组成的编委会，以民委党组的名义向党中央进行报告。此报告于1979年3月由中央宣传部和中央统战部转发至相关省和自治区，并将这一计划列为国家哲学社会科学研究‘六五’规划重点科研项目，作为国家任务下达执行。借此，因‘文革’而搁置的民族问题‘三套丛书’得以充实、提高、发展至‘五种丛书’。”“2003年9月1日，民族出版社将一份重修、再版《民族问题五种丛书》的设想和方案上报至国家民族事务委员会民族问题研究中心。经相关专家学者的反复研究论证，《关于修订、再版〈民族问题五种丛书〉的总体方案》于2005年2月制定出台。随后国家民委主任李德洙主持召开党组会议，审议并原则上通过了该方案。是年7月，经报请国务院批准，修订再版工作全面启动。”②

为了做好这项宏大巨制的修订工作，在北京成立了“国家民委《民族问题五种丛书》总修订委员会”，并在“基本保持原貌，统一体例、版本，增加新内容”的总体指导方针下，根据各种丛书的不同特点，制定了具体的修订思路。“‘中国少数民族社会历史调查资料丛刊’的修订，主要是尊重史实，修正错误，增加注释。”③修订原则即包括两个方面：一是“尊重史实”，即尊重当时的调查成果，原封不动地保留原文，连标点符号都不改，只在需要修订的地方用标注的方式加以说明；二是“拾遗补阙”。一方面由于原版“五种丛书”的调查重点集中于西南、西北地区，此次修订需要补上中东南等地区漏掉的内容；另一方面需要以页下注释的形式补充调查点几十年来人口、经济、社会、风俗、语言等方面的变化情况。④

---

① 费孝通：《费孝通民族研究文集》，民族出版社1988年版，第295—296页。
② 徐姗姗：《对“民族大调查”与“社会历史调查丛刊”的再解读》，《广西民族研究》2007年第2期。
③ 李德洙：《国家民委〈民族问题五种丛书〉修订再版总序》，2007年8月。
④《中国少数民族社会历史调查丛刊》修订领导小组：《〈中国少数民族社会历史调查丛刊〉修订要求与相关说明》（2006年2月），转引自徐姗姗《对“民族大调查”与“社会历史调查丛刊”的再解读》，《广西民族研究》2007年第2期。

在新中国成立初期历次的民族调查中，无论从规模来讲，还是从结果来看，开始于1956年的全国少数民族社会历史调查都是史无前例的，曾被国家民委等部门和国外学术机构评价为“前无古人，后无来者”。以此次民族调查为基础，出版了《民族问题五种丛书》。这套丛书是当今世界上多民族国家中唯一一部由政府组织、社会力量广泛参与、全面反映国内各民族情况的大型综合文献，内容涉及民族区域自治、民族学、民族史、民族语言文字以及民族经济、文学、宗教、医药、体育、音乐、舞蹈、美术等诸多领域；调查编写工作涉及全国19个省、自治区及中央有关单位400多个编写组，1700余人执笔，共编写出版《民族问题五种丛书》403本，总字数约8000万字；其编写出版工作自1958年开始，到1991年暂告一段落。

四

1950—1965年以各种形式进行的民族调查及其成果是新中国民族理论形成的第一成果，至今仍是民族学、人类学研究的一块稳固基石，在中国民族学发展史上具有里程碑意义。云南是中国共产党民族政策具体实践的一个成功典型案例，丰富而翔实的各少数民族社会历史调查资料则具有充分的代表性。云南是中国少数民族种类最多的省份，是中国少数民族社会历史调查的重点省份，也是中国少数民族社会历史调查文献资料保存最多的省份。当前，云南正在努力建设我国民族团结进步示范区，回顾民族工作历程、总结民族团结经验、促进民族理论创新，是创建示范区的基础性重点工作，因而编辑出版《实录》有着重要的理论价值和现实意义，也将产生深远的影响。

我们现在编辑的这套图书，曾被命名为《〈民族问题五种丛书〉续编——云南少数民族社会历史调查资料未刊稿汇编》，其原因就在于云南少数民族社会历史调查资料未刊稿的存世量远超于人们对它的掌握和认知，其主要目的之一则是为了弥补《中国少数民族社会历史调查资料丛刊》云南部分的某些缺憾与不足。

《中国少数民族社会历史调查资料丛刊》云南部分收录了当时诸多民族调查资料的精华，这一点毋庸置疑，此不赘述。但从现存云南民族调查资料的情况看，《中国少数民族社会历史调查资料丛刊》也存在一些缺憾，主要表现在两大方面。

1. 缺少9个民族的内容。云南有26个世居民族，《中国少数民族社会历史调查资料丛刊》云南部分仅收录了17个民族的调查资料，而汉族、蒙古族、藏族、壮族、布依族、满族、水族、普米族和基诺族等9个民族的内容没有收录。需要说明以下两点。第一，虽然新中国成立初期云南的各项调查主要集中在少数民族地区，调查对象主要是各少数民族，出版的图书名称为《中国少数民族社会历史调查资料丛刊》，但云南汉族的调查资料也应该以某种形式被收录其中。云南民族关系中有3个重要的“离不开”，即汉族离不开少数民族、少数民族离不开汉族、少数民族之间互相离不开，要想把一个地区的民族情况弄清楚，没有汉族的调查资料是很难做到的。就我们目前所见到的云南民族调查资料而言，其中约有数百份汉族调查资料，内容包括云南汉族的来源、汉族与云南社会经济的发展、汉族与少数民族的融合、新中国成立前汉族商业垄断和云南资本主义萌芽、新中国成立初期云南汉族状况、云南山区汉族社会经济调查等诸多方面。第二，在20世纪80年代云南民族出版社和云南人民出版社出版的《中国少数民族社会历史调查资料丛刊》中，没有基诺族和普米族的内容，1990年民族出版社出版了《基诺族普米族社会历史综合调查》一书，其中的上篇“《基诺族社会历史综合调查》，是根据全国民族问题五种丛书编委会云南分编委1980年的决定进行编写的。这一资料的完成是长时间调查的结果”[①]。虽然基诺族在1979年才被正式确认为中国的一个单一民族，但在20世纪50—60年代的民族调查资料中，有数十份有关“攸乐人”的调查报告，这些调查资料并没有收入《基诺族普米族社会历史综合调查》一书。而《基诺族普米族社会历史综合调查》的下篇《普米族社会历史综合调查》，虽然收录的是20世纪50—60年代的调查资料，但部分经过选编者的多次修订，已经无法看到其原始面貌。后人在对前人的历史调查资料进行选编时，删除不利于民族团结或不合时宜的内容非常必要，但选编者基于自己的知识背景对其他民族（当时云南民族识别工作尚未结束，部分民族及其支系的身份、名称尚未最终确认，但参订者将调查资料涉及的所有民族称谓全部改为后来确定的“规范化名称”[②]）的调查资料进行“选编”“参订”“修订”（修订者与调查者并非同一民族），必然面临语言、文化诸多方面的困难和不理解，其结果也就很难完全展示原始调查资料的真实性和准确性。

2. 内容涵盖面不够。首先，据目前所了解的情况，云南民族调查资料存世量居全国第一。在修订出版的147册《中国少数民族社会历史调查资料丛刊》（民族出版

①《民族问题五种丛书》云南省编辑委员会编：《基诺族普米族社会历史综合调查（上篇）·基诺族社会历史综合调查·说明》，《中国少数民族社会历史调查资料丛刊》，民族出版社1990年版。

②《民族问题五种丛书》云南省编辑委员会编：《基诺族普米族社会历史综合调查（下篇）·兰坪、宁蒗两县普米族社会调查·说明》，《中国少数民族社会历史调查资料丛刊》，民族出版社1990年版。

社2009年版）中，云南有73册，占了总册数的一半。没有整理和出版的内容，云南民族调查资料现存在1亿字左右，远远超过现已出版的《中国少数民族社会历史调查资料丛刊》字数的总和。

在云南民族调查资料中，最具价值者为原始档案，即云南少数民族社会历史调查资料，其重要原因之一就在于其他4种丛书的编写依据大多来自第五种即云南少数民族社会历史调查资料。据不完全统计，云南调查组收集、整理和编写的历史档案、少数民族文献和调查资料目前已公开出版约3000万字，大约占到调查资料总字数的1/4。没有系统整理和出版的调查资料，部分存藏于北京市、云南省及其各州市县档案馆、图书馆和相关机构，部分散落于民间或由私人收藏，部分由原参与民族调查的工作人员收藏，部分见诸网上书店，版本包括稿本、复写本、刻印本、油印本、铅印本以及少数民族文字文献，内容则包括调查资料、调查提纲、工作计划、工作报告、工作笔记、文件、公文、批示、审稿意见、会议记录、总结、简报、通信、纸质文物（地契、证照、奖状、土司谱牒、账本等）、纪录片文本（拍摄提纲、脚本、分镜头剧本、解说词）等。但这些珍贵的史料数十年来几乎无人问津，其中部分资料由于保存不当或经过多次搬迁损毁严重，部分已经丢失，有些已有虫蛀，有些则因时间太久（受当年的纸张和墨水质量所限）或受潮而变得字迹模糊、难以辨认，亟待抢救性整理和出版。

云南之所以现存有如此大量丰富的民族调查资料，与云南的地理环境、民族情况、历史发展等多方面的复杂因素是分不开的。由于云南民族具有复杂性、国际性、宗教性等多方面的特点，新中国成立初期在云南的各项民族调查工作都要比在其他省区的工作更难做，需要的时间也更长。例如，新中国成立初期中央决定派出民族访问团到全国民族地区进行访问，首先派出的就是西南民族访问团（1950年），而东北内蒙古民族访问团在两年之后才派出。中央民族访问团西南民族访问团又分为3个分团，第一分团去西康，第二分团到云南，第三分团去贵州。到1951年3月，第一、第三分团的工作已全部结束，而第二分团即云南分团第二阶段的访问工作才刚刚开始。中央民族访问团西南民族访问团第二分团走访了云南9个专区的42个县（含设治局），除了建立地方民族民主联合政府、开办民族干部培训班、召开地区民族代表会议等各项重要工作以外，还整理和编写了百余万字的访问调查资料，这在中央派到全国各地的民族访问团中实属唯一。

前面所说8个方面的云南民族调查资料（不包括民国时期的调查资料），至今大部分尚未整理和出版。已出版的《中国少数民族社会历史调查资料丛刊》中的云南资料只是这些民族调查资料中的极小部分，而且很多重要内容几乎没有涉及。即使读完《中国少数民族社会历史调查资料丛刊》云南部分的全部内容，人们对新中国成立之后一个时期内的云南民族情况依然缺乏了解。比如：云南民族调查是怎样开始和进行的，来龙去脉是什么；云南多种社会形态并存的状况如何；云南的民主改革是在什么条件下如何分类进行的；云南民族区域自治政策和民主建政工作是怎样贯彻和落实的；云南第一个民族自治区和民族自治县是如何成立的，有什么经验和不足，对以后其他民族自治区、自治州和自治县的建立有什么影响和借鉴；等等。

其次，某些少数民族的各类调查资料很多且内容极为丰富，而《中国少数民族社会历史调查资料丛刊》仅收录了其中的极少部分。

最后，我们所说《中国少数民族社会历史调查资料丛刊》收录资料的涵盖面不够还有另外一种情况，即某一方面的资料有所收录，但或掐头去尾，或只见其一不知其二，使人无法了解某一方面资料的全面情况。例如，关于云南民族识别共有3个综合调查报告，第一阶段的识别报告名称为《云南省民族识别研究第一阶段工作初步总结》①，仅其中的《云南民族识别研究组第一阶段民族识别总结》部分被收录在《云南少数民族社会历史调查资料汇编》中，标题被改为“云南省民族识别报告”②，而第二阶段云南民族识别（第一阶段云南民族识别工作总结上报不到1个月，第二阶段云南民族识别工作已经开始）总结和后来的云南民族识别综合调查报告均未被收录，无论是一般读者，还是专业研究人员，仅通过《中国少数民族社会历史调查资料丛刊》收录的资料，对新中国云南民族识别情况和过程都不可能有一个基本的了解。

对于缺少9个民族内容的情况，由于《实录》的内容是少数民族社会历史调查史料，因而汉族不再单独列项，读者可以从各少数民族调查资料和综合调查资料（如“经济生活”部分）中窥见一斑；没有列项的各少数民族资料，除当时尚未识别、“正名”、列为单一民族从而导致没有（或尚未发现和整理）调查资料者外，我们尽量予以弥补和增添。对于内容涵盖面过窄的情况，除了增加单独板块以外，我们在各卷少数民族调查资料中也会适当加以补充。

① 中共云南省委边疆工作委员会编印：《云南省民族识别研究第一阶段工作初步总结》，1954年8月25日。
② 云南省编辑组编：《云南少数民族社会历史调查资料汇编（三）》，《中国少数民族社会历史调查资料丛刊》，云南人民出版社1987年版。

五

《实录》名为“实录”，就表明了对原始文献史料进行实录即是《实录》最主要的特色之一，也是《实录》与过往同类图书最大的不同之处，保持调查资料的原貌和真实性便成为编辑《实录》的不二法门。

在选编《实录》资料的过程中，经过我们将云南民族调查资料的手稿、原件和白皮书等进行比对，可以发现，部分《中国少数民族社会历史调查资料丛刊》中云南的资料已经做了一定程度的修改，有些调查资料改动的幅度相当大，中央民族访问团西南民族访问团第二分团编辑出版的《云南民族情况汇集草稿》就是一个典型的例子。

中华人民共和国成立后不久，根据毛泽东主席的建议，中央决定向全国各民族地区派遣访问团。从1950年7月到1952年年底，中央共派出4个民族访问团，即中央民族访问团西南民族访问团、中央民族访问团西北民族访问团、中央民族访问团中南民族访问团和中央民族访问团东北内蒙古民族访问团。1950年6月，中央决定首先派出西南民族访问团，由刘格平任团长，费孝通、夏康农任副团长，团员共120余人，分别深入川、滇、黔、康民族地区进行访问。中央民族访问团西南民族访问团团员由中央民族事务委员会、文化教育委员会、内务部、卫生部、贸易部、青年团中央等20多个单位（政务院所属各部、会、院、署）抽调组成。中央民族访问团西南民族访问团下设3个分团，第一分团赴西康，刘格平兼任团长；第二分团赴云南，夏康农兼任团长，王连芳任副团长；第三分团赴贵州，费孝通兼任团长。中央民族访问团西南民族访问团第二分团即云南分团，简称中央访问团第二分团。

1950年7月2日，中央民族访问团西南民族访问团离开北京，经武汉到重庆，西南军政委员会主席刘伯承、副主席邓小平作欢迎报告。刘伯承在欢迎报告中指出：

关于西南少数民族问题，以我们来说还是一个新的问题，我们仅一知半解，许多情况我们还不大了解，比如西康藏族人口，云南、贵州少数民族的种类，到今天还没有精确的统计。……希望访问团每达少数民族地区要首先赔不是；另外是要多多调查研究，做一个毛主席的好学生。……要正确地执行民族政策，首先要调查研究。毛主席指示我们：“没有调查研究，就没有发言权。”①

①《刘伯承同志在欢迎中央访问团会上关于西南民族工作问题的报告》（1950年7月21日），云南省委办公厅印《民族工作文件汇编》，1951年8月。

邓小平在讲话中指出：

中央民族访问团这次到西南来，必定对我们帮助很大。你们在少数民族方面研究、了解的东西比我们多得多。特别是你们下去以后，亲身接触具体情况，会发现许多问题。我们很希望同志们研究各种问题，多提意见，哪怕是一个片面的意见，也比没有意见好。现在我们就是苦于没有意见。……依靠同志们的工作，我相信可以解决西南最复杂的又是最重大的问题——民族团结问题，至少可以打下一个很好的基础。[①]

中央访问团第二分团走访了云南9个专区的42个县，从中央访问团第二分团的行程来看，其在云南的访问可以分为两个阶段。第一阶段从1950年8月6日至1951年1月31日，主要访问滇西各地。1月31日滇西各组返回昆明做短暂休整，第二分团领导做半年来第一阶段工作初步总结。第二阶段从1951年2月22日至5月中下旬，主要访问滇南各地。5月中下旬滇南各组返回昆明，齐聚安宁温泉，做第二分团工作和个人总结。

此外，中央访问团第二分团还整理和编写了100余万字（《实录》编者按目前已收藏的78册书稿页数统计）的访问调查资料，这套资料有一个总的名称，即《云南民族情况汇集草稿》。

中央访问团第二分团编印的《云南民族情况汇集草稿》（后文简称《草稿》）也分为两个阶段，第一阶段的访问成果标明为“材料”，标明的出版（《草稿》为竖排铅印，小32开本，纸张粗糙，封面用红字印刷，虽然标有“出版”字样，但并无统一书号）时间是1951年2月；第二阶段的访问成果标明为“资料”，标明的出版时间是1951年7月。可以看出，中央访问团第二分团的工作不仅时间长（中央访问团第二分团第二阶段工作刚刚开始，第一分团和第三分团的工作已经结束）、成果多（目前尚未看到其他访问团有如此大量的实地访问调查报告面世），而且时间抓得很紧——1951年1月31日第一阶段工作结束，2月份就出版了第一阶段的访问材料；1951年6月10日中央访问团第二分团离昆返京，7月份人们就看到了墨香犹存的第二阶段访问资料。

中央民族访问团西南民族访问团第二分团第一阶段访问了6个专区，即宜良、丽江、保山、大理、楚雄、武定，在这6个专区的每册《草稿》前面都有一个“编

①《邓小平文选》第一卷，人民出版社1994年版，第170—171页。

者声明”：

这些材料是我们从1950年8月29日至1951年1月31日（其中大部时间是在行动中），先后在圭山、丽江、保山、大理、武定、楚雄等地区进行兄弟民族访问工作中，通过当地干部、民族代表及熟悉当地情况的人士所了解的一些情况。为应各有关机关之急需，仅将原材料加以整理，尽量避免主观分析与结论，在文字上仅要求念得通、看得懂。但由于是短期的访问与了解及仓促整理，情况难免不真实或不深入，观点难免错误，文字烦琐或不通顺。故仅能供各有关机关进行民族工作的参考或进一步考察的线索，并望于今后的调查研究，加以校正。

1951年2月 日

中央民族访问团西南民族访问团第二分团第二阶段访问了3个专区，即普洱、蒙自和文山。在普洱区和蒙自区的每册《草稿》中也都有一个“编者声明”，与前面6个专区每册《草稿》的“编者声明”内容基本相同，只是时间和地点有了更动：

这些材料是我们从1951年2月22日至1951年5月底（其中大部时间是在行动中），先后在蒙自、普洱、文山等地区进行兄弟民族访问工作中，通过当地干部、民族代表及熟悉当地情况的人士所了解的一些情况。为应各有关机关之急需，仅将原材料加以整理，尽量避免主观分析与结论，在文字上仅要求看得懂。但由于短期访问及仓促整理，情况难免不真实或不深入，观点难免错误。故仅能供各有关机关进行民族工作的参考或进一步考察的线索，并望于今后的调查研究，加以校正。

1951年6月 日

20世纪70年代末，国家民委将《民族问题三种丛书》扩展为《民族问题五种丛书》时，部分《草稿》被编入《民族问题五种丛书》之《中国少数民族社会历史调查资料丛刊》中，名称为《中央访问团第二分团云南民族情况汇集》，分上、下两册，由云南民族出版社1986年出版。

《草稿》共计有多少册？这是一个迄今尚未找到答案的问题。作为中央民族访问团西南民族访问团第二分团副团长并留任云南的王连芳在《云南民族工作回忆》一书中回忆道：

当时我们可能了解的民族情况，联络组基本上都了解到了。每次送到我那里的材料都很多，由孙敏贤同志帮我一道看，并进行分类处理。一是如控告、纠纷和违反禁忌等需当地干部引起注意的，留在当地处理，一般的交县里，重要的给地委；二是典型材料、综合材料、总结等直接报省委，少数给省民委；三是报送中央的材料，紧迫的直接电告中央，其他的则带回北京。这些材料虽然粗浅但却使我们初步掌握了云南少数民族的基本情况，为中央和省委以后的民族工作决策提供了重要依据。其中一部分在 1985 年被编成《云南民族情况汇集》（上、下集），留下了近 90 万字的珍贵资料，其他资料和总结均随团带回北京，保留在中央民委。①

王连芳所说的《云南民族情况汇集》即1986年出版的《中央访问团第二分团云南民族情况汇集》（后文简称《汇集》）。《汇集》编者在上册“后记”中说：

1981 年底，为编辑西双版纳地区的傣族调查资料，马曜教授首先将珍存的中访团这批资料中有关西双版纳的调查资料十件，交付编入《傣族社会历史调查（西双版纳之一）》（云南民族出版社出版）。出书后引起各方关注，经编委丛刊组研究决定，命专人搜集这批资料，编入中国少数民族社会历史调查资料丛刊。由于历史原因，当年中访团达百余件、百余万字的《云南民族情况汇集草稿》，已很难见到完整成套的了。在搜集这些资料过程中，先后得到省档案馆、省民委资料室同志的鼎力协助，终于将文山以外各地区调查资料基本收齐。

《汇集》编者在下册“后记”中又说：

上、下两集的资料，从搜集原件到编辑付印，前后历时两年多；在搜集资料、编辑过程中，原中央访问团二分团副团长省人大常委会副主任王连芳同志，始终给予各种极大的支持和指导。马曜教授将珍藏数十年的资料近 30 件交付编辑。原中访团二分团的苏丹、宋伯胤、胡鸿章、宋文治、高文英、尹寿铭等同志，以极大的热情为编辑提供情况、照片等。

作为中央民族访问团西南民族访问团第二分团成员并留居云南工作的胡鸿章回忆说，中央访问团第二分团“接触了分别居住在60个县内的少数民族群众，做了20

① 王连芳：《云南民族工作回忆》，民族出版社 2012 年版，第 12—13 页。

个村和10余个专题的典型调查，整处了近百万字的调查材料”[①]，又说中央访问团第二分团“整理了70份近80万字的调查材料”[②]。关于《草稿》的册数，有“70份”和“百余件”之说，但不知道“百余件”的根据从何而来，更不晓得“百余件”的具体内容；关于《草稿》的篇幅，则有“近80万字”“近90万字”“近百万字”和“百余万字”等等不同的说法。

关于文山专区的访问资料，《汇集》编者在上册“后记”中说：

> 经我们在昆明、北京两地查找，又函请文山壮族苗族自治州民委查询，均未找到。

中央民族访问团西南民族访问团第二分团访问文山的资料有多少，当时是否已编入《草稿》？这也是无从知晓的问题。中央民族访问团西南民族访问团第二分团成员宋伯胤在1951年2月12日的日记中写道：

> 老聂告诉我，下一阶段工作我参加第一组，组长是老范，我是副组长，由老聂率领，去蒙自、文山工作三个月。团部去宁洱，还有一路去澜沧，这两组是远征军。我们的地区是近了点，团部给予的任务，他们是做“线”的访问，我们则做“面”的调查。[③]

从宋伯胤后来的日记来看，他这一组人马又分为两部分，一部分去蒙自，一部分去文山，宋伯胤只去了蒙自，在他的日记中有详细的记录。他在1951年5月27日的日记中写道：

> 到文山去的同志们回来了。二分团这一次是最后的会师。[④]

到文山去的“同志们”都有谁，是否编写了访问调查资料，依然不得而知。

为了寻找中央民族访问团西南民族访问团第二分团在文山的线索，我曾两次前

① 胡鸿章：《回忆中央访问团访问云南》，云南省编辑组《中央访问团第二分团云南民族情况汇集（下）·附录三》，《中国少数民族社会历史调查资料丛刊》，云南民族出版社1986年版。
② 胡鸿章：《回忆中央访问团云南分团》，《云南文史资料选辑第四十四辑·云南民族工作回忆录（一）》，云南人民出版社1993年版。
③ 南京博物院编：《宋伯胤文集·民族调查卷》，文物出版社2012年版，第216页。
④ 南京博物院编：《宋伯胤文集·民族调查卷》，文物出版社2012年版，第304页。

往文山壮族苗族自治州、市各档案馆、图书馆、民宗局、政协文史资料编辑审查委员会等相关机构查阅档案资料，仅在文山州档案馆查到了两份提及中央民族访问团的资料。两份资料皆有两个版本，一为手稿，一为刻印稿，内容基本一致。一份资料为中国共产党文山地方委员会1951年3月17日统族字第贰号文，名为《文山地委统战部关于民族工作的计划》，其第三部分“关于民族调查工作”写道：

各县要在五月下旬（即中央访问团未到前）完成下列各项民族调查工作：

①民族种类——名称。②各民族人口数——尽可能得到正确数字，即匪乱地区亦应估计人口的约数。③各民族分布地区——如能绘图说明更好。④风俗习惯——各民族婚姻、年节等礼俗制度。⑤各民族的历史——叙述民族来历、有过什么沿革或斗争。⑥社会概况——各少数民族与汉族的关系，各民族互相间的关系。土司、领袖、头目和经济、生活等情况，应各民族分别叙述。⑦干部情况——县、区、村各级干部各若干？党团员干部各若干？⑧文化情况——有无自己的语言文字？学校情形？⑨宗教——有何宗教信仰？迷信程度。⑩治安状况——报导各少数民族地区匪特活动情况及有无参加匪特的恶霸地富。

从这份民族调查工作计划中，我们从一个侧面可以大致了解中央民族访问团西南民族访问团第二分团在云南各地访问调查的具体内容，还可以知道中央民族访问团西南民族访问团第二分团在1951年5月下旬（或以后）要去文山访问，这与宋伯胤记录的时间稍有出入（宋伯胤1951年5月27日的日记说“到文山去的同志们回来了”）。我们所无法知道的是——文山地区制订的民族调查工作计划完成得如何，是否编写了调查报告？如果是，又是否会列为中央民族访问团西南民族访问团第二分团调查材料的一部分？如果答案是肯定的，那为什么到目前为止在《草稿》中没有找到任何有关文山调查资料的痕迹？如果答案是否定的，又是出于什么原因？（《草稿》普洱和蒙自两区资料的“编者声明”中都提到去过文山访问调查并进行了材料整理）

另一份资料为中国共产党文山地方委员会1951年7月18日发文第031号，名为《地委关于召开各族各界代表会议建立联合政府复麻栗坡市委》。其中，在“（三）如何产生政府委员问题”一节中提到了“见张冲、王连芳同志《关于普洱专署组织联合政府的总结报告》”[1]，在“（五）领导思想问题”一节中指出：

> 中访团来文山指示后，少数民族工作已引起各级党委注意，但把阶级斗争与民族团结对立起来的左倾情绪还未根绝，争取与稳定民族上层分子还不坚决。……必须明确在边远地区，特别民族关系混乱的地区，只有把社会改革暂退一步，把民族团结、民主建政、生产工作、抗美援朝运动、爱国主义教育推进一步，把少数民族团结发动起来，才能推动其他工作。我们要在思想上彻底解决此一问题，并将这一精神贯彻到具体工作中去！

这份资料对中央民族访问团西南民族访问团第二分团到过文山做了确切的记录，但除了做指示以外有没有像在其他地区一样编写调查报告并编入《草稿》？从到目前为止所掌握的资料来看，依然不得而知。

《草稿》是中央民族访问团西南民族访问团第二分团最为重要的成果之一。从《汇集》编者叙述的情况看，《草稿》非常珍贵，但散佚情况严重，在20世纪80年代编辑《汇集》时，曾“命专人搜集”，并动用组织手段，都未能将《草稿》收齐。我们曾查找和阅读了上万份的云南民族调查手稿资料，对老一代民族工作者吃苦耐劳的革命精神和一丝不苟的工作作风充满敬意，因而历来视其为可信的史料。先是一个偶然的机会，从一家旧书店淘到几册《草稿》，将《草稿》和《汇集》进行简单对照阅读之后，顿时让人心生狐疑：两种版本同一篇访问调查的内容居然有很多地方无法对应！是我见到的这几本情况如此，还是所有《汇集》收录的《草稿》内容已非原文？经过20多年的搜集和寻访，现已收藏除文山区以外的《草稿》原件共78册（其中一册为翻拍件），依照中央民族访问团西南民族访问团第二分团的访问路线顺序，计有路南圭山区材料5册、丽江区材料17册、保山区材料13册、大理区材料2册、楚雄区材料1册、武定区材料7册、普洱区资料20册和蒙自区资料13册。除《傣族社会历史调查》（西双版纳之一）收录10册以外，《汇集》共收录《草稿》63册。

将《草稿》与《汇集》进行比对，发现《汇集》编者对《草稿》动了较大的“手术”，主要有以下几个方面。

1. 未收录或部分收录。《汇集》没有收录的《草稿》有5册，对其他部分《草稿》的内容仅做部分收录或删节收录。

---

[1] 关于张冲、王连芳的报告及中央民族访问团西南民族访问团第二分团协助成立普洱专区联合政府，参见申旭、肖依群编著的《云南民族调查史料钩沉（1950—1965）》（云南人民出版社 2016 年版）一书之“Ⅰ中央访问团第二分团对云南的访问调查”。

2. 掐头。每册《草稿》都有封面和“编者声明”，封面上标有“云南民族情况汇集草稿”“××区材（资）料之×”“中央访问团第二分团”字样以及篇名、出版年月等各种信息，《汇集》将其和“编者声明”、目录等一并删除。

3. 去尾。王连芳在《云南民族工作回忆》一书中写道，中央民委受命筹建访问团时，访问过程中的调查研究工作就备受重视，民委领导指派他负责起草一个调查提纲，由杨静仁修改后报送中央。1950年6月访问团全体人员集中在北京国子监学习，当时的中央书记处书记、北京市委书记彭真派秘书到国子监找他，转达了3点意见：第一，访问有多种功能，但其中一个重大的政治任务就是多方面了解民族情况报告中央，为中央今后的民族工作决策作参考；第二，调查提纲所列的项目都可以，但最根本的东西是调查各族群众的愿望、要求和疾苦，不要以为群众意见零碎，从零碎意见中可以看到人民的真实要求和期待，从而懂得人民要我们干什么、不要我们干什么；第三，调查要尽可能深入，尽可能深入下面，从一户、一个人那里了解情况。①另外，《中央访问团的任务、工作方法和守则》规定中央访问团的任务有两条，其中之一是“对西南各兄弟民族之政治、经济、文化情况、民族关系、群众要求以及当前民族政策的执行情形，有重点地进行调查研究，并搜集有关资料”②。《汇集》将《草稿》中关于民族关系、群众要求和民族政策执行情形等方面的内容（放在各篇访问调查报告的后半部分）大多删去，对其他方面的内容也部分删除，对此，《汇集》编者的解释是：“编辑过程中，以不失历史资料为前提，对各篇作了必要的删节或摘要，均不一一注明。”③

4. 换名。大部分《草稿》的标题被重新命名。

5. 肢解。一册《草稿》被分成2个、3个甚至4个材料并分别加上标题后放入《汇集》之中。

6. 重组。颠倒《草稿》原文的内容次序重新组合。

7. 改写。全部《草稿》的内容均被做过改写或改编。

8. 添加。《汇集》编者人为添加了“内容”或自己的主观臆断。

1951年2月17日，中央民族访问团西南民族访问团第二分团副团长王连芳召集会议，布置整理访问材料的工作及具体要求。宋伯胤在当天的日记中写道：

---

① 参见王连芳：《云南民族工作回忆》，民族出版社2012年版，第10—11页。

②《中央访问团的任务、工作方法和守则》，《中央访问团团员手册》，1950年。（参见《实录》第一卷）

③ 云南省编辑组：《中央访问团第二分团云南民族情况汇集（上）·后记》，《中国少数民族社会历史调查资料丛刊》，云南民族出版社1986年版。

晚上在王副团长屋里开会，参加者是留昆整理资料的同志。王副团长指出，在着手整理材料以前，必须首先解决两个思想问题：第一，以非常宝贵和高度重视的态度来对待这个任务；第二，不要随意处置同志们心血的成果。至于整理材料的具体要求，有四点。

（一）整理材料是一个材料汇集的过程，我们所要做的事情就是将材料汇集起来，不是系统地编成文件。

（二）有文必录。即使同一个问题，有两种说法，也要录进去。

（三）原则上无大问题。

（四）文字略通顺。①

“材料汇集”“有文必录”是《草稿》整理成册的重要基本准则。《宋伯胤文集·民族调查卷》一书收录了他自己11篇《草稿》中的文章，但颇具意味的是，每篇文章的末尾都注明有“原载云南省编辑组：《中央访问团第二分团云南民族情况汇集》，云南民族出版社，1986年”字样；也就是说，该书的编者并没有对照《草稿》原文，而是沿用了没有按照“材料汇集”“有文必录”原则进行编辑的文本，若以后有人引用该书，极有可能造成误解误用的不良后果。

国家民委《民族问题五种丛书》云南省编辑委员会在《中国少数民族社会历史调查资料丛刊》（修订本）云南部分的“出版说明”中说：“《丛刊》是研究民族历史、民族学等学科的综合性调查资料汇编。我们这次编选基本上以过去调查整理稿为基础，以便保证调查资料的客观性。在具体编选时，则以具有科学研究价值作为选编资料的标准。在时间上以反映各民族民主改革前社会面貌的资料为主。根据调查资料的价值大小，采取全录或节录。”可能是由于修订原则的约束，抑或是修订者没有找到“过去调查整理稿”，因而在2009年民族出版社出版的修订本中，虽然强调此次修订再版的主要工作是“订正错误”②，但将《草稿》原文与之对比来看，《汇集》中的错误显然没有得到“订正”，这种情况严重地影响了文献史料的真实性和准确性。我们非常赞同“尊重史实”的修订原则，但仅就《草稿》而言，现今人们尊重的并不是其原文的“史实”，而是经过《汇集》编者改编、改写后的“史实”。

① 南京博物院编：《宋伯胤文集·民族调查卷》，文物出版社2012年版，第219页。
②《中国少数民族社会历史调查资料丛刊》修订编辑委员会：《中国少数民族社会历史调查资料丛刊·修订再版说明》，2007年12月。

遭遇了《汇集》编者大刀阔斧的“手术”，《草稿》已经变得“面目全非”，可谓“旧貌换新颜”。但可以肯定的是，经过了彻头彻尾的改变以后，《汇集》中的诸多问题也许瑕不掩瑜，但它无论是对于云南民族调查资料真实性和完整性的保存和留传来说，还是对于后人参考和进行学术研究而言，都不失为一种“硬伤”。

六

《实录》的编辑出版是一个系统性工程，第一阶段计划出版30卷。具体内容是：

第一至二卷：中央民族访问团西南民族访问团第二分团；

第三至四卷：民族工作；

第五至六卷：民主改革；

第七至九卷：民族语言调查；

第十卷：民族人口·民族识别；

第十一卷：民族民主建政与区域自治；

第十二卷：经济生活；

第十三卷：全国少数民族社会历史调查工作文档；

第十四卷：民族问题三种丛书与云南少数民族社会历史科学纪录片工作文档；

第十五至二十八卷：云南各少数民族调查资料；

第二十九至三十卷：图录和三十卷总目。其中，图录包括有关公文、函件、工作书札、电报稿，各少数民族历史照片、民族调查和纪录片拍摄工作照，中央访问团和慰问团赠送云南少数民族礼物、云南少数民族敬献中央人民政府礼品的照片。

在30卷图书中，云南少数民族资料与其他分类资料各占一半。

各卷预计完稿时间：

2020年：10卷。

2022年：7卷。

2023年：6卷。

2025年：7卷。

《实录》各卷采用纵向和横向两种分类编排方式，在一卷之内必要时纵向与横向交错进行。

第一至十四卷内容的分类架构为纵向排列，即大体上是按各项调查的时间顺序，其主要目的有二：一是为了突出新中国成立伊始中央人民政府对云南边疆人民的关怀、党的民族政策在云南的施行及新中国民族工作的“云南现象”和“云南经验”；二是展示新中国成立初期云南各项民族调查（包括中央民族访问团西南民族访问团第二分团、民族语言、民族识别等中央人民政府派出的调查组和云南省委边疆工作委员会、云南省民族事务委员会、云南省民族工作队等云南本地的调查组）的主要（文字）成果。第一至十四卷的内容突出两个重点，一是1949年以后从中央到地方各级政府机构及下属民族事务机构对云南各地的调查，二是新中国成立初期云南经历的重大事件（如清匪反霸、镇反、减租退押、民主改革、区域自治、互助合作、经济发展等），以展示这一时期云南社会的发展历程。

第十五至三十卷的内容主要集中于全国少数民族社会历史调查中的云南各少数民族调查及相关图片，各民族资料按民族代码顺序依次列出，其分类架构大体为横向排列。

编辑《实录》的整体思路，既着重于全面，也考虑到具体；既有选择重点，也要照顾到各方面的平衡。例如，第五至六卷内容为“民主改革”，包括3个部分，即土地改革、和平协商土地改革和直接过渡。这两卷资料选择的要旨，既要考虑到纵向的主题思路（从中央文献到地方指示，弄清事件的来龙去脉和具体内容），又要顾及内容涵盖面（如清匪反霸、减租退押、土改、复查以及土地改革中的建党、建团、妇女工作等），还要照顾到横向3个方面的大体平衡（一是3个部分内容篇幅的平衡，二是各地区、市县覆盖面的平衡，三是各民族内容的平衡）。再如，在民族语言调查资料的选择上，既要考虑到面的平衡（只要是有调查资料的民族，尽可能有所展现），又要有侧重地照顾到各卷内容的平衡（比如藏族，除语言调查资料外，其他方面的调查资料较少，在以往出版的《中国少数民族社会历史调查资料丛刊》中也没有云南藏族的资料），还要有重点（比如彝族，不但是云南支系、人口最多和分布最广的少数民族，而且还涉及四川、贵州等省，同时还是与周边东南亚国家共有的跨境民族）。

如此架构的目的在于以下5点。一是尝试对1950—1965年的云南民族调查史料进行一次系统性的梳理，因尚属首次，难度甚大，但却非常必要，也具有重大的现实意义。二是通过系统梳理，为总结新中国成立初期民族工作的“云南现象”和“云南经验”提供扎实和充足的史料依据，并在此基础上使其能提升到民族学研究和民族工作的理论高度。三是展现以前所有同类图书中大多没有收录却又极为重要的内容。四是摒弃以前大多主要选择经济内容的编辑思路（经济内容的重要性不言而喻，我们将主要在第十五至二十八卷各民族板块中加以展现）。如果《实录》在内容上与以往同类图书大体雷同或相似，只是在数量上进行些许增添和补充，那就失去了其应有的价值。毛主席当年曾对中央其他领导讲，少数民族地区也要进行社会改革了，一改革很多东西以后就再也见不到了，所以要抢救，这才有了中国“前无古人、后无来者”的少数民族社会历史调查。但是要“抢救”而且已经“抢救”的东西，绝非仅有经济甚至只是农业生产一项内容。五是通过文字、图片系统和全方位的展现，试图勾勒出新中国成立初期云南民族调查的全幅景象和完整进程，并以一斑而窥全豹，从而对全国各少数民族地区的社会历史调查在广度和深度方面能有进一步的了解和认识。

执守严谨的重材料、重考证学风并提出“史学即是史料学”观点的历史学家傅斯年曾说过：“整理史料是件很不容易的事，历史学家本领之高低全在这一处上决定。后人想在前人工作上增高：第一，要能得到并且能利用前人不曾见或不曾用的材料；第二，要比前人有更细密更确切的分辨力。”[①]囿于心智、学识、能力与对云南民族调查史料的认知和掌握程度，及对民族史史料学及其目录学、分类学的一知半解，加之新中国成立初期各种访问团、慰问团、调查组、民族识别研究组、工作队、代表团、参观团等活动密集频繁，更有史无前例的“全国少数民族社会历史调查”，以及中国共产党各项民族政策和实施细则的深入持续贯彻执行，从而使云南民族调查史料的存量和内容变得更为丰厚，全面系统梳理可谓工程浩大，仅凭一己之力很难付诸实施并顺利面世，因而我们现阶段仅仅是在力学不倦的同时，尽力去做一些局部的抢救性整理工作。目前，30卷图书的资料已基本齐备，编选工作也在按照计划有条不紊地展开。当然，我们不会停下继续搜集和整理云南民族调查文献史料的脚步，在身心安好、精力财力尚可维系的情况下，依然会不回头地执着前行，并借此表达对那些在极端严酷环境下脚踏实地开展民族工作的工作者的诚挚敬意。他们历尽艰辛、勇于奉献甚至以生命的代价[②]获取的第一手调查资料，早已构成云南民族文化遗产宝库中不可或缺的重要组成部分。文化是民族的灵魂，是民族精神和民族素质的纽带，深深植根于民族的血脉之中。这些史料之所以如此珍贵，很大程度上就在于其丰厚的民族文化内涵，值得永久藏存。想要留住它们，就离不

① 傅斯年：《史学方法导论》，《傅斯年全集》第1册，湖南教育出版社2003年版，第58页。

②1958年9月29日下午7时，云南民族调查组怒江分组贡山小组成员陈延长在调查途中坠落怒江，不幸遇难。时任贡山小组组长洪俊于10月1日上报《关于陈延长同志牺牲的经过（报告）》，详细描述了事件的经过。我们藏有这份报告的原件（复写稿），其内容将编入《实录》第十三卷。——编者

开执着者的良苦用心；想要解读、弘扬和传播它们，就离不开研究者的孜孜矻矻和传播者的不懈努力，其中最重要的一个方面，就是具有历史眼光和远见卓识的出版者，云南人民出版社就担当了这一举足轻重、令人钦敬的角色。

这些无可复制的实地调查资料，已经成为云南民族文化遗产宝库中的经典。何谓经典？2003年诺贝尔文学奖得主、南非作家 J. M. 库切（John Maxwell Coetzee）的定义也许最为贴切。他在题为“何谓经典”的演讲中说道：

经典就是得以存活之物……历经过最糟糕的野蛮攻击而得以劫后余生的作品，因为一代一代的人们都无法舍弃它，因而不惜一切代价紧紧地拽住它，从而得以劫后余生的作品——那就是经典。

作为云南民族文化遗产宝库中的经典，它们不能被遗忘，也不应该被率意“修正”。作为云南珍贵民族记忆的收藏者和云南历史文化的研习者，我们也会时刻牢记——“为了明天而收集昨天”。这既是初衷，也是终极目的。

申　旭

2020年1月15日

编辑说明

1. 20世纪中期云南民族调查的内容广泛、丰富、繁芜，由于时间、精力、费用等诸多因素，仅靠个人努力显然无法完成全部云南民族调查史料的搜集工作，挂一漏万在所难免。就目前了解和掌握的情况看，有些调查史料或调查笔记没有标题，且内容相当零碎；有些史料仅有存目而内容已佚；有些史料仅见标题而尚未看到具体内容；有些史料抑或无必要收录，因此《实录》内容为精选而非大全。

2. 通过多年对云南民族调查史料的持续收藏和研读，《实录》暂将其分为13个大类，即中央民族访问团西南民族访问团第二分团、民族工作、民主改革、民族语言、民族人口、民族识别、民族民主建政与区域自治、经济生活、全国少数民族社会历史调查、三种丛书、少数民族社会历史科学纪录片、云南各少数民族调查史料和图片。

3. 本着拾遗补阙的原则，已公开出版的史料原则上不再收录，但为了展现一项调查工作的全过程并保持一套史料的系统性和完整性（收齐一套史料往往需要数年甚至更长的时间），同类图书仅做部分收录或删节、改动过多而又相当重要的史料，则全文收录。

4. 某些文稿有手写本、复写本、刻印本、油印本、铅印本等多种版本，其中部分为摘录或摘要本，《实录》选择相对完备、详细的版本。

5.《实录》按具体内容和民族内容进行分类，前者按时间先后编排，后者按中国民族代码顺序排列。

6. 一卷或一个板块具体内容的编辑，按照省、专区、自治区（州）、县、市、区、乡等行政区划依次进行，各级行政区划排名不分先后。

7. 依照中国民族代码顺序排列的云南各民族调查史料，按照当时各调查分组或调查小组的调查对象和调查主题进行分类。例如彝族分组的调查史料，除了其中标明为其他民族的调查内容以外，皆归入彝族范畴。

8. 带有歧视和侮辱意味的民族称谓一律删除，必须保留者皆做修改，比如“猡”改作“倮”，“母鸡”改为“佤僟”，等等。

9. 部分史料中存在民族歧视和侮辱方面的叙述，凡影响民族和谐与团结部分予以删除，不加注明。

10. 1966年以前云南各项民族调查（参见《实录》之“写在前面”）期间，部分少数民族尚未进行民族识别或完全确认，部分少数民族的名称尚未最终确定，《实录》对这一时期云南民族调查史料中的原有民族或其支系称谓予以保留，不做改动。例如佤族在定名之前，曾被称为或更改为“瓦族”“卡瓦族”“佧佤族”“佧瓦族”“卡佤族”等，本书不做统一，以免完全抹去了民族名称的历史演变过程。

11. 1966年以前云南各项民族调查（参见《实录》之“写在前面”）期间，部分少数民族自治地方的名称尚未最终“正名”，《实录》原样保留，不做更动。

12. 由于调查、访问、翻译、记录、整理的人员、时间、地点等方面的不一致，人名、地名的写法并不一致，《实录》以脚注形式予以标明，不做统一或修改。

13. 同一专业术语在不同文献中的用法不同，如三种丛书，又写作“三套丛书”“三种民族问题丛书”“民族问题三种丛书”等，除明显错讹之处以外，不做统一。

14. 部分文稿封面、目录标题与正文标题并不一致，本书原样录入，不做改动，仅在页下注释说明。

15. 部分文稿中的数字明显存疑，除有直接证据或旁证据之修改外，不做更改，也不做说明。

16. 原文稿中数字表述多为汉字，除必须使用汉字者外，现统一使用阿拉伯数字。

17. 部分汉字的使用几十年来已有明显变化。如“哪里”原稿作“那里”，“做生意”原稿作“作生意”等；再如助词“的”“地”“得”的使用也较为随意。现根据当下汉语使用规范进行统一，不做说明。

18. 部分文稿标题没有域名，为方便阅读，根据内容将域名放在括号内置于标题前予以标明。

19. 部分文稿没有标明日期，如能在正文中查出日期，则将其摘出置于文稿的开端。

20. 文稿中个别明显笔误或错漏之处，直接补入和改正，不做注释。

21. 限于当时记录、翻译和编写等各方面的原因，部分文稿无法通读，《实录》

在不扰乱和改变其原有风格的前提下稍加理顺。

22. 为了方便阅读，对个别较长的段落稍加分段调整。

23. 《实录》尽量保持原记录文稿的行文风格和断句构成，但为了保证史料的完整性和阅读顺畅，根据内容对部分文稿的序号进行了补入和调整；对标点符号按现在的使用规范做了修改，不做说明。

24. 由于纸张、墨水、年代久远、保存不当、记录编写人员笔误等诸多原因，部分史料的自造字、错别字偏多，个别专有名词处已有残破或漫漶不清，以致极难辨识和无法卒读。对此，《实录》尽力以其他同类史料予以校正补入，无法补入者，则标以虚缺号“□”。

25. 《实录》第七、八、九卷内容为云南民族语言调查资料。由于各方面的原因，此3卷采用扫描和拍照方式将原手写稿内容呈现。原手写稿中的汉语存在有错别字、繁体字、异体字、不规范简体字、自造字等情况，还有词汇、语法序号编排混乱，表格随意断开、分页等现象，作为对珍贵原始资料的抢救性保护留传，《实录》不做任何改动，保持原稿模样。

26. 《实录》收录的史料，部分为个人收藏，部分存藏于相关档案馆、图书馆、资料室，部分存藏于当年参加过民族调查的工作人员手中，为了方便阅读和使用，尽量列出日期、署名等相关信息，并置于每篇文稿的开端，但不标明收藏出处。

目　录

民族人口

云南全省边民分布册
云南省民政厅边政丛刊之五
张邦翰署
云南省民政厅边疆行政设计委员会编印
调查者：各县县政府、各区县政督导员
编辑者：杨履中
发行者：云南省民政厅、边疆行政设计委员会
中华民国三十五年十一月初版

云南全省边民分布册

序　言

余读《论语》，见孔子作育门人，循循善诱，因材施教，因人器使，故能各有造诣，用展所长，因悟齐家治国之要，其在斯乎？我中华民族，号称五族共和，盖仅举其大者而言，实则系由数百种宗族，借文化之力，融合而成，此数百种宗族，虽其政治信仰，已完全一致，但在语言文字、宗教意识生活习惯上，则仍稍有不同，主持民政者，岂可不分别认识其个别性能，以供施教与器使之参考乎？本省住民宗族，向极复杂，但可人别为二：一为操汉语之汉人，一为操土语之边民，边民种类，据《云南通志》载达一百四十二种，据民国二十五年本厅出版《云南民政概况》所载亦达四十八种，但此种记载，所谓“种类”仅系各地边民“名称”之汇集，其实有不少重复者，所叙分布地域，仅略举一二，亦有不少省略疏漏者。至其人数，本厅虽于民国二十四年一度令饬各县局调查，但呈报者仅昆阳等五十三县局，且无具体之记载，近三四十年来，虽有若干中外学者，以科学立场，研究本省边民，但亦仅能加以分类分系，而不能将其人数及分布地作详尽之说明，本厅边疆行政设计委员会有见及此，特发动本厅外勤人员及各地方政府，加以调查，由会整编统计，辑为斯册，并分上下两编。上编以县局地方为纲，以宗族为目，各该县局地方有若干种边民，何者最多，何者最少，依次胪列，人数及分布乡镇村落暨所占县局地方人口之百分比，逐一记载明确。下编以宗族为纲，在全省中何者最多，何者最少，仍依次胪列，各宗族名称及人口数之下，列以分布县局地方名称及人口数目，使全省每一宗族人口总数，在全省人口百分比中占若干，何县最多，何县最少，均得一览无遗，不特可供行政之参

考，且可作研究民族学者之重要资料。一俟将来各该宗族之语言文字，宗教信仰，生活习惯等项情形调查整理完毕与此册配合运用，使施政者阅览一过，即能认识全省边民之个性及其分布情形，如家长之认识家人子弟，然后因材施教，因人器使，政教之推行，有所因，有所本，则一切设施靡不中肯，事半功倍，民情悦服矣。是为叙。

民国三十五年九月二十三日张邦翰叙于民政厅

编　例

一、本册资料以本会汇集各方调查所得为底稿。

二、上项底稿，经于三十三年由厅令发各区县局及各区县政督导员，分别复查补正。

三、同一地区地方政府与县政督导员所报补正名称数字有出入者，弃约数而取确数，其补正边民名称种类，以明确有分布地者为是。

四、前项出入取舍情形，均于备考栏内注明，其未注明者，系补正种类，仅有一种，即以此种为是。

五、盈江、陇川、潞西、瑞丽四设治局未报补正册，亦无督导员之报告，其数字系由编者根据前任本会常务委员江应樑氏所著《云南西部边疆之民族》一文中所述各该族人口总数，及分布于各土司地之情形填列，或加以估计者。

六、宁江设治局未呈报补正册，亦无督导员或其他方面之报告，各项情形，暂付阙如，峨山、顺宁两县，虽报有边民名称及其分布地，但无数字，腾冲、宁洱两县，虽报有一部分边民之分布数字，盐兴县仅有三十二年政务督导员之报告，但数字未查明，所缺情形，均待以后补正。

七、昆明市及晋宁、江川、会泽三县，已据呈明，并无边民，兹不列入。

八、本册所列数字，有一小部分系调查者依据分布区域之广狭，村落之疏密大小，加以估计，虽不正确，但已近是，又有若干边民，其语言风俗习惯均已汉化，其汉化程度不能截分，故其人口数字，亦难精确计算，而只能举其概略。

九、二十九年十月十一日行政院以阳壹字二〇九八五号训令公布中央社会部会同教育部及中央研究院拟定改正西南少数民族命名表一份，本册所列各民族之命名，其见于此项命名表者即从其规定并于备考栏内注明，其未见诸此表者，亦本中央改正命名之原意加以改正以示平等。

十、前项命名表内载明本省某县有某种民族，而此次未据各该县查报者仍于备考栏内注明，以备参考。

三十五年九月编者杨履中识

云南省边民分布册（上编）

云南省边民分布情况表[①]

地名	边民种类	人数	分布概况	占全县人口之百分比	备考
昆明县	六种	42100	四乡	25.3%	
	散民	20000	东乡大麻苴、长坡、青龙村、小板桥一带	12%	
	百子	10000	外西乡之龙潭、多衣、小村、起台、茨沟诸地	6%	
	倮倮	5000	西乡之大小墨衣、昭宗、花红园、明朗、章白、新邑、罗亩	3%	
	子君	5000	南乡珥琮镇、义合乡、大麻苴、普自乡、羊普头等地	3%	
	民家	2000	滇池西岸之大小鼓浪屿及杨林谷一带	1.2%	
	苗人	100	北乡之白水塘、外西乡之冷水沟等地	0.12%	
呈贡县	一种	100	北乡	0.15%	该县除散民外，在龙街及上下可乐村一带原有多数倮倮，现均已完全汉化，兹不列入
	散民	100	七甸乡大小新栅村	0.15%	现已大部分汉化，仅老年者20余人尚操土语
昆阳县	一种	12869	西南北各乡	20.5%	
	倮倮	12869	宝山乡226人，平定乡207人，仁德乡729人，当地人均称为倮倮，九渡乡5417人（称黑夷），内甸乡6290人（称白夷）	20.5%	
富民县	二种	2217	西南北各乡	6.5%	
	倮倮	1671	永仁、永庆、玉屏等乡镇	4.8%	
	苗人	546	兴隆、西华、凤升等乡镇	1.7%	
嵩明县	二种	205	分布五丛、梁王两山中及其附近	0.22%	
	苗人	168	凤秀乡五丛山81人，啸狮乡30人，凤鸣乡38人，嵩阳镇19人	0.18%	
	倮倮	37	嵩阳镇梁王山	0.04%	
寻甸县	二种	9665	散居边远各乡山地	8.7%	
	倮倮	8332	散居各乡，以远三区为最多	7.5%	
	苗人	1333	散居边境山岭高地	1.2%	
安宁县	三种	1602	分布龙宝、月明、麟泉、青龙、云龙等乡镇	2.7%	

① 此表题为编者所加。——编者

续表

地名	边民种类	人数	分布概况	占全县人口之百分比	备考
	倮倮	730	义兴乡大小龙洞茂南得一带529人（倮倮），麟泉乡九渡河底152人（黑夷），青龙乡龙山西北49人	1.23%	
	百子	709	龙宝乡史甸八村634人，月明乡桃花村75人	1.71%	
	苗人	163	云龙镇小阱口	0.3%	
易门县	一种	2620	分布县西	6.5%	
	倮倮	2620	分布惠民镇各村中间，与汉人杂居	6.5%	
禄丰县	三种	1831	分布全县各乡	4.6%	
	倮倮	1543	分布南雄乡之密马龙，东屏乡之龙潭、甸索石桥沟，青莲乡之胖子田、大理寺，狮岭乡之梅械村，永川乡之白石岩、大黑洞，米川乡之迤栖冲等地	3.9%	
	苗人	253	南雄乡之茅草冲、水涧，东屏乡之栗石九头山，青莲乡之金山龙潭寺等地	0.6%	
	傈傈	35	永川乡白石岩	0.1%	
罗次县	二种	3600	分布马街、金水、碧城等乡镇	8.4%	
	倮倮	2700	分布马街乡之羊溪冲、金水乡之冷水塘、碧城镇之麦地冲、五朵朵（在何乡镇未详）等地	7.8%	
	苗人	900	分布漱玉乡之芋头山、碧城镇之青山、金水乡之大填河等地	0.6%	
宜良县	五种	1020	县西北各乡	1%	
	倮倮	500	拱北乡	0.5%	督导员报告莲华、拱北、西浦、鹅塘等乡镇共有倮倮551人，凤来、铁池两乡有黑、白夷97人
	撒尼	320	西浦乡	0.3%	督导员报告未列
	苗人	105	邑和乡	0.1%	督导员报告邑和、拱北两乡共有苗人44人
	本人	50	邑和乡	0.05%	督导员报告未列
	阿细	45	凤来乡	0.05%	
澂江县	二种	300	县东南之清平乡	0.44%	
	倮倮	200	清平乡东南角松子园村	0.3%	据督导员报约50户200余人，据县府报500人，未注户数
	苗人	100	清平乡大塘子村	0.14%	据督导员报约30户100余人，据县府报500人，未注户数

续表

地名	边民种类	人数	分布概况	占全县人口之百分比	备考
玉溪县	一种	2688	东南西边远谷各乡山地	2%	
	倮倮	2688	新棋乡之弥勒、奇黎、洛加三山共877人，东隅乡之灵照、玉帽两山共643人，迤逦乡之高楼、凤凰两山共1168人	2%	上数系督导员查报，据县府填报为6770人，分布地另有后福、广义、棋阳等乡镇
通海县	四种	800	县南方南屏、南路两乡镇	1.6%	
	僰人	250	南路镇之木格村及山家村地方（系旱摆，又称旱把）	0.5%	据督导员报有摆夷250丁口，有汉把200余丁口
	民家	200	南路镇之乌刀村、南屏乡之象鼻岭	0.4%	
	倮倮	200	南屏乡之黄脚哨王山村	0.4%	据督导员报表，未列此种人及后列之窝泥，但另列有阿的约100人
	窝泥	150	南路镇之喀哆村，依山傍河而居	0.2%	
河西县	二种	5482	县东朝阳、仙崖、宝西泉、军屯等乡镇	10%	
	土僚	2306	朝阳乡白新寨、新庄、水磨石712人，宝泉乡莫期勒等处417人，军屯镇小新寨、弥勒店、白龙箐、羊卷房等地1182人	4.2%	县长呈报无此项，督导员查户籍册并委托就三十三年整编保甲查明函报有此项
	蒙古人	3176	仙崖乡上、中、下渔村及陶家嘴等处	5.8%	当地称渔夫
峨山县	四种	40167	县城近郊双江、练江两乡镇及极西之玉屏、碧云两乡	89.83%	三十二年全县人口数为43503人，此次未填报边民数字
	倮倮	33552	各乡镇均有，已与汉人同化，其习俗言语与倮倮不同，当地人称为汉夷。又花夷一种居练江乡棚租村，亦已同化，惟女子服饰不同耳	77.13%	据二十四年该县呈报，当时户数为8910户，人口为43552人，恐太多，兹改列33552人
	窝泥	2725	居双江镇之脚罗村、阿宝珠村，宝兴、玉屏之化念河，太和乡之棚租坝、青龙寨、哈龙村	6.27%	525户，根据同前
	僰人	1658	居宝兴、玉屏两乡之化念河上下两段	3.6%	232户，根据及情形同右①
	山苏	1232	玉屏、碧云两乡	2.83%	250户，根据同右
华宁县	三种	5081	杂居各乡镇	6%	
	倮倮	4723	杂居各乡镇山间	5.57%	
	苗人	286	青龙、玉泉两乡镇属之红坡瓦窑、领干、老鹰窝等处	0.34%	
	僰人	72	临江镇属之摆夷寨等村	0.99%	
泸西县	八种	30648	分布于县东、南、西各乡	24.28%	

① 原书为竖排本，“同右”即为现在横排本的“同上”。后同。——编者

续表

地名	边民种类	人数	分布概况	占全县人口之百分比	备考
	沙人	13601	五嘈[1]乡11740人，杂居各保各村；云兴乡1850人，居大小中寨、小法衣、阿鲁沙人寨、罗那等地；利民乡11人，居小矣铺村	11.16%	
	倮倮	4818	五嘈乡2065人（当地称夷人），居那革黑、舍得、大石盆、落母城等村，云兴乡大小普坎阿莪等村，北吉乡吾乃白、竹溪村等地，共2753人	3.95%	督导员报告仅列吾嘈、云兴两乡合计3810人
	白皮子	3427	东兴乡3022人，各村均有与汉人杂居。北吉乡505人，散居法土、阿迫法勒、吾乃白、竹溪、大小无浪等村	2.8%	
	撒尼	2588	利民乡约1600人，分住糯衣、蕴古、凤舞、舍乐、小舍多等村；西屏乡988人，分住矣维哨、母猪箐、秧田坝等村	2.13%	
	苗人	2370	五嘈乡约1800人，居大小平滩、大小石蜡、滑竹箐、跨猪箐等村；天华乡约300人，居蜡得色、石滚子等村；利民乡230人，居久恒村；东兴乡40人	2.1%	
	僰人	1740	天华乡雨杂、吉双乡鲁克既比租红石岩等村，约1125人；利民乡大小足禄、新塞、团山、图善等村约615人	1.43%	
	四块瓦	1600	云兴乡新寨、木豆、黑舍、母衣等村	1.3%	
	阿马	504	北吉乡平山哨、鱼过河、大小柴撒等村	0.41%	
弥勒县	五种	15624	分住各乡镇山中及盘江边	15.83%	据本会初步调查，该县尚有阿细，人数未详
	沙人	705	住竹园、楷甸、北极三乡镇及南盘江边	0.72%	督导员报335户，同前估计如上数
	倮倮	11871	分住华荣、西龙、复兴、竹园朋普、甸溪、楷甸、慈云、北极、虹溪、法门、滇胜各乡镇山中	12%	督导员表报列倮倮3385户，大小白夷502户，小白夷70户。兹因此种边民系小家庭，以平均每户3人估计
	苗人	2058	分住华荣、西龙、竹园、甸溪、楷甸、北极、虹溪、复兴、法门各乡镇山中	2.1%	督导员表报列花苗、汉苗336户，麻布衣350户，同前估计如上数
	僰人	750	住楷甸、北极两乡镇山中	0.77%	督导员报摆衣一种，250户，同前估计如上数
	侬人	240	楷甸镇南盘江边	0.24%	督导员表报80户，同前估计如上数

① 五嘈，本文又作“吾嘈”。——编者

续表

地名	边民种类	人数	分布概况	占全县人口之百分比	备考
开远县	六种	15465	县东各乡镇	20.7%	
	土僚	3400	分布于东山之丰乐乡、东平乡、永康、东宁、中和，及南定等乡	4.5%	县府呈报无数字，但申明土老有黑、白两种，人数较多，因与汉人杂居，习俗多已汉化
	苗人	2003	分布于豹子洞、冷水沟、养马冲、假力底、两铺、初扎、玉米、老陈差、水头、龙潭、白岩石等村寨，约770人（汉苗），噜姑母、阿枯、阿泽、北达、龙腾、进丈、永和、潜龙、瑞狮、鲁都克、斗南等村有白苗665人，新寨、红坡头、牛卧白、龙树门、洒子白、欺不得、蚂蚁、黑舍、下呼究等村有花苗578人	2.8%	督导员填报约数为2100人，分布村寨较少
	扑喇[1]	7662	居北屏、王门、远东、三民、两门、马全、东林、南乐、米者、尾巴、猪他冲、架吉、西北村、泥庵、拱山、楂果树等村寨	10.21%	督导员表报为7600人，与县府同样申明为约数
	倮倮	1300	分布于东林乡之马者哨、永康乡之阿舍、平乐乡之歪头山等地	1.8%	县府表报未列数字，分布地则填南安乡之宽寨、丫口、格勒寨
	侬人	700	散居杂处于左美果、野马驿、术朵、沙夫者大山脚等地	0.9%	
	僰人	400	居东平、平乐两乡	0.5%	
路南县	九种	39331	县属各乡镇	42%	
	撒尼	19542	分布于圭山、兴隆、芝云、麟马、鸿图等五乡及板桥镇	20.9%	据督导员表报上列各乡合计11848人
	阿细	7816	分布于麟马、宝山两乡及板桥、大村两镇	8.4%	据督导员表报上列各乡镇合计5160人
	倮倮	4467	分布于宝山、圭山、宝洪、兴隆、鸿图等六乡及石林、禄丰、古城等三镇	4.45%	据督导员表报上列各乡镇黑、白、花三种夷人共3864人
	苗人	3907	宝山、宝洪、芝云、圭山四乡及大村镇	4.2%	据督导员表报上列各乡共计约300人
	沙人	1562	分布于县属东北之沙人寨及圭山等处	1.6%	督导员表报漏未填列
	墨槎	1171	分布于东海子、舍色等地	1.36	督导员表报未填列。据李干事口述，该县并无此种宗族，姑填入备考
	阿折	468	圭山乡之宜政村	0.5%	同右

① 扑喇，本文又作“仆喇”。——编者

续表

地名	边民种类	人数	分布概况	占全县人口之百分比	备考
	阿肋	225	分布于禄丰、大村、板桥等镇	0.25%	县府所呈补正册未列此族
	扑喇	173	普拉河附近	0.2%	督导员表报无此族
马龙县	二种	576	县西南各乡	1.26%	据督导员表报两种人数合计1980人，未分别填明
	倮倮	538	分布于盘弧、启秀、永兴、永宁等乡	1.16%	
	苗人	38	分布于永宁乡之九龙凹、摩竜等地	0.1%	
曲靖县	一种	50	县南部	0.04%	据中央颁布《改正西南少数民族命名表说明》，本县有仲家
	倮倮	50	宝泉镇	0.04%	据督导员报约计数。当地人称黑夷
霑益县	二种	755		0.67%	
	倮倮	675	分布德威、泽济、惠来、乐泽、安平、宁和等处	0.6%	据督导员表报估计为900人
	苗人	80	方城、松韶两乡	0.07%	县府呈补正册未列
陆良县	二种	5272	县西南及东北各乡	4%	
	撒尼	3960	南华乡约420人，圭山乡约2900人，光华乡约200人，风鄗乡约400人，飞泉乡约40人	3%	县政府呈补正册未到①
	倮倮	1312	南华乡约140人，圭山乡约460人，东宁乡约300人，丰华乡约200人，龙凤乡约212人	1%	县政府呈补正册列2278人
师宗县	四种	10700	除丹凤镇、仁义二乡镇外，各乡均有分布	29.55%	
	沙人	6400	七嶆乡一、四、五、六、七、八、九、十、十一各保	17.83%	督导员报5300人
	苗人	300	七嶆乡九、十、十一三保	0.82%	督导员表报未列
	倮倮	3800	白夷3000人，分布双和、海晏充、龙庆、梅山等乡；黑夷，据督导员报800余人，分布于八寨、彩云、龙庆三乡	10.4%	督导员报棘夷、倮倮共1400人
	侬人	200	七嶆乡第八、十一两保	0.5%	同右
罗平县	三种	7800	县东南西各乡	7.66%	
	沙人	3000	沿八达乡之八大河边	2.9%	
	仲家	3000	九龙乡之以洪、马把两村，龙甸乡之滴水，金鸡乡之金鸡山	2.9%	此族多与汉人通婚，且多同化
	倮倮	1800	散住白腊沿山一带，淑基箐底下龙冈乡以土村，中山乡阿力布克村	1.86%	

① 未到，当为“未列”之误。——编者

续表

地名	边民种类	人数	分布概况	占全县人口之百分比	备考
平彝县	三种	1800	县南各乡	1.5%	
	倮倮	1200	得胜、不得、祖德、富源、兴旺、成街等乡有白夷约1000人，久安、得胜、雨旺、吉克等乡有黑夷约200人	1%	
	民家	500	吉克、龙峰两乡	0.42%	
	水人	100	平黄镇、五乐乡	0.80%	当地称水户，《命名表》谓贵州有狐人、狐家，改正作水人
宣威县	二种	5120	县东、西各乡	1.8%	
	倮倮	5000	分布于榕城、宝山、备木、文阁、热水、西泽、务得、得禄、龙潭等乡镇	1.75%	有花、黑、白三种，多已与汉人同化
	苗人	120	六甲梁子一带	0.04%	督导员表报有花苗约三四十户，县府报未列
禄劝县	五种	32570	县北偏西各乡	30.08%	
	倮倮	24100	分布于云龙乡之朱家村，丽山乡之洒马、宗德两村，永山乡之善德村，永安乡之花椒园村，镇康乡之螳琅村，屏山之茂龙村，萃华乡之界牌村	22.27%	有黑夷、白夷两种
	苗人	8150	分布于地同前	7.5%	督导员报70人
	傈僳	150	大棚苴、上老五村	0.14%	督导员报作栗梭，约40户
	罗缅	100	大梅兰及小梅兰两村	0.1%	督导员表报亦作倮乜或作罗兔，约30户，县府未列
	密乂[1]	70	上六棵村、山背后村、小六棵村	0.07%	县府未列
元谋县	一种	1000	县南及县北	2.6%	估计
	倮倮	1000	分布于丙南乡之大小丙涧、麻柳抓湾及士林乡之雷宰、雷依、稿湾保等村	2.6%	已汉化，惟仍操夷语，约300户
武定县	五种	56418	除城附近外，各乡镇皆有	62.53%	
	倮倮	50100	除近城乡外，各乡均有。居环洲之蛮得梁子及茂连、撒马冲等地者约100人。番地人别称为“蛮人”	55.41%	黑夷居多，白夷、乾夷次之
	傈僳	4000	江北、环江、滔谷等乡	4.4%	
	山苏	1300	散居川边沿金江半山地带	1.6%	
	僰人	680	分布各江河边	0.75%	当地人称莫沙，又名土里，亦名老乾，为摆夷之一种
	苗人	338	散居各乡镇山间	0.37%	有花、白两种
广通县	一种	4207	县西北	14.2%	
	倮倮	4207	云宠乡2225人，莲溪乡1982人	14.2%	有黑、白两种

① 密乂，本文又作“密义”。——编者

续表

地名	边民种类	人数	分布概况	占全县人口之百分比	备考
楚雄县	一种	16450	分布14乡镇	16%	
	倮倮	16450	碧鸡乡2760人，前安镇4000人，后义乡2000人，礼社乡2300人，自雄乡1250人，鹿鹤镇1300人，罗摩乡1000人，西云乡200人，丰乐镇400人，德运乡300人，军武乡190人，西美乡210人，永华乡320人，清廉乡200人	16%	
镇南县	二种	6200	县西南	7.8%	
	倮倮	5000	散居英武乡及双河县山上	6.2%	
	民家	1200	分布玉泉乡六、七、八、九各保	1.6%	
双柏县	六种	5025	县东南各乡	9.92%	
	倮倮	1520	龙山镇边界之中山和火把，草打郎梗摩挖铜村等处	3%	
	阿车	1330	仁德乡之安龙保、洒树、依谢、白阱、六纳等处	2.6%	
	扯苏	866	新宁乡之大麦地、底土、小河口、芭蕉阱等处	1.7%	亦作车苏。是否与山苏同族待考
	罗婺	754	庆和乡之罗武厂	1.5%	当地作罗武
	窝伲	425	妥上镇边界之板凳山、把租、鲁扯等处	0.86%	
	僰人	130	庆和乡之摆夷村	0.26%	
牟定县	一种	15000	县东南、北及县西均有	16.6%	
	倮倮	15000	与汉人杂居于东兴、东成、南阳、西林、北新等乡	16.6%	估计
盐兴县	一种	不详	县西南边界地		
	倮倮	不详	牟定接近地区与广通		据三十二年督导员报当地有夷人，数目不详
大姚县	三种	15197	县东北各乡	16.33%	
	倮倮	10258	中和、红岩、紫印、龙吟等四乡	11%	
	傈僳	3107	居中和乡	3.33%	
	僰人	1832	居中和乡第十四保	2%	系旱摆夷
姚安县	一种	13750	县西北各乡镇	12.6%	
	倮倮	13750	烟萝乡120人，前场镇4260人，文龙乡3730人，蛉源乡1870人，涟水乡930人，普棚镇790人，稽肃乡1060人，锁北乡410人，光禄镇580人	12.6%	当地称黑夷
盐丰县	二种	9795	县西北各乡	31.44%	
	倮倮	9627	昙华乡、庆丰乡、安丰乡、三台乡、乐春乡	30.9%	
	苗人	168	昙华乡	0.54%	
永仁县	三种	6550	全县各乡镇均有	10.15%	

续表

地名	边民种类	人数	分布概况	占全县人口之百分比	备考
	倮倮	3850	分布于全县各乡镇山地	6%	有黑、白、乾三种
	僰人	1500	龙华乡之后里及干树子一带	2.3%	
	倮倮	1200	永定镇龙华乡高山上	1.85%	
祥云县	二种	30000	县东北及东南各乡镇	30.3%	
	民家	20000	禾秀、禾丰两乡之全数及米甸镇、乔宾乡[1]之一	20.2%	县府估计
	倮倮	10000	禾秀乡之大营庄一带及米甸镇、峨溪乡、荞宾乡、天沐乡、龙润乡之四山	10.1%[2]	同右
弥渡县	一种	7200		6.7%	全县人口108282人
	倮倮	7200	万佛乡2300人，毗源乡600人，密祉乡1000人，天寅镇500人，龙华乡1300人，云华乡1500人	6.7%	
宾川县	三种	14000	县西及东北	12.8%	督导员及县府均未报，由编者估计加入
	民家	11000	康郎乡约2000人，挖色镇约3500人，文龙镇约3500人，康和乡约500人，云护乡约500人，其他约1000人	10.8%	同前估计。习俗已汉化，惟语言尚流行
	傈僳	1500	平川镇属一抱江边，云护乡属盘口阱及金沙江边	1.5%	漏者[3]估计
	倮倮	1500	康和乡平川镇、云护乡之西山	1.5%	编者估计
凤仪县	二种	27140	县东、西两方	61.4%	
	民家	22714	天水、人和、珠海三乡	51.4%	督导员报占全县人口三分之二，未填实数
	倮倮	4426	分布于天水乡之清水沟、后山、白塔冲，及珠海乡之四十里、乌栖、已平、坦底摩、担达摩、者摩等地	10%	督导员报占8%
大理县	一种	55165	全县各乡镇	74%	
	民家	55163[4]	分布于全县各乡镇，与汉人杂居，兼操汉语	74%	习俗已汉化，惟语言尚流行
邓川县	二种	18108	县属各乡镇	47.5%	
	民家	16000	分布于德源、崇正、玉泉、元保等乡镇，与汉人杂居，兼操汉语	42%	据督导员表报为2316人，大概指完全未汉化部分

① 乔宾乡，本文又作“荞宾乡”。——编者
②10.1%，原作10%，根据前文改。——编者
③ 漏者，当为“编者”之误。——编者
④ 人口数字55163，前文作55165。原文如此。——编者

续表

地名	边民种类	人数	分布概况	占全县人口之百分比	备考
	倮黑	2108	德源镇青花坪383人，独木桥438人，玉泉乡腊平哨382人，起始河473人，崇正镇大龙潭、草海子两地486人	5.5%	据督导员报有此种人及数字
洱源县	二种	15800	县属各乡镇	27.1%	
	倮倮	800	居玉门镇之大松甸、鸡登村、石照壁者约百余户，居城南乡之南极村者约40户，居城百乡之北极村者30余户，另有一部分居旧四区之上下大西山，户数不明	1.4%	督导员报
	民家	15000	分布于各乡，与汉人杂居，多已汉化	25.7%	县府及督导员均未报，估计加入
漾濞县	三种	2422	除白竹乡外，各乡镇均有	12.1%	
	民家	2200	金脉镇之登头、安浪、金盏、大脉地，洱尾镇之向阳村，石地坪羊街、合江、哈拉摩，化平镇之上街	11%	
	倮倮	120	化平镇之中山，九尾箐美翕，金脉镇之老虎山等处	0.6%	
	苗人	102	化平镇之瓜腊板、汉营乡之西里、岩前等处	0.5%	
永平县	四种	4041	杉阳镇		
	倮倮	2505	龙街镇六、七两保375人（当地称倮倮），龙马乡三、五两保2130人（当地称土家）		
	罗婺	1720	灵化乡三、四、五保		该县政府原报作倮倮
	苗人	217	博南镇第三保		督导员口述，杉阳镇附近约有100户
	倮倮	49	银江镇第五保		
保山县	五种	30448	县东、北、西各乡镇	11.28%	《命名表》谓本县有骠人，改正作缥人
	倮倮	19000	分布于练地、上江、河湾、沧莲等乡	7%	
	傈僳	5000	分布于练地、上江两乡	1.8%	
	僰人	2500	分布于练地、上江两乡	0.93%	
	百子	2300	分布于怒江东岸之汶上、甘罗两镇	0.9%	
	苗人	1648	分布于练地、上江、河湾、沧莲等乡	0.6%	
云龙县	二种	1570	县北及东、西各乡	2.5%	
	民家	1250	归里乡50户198人，永华乡38户122人，师里乡35户80人，顺里乡50户321人，关里乡51户260人，福里乡87户369人	2%	县府估计为5000人

续表

地名	边民种类	人数	分布概况	占全县人口之百分比	备考
	倮倮	320	福里乡58户220人，师里乡20户60人，归里乡13户40人	0.5%	据督导员表报称土人
昭通县	二种	8085	县属各乡均有	4.79%	据中央颁布《改正西南少数民族命名表说明》，本县有仲家
	倮倮	6250	各乡均有，炎山、布新两乡较多	3.7%	
	苗人	1835	龙潭、盘河两乡	1.09%	
永善县	二种	7000	全县各乡	8.72%	《命名表》谓本县有羿子
	倮倮	4000	散居全县各乡镇，与汉人杂处	4.8%	黑夷840余人，白夷约3150人
	苗人	3000	居莲峰镇、茂林乡、庆云乡之高山上	3.47%	均系花苗
绥江县	一种	1000	县东南		
	苗人	1000	板栗镇所属之关口及杉木林老林，盐井镇所属之罗汉林老林	3%	据督导员报告，此项苗民系今春始由盐津之大同乡及大关之黑石邑迁来。最近尚有续迁者，数字系估计
盐津县	一种	5000	县西部各乡镇	6%	
	苗人	5000	居大同乡之初汉、龙台、铜锣坝、五星坝、聚龙场，滩头镇之坪头山、叶家坝，小河镇之黄泥沟、天星寨，新滩乡之锣锅坪、三角山等地	6%	男2582丁，女2418口，分花、黑、白三种
彝良县	三种	46800	县属各乡	32.7%	
	苗人	25000	毛坪、岭东、仓盈、林雅、毓贤、裕用、里仁、寸田、楠杆、吉乐等乡有花苗约20000人，牛街、旧道、麻柳、洛旺、水果、聚龙、回龙、怀来等乡有旱苗5000人	17.1%	估计
	倮倮	21000	毛坪、岭东、仓盈、奎阳、寸田、里仁、楠杆、吉乐等乡有黑夷11000人，白夷10000人	15.1%	估计
	水人	800	钟乐、角奎、棋盘等乡	0.5%	当地称水西。估计
大关县	二种	3000	同后	3.69%	
	倮倮	1700	分布于杂处于妥河、玉碗、豆沙河、西甘河、河东、木杵、黄葛等乡镇山谷及村落	2.09%	有黑夷、白夷两种。据督导员报，苗夷共3000余人，逐水草而居者十分之六
	苗人	1300	同右	1.6%	有青苗、花苗两种

续表

地名	边民种类	人数	分布概况	占全县人口之百分比	备考
镇雄县	二种	73437	全县各乡镇均有	45.3%	据本会初步调查，该县尚有沙免，人数未详
	倮倮	61537	全县各乡镇均有，内白夷40441人，黑夷21096人	38%	县府报告61580人
	苗人	11900	全县各乡镇均有	7.3%	县府报告11000人
威信县	二种	1476	县北及东北两方近城乡镇	2.54%	
	苗人	1353	扎西镇70人，双河乡510人，和敦乡310人，致和乡53人，大河乡203人，旧城镇105人，五福乡102人	2.33%	督导员表报2230人，县府报总数误为4352人
	倮倮	123	扎西镇55人，水田乡36人，莲花乡32人	0.21%	督导员表报70人，无细数
鲁甸县	二种	5886	县西北	9.1%	
	倮倮	5297	分布于龙树、古寨、梭山、邻巧等四乡镇	8.2%	
	苗人	589	分布于龙树、古寨、梭山、邻巧、桃源、文屏等六乡镇	0.9%	
巧家县	三种	1407	县南及西北	1%	
	苗人	706	乌龙乡鲁白河295人，景星乡之二十一寨及青冈岭411人	0.5%	
	僰人	360	义侠乡施宽村	0.26%	
	倮倮	341	乌龙乡之晓光村145人，景星乡之六城坝196人	0.25%	
文山县	八种[①]	33900	全县各乡镇	42.37%	《命名表》谓本县有阿倮及傜人、喇傒三种
	土僚	8100	盘龙江流域新平、太集、威远、云集、马塘、乐农、凌云等乡镇	10.25%	
	侬人	6800	盘龙江及其支流平坦地区威远、秉烈、露结、喜古、马塘、乐农等乡镇	8.5%	
	倮倮	5700	盘龙江流域及平坦地区新平、威远、云集、太集、红甸等乡镇	7.1%	
	僰人	4800	盘龙江支流沿河地及其他平坦地，如红甸、鸣鹫、新平、太集、马塘、乐农等乡镇	6%	
	扑喇	4100	新平、云集、马塘、太集、凌云等乡镇	5.12%	
	苗人	3500	大部分分布于老君山、独山及盘龙江沿河一带地区，如玉树、升平、太集、回龙、马塘、乐农等乡镇	4.4%	
	民家	800	秉烈乡之施都底海沿边地区	1%	
砚山县	七种	46711	县城以外各乡镇	57.43%	
	侬人	14533	安义、晴岚、阿鸡、阿猛等乡镇及者腊之大部分地区	17.77%	

① 表中仅列有7种。原文如此。——编者

续表

地名	边民种类	人数	分布概况	占全县人口之百分比	备考
	扑喇	8002	安义、阿鸡两乡	9.9%	
	苗人	7982	盘龙、晴岚、维摩、乐同各乡镇	9.81%	
	沙人	7266	乐同及天心两乡	9%	
	倮倮	3619	翁达、拖支、白万、龙科等地	4.45%	
	土僚	2898	舍木、那法衣、小花园、土僚寨等地	3.5%	
	傜人	2412	阿鸡、阿猛两乡及莲心、庆丰两地	3%	
邱北县	七种	33198	全县各乡镇	50.83%	
	沙人	23184	分布于平原各乡，与汉、回杂居	35.48%	
	倮倮	5100	散居清源、大树、永靖、盘溁等四乡镇	7.8%	
	苗人	1664	居大树、永靖、清涌等乡镇之深山密箐	2.55%	
	民家	1300	居双龙镇之马者村、龙村、布泥村、阿诺村及永靖乡之曰者村	2%	
	傜人	1300	居锦屏乡之冲卡及桂普乡之傜人村	2%	
	撒尼	450	居清源乡之白脸山村、豹子坡村、红土山村	0.75%	
	土僚	200	居大树乡之滥泥冲村及大坡脚村	0.3%	
广南县	六种	41856	县东南及西北各乡	59.1%	
	侬人	19650	大半居莲花、维新、绥靖、怀德等乡之水边平畴沃壤地段	27.75%	根据督导员报告
	沙人	17320	大半居北藩、中原、八宝三乡	24.46%	
	苗人	1450	居县境高山干燥之处	2.05%	
	扑喇	1435	杂居珠琳、马街两乡	2%	
	倮倮	1130	散居南屏、理达、乜街等乡	1.6%	
	傜人	871	居深箐密林间	1.23%	
西畴县	六种	13352	全县各乡镇	22.58%	
	侬人	5886	全县各乡镇均有，兴义、畴阳较多	8.64%	
	苗人	3648	各乡镇均有，西洒、锡瑞、嘉谷三乡镇较多	5.36%	
	孟武	3091	西洒、华胜两乡镇	4.5%	督导员表报991人
	倮倮	304	真武乡	0.45%	县府报列入僰人项下，但又注名花倮倮，未填数字
	扑喇	289	西洒、真武两乡镇	0.43%	县府报，未填数字
	傜人	134	石鹅、松泉两乡	0.2%	
富宁县	九种	49280	全县各乡镇		全县保甲户口编查数为35181人
	沙人	39000	分布于全县平原地带		此数据本年三月四日富民边字第一号呈，已超出保甲户口编查县民总数

续表

地名	边民种类	人数	分布概况	占全县人口之百分比	备考
	两粤人	1840	文华、仁厚、信诚、武英等有市场之处	5%	县府呈报天保、黑衣、龙安、沙人、两广人言语虽各有不同，但均能互相通语
	苗人	1700	居文华、平安两乡镇高山干燥之处，文华800人，平安900人	4.85%	白苗
	客人	1500	分布于忠恕乡之平义台、义勇乡之岩那、仁厚村之后龙山、和协乡之三湘洞、王安乡之土人地	4.46%	客人即俗语所谓“山贵州”，非广东之客家
	黑衣人	1470	忠恕乡600人，孝弟乡300人，信城[1]乡270人，和协乡200人，平安乡100人，均在低有湿水处	4.18%	言语可与沙人、天保人、龙安人、两粤人互通，但各有不同之点
	傜人	1390	文华镇360人，忠恕乡300人，爱敬乡100人，义勇乡330人（蓝靛傜），和协乡100人，平安乡200人（蓝靛傜）	4%	均住深山密林处
	天保人	1090	文华镇250人，爱敬乡200人，信诚乡250人，武英镇390人	3.1%	备考与黑衣人及两粤人同
	倮倮	1009	文华镇209人，忠恕乡200人，孝弟乡180人，仁厚乡120人，爱敬乡100人，义勇乡200人	2.9%	
	龙安人	129	爱敬乡之九弄有数小村	0.37%	广西人之一种，言语与广人、沙人、天保人略有不同
马关县	十一种	68853	全县各乡	60.57%	
	苗人	17405	散居全县各乡镇，多居山地	15.26%	
	侬人	16575	复兴乡、马洒乡及全县各地	13.65%	
	扑喇	6949	散居全县各乡镇	6.09%	
	沙人	6204	安平镇新载、厚载	5.44%	
	傜人	4981	永仁乡石厂河	5.43%	
	土僚	4538	长春镇上、下林村	4%	
	僰人	3811	靖西乡牛暮果、板桥	3.35%	县府误填896人，住永仁副乡剌游寨
	㑊㑩	2654	德化乡马迭、博扎寨	2.32%	
	喇鸡	2503	仁华乡老街、布安	2.2%	县府未列报，督导员误作喇僰
	倮倮	2337	散居全县各乡镇	2.05%	
	剌游	896	永仁乡剌游寨	0.78%	县府填报2503人，与督导员所报喇棘人数同
屏边县	九种	38300	全县各乡镇	72.17%	

① 信城，疑为“信诚”之误。——编者

续表

地名	边民种类	人数	分布概况	占全县人口之百分比	备考
	窝伲	15120	金岭、万泉两乡	28.53%	
	扑喇	9450	玉屏、宝麟、金岭、万泉等乡镇	17.8%	
	苗人	3780	散居全县各乡镇	7.12%	
	傜人	3780	玉屏、旺乐两乡	7.12%	
	倮倮	2390	玉屏、白水两乡	4.5%	
	沙人	1134	全岭[①]乡	2.13%	
	侬人	1134	白水乡东部	2.13%	
	僰人	756	金岭、万泉两乡	1.42%	
	劳乌	756	金岭、万泉两乡	1.42%	
建水县	三种	17405	县属各乡	11.2%	
	窝伲	12800	江外各乡镇土司地	8.2%	县府报12000人
	倮倮	3070	全县各乡镇	2%	县府报3000人
	僰夷	1535	红河南岸永乐、瑞云、六合等乡	1%	县府报1530人
蒙自县	十一种	41269	县城以外各乡镇	40.23%	
	土僚	12225	大新、碧色、草坝、鸡街、倘甸、大屯、冷泉、雨过、新安等乡镇	11.9%	
	倮倮	8476	鸡街、倘甸、纳更、犒吾、大屯、玉屏、克甲、雨过等乡镇	8.24%	
	窝伲	6233	江外土司区纳更、犒吾、克甲等乡镇	6.06%	
	扑喇	4305	芷村、冷泉、纳更、犒吾、克甲等五乡镇	4.2%	
	苗人	3741	纳更、犒吾、克甲、芷村、冷泉等乡镇	3.64%	
	佲僟	1532	大屯、芷村、犒吾、莫别、玉屏等乡镇	1.5%	
	傜人	1427	纳更、犒吾两镇	1.4%	
	侬人	1317	冷泉、芷付[②]、莫别等乡镇	1.3%	
	僰人	1302	纳更、犒吾两镇	1.2%	
	劳乌	486	纳更、犒吾、克甲等乡镇	0.47%	
	沙人	225	纳更、犒吾两镇	0.22%	
个旧县	四种	16855	县城区及西南各乡	33.67%	
	佲僟	7313	民新乡所属母居坟、普洒河、贾沙、斐勒、贾石龙、羊角、小寨等地	14.6%	亦作母居，有男3661人，女3652人
	窝伲	3380	和邻乡所属标铺、苦鲁寨、纸厂、雀山、桥头、厥苴地等处	6.77%	男1750人，女1630人
	倮倮	3242	宝华镇所属新关、老关、牛屎坡、乌谷哨等处	6.3%	男1610人，女1532人
	苗人	3020	上方镇所属龙树脚、马姑鲁、猔俄迷、牛陇、狗街、你的期、大新寨、小河沟	6%	县府报称汉苗男1570人，女1450人

① 全岭，疑为“金岭”之误。——编者
② 芷付，疑为“芷村”之误。——编者

续表

地名	边民种类	人数	分布概况	占全县人口之百分比	备考
石屏县	四种	31098	县西北及县南各乡	59.85%	
	倮倮	21783	各乡镇均有，克大、赤瑞、云龙等乡较多	41.9%	县府估计20000人
	僰人	3770	克大、云龙、花明等乡	7.25%	县府估计3700人
	窝伲	2800	分布于江外五土司地（瓦渣、左落、思陀三乡）	5.4%	估计
	苗人	2745	分布于江外五土司及赤瑞乡	5.3%	
元江县	十三种①	53772	县属各乡镇	65.38%	
	窝伲	23350	因远、裕泰、大兴、骑马、天宝、迤萨等六乡镇9100人，因远、安定二镇3600人，亦称补孔；雾山、崇善、因远、安定四乡镇9800人，称梭比，又称堕塔；雾山、崇善、骑马850人，称白窝伲，又称毕约	28.1%	据前表补上册有布都875人，补孔734人，补正册者2500人，窝伲30110人，毕约350人
	扑喇	890	仁里、洼垤、迤萨、天宝、羊街、沣江等六乡镇	1.87%	据前表为610人，据补正册为540人
	倮倮	12590	青龙、仁里、洼垤、羊街、猪街、沣江等六乡镇有黑倮倮（又名长尾巴）7270人，猪街、裕泰、雾山、安安②等四乡有白倮倮3000人（又名短尾巴），骑马、羊街二乡有花倮倮2302人	15.15%	据填报居民概况调查表为7110人，补正册载8000人
	僰人	7862	天宝、沣江、雾山、迤萨、羊街等乡镇有水摆夷3172人，青龙、沣江两镇有旱摆夷（又名苦菜花）1270人，青龙、沣江、洼垤、天宝、雾山等五乡镇有花腰摆夷2770人，沣江、迤萨两镇有花摆夷640人	9.46%	据前表为15110人，补正册载15000人
	民家	2950	因远、安定二镇	3.55	据前表为5842人
	糯比	2900	羊街、观音两乡	3.49%	据前表及补正册为1182人，分布地有裕泰乡
	山苏	680	青龙、仁里、沣江、洼垤等四乡镇	0.82%	据前表及补正册为1610人
	傜人	1120	因远、骑马、大兴等三乡镇	1.35%	前表为823人，补正册载830人
	扑喇	890	仁里、洼垤、迤萨、天宝、羊街、沣江等六乡镇	1.07%	据前表为610人，据补正册为540人
	苦葱	480	雾山、崇善、骑马等三乡镇	0.58%	前表及补正册411人
	阿梭	400	因远镇	0.48%	据前表无
	卡堕	330	雾山、崇善二乡镇	0.4%	前表及补正册720人
	奇地	208	骑马乡	0.33%	据补正册

① 表中列有15种。原文如此。——编者
② 安安，疑为“安定”之误。——编者

续表

地名	边民种类	人数	分布概况	占全县人口之百分比	备考
	西抹罗	120	因远镇	0.14%	又名独角兽。据前表无
	罗谋	100	观音乡	0.12%	据前表无
曲溪县	一种	1500	除东川乡外各乡镇均有	4%	
	倮倮	1500	新民镇曲作村、王马寨、墨斗冲等处约300人，河北乡水沟、木格等处约400人，馆驿乡鲁甸坝约800人	4%	清溪、慕阳两乡夷、汉杂居，多已汉化，不易分别，兹不列入
新平县	十三种	26353	县东、西各乡	46.34%	
	倮倮	9983	居大和、凤翥、富昌、平山、扬武、宁河、昌沅七乡	19%	分大头、白脚两种
	僰人	7000	居汉沙[1]、富昌两乡	13.3%	分花腰、苦菜花、汉摆、沙摆等四种
	卡堕	3300	居嵩安乡	5.3%	以畜牧为生
	糯比	1400	居富昌、嵩安两乡	2.66%	
	山苏	840	居平山、大和、新化等乡之深山野箐间	1.6%	以制竹器为业
	黑普	710	居富昌、嵩安两乡	1.35%	
	窝伲	610	居平山镇东部	1.16%	死无棺椁，祭祀吹芦为乐
	米里	550	居富昌、嵩安两乡	1.05%	
	苦葱	460	居富昌、嵩安两乡	0.88%	男女杂居
	罗婺	400	居富昌乡	0.78%	刀耕火种，衣兽皮。亦作倮武
	扑喇	390	居富昌、嵩安两乡	0.75%	以畜牧为生
	车苏	390	居嵩安、振武、富昌三乡	0.75%	火葬
	劳乌	320	居嵩安、振武、富昌三乡	0.52%	火葬
金平县	九种	20701	县属各乡镇	65.28%	
	窝伲	15032	分布于金河、崇里、四里、者布、王布等乡镇	47.4%	
	僰人	1579	四丛、四里等乡	5%	县府未填入补正册
	苗人	1000	王布、铜厂两镇及四丛乡高山地带	3.15%	
	傜人	834	散居各乡镇	2.63%	
	倮倮	589	散居各乡镇	1.86%	
	沙人	527	金河乡	1.62%	县府填报379人，并申明因流动迁徙，为数不确
	扑喇	515	金河乡	1.62%	
	苦葱	313	者米乡	1%	县府未填报
	㑩㑣	312	金河、王布两乡	1%	
龙武设治局	三种	4920	县属各乡镇	18.63%	
	傜人	2840	居安乐、哨冲两镇及兴隆乡	10.56%	花傜局长误报为倮倮，但注又名花傜
	倮倮	1820	散居龙鹏镇、巴窝镇	6.8%	又名三道红
	窝伲	360	居兴隆乡	1.27%	督导员未填报

① 汉沙，疑为“漠沙”之误。——编者

续表

地名	边民种类	人数	分布概况	占全县人口之百分比	备考
宁洱县	五种				
	窝伲	1410	凤鸣、龙寿、磨黑、猛克、普义、通陵等乡镇之山头		
	麻黑	1200		6%	据此次督导员报，麻黑、窝伲合计占6%，约合2600人，未分别填明。据二十四年县府呈报，麻黑为1200人
	僰人	870	住旧把边镇之坝子中	2%	
	卡堕	暂缺			
	倮倮	600		1.2%	据三十二年所派督导员报告有此二民族，但本年度督导员未填列，至人口数则均略而不填
思茅县	十一种	3561	县属各乡镇	31.56%	
	僰人	2255	南屏、普文、象明三乡	20%	
	乡坛	300	象明乡	2.65%	三十二年督导员报400人
	大头人	257	复兴镇、南屏乡	2.3%	
	攸乐	198	象明乡	1.75%	
	濮曼	180	象明乡	1.6%	
	傜人	153	象明乡	1.35%	
	窝伲	58	南屏乡	0.5%	系黑窝伲，亦称布都。三十二年督导员报无
	倮倮	56	南屏乡	0.5%	
	苦葱	49	南屏乡	0.43%	
	麻黑	41	复兴镇	0.36%	
	莫沙	14	南屏镇	0.12%	亦称莫沙摆夷，三十二年督导员报告为35人
墨江县	十四种	44132	县属各乡镇	98.26%	据本会初步调查，该县尚有补孔一种，人数3400，居坝溜[①]乡
	窝伲	29159	内白窝伲（亦称毕约）17296人，黑窝伲（亦称布都）10430人，补孔（在元江亦称窝伲）1433人，住碧溪、白莲[②]、涟漪、龙潭、回龙坝、溜龙坝、雅邑、联珠等九乡镇	64.2%	

① 坝溜，本文又作“溜坝”。——编者
② 白莲，本文又作“白连”。——编者

续表

地名	边民种类	人数	分布概况	占全县人口之百分比	备考
	卡堕	10123	回龙、景星、龙潭、白连、联珠、坝溜等六乡镇	22.3%	
	倮倮	1630	白莲、回龙、龙潭、雅邑、坝溜、碧溪等六乡镇	4.59%	据督导员注明乡坛人在内
	西模罗[①]	880	雅邑、龙潭、回龙、坝溜、龙坝、联珠等六乡镇	2%	亦称独角兽
	僰人	640	景星、回龙、白连、坝溜、龙潭等五乡镇	1.43%	
	苦葱	300	龙潭、坝溜、回龙、景星、碧溪等五乡镇	0.66%	
	阿木	300	龙潭、坝溜两乡	0.66%	
	奇地	300	坝溜乡	0.66%	亦作七地，又称卡备
	那密	200	龙坝、溜坝二乡	0.44%	
	傜人	170	同前	0.37%	
	濮曼	160	景星镇	0.35%	亦作濮满或濮蛮
	阿车	150	龙潭乡	0.33%	
	那路	70	白连、碧溪二乡	0.16%	
	罗缅	50	雅邑乡	0.11%	亦作倮乜，或作倮免
六顺县	四种	3142	县南及东、西各乡镇	17.62%	
	僰人	2814	翠云镇汉摆夷273人，南屏乡水摆夷2178人，汉摆夷144人，花腰摆夷75人，竹林乡汉摆夷144人	15.8%	
	苗人	146	震东乡之骂木	0.82%	
	本人	127	竹林乡	0.7%	
	大头	55	平源乡	0.3%	
澜沧县	九种	95300	全县各乡镇	88.17%	《命名表》谓本县有佧喇
	倮黑	30000	全县各乡镇	27.2%	
	僰人	25000	孟莲、上元、东朗、西盟、新雅、勐达等乡镇	23.45%	
	佧佤	22000	西盟、木戛、竹塘、孟莲、上元等乡镇	20.64%	
	阿佧	11000	酒井、东朗、新雅、蛮糯、猛海等乡镇	10.32%	
	乡坛	2000	新雅、大岭两乡	1.88%	亦作香谈，又作乡唐
	濮曼	1800	蛮糯、东朗、大岭、猛海、邦海等乡	1.69%	
	伉人	1500	东朗、文东、新雅、西盟等乡	1.4%	当地人称老伉，或作老抗
	崩子	1200	孟连、猛达、西盟等乡	1.13%	督导员呈报为1300人
	缅人	800	孟连、猛达、猛海等乡	0.75%	

① 西模罗，本文又作“西摸罗”。——编者

续表

地名	边民种类	人数	分布概况	占全县人口之百分比	备考
车里县	八种	27150	全县各乡	80.9%	
	僰人	23000	回龙、帕罕、猛笼、橄榔、猛养、三宋各平坝中	68.5%	
	阿作	1350	居各乡山头	4%	督导员报1300人
	攸乐	1300	小猛养攸乐山	3.9%	
	濮曼	800	居各乡山间	2.4%	
	倮黑	300	务本乡山头	0.9%	
	三达	200	帕罕乡沧江北岸山头	0.6%	
	补夏	100	居猛笼乡山间	0.3%	
	阿客	100	居回龙、猛笼、橄榔三乡山头	0.3%	
佛海县	五种	19699	勐海、勐混、勐板、打洛乡各乡镇	83.08%	
	僰人	12881	勐海、勐混、勐板、象山各乡镇之坝子中	54.3%	该县无花腰摆夷
	阿作	3303	勐海、勐混、勐板三乡	14%	
	濮曼	2851	勐混、勐板两乡	12%	
	倮黑	608	勐海、勐混两乡	2.53%	
	阿客	57	勐混乡之阿客村	0.21%	
南峤县	六种①	20499	全县各乡	84.39%	
	僰人	15000	勐遮、蛮燕、顶真、旧笋、勐满等乡	58%	
	濮曼	4182	蛮别、勐遮、旧笋、勐翁、蛮兑等乡	16.08%	
	倮黑	1357	蛮别、旧笋、蛮兑、勐满、勐翁等乡	5.24%	
	阿作	1232	蛮别、遮勐②、旧笋、蛮兑等乡	4.74%	
	伉人	36	勐翁与宁江交界处之老抗寨	0.14%	当地人称老伉，亦作老抗
	作佤	25	蛮别、蛮遮③、蛮兑、旧笋等乡	0.1%	
	老品	24	勐翁乡老品寨	0.09%	
江城县	十一种	10449	全县各乡镇	24.72%	
	倮倮	2575	散居曲水、宝藏两乡及猛烈镇之大新寨、阿渣寨、岩脚等地	6.87%	
	卡堕	1729	散居全县各乡镇	4.6%	
	窝伲	1416	内190人散居猛烈镇之大平掌、老花寨、朵把、糯角等地，称窝伲，另1226人散居宝藏、曲水等乡及猛烈镇之石膏阱、补底等地，称毕约（即白窝伲）	3.78%	

① 表中列有7种。原文如此。——编者
② 遮勐，疑为“勐遮”之误。——编者
③ 蛮遮，疑为“勐遮”之误。——编者

续表

地名	边民种类	人数	分布概况	占全县人口之百分比	备考
	奇地	1349	散居曲水、猛烈两乡镇及宝藏乡之摩登、大寨、窑房等地，内大寨28人，别称卡贝	3.6%	亦称卡备
	僰人	1227	内水摆夷722人，散居康平乡之整董、漫滩、宝藏乡之水城等地，旱摆夷505人，散居康平、曲水、宝藏等乡及猛烈镇之营盘山	3.27%	
	西摸罗	601	散居猛烈、宝藏、曲水、嘉禾等乡镇	1.6%	
	傜人	476	散居平散乡之东瓜岭、八台山及宝藏乡之白木箐等地	1.27%	
	路后卡老	348	散居猛烈镇之大富寨、赤坑、老公寨、着落、山康等地	0.81%	
	腊迷	306	居宝藏乡之鲁拱、大迭及猛烈镇之腊迷寨等地	0.8%	
	苦葱	270	散居嘉禾乡之孔明山、麻栗树及宝藏乡之三柯桩等地	0.72%	
	麻黑	152	散居猛烈镇之大风箱、老唐寨、格界石等地	0.4%	
镇越县	十一种	19817	各乡镇均有	121.74%	据本会初步调查，有补夏200人，是否即补角待考
	僰人	11899	内水摆夷约9000余人，以猛腊、猛㑲、猛仑三乡最多，猛倮、猛户次之，易武镇较少。旱摆夷约1000余人，易武镇之猛野坝、老白寨，猛㑲乡之邦角均有之	73.45%	分布情形系据督导员报告
	阿佧	2280	猛仑乡之旧龙、拱内、官累，猛腊乡之叭龙、砍补龙、了口、大寨一带较多，其地猛㑲易武等乡镇山间亦有少数居住	14.07%	
	傜人	2280	各乡镇均有，以猛腊乡之黄连山、白米山、籐篾山、钟山、新半、戈蓝及猛㑲乡之大包包等处为多，住悬岩峻壁间	10.07%	督导员报3000余人
	乡坛	1546	居易武镇各乡村中	9.3%	督导员报500余人
	本人	1550	居易武镇之慢乃、漫腊、漫撒[①]各村	9.3%	督导员报约800人
	濮曼	350	分布猛㑲乡各边僻地区	2.13%	督导员报100余人
	补角	150	猛腊乡之补角、补蚌、会都等地	0.92%	督导员报300余人

① 漫撒，疑为“漫撒”之误。——编者

续表

地名	边民种类	人数	分布概况	占全县人口之百分比	备考
	补龙	130	分布猛腊乡补龙、猛远一带	0.8%	督导员报约七八十人
	茶蛮	100	分布猛仑乡各偏僻村庄	0.6%	
	阿客	100	分布猛仑乡之阿客村	0.6%	县府所呈补正册未列
	沙人	80	分布猛腊乡之沙人村、那着村一带	0.5%	
景谷县	五种	19100	分布全县	47.74%	
	僰人	18000	分布全县，钟山、和平、安乐、复兴、盐宝等乡镇较多	45%	据三十五年八月县政府报，另有少数窝泥。又督导员报有千二百麻芝罗
	濮曼	450	分住风山乡高山上	1.12%	
	乡坛	350	分布于风山、正兴、盐宝三乡	0.87%	
	倮倮	200	杂居各乡	0.5%	
	麻黑	100	散居正兴乡	0.25%	
镇沅县	六种	9320	分布全县	42.78%	据县府报有傜人、濮曼、麻黑、倮倮、罗果、卡堕、窝伲六种，人数未报，分布地亦不详
	苗人	4800	新抚乡一至八保，德安乡六、七、八保	21.6%	
	傜人	2200	恩乐乡一、二、三、四保及者东乡之一、二两保	10.36%	
	窝伲	920	按板①镇三、四、五、六、七等保	4.32%	
	黄倮	520	德安乡之二、三、四保	2.44%	
	卡堕	450	安板镇二、三、四等保	2.11%	
	白壳	430	德安乡之四、五两保及新抚乡之五、六两保	2%	是否即布都之音异待考
沧源设治局	三种	19000	分布于全境	95%	
	佧佤	8000	猛角、猛董、岩帅	40%	督导员估计为4%，殊觉过少。编者按恐系十分之四
	僰人	7000	猛角、猛董、弄良、拱弄	35%	督导员估计为4%，疑系十分之四，但又觉稍多，兹估计如上
	倮黑	4000	同右	20%	督导员估计2%
宁江设治局	四种	6300			
	僰人	4800	未详		该项数字系据二十四年呈报填列
	阿佧	600	未详		
	倮黑	500	未详		
	濮曼	400	未详		

① 按板，本文又作“安板”。——编者

续表

地名	边民种类	人数	分布概况	占全县人口之百分比	备考
顺宁县	四种		见后		
	僰人	暂缺	锡腊镇炎热地带		
	苗人	暂缺	多数住犀牛镇、明新乡、火山地，有67人		
	本人	暂缺	多数散居锡腊镇、珺英乡山箐之间，凤梧乡亦有少数		
	崩龙	暂缺	居锡腊镇		
昌宁县	一种	3263	见后	4%	
	僰人	3263	明益乡32户，湾甸乡318户，庐河乡74户，柯华镇28户	4%	旱摆夷，居住山区
云县	六种	4950	县东北、东南及西南各乡		
	倮倮	2900	四维乡二、三两保，天马乡大小中山、安乐、言信、河中、新村、松坡、匾山、立石碑、河外各村		以村数估计，大略有300户，合900余人。在四维乡者亦称蒙化子
	僰人	600	天马乡之新城、东山、下衙、忙费等村，丹山乡大寨、忙蚌、忙耐各村，栗树乡之丙币利，德化乡之猛赖附近		以村数估计，约200户，大略600人
	腊迷	500	崇德乡温皮、忙鹿等村（当地通称迷利）		督导员估计。原表作列密，又注称密利，意即墨江县之腊迷
	倮黑	500	散居茶房乡之忙干、忙板、忙朵、邦合、忙干诸山间		编者按分布情形估计
	阿昌	300	涌宝乡阿池租		编者按分布情形估计。或作峨昌
	垦子	150	德化乡猛赖附近垦子寨		约30户
镇康县	八种	24875	各乡镇均有	39.9%	《命名表》谓本县有佧喇
	本人	13400	除镇康坝及孟定坝外，各乡镇均有	21.47%	
	僰人	8700	镇康坝及孟定坝最多，天池镇之赛米坝、勐捧[①]镇之大寨亦有分布于	14%	
	倮倮	2300	猛捧镇之彰龙等地	3.69%	
	濮曼	300	兴华镇之大寨、王泉乡之大宋归村、得党乡之落水坑等地	0.5%	
	苗人	70	亚练乡之茶家寨、天池镇、猛捧镇等地	0.11%	
	乡坛	40	孟定镇之穑树塘村一带	0.03%[②]	
	佧佤	35	孟定镇之糯峨山	0.05%	
	崩龙	30	孟定镇之千家寨、甸塘凹、邦归等寨	0.05%	
景东县	五种	38400		47.88%	

① 勐捧，本文又作“猛捧”。——编者
②0.03%，疑为“0.05%”之误。——编者

续表

地名	边民种类	人数	分布概况	占全县人口之百分比	备考
	倮倮	15300	分布于安定、文龙、保甸、安乐等乡镇者11800人（当地称蒙化子），分布于无量山脚振兴、泰和、猛统等乡镇者3500人，当地称倮倮	19.08%	
	窝伲	15300	分布于哀牢山边太平、忠义、崇文、明善等乡镇	19.08%	
	僰人	3400	分布于民乐乡	4.24%	系旱摆夷，与汉人杂居
	本人	2600	住锦屏镇菊河一带	3.24%	
	苗人	1800	散居景福、五福、永秀等乡镇	2.24%	
缅宁县	五种	22500		30.87%	
	僰夷	15000	兴文、寿山、平村、邦东、文邦、永安等六乡及太恒[①]、凤翔两镇	20.14%	
	倮黑	7000	兴文、寿山、永安、驿亭四乡及大恒镇	10%	
	倮倮	300	临沧乡之邦工	0.45%	当地称蒙化子。数字系估计
	濮曼	100	兴文乡之腊托	0.14%	
	乡坛	100	平村乡之回弄	0.14%	
双江县	五种	31800	分布于全县各乡镇	84.89%	《命名表》谓本县有卡喇
	倮倮	14300	分布于猛猛、猛库两坝	39.17%	督导员报千余人，在猛库及文祥有1300人，亦称蒙化子
	佧佤	7200	云山、得胜、复兴等乡	19.15%	督导员报约4000人
	倮黑	5000	各乡镇山头	13.4%	督导员估计。县府未列有此种人
	濮曼	2800	云山、猛库、复兴等乡	7.47%	督导员估计2000余人
	僰人	2500	永定、库猛[②]等地	6.7%	督导员估计约5000人
蒙化县	二种	30100	除文华镇外，各乡镇均有	23.66%	
	倮倮	30000	除文华镇外，其他16乡镇均有，散居四山	23.58%	督导员估计
	苗人	100	居南方无量山中	0.08%	20余户
耿马设治局	七种	9070	全区各乡镇	90.7%	全区人口未调查完竣，兹暂估计为10000人
	僰人	7200	分布勐撒、猛永、勐简、耿马、景信各平坝内	72%	
	倮倮	500	多住各山头	5%	
	佧佤	500	东坡、勐简诸地	5%	

① 太恒，本文又作“大恒”。——编者
② 库猛，疑为“猛库”之误。——编者

续表

地名	边民种类	人数	分布概况	占全县人口之百分比	备考
	崩龙	400	分布于四山林间	4%	
	伉人	250	住耿马镇属之山脚	2.5%	当地人称老伉
	山头	120	住耿马镇附近山林间	1.2%	
	傈僳	100	住芝乃山附近，称蒙化子	1%	县府呈原册未填人数，兹暂估计为100人
腾冲县	六种	暂缺	以下两县六设治区均无确切调查数字，但据私人估计		
	僰人	暂缺	河西乡之上等马、下等马、线多、永乐、猛连、那读、上蛮别、下蛮别、猛宋、沙沟，及明蛮乡之坝派、曩烟，鹤麟乡之蛮冷、蛮布、遮坎、曩向、蛮换、旧城、困坡、小官、支那等21寨		《命名表》谓本县有倡些
	山头	暂缺	鹤麟乡之平厂、弄颇、广令、户拉、帕欠、小猛豹、帕撒、朋角、李家山、七家、干沟、蛮石、崩董、盘总、高田、芦山、老马靠、丙外、猛外、马鹿塘等寨		
	傈僳	5000	缅箐、明朗、河西、古永、盏西、明光、滇滩、上那隘各地半山间		江应樑氏估计
	本人	1000	河西乡之猛洪、明朗乡之甘蔗寨、清水乡之汪家寨等处（梁河境与本县相连之孙家寨、长寨、小青木寨，据局署中明现已不属梁河）		当地称卡拉，连梁河境合计共约300户
	阿昌	暂缺	河西乡之猛来、别洞、户士、帕街等地		
	崩龙	暂缺	河西乡之二鼓城白路头		
龙陵县	二种	4000	县东北		
	僰人	3000	潞江乡		因户口册遗失，无法知确数，兹暂从该县私人口述情形估计
	傈僳	1000	潞江、平安、象达等三乡镇		江应樑氏调查估计
泸水设治局	四种	14845	分布全境	94.61%	
	傈僳	10041	老窝土司境（怒江东岸北段）6400人，卯照土司（怒江西岸中段）1400人，六库土司境880人，鲁掌土司境645人，登梗土司境71人	64%	县府初呈补正册为8400人

续表

地名	边民种类	人数	分布概况	占全县人口之百分比	备考
	民家	3727	六库土司境内3527人，老窝土司境内200人	23.74%	
	傈僳	957	鲁掌土司境内（怒江西岸中段）	6.1%	
	山头	120	鲁掌、登梗两境及与片马接界之山中	0.77%	
梁河设治局	四种	23250	分布全区		据江应樑氏调查估计
	僰人	12000	分布小陇川、萝布坝、盏西乡、遮岛镇		据龚土司言，全境汉人、摆夷共约30000人，汉人占十分之六，但局署填报为10000人
	山头	10000	分布石婆坡、王子树、盏西等处		据本会常委江应樑氏调查，全境汉人最多，摆夷比之山头又次之，但署局估计15000人恐太多
	阿昌	1000	分布大厂镇附近及东山一带		局署估计
	傈僳	250	分布东、西两山		
盈江设治局	五种	32050			据江应樑氏调查估计
	僰人	17500	千崖[①]土司境约14000人，户撒[②]土司境约3500人		干崖汉、僰合计20000人，汉人占30%，僰人占70%，僰占第一位
	山头	6500	分布干崖土司境内各山地		干崖汉人照前估计为6000人，占第三位，则山头占第二位，应为6500人
	阿昌	4500	分布户撒土司境内		占第四位
	傈僳	3000	分布干崖境内各山地		
	崩龙	550	分布干崖境内各山地		
莲山设治局	三种	20250			局署呈报
	僰人	10000	自龙骨山麓沿大盈江岸莲山、太平、蛮允三镇坝区直至古坝、竹隘地均有分布		
	山头	10000	自猛典至红蚌河沿野人山居住		
	傈僳	250	居万仞、巨石两关及太平镇山地		
陇川设治局	五种	18674			本册所采僰人、山头、崩龙、阿昌四种数字，系抄二十四年呈报数填列

① 千崖，当为“干崖”之误。——编者
② 户撒，当为“户撒”之误。——编者

续表

地名	边民种类	人数	分布概况	占全县人口之百分比	备考
	僰人	7120	境内平坝中		据江应樑氏调查估计为7074人
	山头	5220	境内各山区		据江应樑氏调查估计为10000人
	傈僳	600	境内山箐中		二十四年该局呈报边民未列此族，此数系据江应樑氏调查估计
	崩龙	540	境内各山地		
	阿昌	525	亦称小山野人，为山头之别支		
潞西设治局	四种	29716	该局边民数字，系据二十四年呈报数填列，当时人口总数系39618人		
	僰人	19809	境内各平坝中		
	山头	5945	遮放土司境内各山中		
	崩龙	2377	境内各山地		
	傈僳	1585	境内各山地		
瑞丽设治局	四种	17751	该局边民数字，系根据二十四年呈报数填列，当时全局人口总数为21090人		
	僰人	10683	境内平坝中		
	山头	4072	境内各山中		
	阿昌	1984	境内各山地		
	傈僳	1012	境内各山地		
丽江县	六种	19567	边区各县	15.96%	
	麽些[1]	17000	分布丽南、鲁桥、巨甸、大东、宝山、九河等乡	14.75%	
	民家	1500	分布邻近剑川之九河乡及与鹤庆坝相连之丽南乡	1.3%	
	傈僳	920	分布鲁桥、巨甸、宝山等乡	0.8%	
	倮倮	63	分布仁瑞、大东等乡	0.06%	此数恐太少
	巴苴	58	分布大东、宝山、鲁桥等乡	0.05%	同右
	苗人	26	分布鲁桥、巨甸等乡	0.02%	同右
中甸县	四种	28004	全县各乡	84.63%	
	估倧[2]	14359	分布全甸、宜旺两乡（即大小中甸、坭西、格咱四境）	43.5%	据县府呈补正册及居民概况调查表填列此数，督导员估计则为10000人
	麽些	10000	分布三坝、木笔、吾车、良美四乡，以三坝乡为多	30.03%	

① 麽些，本文又作“摩些”。——编者
② 估倧，本文又作“古宗”。——编者

续表

地名	边民种类	人数	分布概况	占全县人口之百分比	备考
	傈僳	1874	住江边各乡之山上，与夷人杂居	5.4%	据居民概况调查表，无傈僳，但有苗人1874人，而据各方调查又有傈僳，疑系称谓之误，因本区其他各县局均无苗人分布也
	倮倮	1771	江边各乡与大小中甸接界之山上	5.4%	据县政府呈居民生活状况调查表为1771人
维西县	七种	33000	分布于全县各乡	85%	
	傈僳	16000	居城永、化普、共济、康普、叶枝、攀阁各乡山间	45.6%	据本会特约干事调查更正为16000人，县府补正册填8000人，但一般均认本县以傈民为主，人数在10000以上
	麽些	7000	城永、化普、共济、康普、叶枝、攀阁、宗普等乡	18.7%	县府补正册填8000人，本会特约干事调查估计6000人
	估倧	6500	奔栏乡全部，宗普乡及叶枝乡之一部	16%	县府补正册填6000人，本会特约干事调查估计7000人
	民家	1500	康普、共济、化普各乡	1.67%	县府补正册填3000人，本会特约干事调查为1000人
	巴苴	1500	城永、化普、攀阁、宗普各乡	1.67%	同右
	俅人	400	城永乡之博比村，及共济乡之沙比洛阿木大瓜别都等处	1.17%	县府补正册为100人，本会特约干事调查为400人
	倮倮	100	城永乡第九保	0.3%	县府补正册未列，本会特约干事调查为100人
鹤庆县	三种	52600	全县各乡镇	63.03%	
	民家	51200	全县各乡镇	61.31%	
	倮倮	800	松鹤镇之东山、北邑、北山	1%	县府报作柏色，督导员报作北夷，疑系白夷之误
	倮黑	600	庆云镇之三场教，积福乡之黑泥哨，太和乡之大马厂，普庆乡东山之罗木盘、西山之大坪、洒须、安龙坝、沙子坪、东西登、小甸尾诸地	0.72%	
剑川县	二种	53130	全县各乡镇		全县人口为46831人
	民家	52830	全县各乡镇		
	倮黑	300	老君山麓桃树村及栗子坪一带		

续表

地名	边民种类	人数	分布概况	占全县人口之百分比	备考
兰坪县	七种	39770	全县各乡镇	91.66%	
	民家	17000	居金顶、上兰、通甸、拉井、营盘、免峨[1]等乡镇称民家者12500人（督导员报10500人），居维登高山中排石登、石宝、营盘、拉井等乡称喇马者4500人（据督导员报，县府未列）	33.64%	
	傈僳	9320	居沧江两岸之维登、高山、中排、石登、石宝、营盘、兔峨、通甸、兴仁等乡镇	19.62%	督导员报3500户11200口
	百子	9100	分布于高山、乡登、石登、石宝、中排、营盘等乡镇，与汉人及傈僳杂居	19.2%	督导员未列报
	巴苴	2800	居通甸、兴仁、石登等乡镇	5.96%	亦称西番
	怒人	800	居兔峨镇	1.67%	督导员报720人
	倮倮	400	居通甸、上兰、营盘、金顶等乡镇之高山上	0.84%	督导员未列报
	山头	350	寄居通甸、上兰、金顶、营盘四乡镇之高山上	0.73%	县府未列报，督导员报称野人
华坪县	6种	10449	全县各乡	26.56%	
	倮倮	5000	以西北边境接近盐边、永胜各地较多	15%	据华坪人陶逸估计
	傈僳	4215	散居各乡镇	2.73%	亦作劳娄，共计843户
	僰人	585	散居天马、膏泽、竹屏、福泉等乡镇	1.77%	共计107户
	苗人	426	散居各乡镇	1.3%	共计84户
	麽些	210	散居七连、玉鹿两乡	0.66%	
	巴苴	33	散居七连、新邦、玉鹿三乡	0.1%	
永胜县	六种	28393	除永海、金官、中洲、德义、光华、青水六乡镇外，其他各乡均有	26.15%	
	傈僳	18953	散处北胜、义和、顺洲、云山、金江、片达、仁里、德义各乡镇	18.24%	据特约干事调查估计，傈僳、倮倮、摆夷合计约29000人，则倮倮数约9000人未免太多，兹估计为3000人
	僰人	920	散居仁里镇	0.89%	
	倮倮	8000	散居东北凉山	6.52%	8000人之数系陶逸估计，余均由县府查报
	巴苴	225	散居北胜、义和两乡	0.21%	
	摩些	180	居义和乡	0.18%	
	苗人	115	散居仁里镇	0.11%	
德钦设治局	二种	5017			全区人口为5017人

①免峨，疑为“兔峨”之误。——编者

续表

地名	边民种类	人数	分布概况	占全县人口之百分比	备考
	估倧	4317	居云岭、佛山、燕门三乡，升平镇亦有少数		
	摩些	700	澜沧江沿岸		据特约干事调查估计1000人，局署未列报
福贡设治局	二种	14984	全区各乡	94.2%	
	傈僳	10899	分布全区四乡各保甲山村	68.5%	
	怒人	4085	分布章化乡第二、第九两保，龙马乡第一保，定边乡第六保，普利乡第二保、第四保，与傈僳杂居	25.7%	督导员报全区人口15193人（县图载15919人），怒子占30%
贡山设治局	四种	9209	分布于全区	90.31%	
	傈僳	4752	住茨开、菩拉两乡	46.6%	
	怒人	2587	住达拉乡，与古宗杂处	25.36%	
	俅人	1406	住求江沿岸孟顶乡（在高丽贡山以西）	13.8%	
	估倧	464	怒江上游之达拉乡	4.55%	
碧江设治局	四种	12100	全区各乡	96.6%	
	傈僳	6000	分布于嘉禾、理悟、普乐等三乡	48.4%	据督导员报全区人口约计11673人，傈僳约占十分之四（约4668人），怒子约占十分之二（约2334人），民家约占十分之一（约1167人），那吗约占十分之二（约2334人），勒墨与汉人占十分之一点五，与局署所报有出入
	怒人	3500	分布于沿江各乡	28.2%	
	百子	1400	分布怒江西岸之金满乡	11.3%	
	民家	1200	分布普乐乡	9.7%	
宁蒗设治局	七种	21450	分布全区各地		
	倮倮	15000	分布全属四周高山		黑夷占十分之一，白夷占十分之九，局署估计约5万至7万人，恐估计太高，华坪人陶逸估计为10000余人，兹以15000人计
	巴苴	3000	分布于平原、半山地带		

续表

地名	边民种类	人数	分布概况	占全县人口之百分比	备考
	麼些	2500	分布于平原、半山地带		
	傈僳	400	住金沙江边		
	仲家	350	住江边较热地带		
	估倧	100	居接邻中甸之半山地带		
	苗人	100	住高山地带		
河口对汛区	十五种	24948	分布全区各汛	81.25%	
	傜人	4507	分布坝洒、那发、新店[①]、老卡、南溪等地	14.54%	
	窝伲	4438	分布坝洒、那发两地	14.3%	
	沙人	3866	分布坝洒、那发、南溪等地	12.45%	
	侬人	3396	分布坝洒、新甸、老卡、南溪等地	12.09%	
	苗人	3133	分布坝洒、那发、新甸、老卡等地	10.1%	
	僰人	2243	分布那发、新甸两地	6.91%	
	仆喇	1358	分布坝洒、新甸、老卡等地	4.38%	
	普儿	844	分布那发对汛区	2.72%	督导员报列作普恩
	倮倮	597	同右	1.92%	督导员报列作倮蔑
	苦葱	160	同右	0.5%	
	土僚	125	分布老卡对汛区	0.4%	
	劳乌	91	分布那发对汛区	0.29%	
	母儀	84	同右	0.27%	
	喇鸡	56	分布于老卡对汛区	0.18%	
	保蔑	50	分布于那发对汛区	0.16%	亦作保也[②]，或作保蔑
麻栗坡对汛区	八种	63054	全区各汛	51.85%	
	苗人	19350	分布各汛区崇山峻岭间，以天保汛之猛茨乡及董干汛之者林、古竹等地较多	15.85%	督办署呈补正册填18320人
	侬人	18320	分布于麻栗坡街、攀枝花街及牛羊河、八布河、盘龙河、南利河两岸近水地带	15%	
	倮倮	6100	分布于董干汛及攀枝花汛之杨万乡与田蓬汛之上钨乡	5%	督导员呈报为6456人
	土僚	6000	分布于麻栗坡镇、猛硐乡、坪马乡等地	5%	督导员呈报为15945人
	傜人	6000	全区各汛均有，住箐深林密之地，以天保汛之猛茨及大南两乡与攀枝花汛之达咩乡为最多	5%	督导员呈报为6192人

① 新店，本文又作“新甸”。——编者
② 倮也，疑为“倮乜”之误。——编者

续表

地名	边民种类	人数	分布概况	占全县人口之百分比	备考
	沙人	3664	多分布于麻栗坡镇坪马乡及攀枝花汛之崇普、金禾二乡、董干汛之官渡乡	3%	督导员呈报为3480人
	僰人	2420	分布于天保、田莲两汛，以才利乡较多	2%	督导员呈报为2530人
	喇鸡	1200	分布于天保、猛硐、茅坪等地，以保华、猛茨两乡较多	1%	督导员报2441人

云南省边民分布册（下编）

一、倮倮①

名称	人口数	分布概况	占全省人口之百分比	备考
倮倮	599684人		6.43%	古称卢（见《尚书》），亦称夷人，包括黑夷、白夷、乾夷三种，又称爨人，在本省各边民中分布地区最广，人口最多。有象形文字

分布人口达10000人以上者有下列18县局：

镇雄	61537	武定	50100
峨山	33552	蒙化	30000
禄劝	24100	石屏	21783
彝良	21000	保山	19000
楚雄	16450	景东	15300
牟定	15000	宁蒗	15000
双江	14300	姚安	13750
昆阳	12869	元江	12590
弥勒	11871	大姚	10285

分布人数在1000人以上未满10000人者有下列50县局：

新平	9983	盐丰	9627
蒙自	8476	寻甸	8332

① 此级标题为编者所加。后同。——编者

续表

永胜	8000	昭通	6250
麻栗坡	6100	文山	5700
鲁甸	5297	邱北	5100
昆明	5000	宣威	5000
镇南	5000	华坪	5000
泸西	4723	华宁	4723
路南	4476	凤仪	4426
广通	4207	永善	4000
永仁	3850	师宗	3800
砚山	3619	个旧	3142
建水	3070	云县	2900
罗次	2700	玉溪	2688
易门	2620	江城	2575
屏边	2390	马关	2337
镇康	2300	龙武	1830
罗平	1800	中甸	1771
大关	1700	富民	1671
墨江	1630	禄丰	1543
双柏	1520	宾川	1500
曲溪	1500	陆良	1312
亓远	1300	平彝	1200
广南	1130	富宁	1109
元谋	1000	祥云	1000

分布人数在100人以上未满1000人者有下列21县局：

泸水	957	洱源	800
鹤庆	800	安宁	730
露益	675	宁洱	600
河口	597	金平	589
马龙	538	宜良	500
兰坪	400	巧家	341
西畴	340	云龙	320
缅宁	300	澂江	200
通海	200	景谷	200
威信	123	维西	100
耿马	100		

分布人数未满100人者有下列4县局：

丽江	63	思茅	56
曲靖	50	嵩明	37

分布人数未据调查报告不知其详者有盐兴1县。

二、民家

名称	人口数	分布概况	占全省人口之百分比	备考
民家	281236人		3.02%强	亦作明家或名家，在维西者又称那吗

分布人数在10000人以上者有下列9县局：

大理	55165	剑川	52830
鹤庆	51200	凤仪	22714
祥云	20000	兰坪	17000
邓川	16000	洱源	15000
宾川	11000		

分布人数在1000人以上未满10000人者有下列10县局：

泸水	3727	元江	2950
漾濞	2200	昆明	2000
维西	1500	丽江	1500
邱北	1300	云龙	1250
碧江	1200	镇南	1200

分布人数不满1000人者有下列3县局：

文山	800	平彝	500
通海	200		

三、僰人

名称	人口数	分布概况	占全省人口之百分比	备考
僰人	262087人		2.81%	古称濮（见《尚书》），又称白衣（见《经世大典》《招捕录》），俗称摆夷，有花腰、水摆、旱摆之分。《命名表》改正作摆夷，今作僰人。有拼音文字

分布人数达10000人以上者有下列12县局：

澜沧	25000	车里	23000
景谷	18000	盈江	17500
南峤	15000	缅宁	15000
璐西[①]	19809	佛海	12881
梁河	12000	镇越	11899
瑞丽	10683	莲山	10000

分布人数在1000以上未满10000者有下列28县局：

镇康	8700	元江	7862
耿马	7200	陇川	7120
沧源	7000	新平	7000
文山	4800	宁江	4800
马关	3811	石屏	3770
景东	3400	昌宁	3263
龙陵	3000	六顺	2814
双江	2500	保山	2500
麻栗坡	2420	思茅	2255
河口	2243	镇沅	2200
大姚	1832	江城	1772
泸西	1740	峨山	1658
金平	1579	建水	1535
永仁	1500	蒙自	1302

分布人数不满1000人者有下列13县局：

永胜	920	宁蒗	870
屏边	756	弥勒	750

① 璐西，当为“潞西”之误。——编者

续表

武定	680	墨江	640
云县	600	华坪	585
开远	400	巧家	360
通海	250	双柏	130
华宁	72		

分布人数不详者有下列2县：

顺宁		腾冲	

四、苗人

名称	人口数	分布概况	占全省人口之百分比	备考
苗人	136653人		1.46%强	古称髦（见《尚书》），有黑苗、白苗、花苗三种。有拼音文字

人数在10000以上者有下列4县1区①：

彝良	25000	麻栗坡	19350
马关	17405	镇雄	11900

人数在1000人以上未满10000人者有下列27县：

禄劝	8150	盐津	5000
镇沅	4800	砚山	3982
路南	3907	屏边	3780
蒙自	3741	西畴	3648
文山	3500	河口	3133
个旧	3020	永善	3000
石屏	2745	泸西	2370
弥勒	2058	开远	2005
昭通	1835	景东	1800
富宁	1700	邱北	1664

① 表中只列有4县，不见1区。原文如此。——编者

续表

保山	1648	广南	1450
威信	1353	寻甸	1333
大关	1330	绥江	1000
金平	1000		

人数不满1000者有下列26县局：

罗次	900	巧家	706
鲁甸	589	富民	546
华坪	426	武定	338
师宗	300	华宁	286
禄丰	253	永平	217
嵩明	186	盐丰	168
安宁	163	六顺	146
宣威	120	永胜	115
宜良	105	漾濞	102
昆明	100	澂江	100
蒙化	100	宁蒗	100
霑益	80	镇康	70
马龙	38	丽江	26

人数不详者有顺宁1县。

五、窝伲

名称	人口数	分布概况	占全省人口之百分比	备考
窝伲	138297人		1.34%强	有黑、白两种。黑窝伲又称布都，白窝伲又称毕约，亦有不加区别但称窝伲者

分布人数在10000以上者有下列6县：

墨江	29159	元江	23350
景东	15300	屏边	15120
金平	15032	建水	12800

分布人数在1000以上未满10000者有下列8县：

蒙自	6233	河口	4438
个旧	3380	石屏	2800
峨山	2725	宁蒗	2610
江城	1416	宁洱	1410

分布人数未满1000者有下列6县：

镇沅	920	新平	610
双柏	425	龙武	360
通海	150	思茅	58

六、沙人

名称	人口数	分布概况	占全省人口之百分比	备考
沙人	127728人		1.37%强	

人数在10000以上者有下列4县：

富宁	39000	邱北	23184
广南	17220	泸西	13601

人数在1000以上未满10000者有下列8县局：

砚山	7266	师宗	6400
马关	6204	河口	3866
麻栗坡	3664	罗平	3000
路南	1562	屏边	1134

人数不满1000者有下列4县：

弥勒	705	金平	527
蒙自	225	镇越	80

七、傈僳

名称	人口数	分布概况	占全省人口之百分比	备考
傈僳	111632人		1.2%弱	亦作黎苏或劳步，又称乃栗。有英国传教士傅能仁（J. O. Fraser），一说系美教士汉森（Hansen）所创之文字（字母用拉丁文字母）

分布人数在10000以上者有下列4县：

永胜	18953	维西	16000
福贡	10899	泸水	10042

分布人数在1000以上未满10000者有下列15县局：

兰坪	9320	碧江	6000
保山	5000	腾冲	5000
贡山	4753	华坪	4215
武定	4000	大姚	3107
盈江	3000	中甸	1874
潞西	1585	宾川	1500
永仁	1200	瑞丽	1012
龙陵	1000		

分布人数未满1000者有下列10县局：

丽江	920	陇川	600
耿马	500	宁蒗	400
莲山	250	梁河	250
禄劝	150	漾濞	120
永平	49	禄丰	35

八、侬人

名称	人口数	分布概况	占全省人口之百分比	备考
侬人	88714人		0.92%	《命名表》谓泸西县有之，兹未据报

分布人数在10000以上者有下列4县：

广南	19650	麻栗坡	18320
马关	17575	砚山	14532

人数在1000以上未满10000者有下列5县区：

文山	6800	西畴	5886
河口	3396	蒙自	1317
屏边	1134		

人数未满1000人者有下列3县：

开远	700	弥勒	204
师宗	200		

九、倮黑

名称	人口数	分布概况	占全省人口之百分比	备考
倮黑	53573人		0.56强	《命名表》谓顺宁、镇康亦有之

澜沧	30000	缅宁	7000
双江	5000	沧源	4000
邓川	2108	南峤	1357
佛海	680	鹤庆	600
云县	500	宁江	500
剑川	300	车里	300

十、濮喇

名称	人口数	分布概况	占全省人口之百分比	备考
濮喇	45518人		0.49%	亦作濮拉。《命名表》谓建水、石屏、峨山、泸西、师宗等县有之

人数在1000以上者有下列8县区：

屏边	9450	砚山	8002
开远	7662	马关	6949

续表

蒙自	4305	文山	4100
河口	1538	广南	1145

人数不满1000者有下列5县：

元江	890	金平	515
新平	390	西畴	289
路南	173		

十一、山头

名称	人口数	分布概况	占全省人口之百分比	备考
山头	42227人		0.45%强	缅人称之为开钦，亦作喀钦，又称青颇，又称野人，有大山、小山、茶山、浪速之分

梁河	10000	莲山	10000
盈江	6500	潞西	5945
陇川	5220	瑞丽	4072
兰坪	350	耿马	120
泸水	120	腾冲	

十二、土僚

名称	人口数	分布概况	占全省人口之百分比	备考
土僚	39892人		0.42%强	

蒙自	12225	文山	8200
麻栗坡	6000	马关	4538
砚山	2898	开远	2306
河西	2306	邱北	200
河口	125		

十三、摩些

名称	人口数	分布概况	占全省人口之百分比	备考
摩些	37890人		0.4%强	亦作摩娑，自称拿喜。有象形文字

丽江	17000	中甸	10000
维西	7000	宁蒗	2500
德钦	1000	永胜	180

十四、佧佤

名称	人口数	分布概况	占全省人口之百分比	备考
佧佤	37760人		0.4%强	有熟佧、野佧之分

澜沧	22000	沧源	8000
双江	7200	耿马	500
镇康	35	南峤	25

十五、傜人

名称	人口数	分布概况	占全省人口之百分比	备考
傜人	33968人		0.37%弱	《命名表》谓文山有傜人

人数在1000人以上者有下列11县区：

麻栗坡	6000	马关	4987
河口	4507	屏边	3780
龙武	2840	砚山	2412
镇越	1632	蒙自	1427
富宁	1390	邱北	1300
元江	1120		

人数不满1000者有下列6县：

广南	871	金平	834
江城	417	墨江	170
思茅	153	西畴	134

十六、撒尼

名称	人口数	分布概况	占全省人口之百分比	备考
撤尼[①]	26860人		0.29%弱	

路南	19542	泸西	2588
陆良	3960	邱北	460
宜良	320		

十七、估宗

名称	人口数	分布概况	占全省人口之百分比	备考
估宗	25682人		0.28%弱	普通作古宗，自称蛮家，今从《命名表》。文用藏文

中甸	14359	维西	6500
德钦	4317	贡山	406
宁蒗	100		

十八、百子

名称	人口数	分布概况	占全省人口之百分比	备考
百子	23509人		0.25%强	亦称僰子，或称白儿子，又称勒墨

昆明	10000	兰坪	9100
保山	2300	碧江	1400
安宁	790		

十九、散民

名称	人口数	分布概况	占全省人口之百分比	备考
散民	20100人		0.21%强	或作撤梅[②]，又作撤弥[③]

昆明	20000	呈贡	100

① 撤尼，当为“撒尼”之误。——编者
② 撤梅，当为“撒梅”之误。——编者
③ 撤弥，当为“撒弥”之误。——编者

二十、阿佧

名称	人口数	分布概况	占全省人口之百分比	备考
阿佧	19764人		0.21%弱	亦称阿卡

澜沧	11000	佛海	3302
镇越	2280	车里	1350
南峤	1232	宁江	600

二十一、本人

名称	人口数	分布概况	占全省人口之百分比	备考
本人	18727人		0.2%强	在腾冲者称佧拉

镇康	13400	景东	3600
镇越	1550	腾冲	1000
六顺	127	宜良	50
顺宁			

二十二、佧堕

名称	人口数	分布概况	占全省人口之百分比	备考
佧堕	15932人		0.16%	

墨江	10123	新平	3300
江城	1729	镇沅	450
元江	330	宁洱	

二十三、濮曼

名称	人口数	分布概况	占全省人口之百分比	备考
濮曼	13973人		0.16%弱	亦作蒲满，或作蒲蛮

南峤	4182	佛海	2851
双江	2800	澜沧	1800
车里	800	景谷	450
宁江	400	镇越	350
镇康	300	思茅	180
墨江	160	缅宁	100

二十四、㑩㑼

名称	人口数	分布概况	占全省人口之百分比	备考
㑩㑼	11875人		0.13%	《命名表》谓文山、开远、建水、石屏、峨山、河西等县有之

个旧	7313	马关	2654
蒙自	1532	金平	312
河口	84		

二十五、怒人

名称	人口数	分布概况	占全省人口之百分比	备考
怒人	10172人		0.11%弱	《命名表》谓维西、泸水有之

福贡	4805	碧江	3500
贡山	2587		

二十六、阿昌

名称	人口数	分布概况	占全省人口之百分比	备考
阿昌	8309人		自阿昌以下59种合计占0.51%	亦作峨昌，《命名表》谓保山、龙陵有之

盈江	4500	瑞丽	1984
梁河	1000	陇川	525
云县	300	腾冲	

二十七、阿细

名称	人口数	分布概况	占全省人口之百分比	备考
阿细	7861人			

路南	7816	宜良	45

二十八、巴苴

名称	人口数	分布概况	占全省人口之百分比	备考
巴苴	7558人			

宁蒗	3000	兰坪	2800
维西	1500	永胜	225
华坪	33		

二十九、崩龙

名称	人口数	分布概况	占全省人口之百分比	备考
崩龙	5020人			亦称崩竜

潞西	2377	瑞丽	1000
盈江	550	陇川	540
耿马	400	镇越	130
镇康	30	顺宁	
腾冲			

三十、子君

名称	人口数	分布概况	占全省人口之百分比	备考
子君				亦作子荆、子鹃，又作千间

昆明	5000

三十一、乡坛

名称	人口数	分布概况	占全省人口之百分比	备考
乡坛	4336人			亦作香谈，又作乡唐

澜沧	2000	镇越	1546
景谷	350	思茅	300
缅宁	100	镇康	40

三十二、糯比

名称	人口数	分布概况	占全省人口之百分比	备考
糯比	4300人			

元江	2900	新平	1400

三十三、山苏

名称	人口数	分布概况	占全省人口之百分比	备考
山苏	4052人			

武定	1300	峨山	1232
新平	840	元江	680

三十四、喇鸡

名称	人口数	分布概况	占全省人口之百分比	备考
喇鸡	3759人			

马关	2503	麻栗坡	1200
河口	56		

三十五、白皮子

名称	人口数	分布概况	占全省人口之百分比	备考
白皮子	3427人			

泸西	3427

三十六、仲家

名称	人口数	分布概况	占全省人口之百分比	备考
仲家	3350人			《命名表》说明昭通、曲靖有之

罗平	3000	宁蒗	350

三十七、蒙古

名称	人口数	分布概况	占全省人口之百分比	备考
蒙古	3176人			

河西	3176

三十八、孟武

名称	人口数	分布概况	占全省人口之百分比	备考
孟武	3091人			

西畴	3091

三十九、罗婺

名称	人口数	分布概况	占全省人口之百分比	备考
罗婺	2427人			亦作倮武。《命名表》谓大理、楚雄、保山、姚安有之

永平	1270	双柏	754
新平	400		

四十、苦葱

名称	人口数	分布概况	占全省人口之百分比	备考
苦葱	2032人			

元江	480	新平	460
金平	313	墨江	300
江城	270	河口	160
思茅	49		

四十一、俅人

名称	人口数	分布概况	占全省人口之百分比	备考
俅人	1806人			

贡山	1406	维西	400

四十二、伉人

名称	人口数	分布概况	占全省人口之百分比	备考
伉人	1786人			当地人称老伉

澜沧	1500	耿马	250
南峤	36		

四十三、两粤人

名称	人口数	分布概况	占全省人口之百分比	备考
两粤人	1740人			言语与沙人、黑衣人、天保人、龙安人相通，非普通之粤人

富宁	1740

四十四、劳乌

名称	人口数	分布概况	占全省人口之百分比	备考
劳乌	1722人			是否即罗婺待考

屏边	766	蒙自	480
新平	320	河口	160

四十五、奇地

名称	人口数	分布概况	占全省人口之百分比	备考
奇地	1649人			亦作七地，又作作备

江城	1349	墨江	300

四十六、西摸罗

名称	人口数	分布概况	占全省人口之百分比	备考
西摸罗	1601人			当地又称独角

墨江	880	江城	601
元江	120		

四十七、四块瓦

名称	人口数	分布概况	占全省人口之百分比	备考
四块瓦	1600人			

泸西	1600

四十八、客人

名称	人口数	分布概况	占全省人口之百分比	备考
客人	1500人			

富宁	1500

四十九、麻黑

名称	人口数	分布概况	占全省人口之百分比	备考
麻黑	1493人			

宁洱	1200	江城	152
景谷	100	思茅	41

五十、攸乐

名称	人口数	分布概况	占全省人口之百分比	备考
攸乐	1489人			

车里	1300	思茅	189

五十一、阿车

名称	人口数	分布概况	占全省人口之百分比	备考
阿车	1480人			

双柏	1330	墨江	150

五十二、黑衣人

名称	人口数	分布概况	占全省人口之百分比	备考
黑衣人	1470人			

富宁	1470

五十三、扯苏

名称	人口数	分布概况	占全省人口之百分比	备考
扯苏	1256人			新平原报作车苏，另有山苏840人，见前。是否与山苏同族待考

双柏	886	新平	390

五十四、崩子

名称	人口数	分布概况	占全省人口之百分比	备考
崩子	1200人			

澜沧	1200

五十五、墨槎

名称	人口数	分布概况	占全省人口之百分比	备考
墨槎	1171人			

路南	1171

五十六、天保人

名称	人口数	分布概况	占全省人口之百分比	备考
天保人	1090人			广西称为僮人。僮，读撞，僰人之一支

富宁	1090

五十七、那密

名称	人口数	分布概况	占全省人口之百分比	备考
那密	1006人			亦作列密，又作那密

云县（作列密）	500	墨江（作那密）	200
江城	200		

五十八、水人

名称	人口数	分布概况	占全省人口之百分比	备考
水人	900人			姑将水西、水户合计，是否同族待考

彝良（称水西）	800	平彝（称水户）	100

五十九、喇游

名称	人口数	分布概况	占全省人口之百分比	备考
喇游	896人			

马关	896

六十、普儿

名称	人口数	分布概况	占全省人口之百分比	备考
普儿	844人			

河口	844

六十一、缅人

名称	人口数	分布概况	占全省人口之百分比	备考
缅人	800			

澜沧	800

六十二、黑普

名称	人口数	分布概况	占全省人口之百分比	备考
黑普	710人			

新平	710

六十三、米里

名称	人口数	分布概况	占全省人口之百分比	备考
米里	550人			

新平	550

六十四、黄倮

名称	人口数	分布概况	占全省人口之百分比	备考
黄倮	520人			亦称罗果

镇沅	520

六十五、阿马

名称	人口数	分布概况	占全省人口之百分比	备考
阿马	504人			

泸西	504

六十六、阿折

名称	人口数	分布概况	占全省人口之百分比	备考
阿折	468人			是否阿车待考。有谓该县无阿折者

路南	468

六十七、白壳

名称	人口数	分布概况	占全省人口之百分比	备考
白壳	430人			

镇沅	430

六十八、阿梭

名称	人口数	分布概况	占全省人口之百分比	备考
阿梭	400人			

元江	400

六十九、后路卡老

名称	人口数	分布概况	占全省人口之百分比	备考
后路卡老	348人			

江城	348

七十、大头人

名称	人口数	分布概况	占全省人口之百分比	备考
大头人	312人			

思茅	257	六顺	55

七十一、阿木

名称	人口数	分布概况	占全省人口之百分比	备考
阿木	300人			

墨江	300

七十二、阿客

名称	人口数	分布概况	占全省人口之百分比	备考
阿客	257人			

车里	100	镇越	100
佛海	57		

七十三、阿肋

名称	人口数	分布概况	占全省人口之百分比	备考
阿肋	225人			是否有此族待考

路南	225

七十四、倮缅

名称	人口数	分布概况	占全省人口之百分比	备考
倮缅	210人			亦作倮乜，有作倮蔑，又名架彬。《命名表》谓元谋有之

禄劝	100	墨江	60
河口	50		

七十五、三达

名称	人口数	分布概况	占全省人口之百分比	备考
三达	200人			

车里	200

七十六、补角

名称	人口数	分布概况	占全省人口之百分比	备考
补角	150人			是否补孔待考

越镇[1]	150

七十七、昼子

名称	人口数	分布概况	占全省人口之百分比	备考
昼子	150人			

云县	150

①“越镇”，当为“镇越”之误。——编者

七十八、龙安人

名称	人口数	分布概况	占全省人口之百分比	备考
龙安人	129人			

富宁	129

七十九、罗谋

名称	人口数	分布概况	占全省人口之百分比	备考
罗谋	100人			

元江	100

八十、补夏

名称	人口数	分布概况	占全省人口之百分比	备考
补夏	100人			

车里	100

八十一、茶蛮

名称	人口数	分布概况	占全省人口之百分比	备考
茶蛮	100人			

镇越	100

八十二、密义

名称	人口数	分布概况	占全省人口之百分比	备考
密义	70人			

禄劝	70

八十三、那路

名称	人口数	分布概况	占全省人口之百分比	备考
那路	70人			

墨江	70

八十四、老品

名称	人口数	分布概况	占全省人口之百分比	备考
老品	24人			

南峤	24

八十五、莫沙

名称	人口数	分布概况	占全省人口之百分比	备考
莫沙	14人			僰人之一种。一说有34人

思茅	14

八十六、合计

合计	2327351人	25%弱	

备考：

1. 本省回胞如昭通有25300人，巧家有142871人，镇雄5123人，蒙化10000人，邱北6130人，砚山3667人，陆良507人，大理约计2000人，武定2700人，文山1400人，中甸约计1000人，凤仪880人，南峤74人，宁洱870人（一说估占5%，约1000），宾川约计500人，华坪425人，石屏217人，昌宁385人，龙武155人，其他未报各属尚不在内，因情形与边民不同，故不列入。

2. 剑川、富宁、河口、宁蒗四属之边民人数，较各该属所报全县保甲户口数字为多，其原因或因边民数字太多，或系编保甲户口时对若干边民有遗漏，均待以后补正，其百分比亦暂不计算。

3. 据本会初步调查，镇越县有补夏200人，元江及墨江之坝溜乡有补孔，人数不详，但各该督导员及县府呈报，镇越只有补角而无补夏，元江、墨江则既无补孔亦无补角。

4. 据路南县政府报有墨槎1171人，分布东海子、舍色等地；有阿折468人，住圭山乡之宜政村；有阿肋225人，住禄丰、大村、板桥等地。但据熟习当地情形之李某言，该县并无墨槎、阿折两种边民，故存以待考。

5. 据三十二年度整编保甲户口统计，全省123属（腾冲、龙陵、潞西、梁河、盈江、莲山、陇川、瑞丽八属因沦陷未列入）共8911532人，加上二十九年调查腾龙边区八属392625人，全省合计131属，为9304187人，本册所列该边民占全省人口之百分比即以此项人数为标准。

中国少数民族人口统计资料

中央人民政府民族事务委员会编印

1951年9月

中国少数民族人口统计资料

说明：

全国各少数民族地区的工作，由于中央人民政府民族政策的正确领导，都很迅速地开展起来。因此，各方面为着今后工作更进一步的发展，迫切地要求供给关于民族情况的材料，尤其是关于人口统计数字的资料。

但是对于各民族的人口，大多是找不到统计数字，能找到的就是各种不同的估计数字。这些估计数字，是零星混乱的、残缺不全的、偏差很大的一些数字。这是整理编辑这本统计资料所遭遇到的实际困难情况。

这本统计资料，是由旧的书籍、期刊、报纸、政府公报、个别意见，许多零碎资料凑集起来的。只要某种资料稍有参考价值，我们就尽量采入。以地区来说，西北区的资料比较详细完整，中南区、东北区和华东区的资料比较缺乏，西南区的资料比较零星繁杂。这其中有些省、市、县，因为没有统计资料，就省略去了。各民族人口的总计数字，尽量采用最近的或稍有参考价值的估计数字，有时是由各省县的零星数字互加起来的。每种资料的来源，为着易于查考起见，均在各种表格的附记和说明栏内加以注释。

在编辑过程中，除了遇到统计数字上的困难外，同时因为材料的缺乏，还不能肯定地提出，我们国家到底有多少民族，哪些民族名称是正确的称呼？如同族异名、同音异族、各地区习惯上不同的称呼、本民族自己不同的自称等，这都需要以后进行更多的调查研究，才能确定的问题。目前本书列举出来的一些民族名称，一定有许多错误与遗漏。

肯定地说，这是一本不正确的和不完整的统计资料。在不可能找到正确的统计数字以前，能找到估计数字，虽然不正确，总比对各族人口毫无所知较好些。所以就决定编印这本小册子，以供各方面参考。希望由这一本不正确的统计资料，能引起各方面对少数民族的调查研究工作，提出较接近实际情况的修正数字，或者是正确的统计数字。

中国少数民族人口比较表

人口	民族名称
5000以下	攸乐族、奇地族、鄂伦春族、西摩罗族、乡坛族、通古斯族、车苏族、赫哲族、糯比族、喇奚族、俅族、列密族、缅人、仡佬族、雅库特族、米里族
5000—1万	乌孜别克族、怒族、索伦族、阿昌族、塔塔尔族
1万—5万	阿卡族、卡多族、蒙化族、布都族、撒拉族、锡伯族、俄罗斯族、俘儀族、碧约族、山苏族、密岔族、崩龙族、布孔族、塔吉克族、散民族
5万—10万	普拉族、土僚族、羌族、土族、柯尔克孜族、山头族、濮曼族
10万—20万	摩些族、高山族、东乡族、达呼尔族、沙人、倮黑族、佧瓦族
20万—40万	侬人、黎族、傈僳族、窝尼族、水家族、畲族
40万—100万	瑶族、民家族、僰（泰）族、哈萨克族、侗家族
100万以上	蒙古族、回族、藏族、维吾尔族、苗族、彝族、僮族、仲家族、朝鲜族

说明：满族、阿系族、仿僙族、莫家族、毕拉尔族、马涅克尔族、奇勒族等人口数字不详。

西南区

省别 / 人口及百分比 / 族别	四川省		云南省		贵州省		西康省		西藏		合计约数	
	人口	百分比	人口	百分比	人口	百分比	人口	百分比	人口	百分比	人口	百分比
蒙古族			4075				—		3000		7075	
回族	74403		243553		193600		20000		400		531956	
藏族	355000		61324				1000000		1000000		2416324	
苗族	260000		260125		2012057		7227				2539409	
彝族	370000		1178820		100000		1700000				3348820	
僮族					100000						10000	
仲家族			4645		1700000		—				1704645	
瑶族	41113		—								41113	
僰（泰）族	302		434904		4000						439206	
民家族			452922								452922	
佧瓦族			125205								125205	
窝尼族			202888								202888	
羌族	76428										76428	
摩些族			150318				34960				185278	
傈僳族			163013				44448				207461	
怒族			9384								9384	
俅族			721				—				721	
山头族			66740								66740	
倮黑族			142962								142962	
阿卡族			34333								34333	
阿系族			—								—	

续表

族别 \ 人口及百分比 \ 省别	四川省		云南省		贵州省		西康省		西藏		合计约数	
	人口	百分比	人口	百分比	人口	百分比	人口	百分比	人口	百分比	人口	百分比
喇奚族			625								625	
阿昌族			7173								7173	
侬人			247158		100000						347158	
沙人			143143								143143	
侗家族					200000						200000	
水家族					200000						200000	
伤僙族					—						—	
莫家族					—						—	
仡佬族	181		383		—						564	
土僚族			89095								89095	
濮曼族			53190								53190	
崩龙族			11500								11500	
普拉族			99847								99847	
卡多族			32595								32595	
攸乐族			4881								4481	
碧约族			16914								16914	
母儀族			18211								18211	
蒙化族			27707								27707	
布都族			24326								24326	
山苏族			14564								14564	
密岔族			12101								12101	
布孔族			11900								11900	
散民族			10000								10000	
乡坛族			1302								1302	
糯比族			833								833	
奇地族			2536								2536	
西摩罗族			1700								1700	
车苏族			1027								1027	
列密族			600								600	
缅人			600								600	
米里族			415								415	
云南省其他少数民族			422177								422177	
约计总数	1136314		4833550		4605657		2810635		1003400		14389556	
全省总人口	47626781		14291437		10207646		4000000		1003400		77129264	

说明：贵州省各民族人口数字，除回、苗依照贵州省人民政府统计数字外，其余各族人口数字，均根据西南民委会及中央访问团材料。

云南省

地区别	族别	人口数	约计总数	地区别	族别	人口数	约计总数
普洱专区	彝族	78070		普洱专区	回族	4542	
丽江专区		44960		丽江专区		3600	
蒙自专区		236923		蒙自专区		18939	
文山专区		41743		文山专区		6800	
武定专区		105491		武定专区		1643	
大理专区		154846		大理专区		34810	
保山专区		6330		保山专区		6659	
玉溪专区		139272		玉溪专区		24194	
楚雄专区		136058		楚雄专区		3891	
昭通专区		113700		昭通专区		48300	
宜良专区		47230		宜良专区		13620	
曲靖专区		53699		曲靖专区		52643	
省辖市、县		20493		省辖市、县		23912	
			1178820				243553
普洱专区	僰（泰）族	159373		普洱专区	民家族		
丽江专区		2100		丽江专区		204368	
蒙自专区		31209		蒙自专区		387	
文山专区		6638		文山专区		1600	
武定专区		4082		武定专区			
大理专区		5675		大理专区		229466	
保山专区		193877		保山专区		3800	
玉溪专区		25968		玉溪专区			
楚雄专区		4052		楚雄专区		3000	
昭通专区		360		昭通专区		4000	
宜良专区				宜良专区			
曲靖专区				曲靖专区		500	
省辖市、县		1570		省辖市、县		5801	
			434904				452922
普洱专区	佧佤族	113005		普洱专区	窝尼族	20340	
丽江专区				丽江专区			
蒙自专区				蒙自专区		173916	
文山专区				文山专区			
武定专区				武定专区			
大理专区				大理专区			
保山专区		12200		保山专区			
玉溪专区				玉溪专区		4827	
楚雄专区				楚雄专区		425	
昭通专区				昭通专区			
宜良专区				宜良专区			

续表

地区别	族别	人口数	约计总数	地区别	族别	人口数	约计总数
曲靖专区				曲靖专区			
省辖市、县				省辖市、县		3380	
			125205				202888
普洱专区	苗族	5820		普洱专区	麽些族		
丽江专区		4223		丽江专区		150318	
蒙自专区		54353		蒙自专区			
文山专区		77423		文山专区			
武定专区		15195		武定专区			
大理专区		2062		大理专区			
保山专区		1200		保山专区			
玉溪专区		2452		玉溪专区			
楚雄专区		2134		楚雄专区			
昭通专区		84576		昭通专区			
宜良专区		1800		宜良专区			
曲靖专区		5385		曲靖专区			
省辖市、县		3502		省辖市、县			
			260125				150318
普洱专区	傈僳族	1560		普洱专区	侬人		
丽江专区		103627		丽江专区			
蒙自专区				蒙自专区		11124	
文山专区				文山专区		236034	
武定专区		14375		武定专区			
大理专区		3593		大理专区			
保山专区		34751		保山专区			
玉溪专区				玉溪专区			
楚雄专区		5107		楚雄专区			
昭通专区				昭通专区			
宜良专区				宜良专区			
曲靖专区				曲靖专区			
省辖市、县				省辖市、县			
			163013				247158
普洱专区	沙人	500		普洱专区	倮黑族	134129	
丽江专区				丽江专区			
蒙自专区		8273		蒙自专区			
文山专区		108800		文山专区			
武定专区				武定专区			
大理专区				大理专区		3533	
保山专区				保山专区		5300	
玉溪专区				玉溪专区			
楚雄专区				楚雄专区			

续表

地区别	族别	人口数	约计总数	地区别	族别	人口数	约计总数
昭通专区				昭通专区			
宜良专区		24000		宜良专区			
曲靖专区				曲靖专区			
省辖市、县		1570		省辖市、县			
			143143				142962
普洱专区	山头族	3140		普洱专区	普拉族		
丽江专区		350		丽江专区			
蒙自专区				蒙自专区		66528	
文山专区				文山专区		33319	
武定专区				武定专区			
大理专区				大理专区			
保山专区		63250		保山专区			
玉溪专区				玉溪专区			
楚雄专区				楚雄专区			
昭通专区				昭通专区			
宜良专区				宜良专区			
曲靖专区				曲靖专区			
省辖市、县				省辖市、县			
			66740				99847
普洱专区	土僚族			普洱专区	瑶族	2400	
丽江专区				丽江专区			
蒙自专区		52752		蒙自专区		20169	
文山专区		35965		文山专区		18544	
武定专区				武定专区			
大理专区				大理专区			
保山专区				保山专区			
玉溪专区				玉溪专区			
楚雄专区				楚雄专区			
昭通专区				昭通专区			
宜良专区				宜良专区			
曲靖专区				曲靖专区			
省辖市、县		378		省辖市、县			
			89095				41113
普洱专区	阿卡族	34335		普洱专区	藏族		
丽江专区				丽江专区		61324	
蒙自专区				蒙自专区			
文山专区				文山专区			
武定专区				武定专区			
大理专区				大理专区			
保山专区				保山专区			

续表

地区别	族别	人口数	约计总数	地区别	族别	人口数	约计总数
玉溪专区				玉溪专区			
楚雄专区				楚雄专区			
昭通专区				昭通专区			
宜良专区				宜良专区			
曲靖专区				曲靖专区			
省辖市、县				省辖市、县			
			34335				61324
普洱专区	卡多族	28633		普洱专区	俅族		
丽江专区				丽江专区		721	
蒙自专区		516		蒙自专区			
文山专区				文山专区			
武定专区				武定专区			
大理专区				大理专区			
保山专区				保山专区			
玉溪专区		3446		玉溪专区			
楚雄专区				楚雄专区			
昭通专区				昭通专区			
宜良专区				宜良专区			
曲靖专区				曲靖专区			
省辖市、县				省辖市、县			
			32595				721
普洱专区	濮曼族	48903		普洱专区	攸乐族	4881	
丽江专区				丽江专区			
蒙自专区				蒙自专区			
文山专区				文山专区			
武定专区				武定专区			
大理专区		837		大理专区			
保山专区		3450		保山专区			
玉溪专区				玉溪专区			
楚雄专区				楚雄专区			
昭通专区				昭通专区			
宜良专区				宜良专区			
曲靖专区				曲靖专区			
省辖市、县				省辖市、县			
			53190				4881
普洱专区	碧约族	16900		普洱专区	侮僟族		
丽江专区				丽江专区			
蒙自专区				蒙自专区		10351	
文山专区				文山专区			
武定专区				武定专区			

续表

地区别	族别	人口数	约计总数	地区别	族别	人口数	约计总数
大理专区				大理专区			
保山专区				保山专区			
玉溪专区		14		玉溪专区			
楚雄专区				楚雄专区			
昭通专区				昭通专区			
宜良专区				宜良专区			
曲靖专区				曲靖专区			
省辖市、县				省辖市、县		7860	
			16914				18211
普洱专区	怒族			普洱专区	山苏族		
丽江专区		9384		丽江专区			
蒙自专区				蒙自专区		9574	
文山专区				文山专区			
武定专区				武定专区			
大理专区				大理专区			
保山专区				保山专区			
玉溪专区				玉溪专区		4990	
楚雄专区				楚雄专区			
昭通专区				昭通专区			
宜良专区				宜良专区			
曲靖专区				曲靖专区			
省辖市、县				省辖市、县			
			9384				14564
普洱专区	喇奚族			普洱专区	崩龙族		
丽江专区				丽江专区			
蒙自专区				蒙自专区			
文山专区		625		文山专区			
武定专区				武定专区			
大理专区				大理专区			
保山专区				保山专区		11500	
玉溪专区				玉溪专区			
楚雄专区				楚雄专区			
昭通专区				昭通专区			
宜良专区				宜良专区			
曲靖专区				曲靖专区			
省辖市、县				省辖市、县			
			625				11500
普洱专区	仲家族			普洱专区	阿系族		
丽江专区		407		丽江专区			
蒙自专区				蒙自专区			

续表

地区别	族别	人口数	约计总数	地区别	族别	人口数	约计总数
文山专区				文山专区			
武定专区		1188		武定专区			
大理专区				大理专区			
保山专区				保山专区			
玉溪专区				玉溪专区			
楚雄专区				楚雄专区			
昭通专区		3000		昭通专区			
宜良专区				宜良专区			
曲靖专区		50		曲靖专区			
省辖市、县				省辖市、县			
			4645				
普洱专区	阿昌族			普洱专区	乡坛族		
丽江专区				丽江专区			
蒙自专区				蒙自专区			
文山专区				文山专区			
武定专区				武定专区			
大理专区				大理专区		402	
保山专区		7173		保山专区		900	
玉溪专区				玉溪专区			
楚雄专区				楚雄专区			
昭通专区				昭通专区			
宜良专区				宜良专区			
曲靖专区				曲靖专区			
省辖市、县				省辖市、县			
			7173				1302
普洱专区	糯比族			普洱专区	蒙古族		
丽江专区				丽江专区			
蒙自专区				蒙自专区			
文山专区				文山专区			
武定专区				武定专区			
大理专区				大理专区		543	
保山专区				保山专区			
玉溪专区		833		玉溪专区		3532	
楚雄专区				楚雄专区			
昭通专区				昭通专区			
宜良专区				宜良专区			
曲靖专区				曲靖专区			
省辖市、县				省辖市、县			
			833				4075

续表

地区别	族别	人口数	约计总数	地区别	族别	人口数	约计总数
普洱专区	奇地族	2106		普洱专区	西摩罗族	1580	
丽江专区		430		丽江专区		120	
蒙自专区				蒙自专区			
文山专区				文山专区			
武定专区				武定专区			
大理专区				大理专区			
保山专区				保山专区			
玉溪专区				玉溪专区			
楚雄专区				楚雄专区			
昭通专区				昭通专区			
宜良专区				宜良专区			
曲靖专区				曲靖专区			
省辖市、县				省辖市、县			
			2536				1700
普洱专区	车苏族			普洱专区	攸乐族		
丽江专区				丽江专区			
蒙自专区				蒙自专区			
文山专区				文山专区			
武定专区				武定专区			
大理专区				大理专区			
保山专区				保山专区			
玉溪专区		161		玉溪专区			
楚雄专区		866		楚雄专区			
昭通专区				昭通专区			
宜良专区				宜良专区			
曲靖专区				曲靖专区			
省辖市、县				省辖市、县		10000	
			1027				10000
普洱专区	布孔族	11900		普洱专区	布都族	24326	
丽江专区				丽江专区			
蒙自专区				蒙自专区			
文山专区				文山专区			
武定专区				武定专区			
大理专区				大理专区			
保山专区				保山专区			
玉溪专区				玉溪专区			
楚雄专区				楚雄专区			
昭通专区				昭通专区			
宜良专区				宜良专区			
曲靖专区				曲靖专区			

续表

地区别	族别	人口数	约计总数	地区别	族别	人口数	约计总数
省辖市、县				省辖市、县			
			11900				24326
普洱专区	蒙化族	12000		普洱专区	密岔族		
丽江专区				丽江专区			
蒙自专区				蒙自专区			
文山专区				文山专区			
武定专区				武定专区		12101	
大理专区		1007		大理专区			
保山专区		14700		保山专区			
玉溪专区				玉溪专区			
楚雄专区				楚雄专区			
昭通专区				昭通专区			
宜良专区				宜良专区			
曲靖专区				曲靖专区			
省辖市、县				省辖市、县			
			27707				12101
普洱专区	列密族	600		普洱专区	缅人	600	
丽江专区				丽江专区			
蒙自专区				蒙自专区			
文山专区				文山专区			
武定专区				武定专区			
大理专区				大理专区			
保山专区				保山专区			
玉溪专区				玉溪专区			
楚雄专区				楚雄专区			
昭通专区				昭通专区			
宜良专区				宜良专区			
曲靖专区				曲靖专区			
省辖市、县				省辖市、县			
			600				600
普洱专区	米里族			普洱专区	佐佬族		
丽江专区				丽江专区			
蒙自专区				蒙自专区			
文山专区				文山专区		383	
武定专区				武定专区			
大理专区		415		大理专区			
保山专区				保山专区			
玉溪专区				玉溪专区			
楚雄专区				楚雄专区			
昭通专区				昭通专区			

续表

地区别	族别	人口数	约计总数	地区别	族别	人口数	约计总数
宜良专区				宜良专区			
曲靖专区				曲靖专区			
省辖市、县				省辖市、县			
			415				600

地区别	族别	人口数	约计总数
普洱专区	其他少数民族	201264	
丽江专区		33460	
蒙自专区		22798	
文山专区		61435	
武定专区		5416	
大理专区		43600	
保山专区		14136	
玉溪专区		14168	
楚雄专区		3412	
昭通专区		800	
宜良专区		17600	
曲靖专区		100	
省辖市、县		4988	
			422177

地区别	合计约数	百分比	全区人口总数
普洱专区	910907	75.25	1210386
丽江专区	618842	72.54	852457
蒙自专区	718362	65.12	1082626
文山专区	629309	58.53	1075127
武定专区	159491	42.25	377581
大理专区	480789	29.60	1624246
保山专区	379226	25.10	1510700
玉溪专区	223857	19.71	1139787
楚雄专区	157945	17.76	888439
昭通专区	254736	14.97	1700714
宜良专区	104250	12.30	848505
曲靖专区	112377	8.31	1352462
省辖市、县	83459		628470
总计约数	4833550		14291437

说明：

1. 本表系根据云南省人民政府民族事务委员会 1951 年调查资料。

2. 据本会及中央西南访问团资料，本省回族约有 60 万人，僰（泰）族 50 余万人，佧瓦族约有 60 万至 80 万人，民家族约有 60 万人，窝尼族约有 30 万人，山头族约有 25 万人，俅族约有 3 万人。

普洱专区

县别 人口 族别	沧源	南峤	车里	镇越	宁江	佛海	澜沧	墨江	江城	六顺	景东	景谷	普洱	镇沅	思茅	约计总数
彝族			500	1000	2500		8000	3000		1050	35000	23000	1200		2520	78070
回族	20	350	7			25	584					556		3000		4542
佧瓦族	22680	75				250	90000									113005
僰（泰）族	1680	10475	25643	18000	18000	14300	17000	1700	4133	10500	6000	23351	1600	3000	4000	159373
窝尼族								7000	790	1750			10800			20340
苗族	280			40							5500					5820
沙人				500												500
倮黑族	1400	1000	1734		4000	650	90000				30000	5345				134129
瑶族				2000											400	2400
阿卡族		2750	6985	1000	2500	3100	10000					8000				34335
卡多族									2633		5000		5000	16000		28633
濮曼族		5545	3000		1500	2400	5000			3058	25000			2500	900	48903
攸乐族			4881													4881
崩龙族																
乡坛族																
缅人							600									600
奇地族									2106							2106
西摩罗族								80	1500							1580
列密族								600								600
山头族	140						3000									3140
蒙化族	1500										10500					12000
傈僳族	160						1400									1560
布都族								10000	526	800		7000	4000	2000		24326
碧约族								10000	2633	700		1167	2400			16900
布孔族										1700			10000		200	11900
其他少数民族		4405	4215	11366		150	14416	63620	5431	4900	43000	8172	18619	20500	2470	201264
合计约数	27860	24600	46956	33906	28500	20857	240000	96000	19752	24458	160000	76891	53619	47000	10490	910907

续表

县别 人口 族别	沧源	南峤	车里	镇越	宁江	佛海	澜沧	墨江	江城	六顺	景东	景谷	普洱	镇沅	思茅	约计总数
百分比（%）	98.93	98.8	97.5	96.87	95.0	94.9	80.0	77.4	75.0	69.86	69.5	65.8	59.59	58.75	52.45	75.25
全县总人口	28160	25000	48154	35000	30000	22000	300000	124000	26336	35000	230000	116756	89980	80000	20000	1210386

丽江专区

县别 人口 族别	碧江	福贡	兰坪	剑川	丽江	中甸	维西	德钦	宁蒗	贡山	永胜	鹤庆	华坪	约计总数
彝族			630	350	8347	1110			8023		20000		6500	44960
回族			30	800	120	350		170			1400	30	700	3600
僰（泰）族											600		1500	2100
民家族	5000	200	46000	85000	16688	400	250		80	150	400	50200		204368
苗族					3349	240			134		150		350	4223
麽些族		160		400	116789	13390	11000	260	6609	60	1650			150318
傈僳族	14067	17277	21850	150	5340	1230	19500	150	1239	5574	7700	350	9200	103627
倮黑族														
山头族			350											350
藏族			6050		13344	15360	17500	3950	4045	400	225		250	61324
俅族					15		120			586				721
怒族	3800	1666	1400							2518				9384
仲家族									167		240			407
其他少数民族				1180			570				19625	4900	7185	33460
合计约数	22867	19303	76510	87880	163992	32080	48940	4530	20297	9288	51990	55480	25685	618842
百分比（%）	99.94	99.74	99.16	99.07	95.83	88.33	80.34	78.37	69.23	69.17	43.67	41.39	28.11	72.54
全县总人口	22882	19353	77160	88700	171157	36320	60940	5780	29317	13427	118990	134046	91371	852457

蒙自专区

族别＼人口＼县别	红河	元阳	金平	河口	元江	龙武	个旧	屏边	蒙自	开远	曲溪	石屏	建水	约计总数
彝族	14400	11720	1080	1090	16343	20004	4721	2725	30761	25000	15195	44254	49630	236923
回族							2187		5194	5100	3455	153	2850	18939
僰（泰）族	3832	4430		1480	9849		1571				4950	2827	2270	31209
民家族					387									387
窝尼族	62340	48730	22750	2380	32695	351							4670	173916
苗族		2215	1690	11677			3145	23258	1985	9500	850	2	31	54353
侬人				2084				3420	1520	4100				11124
沙人	800	221	637	4360			1571	684						8273
普拉族	2184	3500	425	895	1032			17101	28730	10500		2085	76	66528
土僚族		1108					3774		27370	20500				52752
瑶族	760	2658	9000	2967	189			3420					1175	20169
卡多族					516									516
倮儸族			425				7865		2061					10351
山苏族					9464							110		9574
糯米族														
奇地族					430									430
西摩罗族					120									120
其他少数民族		886	2771		1740	17393								22798
合计约数	84316	75468	38786	26933	72765	37748	24834	50608	97621	74700	24450	49431	60702	718362
百分比（%）	94.32	90.88	90.1	90.1	81.39	77.08	75.9	73.98	72.07	70.0	42.5	41.0	35.29	65.12
全县总人口	89376	83031	43036	29900	89403	48972	32699	68404	135522	106700	57531	122083	172000	1082626

文山专区

族别＼人口＼县别	富宁县	砚山县	文山县	广南县	邱北县	马关县	麻栗坡	西畴县	约计总数
彝族	5000	1200	5415	4640	18360	177	6600	351	41743
回族		2000	2500	500	1800				6800

续表

族别＼人口＼县别	富宁县	砚山县	文山县	广南县	邱北县	马关县	麻栗坡	西畴县	约计总数
僰（泰）族		100	1600		890	3745	303		6638
民家族			200		1400				1600
苗族	1100	6000	3500	11000	11000	19000	22243	3580	77423
侬人		60000	39096	75797	1500	30000	14166	15475	236034
沙人		10000	50	68750	30000				108800
普拉族		3000	15000	1500	200	12978		641	33319
土僚族		3000	30000	800	620		975	570	35965
瑶族	9500	700	100	1600	1000	888	4526	230	18544
喇奚族						625			625
母儳族									
仡佬族			50				333		383
其他少数民族	45450					7292	8285	408	61435
合计约数	61050	86000	97511	164587	66770	74705	57431	21255	629309
百分比（%）	86.9	77.48	72.44	66.93	62.54	49.55	37.84	20.42	58.53
全县总人口	70250	111000	134605	245916	106770	150750	151168	104068	1075127

武定专区

族别＼人口＼县别	武定县	禄劝县	元谋县	罗次县	富民县	安宁乡	约计总数
彝族	38171	58762	5317	844	1720	677	105491
回族	623	266	511		243		1643
僰（泰）族	407	3675					4082
民家族							
苗族	8814	3627		2264	267	223	15195
傈僳族	10000	4033		342			14375
山苏族							
散民族							
密岔族	10615	875		611			12101
仲家族		1188					1188

续表

县别 人口 族别	武定县	禄劝县	元谋县	罗次县	富民县	安宁乡	约计总数
其他少数民族	2576	2840					5416
合计约数	71206	75266	5828	4061	2230	900	159491
百分比（%）	78.60	69.00	13.80	9.60	6.50	1.49	42.25
全县总人口	90586	108221	42239	42073	34148	60251	377518

大理专区

县别 人口 族别	云龙	大理	蒙化	凤仪	邓川	漾濞	洱源	宾川	永平	祥云	顺宁	缅宁	弥渡	下关	云县	约计总数
彝族	1000		95700				4834	20737		10000	14573		8002			154846
回族	156	3667	13600	1553	2342	1200	499	342	5600	257	1149		268	1634	2543	34810
僰（泰）族						97					1342	4236				5675
民家族	52646	83778	2062	22714	17284	3903	15000	18724	1800	11555						229466
苗族	894		425			300				229	214					2062
傈僳族	1404			72	176	500		129	1120	192						3593
倮黑族												3302			231	3533
濮曼族												92			745	837
阿昌族																
乡坛族												402				402
列密族																
蒙化族												913	94			1007
蒙古族															543	543
米里族															415	415
其他少数民族	2700			7803	1716	7000		5424	7240	11303	414					43600
合计约数	58800	87445	111787	32142	21518	13000	20333	45356	15760	33536	17692	8945	8364	1634	4477	480789

续表

县别 人口 族别	云龙	大理	蒙化	凤仪	邓川	漾濞	洱源	宾川	永平	祥云	顺宁	缅宁	弥渡	下关	云县	约计总数
百分比（%）	96.40	73.07	51.93	51.53	41.86	32.50	32.31	30.19	28.14	17.18	11.72	8.64	5.86	5.07	2.62	29.60
全县总人口	61000	119663	223906	62369	52193	40000	62929	150294	56000	195150	151237	103566	142934	32208	170761	1624246

保山专区

县别 人口 族别	盈江	陇川	瑞丽	潞西	泸水	耿马	双江	莲山	梁河	镇康	龙陵	腾冲	昌宁	保山	约计总数
彝族					1080					2000				3250	6330
回族						4000					100		1000	1559	6659
佧瓦族						3000	7200			1500		500			12200
僰（泰）族	25000	15000	20000	35608		9000	2500	10000	20000	10000	10000	22000	9000	5769	193877
民家族					1800									2000	3800
苗族										70			200	930	1200
傈僳族	300	600	1012	1000	18000	200		1000	800	200	2500	6000		439	34751
倮黑族						100	5000			200					5300
山头族	11700	19000	8000	10000		500		4000	10000	50					63250
濮曼族						50	2800			300				300	3450
崩龙族	500	300		2250		700		3000	1000	100	600	3000			11500
乡坛族											100			800	900
阿昌族	3000	525	1918						1000			700			7173
蒙化族						400	14300								14700
其他少数民族					220	50				13400				466	14136
合计约数	43250	35425	30960	48858	21100	18000	31800	18000	32800	27820	13300	32200	10200	15513	379226
百分比（%）	96.10	88.56	88.45	78.33	70.32	60.00	58.52	54.54	46.19	34.78	11.09	10.72	7.85	3.30	25.10
全县总人口	45000	40000	35000	62368	30000	30000	54332	33000	71000	80000	120000	300000	130000	480000	1510700

玉溪专区

县别 人口 族别	新平	峨山	易门	华宁	昆阳	河西	玉溪	通海	江川	澂江	呈贡	晋宁	约计总数
彝族	38446	41929	14753	14360	9384	1963	9400	4870	3887	300			139272
回族	359	1015	343	6121	2106	6471	4000			2630	899	250	24194
僰（泰）族	25968												25968
民家族													
窝尼族	320	3643			764		100						4827
苗族	69	62	340	1090	891								2452
普拉族													
土僚族													
卡多族	3446												3446
山苏族	2648	2342											4990
糯比族	833												833
蒙古族						3532							3532
车苏族	161												161
米里族													
碧约族	14												14
其他少数民族	12105	939			824				300				14168
合计约数	84369	49930	15416	2571	13969	11966	13500	4870	4187	2930	899	250	223857
百分比（%）	70.01	68.01	20.60	20.50	18.28	14.24	8.00	5.68	3.77	3.25	1.05	0.43	19.71
全县总人口	120515	73315	74830	107057	76417	84000	173500	85773	111203	90000	85250	57927	1139787

楚雄专区

县别 人口 族别	镇南	大姚	盐兴	盐丰	楚雄	姚安	牟定	广通	双柏	禄丰	永仁	约计总数
彝族	31500	27442	6300	9627	16629	18222	14277	4207	1520	2484	3850	136058
回族	400		1320		1362	405				104	300	3891
僰（泰）族		1922	500						130		1500	4052

续表

县别/人口/族别	镇南	大姚	盐兴	盐丰	楚雄	姚安	牟定	广通	双柏	禄丰	永仁	约计总数
民家族	3000											3000
窝尼族									425			425
苗族		64	300	168	49		105		100	1348		2134
傈僳族		3109						40	100	658	1200	5107
车苏族									866			866
其他少数民族			26				332		2054			2412
合计约数	34900	32537	8446	9795	18040	18627	14714	4247	5195	4594	6850	157945
百分比（%）	36.08	28.37	23.42	20.52	17.33	14.85	13.20	10.51	9.86	7.43	7.18	17.76
全县总人口	96726	114756	36071	47746	104147	125374	111406	40403	54555	61841	95414	888439

昭通专区

县别/人口/族别	威信	彝良	鲁甸	昭通	镇雄	会泽	永善	盐津	大关	巧家	绥江	约计总数
彝族	12000	21000	10000	12000	30000	16000	8000		1700	3000		113700
回族	200	1000	8000	15000	3000	15000	3000	100	2000	1000		48300
苗族	6600	35000	1100	7400	13700	7800	4300	5000	2100	1200	376	84576
僰（泰）族										360		360
民家族					4000							4000
仲家族										3000		3000
其他少数民族		800										800
合计约数	18800	57800	19100	34400	50700	38800	15300	5100	5800	8560	376	254736
百分比（%）	43.34	31.16	29.41	16.68	16.42	13.71	10.00	6.11	5.76	4.47	0.45	14.97
全县总人口	43365	185483	64916	206200	308533	282159	152859	83338	100504	190083	83294	1700714

宜良专区

族别 \ 人口 \ 县别	弥勒	路南	泸西	师宗	罗平	陆良	宜良	约计总数
彝族	23500	19500	1500		1700	700	330	47230
回族	5000		4000	1500	2000	1000	120	13620
僰（泰）族								
苗族	1000		400	400				1800
侬人								
沙人			10000	6000	8000			24000
普拉族								
仲家族								
其他少数民族	6000		3300	2000	5500	800		17600
合计约数	35500	19500	19200	9900	17200	2500	450	104250
百分比（%）	32.0	16.25	13.3	11.82	11.1	0.95	0.37	12.30
全县总人口	110000	120000	144413	84153	154352	260000	120000	848505

曲靖专区

族别 \ 人口 \ 县别	寻甸县	平彝县	宣威县	马龙县	嵩明县	霑益县	曲靖县	约计总数
彝族	16000	20047	11511	2026	725	2774	586	53699
民家族		500						500
苗族	2350	406	478	558	997	596		5385
回族	31623	14	11213	812	4796	3759	426	52643
仲家族	50							50
其他少数民族		100						100
合计约数	50023	21067	23232	3396	6518	7129	1012	112377
百分比（%）	22.19	9.73	6.31	5.09	4.20	4.11	0.67	8.31
全县总人口	225302	216764	364282	66815	155246	173163	150890	1352462

省辖市县

县别 人口 族别	昆明市	个旧市	昆明县	约计总数
彝族		4720	15778	20498
回族	21000	2190	722	23912
僰(泰)族		1570		1570
民家族			5801	5801
窝尼族		3380		3380
苗族		3150	352	3502
麽些族				
沙人		1570		1570
土僚族		378		378
㑩儸族		7860		7860
散民族			10000	10000
其他少数民族			4988	4988
合计约数	21000	24818	37641	83459
百分比（%）	6.67	26.4	16.10	
全县总人口	300007	93780	234683	628470

云南省兄弟民族人口分布初步统计

云南省人民政府民族事务委员会制印

1951年7月20日

云南省兄弟民族人口分布初步统计

编　例

一、《云南省兄弟民族人口分布初步统计》的编制内容，包括两个系统：一是以区域为单位的各县兄弟民族人口分布统计，包括各族分布的区乡、人口数字及其占县人口的百分比；一是以民族为单位的全省各兄弟民族人口分布统计，包括各族分布的专区、人口数字及其占省人口的百分比。

二、总分各表数字排列秩序，以民族人口比例为主，按照各族人口比例大小，顺序排列。

三、百分比计算，县（市）及专区表的计算差数为万分之一至万分之五，省表为百万分之一至百万分之五。

四、人口统计是集县总人口为专区总人口，集专区及省辖市县总人口为全省总人口。各族人口的统计是以各县各族人口为根据，集专区所属各县同族人口为专区各族人口，集专区及省辖市县各同族人口为全省各族人口。分布地区的汇注原则是县（市）表内注明区乡，专区表内注明县（市），省表内注明专区及省辖市县。因此，总分各表的民族人口数字及其分布地区一直是互相连贯的。选用资料时，尽量以县及专区所报资料为主，并谨慎地参考其他有关资料，作必要的补充。

五、关于各族的族名，系根据各专县所报，尽量采用各族自称。保山专区的“泰族”称“岱族”，普洱专区的“泰族”称“僰族”，都是他们自己喜称的族名。有些个别专区称彝族为“倮倮族”或“倮倮族”，或“大黑彝”“小黑彝”，在统计时则统称“彝族”。同例，“花苗族”“黑苗族”等，也统称“苗族”。

六、为了便利参考，根据全省兄弟民族人口分布统计材料，绘制《云南兄弟民族主要分布地区简图》，附于册首。

七、经过此次各族人口初步统计，全省各县都有兄弟民族的分布，其百分比由零点几一直到九十九点几：从具体分布看，民族聚居区中包括着民族杂居区，民族杂居区中包括着民族聚居区；在内地多是以汉族为主体的民族杂居区，在国境边区地带，多是以兄弟民族为主体的民族聚居区。这一情况，在册末所附《云南省各专区县（市）兄弟民族人口百分比分析》及《云南省各县（市）兄弟民族人口百分比综合统计》二表，已鲜明地表示出来。伪云南民政厅以两年时间编成的《云南全省边民分布册》，由于大汉族主义反动统治者一向抹煞兄弟民族的平等地位，称之为“边民”，充分暴露其残酷统治的面貌，尽量削减兄弟民族人口数字，如全省彝族仅列599684人，民家族仅列88714人，倮黑族仅列53573人，摩些族仅列37890人，卡瓦族仅列37760人，都一般降低了2倍至5倍[①]。且又在其编例中强调昆明市及晋宁、江川、会泽三县并无其所谓“边民”，直欲否认兄弟民族在内地区普遍存在的客观事实。至于各族人口统计不确之处，实不胜逐一枚举。

八、由于各专区县（市）所报民族人口资料的时间在前，而所报总人口的时间在后，尤其是汉族地区经过评产过程，汉族人口数字骤增，而边疆民族地区目前不进行社会改革，人口数字多系估计约数，与实际人口仍相差甚远，全面深入调查，更为困难。因此，兄弟民族人口的百分比在本册统计数字上相对降低，估计兄弟民族在全省总人口中的百分比实际上一定超过册列数字（33.4222%）的。为了适应目前工作参考需要，先把已搜集的材料初步统计出来，希望各地民族工作同志，随时供给新材料，通知我会，俾于再稿时得以改正。

调查研究室

1951年7月20日

目录

①“降低了2倍至5倍”的表述有误。原文如此。——编者
② 图略。——编者

八、大理专区

云龙、大理、蒙化、凤仪、邓川、漾濞、洱源、宾川、永平、祥云、顺宁、缅宁、弥渡、下关、云县

九、保山专区

盈江、陇川、瑞丽、路西、泸水、耿马、双江、莲山、梁河、镇康、龙陵、腾冲、昌宁、保山

十、玉溪专区

新平、峨山、易门、华宁、昆阳、河西、玉溪、通海、江川、澄江、呈贡、晋宁

十一、楚雄专区

镇南、大姚、盐兴、盐丰、楚雄、姚安、牟定、广通、双柏、禄丰、永仁

十二、昭通专区

威信、彝良、鲁甸、昭通、镇雄、会泽、永善、盐津、大关、巧家、绥江

十三、宜良专区

弥勒、路南、泸西、师宗、罗平、陆良、宜良

十四、曲靖专区

寻甸、平彝、宣威、马龙、嵩明、沾益、曲靖

十五、省辖市（县）

昆明市、昆明县、个旧市

十六、附录

（一）云南省各县（市）兄弟民族人口百分比综合统计

（二）云南省各县（市）兄弟民族人口百分比分析统计

普洱专区

普洱专区兄弟民族人口分布统计表

民族	分布地区	人口	占专区人口百分比
僰族	分布各县，以车里、佛海、镇越、南峤、宁江、景谷为主要分布区	159373	13.17%
倮黑族	澜沧、景东、景谷、宁江、车里、沧源、南峤、佛海	134129	11.08%
卡瓦族	澜沧、沧源、佛海、南峤	113005	9.33%

续表

民族	分布地区	人口	占专区人口百分比
彝族	景东、景谷、澜沧、墨江、思茅、宁江、普洱、六顺、镇越、车里	78070	6.45%
蒲曼族[1]	景东、南峤、澜沧、六顺、车里、镇沅、佛海、宁江、思茅、景谷	48903	4.04%
阿卡族	澜沧、景谷、车里、佛海、南峤、宁江、镇越	34335	2.83%
卡堕族	镇沅、景东、普洱、江城、镇越、墨江、南峤	28633	2.36%
布都族	墨江、景谷、普洱、镇沅、六顺、江城	24326	2.01%
窝尼族	普洱、墨江、江城、六顺	20340	1.68%
碧约族	墨江、江城、普洱、景谷、六顺、镇沅	16900	1.39%
蒙化族	景东、沧源、江城、澜沧、思茅、景谷	12000	0.99%
布孔族	普洱、六顺、思茅、江城、景谷、墨江	11900	0.98%
苗族	景东、沧源、镇越、思茅	5820	0.48%
攸乐族	车里、镇越、思茅	4881	0.40%
回族	镇沅、澜沧、景谷、南峤、佛海、沧源、车里、普洱、墨江、思茅	4542	0.38%
本人族	六顺、镇越、车里、思茅、江城	4104	0.34%
山头族	澜沧、沧源	3140	0.26%
傜族	镇越、思茅、江城、景谷、景东	2400	0.19%
奇地	江城、镇越、墨江、普洱	2106	0.17%
西摩罗族	江城、墨江、镇越、思茅、普洱	1580	0.13%
傈僳族	澜沧、沧源、镇越	1560	0.13%
白壳族	六顺、镇沅	1400	0.11%
阿克族	车里、佛海、南峤	850	0.07%
空格族	车里	750	0.06%
缅族	澜沧	600	0.05%
腊迷族	墨江、江城、普洱	600	0.05%
沙族	镇越	500	0.04%
补角	镇越	500	0.04%
补蚌	镇越	500	0.04%
三达	车里、普洱	411	0.04%
老品	南峤	75	0.006%

① 蒲曼族，本文又作“濮曼族”。——编者

续表

<table>
<tr><th>民族</th><th>分布地区</th><th>人口</th><th>占专区人口百分比</th></tr>
<tr><td>苦聪</td><td>镇越、镇沅、墨江、普洱、江城</td><td>50</td><td>0.004%</td></tr>
<tr><td>大头族</td><td>思茅</td><td rowspan="25">192624（此项数字内尚包括有彝族、回族、蒲曼、卡堕、碧约、布孔、攸乐、苦聪、西摩罗、奇地、蒙化、瑶族、苗族、腊迷、白壳等族未详人口数字）</td><td rowspan="25">15.91%</td></tr>
<tr><td>腊鲁族</td><td>景东、墨江</td></tr>
<tr><td>迷俐族</td><td>景东、普洱</td></tr>
<tr><td>民家族</td><td>江城、镇沅、墨江</td></tr>
<tr><td>补夏族</td><td>车里、镇越</td></tr>
<tr><td>欢养族</td><td>车里</td></tr>
<tr><td>卡目族</td><td>车里</td></tr>
<tr><td>卡康族</td><td>车里</td></tr>
<tr><td>卡妲族</td><td>车里</td></tr>
<tr><td>斯郎族</td><td>车里</td></tr>
<tr><td>奇马族</td><td>车里</td></tr>
<tr><td>阿布族</td><td>南峤</td></tr>
<tr><td>那乌族</td><td>江城、景东、镇沅</td></tr>
<tr><td>七甸族</td><td>江城</td></tr>
<tr><td>阿苏族</td><td>江城、普洱</td></tr>
<tr><td>阿嫫族</td><td>墨江</td></tr>
<tr><td>岔钵族</td><td>墨江</td></tr>
<tr><td>黑莆族</td><td>墨江</td></tr>
<tr><td>阿迷族</td><td>墨江</td></tr>
<tr><td>那路族</td><td>墨江</td></tr>
<tr><td>八甲族</td><td>墨江</td></tr>
<tr><td>卡别族</td><td>普洱</td></tr>
<tr><td>堕塔族</td><td>普洱</td></tr>
<tr><td>满族</td><td>普洱</td></tr>
<tr><td>罗勉族</td><td></td></tr>
<tr><td colspan="4">全专区民族总计57族，910907人
全专区总人口1210386人之75.25%</td></tr>
</table>

沧源县民族人口分布统计表

民族	分布地区	人口	占全县人口百分比
卡瓦族	除平坝外，全为卡瓦族聚居	22680	80.54%
僰族	猛董、猛角、猛省	1680	5.96%
蒙化族		1500	5.33%
倮黑族	聚居岩帅、猛董、班洪	1400	4.97%
苗族	班洪	280	0.99%
力梭族	班洪	160	0.57%
山头族	班洪	140	0.49%
回族	猛董	20	0.09%
全县民族总计8族，27860人 全县总人口28160人之98.93%			

南峤县民族人口分布统计表

民族	分布地区	人口	占全县人口百分比
僰族	猛遮、猛满、蛮燕、顶真、旧笋	10475	41.90%
蒲曼族	蛮别、猛遮、旧笋、猛翁、蛮兑	5545	22.18%
阿卡族	蛮别、猛遮、旧笋、蛮兑	2750	11.00%
倮黑族	蛮别、旧笋、蛮兑、猛满、猛翁	1000	4.00%
回族		450	1.80%
老品族	猛翁老品寨	75	0.30%
卡瓦族	蛮别、蛮兑、猛遮、旧笋	75	0.30%
阿布族		4330	17.32%
阿克族			
卡堕族			
彝族			
全县民族总计11族，24600人 全县总人口25000之98.8%			

车里县民族人口分布统计表

民族	分布地区	人口	占全县人口百分比
僰族	景洪坝、大猛笼、橄榄坝、小猛养	25643	53.23%
阿卡族	居各乡山头	6985	14.51%
攸乐族	小猛养、攸乐山	4881	10.13%
蒲曼族	居各乡山间	3000	6.23%
倮黑族	务本乡	1734	3.60%
空格族		750	1.56%
阿克族	景洪、猛笼、橄榄各乡山头	700	1.45%
彝族		500	1.04%
三达族	帕军乡	411	0.85%
本人族		204	0.42%
回族		7	0.02%
补夏族	猛笼乡	2150	4.46%
欢养族			
卡目族			
卡康族			
卡妲族			
斯郎族			
奇马族			
全县民族总计18族，46956人 全县总人口48154人之97.5%			

镇越县民族人口分布统计表

民族	分布地区	人口	占全县人口百分比
僰族	猛腊、猛仑、猛拿、猛偈、猛户、猛野、易武	18000	51.43%
瑶族	猛腊、猛拿及各乡镇山间	2000	5.71%
阿卡族	猛仑、猛腊、猛拿、易武	1000	2.86%
彝族		1000	2.86%
沙族	猛腊乡之沙人村、那着村等	500	1.6%
补角族	猛腊乡之补角	500	1.6%
补蚌族	猛腊乡之补蚌	500	1.6%
本人族	易武镇漫乃、漫腊、漫撤[1]等村	300	0.87%
苦聪族		50	0.16%
苗族		40	0.14%

① 漫撤，当为"漫撒"之误。——编者

续表

民族	分布地区	人口	占全县人口百分比
蒲曼族	猛拿	10016	27.18%
力梭族			
奇地族			
卡堕族			
攸乐族			
补夏族			
西摩罗族			
全县民族总计17族，33906人 全县总人口35000人之96.87%			

宁江县民族人口分布统计表

民族	分布地区	人口	占全县人口百分比
僰族	猛往、安康、雅口、营盘	18000	60.00%
倮黑族	各区山头	4000	13.33%
彝族	各区山头	2500	8.33%
阿卡族	各区山头	2500	8.33%
蒲曼族	各区山头	1500	5.00%
全县民族总计5族，28500人 全县总人口30000人之95%			

佛海县兄弟民族人口分布统计表

民族	分布地区	人口	占全县人口百分比
僰族	猛海坝、猛混坝、猛板坝、打洛	14300	65.00%
阿卡族	猛海、猛混、猛板	3100	14.09%
蒲曼族	猛混、猛板	2400	10.90%
倮黑族	猛海、猛混	650	2.96%
卡瓦族	山间	250	1.14%
阿克族	猛混之阿克村	150	0.68%
回族		25	0.14%
全县民族总计7族，20875人 全县总人口22000人之94.9%			

澜沧县民族人口分布统计表

民族	分布地区	人口	占全县人口百分比
卡瓦族	聚居县西北卡瓦山地带，杂居全县各区	90000	30.00%
倮黑族	全县各区乡	90000	30.00%

续表

<table>
<tr><th>民族</th><th>分布地区</th><th>人口</th><th>占全县人口百分比</th></tr>
<tr><td>僰族</td><td>孟连、上下猛允、南卡、东朗、西盟、谦糯、酒井</td><td>17000</td><td>5.66%</td></tr>
<tr><td>阿卡族</td><td>酒井、谦糯、东朗、南现、西盟、孟连、上下猛允、河东</td><td>10000</td><td>3.33%</td></tr>
<tr><td>彝族</td><td>谦糯、大山、文东</td><td>8000</td><td>2.67%</td></tr>
<tr><td>蒲曼族</td><td>酒井、镇边、文东、谦糯</td><td>5000</td><td>1.67%</td></tr>
<tr><td>山头族</td><td>东朗</td><td>3000</td><td>1.00%</td></tr>
<tr><td>傈傈族</td><td>南卡、孟连</td><td>1400</td><td>0.47%</td></tr>
<tr><td>缅族</td><td>竹塘、东朗、文东</td><td>600</td><td>0.20%</td></tr>
<tr><td>回族</td><td>大山、东朗、谦糯、上猛允</td><td>584</td><td>0.19%</td></tr>
<tr><td>蒙化族及其他</td><td>大山</td><td>14416</td><td>4.85%</td></tr>
<tr><td colspan="4">全县民族总计11族，240000人
全县总人口300000之85%</td></tr>
</table>

墨江县民族人口分别统计表

<table>
<tr><th>民族</th><th>分布地区</th><th>人口</th><th>占全县人口百分比</th></tr>
<tr><td>布都族</td><td>碧溪、白莲、涟漪、龙潭等地</td><td>10000</td><td>8.06%</td></tr>
<tr><td>碧约族</td><td>碧溪、白莲等地</td><td>10000</td><td>8.06%</td></tr>
<tr><td>窝尼族</td><td>碧溪、回龙坝等地</td><td>7000</td><td>5.64%</td></tr>
<tr><td>彝族</td><td>白莲、回龙、龙潭、雅邑、坝溜、碧溪</td><td>3000</td><td>2.42%</td></tr>
<tr><td>僰族</td><td>景星、回龙、白莲、坝溜、龙潭</td><td>1700</td><td>1.37%</td></tr>
<tr><td>腊迷族</td><td>龙潭、坝溜</td><td>600</td><td>0.48%</td></tr>
<tr><td>西摩罗族</td><td>雅邑、龙潭等地</td><td>80</td><td>0.07%</td></tr>
<tr><td>苦聪族</td><td>龙潭、坝溜等地</td><td rowspan="14">63620</td><td rowspan="14">51.30%</td></tr>
<tr><td>布孔族</td><td>坝溜乡</td></tr>
<tr><td>阿娱族</td><td>龙潭、坝溜</td></tr>
<tr><td>腊鲁族</td><td>白莲、碧溪</td></tr>
<tr><td>岔钵族</td><td></td></tr>
<tr><td>卡堕族</td><td>回龙、景星、龙潭、白莲、联珠、坝溜</td></tr>
<tr><td>奇地族</td><td>坝溜</td></tr>
<tr><td>民家族</td><td rowspan="7"></td></tr>
<tr><td>黑莆族</td></tr>
<tr><td>阿迷族</td></tr>
<tr><td>那路族</td></tr>
<tr><td>八甲族</td></tr>
<tr><td>回族</td></tr>
<tr><td></td></tr>
<tr><td colspan="4">全县民族总计12族，96000人
全县总人口124000人之77.4%</td></tr>
</table>

江城县民族人口分布统计表

民族	分布地区	人口	占全县人口百分比
僰族	康平区	4133	15.69%
卡堕族	宝藏区	2633	9.61%
碧约族	嘉禾区、惠民区、宝藏区	2633	9.61%
奇地族	嘉禾区、惠民区	2106	7.96%
西摩罗族	嘉禾区	1500	5.69%
窝尼族	惠民区	790	2.96%
布都族	康平区	526	1.96%
苦聪族	康平区	5431	20.62%
布孔族	嘉禾区		
蒙化族	惠民区		
蒲曼族	嘉禾区		
腊迷族	惠民区		
民家族			
本人族	惠民区		
傜族	宝藏区		
那乌族	惠民区		
七甸族	惠民区		
彝族	宝藏区、嘉禾区、惠民区		
阿苏族	惠民区		
全县民族总计19族，19752人 全县总人口26336人之75%			

六顺县民族人口分布统计表

民族	分布地区	人口	占全县人口百分比
僰族	翠云镇、南屏乡、竹林乡	10500	30.00%
本人族	竹林乡	3500	10.00%
蒲曼族		3058	8.73%
窝尼族		1750	5.00%
布孔族		1700	4.85%
白壳族		1400	4.00%
彝族		1050	3.00%
布都族		800	2.28%
碧约族		700	2.00%
全县民族总计9族，24458人 全县总人口35000人之69.86%			

景东县民族人口分布统计表

民族	分布地区	人口	占全县人口百分比
彝族	无量山脚、猛统等地	35000	15.22%
倮黑族		30000	13.04%
蒲曼族		25000	10.87%
蒙化族	安定、安乐、保甸、文龙等地	10500	4.56%
僰族	民乐乡	6000	2.61%
苗族	景福、五福、永秀	5500	2.37%
卡堕族		5000	2.17%
回族		43000	18.69%
腊鲁族			
那乌族			
迷俐族			
傜族			
全县民族总计12族，160000人 全县总人口230000人之69.5%			

景谷县民族人口分布统计表

民族	分布地区	人口	占全县人口百分比
僰族	分布全县，钟山、和平、安乐、复兴、盐宝等地较多	23351	19.99%
彝族	散居各地	23300	19.95%
阿卡族		8000	6.85%
布都族		7000	5.99%
倮黑族		5345	4.57%
碧约族		1167	0.99%
回族		556	0.47%
蒲曼族	凤山乡	8172	6.99%
傜族			
布孔族			
蒙化族			
全县民族总计11族，76891人 全县总人口116756人之65.8%			

普洱县民族人口分布统计表

民族	分别地区	人口	占全县人口百分比
窝尼族	凤鸣、龙寿、磨黑、猛克、普义、通陵	10800	12.00%
布孔族		10000	11.11%
卡堕族		5000	5.55%
布都族		4000	4.44%
碧约族		2400	2.67%
僰族	旧把边镇	1600	1.78%
彝族		1200	1.33%
苦聪族		18619	20.69%
蒲曼族			
西摩罗族			
回族			
三达族			
卡别族			
迷俐族			
阿苏族			
腊迷族			
奇地族			
堕塔族			
满族			
罗缅族			
全县民族总计20族，53619人 全县总人口89980人之59.59%			

镇沅县民族人口分布统计表

民族	分布地区	人口	占全县人口百分比
卡堕族	按板镇	16000	20.00%
僰族		3000	3.75%
回族		3000	3.75%
蒲曼族		2500	3.12%
布都族	按板镇	2000	2.5%
碧约族		20500	25.62%
彝族	德安乡		
那乌族			
苦聪族			
民家族			
白壳族	德安乡、新抚乡		
全县民族总计11族，47000人 全县总人口80000之58.75%			

思茅县民族人口分布统计表

民族	分布地区	人口	占全县人口百分比
僰族	普文区、复兴区、象明区	4000	20.00%
彝族	普文区、象明区	2520	12.60%
蒲曼族	象明区山间	900	4.50%
傜族	普文区、象明区	400	2.00%
布孔族	南尼区	200	1.00%
本人族	普文区	100	0.50%
攸乐族	象明区	2370	11.85%
蒙化族	象明区		
苗族	普文区		
西摩罗族	普文区		
大头族	南尼区		
回族	复兴区		
全县民族总计12族，10490人 全县总人口20000人之52.45%			

丽江专区

丽江专区兄弟民族人口分布统计表

民族	分布地区	人口	占专区人口百分比
民家族	剑川、鹤庆、兰坪、丽江、碧江、永胜、中甸、维西、福贡、贡山、宁蒗	204368	23.97%
摩些族	丽江、中甸、维西、宁蒗、永胜、剑川、德钦、福贡、贡山	150318	17.63%
傈僳族	分布各县	103627	12.16%
彝族	永胜、宁蒗、华坪、丽江、中甸、剑川、兰坪	44960	5.27%
藏族	维西、中甸、德钦、贡山、宁蒗	35495	4.16%
西番族	丽江、兰坪、宁蒗、维西、中甸、华坪、永胜	25829	3.03%
土家族	永胜	10000	1.17%
怒族	碧江、贡山、福贡、兰坪	9384	1.10%
水田族	永胜、华坪	5800	0.68%
苗族	丽江、华坪、中甸、永胜、宁蒗	4223	0.49%
水彝族	华坪	4000	0.47%
回族	永胜、剑川、华坪、中甸、德钦、丽江、鹤庆、兰坪	3600	0.42%

续表

民族	分布地区	人口	占专区人口百分比
白邑族	鹤庆	2600	0.30%
他鲁族	永胜、华坪	2600	0.30%
黑话族	鹤庆	2300	0.27%
岱族	华坪、永胜	2100	0.24%
莨莪族	永胜	1600	0.19%
他谷族	永胜	1500	0.17%
傥郎族	剑川	1180	0.14%
俅族	贡山、维西、丽江	721	0.08%
马丽马沙族	维西	570	0.06%
黍族	永胜	450	0.05%
仲家族	永胜、宁蒗	407	0.05%
纳渣族	永胜、华坪	350	0.04%
山头族	兰坪	350	0.04%
支理族	永胜	260	0.03%
明机族	永胜	250	0.03%
全专区兄弟民族总计27族，618842人 全专区总人口852457人之72.54%			

碧江县兄弟民族人口分布统计表

民族	分布地区	人口	占全县人口百分比
傈僳族	各区都有，惟南部、北部较集中	14067	61.48%
民家族	全满区的第一、二、三、四、五等村	5000	21.85%
怒族	理悟、嘉禾二区第一、第二村，普乐区的第一、二、三、四等村	3800	16.61%
全县兄弟民族总计3族，22867人 全县总人口22882人之99.94%			

福贡县兄弟民族人口分布统计表

民族	分布地区	人口	占全县人口百分比
傈僳族	分布全县各区	17277	89.27%
怒族	龙马区第一村，普利三区第六村，上帕区第二、第九两村	1666	8.61%
民家族	杂居	200	1.03%
摩些族	杂居	160	0.83%
全县兄弟民族总计4族，19303人 全县总人口19353人之99.74%			

兰坪县兄弟民族人口分布统计表

民族	分布地区	人口	占全县人口百分比
民家族	金顶、上兰、通甸、喇井、营盘、兔峨、维登、石登	46000	59.62%
傈僳族	全县各区都有	21850	28.32%
西番族	兴仁区、通甸区、金鼎区	6250	8.10%
怒族	兔峨区	1400	1.81%
彝族	通甸、上兰、营盘、金顶的山间	630	0.82%
山头族	通甸、上兰、营盘、金顶四乡镇高山	350	0.45%
回族		30	0.04%
全县兄弟民族总计7族，76510人 全县总人口77160人之99.16%			

剑川县兄弟民族人口分布统计表

民族	分布地区	人口	占全县人口百分比
民家族	全县各乡镇	85000	95.83%
僜郎族	剑川、丽江交界地的僜郎坝	1180	1.33%
回族	杂居	800	0.90%
摩些族	杂居剑川、丽江交界地	400	0.45%
彝族	山地	350	0.39%
傈僳族	弥沙、上兰二区	150	0.17%
全县兄弟民族总计6族，87880人 全县总人口88700人之99.07%			

丽江县兄弟民族人口分布统计表

民族	分布地区	人口	占全县人口百分比
摩些族	除九河、七河外，分布全境	116789	68.24%
民家族	九河、石鼓后箐、丽南乡、东坝13个自然村	16688	9.75%
西番族	鲁甸、打米杵、拖枝一带	13344	7.80%
彝族	仁瑞、大东等乡	8347	4.88%
傈僳族	鲁甸、巨甸、宝山	5340	3.12%
苗族	江边大火山、白水河、裸米、纸厂、大兴村、螺旋洞等地	3349	1.96%
回族	与他族杂居	120	0.07%
倸族		15	0.01%
全县兄弟民族总计8族，163992人 全县总人口171157人之95.83%			

中甸县兄弟民族人口分布统计表

民族	分布地区	人口	占全县人口百分比
藏族	大小中甸、东旺、尼西、格咱等区，即上四境地区	15000	41.30%
摩些族	金江区，金沙江东岸一带	13390	36.87%
傈僳族	金江区，与彝族杂居	1230	3.39%
彝族	金江区	1110	3.06%
民家族	金江区	400	1.10%
西番族	金江区，上四境与藏族杂居	360	0.99%
回族	金江区	350	0.96%
苗族	金江区、施勒	240	0.66%
全县兄弟民族总计8种，32080人 全县总人口36320人之88.33%			

维西县兄弟民族人口分布统计表

民族	分布地区	人口	占全县人口百分比
傈僳族	城永、化普、共济、康普、叶枝、攀阁等地	19500	32.00%
藏族	奔栏区、宗普区、叶枝区	16000	26.26%
摩些族	城永、化普、共济、康普、叶枝、攀阁、宗普等地	11000	18.05%
西番族	攀阁、永春乡、化普、宗普	1500	2.48%
马丽马沙族	宗普区洛洛村	570	0.94%
民家族	宗普、共济、化普	250	0.41%
俅族	城永乡的博比村，共济乡的沙比洛阿木太瓜别都	120	0.20%
全县兄弟民族总计7族，48940人 全县总人口60940人之80.34%			

德钦县兄弟民族人口分布统计表

民族	分布地区	人口	占全县人口百分比
藏族	云岭、燕门、佛山三区及升平镇	3950	68.34%
摩些族	澜沧江沿岸	260	4.50%
回族	升平镇，与他族杂居	170	2.94%
傈僳族	庸枝	150	2.59%
全县兄弟民族总计4族，4530人 全县总人口5780人之78.37%			

宁蒗县兄弟民族人口分布统计表

民族	分布地区	人口	占全县人口百分比
彝族	县境四周山间	8023	27.37%
摩些族	平原半山地带	6609	22.54%
西番族	宁江、八翠、兴远、卫寨四区	3900	13.30%
傈僳族	八翠、卫寨两区	1239	4.23%
仲家族	宁江区拖枝村	167	0.57%
藏族	接近中甸的半山地带	145	0.49%
苗族	高山地带	134	0.48%
民家族		80	0.27%
全县兄弟民族总计8族，20297人 全县总人口29317人之69.23%			

贡山县兄弟民族人口分布统计表

民族	分布地区	人口	占全县人口百分比
傈僳族	茨开、萨拉二区	5574	41.51%
怒族	达拉区与藏族杂居	2518	18.75%
俅族	俅江沿岸孟顶区	586	4.36%
藏族	达拉区	400	2.98%
民家族	杂居	150	1.12%
摩些族	杂居	60	0.45%
全县兄弟民族总计6族，9288人 全县总人口13427人之69.17%			

永胜县兄弟民族人口分布统计表

民族	分布地区	人口	占全县人口百分比
彝族	东北凉山	20000	16.82%
土家族	江外四角山	10000	8.40%
傈僳族	北胜、义和、顺州、金江、仁里、德义、云山、片远	7700	6.47%
水田族	第五区及光和村	3250	2.73%
他鲁族	第二区三个村	2000	1.68%
摩些族	义和乡	1650	1.39%
莨莪族	第二区莨莪乡	1600	1.34%
他谷族	第二区他谷坪及第三区	1500	1.26%
回族	杂居	1400	1.18%
岱族	第二、第三两区	600	0.50%

续表

民族	分布地区	人口	占全县人口百分比
黍族	第二区东山	450	0.38%
民家族	那马山及梓里江边	400	0.34%
纳渣族	第二区义水行政村，第三区大麻地	315	0.23%
支理族		260	0.22%
明机族	第三区	250	0.21%
仲家族	三、四两区	240	0.20%
西番族	北胜、义和两乡	225	0.19%
苗族	仁里镇	150	0.13%
全县兄弟民族总计18族，51990人 全县总人口118990人之43.67%			

鹤庆县兄弟民族人口分布统计表

民族	分布地区	人口	占全县人口百分比
民家族	全县各乡镇	50200	37.45%
白邑族	东山	2600	1.94%
黑话族	西山、淡坪、沙须、吉立坪、东山	2300	1.72%
倮倮族	松桂及金沙江边一带	350	0.26%
回族		30	0.02%
全县兄弟民族总计5族，55480人 全县总人口134046人之41.39%			

华坪县兄弟民族人口分布统计表

民族	分布地区	人口	占全县人口百分比
倮倮族	各区都有	9200	10.07%
彝族	西北边境，接近盐边、永胜一带	6500	7.11%
水彝族	第三区4个行政村、11个自然村	4000	4.38%
水田族	第三、第二两区	2550	2.79%
岱族	江边一带，第三区	1500	1.64%
回族	与他族杂居	700	0.77%
他鲁族	第四区，兴心村	600	0.66%
苗族	兴邦区，福泉区	350	0.38%
西番族	七连、新邦、王鹿三乡	250	0.27%
纳渣族		35	0.04%
全县兄弟民族总计10族，25685人 占全县总人口91371人之28.11%			

蒙自专区

蒙自专区兄弟民族人口分布统计表

民族	分布地区	人口	占全县人口百分比
彝族	建水、蒙自、开远、石屏、元阳、元江、曲溪、红河、个旧、屏边、河口、金平	236923	21.79%
窝尼族	红河、元江、元阳、金平、建水、河口、龙武	173916	16.06%
扑拉族	红河、屏边、开远、元阳、元江、石屏、蒙自、金平、河口、建水	66528	6.14%
苗族	蒙自、河口、屏边、开远、建水、元阳、金平、个旧、曲溪	54353	5.02%
土僚族	蒙自、个旧、开远、河口、元阳	52757	4.87%
岱族	元江、元阳、红河、曲溪、石屏、个旧、河口、开远、屏边	31208	2.88%
傜族	金平、元阳、屏边、河口、红河、建水、元江	20169	1.86%
回族	开远、蒙自、建水、个旧、石屏、曲溪	18939	1.75%
花腰族	龙武	16080	1.49%
侬族	屏边、开远、河口、蒙自	11124	1.02%
倮儀族	个旧、蒙自、金平	10351	0.96%
三苏族	元江、石屏	9574	0.88%
沙族	河口、开远、个旧、屏边、金平	8273	0.76%
苦聪族	金平、元江	1768	0.16%
三妥红族	龙武	1313	0.12%
罗武族	屏边、金平	1311	0.12%
普耳族	金平	637	0.06%
白衣族	金平	637	0.06%
阿梭族	元江	602	0.06%
卡堕族	元江	516	0.05%
堕塔族	元江	450	0.04%
奇地族	元江	430	0.04%
民家族	元江	387	0.03%
西摩罗族	元江	120	0.01%
全专区兄弟民族总计24族，718362人 全专区总人口1082626人之66.30%			

红河县兄弟民族人口分布统计表

民族	分布地区	人口	占全县人口百分比
窝尼族	亏容、溪处、瓦渣、左能、洛孔、司陀、三猛、骑马等地	62340	69.75%
彝族	溪处、瓦渣、洛孔、司陀、骑马	14400	16.11%
岱族	迤萨、溪处、瓦渣、洛孔、司陀、骑马、漫车	3832	4.28%
扑拉族	安邦、溪处、瓦渣、下亏容、漫车	2184	2.44%
沙族	三猛	800	0.89%
傜族	溪处、瓦渣、司陀、骑马	760	0.85%
全县兄弟民族总计6族，84316人 全县总人口89376人之94.32%			

元阳县兄弟民族人口分布统计表

民族	分布地区	人口	占全县人口百分比
窝尼族	各地均有	48730	58.68%
彝族	各地均有	11720	14.11%
岱族	各地河边	4430	5.33%
扑拉族	各地均有	3500	4.21%
傜族	东山区及山地	2658	3.32%
苗族	东山区	2215	2.67%
土佬族		1108	1.32%
罗武族		886	0.96%
沙族		221	0.27%
全县兄弟民族总计9族，75468人 全县总人口83031人之90.88%			

金平县兄弟民族人口分布统计表

民族	分布地区	人口	占全县人口百分比
窝尼族	各地均有	22750	52.86%
傜族	各地均有	9000	20.90%
苗族	孟丁地区	1690	3.92%
彝族	宝山寨、新建镇	1080	2.51%
苦聪族	者米、茨通坝地区	1080	2.51%
沙族	孟喇区	637	1.48%
普耳族	孟喇区	637	1.48%
白衣族	孟喇、茨通坝	637	1.48%
扑拉族	金河乡	425	0.99%

续表

民族	分布地区	人口	占全县人口百分比
罗武族	茨通坝	425	0.99%
㑩㑩族	王布、金河乡	425	0.99%
全县兄弟民族总计11族，38786人 全县总人口43036人之90.10%			

河口市兄弟民族人口分布统计表

民族	分布地区	人口	占全市人口百分比
苗族	马鞍底及各处山间	11677	39.05%
沙族	桥头、卡房、新河边地区	4360	14.58%
傜族	坝田区、桥头、马鞍底地区	2967	9.92%
窝尼族	马鞍底等地	2380	7.96%
侬族	新甸、老卡房	2084	7.00%
傣族	沿红河边	1480	5.00%
彝族	桥头乡	1090	3.64%
扑拉族	桥头等地	895	3.00%
全市兄弟民族总计8族，26933人 全市总人口29900人之90.10%			

元江县兄弟民族人口分布统计表

民族	分布地区	人口	占全县人口百分比
窝尼族	雾山、定远、崇善、安定等地	32695	36.57%
彝族	青龙区、仁里、洼垤、猪干地等地区	16343	18.29%
傣族	城周、治礼府及元江河边	9849	11.00%
三苏族	青龙、仁里	9464	10.58%
扑拉族	羊街、天宝等地	1032	1.15%
苦聪族	雾山、崇善、骑马坝	688	0.77%
阿梭族	因远坝	602	0.67%
卡堕族	雾山、崇善	516	0.58%
堕塔族	因远等地	450	0.50%
奇地族	骑马坝	430	0.48%
民家族	因远、安定等地	387	0.43%
傜族	因远、大兴岩等地	189	0.21%
西摩罗族	第四区	120	0.14%
全县兄弟民族总计13族，72765人 全县总人口89403人之81.39%			

龙武县兄弟民族人口分布统计表

民族	分布地区	人口	占全县人口百分比
彝族	第一、第三两区各乡	20004	40.85%
花腰族	哨冲、落水洞、海科	16080	32.83%
三妥红族	海科	1313	2.68%
窝尼族	方丈	351	0.62%
全县兄弟民族总计4族，37748人 全县总人口48972人之77.08%			

个旧县兄弟民族人口分布统计表

民族	分布地区	人口	占全县人口百分比
倮儸族	城西各乡村	7865	24.05%
彝族	新老寨地区	4721	14.43%
土佬族	各地均有	3774	11.54%
苗族	龙角树、马姑鲁地区	3145	9.61%
回族	城区	2187	6.68%
沙族	龙角树地区	1571	4.80%
岱族	蛮提河边	1571	4.80%
全县兄弟民族总计7族，24834人 全县总人口32699人之75.90%			

屏边县兄弟民族人口分布统计表

民族	分布地区	人口	占全县人口百分比
苗族	散居各地	23258	34.00%
扑拉族	金陵乡、万全乡	17101	25.00%
傜族	玉屏、国乐、金陵、万全等乡	3420	4.99%
侬族	金陵、万全、白水等乡	3420	4.99%
彝族	金陵乡	2725	3.98%
沙族	金陵乡	684	0.10%
全县兄弟民族总计6族，50608人 全县总人口68404人之73.98%			

蒙自县兄弟民族人口分布统计表

民族	分布地区	人口	占全县人口百分比
彝族	鸡街西、碧色寨北	30761	22.69%
扑拉族	冷泉区山地	28730	21.19%
土佬族	城东水坝区域	27370	20.19%
回族	沙甸、鸡街、草坝区域	5194	3.84%
倮儸族	小羊冲、哑巴壳等地	2061	1.52%

续表

民族	分布地区	人口	占全县人口百分比
苗族	与屏边、文山交界处	1985	1.47%
侬族	芷村、白马乡	1520	1.12%
全县兄弟民族总计7族，97626人 全县总人口135522人之72.07%			

开远县兄弟民族人口分布统计表

民族	分布地区	人口	占全县人口百分比
彝族	各地均有	25000	23.43%
土佬族	东山区	20500	19.21%
扑拉族	五区、六区	10500	9.84%
苗族	东山区	9500	8.90%
回族	大庄、城区	5100	4.96%
侬族	东山区	4100	3.84%
全县兄弟民族总计6族，74700人 全县总人口106700人之70%			

曲溪县兄弟民族人口分布统计表

民族	分布地区	人口	占全县人口百分比
彝族	甸鱼青	15195	26.41%
岱族	曲左冲及城区河边	4950	8.60%
回族	管驿、三区及南江边	3455	6.01%
苗族	清曲区及高山区	850	1.48%
全县兄弟民族总计4族，24450人 全县总人口57531人之42.50%			

石屏县兄弟民族人口分布统计表

民族	分布地区	人口	占全县人口百分比
彝族	赤水、太平地、刘家山、红坡等地	44254	37.06%
岱族	王部、沟河、白荒所河、三义河一带	2827	2.31%
扑拉族	太平地、大小山家邑、纸牌、罗伯城	2085	1.70%
回族	城区、大桥、宝秀	153	0.12%
三苏族	宝秀西山区	110	0.08%
苗族	城区文庙街	2	0.001%
全县兄弟民族总计6族，49431人 全县总人口122083人之41%			

建水县兄弟民族人口分布统计表

民族	分布地区	人口	占全县人口百分比
彝族	各地均有	49630	28.86%
窝尼族	官厅地区	4670	2.71%
回族	回龙地区	2850	1.66%
岱族	红河南岸	2270	1.32%
傜族	官厅地区	1175	0.68%
扑拉族	苍苔乡	76	0.04%
苗族	靠江岸上间	31	0.02%
全县兄弟民族总计7族，60702人 全县总人口172000人之35.29%			

文山专区

文山专区民族人口分布统计表

民族	分布地区	人口	占专区人口百分比
侬族	广南、砚山、文山、邱北、马关、西畴、麻栗坡	236034	21.95%
沙族	广南、邱北、砚山、文山	108800	10.11%
苗族	麻栗坡、马关、广南、邱北、西畴、文山、砚山、富宁	77423	7.21%
土族	富宁、麻栗坡、马关	58235	5.42%
彝族	邱北、麻栗坡、文山、富宁、广南、砚山、西畴、马关	40763	3.79%
土佬族	文山、砚山、麻栗坡、广南、邱北、西畴	35965	3.35%
扑拉族	文山、马关、砚山、广南、西畴、邱北	33319	3.10%
傜族	富宁、麻栗坡、广南、邱北、马关、砚山、西畴、文山	18544	1.72%
回族	文山、砚山、邱北、广南	6800	0.63%
岱族	马关、文山、邱北、麻栗坡、砚山	6638	0.62%
都匀族	马关	1880	0.17%
民家族	邱北、文山	1600	0.15%
撒尼族	邱北	980	0.09%
孟武族	西畴、麻栗坡、马关	870	0.08%

续表

民族	分布地区	人口	占专区人口百分比
拉基族	马关	625	0.06%
疍族	富宁	450	0.04%
革佬族	麻栗坡、文山	383	0.04%
全专区民族总计17族，629309人 全专区总人口1075127人之58.53%			

富宁县民族人口分布统计表

民族	分布地区	人口	占全县人口百分比
土族	滇桂边境	45000	64.06%
傜族	文华镇、忠恕乡、爱敬乡[1]、和协镇、平安乡	9500	13.52%
彝族	文华镇、仁厚镇、爱敬乡、忠恕乡	5000	7.12%
苗族	文华、平安两乡镇	1100	1.56%
疍族	敬爱乡、忠恕乡、文华镇	450	0.64%
全县民族总计5族，61050人 全县总人口70250人之86.9%			

砚山县民族人口分布统计表

民族	分布地区	人口	占全县人口百分比
侬族	中心区及与广南接境地带	60000	54.05%
沙族	乐同及天心两乡	10000	9.0%
苗族	山心等地区	6000	5.4%
土佬族	舍木、那法衣、小花园、斗者勒、处楚	3000	2.7%
扑拉族	山心区	3000	2.7%
回族	阿猛	2000	1.82%
彝族	翁达、拖支、白万、龙科等地	1200	1.08%
傜族	阿鸡、阿猛两乡及莲心、庆丰两地	700	0.64%
岱族	山心区	100	0.09%
全县民族总计9族，86000人 全县总人口111000人之77.48%			
注：此表数字系专署所报，与该县所报不合。该县所报侬族数字为51031人，占全县总人口（128643人）之39.65%。其余各族数字亦略有差异。			

① 爱敬乡，本表又作“敬爱乡”。——编者

文山县民族人口分布统计表

民族	分布地区	人口	占全县人口百分比
侬族	秉烈、德厚等地区	39096	29.05%
土佬族	城区附近	30000	22.29%
扑拉族	新平、云集、马塘、太集、凌云等乡镇	15000	11.14%
彝族	盘龙江流域新平、威远、云集、太集、红甸等乡镇	5415	4.02%
苗族	老君山、独山及盘龙江沿河一带地区如玉树、回龙、马塘、乐农等乡镇	3500	2.60%
回族		2500	1.86%
岱族	盘龙江支流、红甸、鸣鹫、新平、太集、马塘、乐农等乡镇	1600	1.18%
民家族	秉烈乡之施都底海沿边地区	200	0.15%
傜族		100	0.07%
革佬族		50	0.04%
沙族		50	0.04%
全县民族总计11族，97511人 全县总人口134605人之72.44%			

广南县民族人口分布统计表

民族	分布地区	人口	占全县人口百分比
侬族	维新区、苍翠乡、城区、中原区、珠琳区、莲花区、怀德区、绥靖区、八宝区等地	75797	30.82%
沙族	中原区、北藩区、苍翠区、西洋区、八宝区	68750	27.96%
苗族	马街、莲花、怀德等区的山上	11000	4.47%
彝族	里达、马街、珠琳、南屏	4640	1.89%
傜族	北藩、苍翠、八宝、西洋	1600	0.65%
扑拉族	里达、马街、莲花、北藩、南屏、珠琳、苍翠等区	1500	0.61%
土佬族	珠琳一带	800	0.33%
回族	珠琳	500	0.20%
全县民族总计8族，164587人 全县总人口245916人之66.93%			

邱北县民族人口分布统计表

民族	分布地区	人口	占全县人口百分比
沙族	城区、戈抵曹、石当曹、宜常曹、普罗曹、六桂曹等地	30000	28.10%
彝族	盘永、锦树两地及南盘江沿岸的山地	17380	16.27%
苗族	盘永、锦树两地山头地带	11000	10.30%
回族	旧城、新城	1800	1.69%

续表

民族	分布地区	人口	占全县人口百分比
侬族	锦树区的小马恒、朵假	1500	1.41%
民家族	马者龙、布尼、阿诺、丫以则	1400	1.31%
傜族	西北山区	1000	0.93%
撒尼族	豹子坡、仙人硐	980	0.92%
岱族	红出山、变龙营	890	0.83%
土佬族	锦树乡的滥泥冲及大坡脚村	620	0.59%
扑拉族		200	0.19%
全县民族总计11族，66770人 全县总人口106770人之62.54%			

马关县民族人口分布统计表

民族	分布地区	人口	占全县人口百分比
侬族	县境有水田坝的村镇	30000	19.9%
苗族	滇越边境的山头地区	19000	12.61%
扑拉族	滇越边境	12978	8.6%
土族		5235	3.47%
岱族	仁华乡及滇越边境	3745	2.48%
都匀族	德化乡及木厂地	1880	1.25%
傜族	猛硐山区	888	0.59%
拉基族	滇越边境	625	0.41%
彝族	散居各乡镇	177	0.12%
孟武族		177	0.12%
全县民族总计10族，74705人 全县总人口150750人之49.55%			

麻栗坡市民族人口分布统计表

民族	分布地区	人口	占全市人口百分比
苗族	滇越边境的一毛天地区及境内山地	22243	14.66%
侬族	中心区及其他区有河流、水田的村落	14166	9.34%
土族		8000	5.27%
彝族	董干地区	6600	4.35%
傜族	中心区、傜山及滇越边境	4526	2.99%
土佬族	中心区、太平镇	975	0.64%
革佬族		333	0.22%
岱族	中心区	303	0.19%
孟武族		285	0.18%
全市民族总计9族，57431人 全市总人口151168人之37.84%			

西畴县民族人口分布统计表

民族	分布地区	人口	占全县人口百分比
侬族	新街子和有水田的地区	15475	14.87%
苗族	猛硐山区附近	3580	3.44%
扑拉族	西洒、真武两乡镇	641	0.62%
土佬族		570	0.54%
孟武族	西沙上寨一带	408	0.39%
彝族	真武乡	351	0.34%
傜族	石鹅、松泉两乡	230	0.22%
全县民族总计7族，21255人 全县总人口104068人之20.42%			

武定专区

武定专区民族人口分布统计表

民族	分布地区	人口	占专区人口百分比
彝族	禄劝第一、二、三、四、五区，武定第二、四、五区，罗次第二、三区，富民第一、三区，元谋，安宁	105491	28%
苗族	罗次第一、二、二区，禄劝第一、二、三、四、五区，武定第二、四、五区，富民第一、三区，安宁第二区	15195	4%
傈僳族	罗次第二区，禄劝第一、二、三、四、五区，武定第二、四、五区	14375	3.8%
密岔族	罗次第一、二区，禄劝第一区，武定第一区	12101	3.2%
岱族	禄劝第四区，武定第五区	4082	1.08%
梁山族	禄劝第三区，武定第二、四、五区	1963	0.52%
回族	禄劝第一、四、五区，武定第一、四区，富民散居各地，元谋元马镇	1643	0.43%
民郎族	禄劝第二、四区，武定第三区及茂莲乡	1554	0.41%
土里族	禄劝第二、四区	1428	0.37%
仲家族	禄劝第二、三、四、五区	1188	0.31%
罗勉族	禄劝第一区	471	0.13%
全专区民族总计11族，159491人 全专区总人口377518人之42.25%			

武定县民族人口分布统计表

民族	分布地区	人口	占全县人口百分比
彝族	第二、四、五区及凉山四十一村	38171	42.14%
密岔族	一区启明	10615	11.71%
傈僳族	第二、四、五区	10000	11.04%
苗族	第二、四、五区	8814	9.73%
梁山族	第二、四、五区	1841	2.03%
民郎族	三区插甸及茂莲	735	0.81%
回族	一区大西村及四区	623	0.68%
岱族	五区金江、汤郎、河尾	407	0.45%
全县民族总计8族，71206人 全县总人口90586人之78.60%			

禄劝县民族人口分布统计表

民族	分布地区	人口	占全县人口百分比
彝族	第一、二、三、四、五区	58762	54.3%
傈僳族	第一、二、三、四、五区	4033	4%
岱族	第四区	3675	3.4%
苗族	第一、二、三、四、五区	3627	3.3%
土里族	第二、四区	1428	1.32%
仲家族	第二、三、四、五区	1188	1.1%
密岔族	第一区	875	0.8%
民郎族	第二、四区	819	0.75%
罗勉族	第一区	471	0.43%
回族	第一、四、五区	266	0.24%
梁山族	第二、三区	122	0.11%
全县民族总计11族，75266人 全县总人口108221人之69%			

元谋县民族人口分布统计表

民族	分布地区	人口	占全县人口百分比
彝族	第一区、第二区丙南乡、第三区华竹乡、新民乡	5317	12.58%
回族	元马镇	511	1.21%
全县民族总计2族，5828人 全县总人口42239人之13.80%			

罗次县民族人口分布统计表

民族	分布地区	人口	占全县人口百分比
苗族	第二区、第三区、第一区	2264	5.38%
彝族	第二区、第三区	844	2%
密岔族	第一区、第二区	611	1.45%
傈僳族	第二区	342	0.81%
全县民族总计4族，4061人 全县总人口42073人之9.60%			

富民县民族人口分布统计表

民族	分布地区	人口	占全县人口百分比
彝族	第一区、第三区	1720	5.04%
苗族	第一区西邑乡、第三区东山乡	267	0.78%
回族	散居各地	243	0.71%
全县民族总计3族，2230人 全县总人口34148人之6.50%			

安宁县民族人口分布统计表

民族	分布地区	人口	占全县人口百分比
彝族	第一区大龙洞、磨南德、土主庙	677	1.12%
苗族	第二区滑石板、棕树营	223	0.37%
全县民族总计2族，900人 全县总人口60251人之1.49%			

大理专区

大理专区兄弟民族人口分布统计表

民族	分布地区	人口	占专区人口百分比
民家族	大理、云龙、凤仪、宾川、邓川、洱源、祥云、漾濞、蒙化、永平	229466	14.13%
彝族	蒙化、宾川、顺宁、祥云、弥渡、洱源、云龙	154846	9.54%
土家族	祥云、凤仪、漾濞、宾川、永平、邓川	36743	2.21%
回族	全专区各县	34810	2.14%
岱族	缅宁、顺宁、漾濞	5675	0.35%

续表

民族	分布地区	人口	占专区人口百分比
傈僳族	云龙、永平、漾濞、祥云、邓川、宾川、凤仪	3593	0.22%
罗武族	云龙、永平	3540	0.22%
倮黑族	缅宁、云县	3533	0.22%
白家族	永平	2800	0.17%
苗族	云龙、蒙化、漾濞、祥云、顺宁	2062	0.13%
蒙化族	缅宁、弥渡	1007	0.06%
濮曼族	云县、缅宁	837	0.05%
蒙古族	云县	543	0.03%
米里族	云县	415	0.03%
俐族	顺宁	414	0.03%
湘堂族	缅宁	402	0.02%
他鲁族	邓川	54	0.003%
栖族	邓川	49	0.003%
全专区兄弟民族总计18族，480789人 全专区总人口1624246人之29.60%			

云龙县兄弟民族人口分布统计表

民族	分布地区	人口	占全县人口百分比
民家族	全县各个区内	52646	86.30%
罗武族	金莲区	2700	4.43%
傈僳族	金莲、归里、师里	1404	2.30%
彝族	师里、漕涧	1000	1.64%
苗族	杂居漕涧区内	894	1.47%
回族	旧州有一部分	156	0.26%
全县兄弟民族总计6族，58800人 全县总人口61000人之96.40%			

大理县兄弟民族人口分布统计表

民族	分布地区	人口	占全县人口百分比
民家族	除南北五里桥、上湾桥、下碓外皆是	83778	70.01%
回族	一区三个村，二区两个村，直属镇杂居一部分	3667	3.06%
全县兄弟民族总计2族，87445人 全县总人口119663人之73.07%			

蒙化县兄弟民族人口分布统计表

民族	分布地区	人口	占全县人口百分比
彝族	山区并杂居各区山地	95700	44.75%
回族	第三区、城区与五区	13600	6.08%
民家族	龙群、福新、新村、陈新、五凤、飞利平、落马处等村	2062	0.92%
苗族	公郎一带、西约毛街、瓦武、龙街、爬村等村	425	0.18%
全县兄弟民族总计4族，111787人 全县总人口223906人之51.93%			

凤仪县兄弟民族人口分布统计表

民族	分布地区	人口	占全县人口百分比
民家族	全县各区坝子中	22714	36.42%
土家族	一区后山、白塔冲，二区第八行政村	7803	12.51%
回族	一区芝华村，二区一部分	1553	2.49%
傈僳族	山间	72	0.11%
全县兄弟民族总计4族，32142人 全县总人口62369人之51.35%			

邓川县兄弟民族人口分布统计表

民族	分布地区	人口	占全县人口百分比
民家族	县内各区乡	17284	33.31%
回族	一区	2342	4.49%
土家族	一区	1613	3.09%
傈僳族	江营区	176	0.33%
他鲁族		54	0.10%
栖族		49	0.09%
全县兄弟民族总计6族，21518人 全县总人口52193人之41.86%			

注：根据大理专署所报，民家族人口数内，有一部分汉族。

漾濞县兄弟民族人口分布统计表

民族	分布地区	人口	占全县人口百分比
土家族	二、三两区，一区山间	7000	17.50%
民家族	漾江两岸，城内	3903	9.76%
回族	城区	1200	3.00%
傈僳族	山地	500	1.25%

续表

民族	分布地区	人口	占全县人口百分比
苗族	山地	300	0.75%
岱族		97	0.24%
全县兄弟民族总计6族，13000人 全县总人口40000人之32.5%			

洱源县兄弟民族人口分布统计表

民族	分布地区	人口	占全县人口百分比
民家族	除城内及三营外，各村皆有	15000	23.84%
彝族	一区三个村及西山、南山，四区西山	4834	7.68%
回族	一区一行政村，第七行政村	499	0.79%
全县兄弟民族总计3族，20333人 全县总人口62929人之32.31%			

宾川县兄弟民族人口分布统计表

民族	分布地区	人口	占全县人口百分比
彝族	平川、下川	20737	13.80%
民家族	海东全部，鸡山有五个村	18724	12.46%
土家族	平川、后山及与盐丰交界处	5424	3.61%
回族	宾居街、平川、牛井	342	0.23%
傈僳族	鸡足山	129	0.09%
全县兄弟民族总计5族，45356人 全县总人口150294人之30.19%			

永平县兄弟民族人口分布统计表

民族	分布地区	人口	占全县人口百分比
回族	一区曲硐	5600	10.00%
土家族	三区龙马乡三区	3600	6.43%
白家族	三区龙马乡三区	2800	5.00%
民家族	一区大小洛武村	1800	3.21%
傈僳族	三区龙马乡山区	1120	2.00%
罗武族		840	1.50%
全县兄弟民族总计6族，15760人 全县总人口56000人之28.14%			

祥云县兄弟民族人口分布统计表

民族	分布地区	人口	占全县人口百分比
民家族	三区、四区、五区	11555	5.92%
土家族	三区、四区、五区	11303	5.79%
彝族	三区、南山地区	10000	5.12%
回族	一区、二区	257	0.13%
苗族	三区、四区	229	0.12%
傈僳族	一区、三区、四区、五区	192	0.10%
全县兄弟民族总计6族，33536人 全县总人口195150人之17.18%			

顺宁县兄弟民族人口分布统计表

民族	分布地区	人口	占全县人口百分比
彝族	第四区	14573	9.64%
岱族	一区近蒙化地区	1342	0.89%
回族	第六区	1149	0.76%
俐族	第六区接近镇康处	414	0.29%
苗族	第二区接近昌宁处	214	0.14%
全县兄弟民族总计5族，17692人 全县总人口151237人之11.72%			

缅宁县兄弟民族人口分布统计表

民族	分布地区	人口	占全县人口百分比
岱族	后寨、缅翁、牝拱、大猛准、大寨	4236	4.09%
倮黑族	腾龙、那祩、那郎、老五村	3302	3.19%
蒙化族	临沧乡、大小邦工	913	0.88%
湘堂族	那候村一带	402	0.39%
濮曼族	临沧乡、寿山	92	0.09%
全县兄弟民族总计5族，8945人 全县总人口103566人之8.64%			

弥渡县兄弟民族人口分布统计表

民族	分布地区	人口	占全县人口百分比
彝族	一区、二区、三区、四区	8002	5.60%
回族	平原城区、二区	268	0.19%
蒙化族	四区	94	0.07%
全县兄弟民族总计3族，8364人 全县总人口142934人之5.86%			

下关市兄弟民族人口分布统计表

民族	分布地区	人口	占全市人口百分比
回族	聚居文明街、西大街	1634	5.07%
全市兄弟民族1族，1634人 全市总人口32208人之5.07%			

云县兄弟民族人口分布统计表

民族	分布地区	人口	占全县人口百分比
回族	一区、二区	2543	1.49%
濮曼族	三区、四区、五区	745	0.43%
蒙古族	一区	543	0.32%
米里族	三区、四区、五区	415	0.24%
倮黑族	三区、四区、五区	231	0.14%
全县兄弟民族总计5族，4477人 全县总人口170761人之2.62%			

保山专区

保山专区兄弟民族人口分布统计表

民族	分布地区	人口	占争取人口百分比
傣族	本专区各县	193877	12.83%
山头族	陇川、盈江、潞西、梁河、瑞丽、莲山、耿马、镇康	63250	4.19%
傈僳族	泸水、腾冲、龙陵、盈江、瑞丽、潞西、莲山、梁河、陇川、耿马、镇康	34751	2.30%
蒙化族	双江、耿马	14700	0.97%
本人族	镇康、保山	13700	0.91%
卡瓦族	双江、耿马、镇康、腾冲	12200	0.81%
崩龙族	腾冲、莲山、潞西、梁河、耿马、龙陵、盈江、陇川、镇康	11500	0.76%
阿昌族	盈江、瑞丽、梁河、腾冲、陇川	7173	0.47%
回族	耿马、保山、昌宁、龙陵	6659	0.44%
彝族	镇康、保山、泸水	6330	0.42%
倮黑族	双江、镇康、耿马	5300	0.35%
民家族	保山、昌宁	3800	0.25%
濮曼族	双江、镇康、保山、耿马	3450	0.23%
苗族	保山、昌宁、镇康	1200	0.08%
湘堂族	保山、龙陵	900	0.06%

续表

民族	分布地区	人口	占争取人口百分比
兔莪族	泸水	200	0.01%
摆瑯族	保山	166	0.01%
哩咪族	耿马	50	0.003%
浪速族	泸水	20	0.001%
茶山族	泸水		
全专区兄弟民族总计20族，379226人 全专区总人口1510700人之25.10%			

盈江县兄弟民族人口分布统计表

民族	分布地区	人口	占全县人口百分比
岱族	干厓、户撒	25000	55.56%
山头族	干厓、户撒	11700	26.00%
阿昌族	户撒	3000	6.66%
傈傈族	干厓	3000	6.66%
崩龙族	干厓	550	1.22%
全县兄弟民族总计5族，43250人 全县总人口45000人之96.10%			

陇川县兄弟民族人口分布统计表

民族	分布地区	人口	占全县人口百分比
山头族	陇川四周山地	19000	47.50%
岱族	陇川坝子	15000	37.50%
傈傈族	境内山箐间	600	1.50%
阿昌族	境内山边	525	1.31%
崩龙族	境内山地	300	0.75%
全县兄弟民族总计5族，35425人 全县总人口40000人之88.56%			

瑞丽县兄弟民族人口分布统计表

民族	分布地区	人口	占全县人口百分比
岱族	猛卯、腊撒	20000	57.14%
山头族	猛卯、腊撒	8000	22.85%
阿昌族	境内山地	1948	5.56%
傈傈族	境内山地	1012	2.88%
全县兄弟民族总计4族，30960人 全县总人口35000人之88.45%			

潞西县兄弟民族人口分布统计表

民族	分布地区	人口	占全县人口百分比
傣族	芒市坝、遮放坝	35608	57.09%
山头族	遮放、猛板	10000	16.03%
崩龙族	遮放、芒市	2250	3.61%
傈僳族	芒市	1000	1.60%
全县兄弟民族总计4族，48858人 全县总人口62368人之78.33%			

泸水县兄弟民族人口分布统计表

民族	分布地区	人口	占全县人口百分比
傈僳族	六库、登埂、鲁掌、卯照、老窝	18000	60.00%
民家族	六库	1800	6.00%
彝族	六库、鲁掌	1080	3.60%
兔莪族	鲁掌	200	0.68%
浪速族 茶山族	登埂 登埂	20	0.06%
全县兄弟民族总计6族，21100人 全县总人口30000人之70.32%			

耿马县兄弟民族人口分布统计表

民族	分布地区	人口	占全县人口百分比
岱族	南定河沿岸、猛勇、猛撒、耿马镇	9000	30.00%
回族	耿马镇、昆鹏、猛撒	4000	13.33%
卡瓦族	木寨、大寨及与双江、沧源交界处	3000	10.00%
崩龙族	南定河、南樟河	700	2.33%
山头族	与沧源交界处	500	1.66%
蒙化族	芝乃山附近	400	1.33%
傈僳族	山地	200	0.66%
倮黑族	猛撒、猛勇	100	0.33%
濮曼族	横定坝边缘地带	50	0.16%
哩咪族	马岩、班望之间大梁山间	50	0.16%
全县兄弟民族总计10族，1800人 全县总人口30000人之60%			

双江县兄弟民族人口分布统计表

民族	分布地区	人口	占全县人口百分比
蒙化族	猛猛、猛库	14300	26.32%
卡瓦族	云山、得胜、复兴等乡	7200	13.25%
倮黑族	山地	5000	9.20%
濮曼族	云山、猛库、复兴	2800	5.15%
岱族	永定、猛库	2500	4.60%
全县兄弟民族总计5族，31800人 全县总人口54332人之58.52%			

莲山县兄弟民族人口分布统计表

民族	分布地区	人口	占全县人口百分比
岱族	集中盏达坝子	10000	30.30%
山头族	昔马乡、蛮允镇附近、猛典、太平街	4000	12.12%
崩龙族	盏达	3000	9.09%
傈僳族	猛典、昔马	1000	3.03%
全县兄弟民族总计4族，18000人 全县总人口33000人之54.54%			

梁河县兄弟民族人口分布统计表

民族	分布地区	人口	占全县人口百分比
岱族	遮岛、罗布坝、小猛笼	20000	28.17%
山头族	王子树、遮岛、群英乡、小陇川、小猛笼、盏西乡	10000	14.06%
崩龙族	境内山地	1000	1.41%
阿昌族	永安乡、小陇川、东山等地	1000	1 41%
傈僳族	东山乡、群英乡	800	1.12%
全县兄弟民族总计5族，32800人 全县总人口71000人之46.19%			

镇康县兄弟民族人口分布统计表

民族	分布地区	人口	占全县人口百分比
本人族	分布各区	13400	16.75%
岱族	猛定坝	10000	12.50%
彝族	猛棒、猛定	2000	2.50%
卡瓦族	永康乡、猛定坝等地	1500	1.87%
蒲曼族	永康乡、第四区	300	0.38%
倮黑族	猛定	200	0.25%
傈僳族	猛定坝、第四区	200	0.25%

续表

民族	分布地区	人口	占全县人口百分比
崩龙族	猛定坝西山	100	0.13%
苗族	第四区	70	0.09%
山头族	猛定	50	0.06%
全县兄弟民族总计10族，27820人 全县总人口80000人之34.78%			

龙陵县兄弟民族人口分布统计表

民族	分布地区	人口	占全县人口百分比
傣族	潞江坝、猛糯坝	10000	8.33%
傈僳族	象达、早达、猛昌	2500	2.08%
崩龙族	潞江区山地及新华乡	600	0.50%
回族		100	0.09%
湘堂族	安达乡、窝蒙寨	100	0.09%
全县兄弟民族总计5族，13300人 全县总人口120000人之11.09%			

腾冲县兄弟民族人口分布统计表

民族	分布地区	人口	占全县人口百分比
傣族	鹤麟、河西、明朗、清水、龙江、新华、蒲川等乡	22000	7.33%
傈僳族	鹤麟、中和、古永、瑞清、明竜、凤瑞、龙江	6000	2.00%
崩龙族	河西、古永、鹤麟	3000	1.00%
阿昌族	清水、河西、新华、蒲川、鹤麟	700	0.23%
卡瓦族	明朗、清水、河西、鹤麟、中和	500	0.16%
全县兄弟民族总计5族，32200人 全县总人口300000人之10.27%			

昌宁县兄弟民族人口分布统计表

民族	分布地区	人口	占全县人口百分比
傣族	明益乡、湾甸乡、庐河乡、柯华镇	9000	6.92%
回族		1000	0.77%
苗族		200	0.16%
全县兄弟民族总计3族，10200人 全县总人口130000人之7.85%			

保山县兄弟民族人口分布统计表

民族	分布地区	人口	占全县人口百分比
岱族	上江乡、关南乡	5769	1.20%
彝族	安乐寨、慢山、龙舞、阿石寨、旧寨、阿衣寨、汶上镇、仁爱乡	3250	0.68%
民家族	西山脚、阿石寨、旧寨、阿衣寨、龙舞寨、安乐寨	2000	0.42%
回族	散居各地	1559	0.32%
苗族	阿石寨、汶上镇、仁爱乡、练地	930	0.19%
湘堂族	关东乡	800	0.16%
傈僳族	练地及澜沧江边	439	0.09%
濮曼族	第六区山寨、大小蒿芝坝、关南乡、里诺山	300	0.06%
本人族	第六区	300	0.06%
摆瑯族	第六区摆瑯村	166	0.03%
全县兄弟民族总计10族，15513人 全县总人口480000人之3.3%			

玉溪专区

玉溪专区兄弟民族人口分布统计表

民族	分布地区	人口	占专区人口百分比
彝族	新平、峨山、易门、华宁、昆阳、河西、玉溪、通海、江川、澄江	139272	12.22%
岱族	新平	25968	2.28%
回族	河西、华宁、昆阳、峨山、玉溪、澄江、呈贡、新平、易门、晋宁	24194	2.12%
腊鲁族	新平	5889	0.52%
三苏族	新平、峨山	4990	0.44%
窝尼族	峨山、昆阳、新平、玉溪	4827	0.42%
蒙古族	河西	3532	0.31%
卡堕族	新平	3446	0.30%
苗族	华宁、昆阳、易门、新平、峨山	2452	0.22%
拉乌族	新平	2068	0.18%
苦葱族	新平	2035	0.18%

续表

民族	分布地区	人口	占专区人口百分比
花腰族	峨山	939	0.08%
黑莆族	昆阳、新平	864	0.08%
糯比族	新平	833	0.07%
罗武族	新平	438	0.04%
梭比族	新平	414	0.04%
沐花族	新平	326	0.03%
密栗族	新平	315	0.03%
东属族	江川	300	0.03%
阿车族	新平	255	0.02%
密义族	新平	234	0.02%
车苏族	新平	161	0.01%
堕塔族	新平	54	0.004%
阿鲁族	新平	37	0.003%
毕约族	新平	14	0.001%
全专区兄弟民族总计25族，223857人 全专区总人口1139787人之19.71%			

新平县兄弟民族人口分布统计表

民族	分布地区	人口	占全县人口百分比
彝族	振武乡、嵩安乡、凤翥乡、耀南乡、新化乡、鲁奎乡、永定乡、磨盘乡、宁河乡、昌沅乡、城区	38446	31.90%
傣族	耀南乡、宁河乡、永定乡、鲁奎乡、凤翥乡	25968	21.55%
腊鲁族	耀南乡、振武乡、嵩安乡	5889	4.89%
卡堕族	耀南、振武、嵩安三乡的各联村	3446	2.86%
三苏族	宁河乡、昌沅乡、甸顺乡、鲁奎乡、新化乡、永安乡	2648	2.15%
拉乌族	嵩安乡、振武乡、耀南乡、凤翥乡	2068	1.72%
苦葱族	振武乡、耀南乡、嵩安乡	2035	1.69%
糯比族	嵩安乡、振武乡	833	0.69%
罗武族	耀南乡五联村	438	0.36%
梭比族	嵩安乡、扬武乡	414	0.34%
回族	宁河乡、扬武乡	359	0.30%
沐花族	嵩安乡一、六、七联村	326	0.26%

续表

民族	分布地区	人口	占全县人口百分比
密栗族	嵩安乡七、八联村	315	0.25%
窝尼族	平山乡、振武乡、耀南乡	320	0.27%
阿车族		255	0.21%
密义族		234	0.19%
车苏族	母猪罗、三家营、亨木里	161	0.13%
苗族	南区毛蓝箐一带	69	0.06%
堕塔族		54	0.04%
黑莆族	扬武乡六联村	40	0.03%
阿鲁族	二区阿芦村、太和乡二联村	37	0.03%
毕约族	振武乡	14	0.01%
全县兄弟民族总计22族，84369人 全县总人口120515人之70.01%			

峨山县兄弟民族人口分布统计表

民族	分布地区	人口	占全县人口百分比
彝族	四区玉屏乡、镇边乡，三区甸中镇、文兴乡、太和乡、明清乡、溢安乡、碧云乡、中和乡，一区东区桃梨乡、宝兴乡	41929	57.19%
窝尼族	一区下北、上北、西一、桃梨乡、宝兴乡、化念乡，二区甸中镇、文兴乡、明清乡，三区溢安乡，四区玉屏乡	3643	4.97%
三苏族	三区碧玉乡，四区玉屏乡	2342	3.19%
回族	东一区城关镇	1015	1.38%
花腰族	棚租乡	939	1.27%
苗族	一区	62	0.01%
全县兄弟民族总计6族，49930人 全县总人口73315人之68.01%			

易门县兄弟民族人口分布统计表

民族	分布地区	人口	占全县人口百分比
彝族	分布惠民镇各村中	14733	19.69%
回族		343	0.46%
苗族		340	0.45%
全县兄弟民族总计3族，15416人 全县总人口74830人之20.60%			

华宁县兄弟民族人口分布统计表

民族	分布地区	人口	占全县人口百分比
彝族	一区、二区、三区、四区	14360	13.41%
回族	一区阳幕乡	6121	5.62%
苗族	一区阳幕乡及四区	1090	1.02%
全县兄弟民族总计3族，21571人 全县总人口107057人之20.05%			

昆阳县兄弟民族人口分布统计表

民族	分布地区	人口	占全县人口百分比
彝族	各区、内九区	9384	12.28%
回族	中和区、海口区	2106	2.76%
苗族	内九区	891	1.17%
黑莆族	内九区	824	1.08%
窝尼族	内九区	764	0.99%
全县兄弟民族总计5族，13969人 全县总人口76417人之18.28%			

河西县兄弟民族人口分布统计表

民族	分布地区	人口	占全县人口百分比
回族	二区下回林，一区纳家营、古城，四区坝心，三区文明村、小街	6471	7.70%
蒙古族	二区下村、白阁、中村、陶家咀	3532	4.20%
彝族	宝泉乡、大簪土莫斯勒，四区清水河、大哨	1963	2.34%
全县兄弟民族总计3族，11966人 全县总人口84000人之14.24%			

玉溪县兄弟民族人口分布统计表

民族	分布地区	人口	占全县人口百分比
彝族	三区	9400	5.44%
回族	二区回回大营附近十余村	4000	2.50%
窝尼族	二区回回大营、北城	100	0.06%
全县兄弟民族总计3族，13500人 全县总人口173500人之8%			

通海县兄弟民族人口分布统计表

民族	分布地区	人口	占全县人口百分比
彝族	二区、三区南部，四区北部山间	4870	5.68%
全县兄弟民族总计1族，4870人 全县总人口85773人之5.68%			

江川县兄弟民族人口分布统计表

民族	分布地区	人口	占全县人口百分比
彝族	光山乡、矣文乡、上头营乡、新寨乡	3887	3.50%
东属族	新寨乡	300	0.27%
全县兄弟民族总计2族，4187人 全县总人口111203人之3.77%			

澄江县兄弟民族人口分布统计表

民族	分布地区	人口	占全县人口百分比
回族	右所大营，下左所回龙村、拖白村、双龙湾，城内	2630	2.92%
彝族	三区松子园	300	0.33%
全县兄弟民族总计2族，2930人 全县总人口90000人之3.25%			

呈贡县兄弟民族人口分布统计表

民族	分布地区	人口	占全县人口百分比
回族	城关乡、龙街乡、凤林乡，三区安江乡安江村	899	1.05%
全县兄弟民族总计1族，899人 全县总人口85250人之1.05%			

晋宁县兄弟民族人口分布统计表

民族	分布地区	人口	占全县人口百分比
回族	城关区	250	0.43%
全县兄弟民族总计1族，250人 全县总人口57927人之0.43%			

楚雄专区

楚雄专区民族人口分布统计表

民族	分布地区	人口	占专区人口百分比
彝族	分布全专区11县内	136058	15.31%
傈僳族	大姚、永仁、双柏、禄丰、广通	5107	0.57%
回族	楚雄、盐兴、姚安、镇南、永仁、禄丰	3891	0.44%
民家族	镇南	3000	0.34%
苗族	禄丰、盐兴、盐丰、牟定、大姚、楚雄	2184	0.26%
傣族	大姚、永仁、盐兴、双柏	1502	0.175%
阿车族	双柏	1300	0.14%
罗武族	双柏、牟定、盐兴	1112	0.13%
车苏族	双柏	866	0.09%
窝尼族	双柏	425	0.05%
全专区民族总计10族，155445人 全专区总人口888439人之17.5%			

更正：

1. 本表苗族人口应为2134人，占专区人口百分比应为0.24%。
2. 傣族人口应为4052人，占专区人口百分比应为0.45%。
3. 全专区兄弟民族总计应为157845人，应占专区总人口17.76%。

镇南县民族人口分布统计表

民族	分布地区	人口	占全县人口百分比
彝族	三、四两区、英武乡、双河乡山上	31500	32.57%
民家族	玉泉乡	3000	3.10%
回族		4000	0.41%
全县民族总计3族，34900人 全县总人口96726人之36.08%			

大姚县民族人口分布统计表

民族	分布地区	人口	占全县人口百分比
彝族	五区、中和、红岩、紫印、龙吟等乡	27442	24.00%
傈僳族	中和乡	3109	2.71%
傣族	五区、中和乡	1922	1.66%
苗族		64	0.06%

续表

民族	分布地区	人口	占全县人口百分比
全县民族总计4族，32537人 全县总人口114756人之28.37%			

盐兴县民族人口分布统计表

民族	分布地区	人口	占全县人口百分比
彝族	接近牟定、广通地区	6300	17.47%
回族		1320	3.66%
岱族		500	1.39%
苗族		300	0.83%
罗武族		26	0.07%
全县民族总计5族，8446人 全县总人口36071人之23.42%			

盐丰县民族人口分布统计表

民族	分布地区	人口	占全县人口百分比
彝族	昙华、庆丰、安丰、乐春、三台等乡	9627	20.17%
苗族	昙华乡	168	0.35%
全县民族总计2族，9795人 全县总人口47746人之20.52%			

楚雄县民族人口分布统计表

民族	分布地区	人口	占全县人口百分比
彝族	分布全县8个区内	16629	15.97%
回族	分布全县8个区内	1362	1.31%
苗族		49	0.05%
全县民族总计3族，17991人 全县总人口104147人之17.33%			

姚安县民族人口分布统计表

民族	分布地区	人口	占全县人口百分比
彝族	分布全县6个区内	18222	14.53%
回族	一区	405	0.32%
全县民族总计2族，18627人 全县总人口125374人之14.85%			

牟定县民族人口分布统计表

民族	分布地区	人口	占全县人口百分比
彝族	一区、三区、四区、五区	14277	12.82%
罗武族	一区	332	0.29%
苗族	二区	105	0.09%
全县民族总计3族，14714人 全县总人口111406人之13.2%			

广通县民族人口分布统计表

民族	分布地区	人口	占全县人口百分比
彝族	云宠乡、莲溪乡	4207	10.41%
傈僳族		40	0.10%
全县民族总计2族，4247人 全县总人口40403人之10.51%			

双柏县民族人口分布统计表

民族	分布地区	人口	占全县人口百分比
彝族	一区、龙山镇	1520	2.97%
阿车族	仁德乡的安龙保、洒树、依谢、白阱、六纳	1300	2.22%
车苏族	新宁乡的大麦地底、土小河口芭蕉阱等地	866	1.59%
罗武族	庆和乡罗武厂	754	1.38%
窝尼族	妥上镇边界之板凳山把租鲁扯等地	425	0.78%
岱族	庆和乡摆彝村	130	0.24%
傈僳族		100	0.18%
苗族		100	0.18%
全县民族总计8族，5195人 全县总人口54555人之9.86%			

禄丰县民族人口分布统计表

民族	分布地区	人口	占全县人口百分比
彝族	中村、中河、棠海、星宿、五台等乡及四区	2484	4.02%
苗族	中河、五台、新华、永丰、和平、南镇等乡及四区	1348	2.18%
傈僳族	中河、五台、永丰等乡	658	1.06%
回族	金山镇、星宿乡及三区	104	0.17%
全县民族总计4族，4594人 全县总人口61841人之7.43%			

永仁县民族人口分布统计表

民族	分布地区	人口	占全县人口百分比
彝族	龙华乡及全县各乡镇山地	3850	4.03%
岱族	龙华乡的后里及干树子	1500	1.58%
傈僳族	永定镇、龙华乡山地	1200	1.26%
回族		300	0.31%
全县民族总计4族，6850人 全县总人口95414人之7.18%			

昭通专区

昭通专区兄弟民族人口分布统计表

民族	分布地区	人口	占专区人口百分比
彝族	镇雄、彝良、会泽、昭通、威信、鲁甸、永善、巧家、大关	112700	6.63%
苗族	分布各县	84576	4.97%
回族	会泽、昭通、鲁甸、永善、大关、镇雄、巧家、彝良、威信、盐津	48300	2.84%
民家族	镇雄	4000	0.23%
仲家族	巧家	3000	0.17%
水户族	彝良	800	0.05%
岱族	巧家	360	0.02%
全专区兄弟民族总计7族，253736人 全专区总人口1700714人之14.91%			

更正：

1. 本表彝族人口应为113700人，占专区人口百分比应为6.69%。
2. 全专区兄弟民族总计应为254736人，应占专区总人口14.97%。

威信县兄弟民族人口分布统计表

民族	分布地区	人口	占全县人口百分比
彝族	扎西镇、水田乡、莲花乡	12000	27.66%
苗族	扎西镇、双河乡、和敦乡、致和乡、大河乡、五福乡	6600	15.22%
回族		200	0.46%
全县兄弟民族总计3族，18800人 全县总人口43365人之43.34%			

彝良县兄弟民族人口分布统计表

民族	分布地区	人口	占全县人口百分比
苗族	分布各乡镇	35000	18.87%
彝族	毛坪、岭东、仓盈、奎阳、寸田、里仁、楠杆、吉乐等乡	21000	11.32%
回族		1000	0.54%
水户族	钟荣、角奎、棋盘等乡	800	0.43%
全县兄弟民族总计4族，57800人 全县总人口185483人之31.16%			

鲁甸县兄弟民族人口分布统计表

民族	分布地区	人口	占全县人口百分比
彝族	龙树、古寨、梭山、邻巧	10000	15.40%
回族		8000	12.32%
苗族	桃源、文屏、古寨、龙树、邻巧、梭山	1100	1.69%
全县兄弟民族总计3族，19100人 全县总人口64916人之29.41%			

昭通县兄弟民族人口分布统计表

民族	分布地区	人口	占全县人口百分比
回族		15000	7.27%
彝族	炎山乡、佈新乡	12000	5.82%
苗族	龙潭乡、盘河乡	7400	3.59%
全县兄弟民族总计3族，34400人 全县总人口206200人之16.68%			

镇雄县兄弟民族人口分布统计表

民族	分布地区	人口	占全县人口百分比
彝族	分布各乡镇	30000	9.72%
苗族	分布各乡镇	13700	4.44%
民家族		4000	1.29%
回族		3000	0.97%
全县兄弟民族总计4族，50700人 全县总人口308533人之16.42%			

会泽县兄弟民族人口分布统计表

民族	分布地区	人口	占全县人口百分比
彝族		16000	5.63%
回族		15000	5.32%
苗族		7800	2.76%
全县兄弟民族总计3族，38800人 全县总人口282159人之13.71%			

永善县兄弟民族人口分布统计表

民族	分布地区	人口	占全县人口百分比
彝族	分布各乡镇	8000	5.23%
苗族	莲峰镇、茂林乡、庆云乡等地山上	4300	2.81%
回族		3000	1.96%
全县兄弟民族总计3族，15300人 全县总人口152859人之10%			

盐津县兄弟民族人口分布统计表

民族	分布地区	人口	占全县人口百分比
苗族	大同乡、滩头镇、小河镇、新滩乡等地	5000	5.99%
回族		100	0.12%
全县兄弟民族总计2族，5100人 全县总人口83338人之6.11%			

大关县兄弟民族人口分布统计表

民族	分布地区	人口	占全县人口百分比
苗族	杂居各村镇	2100	2.08%
回族		2000	1.99%
彝族	杂居各村镇	1700	1.69%
全县兄弟民族总计3族，5800人 全县总人口100504人之5.76%			

巧家县兄弟民族人口分布统计表

民族	分布地区	人口	占全县人口百分比
彝族	乌龙乡、景星乡	3000	1.57%
仲家族		3000	1.57%
苗族	乌龙乡、景星乡、青冈岭	1200	0.63%
回族		1000	0.52%
岱族	义侠乡施宽村	360	0.18%
全县兄弟民族总计5族，8560人 全县总人口190083人之4.47%			

绥江县兄弟民族人口分布统计表

民族	分布地区	人口	占全县人口百分比
苗族	板栗镇、盐井镇	376	0.45%
全县兄弟民族总计1族，376人 全县总人口83294人之0.45%			

宜良专区

宜良专区民族人口分布表

民族	分布地区	人口	占专区人口百分比
沙族	罗平八达乡一带，泸西五曹，师宗七曹	24000	2.8%
阿细族	弥勒西山，路南圭山，泸西系杂居	22300	2.6%
撒尼族	路南圭山，陆良南山区，泸西系杂居	16000	1.9%
回族	弥勒杂居市镇，泸西桃园，罗平桃园、富乐，师宗居于师、陆交界，陆良系散居，宜良西山营	13620	1.6%
二彝族	罗平五区	5500	0.6%
大黑彝族	路南圭山，弥勒西山、五山，泸西系杂居，宜良洪宝寺，陆良牛头山	5030	0.6%
阿折族	弥勒五山区	5000	0.6%
白家族	泸西	3000	0.3%
小黑彝族	弥勒竹园、东山，泸西系杂居	2200	0.2%
阿雾族	师宗三区	2000	0.2%
苗族	弥勒西山，泸西五曹，师宗高梁	1800	0.2%
彝族	罗平腊山脚	1700	0.2%
白摆彝族	弥勒竹园、东山，泸西系杂居	1300	0.1%
干彝族	陆良龙海山	800	0.1%
全专区民族总计14族，104250人 全专区总人口848505人之12.3%			

弥勒县民族人口分布表

民族	分布地区	人口	占全县人口百分比
阿细族	西山区	20000	18.1
阿折族	五山区	5000	4.5
回族	散居市镇	5000	4.5
小黑彝族	竹园、东山	2000	1.81

续表

民族	分布地区	人口	占全县人口百分比
大黑彝族	西山、五山	1500	1.36%
苗族	西山	1000	0.9%
白摆彝族	竹园、东山	1000	0.9%
全县民族总计7族，35500人 全县总人口110000人之32%			

路南县民族人口分布表

民族	分布地区	人口	占全县人口百分比
撒尼族	圭山区	15000	12.5%
大黑彝族	圭山区	2500	2.08%
阿细族	圭山区	2000	1.67%
全县民族总计3族，19500人 全县总人口120000人之16.25%			

泸西县民族人口分布表

民族	分布地区	人口	占全县人口百分比
沙族	五曹	10000	6.9%
回族	桃园	4000	2.8%
白家族		3000	2.08%
大黑彝族	杂居	500	0.34%
撒尼族	杂居	500	0.34%
苗族	五曹	400	0.28%
阿细族	杂居	300	0.28%
白摆彝族	杂居	300	0.28%
小黑彝族	杂居	200	0.14%
全县民族总计9族，19200人 全县总人口144413人之13.3%			

师宗县民族人口分布表

民族	分布地区	人口	占全县人口百分比
沙族	七曹	6000	7.2%
阿雾族	三区	2000	2.35%
回族	师、陆交界	1500	1.8%
苗族	高梁	400	0.47%
全县民族总计4族，9900人 全县总人口84153人之11.82%			

罗平县民族人口分布表

民族	分布地区	人口	占全县人口百分比
沙族	八达乡一带	8000	5.18%
二彝族	五区	5500	3.6%
回族	桃园、富乐	2000	1.3%
彝族	腊山脚	1700	1.1%
全县民族总计4族，17200人 全县总人口154352人之11.1%			

陆良县民族人口分布表

民族	分布地区	人口	占全县人口百分比
回族	散居	1000	0.38%
干彝族	龙海山	800	0.30%
撒尼族	南山区	500	0.19%
大黑彝族	牛头山	200	0.076%
全县民族总计4族，2500人 全县总人口260000人之0.95%			

宜良县民族人口分布表

民族	分布地区	人口	占全县人口百分比
大黑彝族	宝洪寺	330	0.275%
回族	西山营	120	0.1%
全县民族总计2族，450人 全县总人口120000人之0.375%			

曲靖专区

曲靖专区兄弟民族人口分布统计表

民族	分布地区	人口	占全县人口百分比
回族	寻甸、宣威、嵩明、沾益、马龙、曲靖、平彝	52643	3.89%
彝族	平彝、寻甸、宣威、沾益、马龙、嵩明、曲靖	13699	1.01%
苗族	寻甸、嵩明、沾益、马龙、宣威、平彝	5385	0.39%
民家族	平彝	500	0.03%
水户族	平彝	100	0.007%

续表

民族	分布地区	人口	占全县人口百分比
仲家族	寻甸	50	0.003%
全县民族总计6族，72377人 全县总人口1352462人之5.33%			

校正：

1. 本表彝族人口为53699人，占专区人口3.97%。
2. 全专区兄弟民族人口总计为112377人，占专区人口8.31%。

寻甸县兄弟民族人口分布统计表

民族	分布地区	人口	占全县人口百分比
回族	五区太华乡猴街一带及桂花乡	31623	14.03%
彝族	四、五两区各村及县内山间	16000	7.10%
苗族	钟灵乡、果马乡、甸山、九龙乡、太华、桂华、琅华等乡	2350	1.04%
仲家族	功山山脚	50	0.02%
全县兄弟民族总计4族，50023人 全县总人口225302人之22.19%			

平彝县兄弟民族人口分布统计表

民族	分布地区	人口	占全县人口百分比
彝族	全县六个区内	20047	9.20%
民家族	吉克、龙峰两乡	500	0.23%
苗族	第一、第六两区	406	0.19%
水户族	平黄镇、五乐乡	100	0.05%
回族	第一、第四两区	14	0.006%
全县兄弟民族总计5族，21067人 全县总人口216764人之97.3%			

宣威县兄弟民族人口分布统计表

民族	分布地区	人口	占全县人口百分比
彝族	全县各区	11541	3.17%
回族	清水乡、岱海乡、龙华乡、求安乡、业肥乡、多乐乡	11213	3.01%
苗族	志戛乡、大井乡、拖克乡、戈平乡、马戛乡、迤那乡	478	0.13%
仲家族			
全县兄弟民族总计4族，23232人 全县总人口364282人之6.31%			

马龙县兄弟民族人口分布统计表

民族	分布地区	人口	占全县人口百分比
彝族	第一、第二两区	2026	3.03%
回族	上家坝、昭福铺乡、吴官田	812	1.22%
苗族	小海子乡、大小罗贵乡、田坝乡、莲花池乡	558	0.84%
全县兄弟民族总计3族，3396人 全县总人口66815人之5.09%			

嵩明县兄弟民族人口分布统计表

民族	分布地区	人口	占全县人口百分比
回族	邵甸乡等地	4796	3.09%
苗族	邵甸、梁王山、凤秀乡、五丛山、啸狮乡、嵩阳镇	997	0.64%
彝族	彩云乡、嵩阳镇、梁王山	725	0.47%
全县兄弟民族总计3族，6518人 全县总人口155246人之4.20%			

沾益县兄弟民族人口分布统计表

民族	分布地区	人口	占全县人口百分比
回族	龙泉乡、回龙乡、卡郎乡、松龙乡等	3759	2.17%
彝族	鸭团、三家、中心、白水、马场、嘉禾、德泽等乡	2774	1.60%
苗族	德威、松韶、卡郎等乡	596	0.34%
全县兄弟民族总计3族，7129人 全县总人口173163人之4.11%			

曲靖县兄弟民族人口分布统计表

民族	分布地区	人口	占全县人口百分比
彝族	第二、第四、第十、第十九等乡	586	0.39%
回族	翠阳乡、西门街、荷花乡	428	0.28%
全县兄弟民族总计2族，1012人 全县总人口150890人之0.67%			

省辖市县

昆明市兄弟民族人口分布统计表

民族	分布地区	人口	占全市人口百分比
回族	本市各街巷	21000	6.67%
其他		未详	
全市兄弟民族总计1族，21000人 全市总人口300007人之6.67%			

昆明县兄弟民族人口分布统计表

民族	分布地区	人口	占全县人口百分比
彝族	乐亩乡、灵源乡、多依乡、第六区	15778	6.72%
散民族	第三区各乡，第四区龙泉乡	10000	4.26%
民家族	沙朗乡、多依乡	5801	2.51%
百子族	第六区	3128	1.33%
子君族	第二区大耳村	1860	0.82%
回族	第六区	722	0.31%
苗族	苍竹乡、厂口乡	352	0.15%
全县兄弟民族总计7族，37641人 全县总人口234683人之16.1%			

个旧市兄弟民族人口分布统计表

民族	分布地区	人口	占全市人口百分比
倮儸族		7860	8.38%
彝族		4720	5.03%
窝尼族		3380	3.60%
苗族		3150	3.36%
回族		2190	2.33%
岱族		1570	1.67%
沙族		1570	1.67%
土佬族		378	0.40%
全市兄弟民族总计8族，24818人 全市总人口93780人之26.4%			

附　录

云南省各县（市）兄弟民族人口百分比综合统计

1951年7月20日
民族事务委员会调查研究室制

县（市）名	碧江	福贡	兰坪	剑川	沧源	南峤	车里	镇越
占该县（市）人口%	99.94	99.74	99.16	99.07	98.93	98.8	97.5	96.87
县（市）名	云龙	盈江	丽江	宁江	佛海	红河	元阳	金平
占该县（市）人口%	96.4	96.1	95.83	95.0	94.9	94.32	90.88	90.1
县（市）名	河口	陇川	瑞丽	中甸	富宁	元江	维西	澜沧
占该县（市）人口%	90.1	88.56	88.45	88.33	86.9	82.57	80.34	80
县（市）名	武定	德钦	潞西	砚山	墨江	龙武	个旧	江城
占该县（市）人口%	78.6	78.37	78.33	77.48	77.4	77.08	75.7	75
县（市）名	屏边	大理	文山	蒙自	泸水	新平	开远	六顺
占该县（市）人口%	73.98	73.07	72.44	72.07	70.32	70.01	70	69.86
县（市）名	景东	宁蒗	贡山	禄劝	峨山	广南	景谷	邱北
占该县（市）人口%	69.5	69.23	69.17	69	68.01	66.93	65.8	62.54
县（市）名	耿马	普洱	镇沅	双江	莲山	思茅	蒙化	凤仪
占该县（市）人口%	60	59.59	58.73	58.52	54.54	52.45	51.93	51.53
县（市）名	马关	梁河	永胜	威信	曲溪	邓川	鹤庆	石屏
占该县（市）人口%	49.55	46.19	43.67	43.34	41.5	41.46	41.39	41
县（市）名	麻栗坡	镇南	建水	镇康	漾濞	洱源	弥勒	彝良
占该县（市）人口%	37.84	36.08	35.29	34.92	32.5	32.31	32	31.16
县（市）名	宾川	鲁甸	大姚	永平	华坪	个旧市	盐兴	寻甸
占该县（市）人口%	30.19	29.41	28.37	28.14	28.11	26.4	23.42	22.19
县（市）名	易门	盐丰	西畴	华宁	昆阳	楚雄	祥云	昭通
占该县（市）人口%	20.6	20.52	20.42	20.05	18.28	17.33	17.18	16.68
县（市）名	镇雄	路南	昆明县	姚安	河西	元谋	会泽	泸西
占该县（市）人口%	16.42	16.25	16.1	14.85	14.24	13.8	13.71	13.3
县（市）名	牟定	师宗	顺宁	罗平	龙陵	腾冲	广通	永善
占该县（市）人口%	13.2	11.82	11.72	11.1	11.09	10.72	10.51	10
县（市）名	双柏	平彝	罗平①	缅宁	玉溪	昌宁	禄丰	永仁
占该县（市）人口%	9.86	9.73	9.6	8.64	8	7.85	7.43	7.18
县（市）名	昆明市	富民	宣威	盐津	弥渡	大关	通海	马龙
占该县（市）人口%	7	6.5	6.31	6.11	5.86	5.76	5.68	5.09
县（市）名	下关	巧家	嵩明	沾益	江川	保山	澄江	云县
占该县（市）人口%	5.07	4.47	4.2	4.11	3.77	3.3	3.25	2.62
县（市）名	安宁	呈贡	陆良	曲靖	绥江	晋宁	宜良	
占该县（市）人口%	1.49	1.05	0.95	0.67	0.45	0.43	0.37	

① 该表中有两个罗平的兄弟民族人口百分比统计数字，第5列第13行为11.1，此处为9.6。——编者

云南省各县（市）兄弟民族人口百分比分析统计

1951年7月20日
民族事务委员会调查研究室制

专区	合计	占90%以上的县（市）数	占80%—90%的县（市）数	占70%—80%的县（市）数	占60%—70%的县（市）数	占50%—60%的县（市）数	占40%—50%的县（市）数	占30%—40%的县（市）数	占20%—30%的县（市）数	占10%—20%的县（市）数	占10%以下的县（市）数
总计	135县（市）	17	7	15	10	7	8	9	11	20	31
普洱专区	15	6	1	2	3	3	—	—	—	—	—
大理专区	15	1	—	1	—	2	1	3	1	2	4
保山专区	14	1	2	2	1	2	1	1	—	2	2
蒙自专区	13	4	1	5	—	—	2	1	—	—	—
丽江专区	13	5	2	1	2	—	2	—	1	—	—
玉溪专区	12	—	—	1	1	—	—	—	2	2	6
昭通专区	11	—	—	—	—	—	1	1	1	4	4
楚雄专区	11	—	—	—	—	—	—	1	3	4	3
文山专区	8	—	1	2	2	—	1	1	1	—	—
宜良专区	7	—	—	—	—	—	—	1	—	4	2
曲靖专区	7	—	—	—	—	—	—	—	1	—	6
武定专区	6	—	—	1	1	—	—	—	—	1	3
省辖县市	3	—	—	—	—	—	—	—	1	1	1

云南民族支系人口表
云南省民族事务委员会
1954年
云南省民族事务委员会档案　1954年　目录号1　卷44　第18号

云南民族支系人口表

目录

云南省单一民族名称人口与主要分布区域表（表一）

数目	民族	名称		人口	主要分布地区（专区、县、市）
		自称	他称		
1	汉族	汉族	汉族	11499096	全省各县市
2	彝族	诺苏、纳苏、聂苏、乃苏、迷撒拔、腊鲁拔	彝族（通称）	1838652	全省102个县市，主要分布在蒙自、昭通、曲靖、大理4个方言区（专区）
3	民家族	白子、白伙、白人	民家族（勒墨、那马）	592585	大理、丽江专区，保山、泸水、碧江、昆明、元江、南华、安宁、邱北等县市
4	傣族	傣仂、傣哪、傣绷、傣卡、傣赛	傣族	500517	德宏区、红河区、西双版纳傣族自治区，临沧、保山、思茅、蒙自、文山专区，元江、新平、峨山、双柏、云县、武定、禄劝、孟连、耿马等县
5	哈尼族	哈尼、豪尼、耶尼、碧约、白宏	哈尼族	494480	红河哈尼族自治区、西双版纳，墨江、元江、普洱、江城等县
6	僮族	佈侬（侬人）、佈雅依（沙人）、佈傣（土族）、傣门（土佬）、隆安	侬、沙、土族、土佬、仲家、水户、天保、隆安、黑衣	486823	文山、蒙自专区，师宗、泸西、罗平、禄劝、云县、元阳、金平等县
7	苗族	蒙豆（白苗）、蒙是（素苗、青苗）、蒙爪（青苗）、蒙陪（花苗）、蒙绸（红头苗）、蒙刷（汗苗）、蒙刹（汗苗）、蒙不阿（汗苗）	白苗、青苗（素苗）、花苗、汗苗、红头苗	360473	文山、蒙自、昭通专区、红河区，保山、昌宁、巍山、丽江、武定、禄劝、寻甸、师宗、个旧等县市
8	佧佤族	瓦、布饶、布喇、卧	佧佤、本人、腊家	280257	澜沧、沧源、耿马、镇康、双江等县，西双版纳自治区
9	傈僳族	傈僳仈	傈僳	235023	怒江傈僳族自治区、德宏区、丽江专区，禄劝、宾川、云县、腾冲、龙陵、镇康等县
10	回族	回族、回回	回族	217093	全省112个县市
11	纳西族	纳西	纳西（摩挲）	143398	丽江专区
12	拉祜族	拉祜拿、拉祜喜	拉祜	129763	澜沧拉祜族自治区、孟连自治县、西双区，景谷、双江、耿马、沧源等县

续表

数目	民族	名称		人口	主要分布地区（专区、县、市）
		自称	他称		
13	景颇族	景颇、载哇、浪莪、喇期、窝日、波罗	景颇（山头）	101558	德宏傣族景颇族自治区
14	瑶族	孟、秀	瑶	72234	文山、蒙自专区、红河自治区、西双版纳自治区，江城县
15	藏族	伯、伯巴	藏族（古宗）	66893	中甸、维西、德钦、丽江等县
16	西番族	丕米	西番	14934	宁蒗、兰坪、丽江等县
17	布朗族	布朗	濮曼	32148	西双版纳傣族自治区、思茅专区，保山、云县
18	阿昌族	阿昌、蒙撒、额昌	阿昌	17740	盈江、梁河、陇川等县
19	怒族	怒苏、阿怒	怒族	12736	怒江傈僳族自治区
20	蒙古族	蒙古勒	蒙古族、“渔夫”	3598	河西县的上下渔村
21	都龙族	都龙	俅族、俅子、曲子	2592	贡山县

说明：

1. 本表所列单一民族，系根据云南省民族识别研究组初步识别者，但尚未经本民族协商同意及上级领导机关批准，仅供内部研究参考。其中“怒族”及“都龙族”尚未作最后确定，暂列为两个单位，将来再修正。

2. 人口数字系根据1954年省选举委员会汇报数字合并统计。

3. 单一民族的支系和未明族系的名称，均不列此表，另列为表二至表十。

云南省彝族及其支系表（附人口与分布区域）（表二）

族别	彝族及其支系总人口	分布区域		彝族支系		支系人口合计	支系分布区域		
		专区	县、市	自称	他称	813686			
彝（纳苏濮、聂苏濮、诺苏濮）族	1838652		总计	一、迷撒拔（或腊罗拔）	1.土家、土族、蒙化	178193	永胜1409	巍山81136	凤庆20723
	21873		昆明市				云县11720	祥云12282	漾濞14354
	28396		个旧市				凤仪6316	永平11595	弥勒5047
	857		东川矿区				大理14	姚安56	禄劝34
	73059	昭通专区	合计				宾川6496	昆明10	云龙33
	6603		昭通县				洱源6256	邓川678	下关34
	1		盐津县						
	10747		会泽县		2.蒙化（景东县的他称，自称为“迷撒拔”）	26572	景东21054	普洱1007	双江935
	27730		镇雄县				澜沧318	新平691	墨江249
	6594		巧家县				临沧686	云县237	耿马287
	8417		彝良县				沧源295	大雪山137	景谷418
	7160		永善县				南华189	江城40	镇沅23
	932		威信县				西双版纳4	昆明2	
	1692		大关县	二、保倮濮	保倮、保族	124581	个旧14776	景东24670	云县13355
	3179		鲁甸县				双柏8104	墨江8389	广南8487
	4		绥江				马关3558	麻栗坡4590	镇沅6250
	136415	曲靖专区	合计				普洱5511	文山5310	砚山3499
	375		曲靖县				永胜4650	景谷3469	洱源1732
	3120		沾益县				大姚1399	江川2003	其他4829
	20848		榕峰县	三、朴（普族）、朴、泼哇、昨柯、泼拉培、颇罗、图拉拔	普拉（朴拉）	103116	开远16389	马关10175	文山19642
	13836		富源县				屏边4505	石屏3500	砚山14981
	2053		马龙县				广南4032	金平6123	元阳3372
	1076		嵩明县				红河2661	元江3038	西畴1435
	18523		寻甸县				邱北363	建水128	河口1435
	2401		宜良县				麻栗坡705	弥勒3	其他10679
	12215		罗平县	四、腊罗拔	1.乡谈（香堂）	63512	云县11888	版纳1385	保山6863
	6714		师宗县				龙陵2160	临沧1208	镇康1474
	16081		泸西县				墨江3131	思茅4073	景谷15210
	35874		路南县				普洱8547	景东5327	永胜703
	3299		陆良县				大雪山972	镇沅254	红河311

续表

族别	彝族及其支系总人口	分布区域		彝族支系		支系人口合计	支系分布区域		
		专区	县、市	自称	他称	813686			
彝（纳苏濮、聂苏濮、诺苏濮）族	186820	玉溪专区	合计	四、腊罗拔	1.乡谈（香堂）	63512	昆明5	个旧1	
	14857		玉溪县		2.腊鲁（他称水田）	5690	华坪3524	永胜2165	丽江1
	10114		昆阳县		3.腊倮（自称腊罗濮），他称倮	9649	新平7039	镇沅299	墨江838
							盐丰171	维西29	个旧1
	2		晋宁县				景谷677	景东311	普洱146
							双柏138		
	15		呈贡县		4.路鲁（自称腊鲁）	676	丽江676		
	442		澄江县		5.水彝（腊罗拔）	1883	华坪1883		
	3683		江川县		6.阿鲁（或腊鲁）	1792	金平800	易门643	元阳216
	18506		华宁县				墨江72	峨山59	双柏2
	4834		通海县	五、撒尼（尼、撒尼濮）	1.撒尼	37535	路南30383	泸西2469	弥勒1756
	1981		河西县				邱北1443	宜良980	陆良457
	49586		新平县				华宁9	个旧11	
	20372		易门县		2.散民	8102	昆明8102		
	40220		峨山县		3.明朗（梭尼濮）	1052	禄劝625	武定400	
	22208		元江县		4.撒摩都（子君）	1638	昆明1637	个旧1	
	355663	楚雄专区	合计	六、聂苏濮	1.花腰	17487	龙武16696	峨山769	个旧17
	33075		楚雄县				石屏5		
	16744		牟定县		2.罗武	12863	云龙5595	永平1292	漾濞1348
	10260		盐兴县				楚雄361	双柏3129	牟定387
	7984		广通县				新平264	景东130	广通201
	3039		禄丰县				景谷29	大姚93	镇沅17
	30109		双柏县				永仁12	元谋4	昆明1
	31277		南华县		3.土里	8657	昌宁7989	保山668	
	27721		姚安县		4.二彝	460	陆良460		

续表

族别	彝族及其支系总人口	分布区域		彝族支系		支系人口合计	支系分布区域		
		专区	县、市	自称	他称	813686			
彝（纳苏濮、聂苏濮、诺苏濮）族	19357	楚雄专区	盐丰县	七、诺苏	1.黑彝（或大黑彝）	2901	弥勒1679	鹤庆531	陆良228
	21314		大姚县				泸西218	双柏183	凤庆60
							个旧2		
	28262		永仁县		2.蛮族	1125	武定354	禄劝204	元谋567
	64863		武定县	八、乃苏（或乃苏濮）	1.新黑彝	232	弥勒183	师宗49	
	49236		禄劝县		2.黑话（乃苏濮）	1992	鹤庆		
	2515		富民县	九、纳苏（纳苏濮）	小黑彝（四块瓦）	2572	弥勒		
	1744		安宁县	十、阿武	1.孟武（阿武）	1243	西畴733	麻栗坡323	马关155
	1727		罗次县				砚山32		
	6436		元谋县		2.阿乌（自称阿乌仈）	15791	元阳3714	泸西1962	师宗1225
	247435	大理专区	合计				弥勒6637	金平1918	墨江128
	49		下关市				双柏12	宾川151	云县26
	25		大理县				宜良10	昆明5	个旧3
	708		邓川县	十一、黎仈	黎仈（黎族）	27130	凤庆16640	华坪10051	永胜328
	14512		祥云县				宾川64	云龙27	鹤庆18
	6714		宾川县				弥渡2		
	6318		凤仪县	十二、阿西濮	阿西	26939	弥勒25763	泸西458	路南280
	9522		弥渡县				华宁58	宜良18	昆明360
	83582		巍山县				个旧2		
	38156		云县	十三、格濮（或称“古”）	白彝（自称格濮、阿多濮）、甘彝	23612	泸西10540	弥勒5047	鹤庆3439
	45198		凤庆县				师宗3830	陆良131	个旧4
	12888		永平县				东川矿区2	景东619	
	15706		漾濞县	十四、阿罗濮	红彝	7385	师宗1610	陆良617	泸西380
	5769		云龙县				弥勒25	武定4753	
	8288		洱源县	十五、阿哲（阿哲濮）	1.阿哲	15966	弥勒15925	泸西27	华宁9
	120336	丽江专区	合计				蒙自2	昆明2	开远1
	2869		丽江县		2.阿车	8898	易门5349	双柏2769	墨江415
	15079		永胜县				镇沅189	新平155	景东21

续表

族别	彝族及其支系总人口	分布区域		彝族支系		支系人口合计	支系分布区域		
		专区	县、市	自称	他称	813686			
彝（纳苏濮、聂苏濮、诺苏濮）族	7228	丽江专区	鹤庆县	十六、密期	1.密岔	8980	武定4892	禄劝1849	弥渡994
	614		剑川县				昆阳720	新平478	罗次26
	1135		兰坪县				云县10	富民6	昆明4
	29		维西县				个旧1		
	3329		中甸县		2.区区（自称密期）	187	弥勒187		
	16453		华坪县	十七、腊米	1.罗米	2573	墨江1467	普洱1097	景谷9
	73600		凉山		2.咧咪	7647	凤庆7647		
			宁蒗县		3.咪里、密义	5920	景东2509	景谷1451	云县920
			德钦县				新平563	普洱77	镇康292
	29363		合计				镇沅49	澜沧41	耿马18
	19128	保山专区	保山县	十八、山苏	山苏（撒苏）	29177	武定18970	新平4161	元江3156
	2160		龙陵县				峨山1531	石屏325	镇沅9
	86		腾冲县				龙武6	景东2	昆明1
							双柏1016		
	7989		昌宁县	十九、他鲁苏	1.他鲁（自称他鲁苏）	2901	永胜2178	华坪694	邓川29
	149374		合计		2.他谷（自称他谷鲁）	1207	永胜		
	5848	思茅专区	思茅县	二十、倮儀（倮儀濮）	倮儀	12260	个旧7865	蒙自2197	元阳528
	17162		普洱县				金平1651	石屏16	昆明1
	22364		景谷县				开远2		
	3215		镇沅县	二十一、纳若	1.支理	428	永胜		
	69848		景东县		2.子彝	113	永胜		
	14689		墨江县	二十二、六的薄	六得	105	永胜		
	5378		江城县	二十三、傥郎	傥郎	586	丽江		
	6870		澜沧	二十四、拉乌苏	莨莪	1223	永胜		
			孟连县	二十五、纳渣苏	纳渣	430	永胜		

续表

族别	彝族及其支系总人口	分布区域		彝族支系		支系人口合计	支系分布区域		
		专区	县、市	自称	他称	813686			
彝（纳苏濮、聂苏濮、诺苏濮）族	6324	临沧专区	合计		其他	682			
	1894		临沧县						
	935		双江县						
	305		耿马县						
	1766		镇康县						
	295		沧源县						
	1129		大雪山						
	285159	蒙自专区	合计						
	38172		蒙自县						
	1452		河口县						
	12165		屏边县						
	46646		石屏县						
	40816		建水县						
	12824		曲溪县						
	46201		开远县						
	27084		龙武县						
	59799		弥勒县						
	113082	文山专区	合计						
	27673		文山县						
	5825		麻栗坡县						
	22212		砚山县						
	22435		邱北县						
	16741		广南县						
	1282		富宁县						
	3026		西畴县						
	13888		马关县						

续表

族别	彝族及其支系总人口	分布区域		彝族支系		支系人口合计	支系分布区域		
		专区	县、市	自称	他称	813686			
彝（纳苏濮、聂苏濮、诺苏濮）族	73886	红河区	合计						
	20271		红河县						
	40646		元阳县						
	12969		金平县						
	1495	怒江区	合计						
	1495		泸水县						
	9115	西双区	合计						

云南省哈尼族及其支系表（附人口与分布区域）（表三）

族别	哈尼族及其支系总人口	分布区域		哈尼族支系		支系人口合计	支系分布区域		
		专区	县、市	自称	他称	474366			
哈尼族	494480		总计	一、哈尼	哈尼、僾尼	303520	红河100031	元阳85142	金平27807
	133		昆明市				版纳62373	江城14631	其他13536
	180		个旧市		1.糯比（自称哈尼、糯比）	852	新平845	墨江7	
	46330	玉溪专区	合计		2.其弟（自称哈尼）	7546	红河6783	墨江731	普洱19
	122		玉溪县				镇沅8	版纳5	
	612		昆阳县		3.麻黑（自称合尼濮）	1259	普洱1205	景谷46	镇沅8
	1		呈贡县		4.罗勉（自称合尼）	842	禄劝569	武定273	
	435		通海县		5.腊咪（同上）	853	镇沅421	墨江361	红河41
	139		河西县				版纳30		

续表

族别	哈尼族及其支系总人口	分布区域：专区	分布区域：县、市
哈尼族	10166	玉溪专区	新平县
	1351		易门县
	2998		峨山县
	30356		元江县
	3004	楚雄专区	合计
	8		楚雄县
	12		广通县
	2142		双柏县
	273		武定县
	569		禄劝县
	21	大理	合计
	21		凤庆县
	177861	思茅专区	合计
	247		思茅县
	21641		普洱县
	2538		景谷县
	24511		镇沅县
	7731		景东县
	89733		墨江县
	14631		江城县
	16249		澜沧
	580		孟连县

哈尼族支系：自称	哈尼族支系：他称	支系人口合计 474366	支系分布区域		
一、哈尼	6.卡别（自称哈尼）	836	墨江836		
	7.堕塔（自称哈尼、合尼）	287	普洱213	新平53	镇沅13
			其他8		
	8.三达（自称哈尼）	459	允景洪459		
	9.海尼（自称海尼）	277	景谷277		
	10.花姑（自称哈尼）	210	元阳210		
	11.阿卡（自称合尼）	18	普洱18		
二、耶尼	卡多	56086	墨江22344	新平4163	版纳328
			普洱6291	镇沅15875	景东6885
			景谷152	思茅23	其他25
三、碧约（碧然、哈尼）	碧约	32752	墨江28952	普洱2947	红河445
			新平123	镇沅138	思茅78
			景谷33	版纳33	景东3
四、豪尼	1.布都（自称白宏）	20447	墨江13595	普洱5071	红河749
			版纳546	镇沅264	景谷129
			思茅81	新平7	景东6
	2.补角（同上）	176	版纳176		
	3.白壳（同上）	645	镇沅645		
五、哥搓	苦聪	13226	镇沅4848	新平2612	金平2099
			墨江1354	普洱1064	红河459
			版纳289	元阳210	景谷148
			景东131	双柏12	

续表

族别	哈尼族及其支系总人口	分布区域		哈尼族支系		支系人口合计	支系分布区域		
		专区	县、市	自称	他称	474366			
哈尼族	3321	蒙自专区	合计	六、阿西鲁马	西摩洛	10366	墨江7961	普洱1361	红河993
	13		蒙自县				版纳21	镇沅17	景谷7
	4		屏边县				思茅3	景东2	其他1
	173		石屏县	七、多尼	多尼	2208	元阳1125	金平1083	
	2709		建水县	八、阿木	阿木	2498	墨江2412	镇沅77	普洱9
	6		开远县	九、拉乌		3717	镇沅2069	新平1648	
	416		龙武县	十、梭尼	阿梭	589	金平589		
	230790	红河专区	合计	十一、罗美	梭比	338	新平338		
	112501		红河县	十二、布孔	合尼、白宏	14359	墨江11564	红河2638	普洱112
	86687		元阳县				版纳40	镇沅3	景东2
	31602		金平县						
	32840	西双区	合计						

云南省僮族及其支系表（附人口与分布区域）（表四）

族别	僮族及其支系总人口	分布区域		僮族支系		支系人口合计	支系分布区域		
		专区	县、市	自称	他称	483040			
僮族	486823	昭通专区	总计	一、佈侬	侬人、侬青	207716	广南87349	砚山43905	文山18275
	154		昆明市				马关16306	麻栗坡14621	西畴11309
	2091		个旧市				云县4863	邱北2909	开远2635
	92		东川矿区				河口2200	屏边1626	其他1664
	3453		合计		天保、佈侬	15530	富宁14553	广南977	
	5		昭通县	二、佈雅伊（见第七项）	沙人	112387	广南52159	邱北14462	泸西12570
	1008		会泽县				砚山12281	师宗11138	罗平2814
	244		镇雄县				弥勒1937	河口1759	金平1286
	1762		巧家县				版纳479	其他1502	

续表

族别	僮族及其支系总人口	分布区域		僮族支系		支系人口合计	支系分布区域		
		专区	县、市	自称	他称	483040			
僮族	63		彝良县	三、侬傣	（文山区）土族	90910	富宁53350	文山16159	麻栗坡11848
	371		鲁甸县				马关3748	砚山2061	广南1992
	29404	曲靖专区	合计				西畴879	邱北872	个旧1
	1		曲靖县	四、傣门	（蒙自区）土佬	32099	蒙自18102	开远9244	个旧1970
	1		沾益县				元阳1071	麻栗坡547	河口459
	453		榕峰县				金平390	广南128	其他188
	1		富源县	五、侬雅	黑衣	12762	富宁12356	马关404	砚山2
	1		嵩明县	六、龙安	侬安	5374	富宁5374		
	44		宜良县	七、侬衣（即侬雅伊之别称）	仲家、水户	5671	罗平2119	禄劝1166	华坪307
	4937		罗平县				丽江226	镇雄211	弥勒144
	11283		师宗县				永胜333	宁蒗499	开远431
	12580		泸西县				其他235		
	100		路南县	附列：					
	3		陆良县	甲洲		475	富宁475		
	1199	楚雄专区	合计	傲		58	富宁58		
	2		广通县	隆降		54	富宁54		
	27		武定县	东兰		4	富宁4		
	1169		禄劝县	以上4个名称，可能属僮族					
	1		安宁县						
	5144	大理专区	合计						
	1		下关市						
	50		邓川县						
	4863		云县						
	230		凤庆县						
	1375	丽江专区	合计						
	227		丽江县						
	333		永胜县						
	9		鹤庆县						
	307		华坪县						
	499		宁蒗县						
	7	保山区	合计						
	6		保山县						
	1		腾冲县						

续表

族别	僮族及其支系总人口	分布区域		僮族支系		支系人口合计	支系分布区域		
		专区	县、市	自称	他称	483040			
僮族	39540	蒙自专区	合计						
	18747		蒙自县						
	4418		河口县						
	1748		屏边县						
	6		石屏县						
	84		建水县						
	2		曲溪县						
	12385		开远县						
	3		龙武县						
	2147		弥勒县						
	400861	文山专区	合计						
	34481		文山县						
	27016		麻栗坡县						
	58249		砚山县						
	18243		邱北县						
	142643		广南县						
	86995		富宁县						
	12271		西畴县						
	20963		马关县						
	3020	红河区	合计						
	1344		元阳县						
	1676		金平县						
	479	西双区	合计						

云南省傣族及其支系表（附人口与分布区域）（表五）

族别	傣族及其支系总人口	分布区域		傣族支系		支系人口合计	支系分布区域		
		专区	县、市	自称	他称				
傣族	500517		总计	一、傣哪	傣族、掸人、僰族（水摆彝）	268619	德宏176000	保山2370	凤庆404
	422		昆明市				耿马18751	双江3263	临沧4885
	476		个旧市				景东4812	镇沅3560	景谷24129
	1		东川矿区				新平16651	元江11593	漾濞433
	28	昭通区	合计				墨江1959	其他	
	5		昭通县	二、傣仂	傣族、掸人、僰（汗摆彝）	158196	版纳123427	红河16359	江城1900
	23		永善县				孟连13600	澜沧3910	
	1313	曲靖区	合计	三、傣绷	傣族		西双版纳	澜沧	孟连
	7		宜良县	四、傣雅	傣雅		西双版纳		
	1306		泸西县	五、傣楞	傣楞（黑摆彝）		金平		
	29316	玉溪专区	合计	六、傣赛	傣赛（花腰摆彝）		新平		
	1		玉溪县						
	1		呈贡县	七、傣卡	傣卡		新平		
	2		华宁县	八、卡朗	黑蒲		新平118		
	1049		通海县						
	16651		新平县						
	19		峨山县						
	11593		元江县						
	10886	楚雄专区	合计						
	1		盐兴县						
	6		广通县						
	1009		大姚县						
	4735		永仁县						
	3081		武定县						
	3028		禄劝县						
	6		元谋县						

续表

族别	傣族及其支系总人口	分布区域		傣族支系		支系人口合计	支系分布区域		
		专区	县、市	自称	他称				
傣族	5448	大理专区	合计						
	3		下关市						
	1		大理县						
	47		邓川县						
	2		弥渡县						
	4505		云县						
	404		凤庆县						
	433		漾濞县						
	53		洱源县						
	3719	丽江区	合计						
	3		丽江县						
	935		永胜县						
	3		鹤庆县						
	3761		华坪县						
	17		宁蒗县						
	16308	保山专区	合计						
	2370		保山县						
	5198		龙陵县						
	6327		腾冲县						
	2413		昌宁县						
	56410	思茅专区	合计						
	1658		思茅县						
	2073		普洱县						
	24129		景谷县						
	3360		镇沅县						
	4821		景东县						
	1959		墨江县						
	1900		江城县						
	2910		澜沧						
	13600		孟连县						
	34302	临沧专区	合计						
	4885		临沧县						
	3263		双江县						
	18751		耿马县						

续表

族别	傣族及其支系总人口	分布区域		傣族支系		支系人口合计	支系分布区域		
		专区	县、市	自称	他称				
傣族	2857	临沧专区	镇康县						
	4381		沧源县						
	165		大雪山						
	18129	蒙自专区	合计						
	1433		蒙自县						
	648		河口县						
	2		屏边县						
	2885		石屏县						
	2171		建水县						
	4		曲溪县						
	199		开远县						
	168		龙武县						
	10619		弥勒县						
	7875	文山专区	合计						
	1995		文山县						
	1055		麻栗坡县						
	2		砚山县						
	1450		邱北县						
	57		广南县						
	1		西畴县						
	3315		马关县						
	16359	红河区	合计						
	3967		红河县						
	6276		元阳县						
	6116		金平县						
	176000	德宏区	合计						
	65000		潞西县						
	20000		陇川县						
	12000		莲山县						
	20000		瑞丽县						
	14000		梁河县						
	35000		盈江县						
	10000		盏西区						

续表

族别	傣族及其支系总人口	分布区域 专区	分布区域 县、市	傣族支系 自称	傣族支系 他称	支系人口合计	支系分布区域		
傣族	118	怒江区	合计						
	118	怒江区	泸水县						
	123427	西双区	合计						

云南省民家族（白族）及其支系表（附人口与分布区域）（表六）

族别	民家族及其支系总人口	分布区域 专区	分布区域 县、市	民家族支系 自称	民家族支系 他称	支系人口合计 593289	支系分布区域		
民家族	592585		总计	一、白人（白子、白伙）	民家族	570751	大理专区14县市共计人口319343人		
	11527		昆明市				丽江专区8县共计人口220696人		
	146		个旧市				保山专区4县共计人口13786人		
	32		东川矿区				思茅专区7县共计人口1183人		
	1935	昭通专区	合计				昭通专区6县共计人口1935人		
	7	昭通专区	昭通县				玉溪专区7县共计人口3883人		
	87	昭通专区	会泽县				楚雄专区15县共计人口7402人		
	1831	昭通专区	镇雄县				文山专区5县共计人口1884人		
	5	昭通专区	巧家县				其他639人		
	2	昭通专区	永善县	二、那马（白族）	白人、那马（纳西族称本支系为那马）	17731	兰坪16930	维西780	福贡14
	3	昭通专区	大关县				丽江6	东川矿区1	
	138	曲靖专区	合计						
	11	曲靖专区	曲靖县	三、白尼	勒墨（傈僳族称之为勒墨）	4807	碧江3676	泸水630	福贡501
	2	曲靖专区	沾益县						
	2	曲靖专区	富源县						
	6	曲靖专区	嵩明县						
	1	曲靖专区	寻甸县						
	45	曲靖专区	宜良县						
	6	曲靖专区	罗平县						
	7	曲靖专区	师宗县						
	3	曲靖专区	泸西县						
	5	曲靖专区	路南县						
	50	曲靖专区	陆良县						

续表

族别	民家族及其支系总人口	分布区域		民家族支系		支系人口合计	支系分布区域		
		专区	县、市	自称	他称	593289			
民家族	3885	玉溪专区	合计						
	455		玉溪县						
	1		呈贡县						
	1		江川县						
	6		华宁县						
	17		新平县						
	13		易门县						
	3392		元江县						
	7402	楚雄专区	合计						
	128		楚雄县						
	2		盐兴县						
	41		广通县						
	8		禄丰县						
	514		双柏县						
	3880		南华县						
	1		姚安县						
	3		盐丰县						
	4		大姚县						
	22		永仁县						
	9		武定县						
	5		禄劝县						
	107		富民县						
	2661		安宁县						
	17		元谋县						
	319343	大理专区	合计						
	5098		下关市						
	93886		大理县						
	31727		邓川县						
	23974		祥云县						
	25489		宾川县						
	27621		凤仪县						
	80		弥渡县						
	2596		巍山县						
	1151		云县						

续表

族别	民家族及其支系总人口	分布区域		民家族支系		支系人口合计	支系分布区域		
		专区	县、市	自称	他称	593289			
民家族	1160	大理专区	凤庆县						
	1810		永平县						
	3597		漾濞县						
	71315		云龙县						
	29839		洱源县						
	220677	丽江专区	合计						
	18949		丽江县						
	755		永胜县						
	77743		鹤庆县						
	72037		剑川县						
	48649		兰坪县						
	1707		维西县						
	827		中甸县						
	10		宁蒗县						
	13786	保山专区	合计						
	13301		保山县						
	49		龙陵县						
	405		腾冲县						
	31		昌宁县						
	1183	思茅专区	合计						
	6		思茅县						
	854		普洱县						
	22		景谷县						
	46		镇沅县						
	237		景东县						
	15		墨江县						
	3		江城县						
	399	临沧区	合计						
	7		双江县						
	392		镇康县						
	109	蒙自专区	合计						
	38		蒙自县						
	1		屏边县						
	12		建水县						
	1		曲溪县						

续表

族别	民家族及其支系总人口	分布区域		民家族支系		支系人口合计	支系分布区域		
		专区	县、市	自称	他称	593289			
民家族	33	蒙自专区	开远县						
	4		龙武县						
	20		弥勒县						
	1884	文山专区	合计						
	23		文山县						
	2		砚山县						
	4		广南县						
	1851		邱北县						
	4		西畴县						
	2	红河	合计						
	2		元阳县						
	126	德宏	合计						
	126		盈江县						
	10008	怒江区	合计						
	3977		碧江县						
	644		福贡县						
	60		贡山县						
	5327		泸水县						
	3	西双区	合计						

云南省纳西族及其支系表（附人口与分布区域）（表七）

族别	纳西族及其支系总人口	分布区域		纳西族支系		支系人口合计	支系分布区域		
		专区	县、市	自称	他称	146080			
纳西族	143398		总计	一、纳西	1. 纳西、摩些、摩梭、拿喜	120444	丽江102765	兰坪90	维西11661
	423		昆明市				永胜2642		
	20		个旧市		2. 摩挲	24005	宁蒗8406	丽江2476	中甸9993
	19		东川矿区				永胜378	华坪243	德钦903
	4	昭通区	合计				鹤庆448	剑川561	昆明366
	3		昭通县				其他231		

续表

族别	纳西族及其支系总人口	分布区域		纳西族支系		支系人口合计	支系分布区域		
		专区	县、市	自称	他称	146080			
纳西族	1	昭通区	巧家县	二、马丽马沙	马丽马沙（即木里的摩挲）	1055	维西1046	永胜8	丽江1
	5	曲靖专区	合计						
	2		曲靖县	三、班西	纳西	295	丽江		
	1		富源县	四、吕西	纳西	281	丽江		
	1		寻甸县						
	1		路南县						
	5	玉溪专区	合计						
	1		玉溪县						
	1		华宁县						
	3		易门县						
	14	楚雄专区	合计						
	1		盐兴县						
	3		广通县						
	1		禄丰县						
	1		盐丰县						
	1		禄劝县						
	3		富民县						
	4		安宁县						
	222	大理专区	合计						
	61		下关市						
	41		大理县						
	8		邓川县						
	2		祥云县						
	2		宾川县						
	2		凤仪县						
	2		巍山县						
	1		云县						
	8		永平县						
	21		漾濞县						
	1		云龙县						
	73		洱源县						

续表

族别	纳西族及其支系总人口	分布区域		纳西族支系		支系人口合计	支系分布区域		
		专区	县、市	自称	他称	146080			
纳西族	142597	丽江专区	合计						
	105818		丽江县						
	3028		永胜县						
	448		鹤庆县						
	561		剑川县						
	90		兰坪县						
	12707		维西县						
	9993		中甸县						
	243		华坪县						
	8406		宁蒗县						
	903		德钦县						
	400		凉山						
	12	保山专区	合计						
	8		保山县						
	1		腾冲县						
	3		昌宁县						
	2	思茅区	合计						
	2		景谷县						
	2	临沧区	合计						
	2		镇康县						
	9	蒙自区	合计						
	8		蒙自县						
	1		建水县						
	64	怒江区	合计						
	3		碧江县						
	8		福贡县						
	53		贡山县						

云南省佧佤族及其支系表（附人口与分布区域）（表八）

族别	佧佤族及其支系总人口	分布区域		佧佤族支系		支系人口合计	支系分布区域		
		专区	县、市	自称	他称	280223			
佧佤族	280257		总计	一、布饶	佧佤、腊家	261975	澜沧157805	沧源85466	耿马12412
	42		昆明市				双江4793	思茅584	其他915
	666	大理区	合计	二、瓦、埃瓦、腊	瓦、本人、腊（镇康的布朗族称之为“腊”）	18248	镇康12781	版纳3388	思茅524
	5		云县				耿马190	凤庆659	梁河700
	661		凤庆县				昆明6		
	951		合计						
	951		腾冲县	三、卧					
	158389	思茅专区	合计						
	525		思茅县						
	34		普洱县						
	25		景谷县						
	147365		澜沧						
	10440		孟连县						
	116470	临沧专区	合计						
	1		临沧县						
	4793		双江县						
	12412		耿马县						
	13798		镇康县						
	85466		沧源县						
	3	蒙自区	合计						
	1		屏边县						
	2		石屏县						
	3736	西双区	合计						

云南省景颇族及其支系表（附人口与分布区域）（表九）

族别	景颇族及其支系总人口	分布区域：专区	分布区域：县、市	景颇族支系：自称	景颇族支系：他称	支系人口合计 101558	支系分布区域
景颇族	101558		总计	一、景颇	山头、大山、开钦、喀钦、颇、亢、石东、新颇、开枯、颇瓦、老亢、阿濮……	（未详）	
	23		昆明市				
	5	大理	合计				
	5		凤庆县				
	18	保山区	合计				
	11		保山县	二、载佤	山头、小山、阿系、系、亢龙		
	7		腾冲县				
	1003	临沧	合计	三、浪莪	浪速、马鲁、喇龙、曼瓦		
	1003		耿马县				
	100500	德宏区	合计	四、喇期	茶山、喇期、喇奚		
	10000		潞西县				
	20000		陇川县	五、高日			高日语属景颇语支
	35000		莲山县	六、波罗			波罗语属浪速语支
	10000		瑞丽县				
	15000		梁河县				
	4500		盈江县				
	6000		盏西区				
	9	怒江区	合计				
	9		泸水县				

云南省拉祜族及其支系表（附人口与分布区域）（表十）

族别	拉祜族及其支系总人口	分布区域		拉祜族支系		支系人口合计	支系分布区域
		专区	县、市	自称	他称	129335	
拉祜族	129763		总计	一、拉祜拿	黑拉祜、大拉祜	80101	①澜沧拉祜族自治区（县）
	53		昆明市			490	②西双版纳傣族自治州
	2		个旧市			3900	③孟连自治县以南沿滇缅国界一带
	96962	思茅专区	合计				④澜沧的西盟山西南（即南锡河与南卡河之间一带地区）
	289		思茅县				
	38		普洱县				⑤中缅南段未定界之极南，即萨尔温江以东，莫爬一带地区
	7358		景谷县				
	30		镇沅县			32255	⑥临沧专区
	594		景东县	二、拉祜喜	黄拉祜	7358	①景谷县城附近及香盐、溢香……景谷县与普洱县相连地带，如宽洪、曼谷 景谷县接近澜沧江一带的勐戛、勐邦
	18		墨江县				
	607		江城县				
	80101		澜沧				②澜沧江以西江边一带、大山区、谦六、雅口、南岭区的一部分
	7900		孟连县				
	32255	临沧专区	合计				③澜沧县与版纳勐遮及孟连县交界的糯佛区、南段村
	5473		临沧县				
	13466		双江县				④大雅口与勐遮之间
	8081		耿马县			607	⑤江城县
	764		镇康县			594	⑥景东县
	4155		沧源县			30	⑦镇沅县
	316		大雪山				
	1	蒙自区	合计				
	1		石屏县				
	490	西双区	合计				

云南省未明族系的少数民族单位名称（80个）简表（表十一）

单位名称	人口	分布地区	单位名称	人口	分布地区
1.本人	A.5198、B.700	A.保山、B.梁河	41.南尼	38	西双版纳
2.攸乐	3860	西双版纳	42.三教	33	普洱
3.崩龙	3095	龙陵、腾冲、德宏	43.蒙痛	28	西双版纳、江城
4.都匀	3017	马关、河口	44.克板	23	云县
5.水户	2025	富源、罗平	45.仆尼	18	云县
6.水	1955	罗平、彝良	46.蓝抓	15	镇沅
7.撒	1443	邱北	47.高山	6	南华
8.洋（秧）	1323	广南、富宁	48.腊	6	保山
9.插满	1125	西双版纳、金平	49.南京	46	镇雄
10.蛋人	1039	富宁	50.黑	60	凤庆
11.阿克	1002	西双版纳	51.京东	36	腾冲
12.老乜	1000	澜沧	52.乌	5	镇雄
13.满族	955	凤庆、保山、蒙自	53.戛	5	云县
14.黑蒲	675	墨江	54.坡克	5	普洱
15.阮可	425	丽江	55.他郎	5	普洱
16.空格	399	西双版纳	56.龙希	4	普洱
17.达头	254	普洱、景谷	57.濮囡	4	西双版纳
18.阿嘿	245	西双版纳	58.阿版	3	镇沅
19.亢	243	澜沧	59.红哑	3	景东
20.仆戛	216	西双版纳	60.唐	2	普洱
21.百家	198	保山	61.纳华	1	个旧
22.青	161	鹤庆	62.仅		东川
23.兔莪	179	泸水、兰坪	63.阿英		普洱
24.土司	134		64.维		景东
25.曼掌	120	金平	65.摩凤		景东
26.克拉	393	腾冲	66.阿里	1	蒙自
27.永白	104	昌宁	67.腊①	1	蒙自
28.莫苏	96	西双版纳	68.仆		昆明
29.蔡	94	富源	69.孟		个旧
30.阿茨戛	92	澜沧	70.阿罗		普洱
31.过拉	63	宾川	71.卓核	22	马关
32.拉西	62	河口	72.米司	3	开远
33.阿利	61	普洱	73.本地	7	砚山

① 本表第 48 和第 67 两个单位名称皆为“腊”。——编者

续表

单位名称	人口	分布地区	单位名称	人口	分布地区
34.克篾（普标）	60	麻栗坡	74.阿尼	18	楚雄
35.品	50	西双版纳	75.傣西	4	云县
36.革佬	48	砚山、麻栗坡	76.客家	2	昭通
37.等	47	西双版纳	77.平头	4	泸西
38.昵昵	42	普洱	78.莫罗	1	个旧
39.补蚌	42	西双版纳	79.贵族	4	巧家
40.棕	39	东川矿区	80.手头	1	泸西

云南省各专、市、自治州（区）土地面积、人口、民族人口统计表

根据省统计局1957年底材料制

云南省各专、市、自治州（区）土地面积、人口、民族人口统计表

云南省各专、市、自治州（区）土地面积、人口、民族人口统计表（之一）

全省各专、市、自治州（区）土地面积（按1956年底行政区划　单位：平方公里）

地区	土地面积	占全省总面积%
全省总计	416001	100.00
昆明市	3372	0.81
个旧市	1050	0.25
东川矿区	600	0.14
昭通专区	31489	7.57
曲靖专区	28791	6.92
文山专区	32420	7.79
蒙自专区	21038	5.06
红河哈尼族自治区	12729	3.06
玉溪专区	20000	4.81
楚雄专区	31095	7.47
大理白族自治州	30927	7.43
丽江专区	17867	4.29
迪庆藏族自治州	26987	6.49
怒江傈僳族自治州	25098	6.04
德宏傣族景颇族自治州	39267	9.44
临沧专区	26195	6.3
西双版纳傣族自治州	17985	4.33
思茅专区	49091	11.8

云南省各专、市、自治州（区）土地面积、人口、民族人口统计表（之二）

全省各专、市、自治州（区）总人口和城乡人口（据1956年底报表　单位：人）

地区	总人口	城镇人口	乡村人口
全省总计	18416269	1711453	16704816
昆明市	822506	460253	362253
个旧市	174564	173619	945
东川矿区	124027	22114	101913
昭通专区	2383254	118012	2265252
曲靖专区	2735769	190573	2545196
文山专区	1384201	53466	1330735
蒙自专区	1027140	133031	894109
红河哈尼族自治区	469369	12872	456497
玉溪专区	1209280	79779	1129501
楚雄专区	1673307	97056	1576251
大理白族自治州	1581279	132061	1449218
丽江专区	567050	27614	539436
迪庆藏族自治州	164171	6383	157788
怒江傈僳族自治州	217776	5882	211894
德宏傣族景颇族自治州	1533067	90658	1442409
临沧专区	943909	48384	895525
西双版纳傣族自治州	263753	9667	254086
思茅专区	1141837	50029	1091808

云南省各专、市、自治州（区）土地面积、人口、民族人口统计表（之三）

全省各民族人口（据1953年普选材料　单位：人）

族别	人口	占全省人口%
全省总人口	17132737	100.00
汉族	11499105	67.12
少数民族	5633632	32.88
彝族	1838652	10.73
白（民家）族	592585	3.46
傣族	500517	2.92
哈尼族	494480	2.89
僮（侬、沙、土佬）族	486823	2.84
苗族	360473	2.1

续表

族别	人口	占全省人口%
卡瓦族	280257	1.64
傈僳族	235023	1.37
回族	217093	1.27
纳西族	143398	0.84
拉祜族	129736	0.76
景颇族	101558	0.59
瑶族	72234	0.42
藏族	66893	0.39
布朗族	32148	0.19
阿昌族	17740	0.1
西番族	14934	0.09
怒族	12736	0.07
蒙古族	3598	0.02
都龙族	2592	0.01
其他少数民族	30171	0.18

云南省 1958 年各州（专）民族人口统计表

云南省1958年各州（专）民族人口统计表

地区	总人口	少数民族人口	%	汉	彝	白	傣
总计	19144837	6188898	31.69	12955939	1967150	685915	509582
占%				68.34	10.27	3.58	2.66
昆明市	950542	70625	7.43	879917	28946	18303	488
东川市	608616	24399	4.01	584217	12999	156	
曲靖专区	2649731	221699	8.37	2428032	134798	171	
昭通专区	2100651	201455	10.55	1899196	69802	2070	31
丽江专区	582742	341169	58.55	241573	114492	22084	4163
临沧专区	1000869	305227	30.26	695642	100349	2505	40817
玉溪专区	1206278	320006	26.53	886272	208816	3881	33690
思茅专区	1190029	768783	55.84	421246	154263	1462	67511
西双版纳傣族自治州	283524	256014	90.36	27310	8310	4	137415
德宏傣族景颇族自治州	1611574	365614	21.69	1245960	31189	13304	171759
红河哈尼族彝族自治州	1853942	907407	48.94	946535	393863	559	40579
迪庆藏族自治州	167717	137666	82.09	30031	3851	2577	
怒江傈僳族自治州	226329	217319	96.02	9010	2644	61013	226
大理白族自治州	1653622	777448	47.01	876174	176732	549870	809
楚雄彝族自治州	1609562	441823	27.44	1167734	381740	4527	12049
文山壮族苗族自治州	1449309	832224	57.42	617085	141356	3429	45

续表

地区	哈尼	壮	苗	卡瓦	傈僳	回	纳西
总计	566374	542644	391400	280257	260347	242884	158764
占%	2.96	3.83	2.04	0.92	1.36	1.26	0.83
昆明市	184	466	2874	97	237	16651	604
东川市		92	891		2	8859	19
曲靖专区		18846	12021			52121	5
昭通专区		2738	77078			49431	5
丽江专区		1530	3095		51773	1815	132066
临沧专区	54		2874	91735	2597	1753	2
玉溪专区	45056		1841			22976	4
思茅专区	199706	3	14	176641	503	2983	
西双版纳傣族自治州	49910	3	3	4488		516	
德宏傣族景颇族自治州			2934	7295	19917	5570	3
红河哈尼族彝族自治州	268542	49902	92360	1		31888	16
迪庆藏族自治州			563		36558	645	24495
怒江傈僳族自治州			1		128171	21	199
大理白族自治州			4235		12253	29547	1346
楚雄彝族自治州	2920	1922	18384		8336	9646	
文山壮族苗族自治州	2	467872	172232			8462	

地区	拉祜	景颇	瑶	藏	布朗	阿昌	西番
总计	194114	101558	78388	70719	43224	10368	16800
占%	1.01	0.45	0.41	0.37	0.22	0.05	0.05
昆明市	190	48	99	517			
东川市							
曲靖专区			570				
昭通专区							
丽江专区				1539			8131
临沧专区	39133	6749		1	14437		
玉溪专区			5				

续表

地区	拉祜	景颇	瑶	藏	布朗	阿昌	西番
思茅专区	138312	219	3356		6724		
西双版纳傣族自治州	16479	52	6923		22063		
德宏傣族景颇族自治州		94447				10368	
红河哈尼族彝族自治州			29573				
迪庆藏族自治州				67896			316
怒江傈僳族自治州		43		628			8353
大理白族自治州			285	136			
楚雄彝族自治州			29				
文山壮族苗族自治州			37548				

地区	怒	蒙古	独龙	崩龙	其他	备注
总计	13971	4038	2851	7161	40389	卡瓦族包括四一线104242人
占%	0.07	0.02	0.01		0.25	
昆明市	10	79	7		823	
东川市		11			1370	
曲靖专区					3167	
昭通专区					300	
丽江专区					476	
临沧专区				1654	567	
玉溪专区					10	
思茅专区				181	16808	
西双版纳傣族自治州					9848	
德宏傣族景颇族自治州				5326	3502	
红河哈尼族彝族自治州						

续表

地区	怒	蒙古	独龙	崩龙	其他	备注
迪庆藏族自治州						
怒江傈僳族自治州					5	
大理白族自治州					2235	
楚雄彝族自治州						
文山壮族苗族自治州					1278	

玉溪少数民族的种类与分布地区

抄于玉溪地委档案卷号65（1951年）

1951年

玉溪少数民族的种类与分布地区

我区12个县中都有少数民族，住户以新平、峨山二县为最多，大约都在全县人口80%—90%的数目以上，其他县最多的有通海南区，全系少数民族。其他仅有一村或数村的，数量很少。

一、民族种类

全区少数民族共有18种之多。新平县全有，其他县则以苗族、倮倮、回族为最普遍。其种类如下：

1. 彝族
2. 摆夷
3. 山苏
4. 倮倮
5. 喇鲁
6. 窝尼
7. 卜喇
8. 糯比
9. 苦葱
10. 黑普
11. 苗族
12. 卡堕
13. 密里
14. 车苏
15. 罗武
16. 喇乌

17. 回族
18. 花尤

二、分布地区及各族特点

以上18种少数民族，新平全有。分布地区如下：

摆夷族：摆夷分4种，即沙摆、旱摆、花腰摆、苦菜花摆。分住瘴气区如戛沙、漠沙、岩洞各寨、俄得河、南渡等地。他们大部性情温和，待人热情。

峨山县的夷族全县各区都有，人数最多，占少数民族人口的90%以上。有些与汉人无多分别。

通海、昆阳、玉溪都有摆夷居住，但为数不多，大部分与汉人杂居。

山苏：该族生活最贫苦，新平县各区都有，大都住山上。峨山县的山苏大部住中心区的玉屏、碧云两乡的高山顶上，过着原始生活，内部不团结。他们的田主都是汉人，居住流动性大。他们的语言与夷、汉人均不同，但无文字。其他县没有。

啊尼：该族人口比夷族少，比其他族多。新平县的啊尼阳武区最多，峨山县则各区均有。他们喜近水居住，善于捕鱼。男女衣白衣，结婚有媒介，死无棺。但新平南区的啊尼生活习惯则与夷人同。

回族：各县都有，但为数不多，新平县只有一二个村是回族，并与汉人杂处。峨山县只有大白邑村是回族，其他也与汉人杂处。呈贡、通海、玉溪、澄江、河西、江川等县的回族大部居住县城附近，与汉人杂处，个别村子是回族。其生活习惯大部分与汉人同，文化教育比其他族高。此次征粮中征收公田公粮，呈贡回族即表示不高兴，其清真寺的师傅供给无法解决，希望政府免征其公田。

倮倮：新平、峨山、玉溪、澄江、通海均有此种民族，为数也不多。大部与汉人杂处，生活习惯多仿汉人。

苗族：分花苗、汉苗、青苗等多种。新平县只有花苗、汉苗两种，居住于南区三竺箐一带。玉溪及山谷区西边山有一部分，人数虽少，但比山苏、啊尼进步得多。

喇鲁：居新平南区，为数极少。

苦葱：居南区丫口街。

糯比：居南区帮。

黑普：居南区慢别一带。

卡堕：居南区丫口街。

密里：居谷麻松山。

罗武：居新平戛沙太平掌，昆阳内几区亦有之。

花尤：极少，只峨山与龙武交界处有之。

玉溪区少数民族聚居情况

县	少数民族杂居乡	少数民族聚居乡
呈贡	4	0
晋宁	0	0
澄江	10	1
昆阳	17	1
玉溪	18	4
通海	10	1
河西	10	3
华宁	35	3
江川	3	3
易门	39	6
峨山	32	18
新平	51	44
共计	229	84

玉溪区各族人口统计表

玉溪区各族人口统计表

县名	元江	易门	峨山	杞麓	昆阳	华宁
总人口	84891	77969	69129	143526	58699	90492
汉	17010	55602	23378	127270	47736	67292
彝	17952	13444	38229	6341	8799	18011
回	32	393	1900	4678	239	3628
傣	11593		8	1373		2
苗		229	25			1465
民家	3392	13	5			4
哈尼	28663	1351	3045	574	612	9
摩西		3				59
阿车		5349				9
蒙古				3289		
倮		936			613	
麦义					720	
花腰			1002			
山苏	3156		1534			
阿陆		643				
卡堕						
苦聪						
蒙化						
咪里						
梭比						
糯比						
罗伍						

续表

县名	元江	易门	峨山	杞麓	昆阳	华宁
车苏						
拉乌						
腊鲁						
其他	3120	6	3	1		13

县名	江川	呈贡	澄江	晋宁	新平	玉溪	合计
总人口	125904	52275	79747	81166	117880	172356	1154043
汉	121798	51442	76370	80856	40911	152156	861801
彝	2096	7	443	5	36246	14925	156451
回	5	826	2795	305	454	4808	20063
傣					16530	1	29507
苗			139		85		1943
民家	1	12			18	469	3914
哈尼					316	1	34571
摩西						1	63
阿车					155	1	5514
蒙古	1					3	3293
倮	2003						3552
麦义					478		1198
花腰							1002
山苏					3793		8483
阿陆							643
卡堕					4163		4163
苦聪					2612		2612
蒙化					692		692
咪里					563		563
梭比					337		337
糯比					845		845
罗伍					325		325
车苏					367		367
拉乌					1644		1644
腊鲁					7047		7047
其他		8			299		3450

昭通专区各县人口统计材料

地区	总计	昭通县	鲁甸县	会泽县	巧家县	盐津县
总人口	2261322	255669	112120	420354	225628	108689
汉族	2060381	219315	93521	399203	215132	105323
彝族	73056	6602	3179	10747	6594	1
回族	51227	27391	14358	7100	47	11
苗族	70532	2334	691	2209	2082	3354
仲族	3414		371	1007	1762	
民家族	1935	7		87	5	
蔡族	480					
水成	205					
侬	34	1				
傣	28	5				
满	6	5			1	
马	5					
撒尼	4	1				
摩西	4	3			1	
贵族	4				4	
僮族	4	4				
黎族	1			1		
蒙古族	1	1				

续表

地区	总计	昭通县	鲁甸县	会泽县	巧家县	盐津县
姚族	1					

地区	大关县	永善县	绥江县	镇雄县	彝良县	威信县
总人口	124920	180761	77266	409214	211219	135482
汉族	116080	166373	77032	368526	180222	119654
彝族	1692	7159	4	27730	8417	931
回族	1703	439		129	47	2
苗族	5440	6764	230	10361	22173	14994
仲族				211	63	
民家族	3	2		1831		
蔡族				386	94	
水成	2				203	
侬				33		
傣		23				
满						
马				5		
撒尼		1		1		1
摩西						
贵族						
僮族						
黎族						
蒙古族						
姚族				1		

大关县第一区

第一区	总人口	彝族	回族	苗族
总计	25541	414	1482	1024
大寨乡	3065	298	18	132
上高桥乡	1475		493	38
石灰乡	2233	6		72
毛坝乡	1734	14		81
出水乡	1294	4		273
云集乡	1040			28
打堡乡	1067	16	492	
翠屏乡	2782			60
营盘乡	1325			55
玉碗乡	1947	15	11	60
七里乡	2245	61		12
双河乡	1381			103
舍笔乡	1771			49
火地乡	991			61
城关镇	1186		18	

大关县第二区

第二区	总人口	彝族	回族	苗族
总计	18704	49	175	234
太平乡	2646	27	13	28
	1336			19
悦乐乡	2260	6		4
沙坪乡	2954	1		41
新寨乡	2015			36
雄魁乡	1495			
青林乡	1729	15	162	47
纳鸡乡	1120			2
兴隆乡	1363			10
妥河乡	1786			47

大关县第三区

第三区	总人口	彝族	回族	苗族
总计	14604	565	5	380
寿山乡	2069	116	4	38
甘海乡	2226	207		20
回龙乡	1893	76		56
元平乡	1445	3		9
吉利乡	1514	26	1	90
尾甲乡	1742	32		13
小河乡	2031	105		9
鱼珠乡	1684			145

大关县第四区

第四区	总人口	彝族	苗族
总计	19737	462	1150
打瓦乡	2122		75
天星乡	2235	15	154
安乐乡	2189		60
禄兰乡	1620	5	236
沿河乡	1600	12	87
中兴乡	1713	18	172
鱼孔乡	2144		323
祥云乡	2216	205	14
南甸乡	1310		11
柑子乡	2588	207	18

大关县第五区

第五区	总人口	彝族	回族	苗族
总计	13887	6	29	357
石门乡	2894		22	43
天林乡	1879			
黄荆乡	2115	6		48
万古乡	1877			15
长胜乡	1560			33
银厂乡	1247			56
黑喜乡	2135		7	162

大关县第六区

第六区	总人口	彝族	苗族
总计	10442	185	1190
高桥乡	2194	33	114
新场乡	2340	10	425
核桃乡	1116	78	31
车来乡	1034	46	205
甘河乡	2186	18	290
新开乡	1572		125

大关县第七区

第七区	总人口	苗族
总计	9752	443
三河乡	1373	156
岔河乡	1216	121
新生乡	1426	18
水营乡	1388	27
水坪乡	1128	35
中平乡	1046	21
柿子乡	2175	65

大关县第八区

第八区	总人口	苗族
总计	11107	633
甘顶乡	1793	71
漂坝乡	2093	337
云吉乡	2091	
细沙乡	1748	135
元亨乡	1629	
木杆乡	1753	

注：其余人口全部属于汉族。

威信县第一区

第一区	总人口	彝族	回族	苗族
总计	29443	57	2	3793
观音乡	2785			135

续表

第一区	总人口	彝族	回族	苗族
滥坝乡	2461			531
石龙乡	2955			356
三挑乡	2964			285
菜坝乡	3723			261
墨黑乡	2549			345
田坝乡	2921	57		505
簸火乡	2686			821
扎西镇	2404		2	12
簸箕乡	3997			542

威信县第二区

第二区	总人口	苗族
总计	26549	3581
旧成镇	2236	320
郭家乡	3082	626
顺河乡	2486	146
罗布乡	2279	113
龙马乡	2568	523
天蓬乡	1831	281
青龙乡	2185	246
文新乡	2009	318
马鞍乡	2046	165
松林乡	2301	434
班竹乡	3166	409

威信县第三区

第三区	总人口	彝族	苗族
总计	33632	72	808
金竹乡	2925		254
瓦石乡	2789		
马河乡	2527	51	26
天坪乡	3391		36
果洛乡	2467		
长安乡	2505		64

续表

第三区	总人口	彝族	苗族
金凤乡	2590		4
庙沟乡	2585	4	17
大塘乡	2475	13	100
斑鸠乡	3870		139
五谷乡	2810	4	94
安乐乡	2698		74

威信县第四区

第四区	总人口	彝族	苗族	撒尼
总计	21332	226	5091	1
鱼井乡	1815		592	
高田乡	2371		308	
坪坝乡	2592		982	
马家乡	2577		192	
天地乡	2164	226	1140	
偏岩乡	2836		448	
鸽成乡	3013		272	
双河乡	2095		517	1
半河乡	1869		640	

威信县第五区

第五区	总人口	彝族	苗族
总计	24526	576	1621
楠木乡	1819		204
大山乡	1757	3	50
水田乡	2567	459	370
大河乡	2616		58
龙洞乡	2384	6	25
罗泥乡	2843	76	74
石坎乡	2599	25	225
院子乡	2668	4	211
庙坝乡	2376		293
河坝乡	2897	3	111

注：其余人口全系汉族。

盐津县第一区

地区	总人口	汉族	彝族	回族	苗族
总计	24032	23545	1	9	477
盐井镇	3401	3375	1	9	16
黎山乡	1557	1490			67
花苞乡	1374	1352			22
桃子乡	1553	1550			3
芭蕉乡	2366	2254			112
牛塘乡	2149	2129			20
兴隆乡	1925	1909			16
龙茶乡	1146	1119			27
牛寨乡	3652	3648			4
敦厚乡	1539	1506			33
高桥乡	1008	985			23
水田乡	2362	2228			134

盐津县第二区

总人口：15268人。有回族2人（中和乡），有苗族30人（中和乡4人，仁和乡10人，椒子乡16人），其他皆是汉族。

盐津县第三区

人口总计13512人。汉族13070人，苗族442人。

自治乡：人口总计431人，都是苗族。

共和乡：总人口1571人，苗族11人，其他都是汉族。

盐津县第四区

总人口：26343人。汉族26017人，苗族326人。

苗族：小洞乡11人，椅子乡5人，龙台乡29人，串丝乡124人，黄坪乡32人，正沟乡125人。

盐津县第五区

地区	总人口	汉族	苗族
总计	18483	16440	2043
滩头乡	2687	2673	14
乃尾乡	1753	1753	
花袄乡	2391	2391	

续表

地区	总人口	汉族	苗族
新田乡	1805	1783	22
北甲乡	1284	1220	64
成凤乡	1322	1282	40
两碗乡	1470	1458	12
生基乡	642		642
三角乡	1248		1248

注：其他乡都是汉族。

盐津县第六区

总人口：11051人。汉族11015人，苗族36人。

苗族：落雁乡10人；龙塘乡1339人，有苗族17人；柏树乡9人。

绥江县中城镇区

总计：人口5170人。全是汉族，无其他族。

绥江县第一区

总计：人口36508人。汉族36481人。

团结乡有苗族27人，其他都是汉族。

绥江县第二区

总计：人口10639人。汉族10639人，无其他族。

绥江县第三区

总计：人口13449人。汉族13449人。

绥江县第四区

总计：人口11500人。汉族11293人；彝族二溪乡4人；苗族共有203人，其中复兴乡164人、二溪乡39人。

会泽县城关区

地区	总人口	汉族	彝族	回族	苗族	民家族
总计	17893	17825	33	23	8	3
东内街	1201	1198	1	2		

续表

地区	总人口	汉族	彝族	回族	苗族	民家族
东外街	570	563	2	5		
南内街	1831		8	2		2
西内街	2117	2112		2	3	
西外街	1683	1676	2	2	2	1
北内街	2060	2054	4			
盈昌街	629	629				
翠屏街	3140	3124	9	7		
龙潭街	4662	4651	5	3	3	

会泽县第一区（金钟）

地区	总人口	彝族	回族	苗族
总计	39905	1742	578	68
仁乐乡	964	45		
披戛乡	1385	93		
三道乡	2310	79	54	7
尚德乡	1322	92		
竹园乡	1280	1		
石鼓乡	3199	90		
扯戛乡	2365	84		
普珠乡	1009		170	
以则乡	1261	165	1	
华泥乡	3671	354		
马武乡	4770	81	5	
水城乡	3931	170	18	
大山乡	1138			
岔河乡	3814	121		
卡瑯乡	1674	111		
黑土乡	3207	233		
厂清乡	1049	24	329	61

会泽县第二区

地区	总人口	彝族	回族	苗族	仲族
总计	49952	943	4581	23	435
新华乡	6232	47			

续表

地区	总人口	彝族	回族	苗族	仲族
龙潭乡	6183	118	1688		
以白乡	1980	149			
木厂乡	2199	27		5	
油房乡	1240	180			
矿山乡	1583	17	20		
盖盛乡	3127	42			13
石和乡	4266	11	41		
联合乡	4675	80	2566		
黄栗乡	3633	55		16	345
荒田乡	2635				77
九龙乡	2047	41	2		
绿坪乡	1562	130			
犀牛乡	3909	28		2	
者溪乡	4654	18	264		

会泽县第三区

地区	总人口	彝族	回族
总计	20740	486	187
坐红乡	2065	73	
陡红乡	2850	28	
雨碌乡	3577	74	
鲁纳乡	1857	27	
雨沐乡	2022	68	172
铁厂乡	1979	40	15
白鱼乡	2048	5	
小铺乡	2610	171	

会泽县第四区

地区	总人口	彝族	苗族	仲族	民家族
总计	30668	508	99	40	79
坪谷乡	1354	13			
常岭乡	4291	4	10	15	
拖落乡	3344	32			
凉水乡	1042	14			
乐动乡	3534	25	22	9	79

续表

地区	总人口	彝族	苗族	仲族	民家族
丫口乡	4223	102	4	16	
乐业乡	4962	196	44		
红坪乡	3159	16			
二顺乡	3984	9	19		

会泽县第五区

地区	总人口	彝族	苗族	仲族
总计	24192	999	207	283
马路乡	1592	129	119	38
新发乡	2116	216		65
三甲乡	2830	126	2	8
火红乡	1399	66		9
啊拉米乡	1280	20		
岩脚乡	1199	4		
炭棚乡	1572		35	
扯落乡	3007	83	3	
龙树乡	3007	168	48	
柴山乡	1582	19		31
巴盾乡	2858	162		132

会泽县第六区

地区	总人口	彝族	苗族	仲族
总计	36354	750	112	131
太平乡	2543	83		45
联合乡	3129	191		
箐口乡	4322	34		
中寨乡	5331	47	50	
迤白乡	1914	34	13	
阿都乡	1878	11		31
石桥乡	3482	79	24	
小米乡	3587	39		
索桥乡	4442	50		
西土乡	1203	14		
岔河乡	1454	162		
梨园乡	3069	6	25	55

会泽县第七区

地区	总人口	彝族	回族	苗族	仲族
总计	36533	347	1	330	26
干冲乡	1899	94		29	26
拖境乡	1099	3		195	
落水乡	3644	6			
老厂乡	1717	69			
和平乡	3045	19		11	
洪泥乡	1177	17		34	
白雾乡	4797	3	1		
新和乡	2004			5	
卡龙乡	1489	32			
炉房乡	1175			4	
落里乡	5596	1		19	
绿坪乡	992	61		33	
发基乡	3892	42			

会泽县第八区

地区	总人口	彝族	苗族
总计	25160	64	51
郎卡乡	3973	11	
纸厂乡	3433	36	
补味乡	1497		
插卡乡	3286		
松坪乡	1689	14	
象鼻乡	1905		7
新民乡	1962	3	
树结乡	2291		44

会泽县第九区

地区	总人口	彝族	苗族	仲族
总计	8225	1144	233	20
舒姑乡	1917	1		
方建乡	1284	111	113	
施宽乡	1204	44	120	

续表

地区	总人口	彝族	苗族	仲族
鸡多乡	1134	161		20
	1502	604		
哈依乡	1184	223		

会泽县第十区

地区	总人口	彝族	回族	苗族
总计	24791	722	798	166
发展乡	2533	66		
夫河乡	2652			40
坪坝乡	4024		197	8
马龙坪子乡	1649	161		
新乐乡	2960	478		118
则入乡	2825	16		
马龙乡	4548		601	
荒田乡	3600	51		

会泽县第十一区

地区	总人口	彝族	回族	苗族
总计	32692	756	95	799
拖落乡	3179	219	5	
达德乡	2400	69		
中店乡	918	174		
岩脚乡	752	19		10
金牛乡	1400	7		
奔多乡	969	35		1
炭棚乡	2673	9		
集义乡	2415	14	5	10
新田乡	2375	158	1	1
野牛乡	873			
和平乡	4038	43	84	232
龙潭乡	5495	9		446
营盘乡	5205			99

会泽县第十二区

地区	总人口	彝族	回族	苗族
总计	40636	423	807	8
叫濯乡	4633	110	790	
待补乡	6619	92	3	
应鸡乡	4108	48		
播乐乡	2377	24		
大桥乡	3289	1		1
苴黑乡	2587	4		
董得乡	1476	12		7
云盘乡	1985	10		
野马乡	1271	5		
待补上村乡	2170	59	14	
小河乡	1470			
新山乡	1196	12		
	1477	42		
纸厂乡	1820	4		

会泽县第十三区

地区	总人口	彝族	回族	苗族	仲族	民家族
总计	32640	1780	30	105	72	5
小营乡	2312	195	6	2	24	
木多乡	2282	496				
多着乡	2387	13				
迤石乡	2456	166				
卡竹乡	3270	41		18	5	
凹子乡	2038	125				
田坝乡	2379	63				
驾车乡	2070	13	3			
阿汪乡	2159	207				
扳坡乡	1946	246		21		5
大水乡	1622	10				
野猪乡	3189	75	8			
光头乡	1989		8			
白土乡	2541	130	5	64	43	

巧家县城关镇

地区	总人口	汉族	彝族	回族	苗族	仲族	民家族
总计	5567	5529	20	4	8	1	4

巧家县第一区

地区	总人口	汉族	彝族	苗族	仲族
总计	31659	30276	646	100	637
水塘乡	1028	962	66		
松樑乡	823	809			14
大沟乡	1116	1036	75		5
府塘乡	1220	1106	114		
棉纱乡	1183	1070			113
味土乡	2714	2604	110		
大坪乡	1755	1749	3		
啊鲁乡	836	757	74		5
田龙乡	845	724	3		118
大竹乡	814	767	35		12
发土乡	2035	1957	78		
鱼坝乡	545	522	9		14
野鸭乡	944	938			6
莲塘乡	6364	6260		58	
营光乡	2089	1942	2		145
×营乡	1195	1120	75		
七里乡	6153	5953	2	39	159

巧家县第二区

地区	总人口	汉族	彝族	苗族	仲族
总计	14583	14404	97	23	14
富山乡	585	582		3	
岩脚乡	1530	1481	29	20	
仁和乡	1002	990	5		7
复兴乡	1666	1636	30		
煤炭乡	1173	1173			
大垛乡	629	604	25		
蒙姑乡	2937	2958	8		7

注：其他乡都是汉族，省略。

巧家县第三区

地区	总人口	汉族	彝族	回族	苗族	民家族
总计	12538	12118	411	1	7	1
平地营乡	2115	1920	195			
核桃箐乡	876	830	42		4	
苞谷脑乡	1099	1094	5			
凹落乡	1008	1000	5	1	1	1
尹武乡	1249	1169	80			
燕麦沟乡	2246	2201	45			
阿泥卡乡	1044	1007	37			

注：其他乡都是汉族，省略。

巧家县第四区

地区	总人口	汉族	彝族	回族	苗族	仲族
总计	24959	23541	1005	15	342	56
拖祖乡	1438	1343	19		20	57
半箐乡	1270	1037	86		147	
药鹿乡	2227	2007	220			
岳山乡	1030	1003	27			
发泥乡	1119	1051	68			
团保乡	1263	1207	56			
鱼盘乡	1551	1419	64		68	
塘上乡	1646	1502	83	5	56	
大富乡	1356	1331	8		17	
红土乡	1352	1304	8			
座脚乡	1693	1657	36			
发拉乡	1616	1601	6	9		
天生乡	1080	1058	22			
大村乡	2615	2465	149	1		
木瓦乡	1599	1556	43			
麦坪乡	2104	1960	110		34	

巧家县第五区

地区	总人口	汉族	彝族	回族	苗族	仲族
总计	31700	30079	466	27	845	282
冒姑乡	1291	1271				20

续表

地区	总人口	汉族	彝族	回族	苗族	仲族
普谷乡	1024	1015	3		3	3
六合乡	1195	1045	6			144
山保乡	1991	1590	69		372	
拖车乡	2201	1756	227	27	191	
小河乡	1359	1278	4		5	72
坪地乡	1549	1544	5			
新田乡	1158	1153	4		1	
二坪乡	1313	1307			6	
灯盏乡	1351	1010	48		292	
坝统乡	1449	1403	16			30
安邦乡	1519	1506				13
丫口乡	1613	1598	10		15	
嘿格乡	1171	1117	54			
沙曲乡	1171	1164	7			
新寨乡	1566	1555	11			
木厂乡	1278	1276	2			

注：其他乡都是汉族，省略。

巧家县第六区

地区	总人口	汉族	彝族	苗族	仲族
总计	24681	22835	1454	197	371
小寨乡	3331	3257	12	5	57
大寨乡	3358	3286	8	2	62
白卡乡	1368	1138	113	117	
松坪乡	1341	1307	34		
小田乡	1339	1205	101		33
富村乡	1621	1417	132	7	61
坪子乡	1301	1057	244		
车坪乡	2652	2280	345		27
岳峰乡	664	567	88		9
山店乡	1812	1591	142	65	14
油房乡	1853	1740	113		
拖姑乡	1525	1456	1		68
安基乡	1033	885	117		31
鹦歌乡	937	925	3		9

巧家县第七区（共和）

地区	总人口	汉族	彝族	苗族	仲族
总计	18811	18070	490	29	222
下寨乡	2114	1976	6	1	131
柏木乡	1037	1033			
安基卡乡	1084	1071	13		
共和乡	1106	987	119		
老屋乡	1642	1539	22		81
南团乡	1279	1272			7
崇溪乡	1656	1593	63		
背风乡	1961	1846	87	28	
羊棚乡	1276	1099	177		

巧家县第八区

地区	总人口	彝族
总计	24720	549
草皮地乡	1963	16
小米地乡	1387	34
黄草坪乡	1624	6
河桥乡	2086	53
白沙乡	2851	62
杨梅山	1187	54
噜德乡	1214	9
鸡啬乡	1641	3
老箐乡	2377	45
噜郎乡	1771	114
马树乡	2235	91
炉房乡	1772	4
水磨乡	2612	58

注：八区除彝族少部分人口外均是汉族。

巧家县第九区

地区	总人口	汉族	彝族	仲族
总计	18554	18211	333	10
老店乡	1818	1799	19	
治皋乡	2037	2037		

续表

地区	总人口	汉族	彝族	仲族
团林堡乡	1129	1120	9	
营尚乡	1361	1242	119	
木桥乡	954	905	48	1
迤酢乡	1812	1792	11	9
大火地乡	1522	1513	9	
铅厂乡	1208	1173	35	
小河塘乡	1478	1478		
大海乡	472	895	77	

巧家县第十区

地区	总人口	汉族	彝族	苗族	仲族
总计	17721	15898	1123	531	169
老街乡	1192	1154		11	27
树叶乡	1227	1173	54		
杨柳乡	1342	1096	237	7	2
洪山乡	2592	2288	65	212	27
牛栏乡	777	718	1	6	52
凉坪乡	1720	1540	154	26	
新街乡	2019	1941	6	4	58
威宁乡	1745	1519	90	136	
纸厂乡	2106	1786	230	87	3
东坪乡	3001	2683	276	42	

昭通县第一区（城关）

地区	总人口	汉族	彝族	回族	苗族	民家族	侬族	蒲族	撒尼族	摩西族	蒙古族
总计	42472	39901	209	2257	87	7	1	5	1	3	1
第一街	8196	8096	9	79	7	2			1	2	
第二街	6229	6111	20	95	2	1					
第三街	6488	6239	15	227	6					1	
第四街	8597	8475	49	43	24	4	1	1			
第五街	4277	3840	52	348	37						
第六街	8685	7140	64	1465	11			4			

昭通县第二区（博禄）

地区	总人口	汉族	彝族	回族	苗族	傣族
总计	39325	22097	1026	16033	164	5
八仙乡	3348	171		3177		
甘河乡	3166	805	7	2354		
上营乡	4281	374	85	3810	12	
小米乡	2091	183	51	1887		
守望乡	2419	1329		1090		
箐门乡	3490	3159	316	10	5	
桃源乡	4075	3873	135	67		
龙潭乡	3638	2633	79	921		5
太平乡	3963	3880	16	58	9	
卡子乡	3247	1876		1371		
永乐乡	3502	3169	69	264		
宁边乡	2105	645	268	1054	138	

昭通县第三区（蒙泉）

地区	总人口	汉族	彝族	回族	苗族
总计	32286	29884	492	784	1126
五寨乡	1849	1571		1	277
头寨乡	1958	1741	17		200
中心乡	1288	969	12	17	290
海坝乡	3498	3456	31	11	
邓子乡	2583	2564	19		
新华乡	994	994			
白坡乡	3990	3459	17	514	
官寨乡	3377	3080	296	1	
红路乡	1801	1792	9		
新甸乡	2103	2060		17	26
三寨乡	2326	1907	86	1	332
官坝乡	2084	2081	1	1	1
新田乡	4435	4210	4	221	

昭通县第四区（靖安）

地区	总人口	汉族	彝族	回族	苗族
总计	19994	16149	1241	2429	175

续表

地区	总人口	汉族	彝族	回族	苗族
青岗岭乡	2987	2512	273	202	
金瓜乡	1164	1082	51		31
小堡子乡	3114	2757	37	320	
白顺乡	1324	1282	1	13	28
五星乡	2310	1838	126	344	2
大营乡	3195	1757	120	1318	
碧海乡	2873	2296	273	209	95
龙潭乡	1498	1242	214	23	19
白沙乡	1529	1383	146		

昭通县第五区（酒鱼）

地区	总人口	汉族	彝族	回族	苗族
总计	45164	43664	1300	23	177
新海乡	2746	2713	25		8
弓和乡	2790	2648	142		
联合乡	2277	2207	64	6	
双河乡	2752	2648	100	4	
新立乡	1616	1424	42		150
郎初乡	3519	3417	101	1	
坪子乡	3598	3564	34		
迤那乡	2964	2945	12	7	
龙泉乡	3579	3159	413		7
仁和乡	4187	4129	58		
白鹤乡	1609	1556	53		
乐居乡	3401	3382	16	3	
顺山乡	1531	1436	84		11
三台乡	1913	1828	84		1
居乐乡	2608	2606	2		
波乐乡	2681	2612	67	2	
新河乡	1393	1390	3		

昭通县第六区（凤霞）

地区	总人口	汉族	彝族	回族	苗族
总计	51359	44643	801	5847	
所乐乡	2109	6		2103	

续表

地区	总人口	汉族	彝族	回族	苗族
三甲乡	2009	1907	98	4	
大村乡	2469	2449	20		
锦屏乡	4028	3901	127		
新民乡	2413	2035	29	349	
青坪乡	2706	2668		38	
土城乡	4570	4501	43	26	
荷花乡	4044	4032	12		
禄荫乡	2405	2356	47	1	1
小闸乡	2717	2534	141	40	2
大寨乡	1732	1636	95	1	
母鹿乡	2355	2355			
后海乡	3230	3121	109		
凤凰乡	4272	4261	11		
沙坝乡	4210	4158	41	11	
郎戛乡	2358	1048	14	1296	
海边乡	1631	1130	10	491	
白石乡	2101	545	4	1487	

昭通县第七区（炎山）

地区	总人口	汉族	彝族	回族	苗族	僮族
总计	25069	22977	1533	18	537	4
井底乡	1854	1610	237		7	
车路乡	2055	1730	64		261	
郎兴乡	1919	1586	178		155	
老林乡	1709	1361	286		62	
锅厂乡	1195	1140	55			
合兴乡	1496	1479	8	9		
屋角乡	1205	1205				
松乐乡	1326	1212	114			
大兴乡	1448	1417	20	7	4	
炎山乡	2653	2593	15		45	
中寨乡	2035	1956	79			
大寨乡	1627	1510	115	2		
雨飞乡	1472	1288	181		3	

续表

地区	总人口	汉族	彝族	回族	苗族	僮族
小田乡	1457	1452	1			4
车德乡	1608	1438	180			

镇雄县第一区

第一区	总人口	彝族	苗族	民家族	乌族	姚族	蔡族
总计	44329	2579	19	6	5	1	153
高山乡	2372	38		6			57
小河乡	2360	387	7				8
洗白乡	1758	255	8				
毡帽乡	2871	547					
树林乡	2630	35					5
陈屯乡	3620	192					
南台乡	2151	78	1			1	18
坪坝乡	3519	140					
青山乡	2629	38	3				
旧府乡	1687	23					
上街乡	3005	194			5		
松树弯乡	3356	13					
五谷乡	1540	313					65
中屯乡	3333	166					
郭家河乡	3386	142					
头屯乡	4112	18					

注：其余人口全是汉族。

镇雄县第二区

第二区	总人口	彝族	回族	苗族	民家族
总计	33924	2203	7	175	3
庙山乡	3864	136			
李官营乡	3738	133			
享地乡	2139	37			
张基屯乡	2873	22			
大院子乡	2353	28		62	
平天乡	2726	13			

续表

第二区	总人口	彝族	回族	苗族	民家族
堵密乡	1686	283		3	
长松栊乡	1744	14			
老凸寨乡	1492	534	4		
关门山乡	792	244		107	
瓜哇乡	2526	347			
摆洛乡	863	258		3	
六角乡	3283	131			
泼机乡	4025	23	3		3

注：其余人口全系汉族。

镇雄县第三区

第三区	总人口	彝族	苗族	民家族	蔡族
总计	32560	3030	965	1	43
罗汉乡	2151	175			
安耳乡	1649	161	10		
岔河乡	925				
比道角乡	1369	100	84		
老官房乡	1274	113	135		
彭家寨乡	1760	54			
安家坝乡	1819	149	176		
牛场坝乡	3309	351			
岩洞脚乡	2048	404	374		23
以古乡	1041	132	13		
小米多乡	2721	547	15		
铁厂乡	1581	341			
麻塘乡	3432	161	115		8
摩多块乡	2586	34			
银厂乡	1428	27	23		
麻园乡	3467	281	20	1	12

注：其余人口全系汉族。

镇雄县第四区

第四区	总人口	彝族	回族	苗族
总计	33221	2301	4	310
芒部乡	3005	63	4	8

续表

第四区	总人口	彝族	回族	苗族
庙河乡	2088	3		
板桥乡	1942	44		
木官营乡	1258	41		
尖山乡	1582	86		
布丈乡	2535	214		
尾坝乡	1621	198		6
松林乡	1915	249		223
田垮乡	1563			
仁厚乡	1931	328		19
元孔乡	3011	211		9
口袋沟乡	2149	100		30
螳螂乡	1252	100		
三滴水乡	2149	59		11
保倘乡	2275	187		
马店沟乡	1090	208		
长安乡	1855	210		3

注：其余人口全系汉族。

镇雄县第五区

第五区	总人口	彝族	回族	苗族	民家族
总计	32047	4982	2	1103	6
塘房乡	4477	268	2		
顶拉乡	2482	426			
凉水井乡	2027	544		16	
硝林乡	1046	56		116	
乾秋乡	1008	76		41	
风岩乡	1850	13		65	
芒部山乡	1238				
大耀魁乡	1466	45			
林口乡	2014	546		221	
大山乡	985	3		9	6
熊贝乡	860	3		65	
拉换乡	1415	484		48	
木黑乡	2067	295		336	
菜子沟乡	1133	145		47	

续表

第五区	总人口	彝族	回族	苗族	民家族
娃飞乡	1247	848		28	
小耀魁乡	2260	208			
白乌乡	3044	19			
高坡乡	1429	1003		111	

注：其余人口全系汉族。

镇雄县第六区

第六区	总人口	彝族	回族	苗族	民家族	侬族（僮族支系）	蔡族
总计	45173	2243	2	1559	1372	33	40
塆沟乡	3149	255		97		33	
青杠乡	1654			46			9
黑树乡	1699	9		5	4		
尾嘴乡	2182	52			21		
左块乡	1210	53					
戛都乡	974	12		225	192		
碗水乡	2364	396		280	356		
沙坝乡	1323	12		20			
仁和乡	2473	15		25	97		
后檀乡	2137	59		239			4
陇东乡	2956	69		62			
瓜乌乡	1399	157		72			
母享乡	3118	76	2		45		
鱼洞乡	1964	68			42		1
堰塘乡	3263	122		158			
苏木乡	1591						26
银厂乡	1333	185		8	6		
新场乡	2588	106		118	187		
串九乡	1830	101		14			
石里乡	3271	348		184	9		
木落乡	2695	148		6	413		

注：其余人口全系汉族。

镇雄县第七区

第七区	总人口	彝族	回族	苗族	民家族
总计	20838	2880	2	1173	443
瓜果乡	1342			79	
簸立乡	1071	65		51	
发地乡	1513	102		20	
营上乡	1919	539		80	1
田树乡	1582	41		108	
以堡乡	1794	29		388	
茶木乡	3228	167	2	197	4
坡头乡	2616	692		31	269
仓上乡	1557	65		40	
林正乡	1513	201		1	
德陆乡	2703	979		178	169

注：其余人口全系汉族。

镇雄县第八区

第八区	总人口	彝族	回族	苗族
总计	36985	2205	2	1213
洛甸乡	2703	310	2	286
毛坝乡	2673	15		100
云岭乡	2983	332		2
花射乡	1843	69		39
大塆乡	3201	358		13
果珠乡	2926	199		96
水城乡	928	1		3
龙塘乡	1884	192		20
鱼洞乡	1588	112		109
文阁乡	1799	44		33
仕里乡	1070	1		
雨落乡	1498			1
火草坪乡	2148	72		60
苗埂乡	2403	147		72
以勒乡	2418	98		87
石四乡	2167	227		17
五田乡	2753	28		275

注：其余人口全系汉族。

镇雄县第九区

第九区	总人口	彝族	回族	苗族
总计	21983	1078	22	176
环山乡	1259	69		
木着乡	2691	79		
官庄乡	1085	47		
茶着乡	1689	42	3	5
黄水乡	1160	25		
瓜雄乡	2920	353		3
小落脚乡	1261	91		13
乐利乡	2048	46		50
雨河乡	3485	156	19	43
墨黑乡	1381	10		54
黄坪乡	1148	76		8
茶坝乡	743			
银屏乡	1113	84		

注：其余人口全系汉族。

镇雄县第十区

第十区	总人口	彝族	回族	苗族	仲族	蔡族
总计	23442	1480	15	312	20	131
小河乡	2693	24		20	20	
阳坪乡	1775	211		88		83
干沟乡	2361	9		102		
六角坡乡	2212	75		5		
庙坪乡	2137	38				40
谷花乡	1239	131		51		8
屯上乡	1690	200		12		
五德乡	1858	146	15			
新田乡	1204	167		2		
新寨乡	1351	43				
大水沟乡	1264	24		23		
比旧乡	1644	189				
大木坪乡	862	67		9		
杉林乡	1152	156				

注：其余人口全系汉族。

镇雄县第十一区

第十一区	总人口	彝族	苗族
总计	23454	73	1416
凤翥乡	1842		54
罗坎乡	2244		2
茶蔚乡	1500		8
麻地乡	960		155
粉笔山乡	737		7
坳田乡	2862	39	342
桐坪乡	1324		24
落尾坝乡	1122		
李子坝乡	1229		135
大庙乡	690		5
花园乡	1371	10	150
纸槽乡	1446		453
泡瓜林乡	1217		
军备乡	1822	23	3
大温水乡	1532	1	3
寨上乡	1556		75

注：其余人口全系汉族。

镇雄县第十二区

第十二区	总人口	彝族	回族	苗族	仲族	蔡族
总计	27672	2381	34	954	184	19
红岩乡	1758	43		15		19
花山乡	2154	310		16		
联合乡	1985	479		51		
大河乡	1089	129				
和平乡	1705	263				
沙沟乡	2087	108		12		
向乐乡	1947	51		76		
放马坝乡	1416	80		164		
田坝乡	2083	230		240		
大寨乡	1033	94			7	
沙坝乡	2199	105		5	145	

续表

第十二区	总人口	彝族	回族	苗族	仲族	蔡族
黄连乡	883	8		69		
坪上乡	3093	29			16	
中均乡	2377	321	34	1		
诸宗海乡	1863	131		305	16	

注：其余人口全系汉族。

镇雄县第十三区

第十三区	总人口	彝族	回族	苗族
总计	13947	166	3	634
凤栖乡	1064			13
海子坝乡	826			
大保沟乡	1465			5
杉树乡	1588	10	3	123
银厂乡	1170	21		
庆坝乡	1775	29		90
细沙乡	2164	106		375
笋子林口乡	1120			21
瓦桥乡	1385			

注：其余人口全系汉族。

镇雄县第十四区

第十四区	总人口	彝族	苗族
总计	11336	73	338
仓海乡	1296	1	175
干河乡	1031	13	14
盐源乡	1059		18
杉树坝乡	864		
长岩乡	1082	31	65
何家寨乡	1571		19
聊叶坝乡	989		21
盐溪乡	1530		8
木歪乡	1914	28	18

注：其余人口全系汉族。

永善县第一区

第一区	总人口	彝族	回族	苗族	民家族
总计	21377	231	2	112	1
井田镇	3182	5	2	5	1
农场乡	2229				
三平乡	851				
新拉乡	1318	156		41	
富庆乡	1382	4		37	
桐堡乡	1714	12			
双屯乡	712	7			
干河乡	1925	20			
四角乡	1588	13			
雪白乡	1558				
玉笋乡	1385				
双凤乡	2079				
白沙乡	1454	14		29	

注：其余人口全系汉族。

永善县第二区

第二区	总人口	彝族	苗族
总计	15298	395	333
向阳	1009		17
花石	1126		6
新田	1713		69
团结	1469		216
	1868	163	13
佛摊	1092	12	
田坝	1350	41	
	1697	10	7
顺河	1040		
马路	1362	109	5
明子	1572	60	

注：其余人口全系汉族。

永善县第三区

第三区	总人口	彝族	回族	苗族
总计	23039	533	1	697
东胜乡	1201	3		168
德胜乡	969	6		105
大同乡	1263			
簸箕乡	941	74		23
民胜乡	1536			7
桧溪乡	1471	5	1	
强胜乡	1178	3		31
田坝乡	1086	20		11
原胜乡	1401	42		
黄金乡	1279	11		13
阳堡乡	1075	7		
清胜乡	1648	1		20
西镇乡	1543	104		29
毛坝乡	1159	87		29
三合乡	1471	16		119
大毛乡	1125	72		92
凉水乡	1248	81		
细沙乡	1440	1		50

注：其余人口全系汉族。

永善县第四区

第四区	总人口	彝族	回族	苗族
总计	29482	1691	2	1899
干田乡	2487			
任坝乡	1548	17		
沙坪乡	1603	30		70
黑铁厂乡	1523	9		
黄华乡	1630			
冷水乡	952			77
马兰乡	1866	83		1103
黄华镇	1332	74	2	9
坪厂乡	714			337
双旋乡	1443	24		

续表

第四区	总人口	彝族	回族	苗族
挑山乡	2132	435		15
云莅乡	777	6		206
兴隆乡	2154	546		26
鲁溪乡	1924	4		
凤凰	2288	32		
金寨	1852	158		54
	3284	273		

注：其余人口全系汉族。

永善县第五区

第五区	总人口	彝族
总计	12360	892
回龙	1914	135
锦屏	1080	379
青龙	1525	
务基	3459	42
八角	2365	140
百胜	2018	196

注：其余人口全系汉族。

永善县第六区

第六区	总人口	彝族	回族	苗族
总计	22329	873	355	885
黑寨乡	921	5		6
文潭乡	2009	26	13	35
黄坪乡	731			
万和乡	1766	4		
和平乡	1472	89		
松田乡	1144	16	67	2
莲峰乡	2115	6		
新店乡	1609			256
关寨乡	1145	239		139
陆井乡	1183	252	234	21
楠林乡	1432	45		24
三河乡	1931			

续表

第六区	总人口	彝族	回族	苗族
双河乡	855			309
半田乡	2150	120	41	93
新坪乡	1109	31		
	757	40		

注：其余人口全系汉族。

永善县第七区

第七区	总人口	彝族	回族	苗族
总计	13886	102	20	934
荆屏乡	2369	41	11	11
大寨乡	1179	3		
响水	1486	20		65
墨翰	1853	4		1
黄巅	828	3	8	143
新民	1040			
柏林	1019			
塘坝	1697	14	1	709
箐林	1679	9		
荆竹	736	8		5

注：其余人口全系汉族。

永善县第八区

第八区	总人口	彝族	回族	苗族	傣族
总计	16239	1524	59	1497	23
五寨乡	1520	413	1	80	
冷水乡	1500	42		177	
兴盛乡	1284	107		155	
甘杉乡	760	19		105	
白云乡	1483	176		260	
文山乡	1506	26		52	23
永安乡	1433	233		134	
茂林乡	2627	165	30	288	
长海乡	1472	94	2	134	
新林乡	2654	249	26	112	

注：其余人口全系汉族。

永善县第九区

第九区	总人口	彝族	苗族
总计	14690	460	64
河口乡	1061		
月亮乡	2087	5	
金沙乡	1346	3	9
屋基乡	996	24	55
核桃乡	1442	13	
大兴乡	1726		
骆坵乡	2533	217	
鲁机乡	1586	198	
官房乡	899		
马坡乡	1014		

注：其余人口全系汉族。

永善县第十区

第十区	总人口	彝族	苗族
总计	12061	458	343
利其乡	954		
中寨乡	859	20	277
黑峡乡	1215	283	
雪金乡	816	2	
新云乡	1251	139	
炎坪乡	1395		
码口乡	1522	1	1
双河乡	1383	5	
黑武乡	1337	8	65
新民乡	1329		

注：其余人口全系汉族。

彝良县

地区	总人口	汉族	彝族	回族	苗族	仲族	民家族	蔡族	水家族
总人口	211219	180222	8417	47	22173	63		94	203
第一区	29351	27281	445	3	1548				74
第二区	25048	20113	824		4051	56			4
第三区	33107	24380	3680	39	4922	7		72	7
第四区	29247	25277	2071		1825			22	52
第五区	15867	14140	523		1138				66
第六区	16006	15274	217	4	551				
第七区	24946	22519	363		2064				
第八区	19534	17910	1	1	1622				
第九区	18113	13368	293		4452				

彝良县第一区

地区	总人口	汉族	彝族	回族	苗族	水族
角奎镇	2962		13	3	25	
拖脚乡	1535		50		223	
小河乡	1621		8		7	
大马乡	2070		19		57	
大湾乡	1899		12		6	
寨子乡	1779		7		4	
发达乡	2818		145		555	
石羊乡	2306		40		172	
漆树乡	1893		37		53	57
大河乡	1910		10			
阿都乡	803					17
马腹乡	1622		3		261	
塘房乡	1148					
人卓乡	1481		63		52	
河湾乡	1565		24		9	
马窑乡	1936		14		124	

彝良县第二区

地区	总人口	彝族	苗族	仲家（佈衣）	水族
雄块乡	1798				
大寨乡	2236	142	382		
窝铅乡	1726	89	413	40	4
龙潭乡	1938	10	275		
	1790	106	466		
毛坪乡	2630	4	691	11	
太平乡	2523	135	56		
岭东乡	1743		109		
	2204		148		
	3455	222	669		
仓盈乡	3005	116	852	5	

彝良县第三区

地区	总人口	彝族	回族	苗族	仲族（佈衣）	蔡族	水族
龙街乡	1900	166	15	429			
银平乡	1830	213		79	7		
林口乡	2716	569	10	94			
黑拉乡	1406	57		296		5	
梭戛乡	2452	317		488			
安乐乡	1048	102		174			
恒底乡	1824	274		259		6	
寸田乡	4177	963	3	89			
树林乡	2767	459		893		49	
碗厂乡	1285	117		8			
尖山乡	1715	153		150		12	
吉塘乡	2645	45		221			
仙马乡	1643	49		662			7
奎阳乡	2975	64	11	48			
松林乡	1702	83		731			
吉娃乡	1022	49		301			

彝良县第四区

地区	总人口	彝族	苗族	蔡族	水族
官房乡	2535	232	164		
海子乡	2800	153	267		
杉林乡	2264	19	578		52
莜山乡	2043	99	57		
平政乡	2852	71	133		
梭飞乡	1474	97	20		
清河乡	1690	13	5	22	
咪咡乡	2548	22	23		
双河乡	2334	419	32		
猴街乡	2042	186	177		
田坝乡	2452	276	68		
和平乡	1932	313	115		
新营乡	2281	171	186		

彝良县第五区

地区	总人口	彝族	苗族	水族
雄马乡	1748	161	48	
白岩乡	1107		13	64
金竹乡	1688	17		
三乐乡	2240	86	509	2
	1675	55	193	
龙安乡	1361	119	117	
	3259	4	9	
三道乡	1264	49		
水平乡	1525	32	249	

彝良县第六区

地区	总人口	彝族	回族	苗族
钟鸣乡	2924	42		129
大竹乡	1391	47		
白乡	942			

续表

地区	总人口	彝族	回族	苗族
庙林乡	1493	78	4	75
小溪乡	899			
两河乡	2005	2		126
鱼洞乡	1658	23		75
扯炉乡	1671	24		88
铜厂乡	1133	1		41
田黄乡	1890			17

彝良县第七区

地区	总人口	彝族	苗族
果稠乡	1540	10	91
芭茅乡	1294		2
龙海乡	2208		35
花果乡	2615	1	158
石笋乡	1492		27
银福乡	2579		197
放牛乡	1371		3
芭焦乡	1658	86	260
黄河乡	1465		45
牛街乡	1518	3	2
红岩乡	2703	170	581
苗厂乡	2244	82	76
水田乡	2259	7	587

彝良县第八区

地区	总人口	彝族	回族	苗族
红岩乡	1480			227
长沟乡	1011			147
楠木乡	2154			186
民政乡	2458			140
葱竹乡	1856			332
大坝乡	2555			16

续表

地区	总人口	彝族	回族	苗族
流长乡	2227			126
麻树乡（盐津）	2531			176
塘坝乡	3262	1	1	272

彝良县第九区

地区	总人口	彝族	苗族
怀来乡	1994		407
上寨乡	2505		148
洛旺乡	1910	5	173
	2068		263
联合乡	2243		402
云风乡	1993		882
茶元乡	2008	160	1658
茶坊乡	1564	128	247
水果乡	1828		272

鲁甸县第一区

地区	总人口	汉族	彝族	回族	苗族	仲族
总计	30065	16640	144	13224	2	55
文屏乡	7163	5832	44	1285	2	
桃源乡	2539	391		2148		
源闸乡	2633	2605	2	26		
拖姑乡	2658	37		2621		
葫芦乡	4118	1573	30	2515		
大水塘乡	1510	16		1488		6
大平子乡	1641	1611		30		
小寨乡	1992	1464	5	9		14
梨园乡	1257	1194	63			
赵家海乡	1449	1394		20		35
岩洞乡	3605	523		3082		

鲁甸县第二区

地区	总人口	汉族	彝族	回族	苗族	仲族
总计	15094	13796	410	803	31	54
大水井乡	2864	2638	218	7		
火得红乡	2577	2525	51		1	
箐脚乡	1402	939	101	334	28	
江底乡	2637	2622	1	8		6
李家山乡	1409	1409				
马鹿沟乡	2036	1545	37	454		
篮筐乡	2169	2118	2		2	47

鲁甸县第三区

地区	总人口	汉族	彝族	回族	苗族	仲族
总计	15601	14241	393	164	55	208
新发乡	3063	2993	2	59		9
龙井乡	2441	2160	93		37	145
八宝乡	1327	1320	3	4		
翠屏乡	1588	1427	141	20		
银屏乡	1747	1637	75	35		
沿河乡	1529	1484	3		18	24
沙坝乡	1457	1381	4	46		
光明乡	1909	1833	72			4

鲁甸县第四区

地区	总人口	汉族	彝族	回族	苗族
总计	15841	15282	363	150	96
闪桥乡	2509	2465	21	17	6
新乐乡	2754	2577	97	80	
苏甲乡	1567	1521	12		34
塘房乡	4062	3913	142	7	
龙树乡	2603	2523	26	46	8
照壁乡	2396	2283	65		48

鲁甸县第五区

地区	总人口	汉族	彝族	回族	苗族	仲族
总计	14340	13067	1040	11	215	7
梭山乡	2456	2408	34	11	2	
挖水乡	804	233	523		48	
安乐乡	1339	1337				2
干田乡	1278	1276	1			1
酒房乡	1609	1511	39		59	
查拉乡	1332	990	342			
黑石乡	899	896				3
水屯乡	2092	2067	1		24	
埂底乡	1372	1358	14			
蜜所乡	1159	991	86		82	

鲁甸县第六区

地区	总人口	汉族	彝族	回族	苗族	仲族
总计	11390	10869	342	3	142	34
官寨乡	1278	1202	72	2	2	
列外乡	2268	2179	74			15
大坪乡	1317	1182	51		82	
新民乡	1171	1171				
红郎乡	1697	1504	119		56	
洛红乡	1293	1274	19			
对竹乡	1100	1079	7	1		13
施动乡	1284	1278				6

鲁甸县第七区

地区	总人口	汉族	彝族	回族	苗族	仲族
总计	10279	9626	487	3	150	13
新棚乡	1718	1689	53	3	2	1
黑鲁乡	1139	1068	71			
拖麻乡	1191	1090	101			
滴水乡	1071	1031	19		21	

续表

地区	总人口	汉族	彝族	回族	苗族	仲族
水磨乡	1475	1264	72		127	12
松屏乡	1794	1674	120			
岩头乡	799	771	28			
云地乡	1092	1069	23			

楚雄区少数民族人口分布统计表

1958年

楚雄区少数民族人口分布统计表

县别\民族	总人口	彝族	苗族	傣族	回族	白族	哈尼族	傈僳族	壮族	瑶族
总计	438184	385589	19344	11949	9640	4816	3158	2467	1192	29
楚雄	36365	33439	335		2427	129	6			29
牟定	17308	17177	121		8	2				
双柏	38571	35348	227		161	567	2268			
南华	39536	39566	8		1153	3809				
姚安	25029	29575			454					
大姚	22214	19943	129	1165		5		972		
盐丰	22488	21773	92		89			534		
永仁	38772	32528		5534	414			296		
元谋	20057	19432	58	7	548	12				
武定	72921	60760	8394	2929	539		273		26	
禄劝	70216	55016	4928	2314	351	3	569		1166	
罗次	4353	1883	2334		6			130		
富民	4395	3311	560		236	288				
禄丰	4060	1803	1700		98			459		
广通	8698	6863	197		1520		42	76		
盐兴	13162	11265	261		1636					

注：本表参考1953年至1956年普选时的报表及各县委有关少数民族工作报告，经过彝族支系归并后填制。少数民族人口占全区总人口26.10%，其中彝族人口占23.04%，占少数民族人口88%。

大姚县各民族人口统计表

大姚县人民委员会

1957年

大姚县各民族人口统计表

乡名	汉族		彝族		傣族		傈僳族		苗族	
	户数	人口	户数	人口	户数	人口	户数	人口	户数	人口
总计	19150	94469	5525	22284	288	1178	160	562	22	114
金碧	3236	16411								
仓街	3654	16838								
七街	2078	8091	222	922						
泗溪	2055	9944								
新街	1937	11253								
夏芦	811	4000								
北新街	571	2903	543	2326						
龙街	2130	9566								
鼠街	102	1598	923	2769						
红山	132	1975	1035	3405						
六波	639	3495	695	3199						
他底灰	365	1599	355	1668						
直苴	281	1386	1365	6040						
茨拉	364	1579	75	400						
湾碧	414	901	10	53	80	313	17	84		
头道沟	192	959	25	106	57	249				
黄家湾	3	67	152	821						
文宜拉	77	233	65	260						
巴一拉	109	1671	60	315	151	616	143	478	22	114

注：该表数字来自大姚县人民委员会1957年统计表。但据我们1958年11月14日至21日在巴拉[1]的调查及上游人民公社的统计数字得知，傣族人口总数有出入，傈僳族人口、苗族人口数字也有出入。

①巴拉，该表作“巴一拉”。——编者

姚安各族人口统计表

乡名	彝族				回族				土族			
	户数	合计	男	女	户数	合计	男	女	户数	男	女	合计
栋川	21	110	50	60	72	267	131	136				
仁和	1121	5422	7021	1121	5468	2601	2867					
新街	1997	8653	4230	4405								
光禄	834	4014	1976	2038								
弥兴	646	3219	1487	1732								
普淜	309	1421	701	720					12	29	38	67
官屯	744	3599	1753	1846								
总计	5672	26466	12789	13668	72	267	131	136	12	29	38	67

祥云县 1958 年度各民族人口综合年报统计表

材料来源：县志组

祥云组，1959年4月（抄）

祥云县 1958 年度各民族人口综合年报统计表

社别	总计	汉族	白族	彝族	回族	苗族	傈僳族	傣族	藏族	仲家	其他
总计	498927	417819	48417	27759	1062	401	2052	14	4	386	1013
红岩	38494	38074	25		395						
弥城	42610	40523	422	1412	251	1					
五一	42905	41099	6	1800							
德苴	12843	12018		825							
牛街	16137	12639		3498							
小计	152989	144353	453	7535	647	1					
八一	54645	54501	7		137						
前所	59603	58855	8	193	7						
下庄	45160	39079	569	5223		19	270				
普棚	16041	12530		3511							
东甸	21786	2509	18513	680		31	53				
米甸	12889	7765	727	4185		156	56				
小计	209584	175239	19824	13792	144	206	379				
宾居	40335	33775	5697	510	157		5	14			177
牛井	38209	37375	108								726
大营	29110	7879	20480	54		194	503				
平川	28700	19198	1855	5868	114		1165		4	386	110
小计	136354	98227	28140	6432	271	194	1673	14	4	386	1013

元阳县民族、户口、人口统计表

表1　民族、户口、人口（1956年土改统计数）

民族	户口	男	女	合计人口
哈尼族	18014	40866	42796	83662
彝族	8872	19670	70533	40203
汉族	5269	11497	12695	24192
僮族	382	745	813	1558
傣族	1578	3539	3785	7324
苗族	858	2931	2179	4210
瑶族	809	2316	2368	4864
越南	1		2	2
回族	1	1	3	4
合计	35884	80665	85174	165839

表2　各区户口及人口（1957年统计数）

区	户口	人口
第一区	8245	36740
第二区	5184	23480
第三区	5809	26409
第四区	6005	30068
第五区	3643	16262
第六区	4361	23130
第七区	2695	12921

文山僮族苗族自治州各县民族人口统计表

1958年8月25日整理

1958年10月25日复制

文山僮族苗族自治州各县民族人口统计表

少数民族人口总数：780658人										
县名 民族		文山	砚山	西畴	邱北	马关	麻栗坡	广南	富宁	合计
1	汉族	71419	48409	106226	52957	95244	87008	129193	28075	618531
2	僮族	38068	61552	13291	42153	23900	22195	145732	103715	449606
3	苗族	15246	11081	5317	22514	25812	27660	38829	6662	153151
4	瑶族	11	523	386	1133	615	8136	8169	16278	35251
5	彝族	2945	3101	271	26065		272	3379		36033
6	白族	18		3	3358			5		3384
7	傈族	5453	3911	753		4202	702	9423	10551	34995
8	仆族	19953	15907	1514	381	10802	621	4543		53721
9	都匀族					3408	200			3608
10	格老族		56			25	555	116	52	804
11	普标族						116			116
12	拉基族					700	12			712
13	孟武族		32	814			394			1240
14	阿伍族				209					209
15	秧族							358		358
16	回族	2482	820	9	2168	4		457		5940
17	哈尼族					2				2
18	撒尼族			7	1521					1528
小计		84176	96983	22385	99502	69407	60863	211011	36258	780658
合计										1399189

说明：

1. 此数字根据1958年2月基层选举统计各少数民族人口及汉族人口在内，汉族人口618531人，总计1399181人。
2. 少数民族属于僮族支系的都列入僮族人口内，共780658人。
3. 对各少数民族的分布情况，只是以县为单位统计，基本正确。

注：

1. 1958年10月25日复制。
2. 复制说明：目前本州行政区划已有变动，人口数字也有变动。

德宏自治州 1958 年分民族人口户口综合统计表

（之一）

地区	合计		汉族		傣族		景颇族	
	户数	人口	户数	人口	户数	人口	户数	人口
甲	1	2	3	4	5	6	7	8
总计	315761	1631633	251168	1292290	33375	171759	13074	68183
保山	107733	572177	98204	521822	1753	8091		
腾冲	73521	353174	69684	331266	1523	9213		
龙陵	26036	136320	25017	131034	94	603		
昌宁	36007	199216	32625	181750	558	3005		71
小计	243297	1260887	225530	1165872	3928	20912		71
潞西	29283	152591	13591	66747	11210	64619	3288	15028
盈江	23000	117190	7454	38113	10477	51117	3966	21612
瑞丽	19695	98849	4236	20169	7644	34451	5817	31460
畹町	486	2116	357	1389	116	660	3	12
小计	72464	370746	25638	126419	29447	150847	13074	68112

（之二）

地区	傈僳族		夷族		白族		阿昌族	
	户数	人口	户数	人口	户数	人口	户数	人口
甲	9	10	11	12	13	14	15	16
总计	3968	19917	2162	12777	2599	13304	2058	10368
保山	445	2214	2162	12762	2369	12215		
腾冲	861	4366			76	230	733	3739
龙陵	495	2658					69	295
昌宁	189	21		15	100	601		10
小计	1990	9259	2162	12777	2545	13046	802	4044
潞西	486	2595			14	52	110	591
盈江	1008	5814			13	86	2	7
瑞丽	484	2249			27	109	1144	5726
畹町						11		
小计	1978	10658			54	258	1256	6324

（之三）

地区	回族		香堂族		本人族		苗族	
	户数	人口	户数	人口	户数	人口	户数	人口
甲	17	18	19	20	21	22	23	24
总计	1148	5570	1745	9267	1072	6101	466	2934
保山	414	1984	1084	5558	820	4794	259	1656
腾冲	579	2817					4	21
龙陵			364	1730				
昌宁	112	568	787	1935	252	1307	203	1257
小计	1105	5369	1735	9223	1072	6101	466	2934
潞西			10	44				
盈江	5	45						
瑞丽	34	136						
畹町	4	20						
小计	43	210	10	44				

（之四）

地区	土娥族		永白族		佤族		崩龙族		客家族	
	户数	人口	户数	人口	户数	人口	户数	人口	户数	人口
甲	25	26	27	28	29	30	31	32	33	34
总计	2	13	26	124	277	1194	1056	5326		1
保山	2	13					74	352		
腾冲					277	1193	61	329		
龙陵										
昌宁			26	124		1		2		1
小计	2	13	26	124	277	1194	135	1683		1
潞西							545	2740		
盈江							61	332		
瑞丽							309	1548		
畹町							6	23		
小计							921	4643		

（之五）

地区	满族		僮族		土里族		先乌族	
	户数	人口	户数	人口	户数	人口	户数	人口
甲	35	36	37	38	39	40	41	42
总计	49	300		3	1952	9132	14	64
保山	20	125		1	127	590		
腾冲								
龙陵								
昌宁				2	1825	8542		
小计	20	125		2	1952	9132		
潞西	29	175						
盈江							14	64
瑞丽								
畹町				1				
小计	29	175		1			14	64

（之六）

地区	纳西族		其他	
	户数	人口	户数	人口
甲	43	44	45	46
总计		3		3011
保山				
腾冲				
龙陵				
昌宁		3		11
小计		3		11
潞西				
盈江				
瑞丽				3000
畹町				
小计				3000

1955 年西双版纳傣族自治州各版纳民族分布情况统计资料表

西边委办公室

1957年8月8日

1955 年西双版纳傣族自治州
各版纳民族分布情况统计资料表

（待整理）

（之一）

地区 民族	版纳景洪				版纳勐竜				版纳勐养			
	寨	户口	人口	其中妇女	寨	户口	人口	其中妇女	寨	户口	人口	其中妇女
合计												
傣族		4902	2529	1308	64	2823	18236	9398	54	1405	6083	3515
哈尼族		1194	6343	3256	41	1271	6043	3069				
汉族		136	446	229					37	653	2616	1396
拉祜族		26	245	129	18	138	824	423				
布朗族		365	1958	1204	6	134	824	423	4	88	403	216
攸乐族		1	1	1					36	963	5299	2734
本族									6	81	379	212
香堂族												
三达族		90	587	318								
岔满族												
回族		3	15	7		2	30	18		1	2	1
彝族									4	38	133	72
碧约族												
八甲族												
苦聪族												
补角族												
佤族												
康族												

续表

地区 民族	版纳景洪				版纳勐竜				版纳勐养			
	寨	户口	人口	其中妇女	寨	户口	人口	其中妇女	寨	户口	人口	其中妇女
品族												
等角族												
阿克族		145	865	420	3	76	463	242				
布夏族					7	84	374	193				
空格族									5	78	434	211
白族												
倮倮族												
东川族												
补竜族												
卡堕族												
蒙化族												
保定族												
包壳族												
西摩乐族												
估宗族												
汉傣族												
瑶族												
其他												

（之二）

地区 民族	版纳勐旺				版纳勐腊				版纳易武			
	寨	户口	人口	其中妇女	寨	户口	人口	其中妇女	寨	户口	人口	其中妇女
合计												
傣族		771	3932	1931		1140	6759	3361	49	1093	5894	2901
哈尼族						140	728	424	19	550	2830	1471
汉族		517	2212	1195					21	847	3471	1961
拉祜族		1	3	2								
布朗族		48	195	95		420	1971	971				
攸乐族		32	190	97								
本族		651	2850	1533						118	511	266
香堂族		169	849	449						56	244	117
三达族												
岔满族						241	1528	774				
回族		2	6	2								

续表

民族＼地区	版纳勐旺				版纳勐腊				版纳易武			
	寨	户口	人口	其中妇女	寨	户口	人口	其中妇女	寨	户口	人口	其中妇女
彝族		23	94	43								
碧约族										1	3	1
八甲族												
苦聪族												
补角族						94	482	246				
佤族												
康族												
品族												
等角族										18	63	37
阿克族										16	93	47
布夏族												
空格族												
白族												
倮倮族										1	3	1
东川族										1	3	2
补竜族										24	123	71
卡堕族		5	25	9						1	5	1
蒙化族		1	5	1						1	7	3
保定族		15	89	55								
包壳族		3	11	5								
西摩乐族		1	4	2								
估宗族		1	3	2								
汉傣族						181	1028	540		242	1142	552
瑶族		117	649	341					10			
其他						608	2924	1468				

（之三）

民族＼地区	版纳勐捧				版纳勐啊				版纳勐海			
	寨	户口	人口	其中妇女	寨	户口	人口	其中妇女	寨	户口	人口	其中妇女
合计												
傣族	47	1259	8407	4253		954	3896	1973		2359	11796	6075
哈尼族	25	606	3140	1623		277	1159	602		724	3620	1864
汉族	14					495	2116	1124		585	2979	1507
拉祜族						913	4057	2038		665	3329	1714

续表

地区 民族	版纳勐捧				版纳勐啊				版纳勐海			
	寨	户口	人口	其中妇女	寨	户口	人口	其中妇女	寨	户口	人口	其中妇女
布朗族						93	338	182		114	570	294
攸乐族										1	1	
本族												
香堂族												
三达族												
岔满族	6	90	382	201								
回族										67	334	172
彝族										1	1	1
碧约族										4	23	12
八甲族												
苦聪族		4	58	28		56	250	131				
补角族												
佤族												
康族												
品族												
等角族												
阿克族												
布夏族												
空格族												
白族												
倮倮族						116	555	297		27	137	71
东川族												
补竜族												
卡堕族												
蒙化族												
保定族												
包壳族												
西摩乐族												
估宗族												
汉傣族												
瑶族	14	134	820	410								
其他												

（之四）

民族＼地区	版纳勐混				版纳勐遮				版纳西定			
	寨	户口	人口	其中妇女	寨	户口	人口	其中妇女	寨	户口	人口	其中妇女
合计												
傣族		1984	10199	5252	140	4100	20539	10409		1	10	5
哈尼族		356	2444	1259	23	584	3622	1917		1068	6518	3357
汉族					18	487	1961	1050		253	1239	638
拉祜族		36	940	484	42	1006	4677	2386		152	810	417
布朗族		371	2119	1071	9	408	2150	1104		1082	5167	266
攸乐族												
本族												
香堂族												
三达族												
岔满族												
回族					1	22	102	47				
彝族						11	44	22				
碧约族					1	1	2	1				
八甲族												
苦聪族												
补角族												
佤族		16	78	40	3	58	251	126		47	203	105
康族					1	11	35	18				
品族					1	10	43	23				
等角族												
阿克族		43	450	232								
布夏族												
空格族												
白族						2	4	2				
倮倮族						5	14	7				
东川族												
补竜族												
卡堕族												
蒙化族												
保定族												
包壳族												
西摩乐族												

续表

地区 民族	版纳勐混				版纳勐遮				版纳西定			
	寨	户口	人口	其中妇女	寨	户口	人口	其中妇女	寨	户口	人口	其中妇女
佉宗族												
汉傣族												
瑶族												
其他												

（之五）

地区 民族	布朗山区				瑶族自治区				格朗和僾尼族自治区			
	寨	户口	人口	其中妇女	寨	户口	人口	其中妇女	寨	户口	人口	其中妇女
合计												
傣族												
哈尼族	2	33	172	91						1549	7933	4085
汉族					3	57	257	138		99	510	263
拉祜族	4	36	473	237						102	520	26815
布朗族	15	840	3668	1966								
攸乐族												
本族												
香堂族					3	49	256	123				
三达族												
岔满族												
回族										7	3	2
彝族												
碧约族												
八甲族												
苦聪族												
补角族												
佤族												
康族												
品族												
等角族												
阿克族												
布夏族												
空格族												
白族												

续表

地区 民族	布朗山区				瑶族自治区				格朗和僾尼族自治区			
	寨	户口	人口	其中妇女	寨	户口	人口	其中妇女	寨	户口	人口	其中妇女
倮倮族												
东川族												
补竜族												
卡堕族												
蒙化族												
保定族												
包壳族												
西摩乐族												
估宗族												
汉傣族												
瑶族					25	713	3908	2073				
其他												

（之六）

合计 民族	寨	户口	人口	其中妇女
		48866	252498	12872
傣族		22791	121892	62107
哈尼族		8352	44552	23014
汉族		4129	17755	9461
拉祜族		3075	16208	8266
布朗族		3963	19368	10257
攸乐族		997	5491	2822
本族		650	3751	2011
香堂族		275	1402	689
三达族		90	587	318
岔满族		331	1910	975
回族		98	492	249
彝族		72	272	138
碧约族		6	23	14
八甲族		56	250	131
苦聪族		4	58	28
补角族		94	482	246
佤族		121	532	235
康族		11	35	18

续表

民族 \ 合计	寨	户口	人口	其中妇女
		48866	252498	12872
品族		10	43	23
等角族		18	63	37
阿克族		280	1871	563
布夏族		84	374	193
空格族		78	434	211
白族		2	4	2
倮倮族		147	709	576
东川族		1	3	2
补竜族		24	123	31
卡堕族		6	30	10
蒙化族		2	12	4
保定族		15	89	55
包壳族		3	11	5
西摩乐族		1	4	2
估宗族		1	3	2
汉傣族		181	1028	540
瑶族		1206	6519	3376
其他		1562	7803	3020

说明：

此表数字是由傣族自治州统计科供给，是根据1955年的统计数，中间有些是经过现所知道的人数做一些修改，但改变甚少。这数字的户数比1957年2月统计数少898户，人口少10093人。当时因外来汉族及其他民族及干部家属未加入，估计此表数字还未加入城镇的一些人口。在表中有些民族可能即是一个民族，如阿克族恐即是哈尼族；川东族、蒙化族是由川东、蒙化等地过来的汉族或其他族；倮倮族、香堂族等亦是属于彝族；对详细情况不了解，故依原来名称写上。此表数字，横格、顺格相加尚有不合处，尚待校正，此表仅能供给我们大体知道在哪些版纳大体尚有哪些民族、约多少，为今后详细分别统计供给参考资料，不能作正式资料。

版纳勐腊据统计科另一材料（历史资料三）较正确，同时在勐捧工委5月20日所报材料亦与此同。在民族上共提14种民族，计有傣族、濮满族、补角族、岔满族、沙仁族、补崩族、偻伲族、卡别族、僮族、苦聪族、苗族、汉族、爬角族、越乔。

思茅区民族人口统计表

1956年7月

思茅区民族人口统计表

（之一）

民族		汉	傣	哈尼	彝	傜	攸乐	山达	本人	回	白	苗
总人口		465802	190857	217295	143359	7865	4866	591	3345	4542	16	4
边疆地区	西双	17905	125981	41691	3020	6899	4866	591	3345	508		
	澜沧	56416	10941	18406	9100					1124		
	西盟	464										
	孟连	1124	13831	1711	23					14	5	
	江城	6829	1973	14645	4522	966				120	11	4
	小计	82738	152663	76453	16665	7865	4866	591	3345	1766	16	4
	百分比	12.7	23.6	11.8	2.5	1.2	0.7		0.5	0.2		
内6县	思茅	29771	1658	244	5848							
	普洱	52801	2282	21020	15820							
	墨江	43312	1962	90438	11755							
	景谷	66463	24112	2529	20199							
	镇沅	49785	3359	16520	6250							
	景东	140943	4821	10091	66822							
	小计	383074	38194	140842	126694					2726		
	百分比（%）	50.7	5	18.6	16.7					0.3		
总计		465812	190857	217295	143359	7865	4866	591	3345	4542	16	4
百分比（%）		33.1	13.5	15.4	10.2	0.5	0.3		0.2	0.3		

（之二）

民族		僮	老缅	景颇	傈僳	阿克	佤族	拉祜	布朗族	其他	小计	总计
总人口		3	785	184	246	1372	111266	144706	25856	80396	937555	1403367
边疆地区	西双					1372	484	15812	18669	16914	240089	257994
	澜沧		139				24964	96656	2525	16058	179913	236329
	西盟		227				72619	1998		3	74847	75311
	孟连		419	184	213		13199	13859		725	44183	45307
	江城	3			33			696	154	1605	24732	31561
	小计		785	184	246	1372	111266	129021	21348	35305	563764	646502
	百分比（%）		0.1			0.2	17.2	19.9	3.3	5.4	87.3	46.2
内6县	思茅							289	109			
	普洱							1064	208			
	墨江							1376	1525			
	景谷							7533	744			
	镇沅							4848	214			
	景东							575	1708			
	小计							15685	4508			
	百分比（%）							2.2	0.6			
总计		3	785	184	246	1372	111266	144706	25858	80396	997555	1403367
百分比（%）							7.9	10.3	1.8	5.7	66.9	

思茅专区及西双版纳傣族自治州 1959 年民族人口统计表

1960年6月整理

思茅专区及西双版纳傣族自治州
1959 年民族人口统计表

（之一）

单位：人

民族 地区	总人口	汉族	各兄弟民族										
			合计	傣族	佤族	拉祜	哈尼	彝族	布朗	傜族	攸乐	山达	崩龙
甲	1	2	3	4	5	6	7	8	9	10	11	12	13
总计	1482565	580132	902433	199706	74468	147128	238376	134914	26648	8619	5132	946	181
民族比例	100	39	61	13.4	5.2	9.9	16	9.1	1.8	0.58	0.34	0.06	0.01
内县	814801	447028	367773	41883	97	12922	139519	111746	1883	1176			
普洱	175522	121164	54358	4487	97	1301	22428	20572	1297	14			
墨江	197074	60423	136651	3580		2918	98420	28260	430	469			
景东	203692	124019	79673	3522		1971	6781	36894	156	693			
景谷	238513	141422	97091	30294		6732	11890	28020					
边疆	667764	133104	534660	157823	74371	134206	98857	21168	24765	7443	5132	946	181
江城	36299	8390	27909	3221		625	18281	4574		1039			
孟连	47116	2445	44671	12223	13316	15908	2225	238					
澜沧	242029	65401	176628	9869	27172	95959	21200	13480	3162				181
西盟	39680	1509	38171	1211	33424	3271	41	70	1				
景洪	118524	27962	90562	58558	25	2890	16509	743	3027	377	5132	946	
勐海	129546	18209	111337	47603	434	15013	29579	806	16889				
易武	54570	9188	45382	25138		540	11022	1257	1236	6027	—	—	—

（之二）

单位：人

民族 地区	各兄弟民族											
	本族	依族	回族	白族	苗族	纳西	僮族	蒙化	老缅	景颇	傈僳	其他
甲	14	15	16	17	18	19	20	21	22	23	24	25
总计	1568	15096	5492	2167	391	12	155	28501	10660	256	75	1942
民族比例	0.1	1.01	0.37	0.14	0.02			1.82	0.72			0.13
内县		15093	3326	2001	220		137	27755	8015			—
普洱			472	1860	9		7	826	988			
墨江			132	37				184	2221			
景东			928	104	211		130	26745	1538			
景谷		15039	1794					—	3268			
边疆	1568	3	2166	166	171	12	18	746	2645	256	75	1942
江城			22	25	6			116				
孟连			32	6					489		75	
澜沧			1203	82	23	1	7	567	2014	73		1185
西盟		1	3	5	2			7	135			
景洪	1568		228	35	17	8	9	56	7			427
勐海			664							24		325
易武	—	2	14	13	123	3	2					5

说明：

本表主要参照公安处资料结合以往掌握数字整理，对出入较大的我们分别和有关地区核对。因各地区对同一种民族的称呼亦有不同，我们做了如下归纳：

1. 拉祜族包括：苦聪、倮黑。

2. 哈尼族包括：咪里、窝尼、俀尼、卡多、西摩罗、布都、毕约、卡堕、卡侈、拉鲁、腊乜、补孔、阿木、昔满、黑浦、棋弟、卡别、乐乜、阿车、白红、阿卡、阿克。

3. 彝族包括：香堂、倮倮。

4. 老缅包括：老咪。

5. 其他民族包括：鲁必、花腰、空格、布夏、木塞、阿洛、八甲。

本资料人口总计与各县原报的年报数略有增加，此数与1958年统计数对比其增长比例较原年报合理，这样原1959年年报数要相应调整。

请有关单位或部门，对民族人口整理提供意见，特别是对于各种不同叫法的同系族的归纳整理提供资料，使我区乡民族人口统计更趋统一完善。

临沧专区民族人口统计表

1958年6月底统计

临沧专区民族人口统计表

县名 民族	凤庆	云县	临沧	镇康	双江	耿马	沧源	大雪山	合计
总人口	239981	195824	130076	200333	69965	74471	67656	10707	989103
少数民族人口	58548	54463	15509	27631	30825	44662	65188	1956	298782
汉族	181433	141361	114567	172702	39140	29809	2468	8791	690231
彝族	52881	37817	3168	2777	934	990	507	1275	100349
白族	878	1244	13	277	11	51		31	2505
傣族	382	4419	5629	3018	3701	19934	3559	175	40817
哈尼族	54								54
苗族	2025	111	42	696	1157				2874
傈僳族	111	84	117	1157		820	213	95	2597
佤族	764		5	14276	6004	13399	57287		91735
回族	844	635	69	33		147	25		
纳西族				2					2
拉祜族	68	5317	6157	888	14787	7939	3597	380	39133
布朗族	44	4769	309	3147	5388	780			14437
景颇族						304			304
崩龙族				1356		298			1654
其他	497	67		3					567

丽江专区边 7 县民族、户口、人口统计表

（之一）

县别		碧江县	福贡县	贡山县	泸水县	中甸县	德钦县	宁蒗县	合计
户口		6866		3386	9276	11152			
人口		31245	28623	17566	42883	58148	37080		
劳动力		16067	12700	9023	18797	28285	18126	45212	
傈僳族	户口	4628		1837	6529	754			
	人口	20904	20881	9136	26693	4136	4961	2310	
怒族	户口	1130		720					
	人口	5106	4159	3473					
藏族	户口			95		4175	9557	335	
	人口		1	525		24260			
彝族	户口				303	567			
	人口		106		1387	339		59996	
独龙族	户口			426					
	人口			2687					
俅族	户口								
	人口		132						
西番	户口					2			
	人口					11			
纳西族	户口			26		225	181		
	人口		115	326			1028	7533	

续表

县别		碧江县	福贡县	贡山县	泸水县	中甸县	德钦县	宁蒗县	合计
回族	户口					76	21		
	人口					426	160		
白族	户口	1070		32	1241	177			
	人口	4550	5449	336	2352	827			

备注：
1. 以上材料系县委、公安局所报数，数字有出入。
2. 有的民族已合并统计，如勒墨并入白族、摩梭并纳西。
3. 泸水傈族303户1387人、福贡傈族106人，已归为彝族统计。

（之二）

县别		碧江县	福贡县	贡山县	泸水县	中甸县	德钦县	宁蒗县
汉族	户口	7		163	1008	2690	205	
	人口	426	468	1054	4855	13263	1093	12340
回族	户口				4			
	人口		3		14			
苗族	户口		1		1	102		
	人口		1		1	527		221
茶山	户口				4			
	人口				10			
傣族	户口				44			
	人口				164			
兔莪	户口				44			
	人口				164			
其他	户口	8						
	人口	259	8	28	308		6	

民族识别

中国西南地区的民族识别

林耀华

中国西南地区的民族识别

我曾在50年代赴云南等地，领导并参加了我国历史上闻所未闻的民族识别工作。民族识别的起因如何？它的理论根据是什么？这一工作的进程又怎样？这些问题均为国际学者与族体众多的国家所瞩目。我仅就我的经历、工作实践来说明并探讨上述问题。重点侧重于我国西南部地区的民族。

民族识别的缘由

中国解放前国民党政府实行民族歧视、隔离与压迫政策，不承认我国少数民族的客观存在，剥夺了他们的政治、经济、文化上的平等权利，使许多少数民族被迫更改或隐瞒了自己的民族成分。因此在解放前我国究竟有多少个民族，谁也无法回答。只有解放后在中国共产党领导下，经过民族识别和调查研究对这个问题才有了比较准确的答复。

解放后，推翻了帝国主义、封建主义和官僚资本主义三座大山的统治，进行社会改革，帮助少数民族发展政治、经济和文化事业，改善民族关系，促进了少数民族的自觉意识。于是除了那些历来被公认的少数民族外，许多大、小族体纷纷公开了自己的族称。1954年，仅云南省就有260多个上报族称。当时，我们仅从表面上分析，就发现“族称”颇为混乱。有的用自称，有的用他称，有的用民族内部分支名称，一些人自报地方籍贯名称，另一些人竟自报特殊职业的名称。还有的地方共同体受汉族影响深，讲汉话，民族特点虽不显著，但还保留强烈的共同心理感情等等。面对着这种情况，我们认为不少名称肯定不能成为民族名称，因为民族不应和职业、地方籍贯等称谓混淆，而且也不应因自报族称而把同一个民族分割开来。因此，必须进一步研究群众自报的名称中，哪些是少数民族，哪些实为汉族；如果确认是少数民族，就要分清是单一民族，还是其他少数民族的一部分；最后确定其民族成分和族称，以便国家用法律形式规定下来，帮助他们充分享受民族平等和民族区域自治的权利，发挥他们在祖国社会主义革命和建设中的积极性。于是，解放初期就把民族识别工作正式提到日程上来，这一工作已经持续了30多个年头，目前我国正式确认的有包括汉族在内的56个民族。民族识别工作取得了很大成绩，绝大多数族体的确认或归属等问题都得到了解决。

民族识别的理论根据

在民族识别工作中，我们注意运用马克思主义关于民族问题的理论，密切结合我国民族的实际情况，坚持历史唯物主义观点，尊重本民族群众的意愿，慎重稳妥地逐一地进行识别，以明确民族成分，确定民族名称。

这首先要提到斯大林关于民族四个特征的著名论断，他说："民族是人们在历史上形成的一个有共同语言、共同地域、共同经济生活以及表现于共同文化上的共同心理素质的稳定的共同体。"该论断具有原则上和实践上的指导意义。然而民族是个历史范畴，是历史发展的产物，斯大林的四个特征是指资本主义上升时期的民族。但现代民族的四个特征又不是从天上掉下来的，有些特征早在前资本主义时期就已形成了。所以在识别前资本主义时期的人们共同体，不能不以上述四个特征作为遵循的原则。考虑到中国的国情与中国民族的实际，应看到多数民族在解放前尚处于前资本主义时期，上述各特征正在形成之中，为此，民族识别工作又不能生搬硬套地、教条主义地运用斯大林的四个特征，而是采取具体问题具体分析的方法。

一般说来，每一个民族都有一种共同语言，这是识别民族的重要依据之一。然而，究竟是使用自己固有的语言还是借用他族语言则是次要的。在现实识别工作中存在着说同一种语言的可以是不同民族；同样，操两种语言的可以融合为一个民族。[①]例如景颇族各支系主要使用两种语言。通过语言分析说明景颇各支系正在逐渐形成一个紧密的民族共同体。此外，我国各民族语言的共同性程度远比不上资本主义发达民族，这主要指同一语言中方言多，差别大，因此在民族识别中我们既不能撇开语言分析，又不能把语言作为孤立的识别标准。每一个民族如果没有共同的语言就不成其为民族，这是前提，但识别工作的实践证明，不能单独地依据语言学分析来确定他们的族别。

共同地域是民族形成的基础，也是民族识别的标准之一。一个民族共同语言的产生是与共同的生存居地分不开的。文化传统也常常在这种共同的生存背景中形成。例如大至壮族、傣族，小至西双版纳攸乐山的基诺族就都分别占据一定的地域。我们也重视我国民族分布的实际情况，有些少数民族由于地理、历史等多种原因而产生的交错杂居的特点。例如崩龙族在我国就有很多支系，在国外还分布于中南半岛，他们在男女服饰上有直观的明显区别，语言略有差异，虽与坝区傣族以及景颇等山地民族交错杂居，仍保持了自身的共同民族特点。但是不同民族交叉分布的大边际或小边际，也大多是清晰的。这在某种意义上说，也是一种地域的共同性。

① 根据我们工作的经验，在进行民族识别的调查研究过程中，民族学工作者必须与语言学工作者密切配合，当年西南地区的识别调查研究就是由我领导的民族调查组与傅懋勣教授领导的语言调查组密切联合进行工作的。

在资本主义上升时期产生了民族市场和经济中心，从而每个民族共同的经济生活特点十分显著。但在我国少数民族和汉族长期交错杂居在一起，经济虽不发达，联系却很密切，他们不是各自形成单一的民族市场和经济中心，而是出现多民族共同的集市与经济中心。杂居民族区的共同经济生活把不同的民族联系到一起，并没有消除他们各自的民族特点，因此，共同经济生活这一要素并非在任何一个民族地区都很显著。但在向社会主义过渡时期，应密切注意杂居民族区的共同经济生活对民族的社会发展究竟起了什么作用。

共同心理素质是各民族人民社会经济生活和历史特点的反映。由于各民族所处的条件不同，形成了一个民族区别于另一个民族的特性，这种特性是通过民族的共同文化表现出来的。这一特点在民族识别中很重要，因为共同心理素质是客观存在，在形成和维护一个民族共同体的有机整体中起了巨大的聚合作用。在识别工作中，生产方式、衣食住行、风俗习惯、历史传说、宗教信仰、文学艺术等方面都应注意考察。这些具有全民族性的，表现在文化方面的特点，也就是区别其他民族精神或心理上的因素。例如苗族、仡佬、布朗等族均是与其他民族杂居，在民族识别中，一方面要注意语言分析，又要考察民族文化、习俗等方面，剖析哪些成分是民族固有的，哪些是外族的影响，从而确定上述民族历史上形成的各自的传统。我们看到外族影响是强烈的，但上述民族仍未与他民族融合，共同心理素质至今还起着维系本民族的统一性作用，各族具有强烈的民族意识。

掌握上述四大民族特点并运用于民族识别工作中，是严格的科学性的体现。然而这是不够的，还要对各民族长期社会发展情况、民族地区的历史、族源和民族关系以及今后民族繁荣发展、加强民族团结等因素进行综合研究，充分利用史料、传说以及各种有关资料，为民族识别工作提供科学的客观依据。此外还要考虑到体现群众性。我们确定“名从主人”是我国民族识别工作遵循的另一个主要原则。

我们进行民族识别工作，并不是代替哪一个民族决定他们应不应该成为少数民族或应不应该作为单一的民族存在。民族名称是不能强加于人或由别人来改变的。科学工作者的工作只是提供民族识别的科学依据，还要征求本民族人民群众和爱国上层人士的意见，通过协商，帮助已提出族称的族体最后确定族称或归属。“名从主人”，就是说族称要由各族人民自己来定，这是他们的权利。在保持族称的科学性与本民族意愿发生矛盾时，应进行耐心说服，帮助群众认识本民族的特点和历史，以便他们对自己的族别问题做出正确判断与决定。这样既尊重了民族意愿又符合科学的客观依据。在这个问题上，一定要慎重、稳妥，切不可草率从事。

民族识别工作的进程

我在50年代云南民族识别研究组进行了几个阶段的工作。首先确定彝族、白族、傣族、苗族、回族、佤族、哈尼族、傈僳族、拉祜族、纳西族、景颇族、藏族和瑶族，还识别了68个大小族体，有的给予正名，有的划分了归属。我仅举数例说明这项工作的进程。

在识别工作中，我们遇到4种不同的实际情况：

（1）确定为少数民族，但不是单一的少数民族，而是其他少数民族中的一部分（支系）。如讲彝语各单位人口多，当时就有300多万人，且支系繁杂，是我国少数民族中支系最多的民族，仅云南就遇到数十个支系。例如，对云南的“土家”和“蒙化”两个单位应如何识别？据统计，“土家”有17万人，“蒙化”有4万余人，分布在十几个县市。“蒙化”这一族称原是蒙化县“土家”向南迁徙的移民，因之汉族称他们为“蒙化”。我们选择了蒙化县的“土家”和景东县的“蒙化”为调查重点。根据1000个词汇的比较，“土家”语与“蒙化”语有76%相同相近。“土家”“蒙化”分别与罗罗（当地彝族）语比较，3个单位在词汇上有些不同，语法结构完全一致，语言系统也基本相同。“土家”与“蒙化”的经济生活、社会文化与彝族也相差无几。他们之间来往密切，且可通婚，都保留有族长制、同姓不婚、夫兄弟婚、火葬遗迹、祖先灵台、多神崇拜、巫术等彝族普遍存在的特点，“土家”与“蒙化”都自称“迷撒拔”或“腊罗拔”，因此确定二者为一个单位，不能各自成为单一民族，而只是彝族的一个支系。

第一阶段工作结束后，为了慎重起见，我们在随后的第二阶段工作中又把“土家”（在第一阶段工作成果的基础上已将“蒙化”纳入其内）再次作为调查对象。调查选点则改为漾濞等四县，这四个县的“土家”自称“罗罗”“腊鲁”等。根据1000多个词比较，彼此相同相近的都在60%以上，且有明显的对应规律，语法结构也一致，这说明它们同是同一语言的一些方言，这些方言与第一阶段调查的“蒙化”“土家”语最接近，都是彝语方言。再以漾濞“土家”语同川滇交界凉山彝语比较，在900个词中相同的占56%，永平“土家”语与凉山彝族语比较，在900多个词中相同的相近的占51%，彼此有明显的语言对应规律，语法结构也基本一致，因此更可以断定上述各地的“土家”语是彝语的一个方言。就语言以外的各特征来看，凉山彝族虽然保留彝族特征较多，但也不能视为唯一的标准。彝族的标准应是表现在彝族及其支系综合的共同特征上。彝族各支系在经济生活与社会发展阶段上虽然不平衡，但社会组织与文化方面保留同姓不婚、共同祭祀远祖、亲属关系中重长支、房屋行幼子继承、姑舅表优先婚、夫兄弟婚、设小木人灵台、同庆火把节、行火葬、多神崇拜以及相似的巫师制度等，都是彝族各支系共有的特征。

我们用同样的方法调查了其他20多个单位，结果是相近的，因此一律确定为彝族支系，而非单一民族。

壮族是我国也是西南部人口最多的少数民族，人口在1000万以上。在识别工作中我们遇到云南文山专区的“侬”人（布侬），人口有20万。侬语属壮傣语支中壮语南部方言。侬语与广西龙州壮语比较，语法结构大体相同。同声母同韵母词占79%；大多有语音对应规律；因此侬语与龙州壮语只是方言上的差别，“侬”人自称与桂西壮语自称相同。讲壮语南部方言的另外3支：“天保”“黑衣”“隆安”，从族源上看，都是近代从广西各县逐渐迁移到云南富宁一带定居的，与上述侬语同一系属。“天保”自称“布侬”，“黑衣”自称“布雄”，“隆安”自称“侬安”，也与广西部分壮族自称相同。经济生活、社会文化传统与桂西壮族类似。上述三支系因老家在广西与壮族来往密切，有强烈的共同民族心理感情。文山、麻栗坡、开远等县的“土佬”人语言与“侬”语结构大体相似，同源词占80%，“土佬”人因历史发展条件不同及民族杂居影响，语言有了局部变化，如“侬”语保留有-p、-t、-k，“土佬”语已丢掉-p、-t、-k。“侬”语保留有-m、-n、-ŋ；“土佬”则完全失掉-m和丢掉-n、-ŋ的一部分而使其元音鼻化。但“土佬”在社会经济、文化上仍与“侬”人接近，如祭龙、不落夫家、崇拜与巫术都与壮族相同，而且“土佬”本身并无成为单一民族的要求，经调查分析，征求本族意见，确认以上涉及的五个支系以及云南的“沙”人等均作为一个个支系而划归壮族。

（2）是汉族不是少数民族。如我们遇到的称为“蔗园”的上报族称。“蔗园”人口不足1000，以种甘蔗为生。根据考查，“蔗园”实为从广西迁到云南富宁县讲粤语（汉语方言）的族体，其社会文化传统皆同于汉族，当然不能构成单一民族。另外，对云南和贵州的一些自报族称单位的族体，我们经过调查研究，认定他们是长期住居在少数民族中间的汉族移民单位，不能成为单一民族。

（3）确定为单一少数民族。如1979年国务院批准为单一民族的基诺族，是我们近年来民族识别工作的成果之一。基诺族人口1万余人，居住在云南西双版纳攸乐山。清代文献有“攸山”字样，即是今天的基诺族。基诺人无文字、无成文历史。他们有一个人人皆知的基诺、汉、傣、布朗同出一个大葫芦的神话。根据传说与巫师送魂路线分析，基诺人是从云南北部南迁到攸乐山的。基诺族语言属藏缅语族，语言结构接近彝语支，但语音、语汇、语法上有自己的特点，例如基诺人曼雅寨方言同景洪僾尼（哈尼）话有90%不同，语法同凉山彝语、丽江纳西语、怒江傈僳语、澜沧拉祜语均有差别。解放前男子头蓄发3撮，妇女穿短裙，戴大尖顶帽，干栏长屋曾住过100余人的大家族祖先崇拜与多神崇拜并存，行独木棺葬，巫术与草药并用。从历史传说、语言、社会经济、文化传统上看，基诺族是由云南北部向南迁的藏缅语族的一支，尽管他们受到傣、汉文化的影响，但直到解放前仍处于原始公社制后期发展阶级。在语言、地域、经济、文化上均有自身的特点。基诺族老人们说：“从分天分地界线时基诺人就同其他民族不一样，应当是一个民族。”根据马克思主义理论的实际应用，兼顾本民族的意愿，基诺族成为一个单一民族的条件已成熟。现在基诺族地区社会发展正出现一个新局面，基诺人在祖国大家庭中正肩负着应有的责任。

（4）尚有极少数族称单位还有待识别。例如西藏南部的僜人和云南西双版纳南部的克木人，人口不多，识别工作已在进行中。

另有过去已被识别确定族属的民族单位，又重新提出民族识别要求。例如四川省平武县等地和甘肃文县等地的“平武藏人”亦即“达布”人，提出要求自成单一民族，也需要进行识别工作。相信在不久的将来可获得圆满解决，于民族团结与进步都有重要意义。

中华人民共和国是一个统一的多民族的大家庭，为此，解放后民族识别工作一直未间断，目前已取得了很大的成绩。然而，民族这一人们共同体虽说是稳定的，但他毕竟是属于历史范畴，是长期社会历史的产物。民族的分化与融合又是一个复杂的过程，民族成分与族称确定，绝不是永恒不变的。因此，个别已识别了的民族，可能由于种种原因，出现一些新的情况与问题，对这些我们也不能忽视，需要认真对待，深入实际调查研究，进一步加以解决。总之，我国的民族学、我国的民族识别工作决不是书斋式的脱离实际的，而是与多民族大家庭的繁荣昌盛息息相关，我国的学者正在为此目的而辛勤工作着，他们深知自己肩负的历史责任。

1983年8月

（附注：本文在撰写过程中，曾经中央民族学院民族研究所讲师庄孔韶同志协助搜集整理原始调查资料，本所中东南研究室主任施联朱副教授提供他最近进行的民族识别的经验并提出宝贵意见，我在此表示衷心的感谢。）

云南省少数民族同族异称分类表（草稿）

民族参考资料乙种之（贰）

云南省民委会研究室选印

云南省少数民族同族异称分类表（草稿）

一、彝族系

（一）纳苏濮支（Nasu-pu）、罗罗濮（LoLo-pu）：

1.纳苏濮，乃苏濮，诺苏濮，纽苏濮，大黑彝，小黑彝，二彝，梁山族。

2.倮倮濮，倮倮，白倮倮。

3.格濮，白彝，乾彝，甘彝，干彝，果濮。

4.阿罗濮，红彝，阿罗，阿多。

5.密期，密岔，麦岔，明机，密义。

6.撒尼濮，撒尼，梭尼，撒枚，撒梅，撒眉，明郎，民郎。

7.阿细濮，阿细，二细。

8.蒙化濮，密撒仈，乡谈，湘堂，香堂，土家，沐化，木化，阿鲁，腊鲁，米里，西抹罗，阿细，马鲁。

9.濮喇，帕拉，扑拉，仆儸，孟武，花腰。

10.爵乐，举洛，攸乐，卡乐。

11.纳渣，支理，堂郎，他谷，黑话。

12.哥搓，苦聪。

（二）拉祜支（La-hu）：

1.倮黑，老黑，老乌，鸦乌，阿夔。

2.罗夔，罗武，龙武，拉乌，拉武，那乌。

3.阿嫫，阿母，面，面米查。

（三）爱尼支（Ha-ni）：

1.哈尼，窝尼，黑尼，牙尼，麻黑，黑莆。

2.布都，布孔，白红，白壳，白脚，碧约，补角，排角。

3.阿卡，卡堕，卡目，卡妲，卡别，卡比，卡哥，卡果，得果，以哥，阿果。

4. 罗缅，罗米，禄米，腊米，喇缅。

（四）傈僳支（Lisu-pu）：

1. 黑傈僳，白傈僳，花傈僳，甘傈僳，傈仈。

2. 山傈僳，山苏，三苏，车梭，车苏。

（五）纳喜支（Na-khi）：

1. 摩挲，吕喜，巴喜，马丽马沙。

2. 纳喜，拿西，纳些。

（六）白子族（Betze）：民家，明家，名家，白家，勒墨，那马，来布。

二、泰族系（Tai）

1. 濮泰（Pu-tai），泰勒（Tai-krat），泰吕（Tai-rat），撣人Shan。

2. 摆衣，白夷，旱摆衣，水摆衣，花摆衣，岔土里（武定县、禄劝县）。

3. 濮侬（Pu-lung），侬青，侬人。

4. 布依（Pu-i），仲家，仲苗，水田，水户，水家，都匀。

5. 寮人（Lao），老挝（麻栗坡）。

6. 克篾（Khmer），克缥，普缥（麻栗坡）。

7. 沙人，沙盖（Sakai）。

三、苗瑶系

1. 苗族，阿蒙（Amou），阿苗（Amio），蒙得鲁（Mon-drou），白苗，青苗，花苗。

2. 瑶族，部芽，节母，育勉，卡瑶，青瑶，头头瑶。

四、僮族

僮族（富宁，广南）

五、景颇族支

1. 景颇，大山，山头，客钦（Ka-chin），老亢，卡康。

2. 载瓦，小山。

3. 刺期，阿奚，茶山。

4. 朗莪，浪速。

六、布剌族（Brou）

1. 士瓦（Sva），布剌，剌，卡瓦。
2. 瓦，本人。
3. 布朗（Brown），白郎，濮曼（Pu-man），摆郎，士丁。
4. 崩竜。

七、藏族系

1. 伯巴（Bod-pa）。
2. 康巴（Kam-pa）。
3. 古宗。
4. 丕米，西番。

八、都龙族支（Dulu）

1. 都龙，毒龙，俅子，曲子。
2. 阿怒，怒苏，怒八，怒子。

九、缅甸人

1. 克伦（Kaleung），克拉。（仅指居住云南境内者）
2. 老品。

十、蒙古族

（河西县上、下鱼村）

十二、疍族

（富宁）

十三、回族

（全省均分布有回族）

十四、属彝族系，但尚未确定者

1. 阿昌（保山），栖（邓川），良莪，兔莪（泸水）。
2. 拉基，阿次，莫苏（思普），阿迷。
3. 七甸，那路，作若。

十五、尚不能确定族系者

1. 革老（仡老、克老），岔钵（墨江），把族，三达（车里）。
2. 八甲（墨江），白衣（金平），普洱族，京东族（思普区）。
3. 客家，东属，阿布，阿克，空格，蒙痛，仆囡，南尼。
4. 补夏，欢养，斯郎。

十六、诬蔑性的称谓

1. 大头族（思茅），狗肠子罗罗（麻栗坡），花公鸡（武定傈僳族）。
2. 蛮子（武定梁山彝族），四块瓦（泸西），鼠族（永胜），牛尾巴濮剌（文山），三妥红（石屏龙武彝族，因妇女装饰得名）。
3. 泰族过去对其他民族都冠以“卡”字，即奴隶之意。

[附注：

（1）本表系综合各族称谓（自称、他称），并注意及民族历史、现状、语言、地理分布等加以初步整理制就。计有13个大的族系，26个支系，265种名称。

（2）本表尚不是正式的民族分类表，但可作以后正式分类的参考资料。

（3）本表在民族支系称谓中系以民族自称为主。

（4）本表所列名称尚不完全，且在匆忙中制就，错误很多，请同志们提出意见，以备下次修正。]

民委会研究室制

1953年10月31日

“云南省少数民族识别研究组”成立会上省民族事务委员会副主任委员李群杰同志的报告

1954年5月30日下午3时

云南省民族事务委员会档案　1954年　目录号1　卷44　第2号

“云南省少数民族识别研究组”成立会上省民族事务委员会副主任委员李群杰同志的报告

首先把这个组织的名称谈一下，我们这个组织叫作“云南省少数民族识别研究组”。不叫它作“委员会”而叫它作“研究组”，目的是为了便于工作，是否恰当尚请提出意见。

内部组织除组长、副组长、秘书外，尚有资料小组、行政小组，还要搞几个研究小组，以后或将分赴哀牢山、文山、蒙自等地区进行工作。

本研究组的方针和任务是“集中各方面力量，识别各级人民代表大会中的主要民族，为进一步识别其他民族创造经验，进一步做好民族工作，为各民族服务。”这还需要解释一下，云南地处边陲，做好边疆的民族工作，就是做好了国防工作，大而言之对整个和平阵营都是有利的。过去云南省内地的民族工作就没有做好，是“三管三不管”的趋势，即是谁都管谁都不管。今年起已经注意了，即使云南省内地的民族工作没有做好，可是云南省边疆的民族工作，还要向云南省内地的民族工作看齐，因为是共同过渡到社会主义社会去的。现在我们在条件比较成熟的今天，搞一下民族识别工作是很有必要的，尤其是宪法就要出来了，我们如果还不能把民族识别工作搞清楚，那才不成话哩！

识别工作中首先是彝族。彝族支系繁多，我们要搞出一些科学根据来以资识别。其次是傣族，这还比较好搞一些，因为它和彝族不同，彝族必须下去搞，傣族不必须下去。还有土里、土家的问题，亦有搞清楚的必要。另外侬、沙也有搞，据研究，沙、侬是壮族系统，不过还需要继续下去。上面所举的都是比较重要的，我省要把上述一些民族很好地识别清楚，态度要严肃，工作有些突击性质（为时仅两个月），可说是个战斗任务。

是不是其他的民族就不进行识别了呢？其他的民族还是要搞的，不过是先从这几个主要的民族开始，并不是搞两个月便“万事大吉”，一定要实事求是搞几个重点，然后回来再看。其实话说回来，如果能把彝族及其支系搞清楚，便不是一件简单的事了。

为了完成此项工作，政府对我们有以下四点要求：

1. 学术研究服从于政治任务。不是为了研究而研究，研究的目的乃是为了目前实际政治的需要，这是为了不使同志们钻牛角尖而不能自拔。

2. 以主要民族的识别工作为主，结合一般需要解决的民族识别工作。即是说要以重点民族为主，其他的民族不是不识别，但是我们一定要有重点，如果有牵涉到的民族也是要搞的。

3. 理论与实际相结合。这似乎是老生常谈了，但是还有必要重新提出来，一定要理论和实际反复印证、反复研究，俾民族工作更好地完成。

4. 要以严肃、负责、认真的工作态度来做此科学性的工作，所以处处不能马虎了事，应该客观，但是也不能过分客观毫无意见。

下面谈一下应行注意的事项。首先应该指出，我们组内成员来自不同的岗位，有的是教授，有的是学生，有的是机关干部，各有各的特点，为了搞好这一工作，就必须大家提高警惕，我所谈的应行注意的事项，不过是为了更好地完成此一任务而已。这些事项是：

1. 团结、互助友爱。这不是庸俗的团结，而是政治上的、原则性的团结，我们大家应该谦虚，克服自满的情绪，因为那是资产阶级的思想意识，是造成不团结的主要因素，尤其是自以为是、看不起别人是最要不得的毛病，应该是相互学习，互相尊重。

2. 一切为了工作。发挥创造性、积极性，主动地思考一下问题，要多开动脑筋，客观一点儿，同时还要有很好的钻研精神。

3. 遵守民族政策，尊重各少数民族的风俗习惯。如果我们不遵守民族政策，便很容易造成恶劣的影响；另外，不能说“少数民族的习俗落后，尊重便形同迁就”，习俗的改革本质上是社会改革，还要各该民族自觉地改，改多少、如何改都是他们自己决定，而我们是要很好地尊重他们的习俗的。

4. 提高警惕。我们要布置学习保密条例，以往学过的再学一次也没有坏处。我们要注意原则性，不要乱讲话，更不要背后“小广播”。

5. 克服个人主义的思想。不要想一鸣惊人，应该从整个工作出发，分组时当然要考虑每个人的条件，但是既经决定便要执行。

最后要着重说明：边疆既美丽而富饶，边疆的各族人民非常热情并且非常热爱祖国，绝不像过去反动派恶意歪曲的那样，根本没有什么“瘴气”可言，疟疾也很少，风景秀丽，可以看到变化多端的彩云，翱翔空中的孔雀，尤其是水果很多，可以大量地吃。

这次下去，有医生随同，每天服用预防疟疾的药品，相信是不会得病的。

我省民族识别的研究工作经过概况

云南省民族事务委员会研究室

我省民族识别的研究工作经过概况

我们搞民族识别的研究工作，开始于1953年7月末梢。当时指定专职干部1人负责收集资料，另有干部2人协助抄写卡片，这将近1年来他们只是附带做一些初步探讨工作，间接资料的来源是靠专县的一些上报公文或总结，直接资料的来源是依靠民委边委干部几年来外派做民族区群众工作中附带访问的片断记录，和民族参观代表招待工作中的访问和民族学院学员的访问中片断记录所得，有空闲略加整理，遇工作需要时，又临时进行突击性的应付。研究工作陷入被动，了解不普遍不深入，资料掌握也不全面，对于全省民族识别的调查研究工作仅仅做了一个初步的准备工作。一年来承各级党政机关的正确指导，承我会以外的专家学者的协助，得广大的民族工作干部的共同努力，使我们对民族支系和其识别工作，有了初步的摸索，取得了如下的成绩：

甲、研究工作方面

一、民族名称的清理

为了正确识别民族支系，先须清理民族称谓。根据1952年专县上报人口数字，依照地区、民族别先后编制我省少数民族人口估计数统计表（1951年与1952年各1册），就统计表册中清理出147个民族单位名称，均自云南民族现在实际情况出发，就这147个民族单位名称中分辨其自称他称，复得同族异称的称谓计265个。因此，对混淆重复的称谓中，清理出和区别出自称他称来，为今后民族识别工作开辟出一条门径。

我省少数民族得名的由来，是多方面的，经1年来的民族名称的清理，可归纳起来如下：

（一）因阶级制度而得名：例小凉山彝族区的近似奴隶制度，“黑彝”是奴隶主，是统治阶级，也是真正的彝族氏族；“白彝”是被承认为同族的长期豢养成的奴隶；“汉娃”是新近被虏获的汉族奴隶。但内地区的黑彝（自称纳苏濮Nasu-pu）和白彝（甘彝，自称格濮Gpu）又是民族的他称，与阶级制度称谓无关。

（二）因原居住发源地而得名的：例特隆族（俅族自称）因居特隆江（独龙河）——

俅江而得名；“广僮族”（天保族）因从广西省天保这个地方移入我省而得名；蒙化族（土里族）因原住蒙化县而被汉族称呼的，又衍化为“沐花”族。

3.因氏族的名称而得名的：例“景颇”族（Ching-paw）的自称，源于本族民族神话及历史传说中“新颇”（Sing-paw）——氏族之名而得名的（一说“景颇”一词可能出自藏语的“新颇”。年久，景颇族忘了原义，而接受为族名。见西南民院《景颇族情况》第3页）。又如侬族（自称“普泰”）因系其远祖侬智高的姓，而被简称为“侬”，再衍化为蒙自区的“侬清族”。

4.氏族、部落、部族、民族在其历史发展各阶段中因交接往来而互相称谓而得名的：例子最多，如前引的拿喜族（“卓”“罗门”“摩些”……）即是一例。

5.因部落部族名而得自称的：如彝族的六大自称纳苏濮（Nasu-pu）、诺苏濮（Nosu-pu）、乃苏濮（Naisu-pu）、纽苏濮（Niosu-pu）、傀苏濮（Nesu-pu）、倮倮濮（LoLo-pu）即是6个部落之称谓。

6.因生产生活资料而得名的：如蓝靛瑶。

7.因从事一定的生产作业而得名的：例从事农业生产的彝族被称为“水田族”（他称）。

8.因农业工具而得名的：例布依族（Puei）的“布依”是本族语言的耜，是农具。

9.因居住地的高低而得名的：例汉族称景颇族为“山头族”，因这一族常居高山之上。又如汉族和英国人称西藏地方的藏族为吐伯特（Tibetan），藏语吐伯特是指山岭。

10.因移居先后而得名的：例土家族、本人族、土里族、乡谈族……（均他称）。

11.因图腾崇拜而象征得名的：例“纳苏”族，按其民族语言的释义是“黑人”的意思，该族崇尚黑色物（他们的图腾之色）。

12.因名称读音的记录互异而得各种称呼的：例泰族、岱族、僰族、台族……均是译音互异的一个族。

13.因衣着特征而得名的：例三妥红（三道红）族——系他称。因彝族妇女的帽边有三道红丝圈，而被汉族辱称他们的。

14.大汉族主义者对弱小民族随便替之取名的（多具侮辱性的）：史册所载例不胜举，如汉族称他族为“大头人”……又如泰族概在山居的弱小民族名词前加一“卡”字，意即奴隶，如“阿卡”“卡瓦”“老亢”“卡多”……

15.因两族语言不通而误解取名的：例墨江县的哈尼族，误被汉族称为“麻黑族”。因汉族询问哈尼族名：“你们是什么人？”（用汉话问）哈尼族听不懂就用哈尼语答“麻黑、麻黑”（不懂、不懂），于是“麻黑”便成族名了。

16.少数民族自创称谓的：例景东县崇明区有所谓“细丫”族，仅1户中的1人，经调查始知其父是汉族，其母是彝族，解放后他认为毛主席关怀和疼爱兄弟民族，就自报自定为细丫族。

17.干部自作聪明、随便创制族名的：例景东县崇明区宿笼山打村，有彝族5户，当地乡干认为上报彝族成分的户口太多，就叫这村中常养蜜蜂的5户定名为“蜜蜂”族。这5户向省级下乡调查的同志反映：“我们本来是倮倮族，‘蜜蜂’族是上级安给我们的。”

二、民族语系的分类

承科学院驻滇工作组和省语文组同志的共同努力、重点研究，对我们的民族语言的分类工作，提供了专门的材料。如傅懋勣同志的《云南主要少数民族语言的系属》（未定稿）是有帮助的。此外如重点民族语言的调查研究——泰语、倮倮语、景颇语、哈尼语、拉祜语、卡瓦语——也对识别几个主要民族起了重要的作用。

三、各主要民族的社会经济形态的初步调查

边委两年来的边疆工作，所总结的《边疆几个主要民族的社会经济基本情况提纲》①及其他有关傣族、景颇族经济生产情况的书面报告，大有助于对于边疆各族的形成过程、将来民族的发展、民族趋向共同性（整化）的认识，并对于今后各民族单位的归并，提供重要的线索。

乙、群众工作

一、民族正名工作

由于民族工作的进展，由于民族人民的需要，在民族自愿的基础上，通过民族协商同意层报中央人民政府审核批准正式宣布几个主要民族的名称：如傣、哈尼、拉祜、景颇、彝等族。近正酝酿改“民家族”为“白族”。这样的民族正名工作为了清理今后很多的民族称谓、正确识别民族树立了一个正常的途径。

二、研究工作与群众工作相结合

江城县哈尼族彝族自治区筹委扩大会议总结报告指出：在会议上筹委和列席代表经过五找即“找历史、找来源、找风俗、找习惯、找语言”，又根据筹委代表哈尼族白宝昌亲到红河哈尼族自治区访问哈尼族和会商民委工作干部之后，有了准备，在会上经哈尼族支系代表讨论同意将布都等17个支系更正为哈尼族。在会上彝族也经过“找历史、翻家底”，一致通过废除了“在反动政府所施行的民族压迫政策下的侮辱称呼7种”：“大头倮倮”“花腰倮倮”“火烧倮倮”“白脚倮倮”“香坛族”“阿宋”“老乌”，一律更正称为彝族。在会议上，傣族代表主动提出要求废除“水摆彝”“旱摆彝”“花腰摆彝”3种，一律更正为“傣族”。这个会议总结提供了一个经验，即在民族自愿基础上，通过各式各样的民族代表会议，根据研究工作干部的学术性意见，与民族群众意愿相结合，是正确地识别民族支系的良好方法。

① 参见本《实录》第五卷。——编者

丙、存在问题

由于历史发展所造成的我省少数民族支系众多的客观事实（本质问题），和民族称谓繁杂混乱的现象（现象问题），由于我们识别民族的调研工作尚停在准备阶段上，因此民族识别工作存在着许多的问题。

一、搞云南民族识别工作，遭遇着几个具体亟待解决的问题

（一）彝族支系是识别工作的中心问题、关键性的问题，而彝族支识别工作存在两个具体问题：

1. 关于彝族的40余个自称民族单位，分布在不同的地区，操着不同的语言或方言，其社会经济发展又极不平衡，其共同心理状态也有差异，因而，是否可以合并列为一个彝族？抑或分别并列为若干个支系民族？

2. 彝族支的几个人口较多的民族，如土家族（在哀牢山区，约89000人）、罗武（大理区，11000人）、蒙化族（哀牢山区，自称密撒人）、泼拉族（文山、蒙自区，73000人）等应如何具体处理？立刻并入彝族呢？抑或各成单一民族？这是当前迫切待解决的最具体问题。

（二）泰族系的各支：如傣族侬（普侬）、沙（布依）、普僮（文山区土族）、普泰（文山区土老族）、德泰（元阳县土老族，可能属泰族），应分？应合？也是一个重大问题（当然可以根据个别民族的实际，做不同的处理）。

（三）蒙自区的土老族（自称泰门）与文山区的土老族如何区别？蒙自区的土老族已丧失了语言，风俗习惯已大半与汉、彝两族融合，应属泰？属彝？还不深知。即使虽经调查后，对于一个已经丧失了几个民族特征的民族单位，应如何确定其民族地位？

（四）在民委人口统计册中，表列人口较少的民族单位38个，大半散居在西双区、蒙自区、文山区等，语言属系及其他三特征不明，材料很少或无，怎样进行归并工作？

二、语言属系问题

1. 如何区别彝族支的语言与方言的差别？

2. 思茅区的白朗族，操卡瓦语，但其他三特征大体与泰族相近，属泰？属卡瓦？抑或自成一族？

3. 民家族：罗常培同志谈：“就其大要观之，民家语当为藏缅语与汉语之混合语，并其中60%以上为汉语成分。”傅懋勣同志又列“民家语为汉藏语群中的藏缅语族之下的彝语支的一种语言，其基本词汇采自彝语约40%”。民家语若属彝语系，则民家族是否列为彝族？抑或自成为单一民族？

4. 本来有民族语，但因与他族杂居，年代久之后，已经丧失了本族语或很少人操本族

语的，如蒙自区土老族，其语言特征如何确定？

5. 革老族（文山区）的语言成分不明，属僮？属彝？莫衷一是。

6. 景颇族与载瓦族的语言特征，是语言的差别呢？抑或是方言的差别呢？

7. 蒙古族：河西县上下渔村的蒙古族，人口4000余人，大半居民习惯于操彝语、服彝服……怎样确定其语言属系和民族地位呢？

三、共同地域问题

在我省主要是彝族和泰族两大族系的民族和其支系的聚居区，北纬25度以北是彝族系的主要聚居区，以南是泰族系的主要聚居区。由于彝、泰两族系南北相互迁徙的原因，在北纬24度与25度之间的两大族系交界区域，形成多民族的高度交错杂居的状态。例如新平县有28个民族名称，墨江有24个民族名称，元江有18个民族名称，这样形成云南少数民族在地理分布上的一大特点。今后怎样沿北纬24度的南北，抓重点地区，抓重点民族，集中调研力量，进行识别，是一个问题。

四、共同经济生活问题

各民族处在不同的历史发展阶段（由原始性到资本主义阶段），形成不同的人们共同体阶段——部落、部族、民族，有些族又系分布在不同的地区，因而其社会经济结构也不同。例如勒墨族（怒江区）阶级分化还不明显，但大理剑川县的民家族已经进入商业资本主义经济阶段，如何确定他们的共同经济生活和阶级联系性？又如金平县的拉祜族（汉人称为苦聪），其经济生活是极端落后的，比较澜沧拉祜族自治区的拉祜族已经进入封建社会，则是有差别，但两地的拉祜族是一族。同样情况也存在于墨江县的哈尼族与哥搓族、丽江区的纳喜族与马里马沙族，按同一民族的共同经济这个特征作标准，又怎样识别他们之间的共同经济和阶级联系性呢？

五、共同心理状态问题

不能把民族心理状态或民族性格看成是一成不变的东西。……[1]

丁、……

三、辩证地掌握斯大林对于组成民族的4个特征的提法结合云南民族实际，是进行清理民族称谓、识别民族支系的具体指导原则

1年来工作的体会是：

1. “共同语言是民族的最主要的特征。没有作为人们交际的必要工具的共同语言，便

① 中间部分缺页。——编者

不能、也不能想象有民族的共同性”（察米良著：《论斯大林著〈马克思主义与民族、殖民地问题〉和〈民族问题与列宁主义〉》，第9页）。经验证明：先掌握一定程度的民族语，对于识别我省某一民族的其他三特征是有助力的。例如语言工作者初步总结：阿昌语是彝语的一支，这对于我们识别阿昌族，提供了重要的线索。

2. 不应孤立地看某一民族特征或强调某一民族特征，而忽视其他三特征。

斯大林指出：“实际上并没有什么唯一的民族特征，只有几种特征的总合，当你把各个民族拿来对照时也许会看见其中此一特征（民族性格），或彼一特征（语言），或其他某个特征（地域，经济条件）表现得更为明显，民族是由所有这些特征加在一起结合而成的。”（斯大林著：《马克思主义与民族、殖民地问题》，第32页。）例如德宏区的景颇语与载瓦语：或者是在语言、或者是在方言上有极大差别的，彼此互不通话的，但两族在其三特征是相同或相近的，因此我们不能强调两者的共同语言这个特征。同样，金平县的拉祜族（汉人称之为“苦聪”族）是极原始的，但是澜沧的拉祜族已进入封建社会，若果我们强调共同经济这个特征或共同地域那个特征，难道将他们硬分为两族吗？这就不是自实际出发，就不是自全局着眼。

3. 也不能机械地运用四特征的提法。例如共同地域问题，首先我们理解因自治区的先后建立，地域已赋予以新的特质。云南民族是分布在聚居区，也分散在杂居区，若果彝族支有的聚居有的杂居，而竟否认杂居的彝族支没有共同地域这个特征，那就是无视区域自治赋予地域以新的特质的重要意义，这便是机械的提法。

四、抓着重点地区，抓着重点民族

调研为政治工作服务，而政治任务工作，时间迫促，有抓紧时间的必要。北纬24度的南北，是彝、泰两大族系交错杂居区，民族最复杂，我们应抓住文山、蒙自区，哀牢山脉区，思茅和西双区这3个重点区域，进行重点民族识别的工作。

1. 已经明显的主要民族，可以避而不谈，因为基本上已经有了不同程度的认识，例（1）泰、（2）拿喜、（3）傈僳、（4）藏、（5）景颇、（6）阿昌、（7）崩龙、（8）拉祜、（9）卡瓦、（10）哈尼（本民族）、（11）侬、（12）沙、（13）苗、（14）瑶、（15）回、（16）俅、（17）怒。

2. 亟应集中调研力量进行识别的重点民族首先是：（甲）彝族系（？）中的（1）卜拉、（2）孟武、（3）土家族、（4）罗武族、（5）蒙化族、（6）土里族（楚雄区），（乙）泰僮族系中的（1）土族（文山区）、（2）文山区土老族、（3）富宁县的天保族、（4）龙安族、（5）蔗园族、（6）黑衣族……，和（丙）本人族、攸乐族……

3. 应即积极进行对一些人口较少、民族特征完全不明确和住居地区的地位重要的小民族，展开稳步地有计划地识别调查工作，如苦聪、白朗、哥搓等30余民族单位，真况不详。

五、民族支系归并的最高原则[①]

民族支系归并的最高原则，是从民族发展的前途着眼，从民族的共同性着眼，内地区因群众觉悟较高，基本上在某些条件下进行合并支系，但仍须照顾民族愿望，方法上协商同意；边疆区民族归并方针，应自实际出发，当前尊重民族意愿，照顾边疆特殊性，以不立刻归并原则，例白朗、瑶、本人族等，承认现况，可尊重民族愿望，考虑将来合并。

六、清理民族称谓的原则[②]

清理民族称谓的原则是有条件地采“名从其主”的方针。有些民族名称在自愿基础上，通过本族协商同意，可以更名，如民家族拟更名为“白族”。

① 此标题为编者所加。——编者
② 此标题为编者所加。——编者

云南省少数民族识别研究组调查研究计划提纲（草稿）

云南省民族识别研究组

1954年6月7日

云南省少数民族识别研究组调查研究计划提纲（草稿）

兹送上：

①《云南省少数民族识别研究组调查研究计划提纲（草稿）》一份（本计划业经省委批准）。

②《云南省少数民族识别研究组留昆组工作纲要》一份。

此致

民族识别研究组

6月7日

壹、方针任务

集中各方面力量，识别各级人民代表大会中的主要民族，为进一步识别各个民族创造经验，更好地为各族人民服务。

贰、工作要求

（一）学术研究服从于政治任务。

（二）以主要民族（彝、哈尼、侬、沙）的识别为重点，结合一般需要识别的民族单位。

（三）科学理论与民族实际情况相结合，进行反复研究分析。

（四）严肃、认真、负责、积极的工作态度。

叁、调查内容

甲、应调查的几个主要民族单位

（一）濮拉（蒙自、文山专区）。

（二）蒙自土佬（包括元阳县的德傣——他称土佬）。

（三）文山土佬、土。

（1）布傣（文山县）。

（2）布僮（富宁县）。

（3）天保（自称“广僮”，富宁县）——附龙安、黑衣、蔗园等3族。

（4）布侬（广南县）。

（5）布芽（广南县）。

（四）侬（文山区为主）。

（五）沙（文山区为主）。

（六）大理区土家（以蒙化县为主，包括土里族）。

（七）蒙化（哀牢山区）。

（八）腊鲁（景东县）。

（九）濮曼（自称“白朗”，思茅区为主）。

（十）罗缅（普洱县为主）。

（十一）哈尼（包括布都、布孔、碧约、卡多等）。

乙、留昆工作事项

（一）进一步明确及总结11个主要民族：藏、傣、拉祜、民家、回、纳喜、苗、傈傈、哈尼、卡瓦、彝。

（二）民族正名工作（民家、卡瓦、纳喜）。

（三）总结阿细、撒尼情况。

（四）调人来昆对下列民族单位进行调研。

（1）罗武（云龙县为主）。

（2）阿昌（德宏区）。

（3）西番（丽江专区宁蒗县）。

（五）就可能条件对下列民族进行调研。

（1）瑶族。

（2）怒、俅。

（六）联系指导各调研小组，并联系有关机关。

丙、委托调研

怒、俅（碧江县人民政府转徐琳）。

丁、留待以后调研的民族单位

（1）本人（保山区、缅宁区、思茅区，自称“布饶”）。

（2）崩竜（德宏区）。

肆、组织机构

（一）民族识别研究组（驻昆）（另附）。

（二）调研工作小组。

（1）第一组：文山区小组（调查文山区土佬、土族、侬、沙、濮拉）。

（2）第二组：思茅区小组（濮曼、哈尼、罗缅）。

（3）第三组：哀牢山区小组（调查大理区蒙化、土家、哀牢山“蒙化”“腊鲁”等民族单位）。

（4）第四组：蒙自小组（调查濮拉、蒙自土佬）。

伍、方法步骤

（一）收集整理材料，了解情况。

（二）根据材料分析综合，提出是否民族或民族支系的初步理论根据。

（三）运用各种工作方法（例如现状调查、个别访问、组织座谈等）对初步理论根据加以修正。

（四）7月中旬草成初步总结，送上级领导同志审阅并考虑决定下一阶段工作计划。

陆、工作时间速度

昆明室内工作与下乡调查工作相配合，研究工作、搜集民族群众意见反映和印证分析小结工作三方面交叉进行，密切联系，视工作进度，大略分为三阶段进行：

第一阶段：5月15日至5月31日，集中分组，搜集资料，参加学习，听取报告，准备出发田野调查工作。

第二阶段：6月1日至6月30日，各小组分别进行田野调研工作，并随时进行整理材料分析小结。

第三阶段：7月1日至7月15日，整理编写总结报告。

附件一

云南民族识别调查研究计划（初稿）

壹、民族识别的对象——3种类型

甲、重点民族：

标准：

（1）人口多（1万人以上）。

（2）其支系的系属不明或十分明确。

（3）是否可以成为单一民族，现尚不能判断。

Ⅰ. 彝族系统

族别	分布地区	人口	总人口	存在问题
1. 濮拉	文山专区	40060		
	蒙自区	32646	72706	是否可列为单一民族？
2. 花腰	龙武县	16080		1. 是否是彝族的支系？ 2. 是否列为单一民族？
3. 腊鲁	思茅区景东	43000		1. 是否属彝族支系？ 2. 应否成单一民族？
4. 罗缅	普洱	18619		同上
5. 罗武	玉溪区、楚雄区、大理区（云龙多，10004人）	13236		同上
6. 蒙化族	缅宁区、思茅区、玉溪区（景东多，10500人）	27707		同上
7. 土家	大理区（蒙化多，50487人）	89266	据说在17万以上	同上

Ⅱ. 傣（语）族系统

族别	分布地区	人口	存在问题
1. 布傣（土老）	文山专区	18487	1. 是否系傣族支系？ 2. 是否可列为单一民族？
2. 布僮（土族）	文山专区	58961	1. 是否属僮族？ 2. 是否可列为单一民族？

续表

族别	分布地区	人口	存在问题
3. 广僮（天保）	文山区（富宁县）	14855	1. 是否属僮族？ 2. 是否可列为单一民族？
4. 布侬（侬族）	文山专区	171196	是否列为单一民族？抑或侬、沙两族合并为僮族？
5. 布依（沙族）	文山专区	104077	是否列为单一民族？抑或侬、沙两族合并为僮族？
6. 傣门（土老）	蒙自县	42440	1. 是否是少数民族？ 2. 是否属傣？或属彝？ 3. 应否列为单一民族？
	个旧市	689	
7. 德傣（土老）	元阳县	1108	1. 是否属傣？ 2. 应否列为单一民族？

Ⅲ. 哈尼族系统

族别	分布地区	人口	存在问题
1. 布都	思茅区镇沅、六顺、江城、普洱、景谷、墨江（10000人）	24382	1. 是否是哈尼族的支系？ 2. 应否列为单一民族？
2. 卡多	思茅区（以镇沅最多，16000人）	32200	同上
3. 碧约	思茅区（以墨江县为多，10000人）	18258	同上
4. 布孔	思茅区、普洱（10000人）	20950	同上
5. 澜沧（哈尼）			

Ⅳ. ××族系统

族别	分布地区	人口	总人口	存在问题
1. 白朗	思茅区（濮曼）	46032		1. 属何族的支系？与卡瓦、傣的关系若何？ 2. 应否列为单一民族？
2. 本人	思茅区	4702		
	缅宁区耿马	1500		
	保山区	17519		同上

续表

族别	分布地区	人口	总人口	存在问题
3. 崩龙	保山区		1951年：10800， 1952年：4598	同上
4. 阿昌	保山区	12214		同上。与彝族的关系？
5. 景颇	保山区	95000		景颇与载瓦语言的关系如何确定？
6. 俅族 怒族				是否合为一族？

乙、主要民族（列举大概已可解决的人口众多的主要民族）：

（1）藏族；

（2）傣族；

（3）拉祜；

（4）民家；

（5）回族；

（6）纳喜；

（7）苗；

（8）瑶；

（9）傈僳；

（10）哈尼；

（11）卡瓦；

（12）彝族。

丙、人口较少（1万人以下），支系不明，应该调研但不必亟待解决的民族约38个名称。

（1）西双区的，已委托傅懋勣同志调查其语系；

（2）内有数个名称的情况已了解。

云南民族情况调查研究组哀牢山小组第一阶段工作小结

云南民族情况调查研究组哀牢山小组

1954年6月15日

云南民族情况调查研究组哀牢山小组第一阶段工作小结

云南民族情况调查研究组：

我小组于9日分3小组，先后分别深入乡村调查，于13日前先后全返抵公郎，14日即做小结，15日检查工作，并准备下一阶段工作。

16日即可离开公郎，赴景东安定区进行第二阶段工作，17日可达目的地。由于第一阶段工作已为第二阶段打下基础，则第二阶段工作时间或可缩短。今后所经途程，不易找到汽车或马车，但我们决能掌握时间，做好工作。

同志们的热情很高，一两日来虽有4人略有小恙，还无碍于工作。

本阶段工作的收获，除电知外，随附寄小结一份，因忙于工作，至为简单，详情拟返昆明时，再为整理汇报。

6月15日

引　言

我们小组从6月6日到蒙化县第五区人民政府所在地公郎，7、8两日听过区委报告、小型座谈会、个别访问和记录土族和彝族的词汇等工作。从9日起分3小组先后深入乡村调查，所调查的乡有下列4个乡：

1. 自治乡（距公郎7里）；

2. 中华乡（距公郎35里）；

3. 岔江乡（距公郎75里）；

4. 第四区乐秋乡（距公郎105里）。

在13日前，3小组已先后返抵公郎。

下面小结的材料系根据7个来源[①]：

1. 弥渡县民政科长陈文云的报告；
2. 蒙化第四区区委朱玉峰的报告；
3. 蒙化第五区人民政府贾区委的报告；
4. 自治乡和中华乡的调查汇报；
5. 岔江乡的调查汇报；
6. 第四区乐秋乡的调查汇报。

壹、民族名称

土族的汉称有土族、土家、土里、黑土家、白土家等名称。在蒙化城东，还有所谓“东山罗罗”。土族自称有腊罗、腊罗拔、密撒、密撒拔。土族称彝族为尔尼拔、阿古拔。彝族自称罗罗、罗罗濮。这些名称经调查结果，只不过是罗罗和腊罗的异名而已；罗罗又称罗罗濮，腊罗又称腊罗拔。

罗罗是这里彝族的自称，但在上报表册上，有些则填成土族。尔尼拔和阿古拔又合称阿古尔尼，皆是土族给予彝族的轻蔑称呼。腊罗在过去被汉族轻蔑称为罗罗，解放之初，在上报表册上，汉称土家、土族、土里等名称，直到近年来的上报表册上，才略固定为土族。现在，弥渡和蒙化两县的土族这一名称下，实包含有彝族（罗罗）、土族（腊罗）两个民族集团，有待于区别开来。

腊罗拔和密撒拔两个名称，实即一个民族，“拔”具有“族”或“人”的含义。腊罗是民族名称，密撒是以地名来代替“腊罗”这一民族名称。在腊罗语中，称蒙化（地名）为“密撒”。在蒙化县境内的腊罗说“密撒拔”系指蒙化城里人而言，它不分族别，即连汉、回、民家、腊罗等各族都包括在内。若腊罗迁到外县去，就自称密撒拔，则系指“蒙化人”或从“蒙化来的人”而言。故密撒拔一名，原本不是一个民族名称，乃是整个蒙化地方各族人的总称，但也逐渐转变为一个民族的专有名称。又腊罗拔对外自称密撒拔，对其内部则自称腊罗拔。很显然，腊罗拔才是土族本来的民族自称，而“密撒拔”则是把地名作为其对外自称的民族名称而已。所以，蒙化的土族并汉称蒙化族，也不自称密撒拔，而景东的蒙化族则自称为密撒拔，这是因为他们原是从蒙化搬去的；实际上，他们也就是腊罗拔的土族。云县、顺宁的蒙化族就是密撒拔，也就是腊罗拔，亦即土族，他们的语言、服饰、生活、风俗与蒙化第五区的土族相同。

贰、人口及其分布

总的说来，土族虽分处在蒙化、弥渡、顺宁、祥云、景东、云县、漾濞等县不同的行

① 下文中仅出6个。原文如此。——编者

政区划上，但在自然区域上是相连接并不割裂的，几乎全住山区的山腰及山头地带。

土族、彝族、汉族3族，一般地说是杂居。土族和彝族的杂居情况就更为普遍，只有第五区与顺宁、云县相连接的岔江乡（在澜沧江边）的土、彝两族分布情况较为突出，大杂居、小聚居，即是有土族聚居村，有彝族聚居村，彼此不相混淆，但在生活上是经常往来的。

土族有其共同的地域，但往往有彝族和其杂居。

叁、语言

一、一般情况

土族和彝族皆各有其方言。大体上，彝族能说土族话，就是打歌调也用土族语唱，而土族不能说彝族话。岔江的彝族之所以能说土族话，因为其经常与公郎附近的土族相交往。就在土族当中，也因地区不同，它的方言也有差别。

二、具体事实

以中华乡彝语1194个词与乐秋乡庙山村土语1122个词比较，其中有504个词相同或相近。彝语中有234个汉语借词，土语中有174个借词；彝语中有20个词土语中没有，土语中有45个词彝语中没有；剩下的彝语中440个词与土语中的399个词是不相同的。还须回昆与他族语汇做比较。

肆、社会经济

土族的生活与彝族完全一样，主要是农耕，狩猎只不过是在农闲时的活动，彝族也是这样。土族的手工业没有突出的可言，一般都不织麻布、不穿麻布，只有岔江乡还织麻布、穿麻布。

土地种类有3种：有门前地（粪地，不休闲）、轮闲地（休闲三年至四年）、火山地（刀耕火种）。火山地主要种荞，轮闲地种荞或者是小麦，门前地主要种苞谷。主要食粮是苞谷，其次是荞子。由此可见，刀耕火种不占主导地位。农业生产方式比汉人较落后，有些地区还不会盘田。生产工具除掉荞钩——打荞用的工具以外，几乎与汉族完全相同。这种情况与彝族完全一样。

在土、彝两族的经济生活方面，也因各地情况有所不同。例如岔江乡受汉化较少，中华乡与自治乡受汉化影响较多，乐秋乡受汉化影响较深。

在土族及彝族中，有本民族的地主，阶级分化已经明显。一般说来，在解放前，土族、彝族几乎全是汉族地主的佃户，只有岔江乡较为突出，土族中有大地主。

伍、文化

一、火葬

土族在10代以前还是施行火葬，现在土族村中，还发现有火葬罐。在彝族或土族村中还有焚尸处的遗迹，称为“烧尸坑”，土语称作“莫枯睹”，彝语称作“莫却睹”。例如中华乡米里地土族村（分上、中、下3小村）的上村和中村之间还有一个“烧尸坑”。中村周家（土族）的一座老祖坟中还是埋藏着尸灰罐。又如自治乡滴摩村土族字成和（82岁）说，他的高祖父还是行火葬，到他的曾祖父才改行棺葬。当地的彝族也是行火葬的。由此可以证明土族和彝族过去都是普遍行过火葬的。

二、祖先崇拜

土族和彝族原皆供“灵台”，最近20余年来才逐渐改为汉族灵牌的形式，现在还有少数人供灵台，例如中华乡瓦弄波村有131户彝族还供灵台，又如自治乡滴摩村130户土族中还有7户供灵台。现在没有供灵台的，他们都说在老古辈上是供灵台的。

土族和彝族的灵台形式，虽略有差异，但皆系用小木头人。他们最主要的共同点是灵台质料的相同，皆用“耳聋树”来制作小木人。

灵台系由幼子供奉，3代以后灵台即送出。送灵台的仪式非常隆重，若家贫无力举办送灵台典礼，甚至拖到七八代。

三、风俗

1. 婚姻——富者，指腹为婚，或下地订婚，1岁开始结婚；贫者，二三十岁还无力结婚。

2. 打歌（土族、彝族的歌舞）——土、彝两族青年男女，尽量利用婚、丧、建筑、节日、庙会、农闲等场合进行打歌，往往通宵达旦。在打歌中男女常常发生野合的事件，村与村之间常因男女关系而发生打架的事件，有时打死人。

3. 节期——除阴历二月八日是土、彝两族共同的隆重的节日外，其他的节日与汉族相同。就是二月八这个节日的内容，由于地区不同，也有差异，有的地区叫粮食魂，有的地区叫人魂，有的地区叫牲畜魂。

4. 土族、彝族的共同活动——由于土、彝两族居在一起，历来经常互相通婚。所以，婚、丧、建筑、农业生产、狩猎、节日等事项上皆紧密互助，共同活动。

陆、初步结论

一、民族名称

1. 密撒拔即腊罗拔。蒙化族和土族就是一个民族，即腊罗族。

2.密撒拔也叫“密傻拔”，密撒即密傻。蜜茶族（在弥渡县）即密岔族，蜜茶和密岔皆系密撒或密傻的音转，密岔族就是密撒拔族，也就是腊罗，即土族。

密岔族不仅在名称上与腊罗同出一源——密撒，在语音上也与土族很近，居住地区、社会经济文化与土族完全相同（间接材料）。

3.密岔、密撒、腊罗应是一族。

二、地域

土族（腊罗）和彝族（罗罗）在地域上没有差异，两者合有共同地域，但以土族人口占大多数。

三、语言

土族的语言与彝族的语言较有差异。

四、经济

土族和彝族皆主要靠农耕生活，在生产方式、生产技术及生产工具上，两者之间没有差异；即使有差异，乃在不同地区的土族与土族的差异、彝族与彝族的差异。即使在同一个乡或同一村庄内的土族和彝族，他们的经济生活完全是一样的。

五、共同心理状态

（1）土族和彝族皆曾共有彝族所具有的火葬特征。在不久之前，甚至到现在还供彝族的独有特征——灵台，尤其是他们两者所用的灵台质料同属一种。

（2）土族和彝族都有共同的节日——“二月八”。

六、共同活动

土族和彝族历来互相通婚，在婚、丧、建筑、节日、农业生产、狩猎事项上一向彼此互助，共同活动。

根据以上事实，土族和彝族有一定程度的共同点，那么土族似应是彝族的一个支系。

1954年6月15日

蒙化公郎

云南省民族识别研究组工作简报（第一号）
1954年6月16日
云南省民族事务委员会档案　1954年　目录号1　卷号44　第5号

云南省民族识别研究组工作简报（第一号）

研究组各实地调查小组先后于本月23日离昆前往工作地点，留昆明同志亦同时分组进行工作。兹将半月来工作情况简报如下：

一、工作情况

（一）实地调查小组：

1. 文山小组：4日至7日在文山调查文山土族（土佬）、普拉、依族社会情况。

8日起分两组：（1）语文组两人留文山记录并研究文山土族、普拉、依、沙、富宁土族、天保、隆安、黑衣、蔗园语言；（2）社会调查组5人离文山去富宁进行工作一星期。

2. 哀牢山小组：5日至9日在弥渡县、蒙化县五区初步了解；蒙化五区、弥渡之土族，包括彝（倮罗）、土族（腊鲁）两民族集团；土族自称腊鲁与蒙化族（自称密撒扒）及密茶（密岔）在语言、经济、文化上相同，地域亦邻近。自称腊鲁的土族与彝族（倮罗）很近。

3. 蒙自小组：10日前进行土佬调查，本民族语言未曾找到，具有与汉族及其他族有差别之民族心理，保存零散传说故事及少数“民族妇女服饰”，汉化很深。11日起以八九天时间调查普拉。

4. 普洱专区墨江小组：4日抵墨江，开始了解西摩罗、布孔、布都、碧约情况并记录、研究语音。

5. 西双版纳小组：10日可抵景洪（车里）。4日过普洱时曾与猛养、猛版、景洪三地白朗（濮曼）同学座谈。三地方语言不通，用傣语传达意见，习俗多与傣族同，但种旱地不种水田。

（二）留昆工作：在6月15日进行过小结。工作进展如下：

1. 语文组：已完成罗婺、福贡碧江怒语之记音，又记盈江阿昌500字、（生作）400字，将继续记录西番、贡山怒语、俅语、阿昌语音，并研究昆明近郊子君、散民与彝语关系，初步研究本省苗瑶语情况。

2. 第一组：总结了彝族支系撒尼、阿细的民族情况；本省瑶族情况。今后继续整理云南彝族支系、罗武族属研究、本省苗族情况。

3. 第二组：研究了阿昌、本人、佧佤的情况，其中莲山阿昌近景颇，盈江阿昌受傣族影响很深，梁河阿昌受汉族影响深，统一的民族特征不明显，有待进一步研究。本人受汉族或傣族影响深，生产较进步，有地主出现，无猎首俗，不愿与佧佤为一族。今后继续本人、佧佤、阿昌研究，并整理哈尼支系情况。

4. 第三组：研究了怒、俅、勒墨、藏族情况，初步了解怒、俅可能为一族；福贡社会发展阶段落后，各地民家多自称“白子”，如本族同意，以改白族为宜；并初步了解了藏族的宗教情况，今后将以西番族属研究为重点；并访问麽些族同学以研究其与麽些（纳喜）族关系；并总结傈僳情况，补充了解藏族情况以与西番比较。

二、今后工作意见

（一）加强昆明与各工作小组联系及经验交流。留昆同志亦应加强联系，加强研究工作，并规定18日星期五上午大组第一次讨论，本人、佧佤，撒尼、阿细，勒墨、民家，怒、俅的识别研究小组小结及汇报语文组工作内容。

（二）材料整理分三类：

1. 专题报告。例如对勒墨是否民家提出意见。

2. 识别小结。着重就名称（自称、他称）、历史迁徙、语言文字、经济（生产方式、生产力、工具技术、土地关系）、文化（信仰、丧葬、婚姻、家族）、对本族支系问题的意愿，总结识别研究结果，并提出其族属意见。一般规定每一报告为500—1000字，有关材料作附件处理。

3. 访问材料记录。

（三）进一步联系有民族干部的单位，俾取得更有利的工作条件。进行工作时应注意取得该单位领导同意协助，在搞好关系的基础下进行工作。

1954年6月16日

云南省民族识别研究组工作简报（第二号）
1954年7月2日
云南省民族事务委员会档案　1954年　目录号1　卷号44　第5号

云南省民族识别研究组工作简报（第二号）

各组工作按照原定计划进行，兹将工作情况简报如后，识别研究小结容后续寄。

昆明组：初步完成了撒尼、阿细、罗武、撒梅、本人、卡瓦、腊家、怒俅、勒墨的识别研究工作。阿昌、西番识别材料已收集，初步识别研究小结尚待讨论。收集了云南苗瑶材料及部分藏族情况，总结了傣族、哈尼的民族情况。初步着手全省彝族支系名称的查对工作。语文工作已完成罗武、撒梅和福贡、贡山、碧江三地怒族的记音工作。本人、阿昌记音即将结束。

文山组：工作依原订计划进行，7月3日可返抵昆明。

哀牢山组：继续调研了蒙化县六区土族、景东县蒙化族、弥渡县蜜茶（即密岔）族情况，7月2日可返抵昆明。

蒙自组：继续土佬、普拉的语言、社会情况调查。7月3日可返抵昆明。

普洱分组：继续墨江县、普洱县哈尼支系的语言、社会情况调查。7月5日可返抵昆明。

西双版纳分组：调查了白朗（濮曼）语言、社会情况及西双版纳若干小民族的记音工作。现在候车来昆。

云南省民族识别研究组工作简报（第三号）

1954年7月5日

云南省民族事务委员会档案　1954年　目录号1　卷号44　第5号

云南省民族识别研究组工作简报（第三号）

民族识别研究组在7月5日召集了包括民族地区调查小组长的组长扩大会议，对于第一阶段工作总结做了如下的布置：

1. 7月5日至10日

各组以工作小组为单位，按照调查提纲，对材料做初步整理（同一民族在不同地区的材料分别整理，同组不同地区同一民族的材料写同一报告）。

2. 7月11日至15日

进行民族支系识别小结，不同组同一民族共同研究写出一个小结。进行各工作小组的工作小结，内容包括工作经验、工作及生活检查（包括与地方及小组内部的团结关系，附带对云大实习同学的鉴定提出初步意见）。

3. 7月16日至31日

进行民族识别研究的汇报讨论审定，整理后送上级审阅。

4. 政治学习

选择适当时间对宪章学习及国内外形势进行补课。

云南省民族识别研究第一阶段工作初步总结[1]

云南民族情况参考资料之一

中共云南省委边疆工作委员会编印

1954年8月25日

云南省民族识别研究第一阶段工作初步总结

目录

① 该总结原为单行本，后其中“云南民族识别研究组第一阶段民族识别总结”部分，由云南人民出版社出版，名称改为“云南省民族识别报告”，放入国家民委民族问题五种丛书之一《中国少数民族社会历史调查资料丛刊》中，见云南省编辑组《云南少数民族社会历史调查资料汇编》（三）（云南人民出版社1987年版）。——编者

省委对民族识别研究组工作报告的批示

省委统战部、省委边委会：

省委同意你们关于民族识别研究组工作的意见及该组工作报告，虽然有些民族或支系不可能、也没有必要过早地肯定，但这种研究是必需的。该组深入的工作作风应予表扬。第二阶段的工作，可按计划继续进行，在民族识别研究上，可以肯定下来的，特别是参加全国人民代表大会的那十几种民族，如没有人反对，就应当肯定下来。

省委办公厅
1954年8月16日

附

省委统战部、边委会向省委的报告

省委、西南统战部，并中央统战部：

我们根据今年3月全国统战会议精神及省委指示，组织了在昆的中国科学院语言研究所、中央民族学院研究部和云南大学、云南民族学院、昆华医院、省民委及语文组等7个单位共46人，组成云南民族识别研究组。经过70多天的慎重研究，已结束了第一阶段工作。我们认为该组是有成绩的，主要是比较地从有若干科学的根据，对全国人民代表大会中我省少数民族代表，提出和证实是各个单一民族；以及经过各个民族群众同意“正名”等问题。这不仅使公布全国少数民族代表有了科学根据，而且提供了对于我省民族成分的识别工作创造一些经验，这对于继续研究我省更多的民族的识别和基本工作，是有用处的。

因此，除同意将该组工作总结及民族识别总结（各1份）及各族识别小结（20份），送请审核批转中央外，有下列问题，请即批示：

一、（略）

二、在13种单一民族中，已经过各地党委，民族群众及其上层同意“正名”工作。“民家”可改为“白族”；“爱尼”可改为“哈尼”；“摩些”可改为“纳西”；“傈傈”可改为“栗栗”；“佧佤”仍暂不动（因缅宁和思茅意见不一致），其余的均同意现称。

三、我省人民代表中少数民族代表有26种之多，很多是支系，应肯定不对外公布。对出席全国的我省少数民族代表，也应在省人民代表中选举时，作适当的说明，避免因此而引起不必要的民族纠纷。

最后，拟同意该组继续进行第二阶段的识别工作。

附上该组计划，亦请批示。

中共云南省委统战部、边委会

1954年8月3日

云南民族识别研究组第一阶段工作报告

壹、一般情况

云南民族识别研究组在5月15日成立，集中了省委统战部、省民委研究室语文组、中国科学院语言研究所、中央民族学院研究部、云南大学、云南民族学院、昆华医院等7个单位共46人。开始集中时，大部分同志对这一工作是重视的；虽有少数同志抱着抓材料、捞一把，或对留昆室内工作不满的思想，但也都在学习中和工作中得到批判和克服。自5月20日起进行了思想教育与业务准备。于6月2日起分成7组（民族地区调查小组共4组，留昆3组）进行工作，先后于8月上旬进行第二阶段工作。

贰、工作收获和经验教训

在第一阶段工作中，由于省委明确地指示了方针任务，及有关各地各级党政的领导与支持，云南民族学院的协助，同志们的艰苦努力，故基本上按照计划完成了任务，计识别研究了29个民族单位："侬"、"沙"、"土"（文山）、"土佬"（文山、蒙自）、"天保"、"隆安"、"蔗园"、"黑衣"、"土家"（大理专区）、"蒙化"、哈尼族支系（6单位："布都""碧约""卡多""布孔""西摩罗""阿木"），"白朗"（濮满）、"勒墨"、"普拉"、"阿西"、"撒尼"、"罗武"、"阿昌"、"本人"、"西蕃"、"怒"、"俅"等；并对民家、纳喜、佧瓦、白朗等单位，提出正名的意见（识别研究总结另作专题报告）。同志们在工作中也都有所提高，摸索了民族识别研究的经验，培养了对民族工作的情感，如云大留昆实习同学说："树立了民族专业的思想，舍不得离开识别研究组。"绝大多数知识分子出身的同志，通过访问民族代表，体会了解放前后各民族的政治地位，经济生活和民族心理本质上的变化，更深刻地认识到我国人民民主制度的优越性，民族政策的伟大和自身思想改造的重要性；认为这次参加识别工作是接受了一次总路线学习的政治教育，同志们也体会了学术为政治服务，学术研究的本身就是政治任务的一部分。通过实际工作加强了理论与实际的联系。

通过这一段工作，有以下的几点认识与体会：

一、完成工作的几个基本关键：

1. 首先，争取各地党委、政府的领导、支持与重视，是完成工作的最重要的关键。各地调查小组都得到各地党委、政府的支持。出席省统战部会议有关地区党委会同志，曾与识别组座谈过一次，他们回去后因对识别工作重视，在工作指导保证工作条件上给予很大的帮助，思茅区调查小组同志说："墨江县委会比家庭还温暖些。"

2. 抓紧政治思想教育。识别组工作同志来自不同单位，认识上也不一致。在准备工作阶段进行了一系列的政治思想教育，反复说明民族识别工作是一件严肃的政治任务，引起同志们重视；并就民族政策尊重少数民族、保密、团结、慎重的工作作风，尊重地方领导等应注意的各点，进行了教育。因而同志们在思想上明确了任务，端正了工作态度，在工作中讲求方式方法，所以在实际工作上基本没有发生什么问题，更未引起民族纠纷。相反的个别的不健康思想，也得到了纠正。如：云大实习同学有几个对留昆工作不满，又受到个别教授对他们此种落后情绪的支持助长，所以最初工作表现不安心，经过耐心教育，解决了思想问题后，能安心工作，在业务与思想上都提高了一步。对某些违反民族政策、对少数民族代表不尊重（如听到讲"公房"男女关系时哈哈大笑）的言行亦予以批评，对同志们帮助是很大的。

3. 充分的业务准备。民族识别工作是一个新的工作，需要具备专业知识，因此在准备阶段中介绍了过去民族识别工作的情况、达呼尔族识别经验，布置了调查研究提纲和语文调查提纲，研究了工作方法，对同志们帮助很大。工作时任务明确，调查对象明确，使得工作能在短期内完成。在某一阶段工作开始时加以典型示范，及时汇报，交流经验，都是使得工作能顺利完成的重要条件。

二、实际工作中的几点经验——三项结合、五项寻找、六项注意：

1. 三项结合：

（1）社会调查与语文调查相结合：民族共同语言是一个民族最重要的特征，所以每一个调查小组进行对每一个民族的识别调查或访问，必须同时进行语文调查和社会调查，双管齐下，相互联系。这次语文工作者事先编制语言调查手册，各组依据同一的手册进行录音，这样便利了各民族语言词汇的比较研究，也加速了语言调查的进度；但语言调查手册的运用，亦需根据民族地区情况加以灵活掌握，使之生动而容易引起兴趣，对不同的民族对象宜进行不同的访问，如一开始先问他们与劳动生产密切有关的词汇，再问身体五官基本词汇，便更能提高工作效率。思茅区小组进行对阿木（哈尼族之一支系）的录音时开始询问"一、二、三、四"数字，民族代表不感兴趣，后来改问农具猎具名称，代表兴趣大增，谈话滔滔不绝，调查者才体会到语文调查工作是一件细致耐心深入了解民族特征的工作。

（2）一般调查与重点深入相结合：在地区上要了解得广，以免做片面论断；但同时也要抓重点区、重点寨、重点民族、深入下去才能总结民族特征。文山区调查小组在进行了解“依”“土”“天保”“隆安”“蔗园”诸民族单位时，曾经在社会生活方面和语言方面联系到广西省的南僮和北僮，进行了比较的研究和间接了解；同时也抓住滇省的富宁县和文山县作调查重点区，深入下去，这样做，一个月的短期内，终于识别了诸单位的特征。在民族社会生活和民族历史方面，也要在全盘了解的基础上，重点深入，抓住几个标尺，总结特征，未全面了解，未深入认识，未反复对比印证，未获得民族各个特征，未获得各方统一的意见以前，不轻做初步结论。例如在进行思茅区的（墨江县为重点）哈尼族支系语言调查时，曾进行了六个支系语言词汇与红河哈尼族自治区的哈尼族语言的彼此之间的初步对比研究，才总结了六个支系的语言特征。又例如盈江与梁河、腾冲两区的阿昌族，虽对两区的民族语言和社会有了一定的了解，但两地的群众愿望不一致，相互也少接触，因此便不能轻下结论。

（3）实地调查与调人访问相结合：我们的办法是抓重点地区，抓重点民族，分别派遣调查小组进行实地调查。同时在昆明则调请民族代表前来进行访问，在民族区各调查小组也可调请民族代表到县或区进行访问。在时间紧迫、人力条件限制时可采取调人访问，假若事先规定调查对象应具备条件，而调查者适当掌握方式方法，亦可适当解决问题。代表条件必须是懂本民族历史习俗，能发清晰本民族语音的，可能时带些能代表本民族特点文物经典最好。一般地说年青的不适宜。经验证明：实地深入调查为主、调人访问为辅，是进行识别调查的最好的方式。

2. 五项寻找：通过第一阶段调研工作，我们根据斯大林组成民族的四个特征的理论，结合当地民族实际情况，初步体会可从全面民族情况了解的基础上着重五点寻找：即民族自称、历史（民族支系关系）、语言、风俗习惯和群众意愿来进行民族族属识别研究。

3. 六点注意：

（1）识别组或调查小组名义不宜对外，以免引起民族群众的思想波动或者制造纠纷。必要时可以以调研小组或参加民族工作队名义对外进行工作。

（2）对少数民族态度要严肃诚恳；尊重少数民族的风俗习惯，并注意民族形式。

（3）访问时可注意根据民族情况，采取不同的方式方法，如访问佧瓦族，要供给酒。

（4）访问前小组内事先讨论，研究访问问题重点取得一致的意见（有一个小组在访问西蕃代表时，自己争起来该不该问这个问题，是不好的）。工作中并应多做检查，及时小结。

（5）重视小组内外的团结关系，是搞好调研工作的重要条件。

（6）反复对证，慎重下判断，个别小组最初认为“蒙自土佬为汗裔”，下结论过早

（后自行纠正），过早结论是不正确的；但经充分调研后，不及时提出一定的小结意见，也应该防止。

叁、对今后工作的意见

一、此次第一阶段识别工作，时间既短，牵涉的民族支派又繁复，形成全面出击、深入困难，今后须有重点有步骤地进行个别民族的识别调查研究。

二、我省民族与邻省有关者甚多，应取得与邻省密切联系。如此次去文山区进行“侬”“沙”“土”等民族单位的识别工作，因小组有对桂西僮族的基本知识，对识别和比较分析上很有帮助。

三、现在各专县民委或民政干部，工作限于招待事务，对本地区民族情况了解无多，今后应设法减轻事务性工作，增强调查研究工作。

四、过去因忙于建政等工作，民委研究室对民族识别工作基本材料很少，今后应有一长期打算，指定专人专责工作，积累经验知识。

总结以上情况，民族识别研究组在1个半月的工作中，由于各级党政领导重视，抓紧思想准备、业务准备，同志们发挥工作积极性，下乡组的同志不辞劳苦，个别的还带病工作，冒雨工作，语文工作者服从组织分配，积极支持调研工作。留昆明的同志也是认真努力，赶夜工，抓紧汇报，交流经验，这都是反复进行思想教育的结果。在识别小结和总结工作中，大多数同志反复修改讨论对证，广为征求意见（但也有发挥集体作用不够的，如哀牢山小组对“土家”“蒙化”两单位识别小结小组事前未进行反复讨论），因此在工作中基本上没出什么问题，能够完成了工作任务。但由于时间条件的限制，工作深度不够，调研各组对广大民族群众的意愿，注意搜集反映不够，个别同志有骄傲自满情绪，影响了组内及地方关系，使工作深度不够，受到一定的损失，个别同志对少数民族代表不够严肃，体会民族感情不够。秘书组对外联系及供给过去研究成绩做得不够或不及时，都是工作中的缺点，今后应注意重视以上经验，发挥优点克服缺点，以完成上级交付的这一严肃的政治任务。

云南民族识别研究组第一阶段民族识别总结

（1954年7月26日）

云南省少数民族除彝、民家、傣、苗、回、佤、哈尼、傈僳、拉祜、纳西（原称麽些）、景颇、藏、瑶均系已确定的单一民族，不必识别外，在第一阶段工作期间计识别了29个民族单位，并搜集了部分民族的材料，研究了4个民族的正名问题。现将民族识别研究结果报告如后，工作总结另报。又附有各民族单位识别小结供参考。

一、僮族系统

（一）“沙”族（布雅伊）与“土”族（布雅伊——富宁县）

“沙”族不能成为单一的民族，只是僮族的一个支系。

云南全省“沙”族人口共约18万人，分布在文山专区（约14万人，其中广南县最多，已将富宁县“土”族6万人一并计入）、原宜良专区和蒙自专区。“沙”语属于僮傣语支中的僮语北部方言，从600个同源词的比较看，基本上是相同的，语法一致，语音都没有ph、th、kh、tsh吐气声母。“沙”族自称“布雅伊”，与桂西僮族自治区部分僮族自称相同。“沙”族经济生活和社会文化也与僮族相似，尤以寨老制残余、小家族、“不落夫家”与“夫兄弟妇”婚俗、“祭龙”、土地社神、多神信仰与巫师制度等特点为明显。由于地区相连，语言互通，经济联系，“沙”族与桂西僮族往来是极密切的。

“土”族（富宁县）不能成为单一的民族，是“沙”族的一部分，属于僮族的支系。

“土”族人口约6万人，绝大多数居于富宁。历史上称“沙人”，因受当地汉人歧视，被称为“土佬”，解放后改称“土”族。“土”族自称、语言、经济生活与社会文化和“沙”族一样，和桂西僮族往来也是极密切的。

（二）“侬”族（布侬）

“侬”族不能成为单一的民族，只是僮族的支系。

云南“侬”族人口约20万人，集中在文山专区（又蒙自专区有4000余人）。“侬”语属于僮傣语支中的僮语南部方言。云南“侬”语与广西龙州僮语比较，语法结构大体相同。根据近600个同源基本词比较，龙州僮语与“侬”语都保留ph、th、kh等吐气声母；同声母的词占79%，不同声母的词占21%；同韵母的词占77%，不同韵母的词占23%；同声母韵母的占61%，同声母而不同韵母或同韵母而不同声母的占39%（其中大多数还有语音对应规律）。所以，“侬”语与龙州僮语只是方音上的差别。“侬”族自称与桂西僮族自治区部分僮族自称相同。“沙”“侬”两族经济生活、社会文化、宗教信仰等都大体相同，他们又和桂西僮族十分接近。

（三）“天保”“黑衣”“隆安”3族

“天保”“黑衣”“隆安”3族都不能自成为单一的民族，他们都是僮族。

“天保”约有16000人，“黑衣”17000人，“隆安”5000人；大部分布在富宁县，也都是近代从广西各县逐渐迁徙定居下来的。“天保”“黑衣”“隆安”3种话都属于僮傣语支中的僮语南部方言，与“侬”语是同一系属。“天保”自称“布侬”，“黑衣”自称“布雄”，“隆安”自称“侬安”，和广西部分僮族的自称相同。经济生活、社会文化、宗教信仰与桂西僮族相类似。3族因为老家在广西，与僮族往来密切，具有很强烈的共同心理状态。

（四）“土佬”族（布傣）

“土佬”族是僮族的一个支系。

“土佬”人口在文山、蒙自两专区合计约7万人，主要分布于文山、麻栗坡、马关、蒙自、开远、元阳等县市。各地“土佬”自称虽有些差别，但是都有个“傣”字。“土佬”语言是僮傣语支中比较接近僮语南部方言的一种方言，“土佬”语与“侬”的语法结构大体一致，语音方面根据550个基本词的比较，同词源的有438个，约占80%，其中同声母的有361个，同韵母的有122个，声韵均同的有104个，一般都有对应规律。例如，它们都保留ph、th、kh、tsh（tsh可能从kh变来）等吐气声母，“侬”语仍保留韵尾-p、-t、-k，“土佬”语已丢掉-p、-t、-k，对应地变为-?；“侬”语绝大多数仍保留-m、-n、-ŋ，“土佬”语已完全丢掉-m及丢掉-n、-ŋ的一部而使其元音鼻化。“土佬”语的特点是这次新的发现。“土佬”的社会经济文化各方面都与“侬”族接近，特殊风俗如“祭龙”、婚姻上“不落夫家”、宗教上鬼神崇拜与巫术，都和僮族是相同的。但是各地区的“土佬”族因为历史社会发展条件不同和民族杂居的影响，各区也有不同，他们要求成为单一民族也显得不够强烈。蒙自“土佬”18000人，已经失掉原有语言（这次找出一位老妇人还能讲30余个“土佬”的词），风俗习惯也受到汉族的影响，不过他们自认为有别于汉族。

以上“沙”“土”“侬”“天保”“黑衣”“隆安”“土佬”各单位，都已经过科学的分析研究，在语言、区域、经济与社会文化所表现的心理状态各特征上都是很明显的属于僮族系统。

二、彝族系统

（一）“土家”族（蒙化县）与“蒙化”族（景东县）

“土家”族和“蒙化”族就是一个单位，都自称“迷撒拔”或“腊罗拔”。他们不能成为单一的民族，只是彝族的一个支系。

“土家”和“蒙化”两族人口共约220000人。“土家”族17万多人，分布在蒙化、顺宁、漾濞、祥云、永平、昌宁、洱源、宾川、弥渡、云县、邓川、下关等13县市，其中以蒙化县人口最多，几占半数。“蒙化”族有4万多人，分布在景东、双江、新平、耿马、镇沅等县，以景东人口居多；他们原是蒙化的“土家”向南迁徙来到各县，汉人因是称之为“蒙化”族。这次调查对象是蒙化县的“土家”和景东县的“蒙化”。“土家”语和“蒙化”语都是彝语的方言。“蒙化”“土家”和“罗罗”（当地彝族）在语法结构上完全一致。根据1000多个词的比较，“土家”语和“蒙化”语有76%相同相近；“土家”语和“罗罗”语有61%相同相近；“蒙化”语和“罗罗”语有61%相同相近。3族虽在词汇方面有些不同，但语音系统基本相同。“土家”和“蒙化”的经济生活、社会文化也和彝族相差不多，他们往来密切、互相通婚，都保存着氏族残余（同姓不婚，族长制），婚姻上“夫兄弟妇”、火葬遗迹、祖先灵台、巫术并多神崇拜等彝族普遍的特点。

（二）“撒尼”族（附昆明市“散民”）

“撒尼”族不是单一的民族，应是彝族的一个支系。

“撒尼”人口约33200人，分布在原宜良、文山两专区，集中在路南县圭山约28800人。根据初步研究，“撒尼”语是彝语的一种方言，但还需要进一步与凉山彝语作比较分析。“撒尼”自称为“尼”，和凉山彝族在历史文献和谚语中的自称相同。也有老彝文经典，其文字与凉山老彝文是一种，只是在书写方向和笔画上有些不同。在社会文化上，所有氏族残余、姑舅表优先婚配、“夫兄弟妇”、幼子继承权、火把节、火葬遗迹、祖先灵台、崇信多神、“毕摩”巫术等都是和彝族共有的普遍的特点。

昆明市“散民”可认为与“撒尼”同一支系，即是彝族的一部分。自称“撒尼濮”，人口8000余人，语言是彝语的一种方言，与路南“撒尼”语约有50%的词汇可以相通。“散民”与汉族接触多，本民族原有文化已逐渐消失，但尚保存有老彝文、宗教信仰、“毕摩”巫术及火葬遗迹等特点。

（三）“阿西”族

“阿西”族不是单一的民族，应是彝族的一个支系。

“阿西”人口37000余人，主要聚居于弥勒县西山区，约24000人。“阿西”语据初步研究结果，是彝语的一种方言，与“撒尼”语可以交谈，但还需要进一步和凉山彝语做比较，以求确定的结果。“阿西”没有文字，但氏族残余、姑舅表优先婚配残余、“夫兄弟妇”、幼子继承权、火把节、祖先灵台、崇信神鬼、“毕摩”巫术等一系列的社会习俗，也都是彝族的普遍特点。

（四）“罗武”族（云龙县）

“罗武”族不是单一的民族，应是彝族的一个支系。

“罗武”人口约8500人，分布于云龙、永平、漾濞3县，云龙县占绝大多数，约6000人。“罗武”自称“尼苏”，与部分彝族自称同。语言大体上是彝语的一种方言，与武定“黑彝”语相似，但需要进一步地比较研究。“罗武”很受汉族和民家族的影响，不过“天菩萨”式的头发残余、幼子继承权、婚后坐家、巫师“阿毕”、赌油咒等一套的习俗基本上与彝族相同。

（五）“普”族或“普拉”族

“普”族是一个通称，包括5个单位，按其自称有“阿杂”“普拉”“普哇”“母资”“土拉巴”，人口约共8万人，分布文山、蒙自两专区。这次调查文山“阿杂”、石屏“普拉”都不能成为单一的民族，可能是彝族的支系。

“阿杂”和“普拉”语言似都是彝语的方言。“阿杂”语和“撒尼”语近似或基本相同，根据244个词汇的比较，基本相同的占70%以上，与蒙自“母资”语比较亦有1/2基本相同，与石屏“普拉”语比较只有1/3基本相同，但4者之间都绝少完全相同的词，只有对应上的近似。“普”族各单位的语言差别很大，需要进一步调查分析，同时也需要把它们和凉山彝语做个比较。文山“阿杂”和石屏“普拉”都有氏族残余，婚姻、丧葬、宗教信仰等多与彝族近似。

以上彝族系统各单位，“土家”和“蒙化”是明确地属于彝族系统，“撒尼”“阿西”“罗武”也较明确，但在语言方面还需要比较分析。“普”族各小单位更需进一步的调查研究。

三、哈尼族系统

墨江县“哈尼”（布孔）、“豪尼”（布都）、“碧约”、“卡都”、“斡纽”（西摩罗）、“阿木”6个支系。

墨江县6个支系都是属于哈尼族。

6个支系共有人口106000余人，分布于墨江、普洱两县，以墨江占大多数。语言方面，6个支系都记录了1000多个词汇，语法结构基本上是一致的，再挑出500多个常用词与红河哈尼族聚居区方言比较，这6个支系与红河哈尼族语并6个支系彼此间都有50%以上的词相同和相近。相近的词中除一小部分因受附近其他方言影响变化较乱外，大部分都有对应规律。分析结果，初步认为6个支系的语言都是属于彝语支中哈尼语的方言。社会文化方面，有氏族残余、父子连名制、姑舅表优先婚、重视祭龙树和过六月两节期、祖先崇拜、“摩批”巫师并多神信仰等一系列的特点。

四、“白朗”族（濮曼——西双版纳）

“白朗”（濮曼）应确定是一个单一民族，名称也应改译为“布朗”以切合本民族自称。

“白朗”族人口52000余人，多数分布在南部边疆各县。“白朗”语属于南亚语系孟高棉语族的布朗语支，因具有南亚语系语言的一般特征，又与其姊妹语言佤语、崩龙语有明显的分别，所以是一种独立的语言。经济生活方面，“白朗”散居各区，发展不平衡，在西双版纳区尚保留有原始农村公社的残余，土地公有私营，有些地区进入封建关系，土地高度集中，阶级分化明显。社会文化方面，西双版纳“白朗”有长老分田制、家长制家族、婚姻自由不纳聘礼、氏族或村寨血斗、崇信鬼神等原有的一套特点。但在宗教节日方面，多半受傣族影响，有缅寺，信佛教。

五、“勒墨”族（附“那马”族）

“勒墨”族不能成为单一的民族，是民家族的一个支系。

“勒墨”族人口约有4000人，分布于碧江、维西、福贡各县，中以碧江县最多。“勒墨”自称“白尼”意即白人，与民家族自称相同，语言也是民家语的方言，彼此大体可通话，只是社会经济方面较民家族落后。

兰坪的“那马”人，自称“白”族，也与民家自称相同。语言也是民家的一种方言。

六、阿昌族

阿昌族应作为单一的民族。

阿昌族人口约17000人，分布于盈江县10000人，梁河、陇川、莲山等县7000人。阿昌语是藏缅语族的一种独立语言，但究属彝语支或缅语支，以及盈江与梁河两处的方言关系都尚有待于进一步的研究。经济方面盈江阿昌族手工业特别发达，尤擅长打铁、制刀剑；梁河阿昌族较落后。解放前两地阿昌族都是受别族统治与压迫，盈江方面受傣族影响较深，梁河方面受汉族影响较深，但为了有利民族团结和发展，盈江与梁河两地的阿昌，应作为一个民族单位。

七、“本人”族（镇康县、沧源县）

“本人”族应是佤族的一个支系。

“本人”族人口13000余人，主要分布在镇康猛和南腊及班洪、岩帅一带。这些地区“本人”自称“佤”，与一部分佤族自称相同，其语言据初步研究也是佤语的一种方言。经济方面较佧佤进步，土地私有，阶级分化明显，但尚保存祭祀用的公田制。社会文化方面，表示爱情时女子为男子梳头，男子送烟草给女子的风俗与佧佤同。有大家族、行族外婚、土葬不用棺、无祖先崇拜、剽牛祭鬼、崇奉多神、猎神与土地神居重要地位。部分受傣族影响，有缅寺，信佛教。

八、“怒”族和“俅”族

贡山的“怒”“俅”族应是同一民族，碧江和福贡的“怒”与贡山“怒”“俅”的关系还要进一步调查研究。

“怒”“俅”两族估计共有人口约25000人，“俅”族主要居住贡山，“怒”族分布于碧江、福贡、贡山、兰坪、泸水等处。未定界区域未计在内。语言方面，贡山“俅”族与贡山“怒”族可以通话，语法结构基本相同。根据4500个词的比较，语音词义全同的占40%，词义相同语音相近的占33.3%（其余约占26.7%的词虽然不同，但其中大部分尚有疑义，还可能有相同的），所以贡山“俅”语与“怒”语是同一语言的两个方言。但是贡山、福贡、碧江3地的“怒”语差别很大，目前还不能决定它们是方言的不同或是语言的不同，因此“怒”“俅”语言的关系还要继续研究。特别是“俅”语材料太少，更需要补充。“怒”“俅”经济生活大体相似，刀耕火种占重要地位，两族社会文化也略同，有原始的父子连名制、“交错从表”婚、“平行从表”婚（包括堂兄弟姊妹婚）、“夫兄弟妇”、土葬等特点。两族对祖先观念都淡薄，但信神并行巫术，一部分信喇嘛教并行火葬。

九、“西蕃”族

滇西北的“西蕃”族在与西康省境内的“西蕃”族进一步比较后可考虑为单一的族，但名称应更改。

在云南省“西蕃”族人口共约25000人，分布于兰坪、宁蒗、丽江、永胜、剑川、中甸、维西、华坪、德钦各县。兰坪、宁蒗的“西蕃”族是这次调查的对象。“西蕃”语是属于藏语支的一种独立语言，与藏语、羌语并列。根据兰坪、宁蒗“西蕃”语与中甸藏语800个词的比较，词义语音全同的6个词占0.7%，相近的占12.3%，不同的占87%。“西蕃”语语法有独特现象，形态变化较多，藏语则多用附加成分和助词来表示。这只是一个初步结果，最后确定还有待于西康境的“西蕃”语的调查和进一步与康藏的藏语做比较研究。“西蕃”族经济以农耕为主，种山地，残留半农半牧。在社会文化上，有过氏族组织、母系残余、青年男女入社式、对狗尊重与特有的宗教巫术仪式诸特点。

十、“蔗园”族（富宁县）

“蔗园”族是广西迁到富宁县讲粤语方言的人。

“蔗园”族人口在富宁不到1000人，语言属于汉语的粤语方言，因为种甘蔗为生，解放后报称“蔗园”族。一切社会文化也都与汉族无异，当然不能构成为单一民族。

十一、其他工作

除了以上29个单位识别工作外，尚有其他的两项工作：第一项是搜集了云南省境内若干民族的材料，有傣、藏、苗、瑶、彝、哈尼、佤等族，其中并总结了傣、哈尼、佧佤的民族特征。第二项是正名工作，研讨一下哪些民族名称尚有问题，提议更改。讨论过民家改为“白族”（“白”为本民族自称，又可包括“勒墨”与“那马”），麽些改为“纳西”（本民族自称大多为“纳西”，因也写作拿喜或纳喜，有些本民族人士主张统一用“纳西”），白朗改为“布朗”（以切合本民族的自称），佧佤改为“佤”或“腊佤”或“布饶”（因“佧”为傣语奴隶的意思，“佤”“腊”“布饶”为本民族内部不同的自称），需征求更广泛的意见，特别是本民族的意见，再做最后决定。

文山专区“沙”族识别小结

“沙”族是僮族的支系，不能成为单一的民族。

一、名称、历史及人口

“沙”族自称“布雅依”，这与富宁“土”族、桂西僮族自治区部分僮族及贵州布依族自称相同。其他少数民族称“沙”族也是“布雅依”，但有时有些变音。麻栗坡市“侬”族称“沙”族为（Phu thiη）（汉语普厅，现在富宁县旧名普厅，这表示麻栗坡市“沙”族是从富宁迁去的）。汉人在解放前称他们“沙人”或“土佬”，解放后才改称“沙”族，但富宁的“沙”族在解放后误称为“土”族。

“沙人”名称在宋代即已出现，当时有沙奴为“沙”人土长，住地即在今之广南，也是现在“沙”族人口最集中的地方。元、明、清各代志书都有“沙人”的记载。清《职贡图》曾说明“沙人”散处广南、广西、曲靖、临安、开化等5府，分布地域相当广，现在“沙”族在文山专区（包括前广南、开化二府）人口最多，前宜良专区（前广西府）较少，蒙自专区（前临安府）最少。

“沙族”人口根据文山专区最近的统计约8万人，分布于专区各县，其中广南最多，占45000人，邱北2万多人，砚山1万多人。其实“土”族6万人应并入“沙”族，麻栗坡二区“沙”族七八个寨子误为“侬”族，也应归并“沙”族。这样合计起来，文山专区“沙”族约有15万人。加上前宜良专区27000余人，和蒙自专区6000余人，“沙”族总人口约18万人。

二、语言

“沙”语属于汉藏语系侗傣语族僮傣语支中的僮语北部方言。根据桂西僮族自治区北部来宾县僮话和云南广南县“沙”话的比较，语法结构基本上相同，语音特点都没有ph、th、kh、tsh等吐气声母。沙语与桂西僮族自治区北部的一部分僮语方言相差很少，可以说大体上是相同的，他们之间是可以通话的。据邱北“沙”族干部张有贵说，他在罗平土改时，遇见广西自称“布纳”（pu-nɑ）的僮族，彼此可以相互通话。

三、区域

广南“沙”族人口最多，分布在全县各区，以县境的东北部和东部的八区和三区较为集中，有聚居乡（例如我们调查的三区坝龙乡2500人绝大多数为“沙”族）。广南北面与广西隆林县相接，和桂北僮族成一片，东面又与富宁相邻，和富宁“土”族较集中的地区也是接连起来，是一片较大的聚居地区。广南西面与南面各县“沙”族比较散居，人口也较少。

四、经济

“沙”族经济以农业生产为主，多坝居，主要作物是水稻。农具和耕作技术和汉人大致相同。解放前不用人粪作肥料。男女都参加劳动，女子是主要劳动力。副业生产：普遍饲养牛、马、猪、鸡、鸭；妇女纺纱织布；有铁匠、木匠、石匠和泥水匠，但都不是专业性的。没有专业的商人，人民以产物与柴草到汉人市镇换取盐巴和日用品。广南“沙”族过去是侬土司治下的人民，租种土司的土地。解放前“沙”族内部已出现地主，剥削形式有实物地租、高利贷和无偿劳役等。

五、社会文化

“沙”族原有寨老制，由寨中老人管理公共事务，老人厅是寨老议事的地方。在土司统治时代，寨老与土司头人结合起来。解放前广南八宝尚有老人厅，主持附近13寨的“祭龙”事务。“祭龙”时，“侬”族与汉族也可参加。

“沙”族没有氏族组织，家族父系，同姓不同宗可以结婚。行招赘制，崇拜祖先，也供外祖父母。婚姻行一夫一妻制，也可娶妾，行“夫兄弟妇”及“妻姊妹婚”，舅表姨表都可以结婚，但姑表不婚。青年男女“赶风流街”，互唱山歌，自由恋爱，婚时亲迎，婚后新娘“不落夫家”。

“沙”族居室多瓦房，架木为楼，楼上居人，楼下居畜。以前妇女衣绣花，穿裙子，现在头包帕子，上穿宽袖长衣，下穿裤子，平日赤足，喜庆时穿翘头绣花鞋。节期多受汉族影响，原来风俗也有保存的，如元旦取新水、禁入别人家、以各色糯米饭祭祖先，春间“祭龙”，秋间尝新米，七月半重视祭祖先并定期合伙祭土地等。寿期与汉族不同，以年达三十七、四十九、六十一、七十三做寿庆，有仪式。

丧葬与宗教信仰多受汉族影响，广南八宝连浮埋重葬也没有了。信鬼崇奉多神，神名多从汉族借去，但家神有3弟兄比较特殊。“沙”族有魔公，师徒相传，另有师娘，能赶鬼、治病、禳灾。部分地区还有铜鼓。

“沙”族社会文化虽然受汉族影响，但尚保存有本民族的特点。“沙”族认为与富宁“土”族同是一族，而且与“侬”族杂居或邻居，又与广西僮族相邻，他们的语言习俗相差不多，彼此通婚往来（绝不与苗、瑶、彝通婚，与汉族通婚的仅限于上层）。因此，他们在心理状态上也极相近。

六、结语

从语言、区域、经济和社会文化所表现的心理状态诸特征来看，“沙”族是僮族的一个支系，特别与桂西北部的僮族几乎没有区别。不过汉语“沙人”这个名称，历代应用很久，解放前“沙”族群众虽不大知道（例如富宁“沙”族在解放后误为“土”族），但解放后群众对“沙族”名称很满意，如果与有关民族单位合并，需要经过一番说服的工作。

调查人：林耀华、周耀文、施联朱、黄淑娉、刘恩良、赵大富、孙岳素

富宁“土”族识别小结

“土”族不能成为单独的民族，它就是沙族，也是僮族的支系。

一、名称、历史及人口

“土”族自称“布雅伊”，简称“雅伊”，“布”在复合词中是“人”的意义。这个自称与云南“沙”族、桂西僮族自治区部分僮族及贵州南部布依族自称相同。其他各少数民族也称“土”族为“布雅伊”，当地汉人在解放前歧视他们称“土佬”，解放后改称“土”族。

富宁皈朝原有沈土司，相传世袭31代，祖先追溯到宋代。据元史，这一地带在宋时有沙奴，或即“沙人”土长。1625年滇志载有“沙人”在富州（今富宁）属于李氏沈氏，这说明富宁“土”族就是“沙”族，而且是由来已久的土著民族。

“土”族人口近6万人，除少数分布麻栗坡市外，53000多人都集中在富宁，占该县人口总数46%，汉族占10%弱，余为其他各少数民族。

二、语言

“土”族自称与“沙”族同，他们彼此可以完全通话，只有方音上一些小差别。语音特点都没有ph、th、kh、tsh等吐气声母，与“沙”话一样，同属于侗傣语族僮傣语支中的僮语北部方言。

三、区域

富宁“土”族分布于全县四区两镇，在城区附近较集中，在乡间占居水边平坝地，有小聚居村落。在较大的村落之间的地区内，多半都是各族杂处。

富宁“土”族西面与广南“沙”族相邻，东、南、北三面与广西省隆林、百色、睦边（旧镇边）各县僮族相连，他们都是同一来源同一语言地域相连的民族集团。由于历史上反动统治者分而治之的政策，把他们分割起来，致有许多不同名称的民族单位。

四、经济

“土”族多坝居，部分住山坡，以农业为主，种植稻米和苞谷。生产工具和技术与“沙”族、僮族相似，施肥不用人粪。男女都从事耕作，妇女是主要的劳动力。副业生产多饲养牛、马、猪、鸡等，种棉花，自纺自织，会刺绣，制造竹器，榨糖和酿酒。没有专业的商人，出卖农产品和副业产品，换取日用必需品，这些物品都是从广西百色运来，和本省的经济联系反而较少。

“土”族阶级分化相当明显，有地主、富农。剥削形式以实物地租和高利贷为主，此外，尚有给地主送年节礼，做无偿劳役并代养牲畜等，直到土改才消除。

五、社会文化

“土”族社会原有寨老制，俗称老人厅，是一种村寨组织，现在只余残迹。他们没有氏族机构，只有家族，父系，也是社会经济的基本单位。家族在四代之外即认为没有宗亲关系，所以同姓可婚。从亲属称谓看来，父系母系区别不大，行招赘制，拜祖先，也供外祖父母，婚姻一夫一妻，间亦多妻，舅表姨表可婚，姑表婚认为不吉，但可“妻兄弟妇”。婚前男女自由恋爱，特别于节日赶街，对唱山歌，互赠礼物，俗称“赶风流街”。婚时有媒妁，行亲迎，婚后有不落夫家的习俗。

住屋架楼，覆以茅草，四面围竹墙，叫作“栏”。广南“沙”族住屋多瓦房，并多楼居，楼上居人，楼下居畜。“土”族原有服装多已改变，只妇女以黑布或毛巾包头，上身穿宽袖长衣，下着裤或裙，盛会时穿翘头绣花鞋。节期和仪式多受汉族影响，特殊风俗包括元旦取新水，禁入别人家；阴历七月半重视祭祖，献各色糯米饭，称为过小年；春间定期祭龙树，祭土地神；秋间尝新米，做糯米粑粑喂牛等。

丧葬也深受汉族影响，但实行浮埋重葬与广西僮族相同。信鬼，崇拜多神。有魔公和师娘，魔公都是男子，有经典，师徒相传；师娘有女有男，行巫术以治病禳灾。

总之，“土”族社会文化特点与“沙”族相同，他们有共同的心理状态，彼此认为是同一来源同为一族。“土”族又与桂西僮族密切联系，据剥隘“土”族罗瑞娥说，富宁“土”语与百色僮语相同，“土”族与桂西僮族在经济上婚姻上关系密切。

六、结语

根据上述历史来源和名称，初步分析语言、区域、经济以及表现于共同文化上的心理状态等特征而言，“土”族不能成为单独的民族，它就是沙族，也是僮族的支系。

调查人：林耀华、周耀文、施联朱、黄淑娉、刘恩良、赵大富、孙岳素

文山专区“侬”族识别小结

“侬”族是僮族的支系，不能构成为单一的民族。

一、名称、历史及人口

“侬”族自称“布侬”（侬人），与桂西僮族自治区部分僮族自称相同。其他少数民族也称他们为“布侬”，只砚山“沙”族称之为“布傣”（傣人）。汉族称他们为“侬”族或“侬人”。

唐、宋时代，今日桂西左、右两江流域和云南东西部都已经是僮傣语支人民所居住的地方。僮傣语支中主要的是僮人，僮人支系很多，“侬人”为其中的一支。宋初广源州首领侬民富就是此区大盟长，后来侬智高又在此建过南天国，在今之桂、滇两省，活动范围很广。元侵云南，划分滇、桂疆界，“侬人”支系有居广西，也有居云南，因此分割起来。

1454年《云南志》载广南府多“侬人”，世传为侬智高后裔。此地“侬人”有土司，世代相传，直到解放后才取消。清《职贡图》说明“侬人”分布于广南、广西、临安、开化等府。今日“侬”族都集中在文山专区（前广南、开化两府），另外蒙自专区（前临安府）有极少数。

根据文山专区最近人口统计，“依”族合计195000余人，加上蒙自专区40余人，总数约20万人。

二、语言

依语属于侗傣语族僮傣语支中的僮语南部方言。根据桂西僮族自治区南部龙州僮话与云南西畴“依”话的比较，语法结构基本上相同。根据近600个同源基本词比较，龙州僮语与西畴“依”语都保留ph、th、kh、tsh（tsh可能由kh变来）等吐气声母；同声母的占79.2%，不同声母但仍有对应规律的占20.8%；韵母系统大体一致，有长短元音的区别，同韵母的占77%，不同韵头或不同韵腹但同韵尾的占21%，不同韵母但大多有其对应规律的占2%；同声母韵母的占61%，同声母而不同韵母或同韵母而不同声母的占39%，其中大多数有其语音对应规律；声调都是6个，调值虽不同，但调类大体一致。根据以上的比较，云南“依”语与广西龙州僮语只是方音上的差别，同属僮语南部方言。桂西自称“布依”或说“依”话的人很多，他们现在都是僮族，“依”语与“沙”语虽然是方言上的不同，但经过一些时候的接触，也可以通话。

三、区域

“依”族分布于文山专区8个县市，以广南和砚山较集中，占“依”族总人口2/3。砚山“依”族占全县人口32%，广南“依”族占全县人口25%。广南“依”族较集中于县境中部和西部几个区，和聚居于砚山东部的“依”族连成一片，成为比较大的聚居区。

各地“依”族大多聚居于水边坝区，部分和“沙”族杂处，汉族居市镇，彝族和“普”族在山坡，苗、瑶居山顶，这种垂直分布情况，在文山专区各县是很普遍的。

四、经济

“依”族坝居，以农业为主，种植水稻，也种旱谷。生产工具和技术比较进步，能够精耕细作。男女都参加劳动，女子天足，是主要的劳动力。解放前，施肥不用人粪。本族有铁匠、木匠和泥水匠，都不是专业的。家庭副业包括饲养牛、马、猪、鸡，编制竹器，种植棉花，自织自纺，并能刺绣，没有专业商人，平时赶街，以农产品和家庭手工业品换取盐、布、丝线等日用品。

解放前广南依土司是一个大地主，占有许多土地、森林和山泽。佃户除纳实物地租外，尚有无偿劳役和年节送礼等。“依”族内部有地主、富农阶级，但人数较少，大地主都是市镇上的汉人，地租、高利贷和超经济的剥削极惨重，土改后，都取消了。

总之，“依”族经济和“沙”族相同，与汉族的封建经济发生密切联系。

五、社会文化

“侬”族在解放前尚有土司，广南侬土司统治“侬”族、“沙”族和其他少数民族，他的势力很大，从广南一直到砚山、邱北和文山。

“侬”族有寨老制的遗留，寨老在寨中央的老人厅议事，厅内供有神农牌位，后来老人厅、土地庙和龙树三者结合在一起，成为一种全寨性祭祀仪式的宗教制度。“侬”族村寨聚族而居，有时和“沙”族杂居，彼此往来通婚，有共同的社会活动。“侬”族上层有少数与汉人通婚，但绝不与苗、瑶、彝各族发生婚姻关系。

“侬”族没有氏族组织，村寨是他们的社会单位，村寨由不同姓氏的家族组成。家族是经济单位，父系，行祖先崇拜，同姓不同宗可以婚配。家族也注重母系亲属，行招赘制，并可供奉外祖父母。行一夫一妻制，亦可多妻，间行“夫兄弟妇”制，姨表舅表可婚，姑表不婚。盛行“赶风流街”，青年男女对唱山歌，互换礼物；结婚需经媒妁亲迎，但婚后不落夫家，到生子后夫妇才团聚。

广南“侬”族多保存楼居，其他地区多改为平房，另设畜栏在屋外。男女都用黑布包头，妇女上穿绣边短衫，下系细褶长筒裙，平日赤足，喜庆时穿翘头绣花鞋。节期多同汉俗。但“侬”族除过年外，重视七月半祭祖，称为过小年，另有全寨性的“祭龙”、祭土地等活动。习俗有元旦取新水、年节制糯米饭、秋间尝新米，也都和“沙”族相似。此外，“侬”族在六、七、八月祭杨六郎、杨七郎、杨八郎。世传有铜鼓，年节以粑粑供献。

丧葬习俗很多同汉族，但拾骨重葬还很普遍。信奉鬼神，神名不一，以太阳山、龙树、杨六郎为最大。家神有三兄弟，供于门角、梁上和后墙。魔公有汉字经典，师徒相传，能做法术，另有行巫的师娘，只能治病禳灾。

“侬”族保存有社会文化的特点，自成为民族单位的心理较强，又与“沙”族相似，认为彼此极接近。“侬”“沙”的社会文化，实际上与桂西僮族也都是大同小异的。

六、结语

从语言、区域、经济和社会文化所表现的心理状态诸特征看，侬族是僮族的一支，特别与桂西僮族自治区南部的僮族更为接近，那里的“侬人”已都是僮族。桂西僮族南北方言差异很大，彼此通话困难。云南“沙”语近僮语北部方言，“侬”语近僮语南部方言，但“沙”“侬”由于杂居或邻居，接触频繁，彼此尚能通话，社会文化也相同。因此，从将来发展上看，“沙”族、“侬”族都合并于僮族是可以考虑的。

调查人：林耀华、周耀文、施联朱、黄淑娉、刘恩良、赵大富、孙岳素

富宁“天保”“黑衣”“隆安”3族识别小结

“天保”“黑衣”“隆安”3族都不能自成为单独的民族，他们都是僮族。

一、名称及迁徙情况

“天保”自称“布侬”，与桂西僮族自治区部分僮族及云南“侬”族自称相同。其他少数民族都称他们“布侬”，只汉人称他们“天保”。

“黑衣”自称“布雄”，与桂西僮族自治区西部部分僮族自称相同。其他少数民族多称他们“布雄”，但“天保”称他们“布僮”，汉人因他们穿黑色衣服，称之为“黑衣”。桂西睦边县（前镇边）僮族也自称ha˩ ji˧，即借汉音“黑衣”的名称。

“隆安”自称“侬安”，noŋ音近“侬”，与“侬”族自称Pu nox的noŋ同音，而不与汉语“隆”同音。“隆安”族中有一部分自称“布红”。其他各少数民族多按“侬安”“布红”的不同自称称之，只汉族统称二者为“隆安”。

“天保”“黑衣”“隆安”3族，原非云南土著，都是近代新从广西迁徙而来，最远的有七八代之久，也有新近在解放前后迁来的。“天保”族人口约16000人，散居富宁各区，其中有近千人在广南境，他们是从桂西睦边、靖西、德保（旧天保）等县迁来，最早的不过5代，最初来的是天保县人，以后从靖西、睦边来的人，因语言习俗与天保人一样，解放后统称“天保”族。“黑衣”族人口近17000人，除400人分布于马关外，全数散居富宁境内，原从桂西睦边、靖西迁来，最早的有60余年。“隆安”族人口5000人余，也散居富宁各区，其中自称“侬安”的系从南宁和桂林迁来，约四五代之久，自称“布红”的从南宁附近迁来。此外在第一区板仑地方另有一部分自称“布红”的也从南宁迁来，有七八代之久，他们语言习俗都与“隆安”相似，只因种植甘蔗，有菜园，解放后被误为“蔗园”族。

二、语言

“天保”“黑衣”“隆安”3种话都属于侗傣语族僮傣语支中的桂西僮语南部方言，与“侬”语同一系属。“天保”话与桂西德保僮语只有方音上的小差别，“黑衣”话与“天保”话极接近，富宁县渭舍乡两族杂居，彼此通话无阻。曾邀请砚山“侬”族干部与“黑衣”族交谈，彼此可以通话。“隆安”话（自称“侬安的”）与“沙”话及“侬”话都已有一定的距离，它的语音变化是介乎“沙”“隆”话中间而比较接近“侬”话的一种方言，所以也把它归入在僮语南部方言里面。

三、区域

3族人口都不多，都是散居在富宁各区，和各族杂处，并没有单独聚居的自然村。因为“土”族是本地的土著，已占据水边坝区，后来迁入者只好到山坡较坏的地区去。

大体上“天保”多坝居，部分山居，“黑衣”只有部分坝居，多数住山坡上，“隆安”山居的较多。

四、经济

3族都以农业为主，坝居种水稻，山居种苞谷杂粮。他们都在山坡上开垦荒地，用轮耕制。农具和技术都和“土”族一样，也不用人粪。男女都从事劳动，因为地少，不得不从事副业生产来弥补生活上的不足。普遍饲养家畜家禽、编制竹器、纺纱织布、制斗篷、砍柴草等。“隆安”多种甘蔗，能榨糖。有少数铁匠、木匠，没有专业的商人，用产品换取日用必需品。

阶级分化明显，但3族地主、富农较少，大多是贫雇农，租种“土”族或汉族地主的土地。剥削惨重，有实物地租、高利贷和无偿劳役等。

五、社会文化

3族与“土”族杂居，有寨老制残迹。以村寨为活动的单位，“土”族、“天保”、“黑衣”和“隆安”等都有共同的社会活动。家族和亲属制度与“沙”族、“侬”族相似，婚姻范围与仪式包括“赶风流街”“不落夫家”“夫兄弟妇”等也彼此相同。

住处也和“土”族大致相似。部分楼居，大多住草房，人畜同居。衣服稍有区别，“黑衣”从前完全穿黑衣裳，男的头帕绣红绿边，女的穿长裙；“天保”女子衣裳也是黑色，但尺寸较短。节期多同汉俗，原有的特点也和“土”族一样。

丧葬和宗教信仰与“沙”、“侬”、僮各族都差不多。有魔公传经典，主持祭祀，另有师娘治病禳灾。

总之，“天保”“黑衣”“隆安”3族自认关系密切，又和“土”族互相通婚，更因老家在广西，也与那边僮族往来，所以彼此之间心理状态极为接近。

六、结语

根据名称、迁徙情况并初步分析语言、区域、经济和社会文化所表现的心理状态诸特征，“天保”“黑衣”“隆安”3族都不能成为单独的民族，他们都是僮族。

调查人：林耀华、周耀文、施联朱、黄淑娉、刘恩良、赵大富、孙岳素

“土佬”族识别小结

“土佬”族是僮族的一个支系。

一、名称、历史和人口

文山县“土佬”族一部分自称“布傣”，与桂西睦边县部分僮族自称相同，一部分自称“格来”，也称“傣格来”。开远县“土佬”族一部分自称“布傣”或“密傣”，一部分与蒙自县“土佬”族相同。蒙自县“土佬”族因为失掉原有的语言，自称“土佬”，已经不知道这是一个侮辱名称了。元阳县“土佬”族自称“德傣”，自认其祖先是从文山一带迁来的。虽然“土佬”族的自称各不相同，但是却都有个“傣”的声音（据说“傣”是留下来不回去的意思）。“土佬”是过去汉族对他们的称呼，解放后有些地区改称“土”族。

根据历史文献的记载，天启《滇志》称“土僚……妇女冠红巾，衣花绣胸背衣……”，清《职贡图》称“土僚……妇女高髻红巾，缝花布幅于短褐……”，《开化府志》称“黑土僚女上穿短衣，用五色碎布簇成四方锦于前后，与补服相似，下穿青桶裙”。这些记载与现在文山县“土佬”族相同，可见“土佬”族在明朝时代或以前就居住在这里，是这里的土著人民了。另外，蒙自专区的部分“土佬”族，有一些传说，说明他们的迁徙路线是自东而西的。

“土佬”族的人口，文山、蒙自两专区合计约7万人，主要分布在文山、麻栗坡、马关、蒙自、开远、元阳等县市。

二、语言

“土佬”语言是僮傣语支中比较接近僮语南部方言的一种方言。“土佬”话与“侬”话的语法结构大体一致。语音方面根据550个基本词的比较，同词源的有438个，约占80%；其中同声母的有361个，同韵母的有122个，声韵均同的有104个，一般都有对应规律。例如它们都保留ph、th、kh、tsh（tsh可能从kh变来）等吐气声母，“侬”话仍保留韵尾-p、-t、-k，“土佬”话已丢掉-p、-t、-k，对应地变为-ŋ；“侬”话绝大多数仍保留-m、-n、-ŋ，“土佬”话已完全丢掉-m及丢掉-n、-ŋ的一部分而使其元音鼻化。“土

佬”话的这些特点是这次调查新的发现，以前不知道。

在“土佬”语内部来说，文山和开远的“土佬”语可以互相通话，开远和元阳的“土佬”语有2/3左右的词汇互通。从蒙自县碧云乡84岁“土佬”族老妪何罗氏仅能记忆的近30个残存的“土佬”语词来看，证明现在失掉了原有语言的蒙自“土佬”族，过去所使用的语言和现在各地的“土佬”语同属一个支系。

三、地域

“土佬”族居住得比较集中。文山、蒙自两个专区的“土佬”族基本上连接成了一片大的区域。当然，在这个区域中，不但是“土佬”族，而且又是其他一些民族共同居住的地域。

由于历史上反动统治的压迫和分裂政策，“土佬”族在地域上虽是一个整体，但是却各自分割，各自发展，从而各地的“土佬”族在语言、习俗诸方面都产生了或多或少的差异。

坝居是“土佬”族的一个共同特点。除元阳县“土佬”族因迁来时代较晚住在山坡外，其他各地的“土佬”族都是居住在坝子上的。

四、经济

“土佬”族概属农业经济。作物以苞谷和稻米为主。生产工具和技术都很发达。男女都从事耕作，女子并是主要的劳动力。副业生产多饲猪、鸡；部分地区的“土佬”族妇女会织土布或麻布。手工业不太发达，更没有专业的商人。

总起来说，“土佬”族的经济还没有一个独立的有机联系，很多物品都要靠汉族市场的供应，即使作为他们主体经济的农业，一些生产工具也还是要靠汉族来供应的。

“土佬”族阶级分化明显，剥削形式和汉族相同（实物地租和高利贷），但今日“土佬”族大部都已进行了土地改革。

五、社会文化

“土佬”族没有氏族组织，只有家族，是父系小家族制度，三代同居的很少。从亲属称谓上还可以看出父系母系亲属称谓的区分不大，和桂西僮族相似。

婚姻一般都是一夫一妻。入赘婚很多（部分地区入赘所生子女或姓父姓，或姓母姓）。无优先婚配。蒙自县表亲可婚，开远和元阳不得与亲表姊妹结婚（或与堂表姊妹结婚，或下一代双方子女结婚）。文山县姨舅表可婚，姑表不婚。各地“土佬”族都有过“妻兄弟妇”的习俗。部分地区婚前男女得自由恋爱，对唱山歌。部分地区婚后有“不落夫家”的习俗，和广西的僮族相同。

“土佬”族住屋多楼，瓦房、草房都有，基本上是人畜同居室内，楼上楼下都可住人。衣着方面，男子全同于汉人，妇女都用黑布包头，上身穿无领、右衽短衣。文山县“土佬”族（布傣）妇女的上衣前后各有一方块绣着花边的布，是比较独特的。另外，部分地区妇女的衣襟等处镶有花边。文山、开远一带妇女穿黑色长裙，蒙自和元阳没有穿裙的风俗。妇女平时赤足，结婚、盛会、走亲戚时穿着翘首绣花鞋。

丧葬仪节颇受汉族影响，无浮埋重葬风俗。信鬼，奉多神。本族有巫师，一种是师徒传授的巫师，只是男子，可传经典；另一种有男有女，只能为病人行巫术，治病禳灾。节期很多同于汉族，比较特殊的有每年春季祭龙树、二月祭土地、六月二十四过火把节、七月十四特别重视祭祖的仪式。

总之，“土佬”的社会文化虽各有不同，但这是过去历史分割的结果，彼此确是同一来源。如开远、元阳两地的“土佬”族在蒙自会面时，发现双方很多语言相同，元阳县“土佬”族王会成说：“不是毛主席关心我们少数民族，我们一家人认不得一家人了，现在才知道我们原是一个根根。”

六、结语

根据上述诸方面的特征，我们知道“土佬”族是僮族的一个支系。但因为长期历史的分割和民族杂居的影响，现在已和僮族在很多方面有些不同。如方言上的差异，各地“土佬”语也有了方音上的差别，有的竟完全失掉了自己的语言（如蒙自）。在社会文化方面，各地的“土佬”族也有了或多或少的不同。因为上述的种种区别，各区“土佬”族在要求成为单一民族上，也显得不够强烈，不过从发展上看，“土佬”族如与有关民族单位合并，在人民的观念上需要一番酝酿和说服的工作。

调查人：林耀华、周耀文、施联朱、黄淑娉、刘恩良、詹开龙、王辅仁、赵大富、孙岳素

“土家”族（蒙化县）和“蒙化”族（景东县）识别小结

“土家”族即“蒙化”族（又称“乡谈”族），不能成为单一民族，只是彝族中的一个支系。

一、名称

“土家”族又称“土里”族，简称“土族”；自称“腊罗拔”或“迷撒拔”。“拔”有“人”或“族”的含义，“腊罗”是民族名称，“迷撒”是地名，指蒙化（古称蒙舍），后来又用以代替“腊罗”这个民族名称，而为“迷撒拔”，即“蒙化人”。在蒙化、弥渡、永平、漾濞、祥云等县，多自称“腊罗拔”，在景东则自称“迷撒拔”，曾自称“迷撒腊罗”，有“蒙化的腊罗人”之意，且汉称“蒙化”族，不称“土家”族，景东和新平的“蒙化”族，又汉称“乡谈”族。

在蒙化境内的“土家”族皆说：景东的“蒙化”族是由蒙化搬去的，和他们就是一个民族，皆自称“迷撒拔”，也就是“腊罗拔”。而景东的“蒙化”族都说：他们是从蒙化搬来的，他们与蒙化的“土家”族就是一个民族，皆自称“迷撒拔”（也就是“腊罗拔”），又说：“蒙化”族又叫作“乡谈”族。

二、人口及分布区域

“土家”族有176582人，分布在蒙化、顺宁、漾濞、祥云、永平、昌宁、洱源、凤仪、宾川、弥渡、云县、邓川、下关等13县市，其中以分布在蒙化的人口最多，有81086人，几占全人口之一半。“蒙化”族有41660人，分布在景东、双江、新平、耿马、镇沅等县，景东有26381人，占全人口半数以上。“土家”族即“蒙化”族，则共有218242人，以蒙化、景东为其聚居区，占其全人口半数以上，其余分布在上列各县。在自然区域上，主要分布在云岭山脉的末端，及其所分处的四大山脉（哀牢、蒙乐、六诏、乌蒙）的上端，互相连接，并不割裂，皆在澜沧江、把边江、沅江的上游或源头，可以说有其共同地域，但往往有“罗罗”族和他们杂居。蒙化以外各县“土家”族和“蒙化”族皆说：他们原是从蒙化县城及其平坝附近搬去的。

在蒙化南部和景东北部（即哀牢山和蒙乐山的上端），“土家”族和“蒙化”族是土著，而且也是他们聚居的中心区，“罗罗”是后来的民族，其他如汉、回、民家、苗、傈僳更是往后迁入的。

三、语言

“土家”族和“蒙化”族有语无文。现根据名称、词汇、音系、语法4点，总述于后。

“土家”语和“蒙化”语有一个共同的自称，叫作“迷撒拔”。“土家”族多称“腊罗拔”，“蒙化”族多称“迷撒拔”；有时又称“迷撒腊罗”。在词汇方面，根据1000多个词汇来比较：

①“土家”语与“蒙化”语相比，有76.5%相同相近，有23.5%相异。

②“土家”语与“罗罗”语相比，有61%相同相近，有39%相异。

③“蒙化”语与“罗罗”语相比，与第②条相似。

④不同地区“土家”与“土家”相比，有70%相同相近，有30%相异。

其中最基本的词汇，如植物、天象、地理等名称，各地“土家”语和“蒙化”语大多一致，与“罗罗”语相同。由这种异同情况和比例数字来看，该3种话彼此的关系甚为密切。这3族虽有不同的词汇，但其语音系统是完全相同的；在“土家”语和“蒙化”语中所出现的声母、韵母，在“罗罗”语中也全有，还没有发现少于对方或超出对方的情形。字调也只有高平、次高、低降3个基本调。3族的语法结构也完全一致。

根据词汇异同的比例数字和语法结构以及语音系统等的相同来看，“土家”语和“蒙化”语与“罗罗”语应只是一种语言的不同方言。

四、经济

“土家”族和“蒙化”族全靠农耕生活，附带少量农闲狩猎，部分地区有茶叶、核桃、松子、蜂蜜等副业。在农业中绝大多数耕旱地，水田极少，刀耕火种已不占主要地位，唯耕种技术较为粗放，不用人粪作肥料，主要食粮是苞谷和荞。妇女与男子同样担任主要劳动。

该两族中已有阶级分化，有地主和富农，但数目很少，大多数还是汉族地主的佃户。

五、社会文化

在家族组织方面，一般都受汉族影响，基本上还是小家庭制，即诸子长大成婚后，就陆续分出，独立门户，最后剩下幼子与父母同居。有个别地区还存在着族长制，由大支中的年最长者担任族长（土语称“阿庇”），主持全族的3年1次的祭祖典礼。

在婚姻方面，一般都是一夫一妻制，婚前性生活紊乱，个别地区，长子无财产继承权。婚姻范围方面，一般都行舅表、姑表、姨表婚，个别地区，姑表、姨表有优先婚配权。一个家族在五六代内不通婚，同姓不婚是普遍情况。不仅“土族”内部同姓不婚，就是“土家”族与“罗罗”族间也是同姓不婚。弟可以娶寡嫂，但兄娶弟媳还没有。

在节日方面，有火把节，汉族有的重要节日，除中秋节和冬至节外，他们几乎全有。只有“二月八”是突出的盛大的节日，在这一天，有的地区叫人魂，有的地区叫粮食魂，有的地区叫牲畜魂。男女青年，每逢婚丧、庙会皆盛行“打歌”（载歌载舞），是互相恋爱的好机会。

“土家”族和“蒙化”族与当地的“罗罗”族，共有两个突出的特点，就是火葬和灵台，往往是相并存在，即有火葬就有灵台，有灵台就有火葬。3族皆说在五六代或10多代前，曾普遍盛行过火葬，晚近在坟地内开荒或移坟时，还常掘出尸灰土罐，在其各村中或村旁现还有火化坑的遗迹。

灵台是他们祖先崇拜的特殊民族形式，“土家”族和“蒙化”族称之为“尼慈”，“罗罗”族称之为“乃栖”，系由幼子供奉。现有些地区还普遍供灵台，有些地区已只有少数人家供灵台。现没有供灵台而供灵牌（汉族神主）的，皆说过去曾供过灵台。“土家”族和“蒙化”族与“罗罗”族的灵台，不仅是形式相同，就是质料也同属一种，全用耳聋树（开白花，形似喇叭）制成。这种树，“土家”与“蒙化”语称“纳布兹”，“罗罗”语称“怒正巴兹”。

3族皆信仰多神和巫术，在其所信诸神中，以普遍供“迷士”（管牲畜）、“迷枯”（管五谷）、“白虎”（管妇女生育）3神为最突出。

在民族关系方面，过去“土家”族和“蒙化”族对汉族、回族仇视，与民家族也有距离，对苗族略带鄙视，与傈僳族的关系正常，和“罗罗”族交往甚密，历来互相通婚，在婚、丧、建筑、生产、围猎等生活中，彼此经常互助或共同活动。

六、结语

“土家”族和“蒙化”族（又称“乡谈”族）是一个民族的两个或3个汉称，他们皆自称“迷撒拔”或“腊罗拔”，两者的语言、经济、社会文化大体一致。他们与当地彝族（自称“罗罗”或“罗罗濮”）除名称不同外，在地域、语言、经济、文化这4个特点上皆大体相同。故“土家”族和“蒙化”族这两个二而一的民族集团，不能构成一个单一民族，只不过是彝族中的一个支系。

调查人：朱嘉品、刘尧汉、安荣、黄文彬、吕光天、王良志、李鸿昌、尹培章、杨全仙

路南圭山“撒尼”识别小结

“撒尼”不是一个单一的民族，应是彝族的一个支系。

一、名称、历史与人口分布

自称“尼”，与凉山彝族在历史文献和谚语中的自称相同。“阿西”称之为“撒尼濮”。解放前与“阿西”及其他彝族支系同被汉人称为“倮倮”，是有侮辱意思的名称。

历史上缺乏可靠的文献记录。本民族关于迁徙路线的传说是从青海到大理经昆明、泸

西后定居路南圭山。

明、清时期志书记载今之牟定、姚安、凤仪、大理一带住有“散摩都”，昆明、曲靖有“撒弥”；“散摩都”与“撒弥”可能与“撒尼”有关，这条迁徙路线是可能的，“撒尼”定居在圭山区可能是很早的。

据1951年云南民委材料：分布在原宜良、文山两专区的“撒尼”共34500人，主要聚居路南县28800人（主要在圭山）、陆良南山区500人、泸西2100人、弥勒1700人、邱北1400人。圭山“撒尼”占当地总人口70%左右，以大村为单位聚居，每村五六十户至100户。与自称“撒尼”的武定、明朗和昆明“散民”可能是同一支系。据说：寻甸、嵩明、呈贡的梁王山都有“撒尼”。

二、语言文字

语言是藏缅语族彝语支中的一种方言（马学良写有《“撒尼”彝语研究》）。有老彝文经典，是一种与凉山彝文、昆明“散民”老彝文、贵州大定彝文大同小异的单音节文字。

三、经济生活

以农耕为主，农产品主要的是苞谷、荞、麦。土质瘠薄，大部分要轮歇丢荒，新开垦的生荒还保留刀耕火种。农具有犁铧、锄头、镰刀、钉耙、斧子。铁器由附近汉区供应。以牛犁地不过5寸深，以牛羊粪及硝土、泥塘肥土当肥料，不用人粪。男女分工，农耕上女子不做重活。总的说来，女子所担负的劳动量比男子多。保有原始的互助合作习惯。

解放前土地关系已由土司领主占有转变为地主经济，地主多是汉族。佃户有永佃权，以实物地租为主，但还残存为地主抬轿做白工的劳役剥削。地主收租时，老人跪接的人格侮辱也还是有的。本族中大多是贫农，但已分化出极少数的地主、富农，1952年已完成了当地的土地改革。

副业有织麻布、养羊、砍柴。养羊的目的在使用羊粪、制羊皮袄、羊皮毡及乳饼，部分中壮年男子在农闲七八月时进行季节性打猎。

本民族经商的人很少，多以物易物换回盐巴、棉布、针线、用具，受汉商的剥削。

四、社会文化

解放前有完备的保甲制度。同村同姓有自然领袖，只从事领导祭祖等宗教活动和调解工作。

男女青年恋爱自由，恋爱的中心场所是“公房”。歌舞欢乐比较活泼。婚前私生子不受社会歧视。婚姻上自由恋爱的与父母包办的各占一半，一般经过说媒、送酒订婚、吃小酒、吃大酒等程序。有姑舅表优先婚配，及“夫兄弟妇”转房婚，但不普遍。同姓不婚，家庭一般是一夫一妻制，与父母不分家。但公公不能看见媳妇梳头，为禁忌。从夫居，从父姓，男子当家。儿子继承，幼子多分得老房子。上门的女婿有分得财产的权利。亲属关系上父系亲属关系比母系亲属密切。

丧葬：以前完全火葬（现在海宜村还可看到火葬遗迹并挖出盛尸灰的土罐），现用棺木。送丧时必须通知舅舅家，要唱花灯、舞狮，由“毕摩”念经。重视祖先崇拜；父母死后以五色布和丝线裹死者头发或死者衣服上的一点东西在格勒草上，然后放入竹子编的小竹箩中（有的地方以金竹根刻成人形加上羊毛、死者衣角）做成祖先牌位供祭。

解放前崇信鬼神，有病或不吉利的事，认为是触犯了鬼神。有“毕摩”念经祭鬼神；“史母”（女）或“史朴”（男）摇羊皮鼓为人治病。过去被诬为盗贼的在开水中捞鸡蛋，手不烫伤者无有罪。有时为了去除不清吉而举行摔跤。

节日中重视过年、火把节、祭密枝。六月二十四日火把节前一天以斧砍牛，当天早晨阉牛、羊，举行摔跤斗牛，燃点火把消灾。祭密枝以村为单位，在冬月属鼠日举行，7天不工作，以求人畜健康。

总之，“撒尼”在社会文化上，重视祖先崇拜；有彝族类型的祖先牌位；信鬼神；有“毕摩”“史母”“史朴”、火把节；过去行火葬，是与一般彝族文化特点相同的；斗牛摔跤是与武定凉山彝族相同的。另外在“公房”、祭密枝、喜欢歌舞作乐又与凉山彝族有不同的地方。

五、结语

“撒尼”不是单一民族，而是彝族的一个支系。“撒尼”干部也认为“撒尼”是彝族的一个支系。但由于过去地域隔绝与外地交往少的情况下，“撒尼”的基本群众认为自己是一个民族。是可以在科学论据、民族发展前途的说明教育下，使他们同意并入彝族，他们与“阿西”及彝族其他支系一向有很好的关系，也有利于并入彝族。

调查人：杨堃、沈家驹、纳训、卢昌鼎、薛贤

附：昆明市“散民”识别小结

昆明市“散民”不是一个单一民族，应是彝族的支系，可认为与“撒尼”是同一支系。

一、名称、历史与人口分布

自称“撒尼濮”。汉人称之为“散民”（或写成“撒梅”）。解放前汉族称之为“倮倮”是有侮辱意思的。据云南民委1954年材料：“散民”有8133人，分布在昆明市郊。最早的文字记载是于300多年前的天启《滇志》，记有滇池上诸州邑有“撒弥罗罗”，应当即是“散民”。

二、语言文字

语言是藏缅语族彝语支中彝语的一种方言。经与路南“撒尼”语比较，关系很近，文法同，声韵系统有一般对应规律及部分对应规律，只有零星出入；基本词汇25%完全可通解，23%易于测解，合起来约50%词汇可通话。有老彝文经典，只有少数“毕摩”认识，是与凉山彝文、贵州大定彝文、路南“撒尼”彝文大同小异的单音节文字。

三、经济

农耕为主，有田与地，出产稻谷、蚕豆、苞谷、黄豆、麦及杂粮。所用农具与昆明附近汉人同，已用人粪作肥料。早已完成土地改革，走互助合作道路，已有农业生产合作社。农闲时打猎。副业有烧砖和养羊、猪、鸡等，没有手艺人及商人。

四、社会文化

婚姻一夫一妻制，由父母包办。从夫居，父姓。儿子均分财产，唯长子多得一份“长子田”。用汉姓，由名字中可看出不同辈分。

人死后棺木土葬，在昆明买回牌位用汉文写上死人名字，在家中供二三年。过去火葬，现还可看到火葬地址遗迹，挖得出装尸灰的瓦罐。

解放前信鬼神，有“毕摩”会老彝文经典。有女的师娘（“散民”话是“撒玛莫”），专摇羊皮鼓为人治病。

过去有摔跤娱乐，今仍可见摔跤遗迹，歌舞不活跃，解放后跳秧歌。

节期有过年、五月端阳、六月二十三日祭牛王保护耕畜，六月二十五日过火把节（但几十年来已不点火把），解放前杀猪、牛、鸡祭，1952年以后已不杀牛、猪、鸡了，解放后在这一天还保持出嫁的姑娘回娘家的习惯。七月二十五日财神会，八月粑粑节。

五、结语

昆明“散民”因与汉人接触多，本民族特征逐渐消失，受汉文化影响深，但从语言、文字、宗教巫术信仰上的“毕摩”、师娘等方面来看，“散民”应是彝族的一部分，与路南“撒尼”在历史上可能是同一支系。

调查人：杨堃、秦凤翔、沈家驹、毕希德、卢昌鼎、薛贤

弥勒县“阿西”识别小结

弥勒县“阿西”不是一个单一民族，应是彝族的一个支系。

一、名称、历史与人口分布

自称“阿西”，有人写成“阿细”，自称“阿西濮”。解放前与“撒尼”及其他彝族支系同被汉人称为“倮㑩”，是有侮辱意思的。

历史上缺乏可靠记载，文字记录始见于100多年前：广西府（今泸西）有“阿晒”，开化府（今文山）有“阿系”，当是“阿西”。

人口：据1954年云南民委材料，“阿西”人口有27000人。分布在弥勒县24300人，路南县2200人，泸西县500人。主要聚居在弥勒县的西山区，以一二百户的村落聚居。1954年省民委材料昆明有“阿西”360人。

二、语言

系藏缅语族彝语支中彝语的一种方言，尤其与“撒尼”语最接近，“阿西”“撒尼”可以用本支系语言交换意见。“阿西”干部能听得懂慢慢说的凉山彝语。无文字。“阿西”语还需要继续研究，并和凉山及其他处彝语做比较研究。

三、经济生活

以农耕为主，出产苞谷、荞、豌豆、蚕豆。工具与内地汉族农民相仿，唯锄头较重稍窄以适应山地耕种。用双黄牛犁地，深不过五六寸，苞谷地每年耕种，此外山地有轮耕丢荒的情形，新开荒地还保持刀耕火种。肥料用畜粪、草肥，不用人粪。男女劳动分工，女

子担负的劳动量较男子多，解放前已进入封建地主经济阶段，租种汉族地主的地，缴纳实物地租并无偿帮地主耕种、薅草、砍柴等劳动。本族多是贫农，已分化出极少数地主、富农。1952年完成了土地改革。家中喂牲畜家禽，但养羊不及“撒尼”多，也不制乳饼。在农闲时打猎，但没有专靠打猎为生的人。使用的木质工具都可自制，铁器靠汉人供给，手工业以织麻布为主，并有打柴打松子贴补家用的。不会制作陶器，有小商人，基本上自给自足。只有黄烟、食盐、布和生产工具需要汉族商人供给。本民族内部已出现高利贷，借一斗粮食一年要还给三五升到一斗的利。

四、社会文化

青年恋爱自由，以“公房”为中心，跳舞唱歌很是活泼，婚姻是自由的。有姑舅表优先婚配及“妻兄弟妇”转房，但不普遍。“并行从表”可婚，同姓同宗不婚。不和“放假鬼”（类苗族之蛊）的女子通婚，结婚时不用送礼，不送钱给女家，也没特别的仪式。婚姻一般是一夫一妻。家庭从夫居，从父姓，父权。与父母同住不分家，财产继承是诸子均分，幼子得老房子。

丧葬用棺木，出丧的头一天由女儿献花灯，作为死人的引路灯。出丧时有摔跤等仪式，坟地要经本族地理先生看风水再下葬。重视祖先崇拜，取“额巴喜”（竹节草）裹上羊毛和松木（或梨木）做成父母灵牌供奉在家。

信鬼神，认为生病是触犯了鬼神，就请“毕摩”、“臬坡”（男）、“臬母”（女）禳灾。“毕摩”念经送鬼，“臬坡”“臬母”摇羊皮鼓为人治病。有时举行摔跤以娱山神来治牛马瘟病及人的传染病。

主要的节期有过年，二月或冬月祭密枝，六月二十四日火把节。其他，正月二十八撵鬼，三月三日祭龙，四月三日求雨，五月五日过端阳节，七月十四日烧祖先包，八月十五日吃饼子，冬月过冬吃汤圆。

总之，在社会文化生活上，重视祖先崇拜、信鬼神，有“毕摩”“臬坡”“臬母”，过火把节，均是一般彝族文化的特点；摔跤与武定凉山彝族同，在“公房”、祭密枝等活动上又有其自己特点。习俗语言上与“撒尼”支系最接近，如与凉山彝族比较，“阿西”保存彝族特征较“撒尼”为少，婚姻上比“撒尼”更自由。

五、结语

从以上各点看，“阿西”应为彝族的一支，特别与“撒尼”最接近，“阿西”干部认为“阿西”是彝族。“阿西”与彝族其他支系有很好的关系，有利于并入彝族。

调查人：杨堃、秦凤翔、沈家驹、纳训、卢昌鼎、薛贤

云龙县“罗武”识别小结

云龙县“罗武”不是一个独立民族，应是彝族的一个支系。

一、名称、历史及人口分布

云龙县“罗武”自称“尼苏”，汉人与民家称之为“罗武”，本族不认为“罗武”有侮辱意。解放前汉人称他们为“山倮㑩”或“佬巫子”是有侮辱意思的。

明代志书记载大理一带即有“罗武”居住。

据云南民委1954年材料：云龙县“罗武”分布在一区相连的5个乡中，共6052人，又永平县有982人，漾濞县有1754人。云龙县“罗武”与附近自称“腊鲁”的“土”族、民家族关系好并通婚，与苗、傈僳因语言隔阂不相亲近，与汉族地主仇恨深。

二、语言

“罗武”语是藏缅语族彝语支中彝语的一种方言，与武定黑彝语相似。无文字。

三、经济生活

以山地农耕为主。产苞谷、荞子、洋芋。新开垦地还保存有轮耕和刀耕火种的制度。农业生产工具与附近的汉族、民家相同。用双黄牛犁地，以牛、马、羊粪及烧的草皮灰当肥料，不施人粪。解放前已进入封建地主经济阶段，受汉族、民家地主的剥削。本族中大多是贫农，但已分化出少数地主、富农。佃户要缴50%以上的实物地租，还要给地主做几十个白工。地主强迫农民受高利贷，1斗粮一年要还2斗。1952年2月已完成当地的土地改革，开始组织互助组。以核桃油及养猪、羊为副业。本族无专业工匠，能够自造木器工具，铁器靠汉族、民家族供给。本族没经商的人。不会打猎（傈僳族打猎）。

四、社会文化

青年男女恋爱自由，但结婚一定要得到女方父母同意。姑舅表行优先婚配。婚姻形式基本上是一夫一妻，家中只有一个姑娘的招赘女婿。结婚后女子“坐家”，怀孕后才长住夫家。但此后只要不被自己的夫或妻看见还可以与其他异性同睡。婚后从夫居，从父姓，男子当家，男子继承。幼子在继承上得到照顾并分得老房子。

人死绝气前口含7包各重1分的银子，拖一个纸尾巴在口外以求子孙兴旺，葬时一定要通知舅舅家。请道士看风水日子再下葬。下葬前一天，坟里要点一罩灯，放一只公鸡。坟中挖一深洞盛水放活鱼在内。出葬前有领路牌。下葬后用汉字写祖先牌位在家中供3年。

衣饰方面，每人有一件羊皮袄。女子喜着以绿、红、黄3色布镶袖、衣襟、衣角、前短后长的衣服。住木房。喜欢烤茶。

宗教信仰及巫术，与“土”族、民家共有一庙敬城隍、观音菩萨、9个本主。有巫师“阿毕”为人打卦，看香治病，敬鬼神。过去有赌油咒，被诬为贼的，用手在油锅内摸一下，手不烫伤者无罪。

此外尚有各种禁忌：（1）男子15岁以下或30岁以下，头顶前部留一小撮头发，认为那里藏有人魂，别人不能摸，类“天菩萨”。（2）小部分地区的“罗武”，不洗脸不洗脚，怕洗了庄稼不好。（3）火塘之三脚架不可用脚踏，不可跨过去，不可吐痰在内。（4）初一、十五、五月不剃头，认为剃了头要得摇头病。

节期上除过年外，重视火把节，关于火把节，传说是为了给皇帝娘娘做斋。六月二十四火把节与九月九日重阳节均有“过刀山”项目，以求清吉，保护庄稼。其他二月初八过“观音节”、立夏日去温泉洗澡、五月五日端阳节、七月十五日亡人节、八月十五日中秋节、冬至节等。

总之在“罗武”中，因受汉族、民家影响，彝族特征逐渐消失，但还可从习俗中看出“天菩萨”式的男子头发和不洗脸、不洗脚的习俗及三脚架禁用脚踏、女子结婚后“坐家”、有巫师“阿毕”、火把节、幼子继承的残迹、历史上的赌油咒等皆是彝族原来的习俗。而后来与民家通婚与汉族接触接受了不少民家、汉族文化，乃至于祖先牌位、领路牌、“过刀山”及许多节期均与汉族同，送葬还请汉族道士，信本主、对火把节的传说、吃烤茶等均受民家影响。

五、结语

“罗武”虽受汉族、民家的影响，但从语言、习俗各方面观察，应系彝族的一个支系，不能成为一个单独民族。“罗武”代表自认与自称“腊鲁”的“土”族习俗相近（记了几句“土”族话基本上是彝语），要求与“土”族联合成立自治区，是值得注意并进一步研究的。

调查人：杨堃、沈家驹、周文煜、纳训、卢昌鼎、薛贤

文山“普”族（“普拉”）识别小结

文山“普”不能成为单一的民族，可能是彝族的支系。

一、名称、历史及人口

文山、砚山“普”族自称“阿杂”或“阿扎”。汉族统称之为“普拉”，解放后改称“普”族。群众对“普拉”的称呼很不满意，对“普”族这个名称还没有表示反感。

1454年景泰《云南志》即有“蒲剌”（“普拉”）的记载。清《职贡图》云：“朴喇，一名朴腊，古蒲那，今临安、广西、广南、元江四府俱有此种。”《开化府志》载有白、黑、花3种朴喇。今“普”族多居于文山、蒙自两专区，即以前的开化、广南、临安3府。各地“普”族自称不一，语言不通，社会文化亦互有差异。

蒙自、文山两专区“普”族人口近8万人，文山专区有5万多人，其中文山、砚山两县自称“阿杂”的约35000人。

二、语言

文山“阿杂”语言是藏缅语族彝语支彝语的方言之一，与撒尼语近似，或基本相同。根据244个词汇的比较，其中172个基本相同，占70.5%，与蒙自的“母资”语比较，亦有1/2基本相同，与石屏“普拉”语比较有1/3基本相同。但4者之间却绝少完全相同的词，只有对音上的近似。此种方言在语音上没有小舌音，而有圆唇的前元音，辅音的清浊对立不甚严格。

三、区域

文山“普”族散居于各地山区，以一、二、三区较多，大都组成村落，村落之外多与其他民族杂处，间有数个村落相连，成聚居乡。

“普”族人口虽少，但分布地区辽阔，散居在文山、砚山（自称“阿杂”或“阿扎”）、广南、马关（可能也是“阿杂”）、邱北、开远（自称“普哇”）、蒙自（“普哇”和“母资”）、麻栗坡（自称“土拉巴”和“母资”）、石屏（自称“普拉”），在语言上互有方言的差别。这些单位，现已通称“普”族或“普拉”。

四、经济

“普”族住山上，以农业为主，种旱地，产苞谷。刀耕火种，轮流休耕，不用人粪。农具有犁、耙、锄头等。副业有打猎，饲养牛、羊、鸡、猪。人民以产品及柴草出售，换取盐、布及日用品。

内部阶级分化不明显，无地主、富农阶级，土地为汉族地主占有，剥削方式有定额的实物地租和高利贷，利率甚高。

五、社会文化

文山“普”族有氏族组织的残余现象，同姓不婚，舅表、姑表婚较多，这些都与彝族相似。亲属称谓父母系区分较明显。家族父系，男子才有继承权。婚姻多由父母作主，有媒妁，以酒米订婚，婚时不亲迎。婚后7天或13天新妇回门，3天返夫家，双方不睦者数年不返，或至发生改嫁、离异等。有“夫兄弟妇”的习俗。

“普”族在山坡上聚居，住土桩茅屋，男子蓄长发，以黑布包头，短衣长裤，裤脚大、跣足。妇女发辫分为二个，盘于头顶上，缠帕子，穿麻布上衣，腰围绣花围裙，下穿裤子，装饰品有银手镯，银手耳环等。

节日有全寨性的“祭龙”，祭土地庙，正月十七、十八日退火神，六月二十四日火把节，秋间尝新米等。历史记载说明“普”族以前有过火葬，现在行土葬。请巫师“毕摩”念经，出殡之日跳狮子、跳钱，为死者亡魂开路。葬后，家中以4寸宽的白麻布染上鸡血作为死者灵牌，年节供奉，直至死者的幼子死亡时，将灵牌同殓入幼子棺内埋葬。

“普”族重视祖先崇拜，信奉多种鬼神，神有火神、土神、地神、龙神、牛王神，鬼有瘟疫鬼等，成年男子均能看鸡卦以卜吉凶。

总之，文山“普”族在社会文化上保存独有的特征，与“侬”族、“土佬”等不同。“普”族的氏族、婚姻、丧葬、宗教信仰等多近似彝族。

六、结语

根据以上各点，文山“普”族不能成为单一的民族，可能是彝族的支系。但由于历史上长期地被分割，且与其他民族杂居，因而内部分裂不同名称、不同方言，社会文化上亦互有差异的小团体，至于其他名称单位如“母资”“普哇”“土拉巴”等，是否彝族支系，尚有待于调查研究。

调查人：林耀华、周耀文、施联朱、黄淑娉、刘恩良、赵大富、孙岳素

石屏县“普拉”族识别小结

“普拉”族不能成为单一的民族，可能是彝族的支系。

一、名称、来源、人口

1. 名称：自称“泼拉培”，汉称“普拉”，当地彝族“阿提拍”称之为“普里泼”。

2. 来源：有的从“习峨”（峨山）迁来。有的在一个村落里定居了8代人，而在8代以前即在石屏县境内迁徙定居过有名可举的村落数个，故“普拉”族在石屏定居的年代至少已在300年以上。

3. 人口：3500人。

二、语言

为藏缅语族彝语支彝语方言之一。在音系上接近撒尼语，二者都有小舌音，辅音清浊明显。在词汇上接近蒙自县的“普哇”或“母资”语，其次接近撒尼语，与文山县“普拉”（阿杂）语则较少接近。具体比较了250个词，其中172个与蒙自“普哇”语基本相同，166个与撒尼语基本相同，仅1/3与文山“普拉”语基本相同，唯四者之间都只是对音上的近似，而绝少完全相同的词。与元阳县“三麻图”地区的“普拉”则属同一方言，两地能互相通话。

三、地域

全县“普拉”分布于第二、六两区的山岳地带，均住在山腰或山顶上，各组成数家或数十家不等的村落；也有七八个村落毗连聚居，与其他民族——汉族或同为彝族支系的“阿提拍”杂居。整块地域与元江、新平连接，各地所住的民族多为彝族的支系，如“倮倮”“三苏”等。由于历史上的民族压迫及地理上的分割，形成了同一民族的地方差异。

四、经济

农业为主，旱地轮耕，工具用犁、锄。主要作物为苞谷、荞及麻。阶级分化不明显，所住山区及土地为汉族地主占有，对“普拉”各户进行实物地租剥削。

五、社会文化

氏族残余较为明显，同姓禁婚，如“阿何筏”姓，不论住在各地的“阿何筏”家族（现在已改称了各样的汉姓），但仍禁止通婚。一夫一妻或个别多妻。父系家族，兄弟分家，幼子继承房产及祖先灵台。表亲结婚取决双方意愿。父母代子说亲。固定十月“双日”以鸡、酒、米、钱等礼物订婚，腊月二十四、二十八、三十为结婚日期。娶亲固定4人，不送酒肉等礼物。婚后7天或13天新娘返母家，多数是二三年后始回丈夫家生活。若有离婚则固定于六月六日决定。已生育子女的妇人始戴耳环。节日特殊的有：二月“牛”日祭龙树——森林中的主树，以猪祭；四月“马”日祭天——在山坡上，以羊祭。均求清吉和雨水。

丧葬与宗教信仰：木棺殓尸，尸体须洗浴、剃发，及剪下中指甲及中趾甲作为遗体灵物，放置于一定树木制成的灵台内。出丧日期固定（鼠、蛇、马、鸡四日），须“点主”（长子点父，幼子点母——表示长子继承父亲，幼子继承母亲）。土葬并垒坟堆。灵台代表死者，供奉5代后，送山坡上挖坑凿穴掩葬，视若坟茔。因为是实行祖先灵台——灵物——崇拜，并信多神及鬼“奴”魂灵“奴萨墨”，禁忌弄祖先灵台及火塘锅庄（迷夺该凯）。有巫师“司资梅”给人驱鬼治病。

六、结语

从以上各方面的叙述，特别是语言和社会文化上的特点来看，石屏“普拉”和元阳“普拉”不能成为单一的独立民族，可能是彝族的支系。

调查人：詹开龙、王辅仁

墨江县哈尼族6个支系识别小结

（以普洱县一些哈尼族支系作参证）

“哈尼”“豪尼”“碧约”“卡都”“斡纽”“阿木”等6个支系都属于哈尼族。

一、名称、人口及历史

6个支系名称及人口数目列表说明如下：

自称	汉称	人口数目	
		墨江县	普洱县
哈尼	哈尼、海尼、布孔、白壳、麻黑	11567	4304
豪尼	布都	13545	5070
碧约	碧约	28915	2948
卡都	卡多	22324	6259
斡纽	西摩罗	7964	1350
阿木	阿木、阿木糯比	2412	10
合计		86727	19971

注：墨江县全县有151000多人，除43000多汉族外，余均为少数民族。
普洱县全县95000多人，除52000多汉族外，余均为少数民族。

据历史记载推测，哈尼族（即当时和泥）在唐代以前居住在今通海、河西、曲溪、建水、石屏、开远、蒙自、个旧、峨山、龙武一带。到了唐代，因北部有些民族向南发展，哈尼族即被迫南迁，散居于红河两岸。到了元代，哈尼族分布地区包括自红河沿岸向西面及西北面发展至景东、景谷的区域。明、清以来记载更多。由此略知哈尼族在这一带的发展已经有1000多年的历史了。

据传说："哈尼"有洪水故事，其中有兄妹在元江县争坝的故事，自称十四五代以前由昆明一带迁到元江，后来又由元江搬到墨江县境。普洱县的"哈尼"传说与他们与拉祜（原写作倮黑）山的"阿卡"同时由元江县九冲地方西迁的，由口头传说也证明哈尼族是从北向南再向东西的迁徙情况。

二、语言

词汇方面：各支系都记录了1000多个词汇。根据这些材料尚不能做音位分析，目前只按严式的记音比较了其中500多个常用词汇，并以红河哈尼族聚居区的方言为标准递系地比较如下：

支系名称	词汇	相同	百分比（%）	相近	百分比（%）	不同	百分比（%）
红河哈尼与布都（豪尼）	545	125	22.94	255	46.79	165	30.27
红河哈尼与布孔（哈尼）	545	120	22.02	244	44.77	181	33.21
卡多（卡都）与碧约	548	153	27.92	249	53.65	101	18.43
卡多（卡都）与布都（豪尼）	550	50	9.09	305	55.46	195	35.45
布孔（哈尼）与布都（豪尼）	545	110	20.18	311	57.07	124	22.75
布孔（哈尼）与西摩罗（斡纽）	545	41	7.52	262	48.08	242	44.40
布孔（哈尼）与阿木	545	54	9.91	292	53.58	199	36.51

由上表可以看出：6个支系和红河哈尼语以及各支系彼此间都有50%以上的词相同和相

近。相近的词中除一小部分因受附近其他方言影响变化较乱外，大部分都有对应规律。

语法现象：各支系的语法基本上是一致的。如，一般的基本语序为：①主词—宾词—动词—副词；②领位—属位；③名词—形容词—量词。

总之，依现有材料的分析，初步认为以上6个支系的语言都是藏缅语族彝语支的哈尼语的方言。

三、区域

墨江、普洱两县东与红河、元阳、金平，南与江城，北与新平，西及西北与景谷、镇沅、景东等县是连成一片的哈尼族各支系互相杂居的大区域。其中东部各县为哈尼族主要居住区域，西部各县中的哈尼族人口较少。在不同地区间各支系内部常有往来。

哈尼族各支系在墨江、普洱两县全境都有，他们都是以村寨为聚居单位，在乡和区里则与本族各支系及其他民族（如汉族、彝族、傣族等）杂居，均住半山坡。

四、经济

各支系都以农业生产为主。靠近城郊的有些种菜园，其余都种山坡旱地与梯田。作物种类以苞谷、荞麦、稻谷为主，其次是豆类、高粱、麦子等。生产工具和耕作技术与当地汉族相同。副业多饲养牛、猪、鸡等。种棉花，自纺自织，但不能染色。又种花生，有少数编篾帽、打草鞋和搓棕绳的。铁匠很少，只能打铁修理农具。狩猎是专为保护庄稼。都没有专业商人，用农产品与副业产品交换一些日用必需品。

有富农和少数地主。土改前各支系人民主要是受汉族地主的压迫。剥削方式有实物地租与突出的高利贷等。

五、社会文化

社会活动基本上以村寨为单位。姓氏都用汉姓，部分“哈尼”“卡都”“豪尼”尚能记忆一些原来姓氏，“哈尼”“豪尼”有口传父子连名的家谱，“碧约”“卡都”等有汉文家谱，现多失散。各支系多半在支系内部通婚，但支系间也可以通婚。同姓不婚。“卡都”及“碧约”与部分“哈尼”都在一定姓氏间禁婚，表示姓氏的同一来源关系。哈尼族的原有姓氏与同姓不婚的情况说明以前可能有氏族组织。多数姑舅姨家表亲均可结婚，婚姻为一夫一妻制，有个别一夫多妻，妻子地位大致相等。也有少数入赘的。解放前是父母包办，需要礼银，是一种买卖婚姻。

各支系都行土葬，选择葬地用蛋卜，埋有鸡蛋破烂的地方算为吉祥。少数人家由于贫困、死日不吉、患特殊病以及因难产死亡的就用火葬，家里或寨中有人患重病或死亡而经卜卦认为是死人“复生”作祟的则掘出已葬尸身烧掉。

有祖先崇拜。以猪头、谷穗献祭，并常献饭，“碧约”“卡都”“豪尼”用篾箩箩，“哈尼”“斡纽”用篾巴片，“阿木”以房柱作为祖先牌位。信鬼、奉多神，鬼神名目甚多。哈尼巫师称为“摩批”，“斡纽”称“摩波”，“碧约”称“摩拨”，红河哈尼则称“贝摩”，祭龙树时另有龙头。哈尼族各支系间有部分的人民因受帝国主义基督教影响已不事各种鬼神。

过年日期有的与汉族相同，但大部分“哈尼”是在冬月初一或冬月第一个属龙的日子。祭龙树（在二、三或腊月各支系不同）和过六月（“哈尼”在五月间，其他支系在六月二十四日）是哈尼族各支系最主要的节期。此外分别有祭寨神、河神、崖神、五谷神、祭新雷响、祭田、祭祖等节期，日期虽然不一，但性质相同。

总之，哈尼族6个支系无论在社会活动、家族婚姻、风俗习惯、宗教信仰等各方面，基本上都是相同的。他们具有共同的心理状态。

六、结语

由于上述语言都是哈尼语方言，区域、经济及社会文化的心理状态基本相同，所以墨江、普洱两县的6个支系都是属于哈尼族。按照江城县建政的经验，这些支系合并为哈尼族是可以考虑的。

［注一：“切第”自称哈尼，故未列入。

注二：“苦聪”有二种。（一）自称“郭错”，据说近哈尼。（二）自称“拉父”，据说近“拉祜”，因材料不足尚待进一步研究。］

调查人：常鸿恩、王晓义

“白朗”族（濮曼——西双版纳）识别小结

“白朗”（濮曼）应确定是一个单一民族，名称也应改译为“布朗”以切合本民族自称。

一、名称、人口及历史

（一）名称

在西双版纳区，一般的自称“白朗”；在澜沧县，自称“翁拱”；在镇康县，自称

“乌”。1953年1月西双版纳傣族自治区成立时，依“名从其主”原则，定族名汉文译音为“白朗”，不准确，且容易和史册所称的另一民族单位名称“白狼”混淆，依据语音，应另改订译音为“布朗”。当地党政领导已同意，仍须正式通过民族协商同意，上级政府批准。

汉族史册上记述“蒲蛮”“濮满”“蒲人”“扑子蛮”“黑濮”……解放前汉族称他们为蒲曼（濮满）。

（二）人口

据省民委1953年材料：估计“白朗”族52000余人，因该族现在多数分布于边疆各县，未能做精确统计。

（三）历史和传说

据汉族史籍记载：“蒲人”“蒲蛮”“蒲子蛮”“黑濮”……自元代以来辗转由中国内地如开南、银生、永昌、寻传四地（樊绰《蛮书》），及威远州（《元史·地理志》），开南和威远即南诏节度之地，在今大理专区和永昌、顺宁、澂江、镇沅、普洱、楚雄、景东七府（清《职贡图》）等地，向南迁徙。但“白朗”语言属于南亚语系，可能最先居留是在南方，或在向北迁徙过程中，遇着其他民族又被迫南迁。

在“白朗”族由内地南迁过程中，佤族和傣族的个别寨的人也渗入“白朗”族的民族集团，历时既久即融化而形成“白朗”族［如现在猛遮的“白朗”族曼瓦寨（即傣语的“佧佤之寨”）1/3的户是原来的佧瓦族成分］。

二、语言

布朗族语言属南亚语系孟高棉语族的布朗语支，因具有南亚语系语言的一般特征，又与其姊妹语言佧佤语崩龙语有明显的分别，所以是一种独立语言。“白朗”和佧瓦、崩龙这两个语支（三族语言）是孟高棉语族在发展到中国极北的所在，越保山专区以北，即无操该二语支的民族了。

布朗族也吸收或借用汉语、佧瓦语和傣语——主要是傣语的词汇，来丰富自己的语汇。如借用汉语的“老古老代”，借用傣语的“东南西北”、季节名称等词汇。大抵在澜沧江畔（景东县）一带的“白朗”族青年一代已不会讲本族语，改操汉语；在澜沧、沧源、镇康等县的，兼操佧瓦语；在西双版纳区的成年和小和尚，均能兼操傣语，懂傣文。但在西双版纳区，布朗族至今仍完全保持其固有的民族语言。

三、区域

“白朗”族现在主要分布于景东县和西双版纳区。其他缅宁专区各县、思茅专区各县均有。在西双版纳区，均聚居于山区，个别寨邻近坝边。沿澜沧江边一带也聚居于河谷，在景东县有聚居于平坝的。沿中缅国境线上分布较多，在国外的聚居寨更多。国境内外的“白朗”族，现仍保持亲戚的联系和经济的联系。

四、经济

西双版纳区的“白朗”族因系聚居山地，较少与外界接触，因此尚保有民族的固有社会经济结构。其特征主要似是家长制农村公社的残余，在“土地所有制的二元主义”（除集体所有制外，并有私有制）的基础上，进入了阶级社会初期；但部分地区已进入封建社会，土地已高度集中，阶级分化极明显。该族统治阶级对哈尼族全体群众和本民族劳动群众进行残酷的封建剥削。剥削方式是实物地租、高利贷、长年雇工或雇用大批季节工、短工。整块大山原属“白朗”族所公有，但个别寨的该族上层已逐步占据一些公有土地为私有，并将耕地整块整片租给哈尼族头人，又分租给个别户，按年收实物地租。甚至哈尼族盖房建屋，也须按年向“白朗”族头人或土地所有者担负房屋的地租租谷或租金，如八达寨（哈尼族）须向曼卖兑寨（“白朗”族）缴纳房屋租金。

“白朗”族对傣族统治阶级，由于历史上被征服的结果，至今仍奉行“贡纳制”，即按年由“白朗”族群众各户缴纳农产物交由本族头人齐献傣族土司。“白朗”族每遇重大事件，并须取决于土司；土司通过“波朗”（管爷）制度，对“白朗”族实行分割统治。例如将曼嘻区分为三大“叭目”的行政管理制度，每叭各辖若干山寨，直接对土司负责。

西双版纳区的“白朗”族主要从事山地旱谷生产，经济作物为棉花、茶叶。生产方式是广种薄收，轮流休耕，仍属刀耕火种的原始生产方式。澜沧江以东地区该族以农业生产为主，有些县区已实行社会改革。居江边的兼操捕鱼，个别户亦到镇沅县按板井背盐为生。

五、社会文化

（一）长老分田制、婚姻、家族制度

西双版纳区的布朗族基本上实行土地寨公有，由每寨公推年龄最长的公正老人1人，名叫“哈克斯亚玛吕”（长老制）。每年长老按户平均分配耕地1次，他可自由选择良田1块。个别寨头人户可得6拿地，群众户5拿。“白朗”族社会采大家庭制度，诸子婚后同与父母居一屋，行一夫一妻制，男不纳妾。曼瓦寨“老睨”（头人）因丧妻而卸职，叫旧“老睨”。男女自由恋爱，女方不接聘礼，婚前虽有私生子，其母子不为社会所唾弃。

（二）生活、节日与械斗

西双版纳区“白朗”族的生活大体上似傣族，房屋系竹楼，楼下饲养牲畜，每寨有

佛寺（称缅寺），曼卖兑寨的缅寺是西双版纳区最美轮美奂的。本民族妇女不会缝纫，男女衣着均向傣族购买旧衣旧裙，唯每年赕佛盛节，富裕之家的男女老幼也穿新的衣裙。男女均有包头巾，男喜白色，女喜黑色。妇女以棉套裹双腿，夏季男女一般不著上衣。食物喜腌冷品。每年民族节日如关门节[傣语“科瓦沙”(Kowasha)]、开门节[傣语“乌瓦沙”（Wowasha）]、过年节〔傣语“毕美桑良”(Bemai-Sam Kan)〕的节期及仪式，均与傣族全相似。唯傣历八月十五日的“赕毡”（Da-Tan）是大佛帕召、古德玛逝世日，须念经赠钱，为“白朗”族节日所独有。“白朗”族有“同族互助全族流血报仇”（恩格斯语）的风俗，和景颇族的“拉事”、凉山彝族的“打冤家”相似。有时异寨同族之间也发生裸体械斗。1953年3月曼垮区的怕那寨与怕歹寨原属弟兄般的邻寨，因土地纠纷而演流血事件。方式是怕歹寨男女老幼一齐动员，高抬大佛爷的红巾开路，男性全身裸体出动，手执各种武器，参加攻击对方的肉搏械斗，死1人伤若干人。

（三）宗教、丧葬

在西双版纳区，“白朗”族和傣族一样，信仰佛教，男孩均入缅寺诵读傣文佛经，因之该族男性均能讲傣语、写傣文。赕佛节同样拜佛、施舍、酒宴，歌舞视为民族大典。这时傣族与布朗族大佛爷交互上山或下坝主持赕佛。国内“白朗”族个别寨并有外国籍（缅甸）的大佛爷和二佛爷，国境内外本族互遣小和尚入缅寺学习。在澜沧县的“白朗”族寨因与佧瓦族邻居，“白朗”族人民也和佧瓦一样，多数信佛，部分群众信耶稣教。西双版纳区的“白朗”族也信鬼神，如“枇杷鬼”“鄙干鬼”……（语出傣文），其信仰意义和敬祭仪式均和傣族相似。又人死则以竹编成棺行土葬，唯肚痛死了的行火葬礼。

六、结语

就以上各点看，“白朗”族仍保有自己的固有的特征，应确定为单一的民族。就民族历史和心理特征看，“白朗”族自认为与佧瓦、傣、哈尼、汉族不同，即四族各有特征，不能混淆。

（附注：本文调查重点地区是西双版纳勐遮的曼垮区，重点寨是曼瓦寨和曼卖兑寨。据间接了解，版纳勐海的蒲曼大山的“白朗”族聚居区及缅甸的“白朗”族的民族特征，和勐遮的大致相同。）

调查人：傅懋勣、张凤岐、张亚庆

“勒墨”族识别小结（附“那马”族）

“勒墨”族不能成为单一的民族，是民家族的一个支系。

一、区域、人口及名称

“勒墨”族，住在维西、碧江、福贡以及越过高黎贡山西面恩梅开江支流墨河附近，是由兰坪的营盘街迁去的。据说碧江第四区的“勒墨”族迁来已13代，但无记录可考。据1950年调查，约有4000人，计碧江有3400人，维西、福贡各200多人，墨河沿岸的人口更少。碧江第四区怒江两岸高黎贡山东面有5个村寨，全是“勒墨”族，只有10家傈僳族。据说这几个村寨的田地，原来都是傈僳族所有，后由“勒墨”族买来，原住着的傈僳族也逐渐迁到别地去，只留下10家而已。

“勒墨”族自称“白尼”，意为白人。傈僳族称为“勒墨”，纳西族称为“那马竹”，亦作“剌毛”。

二、语言

“勒墨”语是民家语的方言。据说他们到剑川与民家族谈话，相同的词汇有一半，如果他们能说“勒墨”话也能说汉话，就可全通话。可知“勒墨”语与民家语只有采用汉语多寡不同。但“勒墨”族与傈僳族住居区接近，所以每一个人都会说傈僳话，并且幼童先学傈僳话，长大后才学“勒墨”话，而傈僳不学“勒墨”话。在“勒墨”村子里交谈，用傈僳话的时间比较多。在碧江第三区和福贡地方“勒墨”人口比较少，已经只会说傈僳话不会说“勒墨”话了。

三、社会生活

“勒墨”族的一般生活情况，不论是社会经济结构，大体与傈僳族相同（已详见访问记录），但比民家族落后。他们还保存着一些民家族原有的习俗，如十二月为岁首、七月（即夏历六月）过火把节之类。

四、结语

从历史、语言、名称来说，“勒墨”族是民家族的支系；又从实际生活来说，与民家族差别很大，而与傈僳族略同。但“勒墨”族本族人表示他们与民家族是一家，与傈僳族并不是一家。“勒墨”并不是单一的民族，而是民家族的一个支系。

兰坪的“那马”人，自称“白”族，与民家自称相同，语言也是民家的一种方言，所以“那马”也是民家族的一个支系。

调查人：方国瑜、周汝诚、王恩庆、批力、刘传麟

阿昌族识别小结

阿昌族应作为单一的民族。

一、名称

盈江户腊撒阿昌族，在国外缅甸时统一自称为“蒙撒”或“蒙撒掸”，平常户撒阿昌自称“户撒”，腊撒阿昌称“腊撒”。梁河阿昌自称nxa ˩ tshaaŋ ˧，汉人统称之为阿昌。盈江阿昌认为这名称含有侮辱意义，因从前傣族土司经常叫梁河阿昌抬轿，汉族就轻视地说阿昌是“抬滑竿”的，因此盈江阿昌对此名称不满。

二、人口分布区域及历史来源

阿昌族约17000人，聚居在盈江三区户撒、腊撒两地，约1万人，梁河及腾冲、陇川、龙陵等县散居，人数约7000人。

据说阿昌族是当地较古老的土著民族，原住山上，后渐迁于平坝，盈江户腊撒阿昌是从二区的千岛寨迁去的，至今千岛人的语言与他们同，自称为tsɜŋ ˧ sɔŋ ˨˩（当地地名）。梁河阿昌族据说是ni ˦ wa ˦ mu ˦的后人。

三、语言

阿昌语是藏缅语族中的一种独立语言，在语法构造和词汇方面与彝语、载瓦语都有密切的关系。

这次比较了盈江阿昌语与载瓦语的460个词汇，其中相同、相近的有191个，约占41.5%；但因未进行系统的对应规律的研究，阿昌语究属彝语支或属缅语支，不能决定，还要做进一步的研究。

四、经济

以农业为主，种水田，兼植草烟，耕作方法及技术进步，精耕细作，生产工具有铁制的犁、耙、锄、镰刀。土地制度是私有。阿昌族多作汉族地主的佃户，盈江阿昌内部阶级分化较明显，已出现一部分地主，他们大都是高利贷者、商业资本家兼地主。

盈江、梁河两地阿昌，经济发展稍有不平衡，盈江阿昌族手工业特别发达，其中尤擅长打铁器、制刀剑，驰名国内外，已出现专业打铁为生的铁匠，家庭手工业逐渐走向脱离农业，并且变作小作坊式的手工业，产生了手工业中的剥削关系。产品种类繁多，全作商品出卖，行销于滇西盈江、梁河、陇川、瑞丽各县供各族使用；并运至缅甸各地出卖。此外专业商人较少，男子多数每年季节性赴缅甸谋生，经商或卖工。梁河阿昌手工业不发达，副业多为砍柴或替地主帮工。

五、政治制度

盈江、梁河阿昌族均受傣族土司统治，在盈江户腊撒每寨设一“佐治”，数寨设一“亢头”。大小头人都由土司委派，并非世袭，土司通过他们收捐、派款，但百姓有纠纷，多请“寨子老人”若干个及“佐治”共同商议解决。梁河阿昌内部亦有自然领袖。

六、风俗习惯、宗教信仰

盈江阿昌受傣族影响很大，梁河阿昌长期与汉族杂居，受汉族影响很深。阿昌族盛行抢婚，普通多自由恋爱，一夫一妻制，若父母不同意，就实行抢婚，家庭组织是小家庭。人死后行土葬，但盈江阿昌产妇及患肿病死者须火葬。盈江阿昌一年数大节与傣族同，过新年，过泼水节、进洼节、出洼节，也过火把节。梁河阿昌节期与汉族同，过新年、七月送亡、清明、端午等节。年祭土主，祭寨3次。此外盈江阿昌信小乘佛教[①]，有“冢房”及佛爷。梁河阿昌进汉族寺庙烧香敬神，也供祖先。

七、阿昌族是否单一民族的问题

（一）阿昌族与其他民族的关系

据语言调查研究的初步结果，阿昌族与载瓦、茶山、浪速有密切关系，从载瓦整个总分布地区来说，阿昌分布的地区是在这范围内；但从局部分布区域来看，阿昌与载瓦并不是连成一片的，经济发展是不相同的。载瓦尚处在半农、半猎、刀耕火种的阶段，土地为寨公有，生产方式落后，阶级分化不明显。政治组织保有世袭山官制，是群众拥护的领

① 为“南传上座部佛教”的俗称。——编者

袖，有原始氏族民主制度的残余。宗教信仰是精灵崇拜，信万物有灵。社会观念方面公有观念还占相当的地位。阿昌族与之不同，且心理状态也不一样。

盈江阿昌虽受傣族影响很大，风俗习惯、宗教信仰与傣族同，但阿昌语并不属侗台语族，而属藏缅语族，调查的1200个词汇中只借用傣语89个，而且经济发展也不相同，心理状态并不一样，他们并不认为自己是傣族。

梁河阿昌长期与汉族杂居，受汉族影响很深，语言借用汉语词汇很多，调查的1100个词汇中，借汉语词汇380个之多，但他们仍保有本民族的语言，而且在心理状态上亦认为自己有别于汉族。

根据以上情况，我们认为阿昌应是单一的民族。

（二）阿昌族内部单位的问题

盈江、梁河阿昌除语言外，其余共同的民族特征，因分别受傣族、汉族的影响，所以大部分都消失了。所调查的1100个词汇中，除掉梁河借用的380个汉语词汇，尚余的720个词汇中，两地相同、相近的有333个；语法结构亦大致相同，音系亦同，可以说是同一民族的两种方言，但这两种方言分家很早，长期隔离，各自发展结果，所以差别很大。

又由于历史上长期受封建反动统治的结果，造成两地阿昌在地域上是分隔的，因此过去少有往来。经济发展亦稍有不平衡，形成互相间有隔阂，大家都不愿意承认是同一个民族。

根据上述情况，两地阿昌族人数合共17000人，虽然共同的民族特征大部分已经消失，而且历史上长期隔离互不往来的结果，造成大家心理上互相有隔阂，但是两地阿昌语言是方言之别，且通过政治说服工作，隔阂是可以消除的。因此，我们认为盈江、梁河阿昌作为一个民族单位处理，较为适当。

调查人：杨毓才、陈凤贤、周文煜、龚荣星、宛文涛、章菁萝

“本人”族（镇康县、沧源县）识别小结

“本人”族应是佧瓦族的一个支系。

一、名称、人口、分布与历史传说

“本人”自称“瓦”或“埃瓦”，亦有称“腊”。傣族称之为“门宏”（地名）或“滚拉”（即山上）人，佧瓦同傣称。镇康“濮曼”称之为“腊”。总人口约计13400

人，主要分布于镇康猛和、南腊及沧源的班洪、岩帅一带，有自己的聚居区，也和佧瓦杂居。

“本人”传说早期原来与佧瓦是一家，后来因部落迁徙，佧瓦走在前，“本人”“白朗”走在后，相约先走者以砍芭蕉为记号。但不久砍过的芭蕉又长大，待“本人”“白朗”来到时见芭蕉已长大，认为佧瓦已走远，故定居于镇康，“本人”与佧瓦均共同承认其祖先是一个，是后来才分开的。

二、语言、文字

“本人”语言属南亚语系的瓦崩龙语支，“本人”与佧瓦语对应规律显著。“本人”能通部分的佧瓦语，因而“本人”语与佧瓦语极可能是同一语言的方言差别。

“本人”无文字，信佛教者能写傣文。

三、经济

较佧瓦进步，特点是：阶级分化明显，有地主、富农，土地大部私有，但尚保有村共有的“色田”，专供祭祀之用。由于受汉族、傣族地主影响较深，高利贷及雇工剥削盛行。本族有少数专业商人，有商业交易市场，并由地主中分化出一部分依附于汉官及领主的统治者如大队长、乡镇长等。

生产力比佧瓦进步，主要种植水稻及旱谷、棉、麻、瓜，豆类也很多，能自制各种普通农具，有独立的小手工业者，如铁匠、木石匠等。

四、家族、婚姻、宗教和丧葬

（一）家族、婚姻

“本人”实行一夫一妻制，但头人和地主有多妻的。一般是族外婚，买卖婚姻盛行，并以劳动力强者为佳。男女相恋时有“梳头”的习惯，即男子到女家去玩，女的如爱上男方，即替男子梳头表示爱情，男方并赠女方烟草以为定情礼，与佧瓦同。

同一寨子为一家族或几个家族居住，早期无姓氏，以后始有姓——高、王、李、鲍、罗、满为几个大家族，名字以排行次序称呼，如王二、王三，近日多取汉名。“本人”与佧瓦通婚姻。

（二）宗教

信仰多神，崇拜万物有灵；但主要信奉家鬼及猎神“甲格洛”和土地神（与佧瓦同），由于受傣族的影响也有缅寺，信佛教，并有自己的佛爷。

（三）丧葬

实行土葬，早期不知用棺木，亦无祖先崇拜。有剽牛祭鬼的习惯，吃水酒。

五、共同心理状态

“本人”和佧瓦都共同认为他们的祖先是一家人，镇康的“本人”受汉族、傣族侵袭时，曾相率迁往班洪、岩帅一带，他们说“回去找自家人”，故今日班洪、岩帅的“本人”大都是由镇康迁去的。

六、初步结论

（1）“本人”与佧瓦在历史传说、地理分布、语言、称谓及部分生活习惯方面都有共同之点，应是佧瓦族的一支。但“本人”因受汉族、傣族影响较深，经济、文化较为进步，只是同一民族集团的不同发展，从现状出发，注意未来，应考虑合并为一族。

（2）正名：尊重自称，以改称“瓦族”为宜（大卡山的佧瓦族也有自称为“Va”的，故自称相同）。

（3）对佧瓦族正名的意见：

①“生佧”“熟佧”“本人”，统称为“瓦族”。

②改称“腊瓦”可兼顾自称“瓦”的和自称“腊”的。

③或称为“布饶”。

调查人：杨毓才、龚荣星、章菁萝

“怒”族和“俅”族识别小结

贡山的“怒”“俅”应是同一民族，碧江和福贡的“怒”与贡山“怒”“俅”的关系，还要进一步调查研究。

一、历史、区域、人口

“怒”族和“俅”族，居住在滇西北澜沧江、怒江、独龙江流域，云岭山碧罗山、高黎贡山的高山深谷地带。“俅”族主要居住贡山，“怒”分布于福贡、碧江、贡山3县，又兰坪、泸水等处也有。据说西康省的察瓦龙察隅也有“怒”“俅”族。人口分布还没有很可靠的资料，根据各方面访问和记录，估计“怒”“俅”共约25000人（未定界区域还不计算在内）。

由于访问资料的缺乏，历史来源并不了解，只知在独龙江的“俅”族是由怒江迁去的；住在怒江、澜沧江边的“怒”族来历则不明，所知道的迁徙地点都在本区以内。在碧江境内发现过新石器时代的石斧，如果不能证明原始时期有其他的族住过（现在的历史知识还不能证明），就可决定“怒”族住在碧江的年代已很长，而且从原始文化起，是“怒”族劳动创造出来的。从13世纪中叶蒙古兵征服云南，丽江木土司得到封建朝廷的保障，发展势力，统治了云南西北各部族，木氏任命傈僳族头人来统治“怒”族和“俅”族。到雍正元年（公元1723年）丽江改设流官，七年设维西厅，“怒”族就属维西厅，按年纳贡，从这年起受到封建统治直接剥削。民国元年（公元1912年）怒江区筹设殖边处，五年设菖蒲桶（今贡山）、上帕（今福贡）、知子罗（今碧江）3个行政委员，十七年（公元1928年）改作设治局。从此以后，“怒”“俅”人民受到更严重的压迫和剥削。英帝国主义从密支那北进，强占坎底，设葡萄厅，作为据点，向我3个行政区域侵进。反动政府官吏视若无睹，未定界区域人民受到更悲惨的压迫和剥削。据现在了解，住在未定界的傈僳族、“怒”“俅”族的人口数量很多。

二、名称

“怒”族——在贡山自称“怒”，在福贡自称“阿怒”(意为我是怒)，在碧江自称“怒苏”（意为怒人），在兰坪自称“若若”。至于他称，汉人称为“怒子”，亦作“怒人”“弩人”；傈僳族称为“怒爬”，亦称“怒然”；“勒墨”族称为“怒尼”，亦称“驽报”；藏族称为“察”，又称为“阿般”。

“俅”族——在独龙江自称“独龙”，在驼罗江自称“驼罗”，在迪麻江自称“迪麻”，在拉打古自称“拉打古”。至于他称，汉人称为“俅子”，亦作“俅人”“曲子”；傈僳族称为“俅爬”；景颇族称为“隆”；俅族称为“卡隆”；藏族称为“洛”，又称为“曲英”。

大抵“怒”族和“俅”族的族名和地名是一致的，先有族名或先有地名，没有历史根据。但如“迪麻”俅语的意思是“一条”，是独龙江的一条支流，因区别于正流而称那一条，呼迪麻为河名，住在这条河的附近的人户称为迪麻人了；从此例可知随地得族名。但又一说“俅”族自称“妥罗”，随所居称地名“独龙”“驼罗”即其同音，以族得名。二说不同，而访问所得的资料少，还不能判断。

“俅”族的称谓多，须统一名称，又“俅”“怒”或只是支系的不同，应该考虑用共同的族名。

三、经济

“怒”“俅”族住居平坝少，多住在山区。农耕为主。坝居的生产工具和生产技术，与邻近的傈僳族、纳西族、民家族相同，种稻谷和豆、麦等，年可二熟，也有种棉花。山居的大都刀耕火种轮歇休耕；种苞谷、荞子、燕麦、青稞、洋芋、芜菁等，在山半腰有开成熟田的，只种麦和旱谷之类，不种水稻。在村舍附近开成园圃，种蔬菜和大麻。单位面积产量比较低，费力多而收获少。在独龙江所用农具只有斧头、砍刀、镰刀、条锄，还没有板锄和犁头。副业生产，家畜有猪、鸡、牛等，但主要的是打猎、割漆和挖药材，有杂皮、熊胆、鹿茸、麝香、黄连、贝母、漆油、黄腊等出售，以换盐、茶、布匹以及补充粮食。所以农暇的时候，所有男子和部分妇女多忙副业生产，留在家的妇女从事纺织。终岁辛苦，没有不劳动的成年人。

反动政府统治时期，他们受到极其残酷的剥削。以在独龙江为例，每年每户定额缴给贡山设治局的是10斤黄连和10斤贝母，估计共须150个劳动日；还有维西王土官、察瓦龙头目，当农作物收获和药材挖完的季节即来征收实物，以致人民吃不上穿不上，终年劳动，换得的是野菜充饥，衣不蔽体。

“怒”“俅”族的经济较为落后，阶级分化不明显。“怒”族大都土地私有，但无地主。“俅”族土地公有，私有制不发达。“怒”族以家族为生产单位，“俅”以村落为单位共耕共食，同村人都在田里一同工作，不分别是谁家的，收获后按户分粮食。

“怒”族住草房，有二层或三层楼，下关牲畜，上住人，楼板用木或竹编。“俅”族住横木架成的房子，在独龙江还有住在树上架成的茅屋。

四、社会文化

在“俅”族区域有头人叫“蒙高扒”，为大家办事。使用土地须告诉头人，但不纳租，各户一年一度自愿送礼，主要是盐，送不起的不必送。但有些地方已仿照未定界的头人制，头人叫“阿固扒”，更大的头人叫“都窝”，有武装自卫，人民按户每年纳税5元。这些头人在反动政府时期受统治者的利用，进行压迫人民。

“怒”“俅”族的社会都以家族为单位，共同住在一起，“俅”族的房子一家有八九间以至十多间房，平列成一排。有五六家成为一个村落共同从事生产。

“怒”“俅”族的祖宗观念很淡薄，但同居住在一家的成员是很亲热的。“俅”族取名，弟兄按着排行次序有固定的称呼：长曰pu，次曰dw，三曰liδ，四曰tsl，五曰t，六曰k'ue，七曰t'er，前加δ音。因为大家都这样取名，故同名很多，所以连着父亲的名字来称呼。如贡山第四区“俅”族有一家曾祖名阿邓，祖名阿邓阿普，父名阿普阿邓，子名阿邓拉巴加克，孙名加克阿普。这是很原始的父子连名，羌语系的父子连名可能是从这样的称呼发展出来的。

“怒”“俅”的婚姻制度都是一夫一妻制，间有多妻。婚姻多系父母作主，指腹为婚或两三岁时订婚，也有不同意父母指定而自由结合的。同住在一家内的兄弟姊妹不能婚配，但分居后的堂兄弟姐妹可以婚配，舅姑或姨表兄弟姊妹也可以婚配。兄死弟娶其嫂，弟死兄娶弟妇，若本人不愿就逃走，数年后回来，不再逼迫。

丧葬的习惯，除贡山一部分“怒”族信喇嘛教的举行火葬外，都是土葬，掘长方形深坑，安置上下四方六块木板如棺形，尸身放在里面盖上土；殉葬物品男用弩弓，女用口琴（竹篾做的）；不立墓碑，在家也不设神主，葬后也不扫墓。

“怒”“俅”族原来信多神教，巫师在贡山、福贡称“尼扒”或“拿萨”，在碧江称“缅紊苏”或“禹鼓苏”，禳病送鬼。若遇瘟疫流行，则剽牛祭神，众人分肉，认为神可保佑。在贡山因为接近藏族，有部分的“怒”“俅”族信喇嘛教，有自己的寺庙。从清朝末年起，有帝国主义分子在傈僳区域传播基督教（英美籍）、天主教（法籍）。后来“怒”“俅”族信教的也很多，几乎每个寨子都有教堂，一般人都读基督教以傈僳文编印的经典。

五、语言

贡山“俅”族与“怒”族间完全可以通话，两种话的语法结构基本相同。词汇方面，根据459个词的比较，其中语音词义全同的词约占40%，词义相同语音相近的约占33.3%，其余约占27%的不同的词汇多数是因为用了不同的词或是材料有疑义。根据上述情况可初步说明，贡山“俅”语与贡山“怒”语是同一语言的两个方言。

福贡“怒”语与贡山“俅”语不能通话，但语法现象基本一致。词汇方面，根据459个词的比较，其中语音词义全同的词约占10%，词义相同语音相近的约占25%。

福贡怒语与贡山怒语不能通话，语法现象大体一致，但词汇方面差异相当大。目前所得材料尚不够说明它与贡山“俅”“怒”语是否是方言关系，但福贡“怒”语与贡山“俅”“怒”语的关系比较与碧江“怒”语为近。

此次因条件关系，“俅”语所得材料较多，尚需进一步调查研究，以证明贡山的“俅”语和“怒”语与福贡“怒”语的关系。

碧江“怒”语与福贡、贡山“怒”语的差异相当大，彼此不能通话。贡山“俅”“怒”与福贡“怒”语特有的动词变化，碧江没有；词汇方面只有10%相同相近，并找不出语音上的对应规律，因此碧江“怒”语与贡山“俅”“怒”语可能不是同一语言，而是有亲属关系的两种不同的语言。

因此碧江和福贡的“怒”语，尚有待进一步调查研究；碧江和福贡“怒”语与贡山“怒”“俅”语的关系，也需要进一步地比较分析。

六、结语

从以上的情况来说，“怒”“俅”两族特别在贡山住居区连接成为一个共同地域，经济生活大体一致。虽然发展有些不平衡，但两族间的经济关系很密切，并且两族相互表示同是一家——解放后有许多“俅”族迁回“怒”族区域，所以“怒”“俅”应该是同一民族。

但3个区域的“怒”“俅”关系，还需要进一步调查研究。

调查人：方国瑜、周汝诚、王恩庆、对璐、批力、刘传麟

兰坪、宁蒗“西蕃”族识别小结

“西蕃”族在与西康省境内的“西蕃”族进一步比较后可考虑认为单一的民族，但名称应更改。

一、名称、人口及迁徙路线

自称：兰坪的自称“普英米”，宁蒗的自称“普日米”，都是白人之意。本民族愿改用自称。

他称：傈僳族称之为“流流帕”（意为不懂礼貌的人），藏族称之为“巴”（意为藤条或树根之意）；纳西族称之为“剥”，汉族、民家族称之为“西蕃”。

人口：在云南共约有15000人。其中，兰坪、宁蒗各约有3500人，丽江约有3000人，永胜、剑川、中甸、维西、华坪、德钦共约有四五千人。

迁徙路线：据“西蕃”族传说，在忽必烈时由北面迁到宁蒗。兰坪的“西蕃”族是由丽江、鲁甸阿矢主迁来。据两地为死人开路都要经西康木里向北，可证明由北向南是他们的迁徙路线。

二、语言

“西蕃”语是属于藏缅语族藏语支的，它是一个独立的语言，与藏语支中的藏语、羌语并列。拿兰坪、宁蒗“西蕃”语与中甸藏语比较，在800个词汇中，有6个词的语音词意全同，占0.7%；99个相近，约占12.3%；其余696个完全不同，约占87%。在这99个相近的词中，没有显著的对应规律。“西蕃”语有其独特的语法现象，是藏语所没有的，即“西

蕃”语的形态变化较多，特别是动词多用变换词头表示语法的变化，藏语则多用附加成分和助词来表示。根据这些情况可以说明“西蕃”语与中甸藏语不是方言关系，而是不同的语言。

三、区域

散居在滇西北的永胜、剑川、中甸、维西、华坪、德钦、兰坪、宁蒗几个县中。在兰坪的“西蕃”族集中在县东北面两个相连接的区中，其中有13个聚居村，在较大的村落之上的地区，都与各族杂处。宁蒗的4个区中都有“西蕃”族，其中有六七个小聚居村，此外都杂居。宁蒗与西康木里接境，该处有较多的“西蕃”族聚居，两地“西蕃”族彼此通婚，时有往来。

四、经济

兰、宁“西蕃”族多山居，坝居较少，以农业为主，种苞谷、麦子、青稞等。生产技术和工具与周围汉族、纳西族、民家族相似。男女共同劳动，分工不很明显。副业生产中主要有牧畜，每年有定期放牧，残留半农半牧现象。此外并有养猪、鸡、蜂及打猎、挖药等。有铁匠、木匠可制简单工具。自织羊毛布，编竹器，酿酒。无专业商人，多以副业产品至丽江、剑川、维西交换日用必需品。

阶级分划明显，兰坪本族有地主、富农，地主家仍有奴隶制残余，奴隶可以买卖。宁蒗本族多受纳西族、汉族领主的剥削。剥削方式以实物地租、高利贷为主，此外在过年及地主有婚丧事时还要送礼。

五、社会文化

有氏族制度残余，例如同氏族不婚，宁蒗同一氏族内火葬的骨灰罐放在同一山洞中；在同一氏族内各家过年祭锅庄时，都要相互提到各家三代祖先的名字。遇有困难，同一氏族内彼此相互扶助等。家族最多至三四代则分家，父母随幼子。宁蒗可能仍有母系残余，如姨表不婚，母死时已嫁的女儿所住的全村每户皆来人祭吊，父死则没有。有招赘制，婚姻父母包办，有指腹为婚与童养媳，一夫一妻，兰坪间亦有多妻。有夫兄弟妇制（只限兄终弟继）。宁蒗男女儿童于13岁行穿裤穿裙礼，仪式前夕全村儿童都陪着穿裤穿裙儿童睡觉，次日陪他到各家磕头，并向所见的第一只狗磕头。

衣、食、住方面与周围各民族如纳西族、藏族、民家族、傈僳族等相互影响很多，已没有本民族显著的特征。宁蒗于冬月十七日过小年3天，有吃米花（啃虫头）的风俗，两地过年都必到山上放牲口3日，同有喂狗饭团子、祭锅庄请同一氏族聚餐，男女二人同舀净水等风俗。

宗教以巫术为主，兰坪以“端公”占主要势力，有祭房头的特殊宗教仪式，兼有阴阳师洞经会等道教成分。宁蒗以奔布（即西藏的苯教）占主要势力，有祭“宗巴拉”的特殊宗教仪式，并信喇嘛教（黄教）及“达巴”。两地都有定期祭山神、龙潭。

人死巫师杀羊开路，兰坪土葬、宁蒗火葬，兰坪每年祭祖坟2次，宁蒗每遇村中有死人即祭祖先2次。

总之，在社会文化上，“西蕃”族有氏族组织、母系残余、青年男女入社式以及对狗尊重等特点，自认为有别于其他民族。

六、结语

根据上述，“西蕃”族在语言、区域、经济以及社会文化上所反映的独特心理状态与藏族不同，也应与以前泛指康藏区域的部族而言的“西蕃”有区别，可认为单一的民族。兰、宁两地的“西蕃”族由于与他族杂处，接受他族的影响不同，相互间也有一些差别。在民族名称上，因“西蕃”带有侮辱性质，同时又易与以前泛指的“西番”相混，故应更改。最后，关于“西蕃”问题，因西康境内“西蕃”的情况还未调查，语言方面也还没与康藏的藏语做比较，所以再进一步深入了解是有必要的。

调查人：方国瑜、周汝诚、王恩庆、刘璐、批力、刘传麟

富宁“蔗园”族识别小结

“蔗园”是广西迁来的讲粤语方言的汉人。

一、名称与迁徙情况

“蔗园”自称“园人”或tsi ˧ vin ˩（粤语蔗园），因为他们以种植甘蔗为生，解放后报称“蔗园”族。富宁少数民族多称他们“粤西”人。

富宁“蔗园”族原是广西迁来的汉人，二区皈朝“蔗园”族就是由桂林迁来的，最早的已有8代、至今与广西老家仍有往来。二区板仓有自称“布红”的，因为种菜园甘蔗，也报称“蔗园”族。其实“布红”与“侬安”相近，都是桂西迁来的僮族，与“蔗园”族有别。

二、语言

“蔗园”话是汉语中的一种粤语方言。语法结构与汉语相同，语音系统与粤语基本相同。百色讲粤语的汉人曾与“蔗园”交谈，可以通话。

三、区域、人口及经济

富宁“蔗园”人口不到1000人，主要分布在富宁二区皈朝、三区剥隘和四区那当，没有聚居的自然村，与各族杂居。住平坝，但种旱地，以栽植甘蔗为主，也种苞谷杂粮。本族有地主，交定额的实物（苞谷）地租。

四、社会文化

“蔗园”社会活动、家族婚姻、风俗习惯和宗教信仰等，可以说全部与汉族相同。由于与周围各少数民族杂处，接受了一些当地风俗，如参加“赶风流街”，丧葬请“土”族魔公作法等。

“蔗园”是少数民族包围中的汉族小团体，所以自认是一个民族单位，其心理状态有别于当地其他民族。

五、结语

综上所述，“蔗园”族就是汉人，不能成为单一的民族。经证明是汉族后，他们也同意不自成为另一个民族。

调查人：林耀华、周耀文、施联朱、黄淑娉、刘恩良、赵大富、孙岳素

附：有关民族识别几个名词的解释

一、民族与种和种族的区别

斯大林说明民族的时候，举有民族的4个特征，这些特征都是历史上形成的，民族是历史过程的产物，是社会文化的产物。

资产阶级的所谓学者，企图建立民族不平等的学说来作为帝国主义侵略的理论根据，

就歪曲了科学事实，硬把民族与种族混在一起，又把种族的特征与种的特征混在一起去欺骗广大的人民群众。所以要研究民族问题，首先就要和资产阶级的荒谬的反动理论做斗争。

其实种（俄语Вид）是生物学上的分类，全体人类都同属于一个种，这个种与其他动物有区别，其所以有区别是因为在劳动的过程中，它创造了自由的手、直立的脚、清晰的语言和发达的头脑等基本特征。恩格斯在他的《从猿到人》一书中曾经明确地指出过，正是有了这些特征才使人类脱离其他动物界而形成一种新生命。再重复一句，这个有区别于其他动物的新生命——人类，同属于一个种。

种族（俄语Paca）和种有别，种具有基本的特征，这些特征对于人类生活、人类意识是有特别意义的。种族则只具有外表形态的特征，诸如头发的形式、颜色、多寡，皮肤的颜色、眼睛的颜色，鼻子的形式和嘴唇的形式等。这些外表特征是受地理环境与气候的影响的不同而有所不同的，它们与人类生活和人类意识丝毫无关。

所以种、种族和民族（俄语Науия）3词都有它们明确的内容与含义。种是全体人类共同的，具有与动物有别的基本特征。种族是按人类外表形态所划分的团体。种和种族都是生物学上的分类，他们与人类社会历史的产物——民族，是根本不同的东西。

二、氏族、部落、部族与民族的区别和关系

斯大林曾经明确地告诉过我们："民族并不是个简单的历史范畴，而是在一定时代，即在资本主义上升时代形成的历史范畴。"并且指出，当时西欧各个民族形成的过程是形成独立的民族国家，东欧的情况不同，那儿形成了一些多民族的国家。

由此，我们知道，民族在社会历史的发展阶段上，只有在资本主义上升时代才形成的。正如斯大林所说："在资本主义以前的时期是没有而且也不能有民族的。"

但是应该说明，作为民族的要素却是在资本主义以前逐渐发生的。斯大林在其《民族问题与列宁主义》一书中谈到这个问题："当然，民族的要素——语言——地域、共同的文化等等——都不是从天上掉下来的，而是还在资本主义以前的时期逐渐地创造出来的。但这些要素当时是处在萌芽状态中，至多也不过是将来在某些有利条件下形成为民族的一种可能性。这种可能性只有在资本主义上升以及民族市场，经济和文化中心产生的时期才变成了现实。"

了解了这个问题以后，我们再问一下，在资本主义时代以前，这些要形成民族的集团（我们叫他们作"民族集团"）是怎样的呢？斯大林在他的《马克思主义与语言学问题》中谈到语言的发展，也连带说到民族的发展。他说："至于语言的继续发展，从氏族语言到部落语言，从部落语言到部族语言，从部族语言到民族语言。"这样，民族集团的发展过程和社会发展的过程联系起来了。下表可供参考。

<table>
<tr><td rowspan="6">民族集团</td><td>氏族</td><td rowspan="2">原始共产制时代</td></tr>
<tr><td>部落</td></tr>
<tr><td rowspan="2">部族</td><td>奴隶制时代</td></tr>
<tr><td>封建制时代</td></tr>
<tr><td rowspan="2">民族</td><td>资本主义时代</td></tr>
<tr><td>社会主义时代</td></tr>
</table>

根据上表，我们知道氏族与部落是原始共产时代形成的人们共同体；部族是奴隶制和封建制时代形成的人们共同体；民族则是资本主义上升时代才产生的。斯大林区分民族有两种类型，即两个不同范畴的民族：一个是资产阶级的民族，一个是俄国十月革命后所产生的社会主义民族。

无论氏族、部落、部族和民族，都可总括在拉丁语ETHOC一词之内，普通译为民族集团。拉丁语ETHOC一词，通常被俄文Народ所替代，泛指各时代的民族集团。Народ的复数Народц常用为指明未形成民族前的民族集团，以便与民族一词相对称。但在国内有把Народц译作加引号的民族——“民族”，好像在社会发展史上，另有一个时代，这是错误的。因为斯大林已经明确地告诉我们各时代民族集团的发展过程，不会再有其他的解释了。

三、“夫兄弟妇”（英语Levirate）

一种婚俗，当兄死弟娶其嫂，或弟死兄娶弟妇。这是原始共产制时代群婚的 种残余形式，到了阶级社会因为买卖婚姻发达的缘故，外间买来的媳妇就在兄弟间彼此继承，以免利权外溢，因此大兄弟妇的习俗能在阶级社会里保存下来。另有一种单方的夫兄弟妇，就是兄死弟娶其嫂，弟死兄不能娶弟妇(英语Tunior Levirate)。凉山彝族普遍实行双面的夫兄弟妇习俗，但僮族系统的人民就多数实行单面的夫兄弟妇习俗。

四、“妻姊妹婚”（英语Sororate）

一种婚俗，就是姊妹同嫁一夫，也是原始共产制时代群婚的一种残余形式。美洲印第安人的部落间，一个男子娶了一个女子，到了妻妹成年时这男子也有权娶她。中国古代盛行妻姊妹婚，近代也有残迹遗留下来。

五、“交错从表”（Cross-Cousins）

一对兄妹或一对姊弟间所生子女的关系，我们普通称之为姑舅表兄弟姊妹的关系。从我个人为出发点，我的姑母是我父亲的妹妹，我姑母的儿女就是我的交错从表。我的舅父是我母亲的弟弟，舅父的儿子也是我的交错从表。不同的社会交错从表发生不同的关系，有的社会，如像彝族交错从表实行优先婚配，那就是姑舅两家子女互婚，有时甚至是强迫的；有的社会，好像西藏的藏族交错从表严禁发生婚姻关系。

六、“平行从表”（Parallel Cousins）

平行从表与交错从表是相对称的名词。平行从表是指明一对兄弟或一对姊妹所生子女的关系。兄与弟的子女为平行从表，我们普遍称之为堂兄弟姊妹，姊与妹的子女也是平行从表，普遍称之为姨表兄弟姊妹。彝族严禁平行从表的婚姻，无论姨表兄弟姊妹间或堂兄弟姊妹间都不能成婚，汉族姨表兄妹可婚，“怒”“俅”堂兄妹可婚，所以不同的社会有不同的婚俗。

七、“不落夫家”或“坐家”

这是一种婚姻礼节的习俗。当婚礼实行后，新娘到母家居住，一二年至三五年不等，大体上是到了新娘怀孕或生子女后才来夫家过家庭的生活。无论彝族系统或僮族系统的人民都盛行这种“不落夫家”或“坐家”的风俗，但解放后有的地区已经逐渐改变了。

八、“赶风流街”

在许多少数民族的地区里，每逢节日赶街的时候，青年男女盛装聚会，彼此互唱歌舞，互赠礼物，实行恋爱，汉人称之为“赶风流街”。实际上这是一种原始的比较自由的恋爱与择偶的残余现象，在云南许多少数民族间都很盛行。

九、“公房”

村寨间有一所为青年男女聚会欢乐歌舞的房屋，叫作“公房”。这个名词的含义也包括青年男女在婚前有自由恋爱、自由发生性的关系等等习惯在内。广西僮族和云南彝族（特别是撒尼支系）都有“公房”的流行。

十、“入社式”

青年男女到成年期的时候，行一种仪式，叫作“入社式”，表示男女成人，此后可以恋爱或结婚，社会上承认他们是正式的社会人员了。入社式在澳洲人或印尼人间非常盛行，我国古代冠礼和笄礼也就是男女的入社式，云南“西蕃”族青年男女子十三四岁时行穿裤穿裙礼，也就是入社式的残余现象。

十一、幼子继承权

我们都很熟悉汉族有过长子继承权，长子是宗主，在宗族祭祀时他有权主持，分家时他可多得财产。但有些民族却相反地实行幼子继承权，特别优待最小的儿子。凉山彝族父母都是与幼子同居，因为其他儿子成婚后自建家屋另外居住，另过生活，所以只有幼子继承父母的住屋，他有这种继承的特权。

十二、“族长制”

在许多少数民族间，还有氏族的残余现象，在氏族里常推辈高年长的男子为族长，管理氏族间的一切事务。这是原始共产制时代父系家长制发展为父系氏族一直残留下来的遗迹。彝族系统的人民都有氏族组织的残余，但地区不同，氏族的严密与否也不同。凉山彝族直到现在还有非常严密的氏族组织，但它已不是原始时代的氏族，凉山的氏族已经阶级化了，已成为阶级统治的工具，到处打上阶级的烙印，所以凉山氏族已是阶级化了的氏族组织。

十三、“氏族血斗”

在原始时代氏族是一个共同生产共同生活的密严组织的团体。氏族人员负有共同责任和义务，如果氏族间有一人被杀，其他人员有责任为他报仇，因此引起氏族间的仇杀，仇杀与报复往返相继，使氏族间的血斗世代传袭下去。直到现在，佧瓦族的氏族间和凉山彝族的氏族间还存在有氏族血斗的残余现象。

十四、“父子连名制”

父子连名制是父亲名字的末一个词，作为儿子名字的头一个词，儿子名字的末一个词，又作为孙子名字的头一个词，这样的代代连续下去。例如，郭家理—理为尚—尚有才等等。这种父子连名制很可能是母系社会转变父系社会时的一种现象一直残留下来。南诏时代统治阶级盛行父子连名制，现在藏缅语族内的许多民族还保存着父子连名的习俗。

十五、“寨老制”

与彝族相反的僮族没有残留氏族的组织，僮族在进入家长制家族时代，村寨就已杂居，以地区为组织的根据。僮族有“寨老制”的残余，寨老主持村寨的一切事务，并有“老人厅”建于村寨中央，是寨老办公的地点。解放前尚有寨老的老人厅，主持每年祭龙树或祭土地神等等宗教活动。这种寨老制可能是很早的一种社会组织，后来被统治阶级所利用，以地主等充为寨老，并且寨老的职务也退至宗教节日等活动了。

十六、语音对应规律

同一种语言的不同方言中间有亲属关系的几种语言中间，在这一方面是什么音，到另一方面就无条件或有条件地成为什么音。这种双方面或几方面互相对应现象的简明叙述，就是“语音对应规律”。

十七、附加成分和助词

一个音位或一个音节或更多的音节加在一个词根或词干上，表示或改变这个词根或词干的语法作用或具体意义的就叫作“附加成分”。这种附加成分可以加在一个词的前头、后头或中间，但都是不能独立成词的。有些词没有独立的意义，只用来表明句子里各个成分中间或句子和句子中间的关系或表示说话的内容与实际情况的关系，而又不能算是哪一个词的一部分的时候，就叫作助词。

十八、严式的记音

在归纳音位系统以前，按照每个词的实际发音很严格地即使只有极细微的差别也记录下来，就叫作严式的记音。在调查研究一种新的语言或方言的时候要使用严式记音法。

林耀华、傅懋勣

云南省民族识别研究组第二阶段工作计划（草稿）
云南省民族识别研究组
1954年7月27日

云南省民族识别研究组第二阶段工作计划（草稿）

一、调查范围

以内地彝族各支系为调查重点，兼及其他有关的小民族集团。怒、傈族地处边疆国防线上，关系重要，拟调人来昆明进行访问。并在昆明调查阿西语言及比较阿昌语言，并在第一阶段工作基础上深入。

二、调查地区和重点民族

1. 大理、丽江区：重点解决大理区的“土族”，并集中力量调查丽江区所属永胜、华坪的水彝、土家、他鲁、纳渣、支理、他谷、莨莪、黍等小民族集团，并调西番族来丽江进行访问调查。以上各县1954年统计民族人口如下：

甲、祥云县：土族1228人。
乙、漾濞县：土族14354人。
丙、永平县：土族10340人。
丁、洱源县：土族6969人。
戊、邓川县：土族698人。
己、永胜县：土家、水田、他鲁、纳渣等约计7000人。

（注：大理区因土族分布太广，拟调人来大理进行访问，邓川、洱源可做实际调查。）

2. 蒙自、文山区：重点解决濮拉兼及“倮儸”。
甲、蒙自县：濮拉9276人（1954年统计）、倮儸2193人。
乙、开远县：濮拉15677人（1954年统计）。
丙、石屏县：濮拉9558人（1954年统计）。

丁、文山县：濮拉20314人（1954年统计）。

戊、个旧市：母儭约4000人。

（注：调查濮拉以蒙自、文山为主，兼及开远，但必须调查母儭以便比较。）

3. 新平县：重点解决腊鲁、三苏、苦聪、拉乌、罗武，兼及哈尼支系及傣族。

腊鲁：6504人（1954年统计）。

三苏：2862人（1954年统计）。

苦聪：2470人。

拉乌：1969人。

罗武：269人

阿车：378人。

傣族：16678人。

哈尼、卡多、糯比、梭比、阿尼、毕约等共5843人。

三、组织

1. 大理、丽江为一个组。
2. 蒙自、文山为一个组。
3. 新平为一个组。
4. 昆明为一个小组（主要调查怒、俅、阿西及比较阿昌语言）。

第1、2、3组每组至少配备语文干部1人，由科学院驻昆语文组及民委语文组调配干部参加。新平、丽江组配备卫生人员1人。

四、工作时间和要求

由8月上旬开始至10月底结束。要求做出以上各个民族单位的识别意见，并收集专题调查报告。

以上意见是否有当，请核示。

云南省民族识别研究组

1954年7月27日

云南民族识别参考资料

云南省民族事务委员会研究室印

1955年

云南民族识别参考资料

目录[①]

① 本目录部分标题与正文标题并不一致。原文如此。——编者

壹、云南省民族识别研究组第二阶段工作报告

1954年8月12日起，中央民族学院研究部、中国科学院语言研究所、省委统战部、云南大学、云南省民族事务委员会等单位工作同志28人分成昆明组、大理丽江组、文山蒙自个旧组、新平组等4个小组，继续进行了第二阶段的民族识别工作。3个田野调查组于9月底10月初，先后返昆后，分别整理材料，比较调查结果，10月下旬进行了工作总结及识别研究总结。

这一阶段工作仍然是在各级党委重视、领导、协助下，在第一阶段工作基础上，在同志们积极努力工作的情况下进行的。计识别研究了39个单位：昆明组识别了昆明“子君”、河西蒙古族、兰坪“菟莪”，并复查了上阶段工作中的“阿西”“撒尼”“本人”语言，新收集了“佧佤”“载瓦”、永善彝族、碧江怒族语汇；大理丽江组识别研究了漾濞、祥云、永平、凤仪的“土家”、永胜的“傈”“水田”“子彝”“黎明”、永胜二区的“莨莪”“他谷”“六得”“纳渣”“他鲁”、华坪的“水彝”、邓川及永胜的“土家”、洱源四区八乡的“土家”、永胜丽江的西蕃，为了进行比较研究并调查了傈僳族、纳西族、永胜凉山彝族的民族情况；文山蒙自个旧组识别研究了“普拉”族的“阿札”“图拉帕”“泼拉培”“泼哇”“侎僟”“昨柯”和“颇罗”，为了进行比较研究并收集了个旧“罗”族、路南“撒尼”和弥勒八区“阿哲”的语言材料及社会调查材料；新平组识别研究了“拉乌”“罗武”“阿车”“腊鲁”“咪哩”“密岔”“蒙化”“糯比”“梭比”“卡都”“黑浦”“苦聪”“山苏”“车苏”等单位，并附带搜集了有关支系识别研究的新平彝族、哈尼族、傣族语文社会情况材料及新平少数民族史料。以上识别研究的各单位均已写出识别小结，并收集了社会调查材料约30万字。通过民族地区的实际工作，同志们再一次更深刻地体会到民族政策的正确伟大，为祖国欣欣向荣的事业所鼓舞，思想上有所提高。

工作中的缺点是：时间短，单位多，调查材料不够深入；计划中原定的怒、都龙（俅）、阿昌复核工作未能找到工作对象，以致第一阶段所提出有关怒、都龙识别和阿昌语系属的意见，还不能得到进一步的结论。

工作中再一次肯定了第一阶段工作总结所提出的步骤和注意事项。综合约得二点：

第一，各级党政的统一领导和支持，和工作干部主动争取党政的领导和指示，再度证明是完成任务的基本关键。

第二，各部门专门科学人员和民族工作干部配合得当，相互虚心学习，分工合作，是搞民族识别工作或科学的民族调查工作的最好的组织形式。

这一阶段中并对从全面联系看民族支系问题有了进一步的体会：（1）五项（民族自称、历史、语言、习俗、民族意愿）寻找，必须建立在斯大林同志关于民族的经典定义

的全面基础上，并不是另外提出“新”的民族定义。（2）为了进行各单位的族系研究，应调查该地区有关主要民族的情况，以为支系归并的参考。例如在丽江区必须先了解傈僳族、纳西族、凉山彝族的基本情况和民族特点；为了进行新平彝族支系研究，必须了解新平彝族，不应以凉山彝族当作唯一的彝族标准。（3）有关人口少的民族单位，应尽可能找出他们相互关联的情况，不要孤立地进行识别。

工作结束时曾学习了四中全会的决议，结合工作，初步地进行了批评和自我批评，同志们都感到有所提高。

贰、云南省民族识别研究组第二阶段民族识别初步总结

（1954年10月25日）

在第一阶段民族识别研究的基础上，第二阶段4个组共计识别了39个民族单位，并搜集了8个已经确定的民族材料。今将民族识别研究初步结果报告如后，工作报告见上。并附有各民族单位识别小结，以供参考。

一、彝族系统

（一）“土家”族（漾濞、祥云、永平、凤仪）

“土家”族不能成为单一民族，只是彝族的一个支系。

“土家”人口约215000人（已计入“蒙化”族人口，因“蒙化”族即“土家”族，参考第一阶段识别总结），分布在巍山（原蒙化）、凤庆（原顺宁）、漾濞、祥云、永平、凤仪、昌宁、邓川、宾川、弥渡、云县、永胜、景东、双江、新平、耿马、镇沅等17县，以巍山县为人口集中的中心，向四面迁徙连成一大片区域。这次调查对象是漾濞、祥云、永平、凤仪四县的“土家”。4县“土家”自称是“罗罗”“腊鲁”，或“腊罗”。4县“土家”语根据近1000个词的比较，彼此间相同相近的都在60%以上，并且有明显的语音对应规律，语法构造也一致，这说明它们是同一种语言的一些方言，这些方言与第一阶段调查的巍山“土家”语最接近，都是彝语的方言。再以漾濞“土家”语与永胜凉山彝语比较，在约900个词中，相同相近的占56%；永平“土家”语与凉山彝语比较，在900多个词中，相同相近的占51%，彼此间也有较明显的语音对应规律，语法构造也基本一致，因此更可断定上述各地的“土家”语是彝语的一些方言。就语言以外的各项特征说，凉山彝族虽然保留彝族的特征较多，但也不能视为唯一的标准。彝族的标准应当是表现在彝族及其支系综合的共同特征上。“土家”和凉山以外的其他彝族支系在经济生活方面，都大同小异，解放前都进到封建地主的社会经济结构。在社会组织及文化方面，“土家”保存民族

残余现象：同姓不婚、共同拜远祖、亲属称谓重长支、房屋幼子继承权、姑舅表优先婚、“夫兄弟妇”制、火把节、小木人祖灵、火葬遗迹、崇奉山神、巫师“阿毕”等一连串的彝族普遍所共有的特征。

（二）“倮”“水田”“支里”“子彝”“黎明”“莨莪”“他谷”“六得”“纳渣”“他鲁”“水彝”等11个单位（永胜、华坪）

“倮”“水田”“支里”“子彝”“黎明”“莨莪”“他谷”“六得”“纳渣”“他鲁”“水彝”等11个单位，都不能成为单一的民族，都是彝族的支系。

11个单位共有人口约14000人，其中“倮”“水田”“支里”“子彝”“黎明”“莨莪”“他谷”“六得”“纳渣”“他鲁”10单位分布在永胜县各区；“水田”“他鲁”“水彝”3单位分布在华坪县。各单位多以“罗罗”“纳儒”“腊罗”为自称，也有忘却源流自称，而把地名作族名的。由于反动时代统治者的压迫和区域上的分割，各单位就自成团体，而有不同的单位名称。11单位的语言都是彝语的一种方言。这次调查的结果，以受汉语影响较少的“水田”语作标准，和各单位比较，各单位语与“水田”语相同相近的词都占70%以上，各单位间语法现象也基本一致，最明显的是各区访问代表相见时都可以互相通话，因此以上11单位的语言乃是彝语中一种方言中不同方言的区别。“水田”语与永平“土家”语比较，在875个词中，相同相近的（包括具有语音对应规律的）有537个，占61%，这说明“水田”和“土家”语是很接近的彝语方言；再以“水田”语和凉山彝语比较，在875个词中，相同相近的有455个，占52%，而且具有语音对应的现象，因此，更可断定“水田”等11个单位语言确是彝语方言。各单位经济发展有一些不平衡，但都进到封建地主的社会经济结构，与凉山彝族不同，但与其他彝族支系相同。在社会组织及文化上各单位大都保留彝族普遍共有的许多特点，特别是氏族制度残余、原有姓氏、父系家族、幼子继承权、姑舅表优先婚、“夫兄弟妇”制、火塘三脚架、小木人灵台、火把节、山神、树神、巫师制度、羊骨卜以及洪水滔天兄妹结婚的故事等。

（三）“腊鲁”“咪哩”“密岔”“蒙化”4单位（新平县）

“腊鲁”“咪哩”“密岔”“蒙化”都不是单一民族，都是彝族的支系。

4单位人口共8700多人，分布新平县各区，四、五两区较多。4单位不但彼此杂居，而且和彝汉各族杂处，与彝族关系更为密切。“腊鲁”“咪哩”，都自称“罗罗”；“蒙化”忘却自称，但景东“蒙化”自称“密撒拔”或“腊鲁拔”，原先都是从巍山县迁去的。语言方面，“咪哩”与“密岔”相同。“蒙化”已失掉本来语言，用汉语为交际工具，今以“腊鲁”语、“咪哩”语与新平八区的彝语（新平彝语和永胜彝语比较，在841个词中有64.2%相同相近）来做比较，各单位语各记录了946个词。“腊鲁”语和彝语比较，在812个词中，相同相近的有425个，占53.3%；“咪哩”语和彝语比较，在

812个词中，相同相近的有330个，占40.6%。此外，在946个词中，除去812个外，有134个词是“腊鲁”“咪哩”两单位所共有而与彝语不同的，这说明两单位语更为接近。语法结构上也都是基本一致。据此，各单位语都是彝语的方言。经济生活都以农业为主，进到封建地主的社会经济结构，与当地彝族大致相同。社会组织及文化上有氏族残余、父系家族、幼子继承权、姑舅表优先婚、“夫兄弟妇”、翁媳回避礼节、亲属称谓尊长房、祖先灵台、信仰鬼神、巫师“白马”、鸡卜、捞油锅传说、三脚架禁忌等彝族普遍共有的特征。

（四）“罗武”“阿车”两单位（新平县）

“罗武”“阿车”是彝族的支系，不能成为单一的民族。

“罗武”人口300余人，“阿车”150余人，主要分布在新平六区。根据历史记载，宋时立有罗武部长，“罗武”这一名称或因郡地得名。今日双柏、镇沅、云龙各县都有“罗武”单位。“罗武”和“阿车”都自称“尼苏”，与新平彝族自称相同。语言方面，“阿车”语与新平彝语比较，在812个词中有759个词相同相近，占93%，语法构造一致，所以“阿车”语几乎和当地彝语没有什么区别。“罗武”语和新平彝语比较，在812个词中有362个相同相近，只占44.5%，原因是“罗武”已渐用汉语作本单位日常交际工具，许多固有的词汇已为汉语所代替，但基本上仍属彝语方言是无可怀疑的。经济生活方面，“罗武”“阿车”都与当地彝族大同小异，文化上也保存许多彝族所共有的特征。两单位人民自己反映与彝族系统没有多大区别。

（五）“山苏”“车苏”两单位（新平县）

“山苏”“车苏”是彝族的支系，不能成为单一民族。

人口共4000余人，“山苏”3700余人，“车苏”360余人，有聚居的自然村，在大的区域上多和彝、汉两族杂居。“山苏”在解放前最受压迫歧视，语言上很少与他族交流。今以新平彝语为标准，和“山苏”“车苏”语做比较，在712个词中，“山苏”语相同相近的有606个，占85.1%；“车苏”语相同相近的有521个，占73. 1%，语法构造上也基本一致，这说明“山苏”“车苏”语是彝语的方言。经济生活方面，住在山区，种旱地，用刀耕火种方法，解放前受地主剥削压迫极惨重，本单位阶级分化不明显。社会组织及文化上保存有氏族残余、父系家族、幼子继承权、弟娶寡嫂、小木人灵台、火把节、信鬼神、巫师等一系列彝族共有特征。

（六）“土家”族（自称“利帕”——邓川、永胜）

自称“利帕”的“土家”族是彝族的支系。但由于和傈僳族长期接触，很受傈僳族的影响。

人口共约5000人，分布地域基本连接成一片，即邓川东部、宾川东部和永胜南部的三角地带，有聚居村，多和傈僳族杂居，关系也好。“利帕”语是彝语的方言，与凉山彝语比较，在692个词中有392个相同相近，占56%；与碧江傈僳语比较，在701个词中有388个相同相近，占55%；不过“利帕”语和傈僳语之间，看不出明显的语音对应规律来，而“利帕”语和凉山彝语间的对应规律较多，并清晰可寻。据此，“利帕”语应认为是彝语的一种方言，但是借用了不少的傈僳语词汇。再者，拿“利帕”语与永平“土家”语比较，相同相近的占58%，有明显的语音对应规律，语法构造也是一致，所以“利帕”语是接近南部“土家”语的一种彝语方言。“利帕”住山区，经济较落后，社会组织及文化上的氏族残余、小家族制、亲属称谓尊长房、姑舅表优先婚、“夫兄弟妇”、翁媳回避、重视火塘三脚架、竹片口琴等都是彝族所共有的特征。但与傈僳族接触多，彼此通婚，衣饰、宗教信仰和巫师（奈帕）等较近于傈僳族。

（七）“普”族或“普拉”族（附仆僟族）

“普”族按其自称所分的“阿札”“昨柯”“泼哇”“图拉帕”“颇罗”“泼拉培”6单位，以及“仆僟”，都是彝族的支系，不能成为单一的民族。

“普”族（包括“仆僟”）人口总共约100000人，分布在文山、蒙自两专区和个旧市。“阿札”“昨柯”两单位分布在文山、砚山两县；“泼哇”在开远、蒙自、屏边、西畴、邱北和麻栗坡市；“图拉帕”在马关和麻栗坡市；“颇罗”在砚山、广南；“泼拉培”在石屏、红河、元阳；“仆僟”主要在个旧、蒙自两市县。“普”族各单位在地域上可连成一片，这地区的周围与内部住有彝族（自称尼苏）和其他民族。各单位多与彝族杂处而且关系较好。传说迁徙路线是由北向南，并据1625年天启《滇志》：今文山一带就有“普”族单位，可见“普”族到此地，已很久远了。

“普”族各单位，内部都有自称，解放前大都被称为“普拉”，因为这些单位的人民认为“普拉”是侮辱称谓，解放后改称“普”族。蒙自三区有部分“仆僟”族也被称为“普拉”，但多数都自认为“仆僟”。“普”族各单位语言和“仆僟”语都是彝语方言，由于历史上与地域上的远近隔离，造成各方言之间的亲疏关系。各单位方言大抵分3组：第一组“阿札”和“昨柯”语，以“阿札”语作代表，和个旧彝语比较，在718个词中，相同相近的（包括有语音对应关系的）486个，占67%，语法构造也是基本一致。“阿札”语与“阿哲”（弥勒彝族的一部分）语比较，是更为接近的方言。第二组“泼哇”语（包括文山、蒙自一带“泼哇”语和稍有区别的屏边的“泼哇”语两种）、“图拉帕”语、“颇罗”语和“仆僟”语，以“泼哇”语为代表，和个旧彝语比较，在1102个词中，相同与有语音对应关系的词有627个，占56.2%，语法构造也基本一致。“泼哇”语再与永胜彝语比较，在1114个词中，相同与有语音对应关系的有511个，占45%；虽然距离较远一些，但更足以证明是彝语的方言。第三组“泼拉培”语与“撒尼”（彝族一支）语较为接近（见第一阶段石屏县“普”族识别小结）。

“普”族与“仆僟”各单位在经济上都以农业为主，技术较粗放，不施人粪，但都进入封建地主社会经济结构，与凉山彝族发展不同，但与其他彝族支系相同。在社会组织及文化上，都有氏族残余、原有姓氏、氏族外婚、父系家族同居、姑舅表婚配、“夫兄弟妇”、祭雷神、火葬遗迹、小木人（或竹节）灵台、多神信仰、巫师制度、人类起源的洪水故事等一连串彝族普遍共有的特点。这些文化特征与彝族支系的“阿哲”“阿细”“撒尼”“腊鲁泼”等单位特别接近。“普”族各单位都认为和他们杂居或邻居的苗、瑶、傣各族以及僮族系统的“沙”“侬”“土佬”等是根本不同的，而且也互不通婚。在访问时，“普”族各单位并没有要求自成单一民族的意愿，但有部分人反映在名称上仍愿称为“普”族，且以“朴”字代替“普”字。

（八）“子君”族（昆明）

“子君”不是单一民族，是彝族的支系。

“子君”人口2156人，分布在昆明第五区。自称“撒摩都”，唐宋以来志书都有这个单位的记载。语言方面，“子君”吸收了相当多的汉语词汇，在989个词中有329个是汉语借词，占33.2%。除掉借词，拿“子君”语的固有词汇和新平彝语比较，在661个词中，相同相近的有434个，占65.5%，语法构造也基本一致，因此“子君”语是彝语方言。文化方面，“子君”因住昆明附近，受汉族的影响很深，但解放前还有巫师“西波”与师娘，并有“西波”文（即老彝文）经典，更足证明“子君”是彝族的支系。

二、哈尼族系统

“糯比”“梭比”“卡都”“拉乌”“苦聪”5单位（新平县）

“糯比”“梭比”“卡都”“拉乌”“苦聪”5单位，都是哈尼族的支系，不能自成为单 民族。

5单位人口共约10000人，分布新平县四、五、六、七各区，其中“糯比”843人、“梭比”338人、卡都4163人、“拉乌”1600余人、“苦聪”2600余人。有村寨聚居区，在大的区域内多有汉、彝、哈尼各族各单位相互杂居的情况。语言方面，按5单位的词汇和语法构造，都是彝语支中哈尼语方言。各单位都收集了837个词，可与新平的哈尼语做比较。今以当地哈尼语作标准，比较各单位语，在601个词中，和“糯比”语相同相近的有474个，占77.7%；和“梭比”语相同相近的有496个，占81.3%；和“卡都”语相同相近的有450个，占73.7%；和“拉乌”语相同相近的有401个，占69%；和“苦聪”语相同相近的有363个，占59.5%。此外，“糯比”语与“梭比”语在837个词中，有145个彼此近同而与哈尼语不同，可见“糯比”语与“梭比”语彼此更接近；“苦聪”语与“拉乌”语在837个词中，也有91个彼此近同而与哈尼语不同，又可见“苦聪”语与“拉乌”语二者也较接近。

经济生活方面，5单位都以农业为主，多种山地，解放前地主多是汉族和彝族；本单位内部阶级分化并不明显。社会组织及文化的特点有：氏族残余现象、图腾遗迹、氏族外婚制、部分保存父子连名制、弟娶寡嫂、除“卡都”外姑表舅不婚或非优先婚、重视全寨性祭龙树、祖先崇拜以木板或篾牌作祖灵，并不供“火扎”、不度火把节（“苦聪”例外），并有巫师师娘，但不摇羊皮鼓，只重视鸡卜、蛋卜等类。凡此都与哈尼族相同，而与彝族距离稍远。各单位人民也认为与哈尼族接近，与彝族差别较大。

三、民家（白族）系统

“土家”族（自称“白伙”——洱源）

自称“白伙”的“土家”族是民家族的支系，不能自成为单一民族。

人口共6252人，聚居于洱源县4区8乡和西罗平山。自称“白伙”的“土家”族，全说民家语，与邓川、洱源、大理的民家可以通话，只略有方言上的差别。社会组织及文化方面，大家族制、同姓不婚、姑舅表优先婚、“夫兄弟妇”，盛行早婚及招赘，而更有特殊的“妻友”制；平日喜食生肉凉菜，另有火把节、土葬垒坟、供祖先灵台、崇拜本主、山神、地母、观音，并有巫师“西尼”等。本单位人民表示愿意并入民家族。

四、傣族系统

“黑浦”族（新平）

新平“黑浦”不是一个单一的民族，语言近傣族，经济生活和文化受彝族影响较深，可考虑为傣族的一个支系。

人口共118人，分布在新平五区盘龙乡两个寨子，据说是由墨江邓空迁来的，自称“卡郎”，汉称“黑浦”或“摆彝”。语言是僮傣语支的傣语方言［有别于墨江县的“黑浦”，墨江“黑浦”操“布郎”（“濮曼”）语，掺杂着傣语词汇］，基本词汇和语法构造都和新平四区的傣族（称“傣牙”）相近，且能彼此流畅地通话，只是声调上减为4个基本调，和1个变调；同时“傣牙”的p、t、k韵尾在“黑浦”语中已经失掉。经济生活以农业为主，耕作方法同当地彝族；以前多受汉族地主的压迫和剥削。20年前还有墨齿、桶裙等傣族的风俗，迄今也没有类似彝族的氏族残余现象。因为住区接近彝族，远隔傣族成一孤立状态；受彝族的影响，所以婚姻上姑舅表优先婚、“夫兄弟妇”制，重视六月火把节、崇拜祖先、服饰等风俗习惯，都近似彝族，新平“黑浦”群众也自认是“摆彝”，应是傣族的一个支系。

五、西蕃族

“西蕃”族应是单一的民族，但须与西康省的“西蕃”族做进一步的比较研究，名称也应更改。

人口在云南省共约26000人，分布在兰坪、宁蒗、丽江、永胜、维西等县。迁徙路线是由北向南，从西康木里区南下，分散各县。第一、二两阶段所调查的永、丽、兰、宁4县“西蕃”族，占有绝大多数人口，他们都是山居，有聚居村寨，在大的区域上可连成一片。永、丽、兰3地“西蕃”族，都自称“普英米”，“西蕃”一词含有侮辱意义。“西蕃”语是藏缅语族藏语支中的一个独立语言，与藏语中的藏语、羌语并列。丽江“西蕃”语与兰、宁“西蕃”语比较，在944个词中有775个相近，约占82%，并有显著的语音对应规律，它们是同一语言。兰、宁“西蕃”语与中甸藏语比较，在800个词中，只有6个词的语音词义全同，占0.7%；有99个相近，占12.3%，且没有语音对应规律；有696个完全不同，占87%。“西蕃”语有独特的语法现象是藏语所没有的。因此“西蕃”语与藏语不是方言关系，而是不同的语言。“西蕃”族以农业为主，但也有奴隶制的残余。在社会组织及文化方面，有氏族部落的残余现象、大家族制、亲属称谓重长房、姑舅表优先婚、“夫兄弟妇”、青年男女入社式、对狗特别尊敬、没有喇嘛教（宁蒗有少数西蕃信仰钵教[1]）等一连串的特点，自认为有别于其他民族。

六、其他工作

3个田野调查组收集了丽江区纳西族、傈僳族的社会及文化调查材料；永胜凉山彝族、个旧彝（“尼苏”）族、弥勒“阿哲”，新平彝族、傣族、哈尼族的语言、社会及文化调查材料。

昆明组搜集了“阿西”“撒尼”“本人”（镇康、沧源）的语言材料，进一步确定“阿西”“撒尼”语（参见附一、二）是彝语方言，“本人”语（镇康、沧源）（参见附三）是佧佤方言。为进行语言的比较研究，并记录了沧源“佧佤”、潞西“载瓦”、永善彝族、碧江怒族的常用词汇和语句。为了解决阿昌语的系属问题，仍在继续调查研究盈江、梁河的阿昌语。

此外，昆明组（附四）还调查研究了河西蒙古族的情况。河西蒙古族虽然已失掉了自己的语言，改说彝语，在其他的民族特征方面，仅只发现“没有氏族”和“不和别族通婚”两项，但根据历史记载，河西确有蒙古族，因此，蒙古族在本省可构成一个单一民族。又对于兰坪“菟莪”族也做了调查研究，“菟莪”自称“若如”，意为“小麦人”，语言与碧江怒族语较为接近，但因缺乏其他方面的比较材料，不能做出识别研究的结论，还有待于进一步的调查和比较。

① 钵教，即“本教”。——编者

叁、漾濞、祥云、永平、凤仪“土家”族识别小结

4县“土家”族不能成为单一民族，只是彝族的一个支系。

一、名称、人口分布与迁徙情况

漾濞“土家”族自称“腊鲁波”，祥云“土家”族自称“罗罗坡”，永平与凤仪“土家”族都自称“腊罗巴”。“波”“坡”“巴”都有“人”或“族”的含义。解放前汉族及当地其他民族都称他们为“罗罗”，解放后改称“土家”族或“土”族。

“土家”族（包括蒙化族）共有214000多人，分布在巍山（原蒙化）、凤仪（原顺宁）、漾濞、祥云、永平、凤仪、昌宁、邓川、宾川、弥渡、云县、永胜、景东、双江、新平、耿马、镇沅等17个县中。其中漾濞、祥云、永平、凤仪4县“土家”族共有44547人。漾濞有14354人，主要聚居在县境南部的三区。永平有11595人，分布在县境东南部的三、四两区。祥云有12282人，聚居在县境东部的三、五两区。凤仪有6316人。普选以后，4县“土家”族绝大多数已由人民自愿归入彝族。

“土家”族原聚居在巍山，由巍山向四面迁徙。据漾濞、永平“土家”族说：他们都是从蒙化迁出，迁到漾濞十三四代，迁到永平7代。

4县“土家”族分布区域相邻接，多聚居乡，有些聚居乡彼此相连接。“土家”族居山坡，附近汉、回、民家族住平坝市镇，苗族、傈僳族住山顶。

二、语言

漾濞、祥云、永平、凤仪4县“土家”语是彝语支中彝语的一种方言。记录了永平四区、祥云三区、漾濞三区“土家”语和永胜凉山彝语词汇各1200多个，除了一些汉语借词外，比较结果列表如下：

比较单位	词汇	相同相近	百分比	不同	百分比
永平“土家”语和漾濞“土家”	982	687	70%	295	30%
永平“土家”语和祥云“土家”语	989	593	60%	396	40%

3县“土家”语对比结果，词汇相同相近的都在60%以上，并且彼此间都有明显的语音对应规律。语法结构都一致（凤仪“土家”语只记了400多个词汇，但与3县“土家”语词汇也多相同），由此可断定4县“土家”语是共同的一种语言。

再与凉山彝语比较如下表：

比较单位	词汇	相同相近	百分比	不同	百分比
凉山彝语和永平“土家”语	915	465	51%	450	49%
凉山彝语和漾濞“土家”语	893	503	56%	390	44%

“土家”语和凉山彝语比较结果，相同相近的都在50%以上，也有较明显的语音对应规律，在语法方面也基本一致，因此可以断定“土家”语是彝语的一种方言。

三、经济

“土家”族以农业为主，种山地，水田很少，有极少部分的火山地。耕作技术比当地汉族较差而且不施人粪。主要作物有苞谷、荞、麦、豆类等。男女都是主要劳动力。副业主要是饲养牛、马、羊、猪、鸡；还有打猎、砍柴、赶脚、编竹器、做木工、铁工、赶毡等。凤仪以采伐木材为重要副业，永平、漾濞有以核桃、秸头榨油为副业的。没有专业商人，农民主要以副业产品换取日用必需品。

阶级分化明显，有本族地主和富农。尤其在永平，土地非常集中，本族最大的地主占有土地达数千亩。土改前剥削方式以实物地租、高利贷为主，还有无偿劳役、年节送礼等。

四、社会组织和文化

有氏族制度的残余，同姓聚居成村落，同姓不婚，有些地方同姓不同宗可以结婚。同姓同祖的人家必有共同活动，表现在祖先崇拜上最为突出，清明共同祭祖坟，每年同族有一次合祭十几代祖先，漾濞在山上大树干中供老祖宗牌位，有共同祭祀的活动。在永平烧第四代祖先牌子时，同族人都参加，漾濞在解放前还有类似族长的老人，办理族中事务，排解纠纷。

行父系小家族制，家族称谓尊长房，伯父子女皆称兄姊，叔父子女皆称弟妹，但祖房传幼子。婚姻一夫一妻，姑舅表优先婚配，姨表婚少，永平姨表不婚，行“夫兄弟妇”，但兄娶弟妇者较少。婚姻父母包办，聘礼很重，盛行招赘。

在衣饰方面，只有未婚女子戴绣花头巾、系围裙等与周围的民族不同。住屋多草房，人畜分居，各家室内皆有三脚架。节日方面主要的是二月初八拜土主，叫人魂。六月二十五日火把节祭田地五谷神。行土葬，埋葬以前有的先行浮葬，祥云且有火葬遗迹。

宗教信仰方面，特别重视祖先崇拜，祖先牌位是用糖梨木①或赤松木刻成的小木人，称“乃慈”。信仰巫术、多鬼神，如土主、山神、“米枯”（管五谷）、“梯巴”（管妇

① 糖梨木，当为“棠梨木”之误。——编者

女生育和妇女病）、“密粥”（管牲畜）等。有巫师“阿毕”，分两种，一种师徒相传，能做祭祀禳灾等事；一种是生病时变成，能赶鬼医病，祥云并有少数女巫师。

五、结语

4县“土家”族在语言、区域、经济和文化上的特征，与巍山、景东等地的“土家”和“蒙化”族基本相同。语言是彝族方言，区域以巍山为中心连成一大片；经济生活大同小异；社会组织和文化方面保存氏族残余现象，共同拜远祖、称谓重长支、房屋幼子继承权、姑舅表优先婚配、火把节、小木人祖灵、火葬遗迹、崇拜山神、巫师“阿毕”等一连串的彝族所共有的特征。因此，4县“土家”族不能构成单一民族，只不过是彝族的一个支系。

调查人：林耀华、杨毓才、安荣、黄淑娉、王辅仁、王良志、宛文涛

肆、永胜“倮”“水田”“支里”“子彝”“黎明”识别小结

“倮”“水田”“支里”“子彝”“黎明”5单位，都是彝族的支系，都不能成为单一的民族。

一、名称、历史及人口

“倮”“水田”“黎明”都自称“罗罗濮”，也称“纳儒[1]”，“支里”和“子彝”只自称“那儒”，所以“纳儒”是5单位的共同自称。汉族在解放前通称5单位为“罗罗”，傈僳族通称他们为“腊罗帕”。

分别地说：“水田”因种水田得名；“支里”曾被称为“鼠族”，住老鼠滩（因用鼠皮做烟荷包、食山鼠肉得名，今改兴营村），解放后改称“支里”；“子彝”是在丽江开会时起的名称，也简称“子”族；“黎明”因地得名，又简称“黎”族，“黎”与“栗”同音，被误认为傈僳族。

相传都是在洪武调卫时迁来。景泰《云南志》（1454）载有今永胜“境内多罗罗，皆黑爨之种，披毡跣足，翦头而椎鲁尤甚，其俗大都与霑益州相同”，这表示各单位移居年代已久，而且与东部彝族支系有关系。今日谁都不能记忆迁徙路线，但都说是从东面或南面迁到现住区。

---

① 纳儒，本文又作“那儒”。——编者

普选后人口数字：“倮”族4650人，分布在二、三、四各区；“水田”2165人，主要在五区（华坪也有“水田”，人口不详）；“子彝”113人，在三区；“支里”428人、“黎明”328人，都在一区。5单位合计不到8000人。

二、语言

5单位的语言，都是彝语支中彝语的一种方言。他们与“莨莪”“他鲁”“水彝”共8个单位，彼此之间可以通畅地会话。现在以受汉语影响较少的“水田”语作标准，列表比较如下：

<table>
<tr><td rowspan="4">所在地区</td><td rowspan="4">永胜县第五区光河乡</td><td colspan="2">单位名称</td><td rowspan="2">所属地区</td><td rowspan="2">词汇</td><td rowspan="2">相同相近</td><td rowspan="2">百分比</td><td rowspan="2">不同</td><td rowspan="2">百分比</td></tr>
<tr><td>汉称</td><td>自称</td></tr>
<tr><td>支里</td><td>纳儒</td><td>永胜县一区南华乡</td><td>908</td><td>708</td><td>77%+</td><td>200</td><td>22%+</td></tr>
<tr><td>倮族</td><td>纳儒</td><td>永胜县四区忠诚乡</td><td>878</td><td>795</td><td>90%+</td><td>83</td><td>9%+</td></tr>
<tr><td rowspan="2">单位自称</td><td rowspan="2">纳儒</td><td>子彝</td><td>纳儒</td><td>永胜县三区习朗乡</td><td>740</td><td>668</td><td>90%+</td><td>72</td><td>9%+</td></tr>
<tr><td>莨莪</td><td>哩乌苏</td><td>永胜县二区莨莪乡</td><td>270</td><td>207</td><td>76%+</td><td>63</td><td>23%+</td></tr>
<tr><td rowspan="2">比较对象</td><td rowspan="2">水田</td><td>他鲁</td><td>塔鲁苏</td><td>永胜县二区营山乡</td><td>281</td><td>219</td><td>77%+</td><td>62</td><td>22%+</td></tr>
<tr><td>水彝</td><td>腊罗</td><td>华平县三区哲里乡</td><td>525</td><td>371</td><td>70%+</td><td>154</td><td>29%+</td></tr>
</table>

由上表可看出，6个单位与“水田”相同相近的比例数都在70%以上。各单位间的语法现象也基本一致，因此可以确定以上7个单位的语言，只是“彝”语方言中的不同方音。

“水田”语与永平“土家”语比较，在875个词汇中，相同相近的（包括具有语音对应规律的）有537个，占全数61%；不同的338个，占39%。这表示“水田”语和“土家”语是很接近的语言方言。

再以“水田”语并“支里”语，与凉山彝语并碧江五区傈僳语比较如下表：

比较单位	词汇	相同相近	百分比	不同	百分比
永胜“支里”语和凉山彝语	843	421	50%	422	50%
永胜“支里”语和碧江傈僳语	745	344	44%+	411	55%+
永胜“水田”语和凉山彝语	875	455	52%	420	48%
永胜“水田”语和碧江傈僳语	772	373	48%+	396	51%+

由上表可看出，“水田”并“支里”语与凉山彝语相同相近的，都比与傈僳语相同

相近的更多；并且在与凉山彝语比较中，具有语音对应现象者较多，而与傈僳语比较中，则少有语音对应现象。根据这些情况，更可断定“水田”“支里”“倮”“子彝”“黎明”“莨莪”“他鲁”“水彝”等语言，是彝语方言。

三、区域

住处有山地有平坝，多聚族而居，有聚居自然村，“水田”且几占光河乡全乡人口，杂居村寨有较多的汉族与傈僳族。各单位由于历史上的分割，大都不相往来，其中“倮”与“水田”较接近，“倮”族自言从“黎明”分出，“支里”与“子彝”也较接近。请来访问的代表们曾聚会谈论，彼此通话，才认识原来都是一家人。5单位虽隔绝自成团体，但从大处着眼，他们和华坪以东及宾川以南的彝族各支系还是联成一大片，但和近百年从北来到永胜的凉山彝族有相当差别。

四、经济

经济以农业为主，或种水田，或种山地。“倮”“子彝”山地居多，“水田”“支里”水田居多。山地以苞谷为主，水田以稻米为主，更有荞麦、洋芋等类。生产工具和技术除山区有部分保留刀耕火种外，都和附近汉族相似，只解放前不用人粪作肥料。男女都是主要劳动力，共同协作，只犁地一项为男子的专责。副业生产多饲养牛、羊、马、骡、猪、鸡等；部分人砍柴烧木炭，妇女织麻布，男子编竹器；并有少数人养蜂和打猎。本族没有铁匠和泥水匠，只有少数木匠，也没有专业的商人，多以副业产品换取日用必需品。

他们都记得在土司统治时代，做过永胜高土司的佃户。阶级分化明显，有本族的地主、富农，也租汉族地主的土地。土地占有相当集中，地租以实物为主，占产量半数以上，高利贷剥削严重，另外还有无偿劳役，部分地区尚需送礼献纳等，直至土地改革时才废除。

五、社会组织和文化

氏族制度的残余，表现在姓氏、婚姻与祖先崇拜。“水田”“倮”“黎明”都保留原有的姓氏，作为氏族名号，行族外婚制，汉姓相同但原有姓氏不同者可以通婚。部分已转变为同姓不同宗可婚。共同崇拜氏族远祖，如“水田”何姓、吴姓每年都有共同聚拜的仪式。实际上社会活动主要的已转变到地域性的村寨基础，对外以村寨为单位，祭公山、山神又是全寨参加，地域的团结性加强，氏族血缘的团结性也就减少。

家族父系相传，从父居二代到四代同住一堂。分家财产兄弟平分，幼子得祖屋，女子无继承权，无子嗣以侄继，女子亦可招赘。婚姻盛行姑舅表优先婚配，姨表可婚，但较少，有兄终弟及的“夫兄弟妇”制，论婚有媒妁，父母做主，婿往迎亲，但无“坐家”风俗。

住房为平房，有草顶、瓦顶、木板顶，内多三间式，正中设火塘三脚架，另建畜栏。男女都穿麻布衣服，青布包头，近来大布衣服渐加多。男子外披一件羊皮背心，女子穿麻布裙，也有改穿裤子的。节期礼俗特殊的是过年插松枝、开灵盒祭祖、二月八日土主庙会（民家族本主庙的影响）、火把节、祭公山、母山、山神等。节日男女老少吹葫芦笙，打歌跳舞作乐，太古洪水滔天兄妹成婚的传说很流行。

丧行土葬，火葬遗迹不明。人死必请巫师念经开路，做小木人的祖先灵台，以供崇拜（“支里”“子彝”近年来已改奉祖先牌位）。信仰多鬼多神，重要的有山神、树神、公山、母山、土主等。巫师称“阿兴”“阿毕”或“毕母”，分两种：一种师徒相承，有口诵经典，可以主持开路，祭祀仪式并行羊骨卜；另一种是阴传，击羊皮鼓，只为人逐鬼禳灾。

总之，在社会组织和文化上，5单位保留彝族共有的许多特征，特别是氏族制度残余、原有姓氏、父系家族、幼子继承权、姑舅表优先婚、“夫兄弟妇”、火塘三脚架、小木人灵台、火把节、山神、树神、两种巫师的宗教制度、羊骨卜以及洪水故事等。

六、结语

从以上语言、区域、经济和民族文化所表现的共同心理状态诸特征看来，“倮”“水田”“支里”“子彝”“黎明”5单位，虽然所保有的各特征在程度上有些区别，但都不能自成单一的民族，他们都是彝族的支系。

调查人：林耀华、杨毓才、安荣、黄淑娉、王辅仁、王良志、宛文涛

伍、永胜二区“莨莪”“他谷”“六得”“纳渣”“他鲁”识别小结

“莨莪”“他谷”“六得”“纳渣”“他鲁”不是单一民族，是彝族的支系。

一、名称、人口分布及迁徙情况

“莨莪”自称“哩乌苏”，“他谷”自称“塔乌丝”或“塔谷丝”，“六得”自称“六的补”，“纳渣”自称“纳渣苏”，“他鲁”自称“他鲁苏”。5个单位互相称呼与自称同。“苏”“丝”“补”都有“人”的含义。5个名称都是地名，不是本单位原来的自称。

5个单位人口共5000多人，其中“莨莪”1223人、“他谷”1207人、“六得”204人、

“纳渣”430人、“他鲁”2178人。他们分别聚居在永胜县二区茛莪乡、他谷坪、六得乡、纳渣和他鲁等地，互相毗连。“茛莪”“他谷”“他鲁”都有聚居乡，“六得”“纳渣”亦聚居成村落。“茛莪”“他鲁”“纳渣”部分坝居、部分居山坡，“六得”居山坡，“他谷”在半山之上。

传说早期住在巍山县（原蒙化），后来迁到永胜南部的大迷几，再向北面移动，聚居在几个地方，忘却原来自称，以地名为族名。

5个单位与西面“支里”“黎明”语言相通，通婚往来，关系很好。与北面凉山彝族隔阂很深，解放后有所改善，彝族有半数人承认与5个单位原先是一个“根子”。

二、语言

5个单位的语言是彝语支中彝语的一种方言，彼此会话通畅无阻。“他鲁”“茛莪”与“水田”人彼此通话。根据语言记录，以“他鲁”语与受汉语影响较少的“水田”语做比较，在281个词中，相同相近的有219个词，占77.9%；不同的62个词，占22.1%。以“茛莪”语与“水田”语做比较，在270个词中，相同相近的有207个，占76%强；不同的63个词，占23%强。所以5个单位的语言与“水田”语间都只是方音上的差别。而以“水田”语与凉山彝语比较，在875个词中，相同相近的有455个，占52%；不同的420个，占48%，而且语音对应规律的现象很明显。根据这些情况，可以断定5个单位的语言是彝语的一种方言。

三、经济生活

以农业生产为主，种水稻，产米、苞谷、荞、麦、豆类。“他谷”主要种山地。生产工具和技术与当地汉族同，“他谷”大部分为轮耕地，还保有刀耕火种的方法。习惯上施肥不用人粪，男女都是主要劳动力。“茛莪”已出现脱离农业生产的碗匠和商人，其他4个单位还没有独立的小手工业和商业。牧畜在副业中占很大比重，有牧场。能制羊毛毡，会织麻布，喜养蜜蜂。此外还有打猎、编竹器、做木工、铁工、泥水工、砍柴等副业。

“茛莪”“他鲁”阶级分化明显，土地比较集中。“他谷”“六得”“纳渣”没有本族地主、富农，解放前多是汉族地主佃户。剥削方式以实物地租和高利贷为主，还有无偿劳役、货币地租等。

四、社会组织和文化

早期都属永胜高土司管辖，为土司治下的人民。有氏族制度残余，同姓聚居，同姓不婚。各姓家族共同拜祭祖先，各姓有自己的坟山，“纳渣”“他鲁”各姓家族合祭“米鲁”（保护庄稼的神），“六得”还保存原有姓氏，例如王姓称“阿诺”，意思是“乌鸦”。5个单位都有海、熊、王等汉姓。家族组织是父系小家族，盛行招赘。婚姻一夫一妻，亦可多妻，有“夫兄弟妇”婚俗，“纳渣”还有“妻姊妹婚”。姑舅表实行优先婚配，姨表禁婚，“莨莪”则姨表可婚。除“他谷”实行父母包办婚姻之外，其他4个单位婚姻比较自由；“纳渣”“他鲁”保存“公房”的风俗，性的关系很自由，抱子认亲，抱子嫁夫。5个单位互通婚姻，关系特别好。

早期5个单位的服饰是一样的，女子穿麻布衣裙，戴包头，冬天披羊皮。现在“莨莪”“六得”已改穿长裤，“他鲁”“纳渣”女子至成年时改穿黑裙。男子穿麻布衣，右衽。居屋坝区多瓦房，山区多木板房和草房。室内有炕床、火塘、铁制三脚架等。

人死行土葬，垒坟，没有火葬遗迹。节日有二月初八祭土主山神，六月火把节，六月或十月“他鲁”“纳渣”祭“公山”“母山”，“他谷”12年一次杀白羊祭“公山”，尝新米先喂狗等。重视祖先崇拜，供香炉代表祖灵，没有小木人，“莨莪”用木牌位，因受汉族影响，崇奉多鬼多神，信仰巫术，有山神、土主、家神、猎神、虫鬼、水鬼等。“纳渣”“他鲁”每年九月在山顶祭“米鲁”，举行较原始的宗教仪式。巫师称“涅甫”，有的师徒相传，有的据称是生病时鬼灵附身而成，能赶鬼治病，作法禳灾，并做羊骨卜。

五、结语

5个单位聚居在一个地区，其语言、经济生活及表现在共同文化上的共同心理状态等特征基本相同，其区别仅在受汉族及其他民族影响的深浅，“莨莪”“六得”的语言习俗很受汉族影响，“纳渣”“他鲁”保存原有风俗较多。这些特点和彝族普遍存在的特点大同小异。因此，他们不能成为单一民族，而是彝族的支系。

调查人：林耀华、杨毓才、安荣、黄淑娉、王辅仁、王良志、宛文涛

陆、华坪“水彝”族识别小结

“水彝”族是彝族的一个支系，不能自成单一的民族。

一、名称、历史及人口

“水彝”自称“腊罗”，傈僳、“水田”“他鲁”等族也都称之为“腊罗”或“腊罗帕”。汉族在解放前称之为“罗罗”，解放后改称“水彝”。

传说“水彝”族的祖先明初时来滇，最初迁至马街子，其后又迁至苴却（今永仁县），

几代前又由苴却迁来华坪。据此，我们可以初步认为“水彝”族的迁徙路线是自东向西的。

人口1000余人，主要分布于华坪南部第三区一带。坝居，与汉族杂处，周围的民族单位有傈僳、“他鲁”“水田”、傣、苗等。

二、语言

“水彝”语是彝语支中彝语的一种方言。与“水田”语比较，525个词中相同相近者有371个，占70%强；不相同者有154个，占29%强。两种语言只是方音上的差别，不过“水彝”语接受汉语词汇较多而已。此外，再以“水田”语与凉山彝语比较，875个词中相同相近者有455个，占52%；不相同者有420个，占48%，并且二者之间的语音对应规律也很多。据此，可以认为，“水彝”语是彝语的一种方言。

三、经济

从事农业生产，种旱地及水田，作物以苞谷、稻米、红薯为主。耕作技术与工具同于汉族。副业以饲养鸡和猪为主，牛羊少，养蜂者更少。本族中没有铁匠，有少数木匠、泥水匠，但非专业，也无专业的商人。

阶级分化明显，但本族的地主、富农阶级不多。剥削方式和汉族相同，另有高利贷和变相的劳役地租等，现已进行土地改革。

四、社会组织和文化

“水彝”族的社会活动以村寨为主，团结成不同氏族的地域性团体，例如土主庙会就是全村寨的人共同参加。氏族制度残余不太明显，有李、杨、严、肖等姓，并有原来的姓氏名称。同姓到五六代外，认为不同宗就可互相通婚。

行父系小家族制。子女长大即分居，诸子平分财产，女子无继承权，幼子得祖屋。无子由侄儿过继，无侄儿则赘婿可以继承，赘婿须改岳家姓。婚姻盛行姑舅表优先婚配，姨表婚较少，有兄终弟及的“夫兄弟妇”制。议婚有媒妁，父母包办，少年即定亲。娶亲时婿不亲迎，由姊妹去代接，婚后新娘也不“坐家”。

住屋多草房，分3间，另建畜栏。堂屋供“天地君亲师”及祖先牌位，灶房有火塘和三脚架。衣服以前多麻布，有羊皮褂子，妇女不穿裙。节期多受汉族影响，比较特殊的有：新年插松枝、取新水、初一拜祖坟、二月初八土主庙会、六月二十四日火把节、七月半烧包祭祖、十月初一牛王会等。喜庆节日时，男女老少吹葫芦笙打歌作舞。另外，在“水彝”族中也流传着太古时代洪水滔天的神话传说。

人死土葬。本族没有巫师，人死后请汉族道士或“水田”巫师开路诵经。信仰多鬼多神，主要的有山神、树神、土主、龙王等。

总之，在文化上，“水彝”族住地与各族杂居，尤其是深受汉族的影响。但是原有姓氏、幼子继承权、姑舅表优先婚配、“夫兄弟妇”、火塘三脚架、松枝、山神、火把节、洪水神话等彝族所共有的一套特点至今还保留着。

五、结语

华坪“水彝”族在与各族杂居情况之下，很多方面已改变了原来的面目，但从名称、迁徙路线、语言和文化上所显示的各种特征看来，他（它）是彝族的一个支系，不能自成为单一的民族。

调查人：林耀华、杨毓才、安荣、黄淑娉、王辅仁、王良志、宛文涛

柒、新平县“腊鲁”“咪哩”“密岔”“蒙化”识别小结

“腊鲁”“咪哩”“密岔”“蒙化”都不是单一民族，都是彝族的支系。

一、名称、历史、人口分布与民族关系

新平“腊鲁”（自称“罗罗”）7039人，分布在四、五、六、七、八各区，其中以五区最多，四区次之；“咪哩”（民族自称已忘记，景东“咪哩”自称“罗罗濮”；景东、新平“咪哩”习俗同，新平“咪哩”原来自称当亦是“罗罗濮”）563人，分布在五区、四区；“密岔”（自称已忘）478人，分布在五区、四区；“蒙化”（自称已忘，景东自称“密撒拔”）641人，分布在五区、四区。居住地点皆在山腰上较高处，在乡的范围内与汉族、彝族支系、哈尼族支系杂居，除“腊鲁”有聚居村外，往往一个寨子中各单位杂居。迁徙方向多来自北面大理、景东一带，“蒙化”自认来自巍山县（原蒙化县）。在民族感情上，“腊鲁”、“咪哩”、“密岔”、“蒙化”、彝族关系比较好，与哈尼族支系“苦聪”也还好，与哈尼族的其他支系不大往来。

二、语言文字

新平“蒙化”已失去本民族单位原来的语言，上阶段小结中已证明景东的“蒙化”语为彝语方言。

据“咪哩”发音人说：“密岔”老年人所说的本民族单位语言与“咪哩”相同（青年人多说汉语）。

拿新平第八区的彝语方言（该县一区、二区、八区这3个聚居区的彝语方言基本相同。与永胜彝语方言比较：在841个词中有64.2%相同或相近）与“腊鲁”语做比较，在812个词中与“腊鲁”相同相近的有425个，占52.3%；再与“咪哩”语做比较，在812个词中，相同相近的330个，占40.6%；而且语法构造基本相同，所以“腊鲁”“咪哩”语言都是彝语方言。在“腊鲁”“咪哩”946个词中，除掉共同与彝语相同相近的以外，“腊鲁”“咪哩”彼此相同而与彝语不同的有134个，所以两者关系更为接近。

三、经济生活

以农耕为主；普遍养山羊，取羊粪当肥料及擀羊毛毡子；养猪、黄牛、鸡、蜂；“腊鲁”“咪哩”附带打猎；都编篾筐为副业，“腊鲁”编麻袋著名。

农耕以山地为主，有少数梯田。工具有犁、木耙、顺刀、镰刀、斧、锄头。出产以苞谷为主，并有荞、洋芋、谷、蚕豆、豌豆、扁豆、青菜、萝卜、火麻、高粱、小米、菜籽等。解放后才开始用人粪当肥料。劳动中有男女分工。解放前，多是贫、雇农，租种汉族地主的田地，“腊鲁”“咪哩”“蒙化”已分化出少数地主、富农，“腊鲁”中，贫农在解放前也占有不少自耕地。封建剥削以实物地租为主。

“腊鲁”“咪哩”有铸铁专业的匠人，可铸犁头，但生铁需从外地输入。“腊鲁”有银匠，工艺精巧，供应附近各族银饰。4单位中无专业商人，商人多汉人；有的还保存着以物易物的习惯。

4个单位衣饰略同：男子汉装；女子都有绣花围腰，有些还缀有银泡，腰后拖有两根1尺长的飘带，每人都有1件羊皮袄。房顶多用散木片，与哈尼族支系的“卡都”“糯比”“梭比”的房屋略异，也有用土墙茅顶的。

四、社会组织和文化生活

恋爱不自由，婚外性行为为社会所禁止。但“腊鲁”婚外性行为多有，并常因此引起纠纷。婚姻上一夫一妻，议婚由父母做主。行婚礼后一二日内新媳妇要为公婆、客人打洗脚水。“咪哩”“密岔”行婚礼、退喜神等一切细节悉同。无“不落夫家”。4个单位间相互通婚，与彝族亦可通婚，但实例不多；“腊鲁”娶哈尼族支系“糯比”女子，但不嫁给“糯比”，不与哈尼族支系的“斡纽”“梭比”“卡都”通婚；“密岔”与哈尼族支系“卡都”“苦聪”“拉乌”通婚，但为数不多；“蒙化”与“卡都”通婚，不与哈尼族支系的“糯比”“梭比”通婚。姨表、姑舅表可婚。“腊鲁”“咪哩”都有过姑女嫁给舅子的姑舅表优先婚。有弟娶寡嫂的“夫兄弟妇”婚，有上门招赘的。“腊鲁”有换妻风俗。

父系家族为家庭组织的基本单位，多两三代同居。男子当家。有翁媳（夫兄与弟媳同）回避礼节，男子继承，老房子与火塘上的三脚架归小儿子，祖先灵台亦归小儿子祭祀。（但“腊鲁”分家产时抽“长子田”以养父母，老房子多归长子。父母多与幼子同住。“蒙化”亦长子得老房子）

有氏族制度的残余：同姓不婚；“腊鲁”不同姓氏的祖先灵台质料不同，质料相同的禁婚；老箐“腊鲁”有同一姓的祭祖用的公田；“咪哩”“密岔”“蒙化”在清明时共同祭祖坟，但不必有专人负责；“密岔”还有一寨一姓的族长领导耕种，调解内部纠纷。亲属称谓“一支支的大”，凡兄长之子孙皆为自己子孙的兄姐，直至记不清是共同祖先的后裔时为止。村寨在社会生活上显现重要地位，村寨尚残留原始的互助合作习惯。

丧葬用棺木土葬。1岁以下死的置树林中或岩下。2岁以下或死的日子不好的则火化。葬时请“白马”（巫师）开路，4单位洗涤尸体等手续多相同，特别是“咪哩”“密岔”细节悉同。重视祖先崇拜。“腊鲁”以松枝、楄竹、桑树、柞花树，“咪哩”以白草，“密岔”以白花树或柏枝树，“蒙化”以白花树做成小木人，上面以银屑缀成耳、嘴、眼、鼻等以代表老祖公祭献。“腊鲁”并祭马头神。

信鬼神。有巫师“白马”（“腊鲁”称为“阿毕马”，“咪哩”称为“阿笔母”，均有师传制度，男性）、师娘（女性），有鸡卜。过去有捞油锅以判断偷盗的习惯。

都以过年、二月初八、六月二十四日火把节为主要节期，“腊鲁”二月属牛日，还有“祭龙”的重要节日。过年初一都有接新水、不许来客人的风俗，“密岔”“蒙化”初一日由男子做饭给女子吃。二月初八叫人、畜、庄稼的魂，火把节点火把。二月中各民族单位弹三弦、吹芦笙同舞，唯“卡都”女子不来。

五、结语

根据以上所述，“腊鲁”自称“罗罗”，“咪哩”自称“罗罗濮”；“腊鲁”“咪哩”是彝语方言；4单位相互通婚，民族情感近，与彝族心理情感近，与哈尼族支系疏远；有姑舅表优先婚，“夫兄弟妇”婚；翁媳回避礼节；幼子继承；亲属称谓长支为大，重视祖先灵台，信鬼神，鸡卜，捞油锅传说，有“白马”师娘、灶和三脚架的禁忌等彝族普遍共有的特征；区域与彝族相邻或杂居；经济生活与彝族大致相同。因此，新平“腊鲁”“咪哩”“密岔”“蒙化”都是彝族中比较相近的支系，都不是单一的民族。

调查人：沈家驹、常竑恩、施联朱、陈凤贤、王晓义

捌、新平县"罗武""阿车"识别小结

"罗武""阿车"是彝族的支系，不能成为单一的民族。

一、名称、历史及人口分布

"罗武"自称"尼苏颇"，与本县彝族及大理专区云龙县的彝族支系"罗武"的自称相同。"阿车"自称"尼苏濮"或"涅苏濮"，与新平彝族自称相同。"濮"是人的意思。

"罗武"是从楚雄专区的双柏县迁来的，天启《滇志》、清《职贡图》《楚雄府志》都载"罗武"名，源于郡名，宋时立有罗武部长，明嘉靖中改土归流后，其部落流徙迁移于大理、楚雄、姚安、景东各地，多居崇山中，习俗文化近彝族，有文字。

新平"罗武""阿车"都主要分布在六区，住处近山巅，没有聚居的村落，与汉族、彝族及哈尼族各支系杂居。"罗武"共300余人，据说双柏县有数百家，镇沅县也有。"阿车"150余人。

二、语言文字

新平的"罗武"人口不多，且已渐用汉语作本民族的日常交际工具，许多固有的词汇已为汉语所代替，但在812个词中与新平八区彝语相同相近的仍有362个，占44.5%，语法构造基本相同，所以基本上也是彝语方言（与云龙"罗武"语在词汇上有相当程度的差异）。

拿新平八区彝语方言与"阿车"比较，在812个词中，与"阿车"相同相近的有759个，占93%，语法构造相同，且自称"涅苏濮"，与新平彝族的自称完全相同，所以"阿车"语是和新平彝语接近的一种彝语方言。

三、经济

"罗武""阿车"以山地农耕为主，轮耕地很少，用牛犁及牛羊粪施肥，解放后增用人粪。生产工具与技术和附近汉族及各族相同。主要作物是苞谷、洋芋、小麦、荞麦、蚕豆等杂粮，年收一次，男女都参加农业劳动，但女的不犁田，男的少栽秧。

"罗武"内部阶级分化不明显，无地主、富农，过去多租种彝族地主的地。"阿车"阶级分化相当明显，已出现地主、富农。剥削形式有实物地租，租额占产量半数以上，另有高利贷、无偿劳役及超经济剥削。

副业生产，“罗武”解放前多赶马、打猎，解放后多替铁厂烧炭、背炭帮工。也有打铁及编竹器，但不会织布。“阿车”没有铁匠，不会纺织，常打猎、制竹器、编草席。但都饲养牛、猪、鸡等家畜。“罗武”“阿车”都没有专业的商贩，多出卖农产品、副业产品换取日用必需品。

四、社会组织和文化

“罗武”“阿车”多以村寨为社会活动的单位，村寨由不同的民族及不同姓氏的家族组成，“祭龙”跳乐都是一村寨共同举行。但社会经济的基本单位却是家族，父系。妇女无继承权，家族多两代同居。有氏族制度及族外婚制的残余，以动植物为名号者居多，汉姓相同，但原有名号、禁忌不同的可以通婚。婚姻是一夫一妻，无子可娶多妻。论婚父母做主，请媒说合，与汉族、“苦聪”“卡都”“拉乌”等通婚，姑表、舅表、姨表都可婚，但“阿车”姑舅表优先婚配。此外“罗武”“阿车”都行招赘，有弟娶寡嫂的“夫兄弟妇”婚。

“罗武”“阿车”长期与各族杂居，衣饰都已改变，男女都穿汉装，但妇女仍裹包头，居室多石墙草顶，设有火塘。节期、礼俗多受汉族影响，但二月祭龙树、六月二十四火把节为原有重要的节日。特殊的习俗是“罗武”过去发生纠纷时有赌油咒的习惯。

丧葬装棺土葬，深受汉人影响，但仍保持掷鸡蛋选坟地的风俗。凡遇冲犯都须行火葬，火化后再埋。葬后“罗武”用白竹根制一小人作祖灵，“阿车”以香柏枝作灵台纪念祖先，每隔两三年须举行祭祀。

宗教信仰可能有图腾遗迹，凡以动植物为姓氏的人，还保存不伤害动植物图腾的习惯，个别如“罗武”对蛇姓的人还认为自己与这动物间有直接的血缘关系。“罗武”对“老蛙”羊“石蚌”（石穴中的蛙）、“四芽菜”，“阿车”对“老蛙”藤、獐子、角瓜、鹦鹉等都有禁忌，与新平彝族的禁忌相同。此外“罗武”“阿车”都重视祖先崇拜，信鬼，崇奉多神。有巫师，师徒相传，能赶鬼、禳灾祷福。另有师娘能占卜、赶鬼。

五、结语

“罗武”“阿车”语言是彝语方言。自称与新平彝族同。区域虽与各族杂居，但从整体来看，仍是在彝族聚居范围当中。经济上与彝族大同小异。此外有弟娶寡嫂的“夫兄弟妇”婚、掷蛋选坟地、火葬遗迹、重视祖先崇拜、火把节等一系列彝族共有的特征。根据语言、区域、经济和民族文化所表现的共同心理状态各特征，“罗武”“阿车”不能自成一个独立的民族而是彝族的支系。

调查人：沈家驹、常竑恩、施联朱、陈凤贤、王晓义

玖、新平县“山苏”“车苏”识别小结

“山苏”“车苏”不能成为单一的民族，是彝族的支系。

一、名称、人口和分布

彝族和汉族称“山苏”为“山苏”，现“山苏”亦自称“山苏帕”。“山苏”原意为山间野兽，含侮辱意义，本单位对这个名称非常不满。“车苏”自称“出枢巴”。

全县“山苏”共3700多人，分布在戛洒江（红河上游）以东一、二两区的山顶上；“车苏”约360余人，大部分分布在太和乡，住处多在较高的山腰上。“山苏”多与彝族、汉族杂居；“车苏”多以村聚居，但一般与彝族来往较多。

二、语言

调查863个词，比较了712个词中，新平八区彝语和“山苏”语相同相近的共606个，占85.1%；和“车苏”相同相近的521个，占73.1%，语法构造也基本相同，所以“山苏”语、“车苏”语都是彝语方言。863个词中除去与彝语比较的部分外，余下151个词，其中“山苏”语、“车苏”语彼此相同相近的又有70个，所以“山苏”“车苏”语关系较近。

三、经济

“山苏”“车苏”以农业为主，多种旱地，盛行刀耕火种方法，轮耕，不施肥。农作物多为杂粮，如苞谷、荞麦、花生、洋芋、高粱、豆类等。“山苏”生产工具只有锄头，无犁牛。“车苏”耕作技术略较进步，部分种水田，用牛犁。

“山苏”“车苏”内部阶级分化不明显，无地主、富农，多做汉族、彝族地主的佃户。剥削形式有实物地租、超经济剥削、高利贷等。“山苏”过去受压迫歧视最深，生产最落后，生活也最贫困。由于汉族、彝族地主极残酷的剥削，每年仅有一个月口粮，因此不得不主要靠副业、手工业和挖野菜维持生活。解放后，土改分得了田地，生活已显著提高。

副业生产多为编竹器、烧炭、砍柴、挖木瓢、打铁、卖工；此外也饲养猪、鸡和狩猎；狩猎多在忌日，猎得物平均分配。都无专业的商人，多出卖农产品、副业产品换取日用必需品。

四、社会组织和文化

“山苏”“车苏”以村寨为社会活动的单位，村寨由不同姓氏的家族组成，同村有原始性互助合作的习惯，此外跳乐、“祭龙”、祭鬼都是一村寨共同举行，但社会经济的基本单位却是家族。家族父系，多两代同居，分家后父母与幼子同住，“山苏”更优待幼子，多分财产和继承祖屋。有氏族制度遗迹及族外婚的残余，原来姓氏多以动植物为名号和禁忌，同一名号同一禁忌的不通婚。此外，“车苏”各姓的禁忌多与彝族同，这些禁忌可能是图腾遗迹。

婚姻是一夫一妻制，多自由恋爱后凭媒说亲。姑、舅、姨表可婚，有弟娶寡嫂的“夫兄弟妇”婚。行招赘，部分“山苏”有“公房”制和抢婚仪式，其抢婚与一区彝族相似。

节期以过年、二月“祭龙”和六月火把节为一年中主要节期。丧葬多行土葬，遇冲犯改行火葬，火化后再埋，二区“山苏”行火葬。“山苏”“车苏”都重视祖先崇拜，葬后用竹或木作祖灵纪念祖先。此外信鬼，奉多神，供“火扎”，祭猎神、山神。有巫师和师娘，巫师打羊皮鼓赶鬼禳灾。师娘多占卜、赶鬼，部分也敲羊皮鼓。

五、结语

“山苏”“车苏”语言都是彝语方言，居住分布地区从大区域看来与彝族连成一片，经济上与彝族联系亦较多。此外有氏族残余、父系家族、幼子继承权、弟娶寡嫂的“夫兄弟妇”婚、火葬遗迹、重视祖先崇拜、火把节等一系列的特点都与彝族同。因此根据语言、区域、经济和民族文化所表现的共同心理状态各特征，“山苏”“车苏”不能成为单一的民族，而是彝族的支系。

调查人：沈家驹、常竑恩、施联朱、陈凤贤、王晓义

拾、邓川、永胜“土家”族识别小结

“土家”族是彝族的一个支系，不能成为单一的民族。但由于和傈僳族长期接触，因而在语言和文化的某些方面，很受傈僳族的影响。

一、名称、历史和人口分布

邓川、永胜“土家”自称“利帕”。据说，自称“利帕”族过去原是“腊鲁帕”，可是现在已经和自称“腊鲁帕”的“土家”族在各方面都有了一些差别。解放前汉族诬蔑地称“土家”族为“山罗罗”“黑腊鲁”“死罗罗”等。

自称“利帕”的“土家”族，人口约5000人；主要分布在邓川、永胜等县。在地域上基本上连结成为一片区域，即邓川东部、宾川北部和永胜南部的三角地带内。聚居，或与

傈僳族杂居。“土家”族的各方面颇受人口多于他们的傈僳族的影响。

二、语言

就“土家”语692个词和凉山彝语比较，有392个词相同相近（占56%）、299个词完全不同（占44%）；再就“土家”语701个词和碧江第五区傈僳语比较，有388个词相同相近（占55%）、313个词完全不同（占45%）。二者的比差只是1%，因而仅就词的本身还不能断定“土家”语的系属。在比较中，“土家”语和傈僳语之间看不出明显的语音对应规律来，而“土家”语和彝语间的对应规律较多，并清晰可寻。据此，“土家”语应认为是彝语的一种方言，但是借用了不少的傈僳语词汇。

另外，就自称“利帕”的“土家”语与永平的“土家”语对比，相同相近的词约占58%，并有明显的语音对应规律。语法构造也是基本一致。所以，邓川、永胜的“土家”语是和南部大理专区一带的“土家”语较为接近的一种彝语方言。

三、经济

“土家”族山居，绝少坝居，以农业经济为主题。作物以苞谷、洋芋为主，间或撒些荞麦，滨水区并有少数水田。工具和技术一般较汉族为落后。副业以养羊为主，养蜂和饲养鸡、猪也是比较主要的副业；狩猎的工具有毒弩和火枪，在整个副业的比重中所占的地位很小。妇女会织麻布，但仅供自用。“土家”族没有铁工、木工和专业的商人。

阶级分化的情况因地而异。邓川没有地主、富农；中农也只占全人口的43%；90%以上的人口是贫、雇农。土改前多数佃耕鸡足山寺院的土地；永胜、宾川一带有本族的地主和富农。地主的剥削方式全同于汉族，现已进行土地改革。

四、社会组织和文化

“土家”族过去有过氏族的组织，现在除同姓不婚一点上可以看出族外婚制度的残余外，在姓氏上也可以看出一些氏族命名的遗迹，如朱姓是从“阿畏”（猪）取得，唐姓是从“巴”（蜂蜜）取得，席姓是从“施摆”（茅草）取得等。家族是父系小家族制度。从亲属称谓上可以看出尊重长房、姑舅表优先婚配和早期男女平等的余留等迹象。

婚姻是严格的一夫一妻制。有兄终弟及的“夫兄弟妇”婚习惯。有入赘婚（上门婿不改姓）。姑舅表优先婚配约占全部配偶的大半数以上。姨表亲也可结婚，子女的婚姻由父母包办。“土家”族不和汉族通婚，与傈僳、民家可以通婚，但事例不多。

住屋都是草房，屋内有火塘和三脚石，人畜分居。衣饰方面：男女都用黑布包头，穿右衽麻布衣服，天冷时披羊皮御寒，男女皆穿裤，女子腰中系宽带一条。部分节期和汉族相同；不同的有正月初二打猎、六月二十四日火把节等。从一些禁忌，如翁媳回避、不得触犯火塘的三脚石等来看，多和其他彝族支系风俗禁忌相同。另外，妇女喜弹竹片口琴，婚丧节庆时吹葫芦笙跳舞。

人死后土葬，无火葬遗迹。信鬼，奉多神，行原始宗教崇拜。祭神时供黄梨树和“施乌兹”（一种豆科植物）树叶。有祖先崇拜，在屋内祭，无灵位及其他象征物的设置，只祭3代内的先人。有本族的男女巫师，统称“奈帕”，由得病而成（阴传），无师授、无经典，只能为病人驱鬼禳灾。

在社会组织和文化上，“土家”族的氏族残余、小家族制、称谓尊长房、姑舅表优先婚、“夫兄弟妇”、翁媳回避、重视火塘三脚石、竹片口琴等，都是彝族所共有的特征。但因与傈僳族接触很多，彼此通婚，衣饰、宗教信仰和巫师“奈帕”等较近于傈僳族。

五、结语

根据语言、区域、经济及表现在文化诸方面的特点来看，自称“利帕”的“土家”族是彝族的一个支系。但是因为历史上长期地与傈僳族接触，因而在语言和文化的某些方面，颇受傈僳族的影响。

调查人：林耀华、杨毓才、安荣、黄淑娉、王辅仁、王良志、宛文涛

拾壹、“普”族（即“普拉”）和“㑭儀”族识别小结

“普”族中自称“阿札”“咋柯”“泼哇”“图拉帕”“颇罗”“泼拉培”6单位和“㑭儀”族，皆是彝族的支系，不能成为单一民族。

一、名称、人口、历史

“普”族中有：“阿札”“咋柯”“泼哇”“图拉帕”“颇罗”“泼拉培”等6个自称单位；“㑭儀”即自称“㑭儀”。

“阿札”人口估计在10000人以上，分布在文山、砚山两县。“咋柯”人口估计在2500人以上，分布在文山、砚山两县。“泼哇”人口估计在30000人以上，分布在开远、蒙自、屏边、西畴、邱北、麻栗坡等6县市，前4县相连的山区为其中心聚居区。“图拉帕”人口估计在10000人以上，几全部分布在马关县境内，只麻栗坡市有极少一部分。“颇罗”人口估计在10000人以上，分布在砚山和广南两县相连接的地区。“泼拉培”人口估计在5000人以上，分布在石屏、红河、元阳3县。“㑭儀”人口估计在10000人以上，分布在个旧和蒙自两市县。上列7个单位的人口总数估计在100000人左右，各单位在地域

上可连成一片，这地区的周围与内部住有彝族（自称“涅苏”）和其他民族，各单位多与彝族杂居且关系较好。各单位间也往往杂居，关系也好。

各单位迁徙路线，“泼哇”多说由昆明自北往南迁徙，“颇罗”和“昨柯”多说由大理迁来，“图拉帕”多说由四川迁来，“㑩㑩”有说从滇东迁来。

二、语言

“普”族话和“㑩㑩”话概为彝语的一些方言。

这些方言即：①“阿札”话；②“昨柯”话；③开远、蒙自、文山的“泼哇”话；④屏边的“泼哇”话；⑤“图拉帕”话；⑥“㑩㑩”话；⑦“颇罗”话；⑧“泼拉培”话。这8种彝语方言之间，就彼此的亲疏程度可分为3组。

第一组：“阿札”话与“昨柯”话

“阿札”话与个旧彝语比较，在718个词中，有117个词完全相同，有369个词基本相同或有语音对应关系，有233个词以种种缘故而相差较远。计全同与有语音对应关系的词共486个，占总数的67%，语法构造也是基本一致，故“阿札”话是彝语的方言。

“昨柯”话与“阿札”话比较，605个词中，有22个完全相同，有340个基本相同或有语音对应关系，有243个以种种缘故相差较远。计全同与有语音对应关系的词共362个，占总数的60%，又语法构造基本一致，故“昨柯”话亦系彝语的方言。

“阿札”话和“昨柯”话与“阿哲”话（弥勒县的彝语方言之一）比较的结果，也是较为接近的方言。

第二组：“泼哇”话（包括文山、蒙自一带的和屏边一带的两个地区的“泼哇”话）、“图拉帕”话、“㑩㑩”话及“颇罗”话

以“泼哇”话为代表，和个旧彝语比较，在1102个词中，相同与有语音对应关系的627个，占56.2%，语法构造也基本一致，故“泼哇”话是彝语的一种方言。“泼哇”话再与永胜彝语比较，在1114个词中，相同与有语音对应关系的有511个，占45%，虽然距离较远，但更足以证明“泼哇”话是彝语方言。两种“泼哇”话不能通话，但据929个词的比较结果，有315个词完全相同，有269个词基本相同或有对应关系，有318个词以种种缘故相差较远。计全同与有语音对应关系的词共566个，占总数的60%，语法构造也基本一致，由此判断两地区的“泼哇”话是亲近方言或方音的区别。

“图拉帕”话与“泼哇”话比较，1080个词当中，有194个词完全相同，有439个词基本相同或有语音对应关系，有447个词以种种缘故而相差较远。计全同与有对应关系的词共633个，占总数的58%，语法构造基本一致，故“图拉帕”话亦系彝语的方言。

“图拉帕”话与“㑩㑩”话比较，在1085个词中，有134个完全相同，有491个基本相

同或有语音的对应关系，有460个词以种种缘故而相差较远。前两项占总数的57%，语法构造也基本一致，故“侎儸”话亦系彝语的方言。

“颇罗”话与“图拉帕”话比较，在1072个词中，有30个完全相同，有549个词基本相同或有语音对应关系，有493个词以种种缘故相差较远。计前两项共579个词，占总数的64%，语法构造也基本一致，故“颇罗”话亦为彝语方言。

根据相互比较的结果，证明“泼哇”话与“图拉帕”“侎儸”“颇罗”话，是较为接近的方言。

第三组：“泼拉培”话

“泼拉培”话在音系上接近“撒尼”话，二者都有小舌音，辅音清浊明显，在词汇上相差较远。与“颇罗”话比较的结果是，在855个词中，有16个完全相同，有110个基本相同或有语音对应关系，有729个因种种原因相差较远，语法构造基本上还是一致的，因此“颇罗”话与“泼拉培”话是较为远亲的方言。

总之，“普”族各单位的话与“侎儸”话都是彝语的诸方言。这些方言与个旧彝语较接近，与永胜彝语较疏远。由于历史、地域等原因，8种“普”族话之间的关系确较为亲密，但每种之间的亲密程度，并不是平衡的，而又有比例程度的区别。

三、经济

“普”族和“侎儸”族各单位在经济上都以农业为主，刀耕火种几乎不存在，技术仍较为粗放，不施人粪。但都进入封建地主（经济）；与凉山彝族不同，但与其他彝族支系相同。

各单位人民在解放前，大多数是汉族地主的佃户，内部也有很少数的地主和富农，已有阶级分化。“泼哇”中绝大部分是汉族地主的佃户，个别地区是法帝国主义传教士的佃户，也有少数自耕农。砚山的“颇罗”几乎全是自耕农，本单位内部只有两三家很小的地主。“图拉帕”内部的地主、富农比其他单位又较多些，但仍多数是汉族地主的佃户，也有少数自耕农。“侎儸”大多数为汉族地主的佃户，只有极少数自耕农，内部没有地主。“昨柯”中也极大多数是汉族地主的佃户，少数自耕农，本族中也有少数地主、富农。7个单位中，以“图拉帕”的阶级分化较为明显。“颇罗”和“侎儸”内部阶级分化不太明显。被剥削的主要方式是实物地租并带有超经济的劳役剥削。解放后，各单位所在的地区都已实行了土地改革。

耕地以门前粪地（连年耕作）为主，其次是轮歇地和少量的水田或雷响田，苞谷（玉米）为主要作物，其次是荞、麦、豆类、高粱和少量的稻谷。经济作物中种植麻的最普遍，“阿札”“昨柯”“图拉帕”地区还种植药草“三七”和菜籽、粟苏籽、桐树等油料作物，主要农具有锄、犁、耙、镰刀等，牲畜有牛、羊并饲养鸡、猪。

手工业方面，以纺麻线和织麻布较为普遍，“泼哇”“图拉帕”和“阿札”等单位，家家妇女皆能操作，唯工具和技术颇为简陋，没有专业，产量也不多，且多用以自己消费。开远“泼哇”还擅于编织篾器，如箩、笼、箕等，且能制造粗工的羊毛毡、羊毛披风等。但也没有专业化，多利用农余时间制作。各单位皆不会熔铁，也没有铁匠，只有少数非专业的粗糙木工。

狩猎在各单位的经济生活中已不占重要地位，只在农闲时作娱乐性或防护性的活动。各单位皆无专业商人，仅在附近市集上售卖柴草、麻线、篾器，农业副产品等，然后购买消费品：针、布、盐以及锄、犁、镰刀等工具。妇女与男子同样担任主要劳动，只妇女不犁地，男子不纺织而已。

四、社会组织和文化

各单位一般都保有原有姓氏、同姓不婚等氏族残余的现象，但已转变以村寨为社会单位，由不同姓氏的家族组成。父系大家族制较为普遍，除非亲死或妯娌不睦时才分居。家族行诸子均分财产制，但幼子一般有优先选择权或得正房，女子无财产继承权，招赘的例外。婚姻一般都是父母包办，但婚前男女可自由恋爱，俗称“吃火草烟”。一夫一妻制为主，个别也有娶妾的。姑舅表婚配最为普遍，特别“泼哇”是优先婚配，姨表也可通婚，唯砚山的“颇罗”禁止姑表婚，有“水不倒流”之意。弟娶寡嫂很普遍，一般兄不能娶弟媳。

住宅主要是草房，多有楼，唯低矮仅用以储藏粮食畜草，人和畜分居于楼下。各单位男子服装几全改变，妇女服饰则大都保留原有形式，各单位的形式又互有差别，如“泼哇”妇女着青布包头，上加镶银泡的帽子，衣裤皆有色彩镶边，并有刺绣围裙，平日赤足或着草鞋，节日盛会穿翘头绣花鞋；“图拉帕”妇女发髻高耸，着镶边青布衣裤，衣长及膝，上加绣花围裙，脚穿短统翘头绣花鞋；“颇罗”妇女着青衣包头，镶彩色边的青布衣裤，外加绣花围裙，盛会着翘头绣花鞋；“阿札”男子着青布短衫、宽裤，妇女头戴镶银饰的箍箍帽，青衣宽裤，在背面边缘作半圆形；“俤儍”妇女着黑衣，青布包头，上着短衫、花围腰，下着宽腿裤。因此，过去曾有所谓“平头普拉”“尖头普拉”“牛尾巴普拉”“花普拉”“黑普拉”“白普拉”等侮辱性的名称，都是根据她们的服饰而取名的。

共同的节日有：正月过大年，二三月的“祭龙”，七月祭祖，八九月的尝新节，祭雷神等。“阿札”和“颇罗”还有六七月的送“草马”神、祭太阳神等活动，除“俤儍”族外皆无“火把节”。

丧葬，目前全行棺葬，但除“昨柯”外皆说古时曾行火葬，现村寨附近还多有烧人坡、烧人场的地名。开辟荒地时，也常发现盛尸灰的土罐。

各单位均重视祖先崇拜，现一般都还供祖先灵台，状似人形，以山白草、竹节草、杨柳木等质料作为灵台的主要部分；“泼哇”和“阿札”均以竹节草为灵心，这与当地彝族“涅苏”及“撒尼”“阿细”“阿哲”等彝族单位相同。“颇罗”以山白草为灵心与西昌彝族（诺苏）相同。各单位均有与灵台和人类起源有关的洪水故事，内容彼此相近。有巫师称为“白马”，世代相传或师徒相传，为人制作灵台、驱鬼、祈神、治病。信鬼、崇奉多神，如雷神、龙神、山神、土地等。

以上各单位文化特征与彝族支系的“阿哲”“阿细”“撒尼”“腊罗拔”“罗罗泼”等单位特别接近。各单位都认为和他们杂居或邻居的苗、瑶、傣各族以及壮族系统的“沙”“侬”“土佬”等是根本不同的，而且也不通婚。至于与他们杂居或邻居的彝族，则自认比较接近，且彼此通婚互助。在访问中，各单位并没有要求自成单一民族的意愿，但有部分人反映在名称上仍可称为“普”族，且以“朴”字代替“普”字。“母儭”族则认为他们与彝族更为接近，与“普”族有区别。

五、结语

上列7单位，各有他们一定的区域，也可连成一片，一般都与彝族杂居。在语言上，皆是彝语方言，各与彝语有不同程度的亲缘关系。在社会组织和文化上，各单位间基本相同，与彝族及彝族支系“撒尼”“阿细”“阿哲”“罗罗泼”“腊罗拔”等单位也基本相同或相近；经济生活也与同地区彝族相同。根据上述4方面的联系来看，可以证明“阿札”“昨柯”“泼哇”“图拉帕”“颇罗”“泼拉培”“母儭”均是彝族的支系，不能成为单一民族。除“母儭”外，上列6单位对外常统称“普”族。

调查人：张凤岐、吕光天、黄文斌、严汝娴

拾贰、昆明“子君”识别小结

“子君”不是单一民族，是彝族的支系。

“子君”1637人（云南省民委1954年材料），分布在昆明第五区。自称“撒摩都”。明景泰《云南志》记有“定远（今牟定）之民有曰撒摩都，即白罗罗之类”，“晋宁州有白罗罗有麽门（按即撒摩之同音异字）”，“赵州（今凤仪）白崖诸村有撒摩都”等；又正德《云南志》记“大理府各州县山箐间多罗武、撒摩都、摩察”，说明古人认为撒摩都即彝族或与彝族相近，很早即居住在滇池周围大理、楚雄、玉溪专区各县。更早的记载如《新唐书·地理志》记“徒莫秖”，《元史·地理志》记“些莫徒”，都是一音之转，都是有关“子君”的记载。“子君”居住地区与汉族聚居的昆明市很近，时间既长，所以受汉族文化的影响很深，保存彝族原有文化特点不多；只是解放前还有巫师“西波”与师娘，有西波文（即老彝族文）经典，现在保存的特点主要是语言。

“子君”语中吸收相当多的汉语词汇，在989个词中有329个是汉语借词（占33.2%）。但与新平彝语比较的结果，在661个词中有115个（占17.3%）相同，有319个

（占48.2%）相近，相同相近的共计占65.5%；语法构造与新平彝语方言基本一致。因此，“子君”语应该是彝语方言。

根据以上“子君”自称“撒摩都”，过去有巫师“西波”、师娘、老彝文，语言是彝语方言等诸点，“子君”应是彝族支系，不是单一民族。

调查人：童玮、萧庆文

拾叁、新平县“糯比”“梭比”“卡都”“拉乌”“苦聪”识别小结

“糯比”“梭比”“卡都”“拉乌”“苦聪”5个单位都不能成为单一民族，他们都是哈尼族的支系。

一、名称、历史及人口分布

“糯比”自称和他称都为“卢比”。“拉乌”大部分自称“拉乌”，小部分自称“卢比”。“梭比”自称“罗美”，称“糯比”为“大糯比”，彝族称之为“小糯比”；“梭比”乃汉称，含有侮辱的意思，群众表示不满，愿意改称“罗美”。“卡都”自称和他称都是“卡都”。六、七区“苦聪”自称“哥搓”,汉称“苦聪”。

5个单位皆从南面的元江、墨江和西面的镇沅等地迁来的。据说“糯比”在乾隆年间从元江羊街迁来的，在羊街有500多户“糯比”，彼此有亲戚往来；“梭比”在200年前从元江清水河迁来的，十几年前彼此之间还有过来往；“卡都”从墨江迁来的，迄今已有11代了；耀南乡“拉乌”从元江迁来的，那庄乡“拉乌”从镇沅迁来的；法启乡“苦聪”传说从景东到镇沅最后迁到新平来，目前与镇沅的“苦聪”仍有往来，和平乡的“苦聪”传说是当地的土著。

5个单位人口近1万人，其中“糯比”845人、“梭比”338人、“卡都”4163人、“拉乌”1600人、“苦聪”2600余人，主要分布在新平四、五、六、七各区。“糯比”“梭比”“卡都”有村寨聚居区，“拉乌”“梭比”“卡都”多在五区且住区相连、互有联系，与元江、墨江、镇沅等县的“糯比”“梭比”“卡都”连成一片，彼此互有亲戚关系。“拉乌”“苦聪”多在六、七两区。

二、语言

5个单位的词汇和语法结构都是彝语支哈尼语的方言。各单位都收集了837个词，与当地（新平）哈尼（在当地被称为“斡纽”）语做比较，在610个词中，哈尼语和“糯比”

话相同相近的有474个，占77.7%；与“梭比”话相同相近的有496个，占81.31%；与“卡都”话相同相近的有450个，占73.77%；与“拉乌”话相同相近的有401个，占69.01%；与“苦聪”话相同相近的有363个，占59.51%。此外，“糯比”与“梭比”在837个词中，有145个彼此相同而与哈尼语不同，可见“糯比”与“梭比”话彼此更接近；“苦聪”与“拉乌”在837个词中，也有91个彼此近同而与哈尼语不同，又可见“苦聪”与“拉乌”话比较接近。

三、经济

5个单位都以农业生产为主。除“拉乌”居住在近山顶的地方外，其余的多住在山腰。除“卡都”种水田较多外，其余的都以种山地为主。山地产苞谷、杂粮，水田产稻谷。5单位的生产工具和技术大致相同，都不施人肥，男女都从事劳动生产。“糯比”“梭比”普遍饲养山羊以积肥，黄牛较多，妇女都织草席为主要副业生产。“卡都”多水牛，平时还捞鱼佐食。“拉乌”“苦聪”制竹器，亦有打猎，“拉乌”烧炭，“苦聪”织麻布。5单位皆无铁匠，没有专业商人，多出卖农、副业产品换取盐巴、土布、黄烟、粮食和日常用品。

内部阶级分化不太明显，绝大多数是贫、雇农，中农少数，只“糯比”“卡都”有极少数的地主、富农。解放前多租种汉族、彝族地主的土地，剥削惨重，剥削形式有实物地租、高利贷和无偿劳役等。

四、社会组织和文化

5单位都以家族为社会的基本单位。家族多二、三代同居，男子当家。地域性的村寨单位在社会活动中也较为重要，村寨内的原始互助合作习惯较普遍。“糯比”“卡都”有原来的姓氏，“糯比”部分还保存父子连名制，这都表示是氏族制度的残余；另外，氏族还有图腾禁忌遗迹，如杨、李姓禁吃水牛、鸡等。“糯比”“梭比”“卡都”翁、媳之间和夫兄、弟妇之间有回避礼节，财产继承诸子平均分配、女子无继承权，老房子和三脚架分给幼子，父母与幼子同居。

婚姻形式基本上是一夫一妻制。同姓不婚，婚前男女恋爱不自由，父母包办，有弟娶寡嫂的“夫兄弟妇”婚制。“梭比”“卡都”和部分的“拉乌”“苦聪”姨表可婚，“糯比”则不婚。除“卡都”“拉乌”和部分的“苦聪”外，姑舅表不婚。一般都不与汉族通婚。“糯比”“梭比”“卡都”彼此通婚较多。

人死木棺土葬，以蛋卜择坟地，多请巫师念经，杀牛开路。二三岁死的小孩、凶死或犯日子死的火葬。

每年以过年、“祭龙”、六月为主要节期（部分“拉乌”不过六月节）。过年3天不干活，“梭比”“糯比”原在十月过年，现从汉俗过腊月年。5个单位都重视全寨性祭龙树，不过火把节（“苦聪”例外），但有全寨性活动，如“卡都”杀鸡叫人魂，“糯比”“梭比”杀牛做米粑粑送祖。

“糯比”“梭比”“卡都”皆住尖顶茅草土屋，架木为楼，楼板系以篾笆铺成，楼上储放谷物，人畜分居。“苦聪”住尖顶土屋。衣饰“糯比”“梭比”大致相同，“卡都”妇女黑布缠头，墨齿，穿裙子。“拉乌”男女多穿汉服，妇女仍保存蓝布包头。主食苞谷、杂粮。

重视祖先崇拜，皆以木板或篾牌做祖灵，不供“火扎”。崇信多神鬼灵。有巫师、师娘，称巫师为“母辟”，无经典，有师传制度，能折草找鬼为人赶鬼治病。师娘不摇羊皮鼓，多以鸡大腿骨为卜。

各单位彼此关系好，民族情感与哈尼族接近，与彝族差异较大。

五、结语

根据以上所述，5个单位与西部和南部的镇沅、元江、墨江的“糯比”“梭比”“卡都”“拉乌”“苦聪”地域大致相连；语言都是哈尼语的方言；经济生活大同小异；社会组织和文化上都有氏族残余现象、图腾禁忌遗迹、氏族外婚制，部分保存父子连名制、弟娶寡嫂，重视全寨性祭龙树，祖先崇拜以木板或篾牌做祖灵、不供“火扎”、不过火把节，有巫师、师娘，但不摇羊皮鼓，只重视鸡卜、蛋卜等类。凡此都与哈尼族接近，而与彝族距离稍远。本族干部、群众也都认为与哈尼族接近，与彝族差异大。所以5个单位都是哈尼族的支系，都不能成为单一的民族。

调查人：沈家驹、常竑恩、施联朱、陈凤贤、王晓义

拾肆、洱源“土家”族识别小结

洱源“土家”族是民家族的一支，应归入民家族（注：民家族已建议改称白族）。

一、名称、历史及人口

洱源“土家”族自称“白伙”，与洱源、邓川一带民家族的自称相同，意为“白人”。

传说他们的祖先是明初从江西省原籍随沐英西征来滇的，其后落籍大理一带，与当地土著民族结合，繁衍至今。现有尹、罗、寸、王、孙、李、吴、杨等姓氏，其中有些姓氏

与大理、邓川、剑川、云龙等县的民家族相同，并且原是一家，以后因为住地隔离，在洱源的一部分因为情况比较落后而被认作是“土家”了。

“土家”分布在洱源第四区第八乡以至整个西罗平山地带，总人口计6252人。因为山居的关系，坝区的民家族称他们作“索诺英”——山上的人——以和自己分别，尽管他们的自称是相同的。

二、语言

“土家”族全操民家语，能与大理、洱源、剑川一带的民家族通话，其间略有方言上的差别。无文字。一般均能略通汉语。

三、经济

从事农业生产。山区多旱地，作物以苞谷、荞麦为主，兼事放牧牛、羊，饲养猪、鸡等副业，养蜂的户数也不少，有些人并会做羊毛毡外售。

“土家”族阶级分化明显，有本族的地主、富农。土地比较集中，并可自由买卖。另外，罗姓尚保有少数的“族公地”。剥削情况严重，盛行高利贷。现已进行土地改革。

四、社会组织与习俗

“土家”族有自己的家族组织，是建立在血缘关系上的人家族制度，同姓同村多系亲族。在婚姻方面，同姓不婚、姑舅表优先婚配、“夫兄弟妇”、入赘婚极多，另外，尚保有原始群婚痕迹的“妻友”制。子女的婚姻由父母包办，有指腹婚，并盛行早婚（小至四五岁即举行婚礼），小夫大妻的情况很普遍。人死后土葬垒坟，崇拜祖先并供奉灵牌。

“土家”族多住木板房。男女都有披羊皮的习惯，妇女包头，穿蓝布衫，右衽，腰系围裙。喜食生肉、凉菜。节期多同汉族，较为独特的有二月初八、九月初九做本主庙会，六月二十四日火把节等。“土家”族有信奉佛教的，并崇拜本主、地母、山神、观音菩萨等。巫师称“西尼”，能行巫术治病赶鬼。

五、结语

洱源“土家”族不是一个单一民族，只是民家族的一支。与巍山、祥云等县的“土家”族不同，本单位也愿改称民家族，应该和民家族合并。

调查人：林耀华、杨毓才、安荣、黄淑娉、王辅仁、王良志、宛文涛

拾伍、新平县“黑浦”识别小结

新平县“黑浦”不是一个单一民族，语言近磨沙傣族，经济生活和文化受彝族影响较深，可考虑为傣族的一个支系。

一、名称、历史及人口分布

新平县“黑浦”自称“卡郎”，磨沙傣族亦称之为“卡郎”，彝族、汉族皆称之为“摆彝”“旱摆彝”或“黑浦”。1953年土改前汉族称“黑浦”人口较集中的五区石头寨为“摆彝寨”。

“黑浦”族118人，有117人分布在五区盘龙乡石头寨和小庙两个寨子。据说系从墨江邓空迁来的，在十四五年前邓空的“黑浦”妇女还有墨齿、桶裙，十七八年前石头寨的“黑浦”妇女也有墨齿、桶裙，但由于长期与彝族、汉族杂居，周围多彝族居住，成一孤立状态，与傣族反而相隔甚远，所以他们的文化、经济生活已和彝族相似，部分的风俗习惯还受了汉族的影响，已经没有墨齿、桶裙的风俗了。

二、语言

新平“黑浦”在民族自称和语言上与墨江“黑浦”（布朗族——濮曼）不同。其基本词汇及语法构造都和新平四区的傣族（傣雅）相近，只是声调上减为4个基本调和1个变调；同时傣族（傣雅）语的p、t、k韵尾在“黑浦”语中已失掉，但仍能够流畅地通话，所以新平“黑浦”语是僮傣语族傣语支①的傣语方言。

三、经济

“黑浦”住在山腰上，气候比较寒冷，种植水田、山地各半，产苞谷、荞子和谷子。饲养水牛较多，不用人粪、草灰。铁农具由附近“腊鲁”、彝族购入，没有木匠、铁匠、泥水匠和专业商人，不打猎、捞鱼，普遍饲养鸡为副业，在赶街时多携去鸡、鸡蛋、梨果等换入盐巴、黄烟和土布。内部阶级分化不明显，没有地主、富农，中农很少，绝大多数是贫、雇农，在解放前多租种汉人地主的土地，受地租、高利贷和劳役的剥削很重。

① 僮傣语族傣语支，后为“僮侗语族僮傣语支”。——编者

四、社会组织和文化

家族是社会的基本单位，男子婚后成立小家庭与父母分居，以两代同居为多。财产继承诸子平均分配，女子无继承权。父母多与幼子同居。地域性的村寨单位较为重要，有马、李、黄、陶、张各姓，没有同姓的族长，“祭龙”时马、李、张姓与本寨的汉人在一处，黄、陶二姓又各在一处。有村寨性的原始互助合作习惯，如婚丧事本寨各姓来帮工和送钱、米。

婚姻形式基本上是一夫一妻制。同姓不婚，婚前男女恋爱不自由，父母包办，姨表、姑表可婚，以前姑女和舅子有优先婚配，有弟娶寡嫂的“夫兄弟妇”婚制。与“腊鲁”、彝族、“卡都”通婚。

人死木棺土葬，死的婴孩或犯日子死的火葬。以摔鸡蛋择坟地，棺前有一个白布由孝子牵着，俗同汉族。清明上坟。

每年以过年、六月二十四日为大节，“祭龙”次之。过年3天不干活，除夕晚献祖、“偷青”（偷摘别人的青菜、蒜苗二三棵吃）、吃“长菜”（吃没有切碎的青菜），初一取新水，男人做饭3天给女人吃，饭前来了生客则罚之喂以猪食，男打“陀螺”女打秋千为乐。六月二十四日在门前及山神处点火把，祈求庄稼丰收，又以牛肉或猪肉献祖，3天不干活。二月属猪日祭水龙（水井），属牛、虎日祭干龙（龙树）。七月十五日叫人魂，十四日接祖，十五日送祖。

“黑浦”男子服装已同汉族，妇女服饰似彝族。主食苞谷、杂粮，次为大米，吃牛、羊、猪、狗肉，不吃蛇、马肉；住茅草土屋，一般是3间，以篾笆铺楼，楼上储放谷物，楼下住人，牲口在屋外另建畜厩畜之。

崇拜祖先，亲死葬后二三天砍株栗树1根尺许，中间用线束之，供在堂屋供桌上，祖先只供1代，过年、“祭龙”、端午和六月献之。崇神信鬼，现在没有“白马”、师娘，人病人死不请“白马”送鬼开路。

群众自认是“摆彝”，与傣族语言相通，“黑浦”与彝族“卡都”关系较好。

五、结语

“黑浦”在20年前墨齿、桶裙，与傣族的风俗同，后来因住居区与彝族接近，远隔傣族，受彝族影响较深，如过去姑舅表优先婚、重视火把节、“夫兄弟妇”婚、崇拜祖先、服饰等经济生活和风俗习惯都近似彝族。但从语言和以前的风俗习惯等方面观察，则近似磨沙傣族，且群众自认是“摆彝”，考虑为傣族的一个支系，不能成为一个单一民族。

［注：墨江布朗族——濮曼亦被汉人称为“黑浦”，操濮曼语（属佤崩语支），掺杂傣语词汇，与新平“黑浦”不同，二者的关系有待进一步研究。］

调查人：沈家驹、常竑恩、施联朱、陈凤贤、王晓义

拾陆、永胜、丽江两县“西蕃”族识别小结

云南境内“西蕃”族应是单一的民族，但需与西康境内的“西蕃”族做进一步的比较研究。名称也应更改。

一、名称、人口及迁徙路线

永胜、丽江两县“西蕃”族，都自称为“普英米”，与兰坪“西蕃”族自称相同。在永胜彝族称之为“窝朱”，“水田”“倮”“子彝”族称之为“古兹”，傈僳族称之为“高竹帕”，在丽江傈僳族称之为“流流帕”，纳西族称之为“剥”。这些他称与任何其他民族单位没有共通之点。

人口：在云南共约有26000人，其中兰坪7300多人、宁蒗3800多人、丽江约13000人、永胜360多人、维西约1500人，其他在中甸、鹤庆、华坪等地也有少数分布。

迁徙路线：永胜、丽江两县“西蕃”族都从宁蒗迁来，两地为死人开路的路线，都与兰、宁两地“西蕃”族相同，经由西康木里向北，因知由北向南是他们的迁徙路线。

二、区域

“西蕃”散居在滇西北的兰坪、丽江、中甸、维西、永胜、华坪、宁蒗等几个县中。在永胜的“西蕃”族，聚居在五区松坪乡小牙口村，以及与之邻近的米里乡。二地皆与宁蒗的“西蕃”族聚居地区相邻接，相互交往极为密切。在丽江的“西蕃”族聚居在四区仁和乡与金浦乡等地，与兰坪的“西蕃”族聚居区相邻接。这次与第一阶段所调查的永、丽、兰、宁4县，占有“西蕃”族绝大多数的人口，他们都居住在山地，有聚居村寨，在大的区域上，也可连成一片。

三、语言

“西蕃”语属于藏缅语族彝语支，它是个独立的语言，与藏语支中的藏语、羌语并列。丽江“西蕃”语与兰坪、宁蒗“西蕃”语比较，在944个词汇中有775个相近，约占82%，并有显著的语音对应规律；有169个不同，约占18%。而兰坪、宁蒗“西蕃”语与中甸藏语比较，在800词中有6个词的语音词意全同，占0.7%；有99个相近，约占12.3%，且没有语音对应规律；有696个完全不同，约占87%。“西蕃”语有独特的语法现象是藏语所

没有的（详细情况见第一阶段工作初步总结）。根据这些情况可以说明，“西蕃”语与中甸藏语不是方言关系，而是不同的语言。

四、经济

永胜、丽江“西蕃”族都是山居，以农业为主，种苞谷、麦子、青稞等。生产工具和技术与周围汉族、纳西族、傈僳族相仿。男女共同劳动，分工不很明显。副业生产中主要的是牧畜，牛羊居多，有专人负责放牧，残留着半农半牧的现象。此外并有养猪、鸡、蜂及打猎、挖药等。在永胜又有砍柴烧炭，在丽江有织麻布、编竹篮等副业。没有铁工，在丽江本族内有木工可制简单工具。没有专业商人，多以副业产品交换日用必需品。

阶级分化明显，在丽江本族有地主、富农。在永胜本族有富农，贫、雇农则租汉族、傈僳族地主之地。剥削方式以实物地租、高利贷为主，在过年及地主家有婚丧事时还要送礼帮工。地主家有少数奴隶，奴隶是可以买卖的，这是奴隶制的残余现象。

“西蕃”族生产虽以农业为主，但保存较多的牧畜成分；生产关系虽以封建经济为主，但也有奴隶制残余，凡此都是“西蕃”族经济的特征。

五、社会组织和文化

“西蕃”族似有氏族部落的残余现象，永胜“西蕃”族氏族聚族而居，各氏族都有自己的名称。同一氏族不婚，有的氏族如傅姓，已分为3支，祭祖时3支在一起，但3支间可以互婚，这好像支系另成新氏族，不过联合为一个部落而已。清明祭坟时同一氏族一同聚餐，在族内某一家祭锅庄时，也要念同族其他家3代祖先名字。族内发生纠纷由族长老人为之排解，遇有困难同族互相帮助，在永胜同一氏族骨灰放在同一老林山洞中。

家族父系相继，在永胜行大家族制，住大屋中，五六代同堂者居十之七八。家族称谓尊长房，伯父儿女皆称兄姊，但祖房传幼子。在家族内翁媳间并夫兄与弟妇间行回避禁忌。婚姻一夫一妻制居多，地主家有多妻，行姑舅表优先婚配，并有“夫兄弟妇”（只限兄终弟及）婚制。

在丽江及永胜都有青年男女入社式，儿童在13岁时行穿裤穿裙之隆重入社仪式。丽江儿童在起名日并举行入社式时，都要向狗磕头。

衣食住生活方面，与周围各民族相互影响很多，永胜与傈僳族相近，丽江与纳西族相近。

人死巫师杀羊开路，永胜火葬，骨灰放入罐中。永胜、丽江两地在死人之日，同村各家都要各祭自己祖先。孝子当日见人见狗都要磕头。过年时有喂狗饭团子、舀净水、到同一氏族各家祭锅庄吃年饭；宰年猪时请同族各家吃烤猪肘、喝骨头汤等风俗。

宗教信仰方面，有本族世传的巫师，能做祭祀禳灾、赶鬼、医病等仪式，有定期祭山神、龙潭。永胜有在死人时插经幡的仪式，丽江在以前有定期祭房头的宗教仪式。

总之，在社会组织和文化上“西蕃”族似有氏族部落的残余现象，大家族制、称谓重长房、姑舅表优先婚、兄终弟及的“夫兄弟妇”制、青年男女入社式、对狗尊重等一连串的特点，自认为有别于其他民族。

六、结语

根据上述，“西蕃”族在语言、区域、经济以及文化上所反映的独特心理状态等，自具有明显的特征。这些特征与藏族不同，也应与以前泛指康藏区域的“西蕃”有区别，可认为单一的民族。在民族名称上，“西蕃”族有独特的自称，“西蕃”一词带有侮辱性质，同时又易与以前泛指的“西蕃”相混，应作更改，较为恰当。最后，关于“西蕃”问题，因西康境内“西蕃”情况还未调查比较，据说西康境内“西蕃”受喇嘛教与藏族文化的影响较深，所以两地“西蕃”族，再进一步深入研究是有必要的。

调查人：林耀华、杨毓才、安荣、黄淑娉、王辅仁、王良志、宛文涛

附　注

附一：“阿西”语应该是彝语的一种方言。

以弥勒县“阿西”语和永善彝语比较的结果，在1078个意义相同的词当中，完全相同的有88个，相近的有516个；相同相近的共计604个，占总数55%。语法构造也基本相同。所以“阿西”语应该是彝语的一种方言。

附二：“撒尼”语是彝语的方言。

以“撒尼”语与永胜彝语比较，在1128个意义相同的词当中，有47个词音、义全同，有594个基本相同或有语音对应关系；计全同与有语音对应关系的词共644个，占总数的57.1%。又二者语法构造基本一致。所以“撒尼”语应该是彝语的方言。

附三：“本人”（镇康、沧源）语是“佧佤”语的方言。

附四：昆明组工作由方国瑜、傅懋勣、童玮、徐琳、周耀文、刘璐、张瑢华、萧庆文等同志担任。

云南省单一民族名称人口表

民族	自称	他称	人口	分布地区
1. 汉族	自称		11499096	全省各专县
2. 彝族	诺苏、纳苏、聂苏、迷撒拔	彝族	1838652	全省102个县市
3. 白族	白伙、白子	民家	592585	大理、丽江专区、元江、安宁
4. 傣族	傣仂、傣哪、傣绷、傣赛	傣族	500517	德宏区、西双版纳为主
5. 哈尼	哈尼、豪尼、耶尼	哈尼	494480	红河区、思茅区
6. 壮族	布侬、布雅依、布傣	侬、沙、土佬	486823	文山区、蒙自区
7. 苗族	阿蒙、阿苗	苗族	360473	文山区、蒙自区、红河区
8. 瓦族	瓦、布饶、布喇	卡瓦	280257	卡瓦山、澜沧、沧源、耿马
9. 傈僳	傈僳仈	傈僳	235023	怒江区、丽江区、武定、禄劝
10. 回族	回族	回族	217093	全省112个县市
11. 纳西	纳西	纳西	143398	丽江区
12. 拉祜	拉祜拉、拉祜喜	拉祜	129736	澜沧、孟连
13 景颇	景颇、载瓦、浪莪、喇期	景颇	101558	德宏区
14. 瑶族	孟、秀	瑶族	72234	文山区、蒙自区、红河区
15. 藏族	伯、伯巴	藏族、古宗	66893	中甸、维西、德钦
16. 布朗	布朗	濮曼	32148	西双版纳、勐遮
17. 阿昌	额昌、蒙撒	阿昌	17740	盈江、梁河、陇川
18. 西番	丕米	西番	14943	宁蒗、兰坪、丽江
19. 怒族	怒苏、阿怒	怒族	12736	碧江、福贡、贡山
20. 蒙古	蒙古勒	蒙古、渔夫	3589	河西上下渔村
21. 都龙	都龙、迪麻、勒不里	俅族	2592	贡山县

说明：

1. 本表所列单一民族系根据云南省民族识别研究组初步识别者，但尚未经本民族协商同意及上级领导机关批准，仅供内部研究参考。其中“怒族”及“都龙”族，尚未做最后确定，暂列为两个单位，将来再修正。

2. 人口数字系根据1954年省选举委员会汇报数字合并统计。

3. 未明族系的名称，不列此表，请参阅《未明族系少数民族名称表》。

云南省少数民族支系称谓表

族系 族别	支系	称谓 自称	他称	侮辱称谓	主要分布地区
彝族		诺苏濮	黑彝、彝家	蛮子、夷人	大小凉山
	1. 纳苏	纳苏濮	彝族	小黑彝	武定、禄劝
	2. 俉俉	俉俉濮	倮俉	倮倮、夷人	景东、云县、个旧、墨江
	3. 迷撒拔	迷撒拔	土家、土族		巍山、漾濞、祥云、凤庆、蒙化
	4. 朴	泼哇、颇罗	朴拉、咋柯、普拉丕、图拉拔	筛箕朴拉、牛尾巴朴拉	文山、砚山、马关、开远屏边
	5. 腊罗拔	腊罗拔	乡谈、蒙化、沐花子	倮倮	云县、普洱、思茅
	6. 撒苏	撒苏	山苏		新平、元江
	7. 黎扒	黎扒	黎（倮）族、黎明	花公鸡	华坪、凤庆、邓川
	8. 阿西	阿西濮	阿西、阿细		弥勒西山区
	9. 撒尼	尼、撒尼濮	撒尼、撒梅	散民	路南圭山、昆明
	10. 格濮	格濮、阿多濮白彝、甘彝	干彝		泸西、弥勒、鹤庆
	11. 聂苏	聂苏濮	罗武	佬乌子	云龙、永平、双柏
	12. 聂苏	聂苏	俉俉	花腰、三道红	龙武、石屏
	13. 土俚	聂苏	土俚、土族		昌宁、保山
	14. 腊罗濮 腊罗濮	腊倮、水田、腊鲁			新平、墨江、华坪
	15. 咧咪				凤庆
	16. 咪里	俉俉濮	花俫里	花脚倮倮	景东、景谷
	17. 他鲁	他鲁苏	他鲁		永胜华坪
	18. 阿罗濮	阿罗濮	红彝		武定、禄劝、师宗
	19. 腊米	罗米			墨江
	20. 乃苏	乃苏濮	彝、俉俉	黑话、四块瓦	鹤庆、泸西
	21. 阿鲁	阿鲁濮	腊鲁		金平、易门

续表

族系 族别	支系	称谓			主要分布地区
		自称	他称	侮辱称谓	
彝族	22. 纽苏	纽苏濮	大头族		镇沅
	23. 车苏	阿粗扒	车苏、阿车　山上人		双柏、新平
	24. 腊罗	腊罗	白脚子		景谷、景东、普洱
	25. 阿武	阿武	孟武		西畴、麻栗坡
	26. 拉武苏	拉武苏	莨莪		永胜
	27. 塔谷鲁	塔谷鲁	他谷		永胜
	28. 梭尼濮	梭尼濮	明朗		禄劝、武定
	29. 古				弥勒
	30. 纳渣	纳渣苏	纳渣		永胜
	31. 纳若	纳若	支里		永胜
	32. 密期	密期	区族	鼠族	弥勒
	33. 子彝				永胜
	34. 六得	六的薄	六得		永胜
	35. 二彝				陆良
	36. 新黑彝				弥勒、师宗
	37. 路鲁	腊鲁	罗族		丽江
	38. 傥郎		傥郎		丽江
	39. 子君	撒摩都	子君		昆明
	40. 托罗拔		上人	大肋巴	宾川
	41. 阿乌	拉乌扒			弥勒、泸西、元阳
	42. 母僟	母僟	母僟	老母鸡	个旧、蒙自
	43. 阿哲	阿哲濮	阿哲		弥勒
哈尼族		哈尼	哈尼、倭尼	窝尼	红河哈尼族自治区
	1. 卡多	耶尼	卡多	卡都	墨江、镇沅、普洱
	2. 碧约	碧然、碧约、碧约、哈尼			墨江、普洱
	3. 布都	豪尼	布都		墨江、普洱
	4. 布孔	合尼、白宏	布孔、补角		墨江、红河县
	5. 哥搓	哥搓	苦聪、黑苦聪　苦葱		镇沅、新平、金平
	6. 西摩洛	阿西鲁玛	西摩洛		墨江、普洱、红河
	7. 其弟	哈尼	其弟、奇弟、切弟		红河、墨江
	8. 拉乌		拉乌		镇沅、新平
	9. 阿木	阿木			墨江
	10. 堕尼	多尼	阿多		元阳、金平
	11. 合尼	合尼濮		麻黑	普洱

续表

族系 族别	支系	称谓			主要分布地区
		自称	他称	侮辱称谓	
哈尼族	12. 糯比	哈尼	糯比	油窝尼	新平、红河
	13. 腊米	合尼	腊缅		镇沅、墨江
	14. 罗勉	合尼	罗勉		禄劝、武定
	15. 卡别	哈尼	卡别、卡比		墨江
	16. 白宏	白宏	白壳		镇沅
	17. 梭尼	梭尼	阿梭		金平
	18. 三达	哈尼	三达		西双版纳
	19. 梭比	梭比	梭比		新平
	20. 堕塔	黑尼、哈尼	堕塔		普洱、元江
	21. 海尼	海尼			景谷
	22. 花姑	哈尼	花姑		元阳
	23. 阿卡	哈尼			阿卡
壮族	1. 侬	布侬	侬青、天保		广南、砚山、文山
	2. 沙	布雅依	沙人		广南、邱北、泸西
	3. 土	布傣	土族	平头土佬、尖头土佬	富宁、文山、麻栗坡
	4. 布依	布依	土佬、仲家		开远、个旧、罗平
	5. 傣门	傣门	土佬	土佬	蒙自
	6. 布雄	布雄	黑衣		富宁、马关
	7. 德傣	德傣	土佬	土佬	元阳
	8. 龙安	侬安	隆安、龙安甲洲、隆降、傲		富宁
傣族		傣仂	傣族、掸人	水摆衣	西双版纳、德宏
				白摆衣	
		傣哪	傣族	旱摆衣	德宏区、耿马、景谷
	1. 傣绷	傣绷	傣族		西双版纳
	2. 傣雅	傣雅	暹人		西双版纳
	3. 傣楞	傣楞		黑摆衣	金平
	4. 傣赛	傣赛		花腰摆衣	新平
	5. 傣卡	傣卡			新平
		卡朗	黑蒲		新平
白族		白伙、白子	民家		大理、剑川
	1. 那马	白人	那马、来白		兰坪
	2. 勒墨	白人	勒墨		

续表

族系 族别	支系	称谓			主要分布地区
		自称	他称	侮辱称谓	
纳西族		纳西	纳西	摩挲、摩西	丽江
	1. 马丽马沙	马沙	马丽马沙		维西
	2. 班西	纳西	班西、巴西		丽江
	3. 吕西	纳西	吕西、速西		丽江
景颇族		景颇	景颇	山头、大山	梁河、陇川、盈江、卡钦
	1. 载瓦	载瓦	再瓦、小山	小山头	潞西、陇川
	2. 浪莪	浪莪	浪速		盈江
	3. 喇期	喇期、期	茶山		盈江
	4. 高日	高日			潞西
	5. 颇罗	颇罗			潞西
佤族		瓦、布饶	卡瓦	野卡、驯卡、熟卡	卡瓦山
	布喇	本人、腊家			镇康、沧源

末明族系少数民族名称表

名称	分布	名称	分布	名称	分布
崩龙	镇康、龙陵、盈江	仆戛	西双版纳	革佬	砚山、麻栗坡
本人	保山、梁河	百家	保山	等	西双版纳
攸乐	西双版纳	青	鹤庆	呢呢	普洱
都匀	马关、河口	兔莪	泸水、兰坪	补蚌	西双版纳
水户	富源、罗平	土司	砚山	棕	东矿①
洋（秧）	富宁、广南	曼掌	金平	南尼	西双版纳
阿克	西双版纳	莫苏	西双版纳	三教	普洱
插满	金平	阿茨戛	澜沧	蒙痛	江城、西双版纳
老乜	澜沧	过拉	宾川	辣子	昆明
满族	凤庆、保山	拉西	河口	克板	云县
黑蒲	墨江	阿利	普洱	仆尼	云县
阮可	丽江	普标	麻栗坡	蓝扒	镇沅
空格	西双版纳	拐棍	镇沅	高山	南华
达头	普洱、景谷	教化	景谷	洪	昆明
阿哩	西双版纳	骂他	永仁	龙仁	弥勒
亢	澜沧	品	西双版纳	善	昆明
腊	保山	摩凤	景东	乌	镇雄
阿里	蒙自	戛	云县	腊	蒙自
坡克	普洱	义山	昆明	贵族	巧家
则恒	昆明	手头	泸西	仆	昆明
龙希	普洱	象	昆明	濮図	西双版纳
吾尔吾斯	昆明	阿版	镇沅	夷施	昆明

① 东矿，《西双版纳州和思茅专区的民族识别工作计划提纲》中作“东川矿产”。——编者

续表

名称	分布	名称	分布	名称	分布
红哑	景东	黎仕	昆明	花红	保山
孟	个旧	唐	普洱	他郎	普洱
纳华	个旧	阿罗	普洱	仅	东川
仆罗	个旧	阿英	普洱	拉扒	昆明
维	景东	伏多	昆明		

说明：

1.《云南省少数民族支系称谓表》系根据1954年云南省民族识别研究组的识别结果初步归并列出。

2.凡未经识别的都未列入，故民族支系（特别是彝族）尚不止此数，容待将来补充修正。

3.《未明族系少数民族名称表》尚未包括完全，这些名称中有的是他称，有的是侮辱性称谓，有的可能属于错报，因未进行调查，暂将名称列出，待将来修正。

4.表内“支系”栏所列的单位名称，是根据1954年省选举委员会的人口调查材料汇集。

省民委会研究室拟订

1955年5月25日

关于进行我省民族族体识别工作的通知

云南省民族事务委员会

云南省语文指导工作委员会

云南少数民族社会历史调查组

云南省少数民族社会历史研究所

1958年11月20日

关于进行我省民族族体识别工作的通知

我省少数民族的识别工作在1954年曾经进行过两次实际调查研究，初步确定了20个单一民族，但5000人以下的族称单位未经识别。这20个已确定的单一民族中的西番、怒、独立、阿昌、布朗等5族的族别（系），尚须进一步复查。此外尚有人口共3万余计80个族称单位，其中包括人口较多的崩龙、本人、卡拉、苦聪、插满、都匀、水……尚未识别，也须彻底搞清。兹规定如下：

一、尚待进一步复查的几个民族和尚未进行识别的80个族称单位所在的地区，应即分别分区分组进行民族调查识别。有的族称是跨越州、专区、县市住居的，则采跨越州（专区）、县进行调查（如布朗族、卡拉、苦聪、插满……是跨州、专区的）。

二、调查项目主要是：族的自称、历史来源、传说、历史上和现状居住区域人口分布、迁徙、社会经济、解放前政治制度与家庭婚姻制度、物质文化与精神文化、民族意愿（本族对于族称的看法、意愿……）、语言（包括方言土语）。调查方法是语言调查与社会历史调查相结合。有的项目如语言完全是属语文工作者的调查范围的；有的项目如历史来源、迁徙、人口分布、社会经济、政治与家长制度、物质文化、精神文化、民族意愿……则主要是属社会历史工作者的调查范围；有的项目如神话传说、亲属称谓、族的自称……则属于两者共同调查的范围。调查时应密切结合，互相协作。归根到底，均须从全面地了解该族称单位全貌出发，得出合乎科学符合该族实际的结论。

三、各族或各族称谓，应依据人口分布地区的多寡，分别重点与一般，进行识别。已经1954年初步识别的但尚待进一步确定族系的5个族即西番、怒、独龙、阿昌、布朗，应作为重点识别。崩龙以人口不满5000，在1954年未曾识别，现亦须作为重点识别。此外，人口在500以上的尚未识别的若干族称，特别是如勒墨、那马、本人、攸乐、插满、阿克、苦聪（思茅专区和金平）、黑蒲（墨江县与西双版纳）、都匀（马关、河口等县）、撒（邱北县）、洋（秧）（广南、富宁等县）、逕人（富宁）、水（罗平、彝良等县）……也须重点地弄清他们的族体关系。

凡100人以上500人以下的各个族称也应做一般的识别。100人以下的，应尽可能调查，若因客观事实上有困难，可不必做结论。

我省应进行族体识别的族和族称，及识别项目与要求表：

壹、丽江专区（附怒江州、迪庆州）

Ⅰ.族称

1. 怒族	12736人	分布于怒江自治州	
2. 独龙族	2592人	贡山县	
3. 西番族	14934人	宁蒗、兰坪、丽江	
		福贡	14人
4. 勒墨	4808人	碧江	3676人
		泸水	630人
5. 那马	17731人		

Ⅱ.调查事项

（甲）怒族与独龙族：

1.首先了解怒族与独龙族在怒江各县、区、乡的分布情况，历史关系、社会经济关系、政治婚姻制度、物质文化、精神文化关系。

2.要求语言工作者进行两族主要聚居地区的语言或方言的对比研究。

3.要求社会历史研究工作者主要进行两族的（1）分布的县、区、乡，（2）历史来源，（3）社会经济，（4）政治婚姻制度，（5）物质精神文化，（6）民族意愿……的对比研究。

4.语言工作者和社会历史研究工作者共同调查的事项是两族的（1）神话、（2）历史传说、（3）亲属制度及称谓、（4）本族自称及其来源和意义。

5.最后做出两族族源及族别的互相关系，和景颇族的关系的结论。

（乙）西番族：

1.首先要求对西番族与藏族进行比较研究（包括云南的两族和云南与四川、西藏的两族）。

2.其次要求对西番与纳西族、彝族进行比较研究。

以上1、2两项的调查具体要求是：

（1）语言工作者了解语言（方言、土话）：主要了解西番语与藏语，其次与纳西语及彝语的比较，并做出结论。

（2）社会历史研究工作者了解人口分布、历史来源、社会经济、政治婚姻、物质文化、精神文化、民族自愿……

（3）两种工作者共同了解的项目是：西番族神话、历史传说、本族自称、亲属称谓……

3.最后要求做出西番族的族别结论。

（附注：1954年云南民族识别组就云南的西番族做出初步识别，认为“是一个单一民族，但仍须和四川、西藏的该族做进一步的比较研究”。又四川省成立木里藏族自治县，据说已把西番与藏作为一个民族，须查询。）

（丙）勒墨、那马：

1.首先进行勒墨与那马两个族称的比较研究。

2.同时进行主要地区和落后地区（包括高寒山区）的白族与勒墨、那马的比较研究。

着重来源、自称、语言（或方言）、社会历史（社会经济与历史）、经济、政治、文化、民族意愿等项目。

3.要求做出：

（1）勒墨、那马与白族的族别关系的结论。

（2）勒墨、那马与纳西族、彝族的族别关系的结论。

（3）勒墨、那马究竟是一个单一民族、两个单一民族，抑或系白族或其他民族的支系等的结论。

（丁）“阿可”[①]：425人，丽江县。

（戊）“青”：161人，鹤庆县。

（己）“过拉”：63人，宾川县。

以上3个族称，要求做一般的调查：

他们3个的自称、语言、社会历史、经济、政治、婚姻、物质文化、精神文化……以及和四周诸民族的族别关系。

做出是否3个单一民族，抑或是哪一民族的支系等结论。

贰、跨越各自治州或专区的（德宏州、临沧专区、西双版纳州等相连地区）

I.族称

1.布朗族重点调查区：

保山县（属德宏州）	154人	思茅县	109人
云县（属临沧专区）	4014人	景谷县	744人

① 阿可，本文又作“阿克”。——编者

双江（临沧专区）	5055人	墨江县	578人
镇康（属临沧专区）	2199人	普洱县	349人
西双版纳州（勐海、勐遮、曼敦）	12440人	镇源[1]县	216人
景东县（属西双版纳州）	1708人	澜沧县	2438人

2. 崩龙：3095人，分布于瑞丽、潞西、龙陵、腾冲等县。

3. 本人：

保山县	5198人	梁河县	700人

4. 卡瓦族：210008人，西盟、沧源、澜沧、耿马等县的卡瓦族和腾冲的“卡拉”。

Ⅱ. 调查事项

以上4个民族或族称分布在各州（专区）内，均应进行比较研究：

1. 首先了解各地区4个族称的：

（1）历史、来源、经济、政治、物质文化、精神文化、民族意愿等的比较研究（社会历史工作者的任务）。

（2）语言和方言的比较研究（语文工作者研究的任务）。

（3）自称、神话传说、亲属称谓……（两种工作者的共同调查任务）。

2. 然后进行4个族称与汉族、傣族、拉祜族所受影响的比较研究。

3. 要求做出4个族的来源、语言、社会经济、政治、家族婚姻和文化上的共同点和差异点的结论，确定其相互关系。并要最后做出4个族称的族别（系）的结论。

叁、德宏傣族景颇族自治州

Ⅰ. 族称

1. 阿昌族	17740人	分布于梁河、盈江、陇川等县
2. 百家	198人	保山县
3. 克拉、卡拉	393人或900人	腾冲县

Ⅱ. 调查事项

1. 阿昌族做重点调查：

（1）了解阿昌族的民族特征（项目与第壹部分丽江专区各族称的调查项目大体相同）。

（2）要求了解阿昌族与景颇族、彝族、缅族的族别关系。

（3）要求做出阿昌族的族别结论。

---

① 镇源，当为“镇沅”之误。——编者

2.关于“百家”和“卡拉”做一般的调查。

肆、红河哈尼族彝族自治州与思茅专区

Ⅰ.族称（有※符号的，做重点的调查）

※1. 苦聪　　12226人

（“苦聪”即民委的民族人口册上所列的“哥搓”，属于哈尼族的一个支系。其分布地区如后。但西双版纳的“苦聪”和金平县的“苦聪”未进行识别，是不是哈尼族的一支，或拉祜族的一支，抑或属于其他族系，均不能确定。故金平和西双版纳的“苦聪”必须做重点调查。其他原属思茅区的墨江、普洱等县的“哥搓”已进行识别，并确定为哈尼族的一支。）

※金平县	2099人	※西双版纳	289人
镇沅	4848人	新平	2612人
墨江	1354人	普洱	1064人
景谷	148人	红河	459人
元阳	210人	景东	131人
双柏	12人		

※2. 插满　　1125人　　金平、西双版纳
3. 掌　　120人　　金平县
4. 拉西　　62人　　河口县
5. 阿利　　61人　　普洱县
6. 呢呢　　42人　　普洱县
7. 三教　　33人　　普洱县
8. 达头　　254人　　普洱、景谷县
9. 黑蒲　　675人　　墨江等县

Ⅱ.调查项目

1.重点进行：

（1）西双版纳的“苦聪”和金平县的“苦聪”；

（2）西双版纳的“插满”和金平县的“插满”；

（3）墨江等县的“黑蒲”；

（4）普洱县的“达头”（大头人）。

2.首先进行不同地区的“苦聪”之间与“插满”之间的比较研究，对于西双版纳与金平的“苦聪”做出是否同一族系，是否拉祜族或哈尼族的一个支系，与墨江等县的“哥

搓”（即哈尼族的一支系）是否同属一个支系等的结论。

3. 调查项目参照丽江区各族的调查项目。

伍、西双版纳傣族自治州

Ⅰ. 族称

※1. 攸乐	3860人	允景洪
※2. 插满	1125人	西双版纳、金平
3. 阿克	1002人	允景洪
※4. 苦聪	289人	西双版纳
5. 空格	399人	西双版纳
6. 阿嘿	245人	西双版纳
7. 濮戛	216人	西双版纳
8. 老亢	243人	西双版纳
9. 老乜	1000人	澜沧县
10. 阿茨戛	92人	澜沧县
11. 莫苏	96人	西双版纳

Ⅱ. 调查项目

1. 了解项目，参看第壹部分丽江区各族称的项目。

2. 要求对这11个族称与其有关的民族，进行比较研究。

3. 特别对西双版纳的“苦聪”和“插满”和金平县的“苦聪”与“插满”进行比较研究。他们是否是拉祜族或哈尼族的支系。

4. 要求了解澜沧的“亢”是否是景颇族的支系——载瓦。

5. 要求了解澜沧的“老乜”是否是缅甸族，或是其他族的支系。

6. 要求重点地了解“攸乐”。

陆、文山壮族苗族自治州

Ⅰ. 族称

1. 都匀	3017人	马关、河口等县
2. 撒	1443人	邱北县
3. 洋（秧）	1323人	广南、富宁等县
4. 甲州	475人	富宁县
5. 疍人	1039人	富宁县

Ⅱ.调查项目

1.了解项目，参看第壹部分丽江区的各族体的调查项目。

2.要求确定“都匀”的族别结论。

3.要求了解并确定“甲州”“撒”“洋”（“秧”）的族别，得出是否为壮族的支系的结论。

4.要求了解富宁县“疍人”和广东省疍人的族别关系。

以上陆个区［包括跨境的州（专区）］各个族称的识别工作，希云南民族调查组各分组、小组，和云南省语文工作指导委员会所属的语文工作队同志以及其他单位派往民族地区进行语文调查的同志配合起来，进行民族识别调查，相互协作，共同完成我省民族识别的未了工作。

关于1960年云南省少数民族族系识别工作的意见

壹、1954年民族识别工作的基本情况和遗留问题

1954年夏、秋，为了确定全国人民代表大会民族代表的名额，在中共云南省委统战部和边疆工作委员会领导下，组织“云南省民族识别研究组”，对我省少数民族的族系、族称，进行了两度实际调查。由于时间短、任务紧，识别任务规定只进行重点调查：凡满1万人口以上未确定族系的进行调查；已经公认是单一民族的仅进行研究讨论，即做结论。第一阶段识别调查重点放在壮族、彝族、哈尼族的诸族称单位以及布朗、阿昌、西番、怒、独龙等民族。第二阶段重点继续调查彝族诸族称单位。两个阶段识别结果对各族系、族称单位做出识别总结：（1）初步确定了20个单一民族。（2）其中13个单一民族经过各地党委审核、民族群众及其上层同意“正名”（确定族称）。两阶段识别总结已报请省委备核（见附表一）。

已经确定的20个单一民族中的14个民族，通过自治州、自治县建立的行政程序和本民族人民在各级代表会议正式讨论，对其族系做出决议，经过中央审核批准（附表二）。

但尚有下列遗留问题：

1. 由于我省民族支系复杂，分布广，在各自治州、自治县以外的地区，也有各自治州、自治县主体民族的很多的支系杂居着，这些支系的族别虽已识别确定，并未经过当地本族人民协商同意做出决议，也未通过行政手续肯定其族系。

2. 有5个单一民族因未构成为一级自治地方的主体民族，他们的族系亦未经行政手续确定，明令公布（附表二）。

3. 已经确定的20个单一民族及其各“支系”，在有关机关和各族群众不很清楚，加以报章杂志、画报、广播和有些机关负责同志的报告和文章里仍沿用识别前的族称，或把支系和未识别的族称单位当作单一民族。有的已识别确定的单一民族的群众仍沿用旧称；或者各支系的群众仍习惯于支系的旧称而认为是一个单一民族。

4. 已识别的20个单一民族中的个别民族（如西蕃族和崩龙族）由于识别时间短，工作不够深入，悬案很多，如我省将“西蕃族”确定单一民族，未报中央民委，中央民委将

“崩龙族”确定为单一民族，我省未加注意。

（5）在1万人口以下的约80个族称单位，共3万人左右，由于1954年干部力量不够和他们的族系确定与“人大”民族代表的分配名额关系不大，未进行识别。

1956年省民委研究室编印、内部发行极广的《云南省少数民族概况》一书，所列20个单一民族有西番族，无崩龙族，未识别的80个族称未录入。书中虽已将各族所属支系讲明，但仍不能完全解决统一民族名称问题。

已识别的单一民族及其“支系”遗留问题竟然如此之多；未识别的族称单位长期悬而未决。有关各族人民都很有意见，错觉“毛主席的光辉还没有照遍本族”。加以报章、杂志、画报、广播及某些负责同志写文章、作报告，均照识别以前旧习惯称呼各民族及其支系，更形成民族名称上的混乱，因此造成某些少数民族一些错觉，误认我党未将他们列入少数民族。现在各少数民族正在进行社会主义建设，族系识别工作所遗留下来的问题，不解决对民族工作是不利的。

贰、关于民族识别工作补充调查研究的意见

因此，在1960年我省民族调查研究的紧张工作中，根据省民委党组意见，在民委领导下，仍决定抽调干部，成立民族识别综合小组，进行识别调查研究，做出初步结论，呈请省委、中央审核，通过行政程序公布，争取今年内基本解决我省民族识别工作的遗留问题。我们意见如下：

一、已识别的20个单一民族中遗留问题：

（1）西番族：两阶段识别总结说：“在与四川省境内的西番族进一步比较后可考虑，认为是单一民族，但名称应更改。”现在四川省木里藏族自治县内原有西番，但我们未进行比较研究。该县藏和西番是否合并为一族？也不清楚。

（2）布朗族：和佧佤族的族源关系，尚待提出补充材料，进一步证实是单一民族。

（3）阿昌族：和景颇族的历史关系很深，尚待提出补充材料，证实是单一民族。

（4）怒族与独龙族：在1954年识别未进行田野调查，现在应提出具体结论，修改原来结论。

（5）文山州和红河州的“朴拉”（包括7个自称单位），人口约10万。1954年识别总结认为不是单一民族，是彝族支系。尚待通过民族协商同意，履行行政手续。

（6）白族支系的“勒墨”“那马”，1954年未进行田野调查，现在应提出补充调查材料，通过民族协商同意履行行政手续。

20个单一民族的支系已经田野调查识别确定的，现在提出综合结论，补行民族协商和行政手续，明令公布，广泛进行识别宣传工作。

二、尚未确定族系的80个族称单位，分布依据人口多寡，进行重点和一般调查研究，提出族系结论。满100人以上的单位进行一般调查，满1000人以上的进行重点调查，更着

重搞清1000人以上的攸乐（基洛）、金平县苦聪、插满、都匀等4单位。

三、文山州未经识别的又未列入80个单位中的“甲洲”（475人）、“傲”（475人）、孟武（1243人）一并进行识别调查。

今年民族识别工作的补充调查的任务是很重的，当前云南情况之下，只能抽调干部5人，甚感人力不敷。希望有关的领导机关，大力支持。

附表一

1954年民族识别工作中已经党委审核、民族群众及其上层同意“正名”（确定族系名称）的单一民族表：

单一民族正名后的族系名称	旧的族称
1. 傣族	摆彝、傣、台……
2. 彝族	彝、倮倮、倮……
3. 白族	民家族、白子……
4. 景颇族	大山、小山、茶山、浪速
5. 壮族	侬人、沙人、土家、仲家……
6. 苗族	苗家、青苗、白苗、花苗……
7. 佧佤族	佧佤、佤、布勒……
8. 拉祜族	拉胡
9. 纳西族	摩些、拿喜……
10. 哈尼族	僾伲
11. 傈僳族	栗粟、黎梭……
12. 布朗族	白朗、濮满、濮蛮
13. 藏族	古宗

附表二

1954年已识别的20个单一民族成为自治州、县主体民族和未成立自治州、县的单一民族表：

一、已成立自治州、县的主体民族（第一民族）：

单一民族名称（主体民族）	自治地方名称
1. 傣族	①西双版纳傣族自治州
	②德宏傣族景颇族自治州
	③孟连傣族拉祜族佧佤族自治县
	④耿马傣族佧佤族自治县

续表

单一民族名称（主体民族）	自治地方名称
2. 彝族	①楚雄彝族自治州
	②红河哈尼族彝族自治州
	③路南彝族自治县
	④江城哈尼族彝族自治县
3. 白族	大理白族自治州
4. 景颇族	德宏傣族景颇族自治州
5. 傈僳族	怒江傈僳族自治州
6. 藏族	迪庆藏族自治州
7. 哈尼族	①红河哈尼族彝族自治州
	②江城哈尼族彝族自治县
8. 壮族	文山壮族苗族自治州
9. 苗族	文山壮族苗族自治州
10. 佧佤族	①耿马傣族佧佤族自治县
	②孟连傣族拉祜族佧佤族自治县
11. 拉祜族	①澜沧拉祜族自治县
	②孟连傣族拉祜族佧佤族自治县
12. 怒族	贡山独龙族怒族自治县
13. 独龙族	贡山独龙族怒族自治县
14. 回族	①永建回族自治县
	②寻甸回族自治县

二、未成立自治州、县的单一民族：

单一民族名称	主要分布地区（聚居区）	附注
1. 纳西族	丽江专区	丽江纳西族自治县正在筹备中
2. 布朗族	西双版纳州	
3. 阿昌族	德宏傣族景颇族自治州内	
4. 瑶族	文山州、红河州、西双版纳州	
5. 蒙古族	杞麓县	
6. 西番族	宁蒗、兰坪、丽江3县	

附表三

未确定族系的各少数民族单位名称的情况表：

编号	单位名称	人口	分布地区	自称	他称	存在问题及了解线索
1.	本人	5198	保山、镇康……	佤	腊、腊家	已知“本人”是佤族，不必实地调查，可做结论
		700	梁河			

续表

编号	单位名称	人口	分布地区	自称	他称	存在问题及了解线索
2.	苦聪	2099	金平县	拉祜（金平县）	苦聪	是拉祜？是哈尼？须进一步深入调查
		289	西双版纳			
3.	攸乐	3860	西双版纳攸乐山	基乐	攸乐	1958年已实地调查，是彝族的支系，可做结论
4.	崩龙（族）	3095	龙陵、腾冲、德宏	儒迈	崩龙	未识别，1958—1959年已做社会历史调查，可提出结论
5.	都匀	3017	马关、河口			可能是由贵州都匀县迁来的，应进行实地调查
6.	水户	2025	富源、罗平			由名称推想，可能是壮族族体中的布雅依（沙人），再了解
7.	撒	1443	邱北			
8.	洋（秧）	1323	广南、富宁	布雅		由自称看，可能应是壮族族体的布雅依（沙人）之一支。实地访问后，即可确定
9.	插满	1125	西双版纳、金平			
10.	蛋人	1039	富宁			
11.	阿克	1002	西双版纳			
12.	老乜	1000	澜沧、西盟（县）			是否缅族呢?
13.	满族	955	凤庆、保山、蒙自			应即是我国东北的满族，迁居云南
14.	黑蒲	675	墨江			新平县的“黑浦”已识别是傣族。墨江的“黑浦”操作佤语，可能是佧佤族
15.	阮可	425	丽江			
16.	空格	399	西双版纳			
17.	达头	254	普洱、景谷		大头人	应是彝族。因他们包青布头巾很大很厚，汉族称为“大头人”
18.	阿嘿	245	西双版纳			
19.	亢	243	澜沧县	载瓦	老亢人	百年前孟连傣族土司向德宏征募来的雇佣兵，是景颇族的载瓦一支。傣族辱称他们为“卡”（奴），即“亢”
20.	仆戛	216	西双版纳			
21.	百家	198	保山			
22.	青	161	鹤庆			
23.	兔峩	179	泸水、兰坪			民族调查组的怒江小组已进行调查，认为是怒族，未全决，可做结论
24.	土司	134	文山州			

续表

编号	单位名称	人口	分布地区	自称	他称	存在问题及了解线索
25.	曼掌	120	金平县			"曼掌"是傣语："曼"是寨，"掌"是象。这是指替傣族统治者管象的农奴寨，不是民族称谓，曼掌寨的人是傣族。1959年已做历史调查，本族已失去语言，应该是佧佤族，不必再调查
26.	克拉	393	腾冲			
27.	永白	104	昌宁			
28.	莫苏	96	西双版纳			
29.	蔡	94	富源			
30.	阿茨戛	92	澜沧			
31.	过拉	63	河口			
32.	拉西	62	宾川			
33.	阿利	61	普洱			
34.	克篾（普标）	60	麻栗坡			按自称"克篾"看，或是孟高棉语族的一支人
35.	品	50	西双版纳			
36.	革佬	48	砚山、麻栗坡			贵州省的单一民族仡佬族，应该是和砚山县的"革佬"同一民族
37.	等	47	西双版纳			
38.	呢呢	42	普洱			
39.	补蚌	42	西双版纳			
40.	棕	39	东川			
41.	南尼	38	西双版纳			
42	三教	33	普洱			
43.	蒙痛	28	江城县、西双版纳			
44.	克板	23	云县			
45.	仆尼	18	云县			
46.	蓝抓	15	镇沅			
47.	高山	6	南华			
48.	腊	6	保山			
49.	南京	46	镇雄			
50.	黑	66	凤庆			
51.	京东	36	腾冲			
52.	乌	5	镇雄			
53.	戛	5	云县			
54.	坡克	5	普洱			
55.	他郎	5	普洱			

续表

编号	单位名称	人口	分布地区	自称	他称	存在问题及了解线索
56.	龙希	4	普洱			
57.	濮囡	4	西双版纳			
58.	阿版	3	镇沅			
59.	红哑	3	景东			
60.	唐	2	普洱			
61.	纳华	1	个旧			
62.	仅		东川			
63.	阿英		普洱			
64.	维		景东			
65.	摩凤	1	蒙自			
66.	阿里	1	蒙自			
67.	腊	1	蒙自			
68.	仆		昆明			
69.	孟		个旧			
70.	阿罗		普洱			
71.	卓核	22	马关			
72.	米司	3	开远			
73.	本地	7	砚山			
74.	阿尼	18	楚雄			
75.	汰西	4	云县			
76.	客家	2	昭通			
77.	平头	4	泸西			
78.	莫罗	1	个旧			
79.	贵族	4	巧家			
80.	手头	1	泸西			

云南民族识别综合调查报告

云南民族识别综合调查组

1960年

云南民族识别综合调查报告

目录

壹、各个族称单位的基本情况

我省1954年“云南民族识别研究组”曾进行了两次规模较大的民族识别工作，尚遗留有人口共3万左右共约80个族称单位，尚待确定族别。1958年由省民族事务委员会、省民族历史研究所、云南民族调查组、省语文指导工作委员会指定民族语文工作队进行了民族识别调查，计10个单位。1960年云南省民委、省民族历史研究所、省语文指导工作委员会组织云南省民族识别综合调查组，依地区、依族别、分时期派出金平县、丽江专区、文山州、西双版纳思茅专区等4个田野调查组，继续完成全省民族识别未了的调查研究工作，对46个族称单位，做出族别初步意见，提供上级做确定族系的参考。

根据上级指示：凡未识别的各族称单位，人口满千人以上的，做重点的实际调查，提出族别的初步结论；满百人以上的，做一般的了解，做出族别的初步意见；百人以下的，则做一般的了解，搜集研究资料。在1960年实地调查中，我组曾发现1954年省选举委员会选民人口统计册所未列举的，和已列举而近几年来已经当地党委正式归并族系，或原族称单位由于种种原因已无从访问查考的，并同还未识别的，共计单位104个。这里，凡无从寻访或人口在50人以下的单位，不再提出族别识别初步意见（所列人口概照1953年选举册上登记的，个别的单位照1960年实有人口更正）。

在1960年进行识别调查过程中，我们统计各族称单位，计有104个之多，其中，已进行识别并做出族别初步意见的，计56个。无从探知分布地区的（下落不明的）计15个。人口较少（五六十人以下至仅有数人的）居住地区又分散，有的事实上不具备构成民族条件的，则调查从略。

附表

甲、已经识别的各族称单位

编号	族称单位名称	自称	人口	主要分布地区	1960年族系识别意见
丽江组					
1	西蕃族（普米）	普米	14934	兰坪、宁蒗、丽江等县	1954年识别为单一民族，族称改为“普米”
2	阮可	—	425	丽江	纳西族支系
3	菟莪	若如	179	沪水[①]、兰坪	彝族支系或怒族支系，须再做比较研究
4	青	布依	161	鹤庆	僮族支系（布依）
金平组					
5	苦聪	拉祜	—	金平	拉祜族支系（？）
6	插满	芒	207（？）	金平	单一民族。族称改为“芒”族
7	曼掌	布芒	120	金平	傣族支系
8	普耳	普勒	—	金平	傣族支系
9	攸乐	基洛	5639	景洪	单一民族，国务院已于1979年通过
10	插满	高棉	918	易武	单一民族，族称改为“高棉”
11	本人	布忍	3855	景洪、易武	彝族支系
12	阿克	勾克	2337	景洪	哈尼族支系
13	布夏	撒空	586	景洪	哈尼族支系
14	补角	补角	145	易武	布朗族支系
15	空格	—	470	景洪	布朗族支系
16	苦聪	拉祜	289	易武	拉祜族支系
17	三达	—	946	景洪	彝族支系
18	八甲	傣	225	勐海	傣族支系
19	布崩	布崩	100	易武	哈尼族支系
20	品	比苏	40	勐海	哈尼族支系
21	老缅	乌拔古拔	2830	澜沧、西盟	拉祜族支系（？）
22	阿茨戛	—	50	澜沧	彝族支系

① 沪水，当为“泸水”之误。下同。——编者

续表

编号	族称单位名称	自称	人口	主要分布地区	1960年族系识别意见
23	老亢		345	澜沧、孟连	景颇族支系
24	黑蒲	娃（va）	675	墨江	布朗族支系
25	达头	—	254	普洱	彝族支系
文山州					
26	洋	洋	1039	富宁	僮族支系
27	秧	布哈	234	广南	僮族支系
28	蔗园	粤西人	1033	富宁	僮族支系（1954年识别认为是汉族）
29	摆彝	傣	6958	马关、文山	僮族支系
30	拉基	—	300	马关	僮族支系（1958年文山地委正式归并入僮族）
31	傲	艮	58	富宁	僮族支系
32	孟武	嘿	1379	马关、西畴	僮族支系
33	卓拉	—	32	马关	彝族支系
34	僰	—	3076	邱北	彝族支系
35	阿乌	泼落拍	—	文山州、曲靖（泸西、弥勒）	彝族支系
36	撒	撒尼	1443	邱北	彝族支系
37	倮		1321	富宁	彝族支系
38	仡佬	仡佬	700	散居于马关、西畴、富宁	单一民族
39	都匀	都匀	2694	马关、河口	汉族
40	普标	格彪	120	西畴	僮族支系
以下是1958年文山建立自治州后，经地娄正式归并族系的单位					
41	龙降	—	54		僮族支系
42	土司	—	134	邱北	僮族支系
43	东兰	—	4		僮族支系
以下族称单位是1954年经云南民族识别研究组进行调查研究，但未做出识别结论，后来经中央民委正式讨论确定为单一民族并在1959年国庆10周年民族工作展览正式公布的。					
44	崩龙	汝买 昂 曩骈 汝翁 饶若 倒波	7000	德宏州、临沧专区思茅专区	崩龙族（单一民族）
以下各族称单位的识别调查和族别意见，主要是由1958年省民族语文工作队第四队、省民委等4机关指定进行识别调查后提供的。有的单位族称的族别，尚待进一步比较研究［例如“水”“水户”“本人”（保山县）］。					
45	本人	埃乌 埃孺	5898	保山（5198人） 梁河（700）	布朗族支系
46	水	布依	1955	罗平、彝良	僮族支系：属“布依”（即“沙人”）或仲家之一支，由贵州迁来

续表

编号	族称单位名称	自称	人口	主要分布地区	1960年族系识别意见
47	水户	布依	2025	罗平、富源	僮族支系：富源县的“水”可称“水户”，实际是布依的一支的共同他称
48	克拉	佤妈	393	腾冲	佤族支系
49	百家	莫	198	保山（沱山区）	苗族支系
50	京东	景东人（汉称）	36	腾冲	汉族（景东县迁去的汉族）
51	过拉	尼濮	63	宾川	彝族支系
52	永白	傈僳帕	125	昌宁	傈僳族
53	南京	阿乌濮 阿乌堵	46	镇雄县（坡头区）	彝族支系
54	满	—	955	凤庆、保山、蒙自	散居的满族

乙、1958年省语文工作队和1960年民族识别组实地进行了解，无法查明其居住地区的各族称单位

（因1954年所列举的族称单位是根据省选举委员会人口统计表列举的，现已年久，已有变化。）

编号	族称单位名称	自称	人口	主要分布地区	族系识别意见
55	阿嘿	—	245	西双版纳	无此族称单位（据副州长刀有良反映，不知这个族称；1958—1959年州各族人口统计表也未列入）
56	莫苏		96	西双版纳	无（同上）
57	等		47	西双版纳	无（同上）
58	南尼		38	西双版纳	无（同上）
59	蒙痛		28	江城	无（同上）
60	濮围		4	西双版纳	无（同上）
61	布里		120	易武	易武县走访居住区不明
62	克板		23	云县	1958年语文工作队走访不明此族称
63	傣西		4	云县	无
64	高山		6	南华	无
65	拉西		62	河口	无
66	蔡		94	富源	无
67	蒙化			麻栗坡	无
68	疍		1039	富源	无
69	黎		4	文山州	无
以下是1953年省选举委员会列举的民族人口统计表上的自称单位，但因居住地区分散，人口较少（由数人至数十人），因而未能派小组调查；同时，也因有的族称单位的人口太少，似不能构成一个民族，故调查从略。					
70	阿利		62	普洱	—
71	尼尼		42	普洱	—

续表

编号	族称单位名称	自称	人口	主要分布地区	族系识别意见
72	三教		33	普洱	—
73	坡克		5	普洱	—
74	他郎		5	普洱	—
75	龙希		4	普洱	—
76	唐		2	普洱	—
77	阿英		—	普洱	—
78	阿罗		—	普洱	—
79	红哑		3	景东	—
80	维		—	景东	—
81	摩凤		—	景东	—
82	阿版		3	镇源①	—
83	兰抓		15	镇沅	—
84	腊		6	保山	—
85	乌		5	镇雄	—
86	戛		5	云县	—
87	仆尼		18	云县	—
88	黑		60	凤庆	—
89	纳华		1	个旧	—
90	仅		—	东川	—
91	阿黑		1	蒙自	—
92	腊		1	蒙自	—
93	仆		1	昆明	—
94	孟		—	个旧	—
95	米司		3	开远	—
96	阿尼		18	楚雄	—
97	客家		2	昭通	—
98	平头		4	沪西②	—
99	莫罗		1	个旧	—
100	贵		4	巧家	—
101	手头		1	沪西	—
102	棕		39	东川	—

综合说来，1954年两度民族识别后遗留的和新发现而未曾识别的族称单位计104个。经1958年和1960年继续调查研究后已经做出初步族别意见的，计有56个单位，合成下列民族族系：

（1）西番族族系：单一民族1个，即普米族；

（2）崩龙族族系：单一民族1个，即崩龙族；

（3）彝族族系：族称单位14个；

（4）僮族族系：族称单位15个；

---

① 镇源，当为“镇沅”之误。——编者

② 沪西，当为“泸西”之误。下同。——编者

（5）哈尼族族系：族称单位4个；
（6）布朗族族系：族称单位4个；
（7）拉祜族族系：族称单位3个；
（8）佤族族系：族称单位1个；
（9）景颇族族系：族称单位1个；
（10）傈僳族族系：族称单位1个；
（11）傣族族系：族称单位3个；
（12）纳西族族系；族称单位1个；
（13）苗族族系：族称单位1个；
（14）汉族族系：族称单位2个；
（15）仡佬族族系：族称单位1个；
（16）满族族系：族称单位1个；
（17）单一民族：族称单位2个，即高棉族、芒族

以上总计族系16个，单一民族4个即普米族、崩龙族、高棉族、芒族，其他民族支系52个，共56个。

1958年和1960年民族识别调查，未做族系识别意见的族称单位计48个。统计如下：

（1）经实地调查，族称单位已不存在，或追寻居住地区无着落，无法做出族别初步意见的族称单位，计15个，即阿嘿、莫苏、等、南尼、蒙痛、濮囡、布黑、克板、傣西、高山、拉西、蔡、蒙化、蛋、黎。

（2）地区分散，人口在20人以上100人以下，调查发生实际困难，不能认识的族称单位计5个，即阿利、尼尼、三教、黑、棕。

（3）地区分散，人口在20人以下，不可能构成单一民族特征的，因而未进行调查的族称单位计28个，即坡克、他郎、龙希、唐、阿英、阿罗、红哑、维、摩凤、阿版、兰抓、腊、乌、戛、仆尼、纳华、仅、阿黑、仆、孟、米司、阿尼、客家、平头、莫罗、贵、手头。

以上3项，未做出族别初步意见的族称单位共48个。

贰、民族识别的初步意见

已经识别调查研究的族称单位56个，兹归纳他们的族系的初步意见如下。

一、单一民族：普米族（西番）

1. 普米（西番）

人口约15000人，主要分布于兰坪县，其次为宁蒗县和丽江县。自称“普米”，清朝文献上称为“西番”或“巴苴”。公元12世纪，“西番”随忽必烈由北向南迁来，现在他

们的分布地区也和蒙古军入滇所经的路线基本上相符。语言属汉藏语系藏缅语族藏语支中的西番语；与羌语、藏语并列。“西番”语与藏语不是方言不同的关系，而是语言不同的关系。以农业为主，但也有奴隶制的残余。在民族文化所表现的共同心理素质方面，有氏族部落的残余现象，大家族制，亲属称谓重长房，姑舅表优先婚，“夫兄弟婚”，青年男女入社式，崇拜图腾（犬），没有喇嘛教（宁蒗有少数信仰钵教）等一连串的特点，自认为有别于其他民族。1960年3月丽江专署召开“西番”族别座谈会，本民族代表正式讨论，认为是单一民族，并改族称为“普米”。经地委同意，已经专署呈报省人委审议。后经中央批准，确定为普米族。

二、崩龙族——单一民族

2.崩龙

人口7000余人，分布于德宏傣族景颇族自治州、临沧专区、思茅专区，即腾冲、龙陵、昌宁等县。“崩龙”是民族的他称，也因居住地区不同而异，如在陇川县自称为“汝买”，在潞西县又自称为“昂”或“曩”。语言属南亚语系孟高棉语族佤崩语支的崩龙语。

据调查和文献记载：崩龙早期是居住在澜沧江以西的土著，较早于景颇族。由于民族压迫，走上分散流离的道路，或避入山林，或杂居于其他民族的居住区域。因此无论山居或坝居，其经济生活是从属于其他人口较多的少数民族。生产以农业为主。关于民族族系，自认为有别于其他邻近的民族。

1954年曾进行民族识别调查，但未做出族别结论，后来中央民委经过反复讨论，确定他为单一民族。1959年国庆10周年“十年来民族工作展览”，正式公布崩龙族为我国五十多个少数民族之一。

三、彝族系统

3.“攸乐”

1960年民族识别调查的实际情况是：“攸乐”，人口有5629人，分布于西双版纳傣族自治州景洪县的攸乐自称“基洛”，其居住地区自称为“基洛洛克”。

攸乐人在古代由青藏高原向南迁移，很早就定居在攸乐山。语言属汉藏语系藏缅语族的彝语支。以农业生产为主，兼种茶树。有民族制度的残余很浓，有依血缘联系的“父寨”和“母寨”；有父子连名制，送鬼往孔明山（在攸乐山区内之北），每年祭竜6次（六月间祭大竜）等一系列的风俗习惯、宗教信仰，基本上和彝族相同。与当地的“本人”（另一彝族支系）互通婚姻，感情融洽，族源相同。攸乐群众称呼“本人”为“布忍”，认为攸乐与“本人”是一族。因此，就民族特征的某些方面和民族发展前途看，我们初步考虑攸乐人可归入彝族支系；但本民族群众解放前和内地彝族在地域上隔离，在某些民族心理素质方面，也有不同之处，对彝族很陌生。本民族干部对族别的志愿也不一致。个别区委领导表示坚持成为单一民族。地县委、州委认为值得从长考虑，充分酝酿，再做出攸乐人族别的最后决定。

（附注：1979年国家民委已经呈准国务院，正式宣布基诺族为单一民族，是我国五十多个少数民族之一。）

4.“本人”（西双版纳景洪县的“本人”）

“本人”的人口3855人，主要分布于西双版纳傣族自治州景洪县、易武县（倚邦、易武）。民族自称已不明，“攸乐”人称他们为“布忍”（或系“本人”的音传）。语言是属汉藏语系藏缅语族的彝语支的一种话。以农业生产为主，兼种茶树；倚邦茶叶是六大茶山中占三山半的比重，以“普洱茶”而驰名中外。长期以来（至少公元15世纪）由于茶叶贸易，不断和内地汉商往来，经济、文化、生活上受汉族的深刻影响。倚邦区的“本人”群众操汉话，而本民族语言已逐渐消逝。但本民族群众认为有别于汉族和其他少数民族，认为与“攸乐”人、“三达”人同一族源，也愿意归入彝族支系。因此，“本人”应认为是彝族的支系。

5.孟武

“孟武”人口有1379人，分布于马关、西畴两县。自称为“嘿”；侬人称之为“普孟”，汉族称之为“孟武”。百多年前，从巍山县迁来居半山区；语言属汉藏语系藏缅语族的彝语支，操汉语很流利。有婚后“坐落夫家”、祖先崇拜、供“小人”灵台、祭大竜等习俗和信仰，相同于彝族。本民族群众的族别意愿表示属于彝族。文山地委曾把他们归为彝族支系。

6.“樊”

“樊”人有人口3076人，分布于邱北县。300多年前由路南圭山一带迁来，住高寒山区或半山区。语言属汉藏语系藏缅语族的彝语支。以从事农业生产为主，兼牧畜业。人死行土葬，请魔公超度亡魂，六月二十四日为摔跤节，祭竜等一系列的习俗和信仰和彝族相同。文山地委根据其民族意愿，归并入彝族支系。

7.“阿乌”

“阿乌”有两个自称：一种自称为“孟武”（“阿武”），人口1243人，分布于西畴县；另一种自称为“阿乌”（“阿乌叭”），人口15791人，分布于弥勒、元阳、泸西、师宗、罗平等县。语言属汉藏语系藏缅语族的彝语支。以农业生产为主。有“祭田”“祭雷神”、放牛儿童节的习俗，近于彝族。根据本民族意愿，归并为彝族的支系。

8.“撒”

“撒”的人口1443人，分布于邱北县。40多年前自路南县圭山一带迁来。自称为“撒尼”，语言属汉藏语系藏缅语族的彝语支。以农业生产为主，民族节日有祭竜节、火把节等，均和彝族相同。他（它）的族别应是彝族支系的“撒尼”这一支。

9. “倮”

“倮”，人口1321人，居住于富宁县。早期聚居于昆明。解放前，汉人根据其服饰色彩，称为“黑倮”“花倮”。语言属汉藏语系藏缅语族的彝语支。居半山区。农作物以稻谷、玉米为主。风俗习惯、宗教信仰特点是父系小家庭制，三代同堂，崇拜祖先，有祭竜、吃新谷等节日。根据他（它）的民族特征应属彝族支系。

10. “卓拉”

“卓拉”，人口132人，居住文山州的马关县，自称为“泼拉培”或“阿扎”。语言属汉藏语系藏缅语族彝语支，与当地彝族支系“仆拉”基本相同。居高寒山区，以种植玉米、荞子为主。

1954年文山州的“阿扎”或“泼拉培”已经识别，后来正式确定属于彝族支系“仆拉”这一支。1960年对“卓拉”进行识别，就是“阿扎”的同一族系的他称。由“卓拉”的服饰、生活习惯、风俗都和“仆拉”基本相同，根据“卓拉”人的民族意愿，也愿归并为彝族的支系（“仆拉”支）。

11. “三达”

“三达”，人口946人，居住西双版纳景洪县的三达乡（三达山）。“三达”是汉语的族称，傣族领主集团因傣语称他们为“兰干”。本民族固有的语言属于汉藏语系藏缅语族的彝语支，带有较多的哈尼语成分。绝大多数的“三达”人都把汉语作为交际的工具。本民族内部已不会讲自己的民族话（三达乡的大寨仅有两个老妇人尚能记诵40多个词）。“三达”人从事农业生产，用刀耕火种的方式种植旱谷、玉米，也有少量棉花。“祭竜”是宗教上最隆重的仪式，有供奉亡父母灵台（祖先牌位）、祭“谷鬼”的习俗，与彝族相同。他们一致认为是由倚邦、易武搬来三达山移居的“本人”（已识别为彝族支系）。本民族群众愿意归入彝族支系。

12. “达头”

“达头”，人口254人，分布于普洱县，思茅县城郊也有。“达头”是汉族语称谓。解放前汉族群众根据本民族妇女的包头巾形式（用青布一二丈长、5寸宽，围裹在头上，成圆圈形），而辱称他们为“大头”族。在写法上误作为“达头”，“达头”实是“大头”的音转。他们有本民族的语言，即彝语。但男女都会讲很流利的汉语。他们自认是彝族人。崇拜祖先，供奉“小人”灵台，六月二十四日过火把节等一系列的习俗都和巍山县彝族相同。因此，“达头”实应是彝族的支系。

13. “阿茨戛”

“阿茨戛”，人口约50人，居住于澜沧县雅口区雅口乡和南现乡。没有本民族的自称，自认是彝族人。据说有本民族语言，但100多年前滇西回民事件时期，他们由镇越县牛肩山随彝族迁来后，本民族语言逐渐消逝。现在使用汉语和彝语。居住山区，以农业为主。有本族的祭师“老西多”，年献神庙一次；有“祭谷魂”、火把节等习俗，与彝族同。根据其民族特征和民族意愿，应认为是彝族的支系。

14.“过拉”

“过拉”，人口63人，居住在宾川县东蔡家湾。是从盐丰县迁去的彝族。自称为“尼濮”，操彝族语，也会讲汉话。当地汉族群众把外地迁来的人叫“过来人”，后来转辗相传误称为“过拉人”。其实，“过拉”和大姚、盐丰等县的彝族是同一民族。因此“过拉”人可认为是彝族的支系，即“尼濮”支。

15.“南京”

“南京”，人口46户，约200人，分布于镇雄县，自称“阿乌浦”或“阿乌堵”。据说是有由南京应天府迁来的传说。本民族的语言已逐渐消逝。语法、词汇和彝语一致，他们都能讲汉话。人死请“毕摩”开路，婚姻要卜鸡卦，这和彝族一样。就其族别看，可认为是彝族的支系。

16.“菟莪”

“菟莪”人口仅泸水县的浪坦寨乡就有44户193人；兰坪也有，人口不详。“菟莪”自称“若如”，意为“小麦人”。他们原来在百多年前在兰坪县菟莪居住，汉族群众即以“菟莪”人居住地名称呼为族名。

“莪菟”语的属系有两种说法：一种是提出，菟莪语与碧江县的怒族语接近（1954年云南民族识别研究组第二阶段民族识别初步总结）；第二种是提出，“菟莪”话与巍山彝族语言差别较大，但从语音、语法看，又接近彝语支（1958年省民族语言文字第四工作队写《泸水县菟莪语调查报告》）。因此，须进一步进行语言上的对比研究，才能确定它的语言属系。

“菟莪”人的风俗、习惯与彝族相同，服饰与巍山彝族差不多。

我们认为：在进一步将“菟莪”语与巍山彝语以及怒江自治州的怒族语进行比较研究后，再考虑“菟莪”人究竟应属彝族支系或怒族支系。

四、僮族系统

17.“洋”

“洋”，人口1039人，居住在富宁县谷拉人民公社和龙万两管理区，自称“洋”。“洋”语是属汉藏语系僮侗语族的一种近亲语言；在两个管理区内词汇和语音的差别较大，互不通话。他们对外操僮语（“布傣”支系的方言）。在经济生活和文化上与僮中的另一支系“布雉”（“黑衣”）相同。与僮族各支系人民通婚。“洋”人群众自认为与僮族的两支系“布雉”和“布傣”（“土”）的族别相同。因此，“洋”应归属僮族的支系。

18.“秧”

“秧”，人口234人，居住在广南县普竜管理区，自称为“布哈”，他族称之为“布秧”。原来定居在广西省柳州的弄墨、弄秧等地，故称为“布秧”（侬族各支自称冠首都称为“布”）。“秧”语属汉藏语系僮侗语族，尚不能确定属于哪一语支。大多数群众都能操僮语（“侬”语和“沙”语）和汉语。居住在山区，以农业生产为主。屋居楼房。有奉献杨六郎、杨七郎的仪式。他们的服饰与“布雅依”（沙人）相同，并与僮族的“侬”和“沙”通婚。

文山自治州建立时，地委根据本民族意愿，已宣布归并入僮族支系。

19.“蔗园”

“蔗园”，人口约1033人，居住于富宁县的皈朝公社和洞波公社。自称为“粤西人”，150年前从广西宣化县迁来。皈朝“蔗园”就是由桂林迁来，最早的已有8代，至今与广西老家仍有来往。板仑地区有自称“布红”的，因他们种植菜园甘蔗，也和“粤西人”一样，被当地少数民族群众称之为“蔗园”（粤语蔗园）。“蔗园”话是汉语中的一种粤语方言，语法结构与汉语相同，语音系统与粤语基本相同。“蔗园”人与各族杂居，没有聚居的自然村。住平坝，但种旱地，以栽甘蔗为主。“蔗园”人的社会活动、家族婚姻、风俗习惯和宗教信仰等与汉族完全相同。由于与周围各族杂居，接受了一些当地少数民族的风俗，如参加“赶风流街”、丧葬请僮族支系“布傣”(“土”)的魔公作法。总之，“蔗园”实是广西汉族粤人移来的居民，就是汉族。

1954年民族识别小结确定“蔗园”是汉族，他们也承认不自成为单一民族。但是，“蔗园”自150年前移来后，长期和僮族各支系人民共处，经济联系和文化交流很密切，因此，于1958年建州时，他们又自愿归入僮族，地、县党委已正式把他们归入僮族支系。

20.摆彝

“摆彝”，人口有6958人，主要分布于文山、马关两县及河口市桥头公社。自称“傣”，“侬”人称之为“荡”，汉族称之为“摆”，并依他们的衣饰称之为“白摆彝”（水摆）、“花摆”（“黑摆”和“红摆”）。有从江西经四川而来云南和由老挝经越南而入云南的传说。语言属汉藏语系僮侗语族的傣语支，语音更和西双版纳州的傣仂语相同。聚居于坝区，以种水稻、苞谷为主。“摆”人的生活、风俗习惯多半与当地的僮族支系“侬”“沙”相同。

1958年建州时，地委考虑“摆”人与周围的“侬”“沙”经济、文化、生活联系密切，语言虽各不同，在本民族自愿的基础上，已归并入僮族。

唯红河州河口县的“摆彝”，则又归入傣族。

21.拉基

拉基，约300人，居住在马关县。1958年文山地委正式归并拉基为僮族。

22.“傲”

“傲”，人口58人，居住富宁县板仑人民公社。自称“艮雄”，操当地僮族支系“布侬”（侬人）话。居炎热的河坝区，以种水稻、苞谷为主。经济作物有棉花和甘蔗。风俗习惯和宗教信仰与僮族相同。

1958年建州时，地委根据本民族意愿，已将“傲”正式归入僮族支系。

23.“普标”

“普标”，人口120人，居住于西畴县铁厂、者凹、八布3个公社。自称“格彪”，邻近民族称之为“普标”。语言从“普标”语的特点看，与南亚语系的某些语言相近似。他们对外讲汉话。居住半山和小平坝，以种水稻、玉米为主。家庭行一夫一妻制，女子婚后“坐落夫家”，有祭祖、“祭竜”的习俗。

1958年建州时本民族群众愿成为单一民族，而不愿归入僮族或彝族族系。但从“普标”的人口和长期与僮族相处，联系较密切以及本民族发展前途着想，通过说服教育工作，可考虑归入僮族系统。又从本民族的诸特征综合分析，它已具备构成单一民族的特点，根据其民族意愿，也可考虑作为单一民族。

24.“甲洲”

“甲洲”，人口4475人，分布于文山州。1958年建州以前，文山地委已正式决定把“甲洲”归入僮族系统。

25.“龙降”

“龙降”，人口54人，分布于文山州。1958年建州以前，地委已正式决定归入僮族系统。

26.“土司”

“土司”，人口134人，分布于文山州。1958年建州前，地委已正式决定归入僮族系统。

27.“本地”

“本地”，人口7人，分布于文山州。1958年建州前，地委已正式决定归入僮族系统。

28.“东兰”

“东兰”，人口4人。1958年建州前，地委已正式决定归入僮族系统。

29.“水”

“水”，人口1955人，分布于罗平、彝良、师宗、富源等县。罗平九龙公社以洪大队的“水”族调查材料保存有由南京柳树湾及竹子巷而递传的家谱。彝良县的“水”人相传由黄州府迁四川再迁入彝良寨阿未乡的传说。迁来原因据传是随“水”族老吴王来云南“平蛮”的士兵，然后定居下来的。族的自称是“布依”。因居住在河畔而为邻族称之为“水”，汉族称之为“水仲家”。语言属汉藏语系僮侗语族，是否属僮语支（布依语）或水语支（贵州的水族语言），尚待进一步的比较研究。以农业生产为主。习俗方面有人死葬后起冢，二月祭土地，三月祭龙潭、祭老人房，八月祭龙等的仪式。根据其自称及一部分群众的户口登记（称为布依族）和当地工作干部的意见和意愿，“水”可考虑为云南僮族的支系（属“布依”——“沙人”“仲家”的一支）。

（注：贵州省有布依族和水族。云南的“水”人的语言属系是否是布依语或水族语，尚待研究。但从“水”人的自称，长期和云南僮族各支系杂居所形成的民族自然融合情况，本民族群众的意愿等综合分析，拟提出归入僮族系统较为适宜。）

30.“水户”

“水户”，人口2055人，主要分布于罗平、彝良等县。据1958年云南省语文第三工作队实际调查结果认为：据传是由贵州迁来，语言属布依语。罗平县的“水”又称为“水户”，富源的“水”或“水户”和罗平的完全一样。

“水户”可考虑归入云南僮族的支系（属于僮族的“布依”“沙人”的这一支）。(参看上文第29条“水”)

31.“青”

“青”，人口161人，分布于鹤庆县，邓川县也有。自称为“布依”，也有被汉族称为“仲家子”（“仲教子”）的。“青”的语言和风俗习惯、宗教信仰等特点和贵州布依族相似，也和云南僮族支系——“布依”（“沙”人）——相同。他们是从贵州郎岱一带迁来的，可以考虑归入云南僮族的支系（“布依”支）。

五、哈尼族系统

32.“阿克[①]”

“哈克”，人口2053人，主要分布于西双版纳傣族自治州的勐罕区（橄榄坝）和勐竜区、景洪区三达乡，勐海县、易武县也有。自称“勾克”。原来由墨江县他郎地方迁来，已有8代（300年左右）。语言属于汉藏语系藏缅语族彝语支的哈尼族语言，在音韵结构、词汇体系和语法结构上大体和哈尼语相同。“阿克”居住半山区，以农业生产为主，种植旱谷、棉花等。习俗有祭山神（“楼群”）、毕摩（祭司）送鬼的特点。氏族制度残余存在。他们的民族心理素质和当地的哈尼族（“僾尼”）相同，本民族群众也认为是哈尼族。四周邻族(如“攸乐”人)也认为当地解放前的“阿卡”与“阿克”两支合起来就是西双版纳的哈尼族。应确定“阿克”是哈尼族支系。

33.“布夏”

“布夏”，人口586人，居住在景洪县勐竜区。计有7寨。自称“撒空”，傣族称之为“布夏”。“布夏”语，就其基础语和语法结构说，是属哈尼语，但它受傣语的影响很深，比如声韵中增加了m、n、ŋ、p、t、k等韵尾，词汇中借用大量傣语的词汇等。“布夏”居住半山区，以种植旱谷、苞谷为主，兼种棉花。保有氏族残余。风俗习惯与当地哈尼族相近或相同。勐竜区委认为“布夏”应归入哈尼族的支系。

34.“布崩”

“布崩”，人口约15户100人左右。居住在西双版纳傣族自治州易武县的勐腊区半山坡上。语言是哈尼语。“布崩”与当地哈尼族的一个支系——“卡别”——往来密切。应认为“布崩”是哈尼族的支系。

---

① 阿克，本文又作“哈克”。——编者

35.“品”

“品”，人口约50人，居住于西双版傣族自治州勐海县的勐遮区的坝边。原来是在澜沧县居住，300年前移来勐遮，约300户，复由勐遮移到缅甸大勐养地区。自称“比苏”。语言属汉藏语系藏缅语族彝语支的哈尼语，而借用傣语词汇很多。“品”人讲流利的傣语。由于和傣族、拉祜族长期杂居的结果，受这两族的生活、文化影响较深。“品”应认为是哈尼族的支系。

六、布朗族系统

36.“空格”

“空格”，人口429人，居住在西双版纳傣族自治州勐养区的半山上，早期在该区的三头山建寨。语言属于南亚语系孟高棉语族的布朗语支。以农业生产为主，有自己的木匠。妇女能织结实美观的细布毯和挂包。“空格”人信仰自然鬼神，不信佛教（和当地勐海、勐遮的布朗族有别）。有本族的祭师（“搭色”）世袭主持卜吉日和过新年的仪式，有“祭竜”的节日，也参加当地傣族的泼水节、开门节等。本民族群众解放后一致要求恢复自己的族别，坚持是布朗族。应认为是布朗族的支系。

37.“黑蒲”

“黑蒲”，人口677人，分布在墨江县景回区，自称“娃”。因为皮肤黑黝，解放前汉族称他们为“黑蒲”，就是肤色黝黑的蒲曼族。“黑蒲”语是属南亚语系孟高棉语族的布朗语支，但掺杂有傣语的词汇。他们居住在山腰，以种山地为主。仍保留氏族制度的残余，分为罗（“他辽给”）、陶（“他被打给”）、李、杨诸姓，凡同姓氏禁通婚。“德普”（竜头）是村寨的头人兼祭师。有信“山神”（以白株栗树、黄栗树两株为代表）、火神（送“火神”，以篾箩放上灶灰、茅屋灰，请祭师念经后，点燃着火丢到河中去）；有祖宗灵台（用白株栗树一株，长尺许，挂在屋角为志）。

1954年曾进行识别访问，未做出族别意见。墨江县的“黑蒲”应认为是布朗族的支系。

[注：墨江县的“黑蒲”和该县的所谓“蒲曼”是同一民族，即都是布朗族。但新平县的“黑蒲”自称“傣卡”，1954年已识别做出结论是傣族。两地同一族称（他称）而族别各有不同，应该区别开来。]

38.“补角”

“补角”，人口212人，居住于西双版纳州易武县勐腊区的坝区公路边，是早期就定居的土著民族。自称“仆戛”。“补角”语是属南亚语系孟高棉语族的布朗语支。男女都会讲傣语。以农业生产为主。由于和傣族人民长期接触，吸收了傣族的风俗、信仰，如参加泼水节和信仰佛教等。“补角”应认为是布朗族的支系。

39.“本人”

“本人”，人口5898人，计保山县5198人，梁河县700人。自称“埃乌”或埃孺。汉族称他们为“本人”或“蒲曼”。本人是古代定居在保山（汉代的永昌郡）一带的地方的土著，近年来迁居到施甸的由旺。“本人”话是属南亚语系孟高棉语族的语言。他们讲汉话。由于历史上长期和汉族、傣族杂居，“本人”吸收了汉、傣两族人民的诸多生活文化。但“本人”自认为有别于任何民族。原来保山一带是古代孟高棉语族的诸部落或部族定居的地方。“本人”从其族称、族源、历史、语言、共同地域和某些民族心理素质综合分析，应认为是布朗族的支系。

七、拉祜族系统

40.“老缅”

“老缅”，人口2830人，主要分布于澜沧县（2112人）、孟连县（48人）、西盟县（238人）。自称为“乌拔”或“古拔”，汉称为“老缅”或“罗勉”。200多年前，原居住于“木迈米迈”（拉祜语：今临沧专区）。在这段时间以前，历史情况不明。由临沧一带地方与拉祜族人民一道由于反抗清帝国封建统治而被迫南迁到澜沧县木戛区，而又受到佤族的干扰，遂大量再迁到东主乡，由东主乡再转到西盟、孟连的。“老缅”语是属于汉藏语系藏缅语族的一种语言。现有材料看，与彝语支诸语言相隔较远，是否是或是否接近缅语支（？），尚待进一步做比较研究。经济生活以农业生产为主。村寨为不同民族的本族居民所组成，每寨有一“约卡”和老年人一道管理公共事务。有巫师“魔巴”。同姓氏在3代以外认为不同宗的可以互婚。有“妻姊妹婚”和“夫兄弟婚”的习俗。东乡寨的“老缅”寨，全寨4姓供奉1个“山神”。

“老缅”人300年来与拉祜族一同迁徙。共同杂居的结果，彼此经济、文化上的联系很密切，在民族自愿的条件下，“老缅”可以考虑为拉祜族的一个组成部分，以利本民族的发展。

41.“苦聪”（金平县）

“苦聪”，人口×××人，居住在红河哈尼族彝族自治州金平县，有“黑苦聪”和“黄苦聪”之别，“黄苦聪”自称为“拉祜喜”，“黑苦聪”自称为“哥搓”。原居住在墨江县（临沧县），百年前移入新平，长期流浪在深山老林中，度着不定居的贫苦悲惨落后的生活。语言是属汉藏语系藏缅语族彝语支的拉祜语。不论“黄苦聪”或“黑苦聪”的风俗习惯、宗教信仰以及其他民族心理素质都和澜沧县拉祜族人民大体相同。本民族群众自愿认为是拉祜族。经识别后，我们也认为“苦聪”是拉祜族的支系。

红河地委和州领导考虑到金平县的“苦聪”在解放前的经济发展水平和解放后本民族发展情况，提出金平的苦聪成为一个单一民族的意见。

42.“苦聪”（易武）

“苦聪”，人口276人，原住在西双版纳州易武县孟腊尚勇区的深山老林中，计三寨。1958年党和政府派人访问他们，动员他们迁移到原来傣族的南歪寨聚居。“苦聪”是由临沧县迁移到易武县，也有由临沧迁移到老挝再移入的。自称为“拉祜”。“苦聪”语是属汉藏语系藏缅语族彝语支的拉祜语。尚勇区的“苦聪”话与临沧县的拉祜族语言完全相同。解放前，“苦聪”人采用刀耕火种的旱地生产方法，度着流浪不定居的穷苦生活。男女不吃狗肉，男子不剃头发，这些习俗都和澜沧县拉祜族支系——“拉祜拿”相同。

因此，易武县的“苦聪”应被确认为是拉祜族的支系。西双版纳易武县委、州人委和思茅地委都同意，认为在云南省内的各地“苦聪”只要民族特点相同，最好归并为同一民族。

八、佤族系统

43.“克拉”

“克拉”，人口393人（1958年调查：人口千多人），居住在腾冲县三区。原来是古代的土著民族。自称为“佤妈”，解放前他们被傣族辱称为“卡拉”（傣语：“卡”是山区奴隶的意思），辗转相传，误为“克拉”。语言是属于南亚语系孟高棉语族佤崩语支的佤语。现在已不会讲本族语，改说汉语。服饰、生活均和汉族基本相似。所以，“克拉”应认为是佤族支系。

九、景颇族系统

44.“老亢”

“老亢”，人口345人，分布于澜沧（27人）、孟连（279人）、西双版纳州（39人）。自称是“景颇”或“载瓦”。原来是60年前耿马孟连土司（傣族）向瑞丽县的景颇族群众募雇佣兵到留居在孟连、澜沧一带的。“老亢”人民完全说景颇语，会讲傣语。他们的风俗习惯、宗教信仰完全和德宏州的景颇族相同（只是没有山官制度）。因之，“老亢”就是散居在孟连、澜沧一带的由德宏州迁来的景颇族人民。

十、傈僳族系统

45.“永白”

“永白”，人口22户125人，居住在昌宁县更戛区米和乡的新寨。原来居住在兰坪县三区松平地方的永白（傈僳族聚居地区），因此被称为“永白”族。自称“傈僳叭”，这与傈僳族自称全同；又称为“昨濮”（白人之意）。“永白”语是属汉藏语系藏缅语族彝语支的傈僳语。“永白”话和怒江州泸水县傈僳语比较，在232个词中，完全相同的词149个，占64.2%；相似的词31个，占13.4%；不同的词52个，占22.4%。风俗、信仰：有打猎的习惯、崇拜自然神祇、人死由“毕作”（祭司）开路等，和傈僳族风俗相同。在昌宁，“永白”人和汉族人民杂居，吸收了汉族的语言、生活文化。因此，“永白”人应认为是傈僳族。

十一、傣族系统

46.“八甲”

“八甲”，人口225人，居住于西双版纳州勐海县勐阿区景播乡。300年前由景谷县老肩山的八甲地方迁来，因而沿用地名，作为族称。语言属于汉藏语系僮侗语族傣语支的傣仂方言。农业生产以种山地为主。有少量梯田。寨内有刀、俸、李、张、符等姓氏，共同祭祀“大龙”。信仰小乘佛教[1]。节日有堆沙、关门、开门、泼水等节，都和傣族全同。本民族群众自认是“汉傣”。“八甲”应认为是傣族的支系。

47.“曼掌”

“曼掌”，人口120人，居住在金平县，自称“布芒”。百余年前（4代以前）由越南迁入的，迁入原因是他们杀死勐莱土司的“板恩拉”（管庄），避祸而逃出的。“曼掌”在解放前是金平傣族土司的农奴。按傣语：“曼掌”（“曼”是寨，“掌”是象）是替土司管象的农奴寨。“曼掌”人居半山和高山之间，从事农业和水果的栽培。妇女不会纺织，但精于编织竹器。阶级尚未分化。有自己的民族语言，但男女都能操傣语。由于长期杂居并受傣族土司的统治，“曼掌”人的宗教信仰和歌曲都吸收傣族的。

就“曼掌”人的族源看，可能是布朗族。我们并不了解他们本族的语言。现在我们可考虑到他们的人口、杂居情况、历史上的民族关系和民族自然融合情况，为了“曼掌”人的发展，可考虑归入傣族共同体。

48.“普洱”

“普洱”，人口×××人，杂居在金平县。自称“普勒”，是傣族另一支的自称。汉族称呼他们为“普洱”人，实是傣族。

十二、纳西族系统

49.“阮可”

“阮可”，人口425人，分布于丽江县六区。

1960年3月丽江专署已正式决定“阮可”是纳西族的支系，经征得地委同意，并上报省人委核备。

十三、苗族系统

50.“百家”

“百家”，人口198人，居住在保山县的沱山区，自称“蒙”。“蒙”就是云南苗族的自称。据1958年冬省民族语文第四工作队实际调查的结果，认为：无论从语言、装饰，以及风俗习惯、生活文化方面综合观察，“百家”都和苗族一样。现在本民族群众也自报为苗族。因此，“百家”应识别后确定为苗族。

---

① 为“南传上座部佛教”的俗称。——编者

十四、汉族系统

51.“都匀”

“都匀”，人口2694人，分布于文山州马关县和红河州河口县。200多年前由贵州省都匀、贵定等县迁来，因即以原住地名作为族称。“都匀”人都讲汉话，其方音和贵州安顺的汉语相近似。主要从事农业生产，种植玉米、水稻。“都匀”人的生活文化、心理素质和当地的汉族相同；由于杂居僮族聚居区中，长期受僮族的影响较深。本民族一些干部和部分群众提出作为单一民族的意见，不愿归入汉族或其他少数民族。

经识别研究后，应仍认为：无论从族称、历史、迁徙来源、民族心理素质以及民族发展前途综合分析，“都匀”人实是贵州省都匀县迁来的汉族集体移民，在我们进行耐心教育说服的基础上，应确定“都匀”人是汉族。

52.“京东”

“京东”，人口36人，居住在腾冲县。据云南省语文第四工作队实地调查，认为“京东”人是由景东县迁到腾冲县的汉族。当地群众原称呼他们为景东人，后来误为“京东族”。他们也自报为汉族。我们识别后，应认为“京东”实是汉族。

十五、仡佬族系统

53.“仡佬”

“仡佬”，人口700人，散居于文山州马关、西畴、富宁等县。自称为“仡佬”。汉族视其服饰而称他们为“青仡佬”“花仡佬”“白仡佬”“红仡佬”4种。他们是从贵州省安顺、遵义等县迁来的。语言在音韵结构上与藏缅语族的语言比较接近，在语法结构上大抵与僮侗语族的语言相似。文山州的仡佬族人民对外讲汉话。他们居住半山区，种植玉米、红米为主。有崇拜祖宗、“魔公”祭鬼神、“祭山神、土地”，献“四官老爷”（据说主管人畜祸福），在端午节献“观音老母”等一系列的民族风俗、信仰。本民族自认是单一民族，与僮族有别。云南的仡佬，应为散居在文山州的原来贵州省的仡佬族，是单一民族。

十六、满族系统

54.“满”

“满”，人口955人，散居在凤庆、保山、蒙自等县。近300年来清帝国时期，原来由东北诸省因做官、从军、经商、游历而来云南定居下来。应认为是我国散居在云南的满族。

十七、识别后拟议中的单一民族

55.“插满”（易武县）

西双版纳州的“插满”，人口918人，分布在易武县的勐腊区(280人)、勐捧区（457

人）、尚勇区（178人）。自称“高棉”，傣族称之为“哈莫”；汉族称之为“插满”。他们本民族认为这些他称都是带有污辱性的（傣族佛经上所谓“哈莫”意为马鹿）。“插满”古代就定居在易武县，是古老的土著民族。近百年来，勐腊区的回乾乡的一些“插满”户是由老挝国南乌江搬来的。“插满”语言是属于南亚语系孟高棉语族的一种语言，和佤语、布朗语、崩龙语有一定的关系。易武县的“插满”人会讲流利的傣语，因此“插满”语中借用傣浯的词汇很多。“插满”人居住在坝边和小坝子内，也居住在半山区。他们居住的地域可以连成一片。以种植水稻为主，有犁、锄、镰刀、砍刀等铁质农具。耕作方式和技术大抵和当地傣族相同。“插满”人的住宅形式、内部陈设以及服饰等和当地傣族相似。也参加傣族的泼水节，但本民族有自己的节日。他们不信仰佛教，仍崇拜自然神衹；也祭献傣族最大的鬼，方式是全寨居民入山林15天，杀牛祭献。“插满”人和当地傣族通婚，但不和哈尼族、布朗族、瑶族以及“补角”人通婚。

“插满”人虽长期和傣族杂居，但自认为民族族别有别于傣族和其他民族。我们认为经过识别调查后：西双版纳州易武县的“插满”是古代以来定居下来的单一民族，族称正名为“高棉”或“克莫”。

56.“插满”（红河州金平县）

“插满”，人口207人（？），居住在红河哈尼族彝族自治州金平县。自称“芒”，傣族称他们为“插满”（傣语：“插”是高山）。金平的“插满”人约在百年前后法帝国主义侵略越南勐莱时期逃难到中国来的。金平的“插满”语是属南亚语系孟高棉语族的一种语言，金平的“插满”语和西双版纳州易武县的“插满”语相比较就有有声调与无声调的区别。经济生活，以农业为主，仍采刀耕火种的耕作方式。没有阶级分化，保有民族组织，社会的基础组织仍是原始公社。有自己民族的图腾崇拜，也崇拜灵魂不灭。祖先崇拜分成父系和母系两部分，而以父系为主。有具有特殊风格的民族歌舞和音乐。在邻近我国边境的越南，居住着“芒”人。“芒”人实具有作为单 民族的特征。金平县的“插满”，可考虑为单一民族，族称正名为“芒”族。

叁　关于几个族称单位的族系识别的具体问题

1.“攸乐”

识别组提出“攸乐”可初步认为属于彝族支系。但就其共同地域和民族心理素质等特征研究，又和内地彝族疏远隔绝。攸乐区区委书记（“攸乐”人，中央民族学院毕业）坚持认为是单一民族。县委、州人委、地委表示应郑重考虑，较长时间酝酿，再决定族别。

2.“苦聪”

红河州金平县的“苦聪”和西双版纳州易武县的“苦聪”：就民族特征综合分析，应认为是拉祜族支系。红河州地委、州人委提出金平县“苦聪”为单一民族；西双版纳州人委和思茅地委、景洪县委表示：“在一省之内同一族称单位如果民族特征相同，应作为属于同一族系处理，但仍请省领导决定。”

3.“老缅”

识别组提出“老缅”可初步认为：在本民族自愿的基础上，考虑成为拉祜族的共同体，以利本民族前途的发展。就历史看：200年前“老缅”人和拉祜族人民一道由临沧专区迁入澜沧、西盟，在反清廷封建统治斗争和拒抗西盟佤族的干扰中，“老缅”人与拉祜族共命运、同甘苦，发生了民族自然融合的关系。但（1）“老缅”人对200年以前的民族历史，已不了解。（2）“老缅”语属于藏缅语族的一种语言，与彝语相距甚远。但它是否是缅语支，或接近缅语支，现在北京和昆明无缅语材料，尚不能进行比较研究。若考虑是否是（1）单一民族、（2）缅族、（3）彝族，因材料和民族特征均不完全具备，未便做出结论。

4.“普标”

已具备单一民族的特征。在1958年建立文山自治州时，本民族也不愿归并入僮族支系或彝族支系。但从“普标”的人口数目（120人）和长期与僮族各支系人民相处，因而我们初步提出“普标”归并入僮族族系较宜。

5.“菟莪”

识别组提出“菟莪”的初步族别意见可认为属彝族支系。就语言看：1954年识别调查，认为“菟莪”话和碧江县的怒族语言相接近；但1958年省语文工作队实际调查，认为“‘菟莪’话与巍山彝语差别较大，但从语音、语法看又接近彝语”。我们考虑“菟莪”人并入彝族支系或怒族支系，均还有研究的余地。

6.“水”和“水户”

识别组根据1958年云南民族历史调查组和省民族语文第三工作队调查材料，认为“水”和“水户”应属云南僮族支系（“布依”的一支）。但尚需考虑：“水”和“水户”语究竟是僮侗语族的水语支呢，还是僮语支的“布依”方言？第三工作队肯定它是布依语，因为云南的“水”和“水户”是由贵州迁来的。但贵州现有两个单一族，一是布依族，一是水族。我们倾向于确定云南“水”和“水户”，归并入僮族族民系。

张凤岐　执笔

1960年

关于统一全省各族称谓的意见

云南省民委党组

1960年8月　日

关于统一全省各族称谓的意见

省委：

为了使我省各级党政机关和宣传机关明了我省已经正式公布的少数民族族别和统一民族名称，兹制成族别及民族名称简表，请省委审校，经同意后，通知各级党政系统及宣传机关，直到人民公社党委或民委掌握简表材料，教育全省各族人民，一律按照简表统一民族称谓。

云南省少数民族族别及其各地的自称，经1954年“云南民族识别研究组”两度调查，初步总结确定为20个单一民族，经报请省委核准备案。其中关于“西番”族别问题，曾言明尚待进一步研究，族称也尚待更改（“西番”是过去统治阶级的称谓），经长期调查研究，又经1960年4月丽江专署召集本民族代表大会协商，均认为单一民族，并根据本族人民自称改为“普米族”，已报请省人委、省委和中央民委核准。此外，崩龙族已经中央民委多次研究，肯定为单一民族。因此，我省少数民族，经识别确定的已经增加为21个。

民族识别工作对少数民族的族别和民族名称的正名工作，提供了科学的依据。少数民族族别和名称的最后确定和公布，是通过本民族代表的协商同意、作出决议和一系列的行政程序、审核批准的。21个少数民族中的14个民族，即彝、白、哈尼、僮、傣、佧佤、景颇、拉祜、苗、藏、回、傈僳、怒、独龙等，11年来，通过建立8个自治州、11个自治县的行政程序，和本民族人民代表在本省各级人民代表大会关于族别、族称的正式讨论，作出决议，都先后经过国务院核准公布。其余的7个少数民族，即纳西、阿昌、瑶、布朗、蒙古、普米（“西番”）、崩龙，几年来在我省各级人民代表大会、各级政协和地方国家机关中，都已经有了本民族的人民代表、政府委员和政协委员，瑶族、普米族也在本民族聚居区成立了自治乡。因此，这7个少数民族的族别和族称也已经中央核准确定。1959年国庆十周年中央民委举办的“十年来民族工作展览”中，我省除普米族暂未列入外，20个少数民族已正式公布展出。

由于我省少数民族的族系多而复杂，有关机关和各族人民不可能全部了解，同时还有若干人口较少的族称单位尚待今年进行补充识别，因而我们也未曾对于统一族别、族称的使用标准进行广泛而系统的宣传。我们发现报章、杂志、画报、广播仍有沿用正式公布前旧的民族名称；或把某一民族的各支系（如彝族中的撒尼、阿细、土家、蒙化等）和尚未最后确定公布的称谓（如苦聪、攸乐等）当做单一民族；已经正式公布为单一民族的某些群众仍沿用本民族的旧称；或者，某单一民族的支系所属的群众仍习惯于自己支系的旧称而自认为是一个单一民族；有些汉族群众也由于旧习、顺口以汉语旧称来称呼少数民族及其支系，形成少数民族族别与支系的混淆、民族名称的混乱。这是不利于民族工作的。为了统一族别、族称的正确使用标准，我们根据调查研究结果列为简表（以后再定期增补校正）。使用简表时，并希注意下列3项：

（一）区分“民族”（单一民族）、“支系”和尚未识别公布的“称谓”的不同涵义和用法：

“民族”是指单一民族而言，它具备有构成单一民族的诸民族特征，并经国务院正式核准公布。“支系”是某一民族分布在不同地区的人们的称谓。尚未确定和公布的“称谓”，其族系未明，族称未定。

凡单一民族一概正式称为“某族”或“某某族”（即在正式公布的族别名称后，加一个“族”字）。我省21个少数民族的名称，一概照中央公布的正式族称标准称呼，不再任意更改读音和汉字写法[例：白族不再称为“白子族”（自称）或“民家族”（他称）；“傣族”应该读为“歹族”，不应读为“太族”，以与泰国区别]。

（二）支系的名称不能当做单一民族的名称使用：

我省9个单一民族的繁多支系均统一归并在各有关民族之内，作为组成该民族整体的不可分割部分。一个支系不可能代表其所属的民族的整体。因此，支系的名称也就不能当做一个单一民族的名称对外正式使用。凡属某某民族的支系，今后在正式场合中，一概照其所属民族的正式名称称呼[例：景颇族的一个支系“载瓦”（自称），对外只能称为景颇族，不宜称为“载瓦族”]。至于各支系人民对内保留自称，仍暂听便。

（三）不再使用某一民族的他称、支系的他称以及尚未经确定和公布的其他称谓：

一切有关族、系的他称都是解放前旧的称谓，最易引起族、系的混淆和民族名称的混乱，也为少数民族所不满。今后应教育各族人民做到一律不使用他称[例：景颇族不称为“山头族”。又，景颇族的支系之一“浪莪”（系自称；“浪速”是他称），不称为“浪速族”或“浪速”，而应称为景颇族]。

尚未经确定的其他“称谓”[见简表（二）]，若在正式场合中，必须使用它的称谓时，则暂以其未识别的非正式称谓，在其后面加一“人”字，以表示它和正式确定的民族的族别、族称有所区别[例：金平县的“苦聪人”，西双版纳的“基诺人”（即“攸乐人”，他们自称“基诺”）]。

自省委核示同意发布通知（随同简表）之日起，我省各级党政机关希经常教育各族人民，一律照简表所列为省各少数民族族别、族称，统一使用标准，并注意上述3项问题。文教宣传机关更希首先倡导正确地使用族别、族称标准，起到示范的作用。同时，希望我省民族工作有关机关经常配合，负责进行我省族别、族称使用标准规范化的广泛宣传教育，随时检查和纠正不正确的族别、族称。

以上关于省委发布《云南省少数民族的族别和民族名称使用标准的通知》的请求报告，请省委核示，并转请中央核备！

以上意见当否，请示！

附上《云南省少数民族族别及民族名称简表》[①]（一）1份、《云南省尚未确定的称谓简表》（二）1份。

简表（二） 云南省尚未确定的少数民族称谓表

（1960年省民委正进行补充识别[②]）

编号	单位名称	人口	分布地区	自称	他称
1	本人	5198	保山、镇康	瓦	腊、腊家
		700	梁河		
2	苦聪	2099	金平	拉祜（金平县）	苦聪
		289	西双版纳		
3	攸乐	3860	西双版纳攸乐山	基洛	攸乐
4	都匀	3017	马关、河口		
5	水户	2025	富源、罗平		
6	撒	1443	邱北		
7	洋（秧）	1323	广南、富宁	佈雅	
8	插满	1125	西双版纳、金平	芒	
9	蛋人	1039	富宁		
10	阿克	1002	西双版纳		
11	罗绵[③]	1000	西盟、澜沧		
12	满族	955	保山、蒙自、凤庆		
13	黑蒲	675	墨江		
14	阮可	425	丽江	阮可	
15	空格	399	西双版纳		
16	达头	254	普洱、景谷	大头人	
17	阿嘿	245	西双版纳		
18	亢	243	澜沧	载瓦	老亢人
19	仆戛	216	西双版纳		
20	百家	198	保山		

① 该手稿文本中缺此表。——编者
② 参见本书《1960年云南省少数民族系识别工作的意见》一文。——编者
③ 罗绵，原写作“老乜”，后被划掉改写为“罗绵”。——编者

续表

编号	单位名称	人口	分布地区	自称	他称
21	青	161	鹤庆		
22	免莪	179	泸水、兰坪		
23	土司	134	文山		
24	曼掌	120	金平	佈芒	
25	克拉	393	腾冲		
26	永白	104	昌宁		
27	莫苏	96	西双版纳		
28	蔡	94	富源		
29	阿茨戛	92	澜沧		
30	过拉	63	河口		
31	拉西	62	宾川		
32	阿利	61	普洱		
33	克篾（普标）	60	麻栗坡	克篾	普标
34	革老	48	砚山、麻栗坡		
35	品	50	西双版纳		
36	等	47	西双版纳		
37	呢呢	42	普洱		
38	补蚌	42	东川		
39	棕	39	西双版纳		
40	南尼	38	普洱		
41	三教	33	江城、西双版纳		
42	蒙痛	28			
43	克板	23	云县		
44	仆尼	18	云县		
45	蓝抓	15	镇沅		
46	高山	6	南华		
47	腊	6	保山		
48	南京	46	镇雄		
49	里	66	凤庆		
50	京东	36	腾冲		
51	乌	5	云县		
52	戛	5	云县		
53	坡克	5	普洱		

续表

编号	单位名称	人口	分布地区	自称	他称
54	他郎	5	普洱		
55	龙希	4	普洱		
56	濮园	4	西双版纳		
57	阿版	3	镇沅		
58	红哑	3	景东		
59	唐	2	普洱		
60	纳华	1	个旧		
61	仅		东川		
62	阿英		普洱		
63	维		景东		
64	摩凤	1	蒙自		
65	阿里	1	蒙自		
66	腊	1	蒙自		
67	仆		昆明		
68	孟		个旧		
69	阿罗		普洱		
70	卓核	22	马关		
71	米司	3	开远		
72	本地	7	砚山		
73	阿尼	18	楚雄		
74	汰西	4	云县		
75	客家	2	昭通		
76	平头	4	泸西		
77	莫罗	1	个旧		
78	贵族	4	巧家		
79	手头	1	泸西		

云南省“土族”“土僚”“土家”系三族或一族？各有何特征？

壹、三族的分布区域及民族人口估计

一、1951年调查（省民委根据专县报告的初步估计）

甲、土族（文山专区土族）58235人，占专区人口的5.42%。1952年估计58961人。

1.富宁县（滇桂边境）48000（45000）人，占全县人口的64.06%。1952年估计54901人。

2.马关县5235人，占全县人口的3.47%。1952年估计4601人。

3.麻栗坡市8000人，占全市人口的5.27%。

乙、土僚族[2]89095人。1952年估计61616人。

（子）文山专区土佬族：35965人，占全专区人口的3.35%。1952年估计18487人。

1.砚山县：舍木、那发衣、小花园、斗者勒、处楚等地3000人，占全县人口的2.7%。1952年估计1528人。

2.文山县：城区附近30000人，占全县人口的22.29%。1952年估计13481人。

3.广南县：珠琳一带800人，占全县人口的0.33%。

4.邱北县：锦树乡的滥泥冲及大坡脚村620人，占全县人口的0.59%。1952年估计837人。

5.麻栗坡市：中心区、太平镇975人，占全市人口的0.64%。1952年估计1057人。

6.西畴县：570人，占全县人口的0.54%。1952年估计784人。

（丑）蒙自专区土僚族（即土佬族）：52757（48978）人，占全专区人口的4.87%。1952年估计42440人。

① 该文档用毛笔书写，竖排。在此标题之前，原有“附件二：省民委研究室干部的个人初步研究报告（初稿）”字样，又被用钢笔划掉；在此标题之下，又在括号内注明“张凤岐写　杨毓才补充”字样。——编者

② 原文档在标题“乙、土僚族”之上贴有一纸条，上书“土佬族文山县约减17000，蒙自县约减10000”字样。——编者

1.元阳县：1108人，占全县人口之1.32%。

2.个旧市：该市各区皆有，3145（378）人，占全县人口之9.61%。1952年估计689人。

3.蒙自县：城东水坝区域23370人，占全县人口的20.19%。1952年估计21945人。

4.开远县：东山区一带20500人，占全县人口的19.21%。1952年估计20495人。

丙、土家族[①]：

（子）丽江专区永胜县（在江外四角山）10000人，占全专区人口的1.17%。

（丑）大理专区36743人，占全区人口的2.21%。1952年估计89266人。

1.凤仪县（一区后山、白塔冲，二区第八行政村）7803人，占全县人口的12.51%。

2.邓川县（一区）1613人，占全县人口的3.09%。

3.漾濞县（二、三两区，一区山间）3903（7000）人，占全县人口的9.76%。1952年估计7230人。

4.宾川县（平川、后山及与盐丰交界处）5424人，占全县人口的3.61%。1952年估计5703人。

5.永平县（三区龙马乡山区）3600人，占全县人口的6.43%。1952年估计9572人。

6.祥云县（三、四、五区）11303人，占全县人口的5.79%。1952年估计5603人。

7.蒙化县50487人。1952年估计50487人。

8.云县1255人。1952年估计1255人。

贰、三族简况[②]

甲、大理专区土家族（附丽江专区的土家族），自称为罗珞巴（La-lo-pa），或喇珞（La-lu），或喇鲁（La-lu），或密撒仈（Misa pa），汉人称之为蒙化族、乡谈族或土俚族。就其民族的特征（语言、风俗习惯、经济生活和分布地区4点）看，系属云南彝族的一个支系。

在地理分布上，由蒙化县起沿哀牢山区至普洱均有之。据说，汉人称之为蒙化族，系因他们自蒙化迁来得名，蒙化后亦讹为“沐花”；又因其操本族语言，故又称之为乡谈族。

乙、土僚族：

1. 文山区土僚族（即土佬族）：自有语言（没有文字）和自有其风俗习惯。就本专区说，土佬族无恶霸地主，中农、贫佃农多。文化较沙族、苗族为高，附城地区受汉族文化影响较深，与汉族通婚。除妇女服装有区别外，男子讲汉话是一样流利的。生活刻苦，

① 原文档在标题“丙、土家族”之上贴有一纸条，上书“蒙自区土佬族42440（彝），文山区土佬族18487（仲家支），文山区土族（属壮族）58961（在富宁54901）。不用”字样。——编者
② 此标题为编者所加。——编者

男女均能劳动生产，受压迫剥削也深。干革命也是积极的，在文山和麻栗坡均有本民族的区村级干部［详文山专区：《文山区兄弟民族概况》（1952年）］。

文山专区的土佬族，据我会部分干部初步研究的报告，系傣语系民族的一支，其民族特征略述如下：

（1）名称：本民族自称“佈傣”[①]（pu-tai），汉族称他们为“土佬”。

（2）语言：属傣语系，与傣语有方言的差别，但语法结构相似。

傣族语系可分为两支：一为西支——傣族语，在云南西部及西南部，即德宏区和西双版纳；另一支为东支，又可分为5种民族语，即侬人语、沙人语、仲家语、僮人语、黎人语（见芮逸夫：《西南民族的语言问题》，《民族学研究集刊》第三辑）。富宁土佬族的语言似不能属于僮人语，尚待深入研究。

（3）“僚”族的民族历史：

僚族在数千年前已为构成中华民族的重要组成部分之一。这个民族的老家为骆越地，其中心区域在广东西南部、广西南部和西南部至整个老挝之地，由此向四方辐射。除向印度支那半岛分布外，在中国本国者可分为3支：西支溯元江（红河）入云南，元江与哀牢山脉并行，哀牢山之得名即由于这族最初聚居的缘故；中支溯西江支流向西北斜上，分布于四川、贵州以至于湖北、湖南间；东支则沿东南沿海向东北斜上至于长江口。

僚族的渊源：起于周代以前的“蛮”，相传为骆（骆越），秦代再传为陆梁，至晋代即称为僚和鸠僚。鸠僚这一民族支系到明清时就被称为土僚（土佬、山子）（见附表）。僚（僚子）的名称，开始见于晋张华（232—300年）所著的《博物志》说：“荆州极西南界至蜀，诸民曰僚子。”稍后，常璩所著的《华阳国志》屡有所见，如《蜀志》“滇僚賨僰”，“帝攻青衣，雄长僚僰”；《南中志》永昌郡、兴古郡有鸠僚，于是僚的名称，渐见于史籍。

（4）从文化生活方面研究，我们有充足理由证明傣族同于僚族［丁文江著《爨文丛刻序》也认为摆彝（傣族）与僚同族］。傣族与僚族文化相同的地方有下列6项：

①好楼居。

②剪发、文身、雕题、漆齿。

③桶裙。《旧唐书》说：“南平僚男子左衽、露发、跣足，妇女横布两幅，穿中央而贯其首，名为通裙。”（通裙即桶裙）傣族女子也是穿桶裙。

④用铜鼓：除构怨相攻打铜鼓外，普通聚会宴乐，岁时祭祀，也多吹芦笙、打铜鼓［Hirth所著书称他们为“铜鼓民族”（Bronze Drum People）］。

⑤浴儿。旧《云南通志》说僰彝：“凡妻生子，贵者以水浴于家，贱者浴于河，三日后，以子授其夫，耕织自若。”浴儿为骆僚的流行风俗。

---

① 佈傣，本文又作“普傣”。——编者

⑥常浴于川。[①]

2. 蒙自专区的土僚族：

（1）自称曰“僚”，汉族称谓为“土僚”。

（2）风俗习惯大抵与汉族近似，其语言近于彝族，或系彝族之一支！我们苦于未做进一步的调查研究，尚未能做初步正确判断。

丙、文山区土族：

1. 自称：天保[②]自称“佈僮”，龙安、黑衣自称“广僮”，汉人称之为土族。

2. 土族，主要分布于文山专区，尤其是集中于富宁县。据1952年人口调研估计为54000人，次则分布于马关县4061人，均在滇、桂、越边境。富宁县的东、北、南3面均和广西省接壤，而桂西的主要民族是僮族。又据我们1952年人口调查，发现富宁县境内的天宝族14855（人）、龙安族4523（人）、黑衣族9694人、蔗园族1262人[③]。据了解，天宝、龙安两个民族，是由广西的地方名称而得名的，其民族属僮族语系。

我们初步的预断：文山专区富宁县和马关县的土族系属广西省僮族迁移到云南境内的，他们的风俗习惯已有一些变化，但民族的体系似应属于傣族语系民族中的僮人语的一支。

3. “（文山区）土族不是土佬族，是包括富宁所称的天宝人、广沙人及汉族杂族人（？）被‘同化’的一个民族。”（见1951年6月23日中共文山地委会统战部送至省民委的《文山区民族工作综合报告》）

4. “大凡使用傣语僮语和黎僰语的，都可以称为广义的僮傣人，它包括……云南境内的僰夷、蒲人、大伯彝和土僚。……它包括广西境内的僮人和俍人。……”“在广西这些人称为土人或僮人。在云南旧府有大江（Kon Yai）、傣雅（Tai Yai）和佈傣（Pu Tai），汉人称大江为土人或傣人，称傣雅为沙人，而称普傣为依人。”（详见徐松石：《泰族僮族粤族考》，第16页）由上面的这一段引来的话，我们有理由相信文山区的土族是由广西迁移来的，这一族在广西称为土人或僮人，在云南文山区富宁的土族似应属僮人。

① 云南省民族事务委员会档案（1954年，目录号1，卷号44，第8号）《云南省“土家族”“土僚族”“土族”的民族分类及其民族特征的初步研究》附件二即为与本文同名文稿。常浴于川，该文作“男女群浴于川”。——编者

② 天保，本文又作“天宝”。——编者

③ “1262人”原缺，据云南省民族事务委员会档案同名文稿补入。——编者

文山州民族识别工作初步计划

我组于本月21号，即达文山州首府后，随即向地委作了民族识别工作汇报，并同时收集该州现有的民族识别资料，将已确定和未确定的各民族识别情况进行整理，对尚未确定的族系在此次识别中给予解决。

Ⅰ.已经归系的各种民族名称

一、僮族

自称“佈依”支系：有侬族、天保、龙安、侬音、龙江、东兰、龙降、土司、傲、本地、黎和部分的黑衣等13个名称。他们与南僮同一族系。

自称“佈雅”支系：有沙族、土族、麻秧和蔗园[①]等4个名称，与北僮同一族系，和贵州布依族一样。

自称“佈傣”支系：有土族（土佬）、傣族、摆衣等3个名称，与南僮同一族系。

自称“佈雄”支系：有黑衣，与南僮同一族。

但在上述归系中，还必须弄清几个族系：

1.遮园：有部分是广西僮族，自称“佈雅”；有部分是汉族，但长期和土族杂居，语言、生活习俗同于土族，并相互通婚，他们不愿改汉族，按自愿原则下，现已改为土族。今只做侧面了解。

2.傣族、摆衣：有自称“佈傣”的傣族；摆衣其语言、风俗习惯、经济生活、居住区域的特征与侬、沙同。地委划为僮族，今只做侧面了解。

二、彝族

文山州所属彝、白（僰）（？）、撒（？）、倮（？）、搭老（？）、孟武（？）、卓拉（？）、夷、阿旁、仆（即仆喇）、波罗等11个名称，地委已于1957年并于彝族，不能成为单一民族。

① 蔗园，本文又作“遮园”。——编者

1. 白（僰）族（1443人，分布于邱北）：一种是民家族，从大理迁来，即大理自治州的白族；一种是白彝，自称“戈布”，俗称“课倮倮”，一般称“白人”，另有侮辱性之称“白皮子”。解放后称为“白族”，但不是大理“白族”，而是“倮倮族”，又划为花、白、黑倮之分的“白倮”。

2. 撒：撒尼，1000余人，居邱北。

3. 倮（155人，居文山）：自称“倮倮布”，与彝族的经济生活、风俗习惯同。

4. 挌老（国老，45人，居马关）：自称“仡老”，他称“革老”。地委放于彝族，但尚未弄清。

5. 卓拉（25人，居马关）：自称“阿扎”，他称“卓拉”“侬拉”。

6. 夷（6793人，不详居何处）：放于彝族。

7. 孟武（1243人，居西畴700余人）：自称“墨”，侬族称为“普墨”。语言、风俗多似仆族，很可能属于彝族支系。地委和民委放于彝族。

Ⅱ. 尚待识别的各种民族名称

1. 都匀：据云从云南西南昌府丰咸县四大牌坊朱氏巷迁至（23320人，分布于麻栗坡、马关、河口一带）贵州的都匀府和麻州，并由都匀、麻州迁来。侬族称他们为“仲家”，其因是都匀族在前清时代常有人中“翰林”，故此称为“仲家”，但都匀族已经失去原有语言。

2. 洋（1500人，居富宁）、秧（300人，居广南）：两者共同自称为“布秧”，从越南、老挝迁来。其风俗、习惯基本与“布雅”同，但特征上有别于“布雅”“布侬”，是否是傣族或其他民族？待查。

3. 普标（120人，居麻栗坡）：自称克篾，了解是否与孟高语族[①]有联系。

4. 拉基（人口不详，分布于马关）：传说来自邱北，已几代，语言已失。自称“普翁”，依族亦称他们为“普翁”。生活与摆族相似，并与汉、俜（白俜）两族通婚。

5. 疍人（1039人，居富宁）：是否与广州疍人同（据目前地委材料，富宁无此疍人）。

6. 蔡（94人，居富源、富宁两县）。但目前材料，富宁无此蔡人。

根据以上情况，地委对各族系大都归系，现在只将尚未识别清楚或已识别但未弄清者进行重点调查、一般了解和侧面访问。

1. 需重点调查者：（1）都匀；（2）孟武；（3）洋、秧。

2. 需一般了解和侧面访问者：（1）傣族、摆夷；（2）白（僰）；（3）撒（撒尼）；（4）倮、夷；（5）普标；（6）拉基；（7）疍人；（8）蔗园；（9）土司；

① 孟高语族，当为“孟高棉语族”之误。原文如此。——编者

（10）蔡；（11）仆（仆拉）等族系。

Ⅲ.调查中的力量组织、路线和时间分配

现由省民族研究所3人，配合地委1人至2人，共4人至5人，组成文山自治州民族识别小组，统一在地委领导下进行民族识别工作。现可分4个阶段进行：

第一阶段（4月26日至5月10日）：先集中力量，搞清马关、麻栗坡两县所属都匀、孟武、普标、摆衣等族称（加卓拉、拉基的识别），并做出民族识别小结。取得经验后，即可分成两个小组。

第二阶段（5月11日至5月18日）：一组赴砚山（文山）做倮、摆夷、土司的调查，一组赴邱北，主要做白（僰）、撒（尼）族系的调查。

第三阶段（5月19日至5月26日）：一组赴广南进行“秧”的调查，一组赴富宁进行“洋”的调查，并附蔗园、疍人、蔡人，做些了解。

第四阶段（5月27日至6月5日）：将全部民族识别资料全部整理，并向地、县委汇报后，于6月5日可赴河口、宜良两地，将倮、仆、都匀、水户等族系作一般了解。6月10日抵昆。

Ⅳ.调查中注意事项

1.必须依靠各级党委，在党的绝对领导下，进行民族识别工作，并紧密结合当前当地中心工作。

2.进行田野调查时，不以民族识别组对外，可用民族历史调查组。

3.对每个族别调查时，必须随时做出“卡片”，和整理出各个族系识别小结，只能整出归系意见，最后报地委、省委确定。

以上字示，请批示。

文山自治州民族识别小组

1960年4月24日

文山自治州民族识别补充调查提纲（草稿）

壹、文山自治州少数民族概况

（一）族称：据1954年省选举委员会人口统计，文山专区总人口1302924人，少数民族724181人，占全专区人口的55.6%。

1954年夏以前，文山专区未识别前的族称计39个：

族称	人口	族称	人口	族称	人口	族称	人口
1. 壮族	238704	2. 苗族	148042	3. 侬族	195383	4. 彝族	48846
5. 倮	27212	6. 土	90909	7. 瑶族	37522	8. 普[1]（普拉）	51343
9. 沙	79561	10. 黑衣	12752	11. 天宝[2]	15530	12. 傣族	5881
13. 回族	5988	14. 龙安	5375	15. 夷	6793	16. 都匀	2320
17. 民家族	1884	18. 孟武	1243	19. 蔗园	1033	20. 撒	1443
21. 僰	1443	22. 洋	1039	23. 摆衣[3]	1997	24. 秧	568
25. 波倮	155	26. 土司	134	27. 黎族	4	28. 满族	1
29. 格老[4]	45	30. 龙降	54	31. 甲洲[5]	475	32. 东兰	4
33. 傲	58	34. 卓核	25	35. 普标	120	36. 都侬	7
37. 本地	7	38. 土佬	703	39. 蛋人	1039		

（二）识别情况：1954年夏、秋，省民族识别研究组派出两个田野调查小组，先后以壮族族系及普（普拉）为重点对象，进行识别。初步确定：

1. 属于壮族族系的各支系：壮族、侬、沙、黑衣、天宝、龙安、土、土佬。

---

① 普，本文又作“朴”。——编者
② 天宝，本文又作“天保”。——编者
③ 摆衣，本文又作“摆夷”。——编者
④ 格老，本文又作“国老”。——编者
⑤ 甲洲，本文又作“甲州”。——编者

2. 属于彝族族系的各支系：普（普拉，包括6个自称）、波倮（“普”的自称之一单位）。

3. “蔗园”是粤侨，不是少数民族。

以上11个族及族称已经识别确定了其所属族系。

还剩28个族及族称，其中公认为单一民族的计苗族、彝族、瑶族、傣族、回族、白族（民家族）、满族、黎族等8个民族。

再剩的20个族称，就其称谓研究，是属同族异称的如下：

第5项的“倮”，人口27212人，可归并入彝族。

第15项的“夷”，人口6793，可归并入彝族。

第23项的“摆夷”，人口1997人，可归并入傣族。

第21项的“僰”，人口1443人，可归并入傣族（再了解其自称，地委1956年并入彝族）。

最后尚遗留者尚未识别的族称，计16个，即：

族称	人口	族称	人口	族称	人口	族称	人口
16. 都匀	2320人	24. 秧	568人	31. 甲洲	475人	35. 普标	120人
18. 孟武	1243人	26. 土司	134人	32. 东兰	4人	36. 都侬	7人
20. 撒	1443人	29. 格老	45人	33. 傲	58人	37. 本地	7人
22. 洋	1039人	30. 龙降	54人	34. 卓核	25人	39. 蛋人	1039人

再查省民委尚未识别的族称在曲靖专区的尚有：

1. “水户”，2025人，富源县、罗平县。

2. “水”，1955人，罗平县、彝良县。

据1956年8月21日文山地委统战部所编印的《文山专区少数民族基本情况》说：“全区少数民族743989人，占全区总人口之60%。民族名称比较复杂，共有39种，基本上是属于壮、彝、苗、回、瑶族系统和少量的民家族。在这几种民族中则以壮、彝族人口较多。壮族系包括侬、沙、土、黑衣、孟武、都匀、龙安、天保、蔗园、土司等25种民族自称，共计40万人口；彝族系包括倮、朴、国老、撒尼、僰族等8种民族名称，共计12万多人；苗族共计15万多人；回族6千多人；瑶族37000人。”

据了解，文山专区在1956—1957年，地委曾3次组织力量进行民族识别，结果共确定7个民族，即壮、苗、彝、回、白、瑶、傣（再加上汉族）。

1958年3月建州时，对民族族系和名称做了正式决定。

贰、1960年补充识别调查的意见

（一）补充识别原则：

1. 1954年夏、秋，已经识别确定的族系及其支系不再变更。

2. 根据地委1956—1957年三度民族识别的结论搜集其识别材料进行研究。若已地委确定而本族称单位群众又无异议的，原则上不再变更，小组也不正面进行访问，可做侧面研究。若有新的族系情况发见，可向上级提出族系的意见。

3. 省、地（州）两级识别工作组都还未进行识别而人口又在100人以上的族称，则于1960年进行一般调查；人口满1000人以上的，进行重点调查，提出识别结论。

（二）1960年上半年4—7月中，为期3个月，派出文山州民族识别调查小组，抽调干部4—6人（社会调查人员与语文工作人员配合）到该州各县实地调查。先到文山州，再到曲靖专区（或同时分派2人到曲靖专区）。

按重点族称的分布地点，即马关、河口、广南、富宁、西畴、邱北等县以及曲靖专区的富源、罗平，小组到达文山后自定调查路线。

（三）进行补充识别的族称，暂定如下（可事先搜集文山地委统战部历次识别材料参考，小组到达该州时，结合当地民族识别具体要求，酌予变通）：

有※符号者是人口多的族称，进行实地调查：

1. ※“都匀”，3017人，分布在马关、河口。

2. ※“撒”，1443人，分布在邱北。

3. ※“洋”，1323人（注：文山地委材料1039人），分布在广南、富宁。

4. “秧”，568人（同上注）。

5. “甲州”，475人。

6. ※“孟武”，1243人，分布在西畴（733人）［地委统战部材料列入壮族；省民委非正式列入彝族（阿武支系），可进行复核］。

7. “土司”，130人。

8. “朴”（普拉），51343人（有7个自称，1954年识别小结认为是彝族的支系。这次再搜集群众反映）。

9. “倮”，27212人。

10. “夷”，6797人（第9和第10，1954年仅做一般访问，可再复查：归入彝族是否有问题）。

11. ※“僰”，1443人。

12. ※“水户”，2025人，分布在曲靖专区富源县、罗平县。

13. ※“水”，1955人，分布在曲靖专区罗平县、彝良县。

14. “蔡”，94人，分布在富源县、富宁（进行一般调查）。

15. “疍人”，1039人，分布在富宁。

16.“普标”（克篾），120人，分布在麻栗坡。

（四）抓关键问题：

这里尚待识别的各个族称，有几种情况可供补充识别的线索：一是有的自称和壮族族系有关，有的和彝族族系有关；二是人数虽少但可能仍是单一民族（例革佬族，45人）；三是由邻省迁入的，以地名作为族称（例如“都匀”人是由贵州省都匀县迁来的，族系不明）。

我们在进行实地调查时应抓下列关键问题：

1.“孟武”：究竟是彝族的支系即“阿乌”一支，抑或系壮族？试就其自称、语源、语言、共同心理素质、民族意愿（对本民族族系的看法），以及“孟武”和壮、彝两族的关系，进行比较研究。

2.“都匀”：既由称谓得知其由贵州省都匀县迁来，是否与壮族的侬雅依一支有同一族的关系？应就其自称、族源、迁徙、历史传说、语言、心理素质、民族意愿进行了解，尤其他和壮族及贵州布依族的关系进行比较、研究。又，他是否是其他族系？据地委统战部（1956）材料上说，省民族识别研究组将他并入壮族。省方识别材料，可向地委请示。

3.“撒”是否撒尼？试就其自称、族源、历史、语言、心理素质以及他和彝族、壮族等比较研究。

4.“水户”和“水”是否侬雅依一支（沙人），抑或是其他关系？

5.“洋”“秧”是否属于壮族族系？

6.“朴”共有7个自称（“普”“昨柯”“泼拉培”“颇罗”“图拉泼”“泼哇”“阿扎”），1954年已识别，已正式列入彝族的支系，再征求地委指示，不做重点调查。

7.“倮”“夷”：可举行座谈会，征询本族对族系的意见——是否是彝族的支系？并请求地委的指示，不做重点调查。

8.“土司”：地委列入壮族之内，从侧面了解他的自称、族源、民族意愿……。因人较少，可做一般调查。

9.“疍人”：不是一个少数民族。进行了解后，若与广州疍人相同，则可列为汉族的“水上人家”（疍户）。

10.“甲洲”是否属壮族？

11.“普标”共120人，应进行一般了解。普标自称“克篾”，可能是孟高（棉）语族的族系？

12.“僰”共144人。是否是傣族，抑或是彝族或白族？可复查一下。

13.其他100人以下的族源，尽量进行了解，不必专程访问，以节省调查时间。

注意：

1. 以上第一至五个族称是田野识别重点对象，必须搞清楚。

2. 相隔数年（距1954年识别），若族称的属系的情况已变更，则探求变更的实况。不再正面进行访问，以免别生枝节。一切向当地党委请示。

3. 进行田野调查时，不必以识别小组名义对外，以免引起各族群众的误解。

（五）要求对尚未识别的千人以上的族源做出识别结论，100（人）以上的提出识别意见，100人以下的搜集材料。

文山区关于民族归系及自治州冠名的参考意见

民族归系和自治州的名称问题，是联系在一起，不能分开的。为什么民族要归系？归系有何好处？我区少数民族人口较多，有78万多，占全区总人口的56.6%，各民族名称比较复杂。民族名称多了，对于我们少数民族的发展不利，各个民族都要过渡到社会主义社会，成为先进的社会主义民族，就要有先进的文化科学技术。按照我们现在这种民族名称情况，很难实现这目的。其次，民族归系不是主观的来归系，应该归的才能归，不应该归的就不能归。如苗、瑶、回等民族是单一民族，他们没有什么归系问题。其他名称不能为单一民族而是支系，还是经过科学调查研究。三是现在许多民族名称不合理，有的名称是反动统治时代对少数民族的侮辱名称，只是大家叫成了习惯。现民族名称如何得来？其本民族亦不知自己是什么民族，只知自己叫“佈侬”“佈雅”“泼哇”“阿扎”等等。另外，即便有名称，也是听到统治阶级用来骂我们的名称，“死侬人”“死仆拉”“土老”“沙猫”等等。

解放以后，党和毛主席的民族政策贯彻到我们边疆各族人民心里，从此我们不再受民族歧视，从此我们实现了民族平等，我们才有了民族名称。另一面，有的名称是用地区名称代替民族名称，如侬安族、天保族，他们是从广西龙安县、天保县迁移来的；甚至用吃饭的话代替民族名称，如彝族“阿扎”系，他们吃饭叫“卓拉”，结果便称为“卓拉”族；还有一个名称分几种叫法，如仆族，有叫“花仆”“白仆”“黑仆”之别，我们认为“仆拉”不好听，叫“白仆”“花仆”；还有按服装来叫，穿黑衣服叫“黑衣族”等。所以说现在的民族名称是很不合理的，但叫成了习惯。归系有什么好处？可进一步加强民族团结，恢复故有的名称。解放前历来的统治者，由于实行民族压迫和歧视，造成我们各族东跑西散不能团聚，一族人分成几族，有的由于长期分散，甚至遗忘自己的历史。只有共产党才能这样关心我们各少数民族的历史，尊重我们的习惯，恢复我们的故有名称。同时归系后对一个民族的发展有很大好处，可以学习自己民族的文字，得到共同提高。

民族归系有些人会不会产生怀疑顾虑呢？有些人是不会，只要体会这个道理，但有些人会顾虑，老年人怕改变风俗习惯，妇女怕改变服装，还有怕统一说话等。但党的政策是尊重各民族自己的风俗习惯，各支系原来故有的风俗习惯、民族特点，一律可以保留，这是我们党的政策。

怎样归系？我们提出几点意见，供大家研究。就是有些民族取消现在不合理的名称，保留支系自称，恢复原来各民族名称。就是说属于僮族系归僮族，属于彝族系归彝族，取消龙安①、天保、侬音、土老、土司、沙人、黑衣、倮倮、仆拉等不合理的名称，保留原来的自称，就是"佈侬""佈雅""佈傣""泼哇""阿扎""那西布"②等等。属于僮族的就改为僮族，属于彝族的就改为彝族，是否恰当请研究。哪些属于僮族系？哪些属于彝族系？哪些不应归系？我们分列如下。

一、僮族

属僮族有好几个支系，有"佈侬""佈雅""佈傣""佈雄"等，共计461361人。

（1）民族自称"佈侬"支系计有：侬族、天保、龙安、侬音、甲州、龙江③、龙降④、东兰、土司、傲、本地、黎和部分白、黑衣等13个名称，共有231137人。他们和桂西僮族自治区的"南僮"同一族系。

（2）民族自称"佈雅"（也有称佈衣）支系计有：沙族、土族（富宁52095人）、麻秧、蔗园等民族，共计111529人。他们和桂西自治区的北僮同一族系，和贵州省布依族是一样。

（3）民族自称"佈傣"支系计有：土族（土老）、摆衣等民族，共计96824人，与南僮同一族系。

（4）民族自称"佈雄"支系的只是黑衣族，计有16808人，与南僮同一族系。

1. 关于历史情况

自唐宋以来，僮族各支系就聚居在广西的西部及云南南部（即文山区一带）、贵州南部。在宋只有僮族首领侬民富，宋太宗封为检校司空御史大夫柱国的官。到宋仁宗时有僮族领袖侬智高自称南天王，率领部族起来反抗宋朝的统治，并攻打广州，使宋朝为之震动。后宋朝派杨六郎、狄青征讨，侬智高失败后，带7000人逃大理。因此在文山区特别是广南传说着当时侬智高与狄青打仗的故事。群众中传说：一打一关，二打二关，三打宝月关，九困溪洋，十打幽州，说明在广南打仗的时间比较长。侬智高失败后，由于民族压迫，因而到处分散逃难也是可知的。到元朝则将僮族聚居的这块地区"分而治之"，由广西、云南和贵州3省分别管辖。僮族的这种历史和我区侬、沙族所传说的历史是符合的。

---

① 龙安，本文又作"竜安"。——编者
② 那西布，本文又作"纳西布"。——编者
③ 龙江，本文又作"竜江"。——编者
④ 龙降，本文又作"龙匠"。——编者

2. 语言

僮族的各支系的语言互相通话：侬侬、侬雅的语言和僮族语相比，正如侬侬话和侬雅语的差别一样。僮语分为南、北方言，侬侬语（即侬语）和侬傣话（土老话）就是属于僮语的南部方言，和广西的龙州、靖西等地讲话完全相同；侬雅语（沙话）属僮语的北部方言，和广西武明[①]县、南宁一带讲话完全可通。为什么这些支系语言相通，而和苗、瑶等民族不相通，正说明原来是一个民族的特征之一。

3. 经济

由于这个民族历史上很早聚居此地，因而居住条件均为平坝、河谷，多属亚热带气候。各支系以农业为主，种植水稻，其次有部分苞谷杂粮。生产工具比较先进，耕作技术比附近汉族还要精耕细作。解放前不习惯人粪，仅施绿肥、畜肥、草木灰。男女均参加主要劳动，本民族有自己的铁匠、木匠、泥水匠，但不是专业的。经济作物习惯种植棉花、甘蔗、花生等。家庭副业饲养牛、马、猪、鸡、鸭。妇女自织自纺棉布，技术较先进，并能刺绣。一般有专业商人，阶级分化比较明显。

4. 风俗习惯

僮族各支系都保留有共同的风俗习惯，如各地均有“寨老制”，设有“老人厅”。“土地庙”是由寨老组织议事祭祀的地方，但很多地方的寨老制度被国民党的保甲制代替。群众每年春季有赶花街（风流街）的习俗。崇拜祖先，供牌位。

婚姻制度：一夫一妻制，无后可纳妾，各支系之间互相通婚。广南者纳89户沙族调查，有35户和广西僮族通婚，占40%，而且各寨均有此种来往关系。少数头人亦与汉族通婚，但不与苗、彝、瑶通婚。同姓不（同）宗可婚，姨表、舅表可通婚，姑表不通婚。结婚礼金重，结婚时有迎亲送亲。婚前恋爱自由，婚后不落夫家，怕别人笑，生子后夫妻才团聚。

节日：三月祭龙，较为庄严，龙山禁忌较严。其次祭“老人厅”、祭“杨六郎”“侬智高天子”，认为保护庄稼，人畜平安。七月祭祖，过小年、年节祭铜鼓等。

迷信：信仰多神，人死或生病有“摸公”念经，有经书。丧事和汉族相同。

二、彝族系

彝族支系和民族自称较多，根据我区现在民族自称计有彝、倮、仆、撒尼、阿务、白、格老、孟武、卓拉、波罗[②]等10种名称。经过调查属于彝族，他们各不能成为单一民族。

从民族自称方面：

（1）彝族自称有两种，即戈布与纳西布，人口36429人。

① 武明，疑为“武鸣”之误。——编者
② 波罗，本文又作“波萝”。——编者

（2）仆族，共53540人，过去称为仆拉，自称较多。“阿扎”1万多人，分布文山、砚山；“昨倮”有2000多人，分布在文山、砚山；“泼哇”有2万多人，在西畴、邱北、麻栗坡；“图拉八”有1万多人，在马关；“波罗”有1万人，分布砚山和广南。

（3）倮族自称“罗侑”，3万人。

（4）撒尼族自称“尼”，人口1500人。

（5）白族，不是大理白族，而是白彝，自称“戈布”，俗称“课倮倮”，因穿白衣服得名。

（6）格老，600多人，自称“仡老”。

（7）卓拉，自称“阿扎”，是仆族中的一种。40人。

（8）孟武，自称“墨”，人口1300人。

（9）阿务是彝族的自称，共200人。

（10）“波罗”是仆族的自称，共10人。

1. 彝族各支系的口传历史

据说白族、撒尼、仆族、彝族等几种民族传说都是从南京应天府、柳树湾等地因封建的统治制度压迫逃难来的，来的年代已不知，可能少数是随宋时穆国公而来的一部分人。据《云南少数民族概况》一书介绍，我省彝族，结合文献考查，在公元1世纪以前，彝族各支系的各大小部落在贵州西部、云南东北部和滇池及川西一带居住。在公元7至13世纪唐宋两朝，在云南先后出现了“南诏国”和“大理国”，彝族部落也是组成成员一部分。历代封建王朝采取以彝制彝手段，一些彝族大小部落的首领被封为大小土司，计有八府、东川、蒙化等地，四长官和安宁等地，十二巡检和大小头目数十，使彝族人民长期处于被压迫被统治被奴役地位。在明、清两代更进一步进行对以上地区彝族采取镇压，使彝族聚居区域大部被冲碎割裂。后来特别在国民党统治时代更反动地对彝族进行统治，迫使彝族处于痛苦和落后。从这当中，可看出我区彝族分散是由于历史上民族压迫而四处分散的。

2. 语言

彝族由于支系众多、居住分散、经济发展不平衡、长期互相隔绝等原因，造成彝语的方言差别很大，很多已经遗忘本民族话，即使还保留本民族的话，但同一支系中也很难通话。如马关仆族中的“图拉八”和“泼哇”话对比，1080个词当中有194个完全相同，有430个基本相同，有447个不相同，说明基本上是相通，但差别较大，同时以仆、彝族话为基础，白族相同66%、撒尼相同32%、阿务相同100%。

3. 经济情况

彝族各支系大部分居住山区和半山区，在经济上以农业为主，生产苞谷、杂粮为主，生产技术一般较为粗糙。不施人粪，男女均参加主要劳动。阶级关系已经分化明显，有地主和富农，解放前“泼哇”中大部分是雇农。手工业以纺麻线和织麻布较为普遍，但技术简陋。副业有牛、羊，并饲养猪、鸡，农闲狩猎较为积极。没有铁匠，只有少数的非专业的粗糙木工，也没有专业商人。

4.风俗习惯

彝族各支系以父系家族制较为普遍，女子无财产继承权。

婚姻一般是父母包办，媒说聘礼，婚前可以自由恋爱。一夫一妻制为主，姑舅表优先配婚，弟娶寡嫂较为普遍。过去同姓不婚，后来同姓不同宗可开亲。几个支系中可开亲，但不与壮、苗、瑶等族开亲，只有少数地主例外。

节日：正月过大年，有火星会、三月祭龙、六月火把节、七月祭祖、八月吃新米。重视祭祖先，供祖先灵台于房后。有洪水起源的共同传说。

丧事：死老人不睡高床，不上楼，用棺葬，丧事比较隆重。

三、白族（民家族）

邱北县民家族应改为白族（大理白族），和全省便于统一。邱北县原来自称为白族的，即是白彝族，应改为彝族。白族共有2000人口。

都匀族：有2300人口，主要分布于马关、麻栗坡。通过专区民族代表会，都匀代表和邱北民家族代表交换意见后，认为各种风俗习惯、民族特点相同。都匀族的来源从其家谱研究，乃是清乾隆初年从贵州都匀府和麻州迁来，并认为和都匀府还有往来。根据《马关县志》记载，都匀为“民家”，来自黔省都匀府，故称都匀人；依族则称之为“仲家”，原因是都匀族在前清时代常有人中翰林，从此称为“仲家”；等等。但都匀族已经失去原有语言。

节日：有春末的“牛王会”，是盛大节日。另有牛王救过他们祖先的传说，因此都匀人不食牛肉。其次有火把节。

特点：读书人多，父母重视子女读书。经济生活一般也做农业生产，但尚（擅）于搞手工业、织布、搞副业、做生意。这些特点都有别于壮族、彝族和其他民族。

据以上情况，我们初步认为都匀族是属于白族，还请大家研究。

四、“布秧”①

富宁的“洋”族有1000多人口，广南“秧”族有300多人口。他们共同自称是“布秧”，因此“秧”和“洋”乃是翻译上的不统一，是属于一种支系。这两种民族名称，究竟是属于哪个民族，抑或民族支系，尚未识别清楚，待识别清楚后再归系。

五、瑶族

瑶族是单一民族。

① 此标题及下文五、六、七的标题均为编者所加。——编者

六、苗族

苗族是单一民族。

七、回族

回族是单一民族。

按上归系的结果来看，文山区的民族基本上就是壮、苗、彝、瑶、回、汉、白等民族。

关于自治州的冠名问题

据各县调查情况及专区民族代表会议讨论，对自治州名称提出3个方案：

1. 文山僮族苗族自治州；
2. 文山侬依族侬雅（或侬衣）族苗族自治州；
3. 文山侬族沙族苗族自治州。

这3个方案各有所长：

第一个方案“文山僮族苗族自治州”，僮族包括的支系比较多，共46万多人口，把文山区很多民族名称都包括在内。但存在问题是对僮族这个名称比较生疏，由于过去没有向群众宣传之故。

第二个方案“文山侬依族侬雅族苗族自治州”，这个名称有利方面是群众对“侬依”和“侬雅”这两个民族自称比较熟悉，但存在的问题是把僮族两个支系分成两个民族。如果要第二个方案，那么在民族归系上就不叫僮族，而将僮族分为“侬依”和“侬雅”两个族。但这两民族的历史、特点、风俗习惯都相同。

第三个方案，即“文山侬族沙族苗族自治州”，这个方案是现在名称。但侬族和沙族范围比较狭小，不能包括土族及其他人口较多的民族。

以上3个方案提供研究，但在自治州的名称上，把所有的民族都放上去也不恰当。那么没有包括在自治州这个名称上的其他民族怎么办呢？即采取其他办法照顾。

1. 有条件地方建立其他民族的自治县，建立民族乡。
2. 自治州的代表、委员，以至副州长也可以照顾其他民族。
3. 上两个办法还解决不完时，自治州还要建立政治协商会议，也可照顾其他民族的委员。总之各得其所，各民族平等对待。

从这次调查中征求群众意见看，自治州名称采取“布依族布雅族苗族自治州”，群众较易接受，较适合当地情况，照顾民族觉悟，采取过渡办法，将来再进一步将布依、布雅改为僮族创造条件，目前勉强改为僮族是没有好处。僮族该名称，只有广南八区洛里乡的沙族知道。广南调查时，经过宣传，青年人易于接受统一为僮族，但顾虑多，妇女怕改服装，男子怕改风俗习惯，老人顾虑更大，认为“是对过去的风俗改良”等等。侬、沙等族对名称改为“布依”“布雅”很满意，认为这是他们自己原来的名称，“共产党、毛主席才会这样尊重我们”，并认为侬、沙是过去汉人侮辱他们的话。其他民族对自治州名称的反映是“哪个民族人口多，就用哪个民族做名称”，但白族反映说：“要好好调查人口。”

其次，如叫“侬族沙族苗族自治州”，侬、沙没多大意见，但有两个情况：一是土族不同意，认为叫侬、沙族自治州时，那么土族也放上；二是在民族组成的名称上就要扩大，不易统一，要其他的民族改为“侬族”“沙族”也不同意。

1957年3月26日

关于自治州民族组成及自治州冠名问题的请示报告

地委：

关于我区自治州的民族关系和民族名称问题，作了4个县（富宁、广南、邱北、砚山）的初步调查。有些民族可以肯定不能成为单一民族，有些民族基本上可以解决问题，有些民族现在还不能确定。

富宁县调查了皈朝、马贯、百油、旧寨、里呼、城关等6个乡，调查的民族名称有土族、天保、龙安、黑衣、甲州、龙江、蔗园、侬音、洋族、龙匠、东兰、傲族等12种民族名称。

广南县调查洛里、董应、阿科、小广南等乡，调查的民族有侬、沙、秧等3种民族名称。

邱北县调查大铁、马者竜、白白灰、大麦冲等乡，调查民族有彝、白、撒尼、黑彝、民家等民族名称。

砚山调查阿别乡土司族和本地族。

其简要如下：

自称为“佈侬”的民族计有侬族、天保、竜安、甲州、侬音、竜江、黑衣、龙匠、东兰、土司、本地、黎族等12单位，共有246859人。其中稍有不同者，一是龙安族，他们和“布侬”杂居的自称“布侬”，有的自称“龙安”；另是“黑衣”族，富宁城关、皈朝等乡自称“布雄”，马贯等乡自称“布侬”，这是由于民族杂居影响之故。

关于民族名称来历，据了解“天保”“龙安”“龙江”“土司”“本地”等民族名称，本民族群众认为，解放前就没有这些名称，自己也不知道是什么民族，只知是“布侬”。很多民族名称是土改时干部给他们取的民族名称。

1. 自称为“布侬”的民族，从构成一个民族的特征来看，他们的言语相同，虽然个别民族有自己的土语，但由于受到人口多数的影响，也消失自己语言而讲共同“布侬”话。风俗习惯相同，有共同社会活动。崇拜祖先、来历传说大部相同，迁徙路线都由广西而来。互相通婚无差别，姨表、舅表婚配，同姓不同宗可婚，婚后不安家，但绝不与苗、瑶族开亲。有寨老制、老人厅，赶“风流街”，信仰多神，并有“摸公”。

节日习俗有祭龙、祭土地、春节取新水、祭杨六郎、信奉侬智高天子等，服装各地区不一致。

风俗：除富宁部分地区不信奉侬智高、杨六郎外，其余各县均有此风俗。

住居：村寨聚居，也有杂居，互相连成一片，以砚山、广南二县较为集中。广西“侬族”和富宁“黑衣”大多保留居住楼房，楼下养牲畜。其他地区多改为平房，另放牲畜在外。

经济：一般生活较好，以农业为主。由于住坝区，田多地少，出产以稻谷为主，其他有苞谷和杂粮。经济情况各族不完全一样，这与各族人民迁移时（间）长短有关系，侬族时间较长，住坝区多；黑衣、天保、龙江等族迁来时间较短，因而住半山区较多，但仍然习惯种植稻谷。生产工具和技术和汉族无差别，男女均参加主要劳动，不习惯施人粪。家庭副业有马、牛、猪、鸡，喜种棉花。手工业除纺棉织布外，善于编织竹器，但没有专业的铁、木匠和商人。阶级分化很明显。

2. 自称为“布雅”的民族，计有沙（109155人）、土族（富宁52095人、麻栗坡8757人），其次有麻秧等民族。他们语言共通，侬、沙语言对比70%的词汇相同。从构成一个民族的特征上看，风俗习惯、经济生活、居住区域均和布侬相同。所不同者富宁土族，不祭奉侬智高和杨六郎。服装上各地有区别，对主要特征没有影响。

其中两个问题需要搞清：

（1）土族问题：富宁、麻栗坡的土族已肯定是“布雅”，但其他6县均有土族，又称“土佬”。有的自称“布雅”，有的称“布傣”。我们认为民族名称可按自称确定比较恰当，要征求本民族意见后并入“布傣”与“布雅”中去。

（2）关于富宁的“蔗园”族问题，有部分是广西僮族，自称“布雅”。有部分是汉族，但由于长期历史上和土族杂居，互相开亲，各种风俗习惯受土族很深影响。在座谈会中征求他们意见改为汉族时，大家不同意，认为他们的风俗习惯、生产、生活习惯与土族同，愿改为土族。皈朝乡文书也是“蔗园”族，要他改汉族时，他不愿意，改为土族很愿意。我们认为“蔗园”人口1000人，而一部分是广西“布雅”，有一部分是汉族，但由于与土族通婚来往，生产、生活习惯形成土族，而且共同语言是土族话，因此在自愿原则下改为土族，亦没有什么坏处。

3. 自称为“布傣”民族，计有傣、摆衣、土族（文山16651人、马关3787人）等民族。他们语言相通，和侬、沙语也相通，风俗习惯、经济生活、居住区域等特征和侬、沙语相同。所不同者，马关、麻栗坡的“布傣”不祭奉侬智高和杨六郎。

4. 自称为“布秧”民族，计有洋族和秧族，1500人。“秧”和“洋”的译音上不同，本来只是一个“秧”。这种民族风俗习惯基本上和“布雅”相同，可能受“布雅”影响。但从特征看，有别于“布侬”（“布雅”），传说其迁徙路线不同，认为从老挝、小朝（越南），因受敌进攻，结队而来，最后剩下一支部队至今聚居一起，并认为解放前和老挝、小朝有来往。有自己的语言，不同侬语，但与沙族比较，1200个词汇中相同相接近占11%，讲话不通。风俗习惯：六月过年、祭祖先，其次每年祭“芭蕉树”是最隆重节日。死人丧葬很简单，没有仪式，点火把送出家埋。

我们认为“秧”族暂不下结论，还有必要进一步区别，就尽（究竟）是傣族抑或越南的其他民族。因为从迁徙路线上越南、老挝均有傣族和其他民族，现在的风俗习惯是受沙族影响多。

5. 彝族是最复杂的民族，支系多，不易统一：

（1）彝族自称有两种，即“戈布”与“那西布”，人口31954人。他们自己认为“那西布”是真正彝族。

（2）白族（僰族），自称“戈布”，俗称“课倮倮”。由于喜穿白麻布衣服，一般称为“白人”，解放前侮辱之名称为“白皮子”，解放后称为“白族”，人口1400人，但不是大理的白族，而是倮族中花、白、黑之分的白倮。

（3）撒尼族自称为“尼”，人口1500人。

（4）仆族自称较多，邱北自称“泼哇”，文山自称“阿扎”，砚山自称“昨柯”，整个仆族人口共计53715人。

（5）倮族自称没搞清，人口29577人。

这些民族的语言基本相同，唯有高低音之别。风俗习惯、经济生活、居住区域等特征基本相同。

在征求群众意见，这些民族是否可并于彝族支系问题时，只有少数青年认为可以，但要保留他们各自的风俗习惯，但绝大部分的群众不同意，认为“各样人是各人”。因此，我们认为彝族合并问题是艰苦的工作，民族自称较多，即使合并也不能按民族自称来确定。其次按目前群众觉悟看，还不能勉强合并，请示省委作逐步解决，建州后再作研究。对于彝族支系中人口特少的民族，如“拉西”“波萝”“都匀”“孟武”等民族可先研究解决。

据以上侬、沙、彝等民族研究，文山州在民族组成名称上可大大缩减，因为民族名称多了，对各族没好处。合并名称后，不等于不照顾民族系支特点。照目前调查情况，全区基本上民族有“布侬”、“布雅”、苗、瑶、“布傣”（可称傣族）、“布秧”、“布雄”、回、民家、彝、倮、仆、撒尼等15种民族。其中“民家”是大理白族，但由于彝族支系中的白族不愿合并称彝族，因而“民家”也不愿改为白族，认为改白族后混淆不清。属于彝族系的白族，还可再作研究合并或改名称，以便全省“白族”统一。

云南省民族事务委员会关于文山自治州冠名的报告[1]
省民委党组
1957年7月22日

云南省民族事务委员会
关于文山自治州冠名的报告

省委：

今年4月文山专区成立了“文山僮族苗族自治州筹备委员会”后，该区各族人民莫不欢欣鼓舞，但侬、沙中有部分人对归系后统称“僮”不接受，认为从来没有自称为“僮”，也没听过他称为“僮”。为此，民委于6月14日召集侬、沙在昆干部、学生90余人举行了座谈，并有研究民族历史的专家参加，讨论侬、沙民族名称问题，并将主要问题简报如下：

一、侬、沙归系问题

大家认为，侬、沙人民和广西僮族、贵州布依族很早以来就有共同的分布地域，古代为西瓯和夜郎，汉武帝开设郡县，以西瓯地设郁林郡，在今广西；以夜郎设牂牁郡，在今贵州西部和云南东部，与现在分布地区基本相同（这些地区亦有其他民族分布其间）。

侬、沙语言系属汉藏语系僮傣语族僮语支，与僮语在语法结构上一致。相同词汇占71%左右，其中侬语和广西僮语南部方言接近，沙人语言与北部方言接近。族称方面，侬人、天保自称“布侬”，沙人、仲家、土族自称“布依”，其余少数则称谓“布傣”（土佬）、隆安[2]。目前滇、桂、黔3省称谓多不一致，如沙人在我省称沙人，在黔境称布依，在桂境称僮；侬人在我省称侬，在桂境称僮，却自称“布侬”。侬、沙风习虽不同，但基本一致，且可互通婚姻，因大多数人认为侬、沙与广西僮族、贵州布依族同为一个民族（仅有极少数认为不是一个民族）。我们同意这一意见，对此进行归系和宣传教育是正确的，今后应继续进行此项工作。

① 本标题为编者所加。
② 隆安，本文又作“侬安”。——编者

二、统一民族名称问题

我省侬、沙既与广西僮族、贵州布依同是一个民族，大家认为统一民族名称是必要的，更有利于民族团结，对于民族内部的共同性不致忽视，而差异性不致强调，可使繁杂名称简化而易称呼，可使侬、沙以外的各个小支派如侬安、天保、黑衣等等——侬、沙统一称呼。但是如何统一民族名称呢？如统称为“僮”族大家是不同意的。广西的少数民族历史上被汉族称为“僮”，在他们的支派中也有布僮一支，而云南则被称为僮（侬）、沙，以至于今。“僮”的本音为“僮”，本义为仆，含有侮辱性质。就是没有这个意思，“僮”亦不属于自称，我省侬、沙等自称布侬、布依，其余隆安、土佬等等支派亦不称“僮”。目前广西僮族中部分人士亦不同意用“僮”，正酝酿是否重新用另一名称或用另一字来代替“僮”。为了照顾迁移到越南的侬、沙族，不用“僮”也有许多好处。可是没有一个统一的名称，而仅有各个繁杂各支派的自称，没有一个统一字音、良好的汉称，那如何能统一民族名称呢？我们意见，暂不用“僮”称呼，我省侬、沙及小支派，系广西僮族、贵州布依，民族名称确定后再考虑，否则今后一变再变，对群众不会有好的影响。或者滇、桂、黔三省协商统一名称，抑或侬、沙自己协商统一名称，但目前找不到侬、沙均可同意之名称。沙人何季华、张志英等提出用“百越”作统一族称，因布依是百越转音，但侬人不同意。查证历史，“百越”一称系中国历史上汉族对东南沿海一带各少数民族的泛称，有如“百蛮”“百濮”，含义并不好。

布依是百越音转，证据不足。因此，当前从民族意愿、群众接受程度、彼此团结以及党在处理民族问题上更加主动起见，暂不统一名称为宜。应让他们充分酝酿讨论，成熟后再考虑统一问题。仅仅是确定了，就有可能名不副实而丧失应起作用，但侬、沙等还是应有自己的名称。因此建议还是采用其原有名称，但应宣传他们是同一民族，侬、沙民族是汉族对他们的通称，并非自称，且“沙”含有侮辱之意，而不愿称“沙”，愿用“布依”自称，有人认为“布”是人之意，可省去“布”，而称为“侬”“依”即可。我们认为侬称“侬”是没问题，但沙称“依”，又不易为他们所了解，不应省“布”字，“侬、依”作为总称，更不易为他们所了解。但问题要给他们充分讨论，确定目前还是称“布侬”“布依”较为恰当。

三、自治州的名称

关于自治州名称，大多数意见为暂时称为“文山布侬布依苗族自治州”，我们认为比较恰当。“布侬”“布依”既属侬、沙自称，亦可代表他们支派（整个民族人口共计400861人，称“布侬”“布依”的38万余人，仅少数土佬、隆安、黑衣不称“布侬”“布依”），同时用这种名称，也表示无统一族称。

在“布侬”“布依”两个族称后面，不能再用“族”字。一方面是“人”“族”并用，其意不通，一方面就成为布侬族、布依族，是两个民族了。如把“族”字放在布侬、布依后面，而成布侬、布依族，则侬人就会有意见，好像不承认他们是民族了。如同时取消“布”，再加“族”字，成为“侬、依族”，也不为人所了解，等于新创；如用为“布侬、依”，则又为沙人不愿。因此，还是用成“布侬布依苗族自治州”作为州名是较恰当。

民委党组

1957年7月22日

邱北县民族识别调查材料

（本材料已经老人座谈会上审查对证）

邱北县人民委员会建州办公室

1957年6月1日

邱北县民族识别调查材料

一、名称、历史及人口

1.民族名称：

（1）沙族自称“布依”，其意思是：A.本族语言为“布依”话，故自称“布依”；B.在宋时侬志高打败后逃散，有改族称“布依”；C.沙族的共称为“沙人”，据《邱北县志》记载，按穆天子、傅天子西征于沙衍，居水边曰沙，后即称为“沙人”。根据最近研究，“布依”属僮族的自称，而沙人之称尚无根据。

（2）邱北各区乡“布依”族，原皆系由“的喊”或“的喊木”、“醒白行拔”或“醒巴行拔”到南京从军，是在明朝时候。据最近老人会查证，布依话“开路”念“的喊”和“的喊木油”，即是现今的广西省西隆县；念“醒白行拔”和“醒巴行拔”，即现今广西西隆县、西林县境之八达州（西隆、西林县现据说改为隆林县）。据已证实材料，我县布依族是在明朝时从军留落下来的，原因是在明朝永乐四年（1407年）[①]时，安南国黎[②]杀了皇帝陈日昆夺位，陈日昆弟陈天平来中国求救援。皇帝发兵去讨，路经过云南被少数民族打败返回（事在1403年）。于第四年（1407年）皇帝派成国公朱能为元帅即征夷将军讨安南，沐晟、张辅为副，18将军讨安南，一路进广西，一路进云南，路上遇阻挡即先平南蛮。[③]后讨安南，战有功即封，1409年张辅字文封为英国公、沐晟封为黔国公（据

① 永乐四年为公元1406年。原文如此。——编者

② 根据明代史料，此处的“黎”当指黎季犛父子。——编者

③ 关于明代永乐时征安南，《明史·本纪第六》的记载如下：永乐元年“夏四月丁未朔，安南胡奃乞袭陈氏封爵，遣使察实以闻”。“闰月丁卯，封胡奃为安南国王。”四年三月丙午，“胡奃袭杀陈天平于芹站，前大理卿薛嵓死之，黄中等引兵还”。“秋七月辛卯，朱能为征夷将军，沐晟、张辅副之，帅师分道讨安南，兵部尚书刘俊参赞军务，行部尚书黄福、大理卿陈洽督饷。诏曰：‘安南皆朕赤子，惟黎季犛父子首恶必诛，他胁者释之。罪人既得，立陈氏子孙贤者。毋养乱，毋玩寇，毋毁庐墓，毋害禾稼，毋攘财货掠子女，毋杀降。有一于此，虽功不宥。’”——编者

《明史》卷一百二）后，即留镇南蛮。邱北“布依”族即是在1403年被调兵，由广西调到南京，由南京平南而来。当时出来，只记国都名字南京，而不记原籍广西，到清朝时的乾隆年才记家谱，中间相距333年，因而将家谱先后秩序搞乱了，只记南京，把南京当作老家，经官寨乡“布依”族张松祥等老人证实，原家是在广西西隆县、西林县八达州等地居住，从军到南京，应天府、鲁港街、柳树湾、高石砍、永海等地名是当时兵营之地，不是布依族的原居住地。因张辅、沐晟平南有功，张辅被封为大理府都督镇守，沐晟留贵州，以后驻军分散安家，因多居水边，河谷有沙，土人即称我们为沙人传到现在。

（3）布依的根据传说：是在宋朝宋仁宗时侬志高反对当时的封建统治，于1045年（皇祐[①]年号）攻占了广州，自称为南天国王，服管不服调，仁宗即派杨六郎来平乱，杨战败后，又派狄青来，侬志高被打败退于大理，狄青追至，会见志高已死（根据传说和《云南通志》相符）。当时统治阶级残害人民，只要问着是侬天子的人就杀，即以改名为布依和其他自称。

（4）家谱用私话念都有“的喊”“的喊木”和“醒白醒拔”“醒拔行拔”，其次是南京应天府等不同来路的秩序念下来。

由此证明我县沙族原籍广西西北部，属于北僮，开路念的历史顺序地点的不同时，是由于当时在南京时不在一处住，出发平南路线不同，因而也就不同了。邱北沙族总的一路是经广西到云南，一路是由贵州、大理而来（前已说明平南一路出广西、一路出云南）。

二、语言

1. 只有本族语言不有本族的文字。

2. 和侬族、僮族可以通话。

3. 据了解的布依词汇200个和僮族方永珍同志（属僮西北语言）相对照，其中相同的占90%，相近的和发音不同的占10%，其中有些是音同，因我们文化限制把字写错的也有。词汇如下：

汉语	布依话	僮话	汉语	布依话	僮话
大碗	拉般	安般	盐	姑	旧
永	拉木	同	猪	的谋	读萝
老鼠	读耐	同	山羊	咪	同
吃晌午	垠冷	同	绵羊	永	同
吃晚饭	垠少	同	黄牛	的舍	同
吃酒	垠涝	同	水牛	读歪	同
吃烟	垠依碗	垠雁	大爹	撤光	撤
妈	密	同	老爹	报	同

①1045年的年号应为“庆历”。原文如此，——编者

续表

汉语	布依话	僮话	汉语	布依话	僮话
老奶	牙	同	薅	乃	同
薅地	乃勒	同	薅田	乃那	同
哪样	古吗	同	糯谷	毫塞	同
谷	毫胜	相木	苞谷	毫代	同
肥料	盆	同	米	毫	同
谷子	毫戛	毫歌	皮	毫戛	沫
大麦	毫送	戛棉歌	小麦	毫修	棉散
房子	拉榄	安染	桌子	拉爽	安爽
凳子	拉当	安当	锅	拉绍	安绍
三脚	拉井	安蒋	树	飞	埋
土	拿	同	石	固轮	同
桥	九	同	花	露瓦	同
称	拉商	安商	蚕丝	埋草	蚕劳
衣	白	布	鬼	肚纺	肚房
褥子	褥子	床滚	包头帕	面商	面杠
鸡	的界	同	柜子	解解	勒杆
鸭	的本	同	钱	选	同
鹅	的旱	得旱	有	美	同
鸟	的若	得弱	兔	敌钓	同
天	闷	同	麂子	的反	读诺黑
地	手纳	同	象	的商	同
月	兰伦	绒联	猴子	的冷	同
日	荡晚	江稳	狗	的马	同
星	兰景	同	龙	尸额	读龙
裤子	凹	同	蛇	的额	额
帽子	拉毛	同	鱼	的巴	同
鞋子	海	哭	螃蟹	的饱	同
袜子	瞒	突	雷	巴	得不拉
人	肚吻	同	雨	稳	同
麻	乃	同	下	才	同
棉	外	同	雾	腊磨	同
线	买	同	云彩	共鸟	边府
晴	两	扔	生病	本债	本病
阴	能	温梯木	大	老	红
闪电	腊布能	布腊得	小	妮	椅
冷	择	同	轻	毳	帽
热	昂	滥	少	内	同
烫	乃	同	你	猛	蒙

续表

汉语	布依话	僮话	汉语	布依话	僮话
沸水	郎木谢	拉木耐	我	讲	街购
风	能		他	蝶	同
中间	钉刚		修沟	修	骂日
左右	底		打坝	拉怀	骨坯
前	寡	同	夫妻	包牙	公文下
后	摆那	同	力	两	扔
上面	摆郎		有力	美两	美扔
下面	摆壤	同	快	抑	歪
高处	背的	背拉	慢	慢	敏
新	背商	同	多	赖	同
旧	幕	同	长	楞	钉
成	浩	同	白	亳	同
好	板	同	黑	拿木	同
疼	碟	同	绿	牢	同
站住	忍	恩	紫	嫁木	家木
纸	当	嫩	莫哭	拉呆	同
书	撒	同	过河	哈达	瓜地
浊	赊	同	地主	地主	不邦美
远	脓	好木	赶街	号黑	乃黑
大嫂	毕袁	同	近	侗	（北方解）
讲哪样	割古吗	赶根麻	熟	熟	同
说哪样	好古马	赶根麻	饥饿	夜	同
认不得	咪啰惯	帽热	开门	阿斗	灰斗
门	斗	豆	关门	阿不斗	喝巴斗
梯子	摸赖	赖	割谷子管毫	关吼	
箱	拉腥	妥社	铜罐	棍笼	铜冠
柜	拉柜	安柜	吃肉	垠诺	同
床	高能	同	不坐	咪坏	茂束
还你	白猛	同	不是	咪啥	不得
要不得	奥咩乃	奥是乃	向火	站篚	不逻
要得	奥乃	同	不好	咪勒	没来
不怕	咪老	不老	吃糖	垠的顶	垠钉
不来	咪麻	茂麻	辣子	瞒	勒瞒
公鸡	该咪	同	花生	谈娘	同
对不起	得咪住	对不挂	过年	哏星	埂相
都来	麻当湾	都才	织布	挡幕	挡不若
不懂	米啰	不若	舅	纳	公纳
死啦	太啦	太啰	走哪股	摆戛勒	同

续表

汉语	布依话	僮话	汉语	布依话	僮话
笑	优	又	你妈	米猛	同
打架	搔堆	夺横	认得	落利	诺利
讨媳妇	受牙	李牙	放牛	送歪	同
嫁姑娘	解六门	解六墨	杀牛	戛歪	同
施肥	得盆	同	要	奥	同
去	摆	同	来	麻	骂
不	米	同	路	戛兰	戛润
山坡	拉波	同	河	拉达	戛迷
沟	黑	戛主	坛	拉等	安档木
犁	筛	同	耙	腊	同
犁头	耙筛	同	锄头	发	发瓜
斧子	高豆	发宝平	柴刀	发沙	同
缸	拉表	安杠	桶	拉东	安东
饭勺	壶戛	安诺毫			

三、区域居住情况

1. 常和汉族、侬族杂居，很少和苗族、瑶族、夷族杂居，其原因：

（1）汉族因为经济交换多，和沙族往来熟悉而又少有争吵，沙族居住的地方宽大，靠水河边，易于生计，生产生活习惯也大部相同，故此杂居。

（2）侬族和沙族的生产生活习惯、风俗、语言均大部分相同，故能共处杂居。

（3）苗族、瑶族、夷族一般均以种地为主，不习种田，又喜欢打猎，和沙族语言不通，风习不同，生性耿直，住高山。

2. 沙族从古以来习惯种田，并且重视山间封水，且随穆天子到此地甚早，各自分散占地方，故多占坝区水边好地方。

3. 刚才到的时候人少，生产还不发达，生活不富裕，都住草房，逐渐生活好转才开始住一点土库房。到后来，人口增多，生产发达起来，生活富裕了，并也已向汉族学会了木匠、石匠、泥水匠、铁匠和烧瓦砖的手艺，所以，才学着汉族盖瓦房住。先是住在瓦房的上边，下边用来关牲口，后见汉族是住下边，而楼上放东西，我们才学着搬下来住。我们族都是喜欢住瓦房的，不有钱，不有办法，只要有钱要盖瓦房住的。

四、经济生活

1. 以种植水稻为主，其次出产苞谷、大豆、小麦、豌豆、蚕豆、薯类。

2. 喂养鸡、猪、鹅、鸭为副业，农闲时有少数做木器手工业。

3. 男女劳动分配较为合理，女人多做轻劳动，重劳动是男子负担，如使牛犁田地、耙田地、上山砍柴、挑谷子、打谷子是男人做，女人做的则是割谷子、薅秧、栽秧、铲苞谷、料理家务、饲养家畜，一般收草、送粪、挖田地等男女均做。分析下来，劳动还是以男劳力为主。

4. 本民族无专业商人。

5. 铁匠、木匠、泥水匠均有，也能烧砖瓦和做竹器，但都是农闲时才做，没有专业。解放以后，已组织有少量专业匠人了。

6. 沙族一般均不善狩猎，但为保护庄稼，也有季节性的组织狩猎。

7. 经济作物：喜种甘蔗、棉花、花生、菜籽、大麻，一般占全年收入的15%，多的有达到30%。

8. 解放前土地一部分属于地主所有，一部分属于富农和自耕农民所有。族中阶级分化很明显，本族中有地主、富农和贫雇农。

9. 沙族中的农民，特别是贫雇农受地主剥削是很严重的，地主通过雇长工、短工、收地租、放高利贷、放烟款、囤积粮食、买青苗等方式，对农民进行残酷的剥削，使农民每年都不够吃。如：二区文告乡大寨村杨玉石，贫农，在解放前家有4人，有田3亩，收入粮食1石，只够全家吃半年，每年要卖长工、月工、短工8个月，衣服是别人穿烂了的才来穿，从来就没有过年杀猪，没有耕牛。土改后，分田8分，牛半头。1954年、1955年缺粮两个月，衣服都靠政府的寒衣救济，也还找别人的烂衣服，但已有了80斤的年猪。1956年入社后，分配放牛得中等工分，分红1700斤粮食、人民币5元6角，除口粮、公粮外，有余粮100斤，每人平均有一套新衣服，也杀了年猪，自己认为已过到中农生活了。

又如：李孟，有田4亩4分，解放前收入粮食只够吃3个月，天天都卖工，穿麻布衣服，没有年猪杀。土改后，有田5亩，1952年自己买得牛1头，1954年卖余粮100斤，1955年有余粮700斤，并且全家6人每人都有了一套新衣服，杀了年猪。像这样上升的户是很多的，文告乡锅坛社有47户贫农，有10户上升为新中农；光×社69户贫农中就有29户上升为中农，占贫农上升的39.12%。

10. 生产工具：有锄头、犁、耙、镰刀、砍刀、斧子、水车、风箱、弯刀、灌槽等。

11. 现在农民的生活贫困情况：虽然解放以来，政府已采取了各种生产自救贷款和救济，但因劳动力的缺乏，还受到各种不同的自然灾害，使极少部分农民还不能很快地改善。如：李亚红家共有4口人，解放前，有田1亩，无牲畜，没有衣服穿，卖亲生姑娘给地主换衣服穿，全年卖长工。土改后不卖工了，得到政府救济粮和寒衣的救济。1956年入社后，除公粮外，口（粮）缺700斤。田文玉全家5口人，没有田地，卖工为生。土改后，分得田4亩5分、牛1头，但因缺乏劳动力，每年都缺粮5个月，仍靠政府救济粮和发放寒衣为生。1956年入社后，因劳动力少，工分全年收入，除公粮外，口粮还缺6个月。李王刘全家6人，没有房子住，有田9分，没有衣服穿和年猪杀，全年收入粮食够吃一月半。土改分得瓦房两间、田4亩、牛1头，粮食收入够吃半年，仍然靠政府的救济粮解决生活。1956年入社后，只有1个劳动力，除社内尽力照顾外，上公粮后口粮仍差4个月。

五、社会文化

1. 有寨老制（无土司制）。老村子现在还有寨老，并设有老人厅，有百户（即伙头），是一种帝制时期地方行政组织，是祖代的世袭相传制度，并非明显（伙头，每代是长子担任，无子者谁继承其家产谁的长子就担任伙头）。1个伙头下有7个至10个寨老，其义务：每年祭老人厅时，伙头任主祭，祭龙伙头主祭。祭品解放前有公费，解放后无公费，则由伙头自己承担，或群众公凑。其职责：公家由伙头接待，要兵、纳粮、征税都来找伙头，由伙头召集寨老商议，按村寨大小分担。寨老回村后，敲鼓集众商议。对内部本民族是调解婚姻、债务、土地权及其他债务纠纷，对另族之间如打架争土地等，由伙头召集寨老商量，决定胜负。如有重大事件，敲诸葛鼓为召聚众相助。

祭龙、祭老人厅的公费，在解放前系由群众抽出2亩至5亩田地或其他方面的钱归伙头所有，土地由伙头自耕自食，作为公费及伙头之报酬。在1936年国民党清丈土地时，将公费土地改为公田公地。1953年土改时，此份土地分归农民所有，以后的祭品即为伙头负担或群众相凑。

老人厅的来历有两种传说，一种是说沙族始祖来到此地开出田地留给后代，现在应该纪念他，所以设老人厅每年祭奠；另一种说法是，他们的始祖被皇帝封为伯（公侯伯子男的伯）并得到皇帝赠品，衣服、帽子、宝伞、铜鼓等物，为了纪念始祖和宝物，所以特设老人厅。每祭老人厅、铜鼓等宝物时，本民族老小聚集老人厅，座谈本人在这年中取得什么功名、受到何种奖赏等（现在就不座谈了），如汉族的祭家庙堂相似。我们认为前种说法根据不大，后一种说法是比较正确的。

2. 集会地方即老人厅。

3. 宗教迷信：信仰老人，敬祖先，供牌位，祭老人厅，信山神土地，祭龙，信鬼信神。

4. 婚姻制度：原则上一夫一妻制，无后可娶妾。同姓不开亲（有的同姓也开亲），但有较远的同姓不同宗有少数开亲。姑表可开亲。

沙族和侬族开亲较多，三区小坝达（接近广西）也和广西龙林县的白沙族（即僮族）开亲，也有少部分和汉族开亲。主要是语言、风习、生产、生活大部相同，和汉族主要是生活习惯相近，双方喜欢即可开亲（在解放以前与汉族结婚，有干涉不许可结婚）。

过去婚姻是包办，解放后自由婚姻逐渐较多。一般多早婚，兄可配弟，弟可娶寡嫂（主要是在缺乏劳动力情况下婚配，不论有无子女均可）。青年男女每逢街天、佳节都各相互约会（叫作“叫火草烟”）歌舞，民国以来逐渐减少，但街天、佳节唱歌谈婚还很普遍。

婚配时有礼金，且较重，过去一般都要银子30两至50两，现在也要银子30两左右，最少也得要8两。娶亲是有送亲人男女16人、迎亲男女4人。

5. 丧事：人死未入棺时，须杀1只猪，杀猪前要将杀猪的绳子绞死拿起来杀，意思是活着不得1只猪，死了魂不散。拉去（死人），用香橼叶水沐浴净身，换新衣后大儿子要背一下，意思是老人背儿女从小长大，死了还一礼（有的地方不背）。入棺当晚开路，摩公[①]念家谱，第二、三晚上念经，子女守丧，不睡高床，不坐高板凳，不上楼，不用盆洗脸3天，吃素3天，要到孝期满才能穿花服、赶花街、唱歌和玩乐等。腊月三十日晚，烧了灵牌（烧灵牌要念经）。

停丧：一般要以家庭经济来看，不富裕的3天就抬了，富裕的家停丧停两三个月。停放时属于祖系沙族者是横停，若系汉族和其他民族变为本族者直停。

枪打死的人不抬回家（他们说枪打死的是短命鬼，不能进家，死人魂不附体，在外游荡），只在家里做一假棺木置放堂屋内和门外叫魂。叫魂时只要有昆虫爬到桌子上就认为魂已叫回。桌上供有灯香、糯米饭3碗。叫魂意思是叫他自己知道自己已经死了。

孕妇死后要将尸体焚化，用棺木装其尸灰，不抬回家，同样要叫魂（火葬之意是不烧化她不好在，不能变鬼，不叫魂她会在水里）。

死人身上不带铜，否则死者会变妖来吃鸡。送丧出门时搭桥3次，到村边停起棺木上祭，摆一桌菜敬酒，大儿子抱一个大公鸡，引导棺材到葬的地方，用米画八卦，拿鸡去，鸡会吃米、会叫就表示土地是龙气甚好。

也有一种在发丧时要绕棺材3转，围成一圈，慢慢地将棺材抬走。这他们叫作偷葬，也叫围丧，因为死人妖精要来吃。绕圆圈子，一边转一边抬走，原来停放棺材的地方杀一只羊，等棺材抬走后，妖精来吃那只羊，就找不到死人了（有的地方不围丧）。

6. 节日：腊月三十晚和正月春节过大年，正月二十九过小年，其意思是过去有兄弟、老人出门赶不回过大年，直到二十八九的才回来，家中人为了庆祝和替远路回来的人叫魂特称小年。此后就一直传有小年之节日。三月祭龙意思是保护庄稼、风调雨顺、五谷丰登，在祭龙时不能过龙山，不能戴帽子、披蓑衣，忌工5天，否则今年会遇大风雨收成不好。正月二十九日同时祭老人厅（七区的是五月二十九日），正月初四火星会敬山神土地，六月二十四日叫红饭节，吃红糯米饭（沙族叫祭天），意思是侬志高打仗时手有血，抓饭吃把手染红了，后死了纪念他，就染红饭，说是祭杨六郎，实际是祭侬志高，不公开说叫祭天，指侬志高天子。又有传说祭龙王。

群众中最喜欢、不可缺少的节日为过大年、小年、祭龙、祭天、祭老人厅，据说节日和侬族相同。

7. 在三区小坝达有祭杨六郎、杨七郎（但不知为什么），并有一打一关、二打二关、三打蛮月、九困西羊、十打幽州的传说。如有杨六郎被追，死于小江口的河内，人们就把

① 摩公，本文又作“莫公”。——编者

他装于石棺材内，用铁链子将他吊在小江口的洞内（因为人们说他死了后落不得地，如果落地会活转来），人一出来后就从洞内流水，至今未止。并说里面有刀枪等，但不能去拿，有阴兵看守，拿着就会死。

沙族，男有莫公，女有毕母。

8. 男装同汉族服色，多黑色。

女人穿鞋子、小衣服（短小紧扎），衣服要自己绣花，用丝线滚边；黑色包头，一般都穿（裤）子，但因经济困难，都是要在农闲赶街、节日、做客时才穿。每人银器最多20两，最少到8两，过去有的也有五六十两。

9. 忌请：生小孩时忌生人到家里，正月初一忌人，特别是女人，不有男人先到过的人家女人不能去，（神）山不能砍柴、大小便，别人家的牛马不能随便进家，不能跨门槛、蹬门，要出门时遇母鸡、麂子叫是不吉利。

六、民族自治州问题

归入僮族系不有意见，成立僮族苗族自治州好了，还有我们的文化又代表了大多数，我们的老根底就是僮族了，我们对成立僮苗自治州的冠名不有意见（这是本民族的反映）。

关于侬族历史来源的初步调查和相近民族的识别

中共文山地委统战部

关于侬族历史来源的初步调查和相近民族的识别

关于侬族的初步调查，其历史来源较长。根据我们的调查，侬族大部分是由外地搬来的，都是在宋朝时代及宋朝以前搬来的，由“冷马冷羊”（广西）、上海、南京、江西等地方来的。据老年人反映说，初到广南时，大多数的都是倮族居住，田地较多，势力强，所以侬族专派员到广西请主人（侬土司）。主人到后，先与倮族打了几年，把木刀换成倮族的钢刀后才把倮族赶走。这时侬族的势力扩大，随着侬土司家乡的人也借势作威而搬到广南。有的老年人反映，是跟着“木国公”[①]平南时来而居住，也有的是为着做生意到了这个地方便安家乐业而不返原籍了，从此后分居在附近各地区均有。

一、侬族名称[②]

侬族这个名称在解放前是没有的，过去都叫作“侬音”“本地人”，解放后，在填表时我们干部就填为“侬族”了。实际上侬族的称呼原来是叫作“布侬”，较为接近的民族也同样称侬族为“布侬”。侬族居住是相连成一片，较为集中于广南、砚山、文山、西畴等县。各县均分布有侬族居住，人口有19万多人。

侬族有少部分居住较散，离中心地区稍远者，在解放后加上我们干部对民族的称呼不够明确，所以对民族的称呼乱安了一个名称。根据我们这次到富宁县的初步调查情况，很多民族是按过去由哪个地方搬来就叫什么族，如天保族原来是住广西天保县，先搬到木边，又由木边搬到富宁（也有直接由天保搬到富宁者），所以解放后就填为天保族。据富宁几个乡的调查，他们原来的自称是叫作“布侬”。又如龙江族，是由广西得保搬来的，住马贯乡有三四代，在解放后干部认为他们是由龙江搬来的，所以就叫作龙江族，但是他们自称自然是叫作“布侬”。据几个乡的调查材料，有几个民族虽不填为侬族，但本民族

①“木国公”，当为“沐国公”之误，即沐英。——编者

② 此标题为编者所加。——编者

的自称是叫作“布侬”，共有天保、龙安、甲州、侬音、龙江、黑衣（有的称为布熊）、东兰、土司、本地等9种民族，他们原来的自称都叫作“布侬”。这样，根据初步调查，依本民族自称叫“布侬”的10种民族，共有26万多人口。

二、经济方面

侬族是习惯于住在平坝和有水源、河边地区为较多，生活上较为比其他民族好些，从各方面来看，如生产工具及文化事业上都比其他民族较进步。在本民族中，解放前已有人专靠剥削吃饭，有的靠自劳而食，也有的单靠出卖劳动力为生，同样地有地主、富农、中农等。

侬族在生产上是以种稻谷为主，附带种苞谷，也有的地区是靠种苞谷为主（少部分）。除主粮外，还有杂粮，如蚕豆、豌豆、大麦、小麦、洋芋、芋头、荞、薯、瓜、豆等作物。一般是自种自食的较多，每年除需购买一部分工业品外，其他的都可以自产。有的除自用者外，也可以出卖一些。经济作物还栽种棉花、甘蔗、三七、花生及水果等物。家禽方面，喜欢养猪、鸡、鸭、牛、马、兔、羊、鹅等。可以用马驮和牛车等兽力代替部分人力的劳动。解放前，男女劳动的分工是较明显，一般的是男耕女种，若有重活计仍是以男劳力为主。妇女除尽自己的劳动外，还兼着家务工作，如棉花出产时搞到很晚，纺纱织布、缝衣服等，还是以妇女为主，按劳动天数来说，妇女还占多数。手工业方面，侬族在本民族中都有铁匠、木匠、石匠、泥水匠，建抱鸭房等都有本民族的师傅。

三、风俗习惯

侬族在风俗习惯上每寨都有寨老制。寨老过去也就是掌管全寨的一切事情，不论是做什么事都要请寨老在场。如过去的立当田地和弟兄分家等都要请寨老作为中证人，这也就是为了防止事后发生其他事故，还要寨老作为证实。但寨老多半是说，其具体事情仍由他来做，如重大的或者是“求龙祭雨”等，寨老经常亲自出动指挥和动手。寨老妇女不能参加这些活动，所谓“嘴角不生毛，做事不牢”，所以不能给妇女参加寨老制。

过年方面：在旧历新年各家都做好一切准备工作，如杀年猪、做饵块、米花等。到二十九晚上各家都做粽粑，三十晚上杀鸡过年（献祖宗）并放大炮。侬族在新年的初一日，不炒菜和不吃瓜子类，谁也不能进谁的家，出门的人尽量能够回来，都要赶回家来过年全家团圆，特别是有小孩子的人家，很注意怕小孩进别人的家。因初一是关乎整个一年到头的事，不能吹火和出外，不能骂人，见谁都是说好话。由初一忌到正月十五不出山搞生产，但是先看好日子，由初二后请一个心直口爽的男人“踩门”（先进家）。他能够说几句好听的话，以求一年吉利、万事顺遂。从“踩门”后都有可以找朋友玩和互相拜年的习惯。之后又找出一天好日子出行，看哪方有利就去往哪方，去后不能空手转回，必须拿些东西回来（如柴、米），这样表明今后去到什么地方都是会得财回来的。

每寨都有山神土地和老人厅。到二月二日祭山神土地，三月三日祭老人厅，并祭头龙、二龙。每年在三月都赶“花街”（就是风流的意思），做花糯米吃，有的送亲戚，年轻的妇女就送给小伙子。男女青年结伴唱山歌，大家都很喜欢地穿着自己可爱的服装到很远的地方去玩耍。每年到六月间都有过小年的习惯，但各个地方有所不同，有的地区杀牛，也有的地区只杀猪、鸡、鸭。如在广南城，小广南乡与附近寨子就有些差别，他们是在五月二十五日、六月五日、六月九日、六月十一日、六月十三日过，但附近的一些寨子（隔三五里）有的不过五月二十五日和六月十一日、十三日，过六月初六日则是比较普遍相同的。七月份在秋收前谷子初黄时要去打新米，叫作吃新米，这天必须先喂狗，看狗吃哪样就意味着来年哪样贵（喂狗是将饭和菜同时放在一起），以便提早做好一切准备工作。

侬族每年在正月十五日和七月十五日部分地区都做“扣道”吃，小孩子还找伙伴拼东。吃饱“扣道”以后，男女互相打背，度过一个亲热和喜欢的夜晚。做善心的也在这天到路上修桥补路、做好事。所以过去侬族有人出外，在很远的地方都赶回家过年、吃团圆饭，并在七月十七、十八两日做“汪”，就是泰王老爷将死人放出来见亲戚，有很多妇女做好“边巴”去接，如果有家里的人和亲戚来都请吃晌午（就是叫鬼）及款白话。

婚姻方面：侬族的婚姻是不得自主，完全都是父母包办订婚，一般的是在七八岁时就订婚，到十六七岁就结婚，有的在十三四岁就结婚。大多数是结婚后要在三五年才坐家，从结婚后只是在农忙时才到丈夫家帮做生产三五天（有的只是1天），到第二年的逢年过节才去过年，主要还是住娘家，到怀孕时就不去了。

在礼金上是比较重。结婚时，过去一般是中银100元、肉60斤、酒60斤及4挑粑粑送女方（另有女方的银器）。但从订婚后，每年的过节及七月份都给女方家送礼，直到结婚。结婚后每年送给粽粑，头年120斤，第二年80斤，以后是每年1挑，直到老死，有的到儿子辈还帮送。

在通婚方面，姨表、姑表、同姓都可以通婚，只有同宗不能通婚，但姑表不得娶回后家，也不论什么民族。

丧事方面：从老人死那天，所有的儿子都剃头，男女戴孝，全家都吃素直到装棺材，要等“公公”来念才能装棺。在做客也请“公公”开路，发送时还要请“公公”“道士”先生。做客是很热闹的，过去曾说，老人死后家当去一半，老人死后未满3年，儿子姑娘不得唱歌、划拳。凡是丧事，很远的亲戚都来看，在这3年内，男女都不得穿红的和娶亲嫁女等。

在居住环境的限制和互相之间的影响下，虽然10种民族的自称都叫“布依”，但在风俗习惯上大体上是相同的，也有小部分的仍有些差别。如天保、隆安、甲州等民族，是在八月初二日杀1口猪和鸡献土地公的生日（集体），九月初九日还帮儿孙找干爹、干妈，侬族虽是找干爹、干妈，也不是在这个时间找，只是在修桥补路的途中谁先到就认谁的亲家。如广南县小广南乡与附近的村寨都有些差别，六月初五、初九、十一、十三日作为过小年，但其他有些地方就没有过五月二十五日和六月十一、十二日（相隔才几里路）。根据以上的材料看，大多数是相同的，只有少部分的用物和时间上有些差别，这是因受到自然环境和其他民族的影响，那么这种情况也是难免的呀！

四、语言方面

几个民族的自称叫“布侬”是相同的，由于时间久，加上路远和自然环境的影响，也给语言上带来了一些差别。据我们初步的在语音上的比较看，有发音的高低差别，以侬族为主，黑衣相同的语言占72. 2%，天保族相同的语言占34.2%，隆安族相同的语言占32%，甲州族相同的语言占37.7%，龙江族相同的语言占66%。以上面的语言来看，在发音上的高低和其他民族的影响是不可避免的，按本民族的自称叫“布侬”是相同的。

将广南县第八区同应乡沙族语言和小广南乡（本寨）侬族语言较为常用的单音词相对照，共195个字：

1. 声母相同的有120个，占总声母的66.6%；
2. 韵母相同的有99个，占总韵母的50%强；
3. 声韵母完全相同的有118个，占总对韵数的60%强；
4. 侬族和沙族的语法是基本相同的。

关于贵州省仲家（侬依）族统一民族名称及江城县调整民族支系的通报
云南省民族事务委员会档案 1954年 目录号1 卷44 第10号

云南省人民政府民族事务委员会通报
〔族研（54）字第957号〕

关于贵州省仲家（侬依）族统一民族名称及江城县调整民族支系的通报

受文者：各专署、市、县、各民委会、各自治区人民政府

兹抄发贵州省民族事务委员会关于侬依族更正民族名称会议总结一份，并摘抄江城县建政筹委会总结有关调整民族支系部分，供各地区处理民族支系和民族名称问题时参考。

希望各专县民族聚居杂居地区，接受他们经验，利用各种会议，结合本区民族分布的具体情况，将区内民族名称及支系，进行必要的调整，并将结果随时反映我们。

云南省人民政府民族事务委员会
1954年6月20日

贵州省仲家（侬依）族更正民族名称代表会议总结报告

贵州省人民政府民族事务委员会
1953年8月31日

一、仲家（侬依）族基本情况

仲家（侬依）族全省116万余人口。以望谟、册亨、罗甸等县为比较中心的地区，其他如惠水、平塘、贞丰、安隆、镇宁、关岭、荔波等县及都匀、贵定、安顺、兴义等专区大部县份均有居住和杂居，毕节专区的水城县及遵义专区的仁怀县等，亦有小块的聚

居和散居。

其民族名称，在解放前曾普遍称为“夷族”，黔中贵筑、清镇一带有的称“仲家”，在荔波县有的称“本地”，在遵义、水城一带有的称“水户”和“老户”，在都匀、贵定等县部分地区有的称“土边”和“土家”，还有其他的称呼。

解放后的初期，各地群众仍沿用过去的称呼，普遍称为“夷族”，但文字上有的已改用“彝”字，而不再用“夷”字了。1950年下半年，由于贵阳、清镇一带有用“仲家”之称呼，因而新闻、报刊及政府机关行文曾以“仲家”称之，但此一时期，各地农民及知识分子，仍普遍沿用过去习惯的称呼，多数不知道“仲家”是什么意思。

二、民族名称更改问题的提出及其发展过程

1950年冬，部分被称“仲家”的知识分子及干部提出：“仲家”是对民族有侮辱性的，不愿再用。

1951年7月，本省首届各族各界人民代表会议上，贵定专署陈永康副专员及前平越（福泉）中学民族子弟补习班提出：“仲家”“水户”“夷族”等称呼，是对民族有侮辱性的，要求更改，并提议改称“佈宇”或“博宇”，认为此系本族语自称的译音，较为适当。是项提案后经会议讨论通过送交政府研究办理。

会后，本会函电转有关地区政府，请广泛调查了解，征求群众意见，并搜集有关史料。两年多来，各地反映意见颇不一致，本会曾先后综合报告上级民族事务委员会。在此期间，各地已很少再用“仲家”称呼了。对另一习惯称呼之“彝族”，因与凉山彝族民族特征不同，显然不是同一个民族，民族名称不宜混用，但不少地方仍是共用“彝族”称呼。1952年秋以来，许多新闻、报刊及中央民族学院仲家（佈依）语实习队在罗甸，贵州民族文工团在兴义专区等，已有用“佈依”和“补伊”等称呼。但这 ·民族名称问题，由于尚未经过本民族的最后研究和明确，各地称用仍不一致，且较自由。

为了获得统一的合乎该民族要求的名称，我会于本（8）月24日召开仲家（佈依）族研究更正民族名称代表会议，历时5天，通过了更正本族名称的意见和决议。

三、会议情况

出席会议的代表，有来自5个专区（兴义、贵定、安顺、都匀、毕节）、26个县（望谟、册亨、安龙、贞丰、关岭、晴隆、盘县、普安、罗甸、惠水、长顺、贵筑、龙里、贵定、清镇、荔波、独山、麻江、福泉、水城、安顺、镇宁、平坝、紫云、郎岱、普定）及贵阳市的35个仲家族（佈依）代表，本会5个仲家（佈依）族干部亦正式出席。另有平塘、三都、都匀等县的水族，亦派代表参加，本会两位水族干部亦出席参加；省委统战部及农村工作部均派干部出席指导；省府民政厅亦派干部出席；中央科学院语言研

究所喻世长先生亦出席帮助。

会前，以上26个县以县为单位，曾召开座谈会，自下而上地搜集本民族群众意见，而后推举代表出席省的会议，共同研究商定本民族的名称问题。代表们接受了本民族人民的委托，感到自己的任务是十分重要的，在整个会议过程中，情绪始终高涨。

会上，代表们一致感到这个会议是有重大的历史意义和政治意义的，大家为本民族过去在旧社会里，长期被反动统治阶级摧残，连自己固有的民族名称都被埋没了，而感到十分愤慨，并认识到本民族过去被分割成为“仲家”“水户”“夷族”“土家”“本地”等几个部分，是反动统治阶级有意地制造民族分裂，以利他们的统治和欺压，且那些名称是含有侮辱性的。解放后，自己能管理自己民族的事，为了民族有个合理的名称，全省各地佈依族人民推举代表聚集一堂，共同研究更正自己的民族名称，这在本民族历史上是意义深重的一页。因此一致表示：要以8月24日——会议开幕的日子，为佈依族一个非常庄重的纪念日，比“四月八”“六月六”等民族节日还更加隆重得多，要永远地记住它。

省府领导同志对这次会议也非常重视，陈副主席亲自接见了代表交谈研究，并提出了如何合理解决民族名称的意见。

代表们始终发扬了团结协商的精神，严肃认真、反复商讨，大家一致认为：凡本民族语言自称“佈依”（译音）的，都是同一个民族，其本民族语言的自我称呼即是本民族固有的民族名称；解放前所谓“仲家”“水户”“夷族”“土边”“本地”“绕家”等，皆是旧社会加予不正当的、含有侮辱性的、自己民族不乐意的称呼，这些称呼对民族不利，今后不再运用，应用本民族语言自称音来翻译汉字。

由于本民族目前还没有文字，当前全国通行的文字是汉文，因而研究民族名称的汉字翻译问题自然是必要的。代表们也都知道：佈依族与汉族的语言不一样，佈依族的许多话音，汉字写不出来，如果要求把佈依族本族语言自称的原音十分准确地翻译出来，是有困难的。因此大家一致认为：只要选用的汉字读音比较接近、比较恰当就行了，即使选用的汉字读音有些出入，也并不是用汉字的读音去改变佈依族的语言和各地的民族方言，而是为了民族名称有个统一的写法，也方便其他兄弟民族称用。

在选用翻译汉字的过程中，大家发表了若干意见，提出了27个翻译的称词（佈依、补伊、佈越、佈约依等）。当初，有的代表强调“越”字有历史意义，主张用“佈越”，但另一些代表认为这方面的历史缺乏可靠的正确性，不同意用“越”字；有些代表提议用“补伊”，强调“补伊”二字读音较接近本地区的方音，但另一些代表认为“补伊”二字不适当；有的提议用“佈约依”，认为连续起来，声音更为接近，但有些代表感到用3个字不习惯；又因地区方言音有些差别，对译用的汉文，当初各地代表意见有些分歧，在反复商讨当中，各地代表本着团结协商和对民族负责的精神，意见逐渐走向一致。有的代表自动撤回了先时的意见，最后大家认为“佈依”二字的读音与本民族语言自称音比较接近，选用这两个字比较适当，愿用“佈依”二字来代表自己的民族名称。于是，一致通过了上述意见和决议。中央科学院语言研究所喻世长先生亦认为“佈依”二字在音韵、翻译等方面，也是比较可取的。省的领导亦表示赞同。

会议通过更正本族民族名称的意见和决议后，代表们非常兴奋，欢笑声与掌声充满了会议室，发言异常热烈。水城县陆光华代表说：“过去只晓得我们民族有本乡的那几个人（很少的），今天大家团聚在一起交谈，才知道我们民族人口是很多的。”都匀专区“佈依”族陆镇藩副专员说：“这次会议体现了毛主席的民族大团结，过去我们虽是同一个民族，但是彼此被迫隔阂、不相认识，在这次会上，各地佈依族人民都认识是一家人了，这对我们民族的发展有重要的意义。”贵定专区“佈依”族陈永康副专员说：“我们民族名称的更正，是只有毛主席的领导下才可能得到的。8月24日（会议开幕日）是我们民族新生的日子。”镇宁县韦德芹代表说：“解放后我们得到了各方面的翻身，今天民族名称得到了更正，这又是我们佈依族历史上一件大喜事。”晴隆县“佈依”族×廷显区长说：“这次会议真正做到了‘名从主人’的原则，实现了我们佈依族人民的愿望。”代表们更想到在毛主席的领导下，今后佈依族的名称同样响亮地在各地传开了。大家一再表示，回去要很好向兄弟民族——首先是佈依族群众，宣传解释清楚。一位姓×的代表说：“回去要将会议精神向群众很好传达，在生产的时候也要摆谈，要当着一件大事情来办。”普定县51岁的罗云先老先生（农民），听了欧主任和王副主任的总结发言后，拿出新买的日记本，请干部将会议通过的意见和决议、总结精神等详细抄上，并表示回去后，不管年纪老也好，要抽出两三个月来向群众宣传。代表们一再表示，今后要更加紧密地团结在共产党和毛主席的周围，并以努力增加生产和搞好当前普选工作来报答毛主席。此次会议除合理解决了仲家（佈依）族更正民族名称的问题外，同时进一步巩固了民族团结，更加密切了党、政府与少数民族人民的关系。

四、会议的传达问题

遵照陈副主席的指示，俟报经中央民族事务委员会审核公布后再广泛进行会议的传达，目前可由代表先将会议的精神，适当地同有关民族工作干部做些必要的口头介绍。

以上报告，请予审核指示，并请公布。

贵州省人民政府民族事务委员会

江城县哈尼族彝族自治区筹委会调整民族支系报告（摘要）

（1954年3月23日）

一、哈尼族的组成

自第二次筹备会议结束后，哈尼族文东筹委迫切要求统一支系、更正民族名称，这是哈尼族同胞在政治上的一项重要要求，在这次会议上迫待解决的中心问题之一。为此，在充分发扬民主的精神下，首先清算了历代统治者所实行的民族压迫政策下给各族人民的歧视侮辱称号和给各族人民带来的奔波逃散的凄惨日子。每一个筹委和列席代表都充分体会到，过去民族历史是一页民族压迫、民族歧视的历史，今天在党和毛主席的民族政策光辉照耀下，民族团结，民族平等，友爱合作，能当家做主，这是破天荒。老乌族代表说："过去我们是落在火坎首，现在才从火坎首救出来。"卡多族代表罗外生说："过去侮辱歧视的称呼是反动派给我们的，要一律交还给蒋介石、反动派——取消歧视侮辱称呼，更正自己民族名称。"白宝昌筹委亲自到红河哈尼族访问了民族组成后说："红河卡多族也是哈尼族，我们要更正哈尼族。"切甸族代表张冲祥代表说："今天回到老家来了。"卡别族李嘉祥说："我们白红、切甸、卡多、碧约、阿卡、卡别、市都、头塔、阿宋、窝尼、本人、西摩落、白壳都是一个民族，在国民党统治下，活生生的哈尼族被分割为几块。"筹委和列席代表经过五找（找历史、找来源、找风俗、找习惯、找语言），又根据其他关系，经过访问红河哈尼族之后，有了准确根据，会上经哈尼族支系讨论，同意将上述17种民族更正为哈尼族，其人口占全县总人口47%强，这样形成成立区域自治的基础。

二、更正彝族支系称呼

在反动政府所施行的民族压迫政策下的侮称大头、倮倮、花腰倮倮、火烧倮倮、白脚倮倮、香檀族、阿宋、老乌等，而各族人民风俗、习惯、语言、文字均相同，经过了"找历史、翻家底"，彝族各支系同胞积极要求废除侮辱歧视的称号，一致要求更正彝族名称，最后经过大会决定，将以上7种民族更正为彝族（老乌族尚待进一步研究）。

三、更正傣族支系

过去历史上分称为水摆夷、汉摆夷、花腰摆夷等3种，在会上傣族代表主动提出要求更正为傣族，并废除摆夷的侮辱称呼。

四、其他民族

汉族、瑶族、布朗族、苦聪族、回族也积极协助各民族取消了历史上歧视侮辱的称呼，苦聪族更正为拉祜族，布朗族更正为蒙通族。在民族团结平等的教育下，汉族代表主动检查了大民族主义的思想，改善民族间的关系，瑶族代表让出了一个代表给汉族。彝族代表又说："汉族样事走朝前一步，以后还要汉族老大哥好好帮我们建设。"更进一步增强了民族团结。在这基础上，根据区域自治实施纲要第四条的规定，哈尼族人口占总人口47%强，彝族占全县人口17.5%，除汉族外其他民族最多也只占全县人口6%，故大会通过决定，建立以哈尼族、彝族为基础的县一级包括县内其他民族在内的自治人民政府。

1954年3月23日

文山县石洞乡土族识别调查情况

一、名称、历史

（1）本民族自称“普代”，其他民族称他为侬族，沙族称他为pu dai。

（2）历史来源：土族是从高利国来的，其原因是为打猎而来，日期不明。来时的人数共有7个队，有6个已回家了，其中有1个是跟不上多数人，其原因是在转家时，决定在鸡鸣时候出发，但是落伍的这一队人没养公鸡、只有母鸡，直等到天亮才出发，为此就没跟上队伍了。并赶到途中看见前队的人在岔路上砍的芭蕉树桩已重新长芽四五寸长了，落伍的人就说，现不知前队走多远啦，赶不上前队啦，为此落伍的这一队人就住在此地开荒，定居在此地了。

二、语言

现还有本民族的语言，他的语言是大部分与摆族相同相近，并且他们的自称也相近，内有少部仆与侬、沙相同相近。

三、区域居住情况

土族人民大部分都住在坝区，并要喜欢住在水边，原因是为便利生产，而且还喜欢住地房，不住楼房。

四、经济生活情况

（1）土族人民的经济：他们在农业生产上是以水稻为主，其他如玉米、花生、芋头、红薯等。

（2）副业生产是喜欢养猪、鸡、水牛等，不养黄牛，其原因是黄牛在水边不便生产。

（3）手工业：有铁、木、泥匠等，但不是专业。

（4）男女之间的领导分工情况：他们在农业生产上的一切劳动是以妇女为主。

（5）土族的经济作物是喜欢种甘蔗。

（6）在解放前的土地及本民族中的阶级分化情况：根据传说，古时候的土地是属于他们的。这个地方土族同胞先到，随后进入封建社会时代，大部分土地都被汉族地主争夺过去。阶级的分化，土族中也有地主、富农、中农、雇农。

（7）他们的生产、生活习惯是与侬、沙族的情况相同相近的。

（8）生产工具：有牛、马、牛车、犁、耙、锄头、刀、斧。

（9）现在的经济生活情况：全乡共有人口406户，在解放前有1/4的农户都缺粮。解放后，现在已不缺了，甚至还有余粮卖。

五、社会文化

（1）过去有寨老制、土司制，如寨中发生了什么事件，先要通过寨老来解决。如大的事寨老不能解决，才通过官府。土司制度的时间不明。

（2）宗教迷信主要是以土司为主，并且还将它供在神龛上。如家里有病人，要先用一只鸡祭土司，并且在祭奠的时候禁止说话以及外人进家，随后才行药和祭其他鬼神。

婚事，大部分都是买卖婚姻，父母包办，同宗及姑表不开亲，同姓及姨表可开亲，与其他民族不通婚。他们问婚的手续，首先通过请媒人到女方家问，如女方的父母同意者，他就请媒人吃一餐饭。第二次就请媒人来要八字，礼物、肉、酒各2斤。第三次送大礼，礼金多的120元、中的80元、少的60元，猪肉60斤，酒10斤至30斤，糖不一。第四次送大礼后，男方才另选择宜日，再请媒人去通知女方家，男方家不再去接，只需备好3天的酒饭，到日期女方自送新娘来，并送亲来的人，男女共30余人。男方从结婚年起，每年的端阳及中秋节，要给岳父母送挂面和月饼，头年各送10斤、二年8斤、第三年以后6斤至5斤，直送到老。

丧事：如父母死的时候，孝男孝女3天内不上楼、不睡高床、不坐凳、不洗脸。如是母亲死要忌120天才理发，父亲死忌90天，棺木大头朝上，发上山时，杀牛杀猪不一，做3天的客，大小是根据家里的经济情况；埋下土后，3天要复山。

四季风俗和节日：

元月过大年。

二月初二祭土地，杀一只鸡和用点刀头祭。

三月三舂粑粑吃，但不祭龙神，到清明拜坟。

五月过端阳节。

六月二十四过火把节，与汉族同样。

七月十四日接祖宗。

八月十五日过中秋节。

十月初一过牛王会，舂粑粑来祭，并先喂牛，而且还用花戴在牛角上。

十一月过冬季。

本民族中最喜欢和比较重视的是过老年，并且他们最喜欢吹打等娱乐，从初一要到十五。

六、宗教迷信

主要的是祭土司，信模公，信鬼。他们本民族中称模公为“日马”。

（1）清朝时候的服装，男的衣服穿得很短，衣袖很大，男女一般都不穿布鞋，穿草鞋，妇女穿裙子，衣服所戴的银器一般有6至8两重。

（2）妇女产小孩时禁止外人带银器和枪进家。

此外，关于自治州问题，因为本民族的名称来源不明，因年代久了，对现在的名称也没有什么意见。

并且对政府的要求：就是到五月端阳节，要供应土族所需要的面条，和妇女产小孩需购少部分的猪肉。（完）

文山自治州邱北县“僰”族民族识别调查报告

1960年6月　文山

文山自治州邱北县“僰”族民族识别调查报告

一、人口分布、名称、历史迁徙

“僰”族分布于邱北县树皮、官寨、双龙营、城关、舍德等5个公社，总人口达3076人，以双龙营公社较为集中，共108户1474人。多居住于海拔在1600至1700公尺之高寒山区和半山区，气候较寒冷，水源较缺乏。

“僰”族自称ko˥，他称为“民家族”。

据老人谈，古时居南京柳树湾高石砍。因外列公（不详）征兵伐云南，“僰”族被征，随军到大理平“南蛮”，即住下来。后来才从大理迁到邱北马者龙，再移旧城。一说是穆国公（不知何时）南征交趾，得胜回南京后，留下“僰”族散居于弥勒、老圭山一带地方。后又迁泸西县草子山，再迁六湾坡，迄今已9代，约300年之久。

二、语言材料

初步整理如下：

邱北县内的“僰”族，地委已归并为彝族支系，当作单一民族处理，尚未宣布。据我们这次初步调查，仅从语言材料上看来，归并彝族支系是确切的。

这次记录了400多个基本词汇和一些短句，得知“僰”语应属于汉藏语系藏缅语族的彝语支。语音上，以单元音为最多，没有p、t、k和n、m、ŋ作韵尾。

按发音方法和发音部位上，400多个基本词汇中已出现了双唇的塞音、双唇鼻音、唇齿擦音、舌尖的塞擦音和擦音、舌叶音的塞擦音、舌面音、喉擦音等等。

粗略地翻阅，有一些词汇相同和相近彝语的（威宁较多），如声母韵母同的有：

“吃”dzu˧（威宁）　　dzu˩（僰族）

“来”lie˨˩（威宁）　　le˧（僰语）

声母同的有：

“红”nrj（威宁）　　ni˧（僰语）

“花”vi ˧（威宁）　　　　ve ˧（僰语）

“房”hi ˩（威宁）　　　　he ˧（僰语）

因彝族支语言材料不在手，尚不能全面地查对，只能大略一谈。在语法现象与彝语是基本一致的。如主＋谓格式，修饰语在中心语之后；主＋宾＋动；数量词在主语之后。

以上面不充分的材料来看，僰绝不是文献记载的“僰”即傣族，因为与傣语丝毫无有共同之处。

三、社会经济

农作物以种植玉米为主，其次有荞子、高粱、黄豆等，稻谷近40年才种植。牧畜业以饲养牛、羊、猪。经济主要依靠副业收入，尚未出现商人及脱离农业生产的木、石、泥水等匠的技术工人。

“僰”族内部阶级分化明显，出现富农，经济上受到外族地主和本民族富农的租佃、债务、雇工等剥削。解放前，由于反动政府的压迫和挑拨民族间的关系，制造民族纠纷，所以民族间很不团结。解放以后，打垮了封建地主阶级，实行了一系列的民主改革，正确执行党的民族政策，加强民族团结教育，各民族人民互相尊重语言、风俗习惯，共同生活在祖国的大家庭里。

四、风俗习惯、宗教节日

（一）生活

居住为土房，一间3格厢。火塘置于中堂，耳房关牲畜，关在房外。服装：男女均着自织之麻布，妇女着麻布长衫，头帕带精美的蚌壳和各色玻璃珠，坠于脑门和下颚。腰系麻布围腰，也穿麻布衣，镶蓝布边儿。

（二）婚丧

婚姻为一夫一妻制，同姓不婚，不同辈不婚。由父母包办，父母先请一双媒人去说亲，携带酒1斤、一小半截花围腰。女方允诺后即订婚，媒人即拿酒去献女家祖先。聘礼多看男家的生活情况，共出礼金1600文或1300文、布两件。接新娘之日，去媒人1男1女，送亲3男3女，另陪同新娘来的很多，请客3天，闹喜酒、唱歌（唱盘古皇）。杀猪、羊招待，不能杀牛。3日回门，坐落夫家。

丧葬：老人死，请“魔公”超度，杀猪或羊1头献死者。杀前，将线拴于猪或羊头部，一头拴于棺材之上，由“魔公”念咒，将亡魂沿路送回老圭山，上升天堂。猪或羊杀后，即由死者带走，以保佑后代子孙幸福安康。

于盖棺时，先由舅舅献饭，后敲棺木钉子，钉锤则用麻皮2尺5寸来包，敲后此布为舅舅所得。

埋葬一般不择日子，不到3日即安埋，若超过3日即择吉日。

（三）宗教节日

僰族信奉祖先。节日以六月二十四日摔跤节为隆重，由于每年怕六畜起瘟，许愿于该天举行摔跤。不管全寨或某户许着这个愿的，都要办1年至3年，将附近民族请来，举行摔跤。若摔倒3个对手，得奖头红，奖给1块大红布；二奖给1块小红布。来客由全寨负责伙食（与撒尼同）。

节日中，正月过大年，初一、初二接祖，初三煮粥和猪肝、猪心，献祖宗回去。初四送火皇，用线拴一只公鸡之鼻游寨，各家用金竹芽刷全寨，各户主人拿一根火柴头送出大门，为送火皇，打扫寨子，以保平安。十五日献山神，看鸡卦，祈求山神保佑庄稼和牲畜平安（与彝族同）。二月初三祭龙，杀猪1头、杀（鸡）1只。三月清明上坟。五月端阳，送虫节，因怕庄稼有虫害年年送，杀猪、鸡于寨边大树脚或大石头脚献之。六月二十四日摔跤节。十月初十接祖。

五、小结

根据僰族历史迁徙、语言和风俗习惯皆与彝族相同，在地委内部归系中，已将“僰”归于彝族。我们从现有掌握的资料，僰族确系彝族支系，既不是大理所迁来的白族（民家族），也不是傣族（摆衣）。

“蔗园”民族识别调查报告

1960年6月

“蔗园”民族识别调查报告

一、人口的分布、名称、历史

“蔗园”分布于富宁县皈朝公社皈朝管理区的那拉、茅贯两寨，谷山管理区之埃峨寨、洞波公社那束寨3户，总共××户1033人。

“蔗园”自称为“粤西人”，大都从南宁宣化县白山新街迁来，已达6代，约150年之久。初到该地时，原居哈些寨——先住有回族，但已迁空——粤西人多半做小生意，到达这些地方后，见土地肥沃，始将妻儿领来，并主要以种植甘蔗为主，因而当地土族（僮族支系）便喊他们为“蔗园族”。迁来大姓共有刘、苏、维、陆等姓。

于80多年前，曾有亲友从南宁来看望他们，并告诉他们，还有祠堂留给他们，若他们要转回南宁去，可以将祠堂的谷米去拜坟山，后来他们未去，遂作罢。

二、语言

“蔗园”全操粤语，但由于跟土族、龙安、黑衣等僮族支系杂居，因而对外时大多操僮语，对本族和家庭内部则讲粤语，即广东话。

三、社会经济

“蔗园”大都喜居于天气炎热的河坝边，农作物以水稻、苞谷为主，经济作物则以甘蔗为主，果木有芭蕉、黄皮果、柚子之类。解放前不会种棉，亦不会纺织，解放后已学会了种棉。

“蔗园”所耕种之土地、山林，解放前皆属皈朝土司沈家所有，若要耕地，则向土司租入，收获平分。贫雇农民多给地、富做长工，仅供吃穿，不给钱；短工每天给1角到3角或大米3斤到5斤不等，要视生产季节和劳动强弱而定。

四、生活习惯、宗教信仰

1. 婚姻：男女青年婚姻，由父母包办，先请媒人向女方征求意愿，若同意了，男方去开八字时，即给聘礼三五十元，并携带米、酒数斤。待结婚之日，则需酒肉100斤以上，并招待亲朋3天，待新娘回门后始散。

婚姻中同姓不同宗的仍可通婚。解放前很少与别族通婚，有个别的与土族通婚。

2. 丧葬：

老人死，停棺3天，不超过5天。停棺时，请道士超度亡魂，后埋于坟山处，棺木内安置死者衣物和日用品之类。

凶死：凡遭跌死、被人谋害者，则给予棺木，就地而埋。

小孩死：随而安埋。

3. 服装：妇女还保持着圆领、大面襟、宽袖、肥裤脚，男子穿对襟衣，与汉族同。

4. 音乐、山歌：乐器会使用散啦，山歌只会唱土族山歌。

5. 宗教节日：

正月初二及十二月除夕为过大年（土族是除夕和初三过大年）。

三月初三：清明节上坟山。

五月初五过端阳节，吃粽子、雄黄酒，用白蒿枝挂于门外以压邪，其根作菜。用艾叶拌雄黄磨成粉，撒于屋之四周，以防蛇入室。

六月六：秧栽完后，用糯米饭、斤把肉、1只鸡祭田地，表示老祖在田边地角。并于地角处盖一小茅棚，用纸钱插于茅棚内，表示老祖看守田地，谷物才长得好，有风调雨顺之意。

无火把节。

七月十四：过大节，做粑粑，用叶包之，以接老祖。一般是七月十二日即将老祖接来，日夜烧香，十四日整天烧香，十五日下午即将老祖送走。而土族只是用红、蓝纸剪成布衣形式，烧给老祖。

八月十五：过中秋节（土族同）。

九月九：拜祭，凡小孩3岁，多病，遂许在初九日前往庙会拜给神，表示清吉，并以香、肉、宰鸡以祭之。

五、小结

“蔗园”从其自称“粤西人”、历史迁徙和风俗习惯、宗教信仰来看，是属于广西汉族，其中只有与土族结婚。但自150多年来，他们与侬族便有密切的经济联系，他们自愿归为僮族，于1958年建州时，地、县党委已正式归系于僮族。

拉基族民族识别调查报告

一、根据了解，马关县仁和公社白石岩村、夹寒箐公社的独脚寨共有拉基族44户，其中白石岩村14户、独脚寨30户，人口的具体数字不详。

两地的传说不一，白石岩有称自己是“客家”的，独脚寨恩老大妈则说他们来自贵马，来时不姓恩，恩姓是后来改姓的。但另外一老者则说他们由金州迁来，初来时住于邱北县的公鸡冲和母鸡寨，后来，公鸡寨的人迁往河口，母鸡寨的人则留住此地，他们在这里已有7代人了。两寨的拉基族都有这样一个传说：他们在迁徙路途中，曾约定走在前面的人要给后者留一标志，以便后者前进，不致迷路。后来他们分别住在公鸡冲和母鸡寨，第二天清晨公鸡寨的人在鸡啼叫后便出发了，母鸡冲的人因母鸡不会啼鸣便落在后面了。前行的人砍芭蕉树作路标，当母鸡冲人赶到路标前面时，见芭蕉树已生芽1寸多了，估计时间已没法赶上前行的人，便只好留居这一带地方。

二、拉基族的婚姻：新妇回门后就居住母家，只是在农忙或节日时才回夫家居住四五天或七八天。这样，有的过一两年或两三年才返回夫家居住。

三、语言：拉基人主要使用汉语，与其他民族杂居的也能通晓那种民族的语言，比如独脚寨的拉基人除讲汉语外，还能操用苗语。据调查，现在仅有一二老人会讲拉基话，由于他们长期不使用它进行交流，所以一些词语遗忘了，一些语法格式采用了汉语，这就限制了记录材料的范围，又因时间迫促，这次调查仅获得语词、句子180条。从这点材料看来，其音韵结构具有彝语支语言的一般特点，语法现象与僮傣语言较接近，但是在词汇上，除个别词外，都显著地区别于这几种语言。因之，现在还不能对拉基话提出它的语言系属的意见。

1960年5月

（附：1958年建州时，党委并入僮族支系，我们认为这样归并是符合当地的实际情况并有利于拉基人的今后发展的。我们同意党委的处理意见。）

文山自治州“孟武”民族识别调查报告

一、人口分布、名称、历史迁徙

“孟武”分布于文山自治州，共1379人，其中居于西畴县西洒公社西洒管理区和大坪公社马达、南欧两个管理区共1056人，居于马关县南湾河[①]公社323人。多居住半坡，或山区中的小平坝内，海拔于890公尺到1440公尺之内，与汉族、侬族、土族、仆族相杂而居。气候较为炎热，有的地区较为凉爽。

自称为“嘿扎”，侬族称之为“普孟”，汉族称之为“孟武”。

据马达新寨李正陆老人谈，孟族原来居住昆明近郊，是为孟获的后裔（即诸葛征南蛮，七擒孟获），原由蒙化（今巍山）迁到石岗头（昆明地区），再由石岗头沿途追赶马蓝果（会飞的虫变成）而至西洒街。初来共有王、李、易、张、马、杨、傅等姓，住几代后，又迁于新、老两街，然后又迁于马达、南欧诸寨。又据南湾河孟族老人谈，有的从江西（不确）迁来，有从“三打宝月关，九困溪洋”时候从水城（不详何时）迁来。按三打宝月关时，是于公元1053年左右，宋将狄青领兵南下攻打侬智高时，迄今已达900年之久。

孟武自迁到西洒后，即分散于纽扣[②]、菖蒲塘、南岳、偏漫、滴达坡、马达、南欧坡等寨。200多年前，部分孟武即由西畴各地迁至南湾河公社之瓦渣、老凹寨、哥打磨[③]、马安山、漫庄等寨。1958年成立人民公社时，政府又动员马达等地孟武迁到漫庄寨10余户。

二、社会经济

经济生活，主要从事农业生产，农作物以玉米、荞子为主，部分种植水稻、麦子、黄豆、豌豆之类。经济作物种植三七、麻类。副业生产主要饲养牛、猪、鸡、鸭。手工业尚

① 南湾河，本文又作“南温和”。——编者
② 纽扣，本文又作“扭扣”。——编者
③ 哥打磨，本文又作“哥打冒”。——编者

未从农业分离出来，凡木匠、泥水匠、石匠、铁匠等，皆为农暇时的生产活动。妇女一般用麻纺织一些粗糙口袋，换回布以制衣服。没有专职商人。解放以来，政府大力组织他们进行铁器生产、打草鞋、制帽、烤胶、饲养牲畜等副业活动，支援了国家工业建设，增加了人民收入。

解放前，孟武的生产工具和生产技术都很落后，耕作粗放，很少施肥。劳动分工上，男子以耕作为主，一年出工多至280个工，妇女除从事家务劳动外，年出工占250个左右。全部耕作的山地、稻田，皆向汉族、侬族地主租借来种，租金高昂，农民无法生活。近几年来，本民族已出现阶级分化。据马达、滴达坡两寨39户统计中，出现1户富农、2户中农，其余36户皆为贫雇农。孟武人民，除世世代代深受反动统治者的残酷剥削外，经济上还受到各民族地主高利贷、雇工等剥削，以致朝不保夕，长期被迫迁徙流荡。政治地位很低，在遇地主红白喜事中，往往叫去吹喇叭、抬轿子。自打解放后，孟武族人民彻底翻身了。1953年，该地区实行土改，分到了土地，1954年即正式成立常年互助组，1955年转入初级社，1956年8月由初级社转到高级社。1958年春，孟武族所居各地都成立了人民公社，与各民族人民一道在社会主义的道路上飞跃。

三、语言

马关及西畴两县的孟武族语言调查总结。

据初步了解，孟武族语言属于汉藏语系藏缅语族彝语支，从700多个词汇和一些句子看出，音韵特点，单元音为最多稍有放合元音，没有鼻辅音m、n、ŋ（借汉词中出现n、ŋ韵尾）和塞辅音p、t、k作韵尾。有一些基本词汇与彝语相同或相近的（由于彝语材料不在手，尚不能对比求出百分比）。孟武族语言简单，受汉语影响较大。

声音音位数共33个，韵母、基本韵母为i、e、æ、ɑ、ɤ、o、u，声调音位共4个。孟武族单音词比较多，多于多音词。语法现象，基本上与彝语是一致的，如：数量词在名词之后、形容词在名词之后、名词作宾语的格式。

由于孟武族与汉族杂居，又离近城镇，与邻近的汉族来往较多，关系密切，所以孟武族的男女老少能讲出流利的汉语（本族语中汉语借词也很多）。

分布在马关与西畴县界的南温河一带的，和聚居西畴县西洒公社的孟武族，在个别词中和声调上稍有差异。

反动统治时期，国民党严禁少数民族讲本族语，如果有人讲，就要受到殴打和惩罚，因此造成了聚居在西畴县的孟武族的青壮年大部分不能讲民族语，甚至40多岁的人讲起来也不熟练。民族内部也是用汉语作为交际和交流思想工具。

四、风俗习惯、宗教信仰

（一）家庭、生活

孟武族实行一夫一妻制，每寨杂居数姓，以庞姓、李姓、常姓等户较大，按“字”字辈来起名。

着装中，妇女头包青布帕，发不挽髻；上穿青布短衣，圆领，大面襟；下着裙，系围腰。妇女衣袖短小，袖口以粉、蓝色布滚镶。男子穿衣，多大面襟，圆领，裤脚较为宽大。居于西洒的孟武族妇女，很早前亦着裙，但上衣较宽大，为附襟，圆领，衣袖、衣角皆绣花边。但国民党统治时，强迫他们不能穿本民族衣服、讲本民族语言，现已逐渐汉化、穿汉衣矣。各地妇女皆着半筒绣花布鞋。房屋建筑，乃土墙，茅草为顶；室内分为3格或两格，中堂一般供神龛；内室有火塘，塘侧架竹床；上面有楼，只装粮食。

30多年前，本民族于欢庆节日中，妇女盛行踢鸡毛毽，还有舞蹈，精吹喇叭。还有自己的歌调，但现已失传了。山歌只用汉语。青年爱弹弦子。

（二）婚丧

婚姻主要由父母包办，媒人说亲。解放前不与其他民族通婚——有的也是个别现象，解放后则普遍与侬族、摆族、汉族通婚。

本民族内部同姓不同宗者可通婚，姑表、舅表可婚。

若女方父母愿意，男方即备“押礼”20元到50元半开、猪肉20斤到30斤、酒20碗到30碗、米3升到5升不等，即往姑娘家“吃槟榔酒”，女方即请舅舅、姑妈、姨妈等亲友前来做客。喝槟榔酒时，双方即议择吉日，男方给多少礼钱、酒、肉和银器，女方要送什么东西。谈妥后，即举行婚礼，做客两天，第三天回门。

接亲时，不用轿抬，新娘走路（侬族乘轿），并去5人做伴，俗言“五子登科”。

老人归世后，由“魔公”守灵牌，帮死者开路，安置一条板凳直放，一头放灵牌，一头接棺材，由“魔公”念经超度。念后，将灵牌和棺材放一起。死时，还杀一猪或一鸡，请帮忙人吃，孝子不能吃。停棺之日，由亲朋、姑爷前来上祭，并携带肉、米之类。

停棺3天到5天不等，待择好日子，才能埋葬。

在抬死者前一天杀祭猪时，孝子用白线一端拴猪脖子，另一端引至灵前，孝子跪着，经“魔公”念咒后，将猪杀之，孟族称为“交生”。当棺材抬出门外停着时，孝子用筛子抬着3杯酒在灵后祭奠后，棺材始能抬走（这与土族同）。

供灵牌，满100天后即烧灵。若不满100天，孝子不能剃头。

（三）宗教、节日

崇拜祖先，每户中堂设有神坛。神坛上安置用竹篾编成7寸宽、1尺长的四方竹筐，以2.6寸长之小灵牌，灵牌必须用老姆猪树或称杆树，削成2.6寸长、宽1指左右，插于草（竹）筐上排。小灵牌扎成人形，不写字。竹筐分成3排，每排祭一对灵牌，代表一对夫妇，分成男左女右。上排代表祖父一辈，中排代表父母一辈，下排代表本身一辈。祭灵牌时，只要是本家的人，不管男女，皆可这样做。插牌时，由魔公安置，插牌时分代必须和死者夫妇插在一块，不能插错。现供3代死者之木牌，若因时久，后死者已属现一代时，先供之3代木牌取消。对已取消死者之木牌，名字不记载，因之年深月久，对古代情况及历史易于失传。

于春节、元旦日祭献祖宗时，以生姜、生蒜汤、生肉各3碗献于神坛上。当天祭斋不吃甑子饭，更不能揭开甑盖，揭开了甑盖认为家里边苍蝇多。

每隔1年（三年两头之间）的四月，开始栽秧当天，必须杀猪、羊献房后之大爷爷。爷即神的意思，以示敬意，希神保佑庄稼。上面这些风俗，是与各族不同。

节日主要有：

正月初一，过大年，初二打牙祭。

三月初一，祭“稻神”，停止生产，否则会下暴雨。

五月端午节，吃粽子，大门挂菖蒲，屋四周洒雄黄水，防止长蛇进房。

六月初六，祭大龙，全寨杀1个猪，赴寨外大树脚下献田公地母，杀1对鸡，全寨吃一餐，3天不劳动（侬、土、仆、汉等族皆有）。

七月初一，染花饭，杀牛、杀鸡，祭杨六郎、杨七郎。

八月十四，推豆腐，尝新米，先给狗吃，然后人吃。

八月十五，过中秋节，蒸粑粑吃。

九月十五，给观音老母做生日，点烛，吃素。

十月初十，献新坟。

十二月二十三，送灶王君。三十晚上，除夕即过大年。

五、小结

根据其历史、迁徙路线、民族自称、语言系属汉藏语系藏缅语族彝语支的一支，其风俗习惯、宗教、婚丧等，由于长期与附近侬族、仆族、土族、汉族等杂居，互有所影响，但主流是接近彝族。

本民族意愿归为彝族，党委内部曾作彝族处理，但未对外宣布。我们认为根据4个民族特征和本民族意愿，可并为彝族。

附一

孟武资料

孟武族情况（34户153人）

孟武族主要散居于我县第五区南温和乡属的老凹寨4户、马安山9户、漫庄4户、哥打冒

10户，全县仅只27家。

居住情况：多住于山区。耕作习惯：田地均种。生活及经济来源：皆以农业为主，没有其他突出经营方式。至于民族性方面，以近代看不保守，如在婚姻上，并不单纯的只是与本族的结婚，而是与其他的侬族、汉族、摆族均相互通婚。该民族原受封建的统治束缚，原来就没有自己的文字，相传至今，只有言语遗留下来。也没有什么“家谱”，在顶敬祖宗一事3代以上就丢了，所以现在他们不管老幼，对自己祖史以上的人的名字都记不清楚，因此，就本族的一些典故也无法记载的。

该族来源有以下几种说法：

第一种，据本民族84岁的易老倌说：“我们的老祖公在三打宝罗、困死西洋时由上边的水城搬来的，来时本来是客家（汉族），后来上了孟武族的门（就是与孟武族结婚），因此变成孟武族啦。”另外，又据本族老者李凤全、李凤良、李正朝均说：“我们祖辈系由江西的浙府，因为生活困难，以起（抢）刀磨剪子的手艺谋生到四川，又到云南来的。”以上这些说法都很玄虚，无据可考。

第二种，据该族老者李凤良说：“祖先辈从四川迁到云南的西沙（西畴）菖蒲坛、南游、偏漫、滴达坡、马李我寨、南欧坡等地住进，特别是西沙的扭扣那个地方，曾有我们孟族的庞、李、常等户较大，尤其庞家事情好，所以为嫁姑娘曾给一份胭粉田，直到如今，还叫作‘再娘坝’。以后我们的老祖辈为撵蜂子才搬到这点（马安山、哥打冒）来，住了7代人啦。”

另外还有一种说法是由孟河搬来的（关于这个地名无有什么记载，不可能正确的）。

风俗习惯

年节方面：

农历六月初一和七月初一那天，孟武族都染花米饭，献杨六郎或杨七郎，献时只供红色的一样。这个节日比较慎重，在所用的家具均要揩擦干净，同时还要献生的猪牛肉。另外还忌工6天（与侬族同样）。

农历正月初一日，对祖宗要献生姜生蒜汤、生肉各3碗，在当天不吃甑子蒸的饭、不烧炒、不得揭开甑盖，当天并在农具、家具、碓磨上贴一张黄纸加封不动（与其他民族相近）。

在大年三十晚上，孟武族每家都舂粑粑1窝，做成大小不同的3个粑粑，堆起来再做9个小的，以3个一堆堆在上面，顶上再放一小着（撮）糯米饭（与侬族有些相似）。

又在逢三年两头之间，于开秧门那天（栽头天秧那天）要杀猪或羊献“房后”（大爷爷迷信）。关于这种迷信，近来有做的也有不做的（与他族不同）。

丧事方面：

本家老人死后，如侬族一样，在未赎魂买命之先，一家人吃饭时必须留着1个席位、1碗饭，摆1双筷子，在未开始吃饭之先，必须先叫死者一声（父亲、祖母或母亲、祖母），然后才开始吃饭（与侬族同）。

本族的人有死亡，必须本族的“白马”（端公）来做发送。若死者的年纪长于“白马”或相当于“白马”的年纪，“白马”必须先痛哭一场，然后才发给“白马”孝白1块；如果死者小于“白马”，就不这样（与其他民族不同）。

其次，再一个比较突出的风俗是：神桌上所供的祖宗不是牌位，而是用篾子编成一个约6寸纵横的四方框框，用稻草编上，置于一般其他群众供祖宗牌位的地方，再插上本族当家人的上一代和下一代的小灵牌。灵牌必须用老姆猪树或称杆树，又要生于洁净地方的，削成2.6寸长、宽1指左右，也不写什么，看是上一代就将这小灵牌插在草框的上排，因为草框上是分上、中、下3代安排，只要是本家的人，不管男女，只要满12岁以后死的就这样做，安位必须由“白马”安，而且只供3代。照这样推，其他的就丢了不贡（供）。

老人死后在赎魂买命交生那天，所有的孝男孝女要用一根白线到猪圈里，将猪引到灵房跪起，用手扶着白线，让“白马”交生以后才杀猪，这样叫作交生（与侬族、土族同）。

婚事方面：

婚姻方面很不保守，并不论族别，向来均与汉、侬、摆族通婚，进行的方式大体与汉族相同，只是自古至今都不坐轿子。

语言方面：

孟武族原来就没有自己的文字，早以前如果记载什么均用汉文，在语言上侬族和摆族叫他们为“普孟”。至于言语上与其他民族相近的有这些：孟武族叫灶门口为“把锁”，侬族叫“巴寿”；叫黄牛为“摩对”，侬族叫“底摸”；他们叫辣子为“洒丕”，仆族叫“洗帕”；他们叫爷爷为“阿颇”，倮族叫“阿甫”。孟武族的语言均与其他的民族不共通，仅只极少部分的与侬、倮、仆的语言的音韵相接近，否则是不相同的，音调上与仆族有些相近。孟武族吃饭叫“查杂”，以吃饭的说法来看接近仆族。

孟武族男女的衣服均着重穿青色的，男子的衣是穿大面襟的短衣，打团套头；妇女穿圆领大面襟短衣，小袖，袖筒口镶一张粉蓝色的边，下穿裙子，裙子不仿侬族的有翘翘，穿翻尖鞋，打团套头。

关于我县所了解的孟武族，仅只五区有27户。在来源方面，只根据口头传说，也没有其他文字或家谱可证实，主要比较的来源系由西畴县属的马达新寨和扭扣等地移来。至于在支系上属于哪一个方面，我们不能肯定。

附二

1960年5月16日调查材料

据孟武族历史资料，西畴县西洒公社西洒管理区、上寨生产队共53户，人口215人，其中孟武族50户、汉族3户，居住在西洒公社的南部，住的都是坝区。

根据调查情况，庞启明老大爹有61岁，他家在那个地点已经有24代人了。他说孟武族是由南京应天府柳查湾高石坎搬来的，来之时不知为什么搬来，经过哪些地方已不明确了。他说，他们上寨村据传说，来在这个地方那时都是荒坝。庞启明老人家说，在1957年8月份，他到了文山，开了座谈会，共10余天。我们同彝族对过言语，基本上有部分相同。他说：“我在州上开会谈到民族归系问题，我已表示同意归彝族的。”

节日情况：

正月，过新年，初二杀鸡打牙祭。

二月初二，家家户户都吃汤圆。

三月，清明上坟，挂坟标，染红糖米饭。

四月，没有。

五月，端阳节，包粽子、粑粑。

六月六日，献杨六郎、杨七郎，染红花饭，杀牛，苦瓜、苴子都拿来献，用3碗饭，香插上，3杯酒就献了。

传说为什么染红饭呢？原因为杨六郎、杨七郎住的地方没水吃，杀牛血来煮饭，这样便成习惯了。祭杨六郎、杨七郎，主要依靠他（们）保护五谷丰登，不受灾害。

七月献老祖公，也是染红花饭。在初一日就接来，十四日才送回去，以纸烧包，包子外面写的某某姓祖宗3代灵魂查收。在这个节日祖宗牌如汉族一样，就没有那种小牌位。

八月中秋节，献的是长阳花、板栗、饼子、果碟，在大门外月亮出的时候就献了。另八月内吃新米，不论日子，吃之前味苟（喂狗），后人才吃。因米食是狗带来给的——狗去西天佛祖家仓库里面睡，就带得来的。

九月，没有。

十月，没有。

冬月，过冬，是冬至那天就过，还是吃汤圆，先喂牛，后人吃，因牛一年苦到头。

腊月，过老年，杀猪过年。做饵块粑，其他没有。

附三

补充材料

正月不过十六，不搞生产。因有开山龙，要祭开山龙以后才能搞生产。三月初三日祭龙。

婚姻方面：

当初去问都是要6个媒人、1瓶酒，说好后，说日子那天过槟榔。过槟榔之时说礼金钱、酒多少提、肉多少斤，这是由双方定合。礼金钱最多的32吊、最少12吊，另有奶母钱两吊。酒最多50提、最少32提，猪肉一半边猪。在接之时择日子，不用轿子，新姑娘走路。

接的时候共去5人，男女都有，都要青年人。老的传说去5个才好，作为五子登科。当时第二三天新姑娘就回爹娘家，当月儿回来，这样永远就当家了。据我看，西洒公社上寨孟武族婚姻是汉族影响的，很相近汉族，他们住的地区也是汉族比较多。

丧事情况：

在孟武族老人归世之时，叫先生来写灵牌，帮死人开路。先生拿一条板凳直放，在板凳一头放灵牌、一头放棺材，这样先生就念咒语，念了以后灵牌和棺材放在一起。当时死的时候杀1个鸡或1个猪，自己的儿女是不能吃，只帮忙的人吃。在闲白之时男女都来朝贺磕头，择日子哪天埋丧。另外有姑爷还是来上祭，主要杀猪羊来上祭，以后姑爷的老人不在，男家又还礼。

娱乐方面：

一般都是爱弹弦子，只会弹不会跳。一般青年爱唱歌，唱的山歌是汉族的，没有自己本民族的山歌。

生产情况：

原来在本民族当中，也有木匠、泥水匠、石匠、铁匠，在以前没有专业的，都附带，主要依靠农业为主。另外，这个民族原来都是带有社会风格，起房盖屋大家帮助。

原来搞生产，农业用的有犁、耙、条锄、薅锄、镰刀，以前来说不会搞提水工具。

根据了解，上寨孟武族在以前受苦最深，全村的人都得卖工，帮段家、朱家、张家地主到附近各地方背粮食，有时生活过不下去，又砍点柴卖过了日子。如庞启明老人家说，他家老祖欠了段地主家账七八十年，只借12吊钱，每年上利谷2斗4升，一年苦到头，只苦不得吃。

例如田大妈，原生在老西洒，本人一出生，就是帮地主。到1948年2月份，朱文汉地主叫他（她）搬滚，没法生活才搬到新西洒来。在那时候身无挂柳（绺）一寸布，家无一个碗筷。在党的领导下，在土改时分得一些土地。在1954年当了互助组的组长，曾任妇女主任，又是人民代表，在1956年是高级社的社长。现在她家共有6人，从土地改革后到现在为止，生活得到提高：被子3床、垫单2床、蚊帐3笼，衣服大小每人有3套，棉衣各人1件，布鞋每人3双、胶鞋3双、皮鞋1双、皮箱1个。另买公债10元。

在孟武族开亲，自己本民族与自己本民族开亲，只要同姓不（同）宗以（也）开亲，姑表也开亲。都是一夫一妻制。

附四

孟武族的亲属称谓

马关县南温河公社孟武族李生富（男，30岁）口述：

1.父叫“爬”，母叫“麻”，伯父叫“mgav”，伯母叫“麻”，老爹叫“坡”，奶叫“阿奶”，祖父叫“阿祖”，祖伯叫“阿祖伯”，叔叫“阿爷”，叔母叫“阿利麻”，娘叫“阿娘”，姑母叫“阿姑母”，哥叫“阿哥”，弟叫“阿及密”，姐叫“阿姐”，妹叫“阿及妹”，舅叫“阿董”，舅母叫“阿品董”，外公叫“阿坡”，外伯叫“阿拍”，外祖叫

“阿老祖”，外祖伯叫“阿老祖伯”，姨妈叫“阿姨妈”，姨爹叫“阿姨爹”，表哥叫“阿表哥”，表弟叫“阿表弟”，表姐叫“阿表姐”，表妹叫“阿表妹”，表嫂叫“阿表嫂”，嫂叫“阿谋一”。

2. 婚姻方面：孟武族的婚姻大多数都是一夫一妻制，但也有个别的人一夫讨二妻，原因有的是讨大女人来十几年不会生孩，通过男女双方同意才讨小女人。有的人接两个女人，两个都会生孩子，这种是属于封建统治的婚姻，这些多半都是富农及封建势力恶劣的人。

3. 男方结婚之后生的小孩，不论男孩女孩都跟父亲姓，不跟母亲姓。

4. 孟武族同堂居住情况：孟武族同堂居住最多到4代人，即老爹、父母亲、哥弟、儿女，但还要看那家人的团结性如何来决定，有的父母、儿媳分开，各居住1户，据说和汉族和他族的情况相一样。

5. 孟武族几哥弟分开居住受有的遗产情况：孟武族几哥弟分开各居住，各受有的遗产，多半是看哥弟是否全部都结婚来决定，有的大儿、二儿都结婚，只有老幺未结婚，或者还有一个老幺妹未出嫁，那就要先抽出牛和马给老幺弟作结婚的开用。老幺妹根据家庭的生活情况适当抽点嫁妆费用，也是抽牛或者是抽马，但女儿没有享受亲生的父母亲的土地。几哥弟分房产田地，财产方面和田地方面，都要先抽养老田或者牛马给老人之后几哥弟才分。父母多半都是同老幺儿住，大房子多半都是分给老幺儿，田地和财产除抽养老田外，全部平均分配。老的同哪个在，老的死后归哪个抬，养老田归哪个，其余的几个儿子就不再摊配抬老的钱。老幺女的牛或者是马，到女儿出嫁之时出卖成钱买嫁妆。

6. 有女儿无男儿招姑爷上门享受遗产的情况：姑娘和姑爷享受父母的遗产情况不同，主要是看女儿和姑爷如何对待老人的情况。如果姑娘和姑爷都把两老养老送终，那所剩下来的遗产，家族一律不能侵占一点，全部都归姑娘和姑爷享受。如果姑娘、姑爷不养老的，不抬老的，家族来抬，将遗产开支后，余下的田地、财产归家族、亲房人享受。

7. 字倍（字辈）和字派方面：孟武族的字辈和字派不一，如李生富他家，父李正德，儿李生富，孙李朝光。

云南省民族识别组文山调查小组

1960年6月12日

西畴县龙全乡孟武族的民族情况

一、民族自称叫“某”，苗族叫他们也叫“某”。有语言无文字。祖宗从南京府柳树湾高石砍来，3个祖宗都是姓盘，首先到砚山，分为3个地方住，叫盘龙寨、棘子寨等。是逃难而来，现在原地方还有本民族。

二、言语和彝族相同相近，在20个单词中，有6个同，占30%。

三、居住情况、习惯。本民族因为怕别民族拉鬼，怕拉兵，爱住平坝区有水地方，耕种方便，爱养水牛。爱住地房，楼上放粮方便。

四、经济生活：

1. 农业生产以稻谷为主，出产苞谷、麦子、黄豆、荞子、豌豆、菜籽、三七等。

2. 副业生产，喜欢养猪、鸡等。

3. 手工业，有泥、木、石匠，而不是专业的，生产和手工业各占一半。住的草房较多。

4. 无商业。

5. 男女之间的劳动分工情况，男劳动为主，每一年男出工280个，女一年出工250个。

6. 男子除生产以外，还守山打猎。

7. 经济作物种三七、麦子、黄豆、荞子、菜籽、豌豆等小春，占总收入40%。

8. 解放前的土地，自己开荒的，后来属于汉族和地主。过去本民族无地主、富农，都是贫、雇、中农。

9. 生产、生活相同侬族，住接近汉族，但习惯不同汉族。

10. 生产工具多用板锄、木犁、叉耙、手耙等。

11. 经济生活，全寨40多户，以前够吃有6户，现够吃有20多户，现在有10多户不够吃，比较困难的有盘有朋、盘凤明等3户，因劳动少，收入到家吃到冬月就完。

五、社会文化：

1. 过去寨老制度，弟兄分家，本民族受到别民族欺侮，以寨老帮解决，首先请吃饭。以前寨老张连学、盘成光等，现已死完了。

2. 村寨有土地庙会，属于全寨，有会谷，每年杀猪、鸡各1个。老年会在三月初二、青壮年在三月初三，共吃一餐。

每年祭龙5次。在正月内碰属猴那天祭开山龙，用猪、鸡各1个到大树脚、水井边祭3天，不出山生产，他给全寨平安，秧苗长得好。

三月初三祭母龙，在大龙单树脚地方用猪4个、鸡1个，祭日子那天不出山，道理给老天下雨。

四月祭白龙，用猪、鸡各1个，祭日子有的祭，有的不祭，原因不给下白雨。四月十五祭公龙，在水洞凤龙单地方，用猪、鸡各1个，原因给他发大水，祭日子一天。

六月初六祭水井龙，有的用猪，无的用猪头、鸡1个。这个教减（较简）单，用蜡、酒等，上面同样的用。日子祭两天，原因不给水井干。

3. 宗教迷信，有“摸公”“私娘”。

4. 婚姻问题，同姓他宗还是开亲，姑姨表同样开亲，只在解放前开亲过两家。解放前没有同其他民族通婚过，解放后同汉族、仆族、侬族通婚过。婚姻是父母包办、买卖制度，礼金头次去媒人，用酒、肉各2斤。二次同样礼物，得八字回来。三次传槟榔，说礼金，最多80元，最少40元。首先说银子，又变币，又变棉纱。肉最多80斤、最少40斤，酒20—25斤，米3升—5升。接的男女各4人，去送的根据朋友多少。来的东西有柜子3个，被子1件。做3天，正客有20桌左右。头（天）接来，二天回门，用酒、肉各2斤。以前过拉的，然后说不好了，又抬轿。他们接来就当家。头一年女儿所有用的家具母亲准备好送她，头年男子那边家具用的不给她用。

5. 丧事。老人死后，杀1个猪，家里不吃那个猪的肉，用“摸公”，吃3天素，寨里的人来玩要打花脸。根据日子长短，有的停5天左右，有的一至二三月还带教（戴孝），家里人不准坐高凳高桌吃饭等。供灵牌100天烧灵，不分父母亲死，不满100天不剃头，抬的时分家里要栣（跪）下抬过头上。

6. 一年主要的节日：六月三十过杨六郎，七月半群众的文娱活动唱山歌跳舞，这个节日和侬族相同。小节日，二月三十吃当团粑，五月五日做粽粑，杀鸡，吃面。六月三十全寨杀猪1个、牛1个，做红糯饭。七月半烧包给老祖宗杀鸡。八月十五吃饼子。九月献观音老母的生日。二月上坟。十一月过冬，吃当团粑。腊月送灶王。

四月杀鸡献房背后，原因给庄稼好。

7. 民族服装。以前女穿裙子，老年人现在还穿着，青年人现在改了，裙子像侬族穿的那样。每人戴的银器有10两左右。

8. 全寨每年要打扫，用“摸公”，用鸡2个，不给别的人进来寨子，用木做刀记3天日子，原因是防止火灾。

9. 自治州的意见，同意叫僮苗自治州。归系问题，同意归夷（彝）族系。

阿务族历史调查情况

[据邛北县富寨公社山心管理区大石盆村贫农杨春德（年龄62岁）口述。]

阿务族自称“泼落拍”，传说古时候阿务族是住在南京柳树湾，因造反而从南京迁来今泸西县“莫得黑”住了100多年的时间。又因造反，彝杀汉，汉杀彝，即从泸西“莫得黑”搬到今师宗县大老龙，随后才迁来山心大石盆，已住了大约9—10代人了，将近200多年之久。

阿务族大部住在山区，自己没有土地，只靠租种他族的土地来耕种。房屋多是草房，有楼。大部经营农业，以种苞谷、荞子及其他副粮为主。多饲养牛、羊、猪、马。

风俗习惯，一般都同汉民族，过年有五月端午和六月二十四。五月端午禁忌一天。六月二十四日祭田、祭雷神，禁忌3天。凡祭之日，一律不搞生产，不洗衣服（据说如果搞生产和洗衣服就要遭受重大的疾病）。其次过年初五时是“放牛儿童节”，每户拼凑一些东西、肉、豆腐、粑粑等给放牛的儿童吃，目的是鼓励儿童更好地把牛放好，不要给它吃庄稼。

婚姻方面，与其他民族不通婚，都是一夫一妻，大部都是父母包办，并多是亲上加亲，一般要17—20岁才结婚。老人死时，为了表示对死者致敬，还要“跳小姑娘”，但是实际是男子装扮的（近30年来没有人搞过了）。

该村共有30户166人，彝族1户5人，其余都是阿务族。解放前土地虽大部都是自耕，但该地区是高山缺水的山区——所谓的广种薄收的地区。全村只有7户中农，其余都是贫雇农。每年生产的粮食都不够自给，多数都是缺粮户。加上国民党反动派的各种苛捐杂税，人民的生活是非常痛苦的，有常年到他乡去卖工或终年挑柴卖来维持生活的。解放后，在共产党和毛主席的英明正确领导下，推翻了国民党反动派，实行了减租退押、土地改革和一系列的社会民主改革，并发放了不少的农业贷款、救济款、救济粮及寒衣救济等，大力地扶持山区生产。解放几年来，生产有了显著的发展，人民生活有了根本的变化提高。整个管理区历年来的粮食增产情况如下：

1949年粮食总收入594592斤，每人平均有粮440斤；

1950年粮食总收入539491斤，每人平均有粮399斤；
1951年粮食总收入476577斤，每人平均有粮358斤；
1952年粮食总收入670126斤，每人平均有粮494斤；
1953年粮食总收入697057斤，每人平均有粮525斤；
1954年粮食总收入720768斤，每人平均有粮530斤；
1955年粮食总收入705327斤，每人平均有粮522斤；
1956年粮食总收入898577斤，每人平均有粮658斤；
1957年粮食总收入726299斤，每人平均有粮538斤；
1958年粮食总收入595378斤，每人平均有粮442斤。
其次，1956年以前的经济收入不详。
1956年经济总收入7467.96元，每人平均7.2元；
1957年经济总收入6367.96元，每人平均6.57元；
1958年经济总收入5227.85元，每人平均5.4元；
1959年已发。

都匀族调查材料

马关县杨茂松管理区

29号晚上到达都匀族聚居的多移树寨，41户204人。在支书的领导下，以及社干大力的支持，请到了60岁以上高龄的老人就有5个以上，还有社干同志的参加。我们访问了以下几方面：

一、都匀族的历史来源

仅访问到的就有3支起初：

1.贵州省贵定县贵阳城麻和州（王昌平述，并有家谱）；

2.江西省富宁迁到四川，又迁居云南杨茂松、河口、蒙自皆有（张发万述，67岁）；

3.江西省南昌府丰城县四大牌坊罗家港①朱氏巷②迁至贵州之都匀，又迁云南。

迁徙原因：当时贵州遭受灾害，闻听云南土地肥、地广人稀，据说一棵玉米像牛脚、谷子拧成梭（索）、根脚下长花生，比喻云南是个好地方，很富足。

在云南居住的时间不超过200年，从家谱可看出，记载有六七代。

自称：都匀族，而且要求单一民族的意愿很强。

他称：侮辱称之“重家子”，都匀族听别人叫时很恼火的。

二、语言

据本民族说没有黑话（即民族语），只是有反话。如：

“我不要”说成“要不我”；

“吹熄”说成“熄吹”；

“吹熄灯”说成“吹灯熄”。

又有老人记得几句黑话（即民族语），如：

开门vai˦ dn˨˩

① 罗家港，本文又作“罗家湾”。——编者

② 朱氏巷，本文又作“猪市巷”。——编者

关门pvai˧ phe˩
板凳pɛ˧ poŋ˧

三、经济

以农作物为主，多种植苞谷、谷子、荞子、红薯、大豆、黄豆、花生等。耕种地与田，耕作工具一般有犁、耙（木齿、竹齿之间距离5寸，耙的长度达3尺）、板锄、条锄、薅秧耙，铁器向外购买。

耕作技术：施肥，牛粪、猪粪、鸡粪、灰等肥料，不使人粪。薅秧两道，地一般是两犁两耙，田一般是3犁3耙。

收获一般在每亩三四百斤，特好才收到500斤，此外有搞一些副业，各家皆能织布，买纱自织自染，除自用外可出售；做雨伞、雨帽和编篾器。

木匠、石匠都有，但不是专业，只有一家以编篾器为生。

生产关系：阶级分化是很明显的，地富掌握了大量土地和耕畜，人口占大多数的贫雇农仅有一少部分土地和耕畜，因此不得不受地富的多种剥削，地租、高利贷、劳役等方式。地租一种是分成，还有耕者只得小春作物的，而大春全部被地主所榨取。高利贷剥削最为普遍，最为惨重地主以放纱形式，8.5斤纱，年息480斤谷子。或10斤苞谷要以10个或20个工来抵偿，一牛工用两人工来换。给地主饲养牛，生子仅分得1头。

此外，土地还有典出的剥削形式。

土改时，贫雇农分得了土地，生产关系改变了，生产力也有了很大发展。土改时间1953年，1954年办起了初级社，1956年又办起高级社。1958年成立了人民公社，生产力大大提高，产量也增加了。

四、节日、宗教信仰、婚姻、丧葬、服装

二月初，杀鸡卜卦。

清明，上坟，不能忘了老祖。

二月初六，土地庙，打扫房屋。

四月初八，这是很重要的节日。“牛王会”杀鸡或杀猪来祭祀，当天要做花饭（糯米饭）来喂牛。据老年人说：牛一年到头地耕地，很辛苦，因此喂花饭慰劳。当天男女老少都穿盛装来庆贺。还要染红鸡蛋，在牛头上戴一朵花饭。

六月初六，秧苗会，杀鸡公献地母。

七月十四，接祖（贵州起初过十三，江西起初过十四）。

八月十五。

九月初九，重阳节。

婚姻：姑舅表可婚，弟娶寡嫂。解放前，外族不开亲。同姓不同族可婚。不落夫家。

婚日时，将新娘接来，要在门外厕所旁、牛厩旁休息，当鸡鸣时才接进家。奉陪新娘

的有4个或6个小伙子和小姑娘各半，不闹房。聘礼十几两银子，为新娘做装饰品用。100碗酒肉皆由男方出。请客送礼。

丧葬：老人死，发送开山（即找墓地）。当老人快断气时，磨和碓都要放下，一家人要吃素，不得吃荤，直到抬头要开斋，可吃荤。停灵时，除老伴可上楼外，其他人皆不可上楼，以表示孝意。在埋葬前要请阴阳先生看方向。

服装：男的与汉族相同；女的上衣是开大襟的，在边上是镶花边，外衣短袖，上衣较长，有围腰，颜色多是青黑色的。老年人头发挽髻，用黑布帕包头，姑娘和未生小孩妇女用黑帕包头，头发编辫绕在黑帕的外面。

喜好对唱山歌。青年男女多喜爱唱山歌，以对唱山歌来吐露爱情，而且从对唱山歌中能识别是否是同一族。

马关县都匀族

杨茂松管理区（自治乡），共265户1182人。
支书：陆绍基
管理区主任：罗开利
文书：杨新明
管理区副主任：陆至清
妇女主任：王兴连
文教委员：周保朝兼
治保主任：周保朝
保管委员：罗开荣
共青团书记：罗开焕、熊开能
宣传员：陆常坤兼
民小学校长：罗春耀
该管理区共有6个寨、7个大队，每队有正副队长，有大队队委员。
杨茂松1队，42户193人，正副队长陆昌齐、杨新培；
杨茂松2队，38户158人，正副队长罗廷换、杨兴些；
多衣树3队，41户202人，正副队长罗国山、张开兴；
水井湾4队，54户206人，正副队长陆常琨、张开印；
岩脚寨5队，18户82人，正副队长唐开纪；
老麻寨6队，36户161人，正副队长李兴州、王正荣；
马虎冲7队，36户180人，正副队长王文昌、王文陆；
总共265户1182人。

1960年5月调查

马关县杨茂松管理区多衣树寨都匀族王昌平（60岁）的家谱

始祖生下5家，4家在家乡。

弟王应发，弟兄5人，住居家乡，生在贵州省贵阳府贵定县所属堡子生长人氏，是罗平，仍系都匀府麻哈所属。嘉庆十二年二月间，搬上云南开化府永平里大坝新寨落业。

王应发生下9子，子王国明、王国儒下越南。

王应发生于乾隆四十一年冬月十五日子时。

辛丑子时身故亡。云南省开化府永平里上，中甲大坝新寨。

祖母孟氏，生于乾隆三十九年三月初九日亥时，生在贵州省罗平普子寨生长人氏，家乡生。

咸丰八年戊午十二月初一戊时，迁在逢里春下回用，杨茂松花娘街亡故。

王国明生于嘉庆十三年十九日亥时，生在永平里大坝新寨人氏。

道光二十年十月二十一日申时亡故。

媳妇罗氏，生于嘉庆十年九月十三日辰时，生贵州省平越直颖州管下抃龙牌龙井马四寨生长人氏。

王国儒妻唐氏生下2子，王正统、王正洪。

传于现在已有六七代人。

1960年5月2日调查

都匀族历史迁徙

马关县杨茂松管理区杨德正老人谈：

杨姓住于贵州省沙和州、麻和州龙井5寨，只有一个老祖杨振和，一个人先来到这些地方，看见粮食作物生长得好，便住下了，到如今已有六七代人。

王姓亦从麻和州迁来。初来时这个地方只有苗族、瑶族和侬族（即本地人）所居。这里尚有瑶人地，距杨茂松寨3华里。自回民起义后，“白旗造反”，即迁到多衣树，后来多衣树即发展到30余户。由于反对木厂汉族地主、恶霸的欺压，反对地主李仰侯想霸占杨茂松地方，于迄今30多年前将他们房屋烧毁，都匀族人民被迫多数迁往越南。

初迁时，只有杨姓、罗姓、王姓3户迁于杨茂松。

1960年5月2日调查

都匀族罗氏家谱

马关县杨茂松寨

罗氏原籍江西南昌府丰城县四大牌坊罗家湾猪市巷，居有兄弟4人，均出门。二人回江西、一人落湖广、一人落贵州平越府直颖州管下杨昌牌，小地名白秧平①寨落业。

以后罗元敏于乾隆甲寅年移于云南省开化府文山县安平府管下逢春里、下四甲、拉哈、杨茂松寨落业。

陆、罗、陆3姓4人买得拉哈之田4份，价银1280两，罗之田，万子万孙。

田州

杨桂纳、杨木广、月朵闷、那渣

宗派

锦、凤、文、元、世
兴、加、太、廷、开
银、祖、登、德、大
福、还、显、恒、通

1960年5月3日

都匀族人口

马关县仁和公社分布

全公社共455户2175人。
大脚寨51户262人。
大坝52户293人。
大兴寨73户318人。
底毛44户235人。
杨茂松区186户826人。
包包寨17户196人。
老林坝24户138人。

1960年5月3日调查

① 白秧平，本文又作“四殃平”。——编者

都匀族情况

据《马关县志》为民家

马关县都匀族情况：

据我们从他们本族中一部分人家的家谱记载了解，均从江西省之两个地方迁出至贵州，有的是从江西省南昌府丰城县四大牌坊、罗家湾、朱氏巷迁出至贵州之都匀府麻和州住，有的是从江西省之吉安府东门朱氏街迁至贵州之平越府[1]、直颖州、杨昌牌、四殃平寨住（从何年何月迁到贵州，家谱未记载，怎样搬来情况不知）。

从贵州迁到云南，据本民族的一些年纪较老的反映，传说“遭大旱，土地开大裂，小猪都能掉到裂缝里去。闻听云南好，人烟稀少，据说一棵玉麦能长3种庄稼，麦穗会长谷，中间长玉麦，根脚长花生”。认为云南富裕，即从贵州之都匀府和平颖府迁徙至黄草坝，然后从黄草坝（贵州）有的迁到广南。也有的是从江西迁到四川后，从四川迁到云南，后到马关，不过从他们迁到马关的时间均在清乾隆初年，大约200来年的历史。

自从到了马关县之杨茂松后，由于人口的发展，及另一方面发生了3次地方叛乱，于是使这个民族从杨茂松迁到马关老王寨、结集坡、垮土、坡头寨等地，有的迁到河口县之老董寨、平子寨、下水坛、底莫坝、夹马石、老留冲等地，有的迁到越南北部之花竜上寨和下寨、猛康、董棕坡、狗头寨、平坦、马洛、靛塘、竹林坡、王台坡，有的甚至迁到红河等地。都匀族这个民族从搬到杨茂松后发展是较快的，现在全县448户2151人。从他们的家谱看来，从贵州迁到杨茂松来生的第一个人，系在清朝乾隆甲寅年生的。现在其民族是否是都匀族，据他们所反映的，过去有的喊贵州人，有的喊都匀人，也有人喊过都匀族，后来以都匀人名称为都匀族。有的反映在贵州的还有本民族。

语言：迁到马关这边来的是不有语言，也不有文字，据一部分群众的反映，本民族的语言是汉语的反语，这种说法也是不符合实际的，现在已失去了其民族语言。

其实都匀是从贵州的都匀府来的，以地名为民族名称，其实其真正的民族名称了解不出来，他们这个民族的生活习惯大部分是与汉族同，其不同的地方有以下一些区别：

1.在迷信信仰上，信仰最深的是“四月八”牛王会。据一些老年人的反映，是这个节日比其他的节日还重要。祭礼是杀鸡献，献老猪脚，有时要杀猪献，不杀猪就一定要杀鸡献，每家都要各自杀献。当天还要献花饭（用糯米染的），还先用草包一点糯米饭先喂牛，然后人才吃。祭牛王的意思就是庄稼是牛拌（盘）出来的。这天老少均大玩一天。这天要穿盛装。其他节日都是与汉族同。另一方面，是到过年三十晚上，老人肩挑粑粑、腊肉到房子的四周去转。

---

① 平越府，本文又作“平颖府”。——编者

2. 妇女从成年直到与人结婚未生小孩以前为止，头上的头发编成两便（辫），用青布为帕，在包头的时候顶上折成7叠至8叠，包好后用头发绕在帕子的外边。发不编辫子，将头上梳为纽髻，用帕包上。这是这个民族与其他民族不同的一个突出的地方。生了孩子后，即所谓老妈式的打扮。

3. 在婚姻方面：解放前姑娘与男子结婚后，女方最多只在丈夫家7天即回娘家，有的甚至结婚两年多甚至3年不来丈夫家的也有，在这两年多的时间里，一年在生产季节来几天。现在这种风气有改变。

在结婚初期是用银子，有的40元，有的50元至60元，后来改以棉纱为礼金，现在用人民币。结婚时不闹房。

4. 青年男女爱唱花歌（其本民族之民歌），又名唱七子。在唱花歌中有的是为了发现，有的是为了谈恋爱。谈成后，再请媒婆去订婚，这是青年妇女之喜好。花歌音调优雅动人，有的唱过去的痛苦。

5. 穿的衣服：一般均青蓝色，从成年到40岁这个阶段，妇女衣服是滚镶面襟及衣口，衣服较宽大，袖子短，最长不到宽过1尺，里也配假袖（又名小袖或手拢）。衣袖大部分用蓝布、青布为压条，假袖是滚镶刺绣。年到40岁以上即不这样穿配。这些地方与其他民族不同之点：妇女穿鞋，上绣花，无鞋绊，鞋尖有小反勾。

6. 妇女凡年在16岁的均能纺织，不向市场购买布匹，只购棉纱，均自织自穿，并到市场进行贸易，以维持家庭杂务开支。这是该民族中的普遍现象。解放后我对市场进行安排和棉布实行统购统销中，有时买不到棉纱，市场上不得进行贸易，经济上困难，即对我产生不满情绪。卖布均系妇女。

7. 婚姻关系上，本民族之妇女则很少与汉族通婚。正如杨茂松之一部分人反映的：我们寨子的妇女，10个也没有一个嫁其他民族的，尤其是汉族。其他民族地区，因本民族少，是在不得已的情况下，才与其他民族通婚。婚姻关系上较保守。

8. 在丧事上，家里老人死，在发送的时间里，一家人不吃荤，均吃素，不喝酒，直到老人抬去安埋后才吃荤（所谓开斋）。如老人死后离安埋的日期远，那就要吃3天至7天的素，后在灵前开荤。老人死后，停在家中，正孝不得上楼，戴孝均用白布，男女均戴拖帕，这与其他民族不同。父母死后，停在家里可以哭，丧事发送上山后，就不允许谁在家里哭啼。老人死后停在家里，有的是横停，有的直停。

9. 除了鸡、猪、鱼外，其他肉类均不吃，当中尤其妇女五月端午包粽子的时候，不是用我们其他民族用的叶子包，而是用一种竹叶，名叫家乡叶，据反映是他们的祖辈从贵（州）搬来时带来种植的。这种竹有一个特别的地方，就是这种竹子长不高，最高的是4尺至5尺，这种竹在其他民族地区亦难发现。

对这个民族应从贵州都匀府、麻和州了解。

对都匀族的了解

都匀族在我县共有448户，以四区杨茂松和山芪寨、大新寨、蓬居住最早，后来由于红、白旗斗争的兵乱和受封建压迫抵敌不过，又散居各处，有的选居三区老士寨、给集坡、垮土、坡头寨、夹马石、老流中之老董寨、平坝子、下水塘、底莫寨等地，有的迁往河口县，有的迁往越南北部花龙上寨和下寨、猛康、董棕坡、狗头寨、平坦、马路、靛塘、竹林坡、五台坡、红河等地。

这个民族的来历，据他们家谱记载，一是由江西省南昌府丰城县四大牌坊、朱氏巷迁至贵州都匀府麻和州，一是由江西省吉安府迁至贵州直颖州、杨昌牌、四殃平寨，而马关都匀族多在清乾隆初年由贵州都匀府的麻和州迁来。据说他们的先人迁至贵州靠云南边境黄草坝，后来由此又搬来云南广南、马关，有的搬往其他地方。不知马关迁来的原因，（据说）是由于贵州都匀府遭荒旱，而听说云南地广人稀，粗种丰收，为寻生活而至。这个民族自迁至马关已有200年之久。

该民族迁马关后，其本民族语言已失，据老年人（杨茂乡长之叔）说，他们的语言是由汉语之反语，又说他们于1937年驮桐油到贵州都匀府时，与当地人谈起话来双方口音完全一致。

他们对本名称也很疑惑，年轻人说是仆族变的，有的说是苗族变的，老年人说过去只叫都匀人，而不是都匀族。《马关县志》记载为“民家”，其种族来自黔省都匀府，故称为“都匀人”，依族称为“仲家”，其原因是都匀族在清时代常有人考中翰林，而以此专称为“仲家”。

其迷信最深的是古历四月八日的“牛王会”。在节日的当天，无论男女老幼，均穿新衣大玩一天，其次是杀猪宰鸡，没有鸡也要献一块猪肉，染花饭大祭牛王。花饭献祭牛工之后，用草包一部分先喂牛，然后人才吃（意思是庄稼是牛盘出来的）。这一节日其他民族虽也有过的，但只有都匀族隆重。另外，在过春节时，三十的晚上，家中老人肩挑粑粑、腊肉绕房而转，意思是邀请死去的老人灵魂回家过年。

再者是家中老人死后全家斋戒，一致出殡之后才开斋，有的老人死后定的出殡期较远者也须斋戒3天。在丧伤（事？）之中长子为正孝，不准上楼。

在婚姻嫁娶方面，他们要其他民族姑娘，而本民族姑娘不嫁其他民族。他们新娶的（媳）妇，除娶时在男方家住5天至7天，后回娘家，农忙季节到男方家几天，这样往返十二三年后坐家。其次是不兴闹房，解放后这些风俗稍有改变（与侬族同）。

他们穿的服装式样，男子穿的衣服与其他民族同样，只有女子穿的衣服有所分别。青年妇女穿的衣服，上衣为青蓝色、大滚边，其衣袖仅长1尺、宽7寸，随之下面又接一假袖，四面为花线刺绣。到40岁以上，妇女穿的衣服均为长袖，刺绣皆无。此外青年女子经常戴有围腰，其脖颈的挎带为银链，未结婚的少年姑娘头发均编成二辫，绕缠在青头帕的外面，包头时将帕子均折或七折褶纹，结了婚生了娃娃的妇女将头发搭到头顶上，而帕子的褶纹也就取消了。

他们的经济生活，均喜做生意。

从以上这些材料看，都匀族的名称是由于都匀府搬来而取名是肯定啦！其外到底是哪一种民族，须到贵州省的都匀府、麻和州去了解才能断定。

在生活上，本族所食肉类除鸡、鸭、猪、鱼外，其他肉类均不吃。

都匀民族识别调查报告初稿

1960年6月6日

都匀民族识别调查报告初稿

一、人口的分布、名称和迁徙

都匀族有570户2694人，主要聚居于文山壮族苗族自治州马关县境内，有455户2175人，另外在红河哈尼族彝族自治州的河口县尚分布有115户519人。

“自称为‘都匀’，老年人谈过去叫‘都匀人’，而不叫‘都匀族’，《马关县志》记载为‘民家’，其种族来自黔省都匀府，故称为‘都匀人’。侬族称之为‘仲家’，原因是都匀族在前清时代，常有人中翰林，以此专称为‘仲家’。”（节自《马关县都匀族调查报告》）

根据都匀族一部分人的家谱记载和老人们的讲述，都匀族是从江西省迁往贵州的。他们一路由南昌府丰城县四大牌坊罗家湾朱氏营迁到贵州的都匀府麻和州，一路由吉安府东门朱氏街迁至贵州的平越府直颖州杨昌牌四殃半寨。

迁来云南的都匀族可分这样几部分：一部分从贵州省贵定县迁来；一部分从江西省经过四川迁入云南的马关县。时间大致在清乾隆初年，距今约200年。另外一部分是从都匀府、平越府迁到黄草坝（属贵州省）后，又转入云南的广南县和马关县杨茂松等地。

初入云南时，以罗、陆、陈、王等几个大姓为主。清乾隆甲寅年间，罗姓迁入云南，在开化府文山县安平府管下逢春里下四甲拉哈杨茂松寨落业。王姓原来在贵阳府贵定县堡子（属都匀府马哈管理）居住，嘉庆十二年二月迁来云南，在开化府永平里大坝新寨落业。初到拉哈的罗、陆、陈三姓，花银1280两在拉哈置办了田地房产。

据老人说，他们的祖先是逃荒来云南的。那年都匀府遭逢干旱，人们饥馑流离，无以为生，就说云南省土地肥沃，地广人稀，有“玉米像牛角，谷子扭成索”的美传，遂相约前来，逃避灾荒。进入云南后，便居住于杨茂松、三七逢一带，后来人口增多，遂逐渐向外移居。在反动阶级的统治下，各地战争迭起，赋税日益繁重，都匀族人民为了逃避战祸和苛捐杂税，不得不离开自己的家园，继续向南迁移，有的搬往河口桥头，有的更远迁到越南。解放后，在共产党的领导下，都匀族广大人民真正地翻了身，结束了常年的徙居生活。

二、语言

各地都匀族都使用汉语，方音与贵州安顺等地区的汉语相近似，不同于当地所通行的汉语。有人反映说“都匀话是汉语中的反话”，如把“我吃饭”“挑水”说成为“饭吃我”“水挑”等。

三、社会经济

都匀族多居于马关、河口两县的毗连地带，地势较高，是海拔1000公尺以上的半山区。

经济以农业生产为主，农作物多种植玉米、水稻，其次是荞子、红薯、大豆、黄豆、花生等。耕作农具有犁、耙（竹齿，齿距3寸，耙长3尺）、板锄、条锄、薅秧锄等，铁制农具一般是向外地购买。在耕作技术方面，地是两犁两耙，田是3犁3耙，秧薅两道。在肥料上仅施厩肥，不用人粪便。水稻亩产量一般是三四百斤，最高产量达500斤。在副业生产上，各地都匀族都能制作雨伞、雨帽，编制篾篮，有些家庭妇女还向外地购买洋纱，自己织布染色，除自用外，还可到市场上出售部分。

都匀族仅有个别人家靠编织篾篮为生，还未出现专业的手工业者，木匠、石匠也都是农民，只在农闲时出外做木、石工艺。

生产关系：解放前，都匀族内部阶级分化明显，少数的地主、富农和汉族的地主阶级一起，占有了绝大部分的生产资料，而占绝大多数人口的贫农、雇农仅有少部分土地、耕畜。他们终年劳苦，不得温饱。剥削方式繁复，主要有地租、高利贷、劳役等。地租一般是小春作物按五成均分，大春作物均归地主所有。高利贷主要以放纱的方式贷给农民，8斤半纱的年利是480斤谷子。其他像两个人工换一牛工、借10斤苞谷抵还10至20个人工等变相剥削的名目则更多。

解放后，在党的领导下进行了土地改革，改变了生产关系，农民分得了土地、耕畜，在生产力大大向前发展的基础上，于1954年办起了初级生产合作社，1956年上升为高级生产合作社。1958年随着生产大跃进形势的发展，组织了人民公社，都匀人民和各族人民一道，走上了建设社会主义、共产主义的康庄大道。

四、生活习俗、宗教节日

（一）家庭生活

都匀族是一夫一妻制的个体家庭，长子成人后，即携带家室出外与父母分居。分居时可分得部分家产，此外，也负有赡养父母的责任。

都匀族居住的房屋，其结构与当地汉族的相同。一般是土墙，房屋分上下两层，有草房、瓦房。室内用木板隔成3间，屋侧有耳房。

男子的服装与汉族同，妇女的服饰则与当地的民族有所区别。成年女子上装多是青蓝色，大面襟，有滚镶。衣袖长约8寸、宽7寸，臂下接有假袖，袖面有美丽的花线刺绣。40岁以上的妇女，上衣为长袖，无刺绣。青年女子系围腰，戴上配有银牌或银链等饰品。妇女包头帕为青色，未婚女子的头帕需折叠有褶纹，发辫分梳并绕于头帕之外，结婚生育后的女子，头发挽髻、头帕不再叠褶纹。

都匀族喜欢唱山歌。山歌是对唱的，解放前多为情歌，解放后，有歌颂党和毛主席以及反映生产大跃进的新山歌。从前青年男女用山歌表达爱情，寻找自己的终身伴侣。

（二）婚丧

婚姻：姑舅表可婚，弟可娶寡嫂，同姓不同宗的也可通婚。婚后妻不居住夫家，只是在农忙时来夫家居住几天。这样过两三年后，才搬来夫家居住。解放前一般都不与外族人通婚，有个别娶他族妇女为妻的，但本族妇女绝不外嫁。解放后婚姻习俗已有很大改变。婚礼一般行3天，新娘接来后，先在房侧或牛厩旁休息，待鸡啼叫时再接进家，由4个到6个男女青年陪伴。无闹新房的习惯。聘礼是十几两银子，用来给新娘做服饰品。此外，尚有酒100碗、肉数十斤不等。

丧葬：人死后，阖家戒斋，出殡后开斋。若停灵时间较久，也需戒斋3天。不戒斋，家人则会疯癫。灵停于中堂，棺木需横放。一般说来，都匀人都请本族道士诵经3天，以超度亡魂。做斋时，由老人磨好36把快刀，依次插于树上，人从利刃间爬达树上，称为“上刀山”。

丧葬期间，除妻子外，其他人都不能上楼，借此表示后人对死者的孝意。送丧时，女儿多戴重孝，并需唱孝歌。

（三）宗教节日

崇拜祖先。信奉最深的是旧历四月八的“牛王会”。过节时，男女老幼均着盛装并停工娱乐，村寨祭献牛王，一般是杀猪、染花饭和红鸡蛋，并在牛头上戴一朵花。在家里则多杀鸡祭献，无鸡的也可献一块肉。祭献牛王后，人不能先吃祭品，需包一包花饭喂牛后再吃，因为庄稼是牛盘出来的，所以献牛王，主要是为了酬谢牛的辛劳的。

节日：过年在旧历腊月三十晚上。过年时，先由老人挑着粑粑、腊肉绕房一转，意思是请先人的灵魂回家过年；二月初二杀鸡卜卦，初六日祭土地庙，打扫房屋；三月清明要祭祖扫墓；四月初八过牛王会；六月初六秧苗会，杀鸡祭田公地母；七月十四烧香焚纸祭奠祖宗；九月九日过重阳节。

五、识别意见

按都匀人从贵州之贵定、都匀一带迁来200（年）之久，自称“都匀”，无本民族语言，其生活习俗与附近侬、汉等民族大致相类同之，经济上有密切的联系。1958年建州时，都匀人不愿归为汉族或其他民族，愿作单一民族处理，现在都匀人提出希望他们能派代表赴贵州都匀了解他们的本家，或请都匀人到马关县来与他们做各方面的比较。

我们认为，摸清都匀，必须从贵州一带之汉族、布依族做一些比较，再提出具体处理意见。

1960年6月

倮族历史调查

据富宁县板仑人民公社龙迈管理区黄荣魁和黎阿坡讲：

A.传说古时倮族居于昆明，因战争倮族战败逃至广南上指梅和下指梅两处，后又由广南上指梅和下指梅迁入富宁（时已7—8代人）。又因倮族与僮族互（相）战争争夺土地，败战迁居龙迈。

B.传说古时候倮族居于昆明，那时倮族中的首脑孟握（获）率众与孔明作战，失败逃至阿香、阿磨。孔明乘胜追杀，又从阿香、阿磨逃至上指梅，大约住了三四十年之久。倮族中花倮和黑倮互相残杀，黑倮逃亡住富宁。后来富宁的僮族和倮族发生矛盾，僮族把倮族撵到板仑。后因争土地，倮族心笨，插木牌为界，僮族立石碑为界，然后僮族放火烧，把倮族的木牌烧尽，结果倮族没有土地，就搬到龙迈，至今已有四五代人了。

语言方面的调查，仅是以一些基本词汇为主，如：

汉语	一	二	三	四	五	六	七	八	九	十
倮语	tek	niet	songx	lex	ngax	kud	nget	xid	gex	sed
汉语	天	太阳	月亮	水	人	米	猪	肉	吃饭	
倮语	mox	maxbekdeb	gbakbab	ngid	sat	ghakpied	uag	at	niaksax	
汉语	黄	高	矮	多	少	大	小			
倮语	nbek	mongh laib	kot	miax	niabdek	gangx	nbied			

（都是用苗文记的）

风俗习惯方面：每年旧历三月初八和四月初九、（初）十都跳舞。逢满9年就大跳一次（9天），并杀牛宰猪大吃一场，对生产影响很大（传说是迎接皇帝老奶，又有说是叫谷魂的）。祭龙祭路，妇女不吃猪、鸡、狗、鸭肉，吃饭用手抓，不与男子同桌，戴木腰圈。男子都穿短裤，白衣黑裤。

婚姻方面：很少请媒，多是男女自选，只要男女自相爱慕，并自领回家。不过什么礼银，女子不嫁外寨。

以上风俗习惯，1958年来均有所改变，如三月初八和四月初九、十跳舞，现在都是半日生产半日跳。今年政府还供应他们两头猪。祭龙祭路现已不做，特别妇女现在同男子一块儿吃饭，并都用筷子，大部分都吃猪肉了。生产方面，过去一般习惯于中午12时出工，黑夜收工，摸黑路回家，1956年起办社后，这种旧习惯已改变，同汉、僮族一样，生产早出工晚收工。

解放前后生产生活的情况：

过去国民党反动派统治时期，各种苛捐杂税及封建地主阶级的地租、高利贷剥削，生产落后，使倮族一般贫雇农生活很苦，终年吃糠咽菜，衣不蔽体，过着男女各一方帮工卖力讨生的辛酸生活，有的到富宁皈朝去卖工，如罗aŋen和罗有德就是那样。现在他们两家每年平均每人能缝上新衣1套。那时的文教卫生都谈不上，这里流行着天花、霍乱、麻疹、疟疾、痢疾等。那时除地富阶级而外，一般农民的子女是根本读不起书的。解放后，在党和毛主席的领导下，打倒了国民党反动派和封建地主阶级，实行了减租退押、土地改革等，并领导各族人民走上了合作化的道路。在生产生活、文教卫生方面，政府给予大力的支持，倮族地区也和全国一样飞跃地前进着。解放前和1956年前的生产和经济收入数字不详，现以1956至1958年的生产和经济收入为例，如下：

年度	总产	每人有粮数	人口	每人每年经济收入		
				最高	一般	最低
1956年	258871斤	623.3斤	415	7元	5元	3元
1957年	290099斤	563斤	515	16元	13元	8元
1958年	327585斤	632.4斤	518	11元	8元	5元

（1958年的大部资金都投入工农业生产）

从以上看来，1957年粮食比1956年增长12.06%，1958年比1956年增长26.54%。

文教卫生方面：在党的培养下，现有倮族保健员1个、保健站1个。解放以来，过去两年发生的各种传染疾病从未发生。倮族地区随着生产的发展，人民生活逐年改善，入学儿童也是不断地增长起来。学生逐年增长的情况如下：

年度	入学学生		合计
	男	女	
1951年	2		2
1952年	6		6
1953年	8		8
1954年	13		13
1955年	18		18
1956年	20		20
1957年	30		30

续表

年度	入学学生		合计
	男	女	
1958年	49	24	73
1959年	43	24	67（超龄儿童下放回乡8人）

从以上看来，1958年入学儿童比1951年增加35.50%，1959年入学儿童比1951年增加32.50%。

保族居于山区，也有的住在半山区的（干坝子）地区，大都住在楼上——一般离地3尺的楼层。善于种稻谷、苞谷、小米和棉花，稻谷多爱种糯谷。饲养耕牛和马。

保族一般都要求每年三月初八和四月初九、十跳舞。他们说："我们干半天生产，半天跳舞。如果这些天我们不得跳舞，群众是很抵触的，生产情绪不高，反而影响生产。"另外要求逢年过节供应牛肉。有个别思想落后的对栽种旱苞谷抵触，错误地要求说："党叫我们栽苞谷不好，要求给我们自己栽种，保证增产，不听我们的话栽了不好。"

存在问题：在保族中没有彻底地打击敌人，群众对本民族内的阶级敌人的界限划分不清。如在他们中间想收集敌人的材料，很不容易收集得起来。

文山僮族苗族自治州民委会

1959年6月7日

保族的亲属称谓及婚姻遗产享受了解的情况

［富宁县板仑公社龙迈管理区主任陈正和（男，32岁）口述。］

一、亲属称谓：父亲、母亲、大爹、大妈、老爹、奶、祖父、祖母、叔、叔母、娘、姑母、哥哥、弟、姐、妹、舅、舅母、外公、外婆、外祖公、外祖母、姨妈、姨爹、表哥、表弟、表姐、表妹、表嫂、嫂嫂。

二、婚姻方面：保族的婚姻基本是一夫一妻的婚姻制，但因过去旧社会封建势力的形成，也有个别的一夫二妻的现象。有两种原因：一种原因是结婚十多二十年不会生小孩，通过男女双方同意才娶小女人，这种多半是一般农民；有一种情况是结婚后生孩子，女子不同意男子娶，但是男子用一种封建势力压制女子，对小女人采取收买和压制的手段娶回小女人，这种情况都是地主、富农及封建势力较恶毒的男子。

三、男女结婚生的小孩跟父姓或者跟母姓情况：男女结婚后生的小孩子，不管男孩女孩都跟父姓，没有跟母姓的情况。

四、几代人同堂居住情况：倮族一户几哥弟全部结婚后，团结性好同居住在家。同生活在一家一户，多到3代人，有的全部结婚后同住到3年就各分开，哥弟各一家一户地生活较多。父母亲同老幺儿住，很少有父母亲同大儿大媳、二儿二媳住的情况。

五、几哥弟（包括全部结婚和未全部结婚）及未出嫁的姑娘如何分配遗产：倮族分家时不抽父母的养老田地，父母同老幺儿在，不同大儿媳和二儿媳在，在分财产时多分给老幺儿。到父母死时，全部开支由老幺儿开支，不再摊配给大儿抬这份安葬费。未出嫁的老幺女儿有权利享受母亲的银饰。

六、招姑爷方面：倮族习惯有男儿也招回姑爷来，但不普遍，只有个别的。分家时父母多半同姑娘姑爷住，分的遗产多分给姑娘姑爷，到父母死时姑娘姑爷抬，多分的这份遗产就归姑娘姑爷享受。如果姑娘姑爷不抬，多分给姑娘姑爷的这份遗产要归给男儿。

七、字辈和字派不很明显，因过去很少读过书，现取得的名字没有按一个辈和派的排位取。

云南省民族识别组文山州调查小组

1960年6月12日

白倮（高裤脚倮）的历史语言调查资料[①]

1960年6月4日

倮族（白倮）简史、语言调查情况

具富宁县板仑公社龙迈管理区的龙迈村和木腊村两个村共居住着171户倮族，人口共760人，其中有贫农86户、中农59户、富农14户、地主12户。龙迈和木腊两个村子的地形属于高寒山区，海拔大致1700多公尺。夏季气候温暖，冬季气候寒些。

一、民族名称（他称和自称）以及迁居历史来源情况

1. 本民族自称为“彝族”，倮族这个名称是当地民族居住多了以后别的民族起的名称，而不是本民族自称的名称。

2. 关于历史迁居来源情况：据龙迈村的黄阿恒（61岁）、罗兴明（59岁）二位老大爹说，小时只听到老人说，龙迈管理区和龙洋两处的倮族过去都是居住在昆明，那时候因地方反乱，互相残杀，倮族战败后才逃走。先逃广南的上指梅和下指梅住，后又由上指梅和下指梅迁到富宁的现在城关居住。后来各个民族居住多起来，民族与民族之间互相争田霸地，僮族就根据倮族比较献神信鬼，用一人先去躲在泥巴人人的后边，给倮族来烧香磕头，就说倮族住不得这个地方了，再住就要死完。倮族听到话就怕，连夜就逃跑，有的走得就走到龙洋去，有的走去（不）得，只走到龙迈。现住在龙迈的倮族详细的年代不知，只作估计说可能有7—8代人了。

二、白倮的婚姻、丧葬以及风俗习惯、节日情况

1. 白倮的婚姻从过去来说，是比其他民族自由得多。男女青年自由谈婚，自由恋爱，很少找媒人去问和父母很少包办。男女互相建立夫妻感情后、达到互相结婚的感情后，男边先到女方同住下，两三个月以后才请两三个青年女子夜里去接来男家。第二天早上，男家杀一只狗，买几斤酒来，去请女方的父母亲和亲戚类及男边的长辈几个共同来吃一顿饭，就接来一个新媳妇，礼金、布、酒、肉都没有，什么嫁妆都没有。嫁妆一直要等到女

① 此文原稿封面标题与内文标题并不一致。——编者

儿去几年，起得起新房子，到闹新房杀猪杀羊请客，男边去请女方的父母亲来时才送女儿的嫁妆来，有的送箱、柜，送牛、马等各种嫁妆。但倮族在男女青年婚姻上有这样两个习惯：一个还是兴表姊、表妹、表哥、表弟先婚，如先尽表哥、表弟不要以后，才同其他的青年男子谈婚；二个是只准其他村子的男子青年进来本村招亲，不准本村的女子出嫁到别寨去。倮族和其他民族互相通婚的没有，拿现在来说还是分得比较平。其他方面，同各个民族的关系是处得比较好。

2. 关于丧葬：老人死后，先开路才入棺木，杀牛、杀猪请亲戚朋友来互相帮忙抬。每年的清明后还兴上坟，不烧灵。年轻的死不杀牛、不杀猪，开路后装棺材就抬去埋。小的死后就是那样抬去埋。都是土葬，没有火葬。

3. 风俗习惯及节日：

正月过老年，自初一起直到十五日休息，不干生产，十五以后才搞生产。

过老年二十四，捶粑，先拿去8个放成两堆在神龛上献，献过以后才拿来吃。

三月初八日，有个跳弓节，杀猪，男男女女大家都来跳弓场上，跳的跳、吹的吹葫芦笙。男人们在跳弓场上吃肉，小孩的分回家煮吃。又说是立夏下种节，大家共同来研究。

四月初九日也有个跳弓节，还比较大，要杀牛、杀猪、杀鸡，也同样男子分在跳弓场上煮，大家集体吃，小孩分回家煮吃。据说是插秧节，大家集体来研究插秧时间。在这个跳弓场上，也有的人拉马来骑。

据访问后，倮族最大的节日要数四月初九这个节日。五月五日同样过端午节。六月二十四日火把节，献田公地母。七月十三日接祖，十五日送祖。八月十五日中秋节，买圆饼来吃。冬月过冬。倮族除跳弓两个节日外，其他的节日和当地汉族相同。

倮族妇女一般10岁以后就不吃猪、鸡、鸭肉，只吃点牛肉、鱼肉之类。解放以后倮族妇女都吃猪、鸡、鸭之类，据说小孩子时吃、10岁以后不吃的原因，是说怕没有男人要，怕嫁不出去。倮族的衣服，男女都是穿短裤，一般只达到髁膝以上，大裤脚，都是黑色的布衣裳，男的同汉族，女的是对襟衣，有包头，女子用木皮做成的一个圆圈套在结腰上，有的把裤腰拉达在上面。男女多半都喜欢戴有银戒、银镯。

三、社会经济情况

1. 该民族居于高山，农作物主要以稻谷、苞谷为主，其他有大豆、小豆、高粱、小米、荞子等农作物。

2. 经济作物：有棉花、花生及少部分甘蔗、油茶果、油桐果等油料作物。

四、语言调查情况

1. 记录了白倮日常所用的语言（词和字）共480个。具白倮和花倮的语言、词汇大多数相同，音上互相之间只有些高和低，在互相交际上有些话互相有点听不懂。据互相的迁来都是说从昆明来，过去都自称彝族。

五、小结

以上调查了解白倮的民族名称、自称、他称、历史来源、居住、人口、风俗习惯、婚姻、丧葬、经济、语言的情况，与富宁县的木央公社的花倮和板仑公社的白倮的历史来源相同，语言从词汇方面大半以上也是相同。共同的自称都叫彝族，花倮、白倮这个名称是其他民族根据他们穿的衣服叫的。风俗习惯大部分也相同，互相都有跳弓节日。

关于富宁县木央公社木央管理区木相生产队倮族（花倮）的风俗习惯的了解

一、基本情况

木央公社木央管理区木相生产队共34户150人，全是倮族。该村34户倮族，贫雇农占大多户，中农少部分，地主、富农一户都没有。

1.该村具从上层（高廷芳，男，49岁）的了解，读过3年的老学。老人是从昆仑山迁徙来的，解放前死老人打的坟墓的像都朝昆仑山（方向），杀牛也朝昆仑山献。他们自称mangz sat，据高廷芳的介绍，本族过去是叫彝族，后来汉族居住多，才叫倮族，是一种侮辱人的叫法。

穿的衣裤，过去是向其他民族购棉花来自己纺、自己织成粗布穿。女子穿裙子，颜色有花、黑。女子穿的衣，形式穿对襟衣，前面后面较长、两边较略短些，颜色有花、白、黑，花自绣；头上戴包巾，先用一块四方形的布从头顶平放，后用一根长的包巾顺头围，都是自织的。男子头部只包一条长的包巾，穿大脚裤，衣穿开襟，钉3排纽子，每排4个。男子头顶留长头发，绕成一个尖尖，用一把木梳插在头发上。

风俗习惯：兴踩月亮，同僮族赶风流一样，一个月2次至3次，是男女青壮年隔村与隔村的男女互相约定一个集中的地点，一边来男，一边来女，已婚未婚的男女都来。互相到以后，唱的唱歌，跳的跳舞，就是闹玩，据说这是倮族最流行的节日。目的有的男女青年未结过婚的，通过这样的认识以后，就建立恋爱关系，有的1年，有的半年多，关系就达到夫妻关系，男的买手镯等戴、穿的去，女的包糯米饭，包鸡肉、牛肉、猪肉，约定时间、地点就领起走回男家来，才去请人去说礼钱。礼钱方面，有的是2条牛，有的是1条牛，有的是百十元，最少到50元，但有的女的父母亲还咒骂男方说不光彩，要请媒先说后讨回才光彩。但过去的青年男女婚姻还是多半受父母的包办，如果男方比较贫寒的人家去说生活比较富裕的人家的女子，女家不愿给，而男女互相爱上，只有逃婚。

人死后，请“师娘”来念经，入棺木土葬。死时有无都只杀猪就抬出去埋。到烧灵时，需1个儿子1条牛、1个姑娘拉1条牛上祭，都是杀给死去的人。姑娘去男家比较穷的人家，搞到欠债都要拉牛来上祭，另外有几个姑娘几个姑爷，还要看看上祭时哪个来得好、来的东西多，还要比赛，来时比骑马，比打枪，比跳舞蹈，在比当中往往会出现打起架来。从倮族的烧灵开支这笔账来看是不小的，搞到倾家荡产。

节日：正月过老年，要到十五号才做生产。四月十五日过荞年，这个节日杀狗。六月十五日祭龙，杀两条牛、两头猪，要休息3天才做生产。八月尝新米，这个节日不是统一的杀，只看自家有鸡就杀鸡，没有鸡到街上买几斤肉回来熬熟献就是，或者有老腊肉拿来熬熟拿去献神龛就是。

村寨与重老：家族也是同样重老，一个村子处理婚姻丧事，都要先找几位比较老辈的人来。这几位老人给青壮年一些指导要如何做，青壮年就照着去做。

木匠、铁匠、泥水匠、商人都没有专业的。木匠只有学会打点犁、耙，粗鲁起盖点房子，只是村子里哪家盖互相帮助的情况。铁匠、泥水匠就没有过。只是在农闲期间有个别的到其他地方的街买回小猪儿到另一个街卖，没有专业只搞商业生活不搞农业生产的人。

乐器方面：有吹跳葫芦笙、跳钱、各种舞蹈，男女都跳都唱。这些乐器在起房盖屋、婚姻、丧葬、节日各方面都吹、唱、跳。

房屋：根据地区情况、经济情况，有少部分人家也住上瓦房。住草房的人家是比较占多数的人家，主要还是（看）经济发展的情况。

生产：过去有极少部分人家也有点自耕土地，大多数人家都是向其他民族的地主租点田边地角来耕种，但是多半都是刀耕火种的生产方式，肥料只会用点牛马厩肥，人、猪粪肥不用，甚至人无厕所，猪无厩关，到处的走道都是猪、狗、人粪。解放后，在党和政府的领导下，不断地培养教育各个方面的工作人员，现刀耕火种、种田种地不用肥料的情况少有及没有了，现猪也有厩归，人也有厕所解便了，人畜已分居。

以上了解的情况，关于风俗习惯、节日方面是高廷芳介绍的，关于生产、生活的变化方面是钱厚明生产副队长介绍的。现在风俗习惯方面，在党的民族政策的光辉照耀下，根据各个民族不同的特点不断地教育，提高政治思想觉悟，现婚姻、丧葬、祭神祭鬼的情况已不照旧的了，不祭神祭鬼了，只是有极个别的人家还是说神药有效，兴送鬼吃药，大多数人都不信了。生产方式上已按照党的指示，根据地区情况因地制宜搞密植，据反映说，自解放来年年得到增产。特别是1959年得到大丰收，除公余粮、口粮外，还调去支援其他生产队。自钱厚明副队长的反映很好：只有党的领导，我们的生活才是得好。拿过去我们这个村子来说，大多数人一年到头都是帮地主做活计，都是不得饱、不得穿的日子多得很。

西畴马贯花倮的历史调查资料

西畴县马坡公社新寨管理区新寨村居住着倮族人民110户，人口404人，男204人、女200人（另外，永和管理区花倮共20户，人口104人，男52人、女52人）。张正明老人家，年龄有60岁，他说他们是由木秧公社木思、木对搬去新寨的，大概是雍正、嘉庆年间搬来木思、木对的地方，他很不清楚，据他说住新寨都有几百年了。搬到新寨的原因是，原来在木思有1寨，倮族因无田地种，开荒刀耕火种，他两夫妻去搞生产，背了一个小孩去，拿放在地边后被土蜂把他的儿子叮死了。当时即速追寻，去落新寨，这样他去到新寨地方，看见土质肥沃后就搬去了。当初去只有几家，没有姓名，卜吞、卜风、卜鹅、卜干、彬达共有5户，就落那个地方，开荒维持生活。后来在道光年间，就有侬土司家来管理他们，就收租收款了。另有一部分居住广南、坡庄、坡那，因搬家之时一部分头天来，一部分第二天来，落广南部分是第二天来的。据传说来前的人砍了芭蕉就长了5寸，后来的我们跟不上了，就落在广南。在老的传说中，倮倮打木刻，原因是倮族不读书，没人识字，他们的房子都是楼房，上面人住，下面关牛马。在老的传说，倮倮起房子是要离土3尺高，这样人烟才发展。

在节日上的情况：

正月过老年，不过十五不搞生产。在这15天内，青年唱歌，老人唱酒歌，青年唱恋爱歌。

二月初二祭龙，寨边有一个名叫天朋，就在那个地方献要的东西。要献1对鸡，1公1母，要1簸箕饭、9杯酒，不用香。当天几人在那里献，吃一餐饭就分散了，但是会念咒语那家人不管秧或苞谷都先栽上前，群众栽后。

三月上坟，不挂清，不烧香。

四月在那天头龙，这个头龙作为荞菜年，青年老幼都跳舞，这个舞名叫花姑娘舞，又唱又跳，一程两天。男子带水酒，女子带白酒，男跳女敬，女跳男敬，大家都很欢乐。在荞菜节日，大家才得团结一起（吃）饭，原因是原来倮大多都有吃，不会请客，才来搞这一个荞菜节日。

五月，没有。

六月初六，祭杨六郎。村边有几条（路），每条路都要杀1条牛献。还染花糯米，主要原因祭杨六郎，依靠他保护秧苗，给人民安全。在此日以（亦）祭天朋。又祭龙山，猪各样1头、鸡1对。

七月，没有节日。

八月，属龙的日子就吃新米，献祖宗，先喂狗，后人吃。

九月，没有。

十月，没有。

冬月，没有。

腊月过老年，在三十晚上接老祖宗，拿猪肉来献。

丧事情况：

在倮族老人死的时候，先杀1头猪或1条牛给老人，但儿女不吃那个猪、牛肉，原因是在倮族老人死之时，来的客人都是吃那个死人肉。后来有一个去放牛，见牛下儿很辛苦，这样，后他老人死，来的客人他就不许给吃他老人的肉，以杀牛、猪来代替。现在儿女不吃那条猪、牛肉，原因是这样。

另外，闲白之日，儿女杀牛或猪给老人，都拿一根线，一头拴在牛、猪鼻子或角上，一头拴在棺材上，“模公”就念咒语交给老人。那家有几儿几女，各杀1条给老人。

另外，老人去世，不择日子。据他们说，倮族是偷死偷埋，“模公”是要本民族的“模公”，其别族的不要。

婚姻方面：

主要请媒人去问。问的时候，拿一件衣裳去问。媒人多部分是姐夫或姐。接之时要裙子1笼、手镯1个，没有金银财礼。结婚之时，3天以后就回爹娘家，过年过节回来一下。不能立即当家，都要来往二三年才当家。

倮族只要同姓不（同）宗都开婚。

另外，妹妹嫁出去生了儿子，不看年龄大小，都等待舅舅家的姑娘来开亲，若不等待，说嫌穷爱富。姑表不开亲。

在倮族都是一夫一妻制，亦有唱歌谈恋爱成婚的。

农业方面：

主要依靠苞谷为主，少部分稻谷、红米、高粱、小米、四季豆、黄豆、芝麻、棉花、红薯，生产都是习惯施肥。

生产工具：犁头、耙子、手耙、锄头、手起、斧子、镰刀。

在倮族原来自已种棉花，织布自穿，妇女都是穿花裙子，自己拿蜡来点，后拿靛染，另用手工雕一些花草放在衣裳上。

在搞生产当中，男女都是分工，男子犁田地，女子包栽秧栽苞谷。

倮族没有小商，不会打铁，没有石匠，只有木匠，起的房屋都是楼房，大家互相帮助起。

另外，没有神台，没有祖宗牌位，只用一块木板来做祖宗牌位。

文山州西畴县"普标"民族识别调查报告初稿

1960年6月

文山州西畴县"普标"民族识别调查报告初稿

一、人口分布、名称、历史迁徙

"普标"居住西畴县铁厂公社董度管理区普丰[①]寨（又称新明寨）8户39人；者凹公社普弄寨1户，普岔2户，马同1户；居八布公社陇龙[②]寨7户，人口共120人。

他们多居于海拔在720公尺到1600公尺之半山区，相距较远，多与侬族、汉族杂居，并能普遍通侬、汉语言。

"普标"自称"格彪"，很早从西藏（不详何地）迁来。初来时，该地尚未有人烟，汉族是以后才迁来的。据传说，当时因受洪水灾难，"普标"共有7家，皆住普梅地方（西畴），后人口逐渐发展，好练刀剑，势渐强大，汉人惧之，遂设计召集"普标"人至长曹，由汉人李邦云为首，将"普"人安置楼上，睡成排。午夜时，将楼房放垮，使普族受重伤。普人害怕，遂大批（人口约占2/3）迁往越南普腊、普高、金充之地（现越南尚有14户）。1/3的人口迁往龙礼等地。另一种说法，是普族与汉族争地方而发生械斗，在打战（仗）时，汉人拿铁刀、缅刀，普族拿木刀，结果打败了，才逃到这些地方。

据传说，初来时，尚带着9个铜鼓、9支芦笙，下越南那批，即带走了6个铜鼓和6支芦笙。自迁到龙礼来后，由于生活所迫，就将所剩之铜鼓、芦笙被迫出卖。

迁到陇龙之"普标"，是于清雍正、乾隆年间，由首领侬影方、买丙进率领，前来垦荒耕作，迄今已10代，约250年。又于普丰寨龙氏家族的家谱中记载，先从文山府之董角寨迁往普梅，后又迁杨院那庄，垦田安居落业。又迁下龙路（铁厂公社），再迁龙牛（靠小竜路），最后迁于董度之普扭。与汉族、僮族、苗族、格老等族相杂而居。

二、社会经济

"普标"多居住半山区或高寒山区，土质较好，各地耕种农作物，多视自然条件来

① 普丰，本文又作"普峰"。——编者

② 陇龙，本文又作"竜拢""拢龙""竜龙"。——编者

决定，如竜拢寨（八布公社）则以水稻、苞谷为主，铁厂公社普丰寨（又称新明寨）以种植苞谷为主，荞次之。经济作物只种点绿豆、荞子之类，棉花仅种于海拔较低的竜拢寨（720公尺），很早前即会种植。

生产工具是很落后的，仅从汉族输入铁质农具、锄头、铲子、弯刀之类，条锄仅个别群众有。生产技术亦很低下，不习惯施肥，临栽种苞谷时，才放一些灰肥。一般犁2道，薅2道，1亩收200斤，最高产量只达400余斤。普丰寨由于没有水田，尚不会耕种。劳动组织：大体是男子耕种田地、薅铲，妇女多做轻便农活及照顾家务，小孩帮助大人进行生产。解放前尚没有自己的木匠、铁匠，也没有进行商业经营和副业生产。

在“普标”所居之各地，没有自己的土地所有权。据老人谈，他们的土地于6代前（150多年前）即被汉、侬等族地主霸去，至今无立锥之地。过去普丰寨8户人，一块土地没有，只有向汉族地主租种岩脚、草坡等地的瘦薄地，产量很低，人民生活异常贫困。据普丰、拢龙两寨调查，共15户中，仅有竜拢寨有1户是富农，其余14户全部是贫农，常年出外卖工度日，并向地主租地耕种，任地主残酷剥削，租子达50%。长工视劳动力强弱而定，年给工资10元到20元，供吃，年仅给破烂衣服1套。短工每天给10个铜仙，折合苞谷1斤半，人民每年终缺数月粮食，只好采集野菜、野果（淀粉类的植物，如山羊头、马蹄、苦辣头、水泡草、白花菜等）充饥。

解放后，党和人民政府在“普标”和其他民族地区大力领导生产，组织互助组，对贫困者给予救济，于1951年即实行减租退押，1952年元月开始土改，每人分得2亩水稻、700多斤的苞谷地。同年，政府在普丰寨拨出人民币6000元，帮助“普标”族修房盖屋，救济了全部生产资料和生活资料。共救济耕牛8头，发给条锄、铲子、铲刀等生产工具，发给铜罐、吊锅、铜盆和衣服、被窝、土布等日用生活所需。给予所盖房子8间（每户1间）、牛厩2间、桌子8张、神柜8张、凳子32条。政府的大力救济，使长期处于反动统治之下的“普标”族人民感激不尽。同年，他们即开凿水田110多亩，到1952年，每户达剩余粮600斤至1800斤。1955年8月，即开办初级农业生产合作社，1956年转为高级社，1958年10月即正式成立人民公社。几年来，“普标”族人民生产技术提高了，现苞谷地已多施肥，犁2道，薅3道，产量已增到500斤至800斤，水田每亩施7000斤的厩肥和人粪肥，亩产500斤到600斤。

三、语言

“普标”族人口少，居住分散，并与汉族和其他民族错综杂居，所以“普标”族人民很久以来就已使用汉语作为自己对外的交际语言了，这就很自然地使“普标”语受到汉语较大的影响。

“普标”语从其语音方面的特点来看，与南亚语系的某些语言相近似。辅音分单辅音和复辅音，并有闪音ɾ，元音有单元音和复合元音，而且长短对立，音节后除带有m、n、 ŋ、p、t、k韵尾外，尚有l、h等辅音收尾的音节。在语法方面，词序固定，语词缺乏形态变化，并借用了些汉语的虚词。句子成分的位置一般是主语—谓语—宾语，定语在中心词后面（数量词作定语时在前面，数目为“一”时只用量词表示）。疑问句用语气助词来表示，如在“我们正在薅苞谷”句中，“我们”是主语，“薅”是谓语，“苞谷”是宾语，“正在”是借用汉语词，在这里作壮语，表示动作正在进行。在“水塘”“你的锄头”的词和词组中，“塘”“锄头”的定语“水”和“你”都在它们的后面。各地的“普标”话内部都相当一致，没有什么太大的分歧。至于“普标”语的系属问题，还需要在与佤、崩龙、僮、侗语做过比较后，方能提出具体的意见。

四、风俗习惯、宗教信仰

（一）家庭、生活

“普标”族所居3寨，多数是数姓同居，共有李、王、张、侬、黄、白、包、贡等大姓。一般是一夫一妻制，子成婚后，即分家外迁居住。

解放前，由于生活十分贫寒，屋宅构造简单，仅用树干、茅草搭架而成。解放后，政府帮助盖成瓦房，汉族形式。妇女服饰上着青布短衣，无领，大面襟；足登半高布翘头鞋，扎青布裹腿。男子穿青布短褂，长裤。

舞蹈方面，凡过年节、有婚丧大事者，即举行舞蹈。舞者男女成圆形，每人手执手帕，跳前3步、退1步，并有栽秧、种苞谷动作，边跳边唱，并击铜鼓伴舞。但此种舞蹈解放前已失传。

（二）婚丧

婚姻主要为父母包办，媒人说亲。内部同姓不同宗者，亦不能通婚，姑表、姨表可通婚，可以转房，但只能弟娶寡嫂，而哥哥不能娶弟媳。过去很少与别族通婚，只有他族讨普族姑娘，而没有去讨别族姑娘。解放后已可以与他族通婚了。

本民族说亲，头次送20斤糯米饭、2斤肉给女方父母，舅父母每人3角5分钱，哥哥嫂嫂给1角2分。第二次去女方家烧茅草，送20斤糯米饭、1元2角钱、肉1块、红布1块。第三次烧大茅香，送1挑糯米饭、2块红布、2块4毛钱、2串红色玻璃珠、1对手镯、1双碗，同时讲礼钱，一般限定1斤银子。不对八字算命，只要说成分好，以后看日子。

结婚时要送20斤糯米饭、1块肉、1对碗、6串银子珠珠、1头牛、1只鸡，去8人接回，新娘自己走路，过水用人背。送亲亦来8人，女方经济好者，陪嫁1对柜子、铜盆1个、1头牛、1把锄头和刀子。3个月回门，婚后落夫家。

人死行土葬，先剃头、洗身、穿新衣，由儿媳取出垫单、被盖各1床，装于棺内。一般3天至5天即送殡。送殡前由“摩公”念经、超度亡魂。念时，是将亡魂念回到迁来的老家普梅地方，其路线是普丰—龙路—长槽—法里坪—马散—普梅。念完后即说：“水朝上，你朝上；水朝下，你朝下。”饭后即起棺送上山。送殡时，孝子拉白布或拉麻绳，跟于棺后，送上山。

凡人死到安埋，孝子不得睡高床、坐高凳、盘脚席地而坐，不能油荤、煮烂饭。停棺时头朝内、脚朝门，杀1猪、数只鸡，给抬者吃，孝子不吃。安埋后，用竹篾编成假人，穿上布衣为“灵寨”，供于家中，才正式做客。宰牛杀猪，由“道师”念经一夜，并由两对男女穿麻衣跳舞一夜。次日来客，亲友即散。

凡怀孕死、生育死、自缢死等于家中，即停于家内；若在外打死、跌死，则不能抬于家内，但同样超度亡魂，给予棺木。小孩于12岁以下，当天即埋到人迹不到之处，不让人看到即可。

（三）宗教、节日

“普标”族奉行祖先崇拜，最大节日是五月端午节祭祀祖先，还与苗族、格老、僮族同样认为端午为大节。

节日：除夕煮糯米饭，放3个簸箕，1个簸箕放2斤糯米饭，包粽子以祭祖。初二杀鸡打牙祭，以祭父母。十五日过大年，献糯米饭，杀4只鸡，其中一只必是白毛，戴2顶帽。手拿一把树枝到各户家，家中由“摩公”说一跟着念一，每户门前装1碗米、烧3炷香，待“摩公”出门后，将香火熄灭，把米集中到一个地方煮，一户去一人同吃。这天不出工，敬一天饭。

二月祭龙。凡3年中，头年杀2头猪、1只狗，次年杀1头黄牛、1头猪、4只鸡，第三年杀猪1头、羊1只、鸡4只。

三月三上坟，挂青，每个坟上挂白旗，用一点饭、肉刀头（即一块肉，每刀头1斤）放于簸上献给祖宗。

五月五过端午节，安5个簸箕，每簸箕置一肉刀头。每个刀头献给谁，都分开，如产妇死者给1个簸箕、凶死给1个、祖宗给1个……。簸箕置于室内神龛上供1天。

七月半，烧香，点烛，送老祖，供3个簸箕。

九月，秋收后，煮新米“尝新”，献1顿。

十月三十一，供上、下神龛。人死后不满3年不得在上面，只能供于床头，用2只鸡献。

五、小结

据民族自称、迁移及其语音系与南亚语系某些语言相近，语法借用汉语语词，经济、风俗习惯受侬、汉族影响较大，婚姻不与僮、彝各支系通婚。

1958年建州时，本民族不愿归于彝族和僮族，愿作单一民族处理。

小组意见，认为根据构成民族的4个特点，“普标”区别于其他族。虽他们长期与僮、彝杂居，但婚姻、风俗方面与他族未完全同。在语言上需进一步与崩、佤语和僮侗语做对比研究，再做最后确定。现初步提出两种归系意见：

第一，根据民族语言、历史迁徙等4项民族特征，本民族的意愿，同时有利于民族的前途发展，可以作为单一民族处理。

第二，"普标"历来长期与侬族、汉族杂居，在经济、政治和生活习俗方面都互有密切联系，能通僮语和汉语。考虑到有利于社会主义建设和社会主义民族的"自然融合"的倾向，是否并于僮族，较为妥当。

"普标"（克篾）历史介绍

"普标"200年前由西藏迁往田蓬、普梅。清时，由于民族歧视，互相残杀，无法立足，才迁居普峰、竜龙一带住。

主要种苞谷、旱谷、水稻，居半山区和坝区。竜龙"普标"已失去本民族语言，通用僮语，生活与僮似。

正月祭龙，二月祭土地会，七月过大年，以为可保护庄稼、人畜平安。逢节日，不下地做活，更不许到田里边。

西畴县委统战部

1960年6月17日

麻栗坡县“普标”族情况

“普标”族分布于二区龙礼[①]，三区新明村（普丰寨），四区之普岔、普弄、马同等地，共20户。据调查，竜礼及新明两地15户，有78人，住地分散，和侬、汉相连，处于杂居，与侬语通。此种民族，数十年也是极少的。

一、历史

据两地了解，是从蒙古（村寨不详？）迁来，因受洪水灾，有7子住本县四区普梅地方。又因汉族见普族人口逐渐发展，加之普族好练刀舞，很怕以后普族有势升官，因而召集普、汉到长曹，把普族召集，睡成排。到深夜时，汉族李邦云为首的组织计谋，把楼房放垮，使普族受了重伤，以后普族遂有2/3的人口迁往越南普腊、普高、金充四等地（对安南了解，现有14户），1/3的人口迁龙礼，现有9个铜鼓、9个芦笙，下越南有6个铜鼓、6个芦笙。此外来龙礼后，因生活所逼，古具已卖过生活。

据云，到竜拢[②]来是清雍正、乾隆年间，有侬影苏、头内进率领，现已有10代人。来时开荒耕作，普族人口少，没文化；早年受压迫，没家谱，因之对具体来路及来历、时间未能记，搞不清。

语言：205个词相比，与侬语同3个，近16个；与沙语同1个，近5个；与僮语近3个，同8个。

二、经济生活

据住地自然条件决定，如二区竜拢普族以稻谷为主，及苞谷；三区新明寨普族以苞谷为主，稻谷较少。经济作物：好种绿豆、棉花（竜拢寨已种很久）。

副业：饲养猪、鸡、鸭很少，亦没有经商。

---

① 龙礼，本文又作“竜礼”。——编者

② 据本文及前文所述，“竜拢”疑即为“龙礼”或“竜礼”。——编者

组织分工：女子同其他民族，习惯地不翻、田不耙，其他活是做，一般可照顾家务。工具很早有犁、耙，并多用板锄。

不习惯施肥，只用牛马肥。解放前竜拢村7户中，有6户出外卖工；新明村8户，全部欠口粮……解放后，政府无偿盖房，买牛马、家具、锅、碗、衣服，8户中现口粮已自足；竜拢村已有4户自足，李崇昆因劳力弱，现还欠口粮4个月。

早在6代前，土地被李高云（侬）、徐洪招（汉）有势霸去而被奴役。解放后，本民族内部两地15户调查，只有1户富农李廷贞，14户是贫农。

三、社会文化

没有文字。

没有老人厅，但凡有纠纷、分家、偷窃、受别族欺压等，由寨中几个老人、龚白、侬保贵为首来解决。现已没有这类似的老人。

婚姻：父母包办，媒人说亲。同姓不同宗通婚，姑表、姨表通婚。过去只有别族来讨普族姑娘，去讨别族则不肯嫁。现已结侬族姑娘，如王得什的三儿媳是结那仰村的姑娘。普族结侬族姑娘已4人。

本民族说亲，头次20斤糯米饭、6毫钱，女方父母接收。后2次去烧茅香，20斤糯米饭、1块2毛钱、肉1块、红布1块。第3次烧大茅香，1挑糯米饭、2块红布、2块4毛钱、2转红珠珠、1双手镯、1双碗，同时讲礼金钱，一般限定1斤银子。不对八字算命，只要说成分好，以后看日子。结婚时，要20斤糯米饭、1块肉、1对碗、6转银子珠珠、1只鸡、1头牛，去8个人接回。新娘各自行路，过水用人背。送亲来8人，经济好者，有1对柜子、铜盆1个、1头牛、锄头及刀子。3天回门，结婚后坐在夫家。

丧葬：人死后洗身、剃头（用“摸公”①开路），儿媳拿出盖的，穿新衣，垫、盖各一床被。

死后到安埋，亲儿子孩不得睡高床及凳子，打盘脚坐地上，不吃油荤、煮烂饭。停棺时，头向内、脚向大门，一般3天抬上山，用1口猪、1只至8只鸡，给抬的人吃，孝子不得吃一片。抬时不点火搭桥，安埋后，用竹篾为假人，穿上衣服作“灵寨”立在家中才正式做客。用牛，无牛用猪，请道师做一夜法，并用二男二女，穿麻衣跳舞做一夜法就散了。

节日：

正月大年，供三十晚。初一早，初二、三不做饭，十五号开工，用4只鸡，其中一只白毛，戴两顶帽，一把火、一把树枝，到这户那户家中，由“摩公”说一念一，每家门前装1碗米、烧3根香。在“摩公”出门后，将香火灭了，把米集中去一个地方煮，一户一人去同伙吃。在十五号忌出工，做一天饭。

① 摸公，本文又作“摩公”。——编者

二月祭龙。3年中头一年，2口猪、1只狗，（第）二年1口猪、1头黄牛、4只鸡，第三年羊1只、猪1口、鸡4只。

五月十五，过端午节，献只鸡、2斤肉、糯米饭12斤，献香分上下，上的献普，下的献与死的。

七月份，鸡2只。

十月三十一日，供上下神灵。人死后不满3年，不得在上面，只把他供在床头，用对鸡。

服装：女子头上包花头巾，戴银饰，前面两排。不穿长裙，裙脚绣花，脚上穿长筒花鞋，如侬族一样。

文山自治州马关县“卓拉[1]”民族识别调查报告

云南省民族识别组文山调查小组

1960年6月20日

文山自治州马关县“卓拉”民族识别调查报告

文山州马关县健康农场林场管理区新保寨生产小组佐拉族调查情况如下：

一、基本情况

该村（新保寨）居住着汉、仆、佐拉3个民族。仆族，当地其他族有称仆拉族，共7户，人口35人。佐拉族也是7户，人口32人。居住地区处高寒半山区，海拔1600公尺左右，宜栽种苞谷、荞子、高粱、小米、黄豆、小豆等类，其次也有小部分干田（旱田）。土地宽广，人口稀，荒山较多，未开垦出来。

二、民族名称（自称、他称）、历史迁徙情况

1. 佐拉族自称阿扎。仆族自称“佐拉”。该村的仆族，他族称“仆拉”。

2. 佐拉族的历史迁徙：据该村的副队长佐拉族赵家和（男，50岁，贫农）老人谈，在此地居住已有41年了，他10岁时被父母亲从马关县大栗树公社八围树管理区领来。该村共7户，所迁来的区域都是从本县（马关县）的大栗树公社的八围树和岩脚两个村以及八寨公社的干白村3个地方迁来的，现在家族及亲戚都在那里住，据说当地居住的户数还不少。

三、婚姻、丧葬

1. 佐拉族的婚姻是一夫一妻制。解放前多半是父母包办，青年男女无选择的权利。一般是男方先请两个人做媒去女方家，找女的父母亲问一问同意不同意给。到第二次去带1对鸡，酒2至3斤。到第三次再去传槟榔请客，到讨时，传槟榔时请过哪些亲戚朋友也

① 卓拉，本文又作“佐拉”。——编者

照请那些人，讨的日子只是村里哪个知道哪天日子好就讨。礼金钱多到30元，少到15至5元。讨时还需送大米半升至1升，盐巴3至4两。另男边还需送给女边的母亲奶母钱1至2元。接亲时先去两个媒人和两个姑娘，姑爷和其他人都不去，路近当天去当天回，如果路远，头天去二天回。送亲的人最多来到两桌席，最少一桌席。来的人哥哥、嫂嫂、姐、妹，女边的小伴都来。女的一来得（待）3天就回娘家回门，看路远还是近，远头天去二天回来，近当天去当天回。新娘、新郎同去同回。女的讨来之后，只是过年过节，只是女边的哥、弟来接才回去，几天就回男家来，一来就管家常。

2. 丧葬方面的情况：老的死，用棺木装。儿女一户一户地下礼，请人帮忙。家常好点的人家，杀猪给帮忙的人吃。姑娘嫁出去的拉猪、羊来上祭。家常贫寒的只杀对把鸡，请帮忙的人吃一顿就算了。年轻的死，只用棺木装，不用杀猪请客。小的死，不用棺木装，只用草席包起抬去埋。佐拉族不管老的、年轻的、小的都是土葬。

四、风俗习惯及节日方面的情况

1. 正月一日同样过老年。二月二日祭田公地母，杀一对鸡，拿去田边献。二月八日，同当地的汉族过二月八，只用几碗肉饭放在神龛上献。三月属龙日祭白龙，杀猪杀鸡在山坡上献吃，看鸡卦好3至4天搞生产，鸡卦不好5天至6天才去搞生产。三月清明节上坟，杀对把鸡，担饭、担鸡、担肉去坟门献。五月初五日过端午节。六月二十四日过火把节，同汉族。七月半送祖不接祖，只做点菜和饭献一献，不烧香纸。八月十五日同样过中秋节。九月十五日献光阴（观音）老母，做一甑饭，在门前烧香磕头献。十月十五日过牛王会，那天不用牛，做成汤粑拿去喂牛。

2. 佐拉族没有师娘、摩公，小孩生病，父母亲还是查叫魂。

五、佐拉族的语言情况

佐拉族的语言，共记录76个词，在当地同仆族的语言对照之后，同音同义的有8个，其余的只是音高和低，发音的前和后，同喉音只是带有清化和不带清化，带边擦和塞擦音的差异一点点不同。当地佐拉族和仆族共同都说仆族话，佐拉族青年一般都有点说不成佐拉族话，老的还没有忘；年老点的人还是说佐拉族的话。据佐拉族的语言也属于彝族中的一个支系。

六、社会历史及经济生活方面

佐拉族居住在高寒山区，适合于种植苞谷、荞子、黄豆、四季豆、小豆、高粱、小米类作物。居住情况多半同仆族，同村同寨居住。穿的衣服同仆族，都喜于大裤脚、包头，同彝族差异不大，对于生活习惯和风俗习惯大同小异和彝族一样。

七、小结

1. 据调查了解，佐拉族的历史迁徙的原地（大栗树），现统计的人口数字已统计为彝族。

2. 风俗习惯和彝族大同小异。

3. 语言同彝族的音位和发音部位差别不大。

提出初步意见，新保寨这7户32人可以归为彝族。

马关县卓拉材料

卓拉，全县32户150人，分布三区戛白、新保寨、岩脚等3寨。原住砍山维摩、卡莫、卡作，于清"红白旗"斗争时迁来戛白。清末年，部分迁到河口县之小坝子、乌栗冲住，后又从戛白迁新保寨、岩脚。迁来马关200年之久。没文字，用汉文。

名称起源：

老人反映："我们是仆族，不是卓拉。又为啥喊卓拉呢？因吃饭喊'卓拉'，村人即叫'卓拉'。为啥叫'彝族'？因自称'彝族'。本民族自称'阿扎'，又名'费拉叭'。"

仆族有4种：白仆、黑仆、牛尾巴仆、茂仆。白仆是我们穿衣服后边成圆形，像筲箕，又称"筲箕仆"。与黑仆不同之点是：黑仆自称"土拉叭"，吃饭不叫"阿季扎"。

白仆（卓拉）之语言，与砚山维摩、长卓、长兴地方彝族互通。多从邱北彝族地区迁来。

白仆与黑仆在风俗习惯亦不相同：

（1）生活习惯上：黑仆穿的衣服，不管是麻布和土（布）均不染为白色，衣袖不镶滚。这是"阿扎"与"阿罗"不同之点。

（2）迷信观念："阿扎"与"阿罗"在每年农历六月二十四日那天过火把节，"阿扎"与"阿罗"不同者是，献饭时，"阿扎"的饭用糯米染成红色、花色，"阿罗"不染色。

（3）丧葬："阿罗"老人死，在安埋抬的头一天，就吹喇叭。老人死，黑仆戴孝，腰系白带，但黑、白仆不同的地方是，"阿扎"老人死后几天才戴孝，腰系麻绳，戴孝期间不吹喇叭。

"阿扎"除以上风俗习惯与"阿罗"不同外，其余与"阿罗"同。

1957年，马关

"傲"族民族识别调查报告

一、人口的分布、名称、历史

1. 傲族分布于富宁县板仑公社竜歪管理区竜歪村。全村有38户，其中傲族10户、黑衣7户、沙族1户、天保5户、秧武7户、土族8户，人口共198人。1958年建州后，他们都归入僮族。

2. 历史、迁徙：据余正兴老爹说，他11岁时，随父母由广西省的木边县迁来，自称"艮雄"。秧武族林友干说，秧武族很早就住在竜歪村，已不知有多少年了，自称"秧武"。

二、语言

傲族使用侬语，与当地的土语、沙语、黑衣语基本相同，只是在一些韵母和声调上有区别，不过它们间的对应规律是齐整显明的。

三、社会经济

傲族喜欢居住天气炎热的河坝地区。农作物以水稻、苞谷为主，经济作物以甘蔗、棉花为主，油料作物有桐油、油茶。

四、生活习惯、宗教信仰

1. 婚姻：父母包办婚姻，订婚时，男方请媒人向女方求婚，同意后则拆看八字。彩礼一般是30—50块银圆，肉100多斤。接亲和送亲的人都是男女青年。婚礼举行3天，3天后，新娘随送亲的人回娘家，便不再返回夫家了，每年只是在农忙或节日时回夫家居住几天。这样过两三年后，才居住夫家。傲族与本族或僮族支系的天保、土、黑衣、秧武等通婚，不与其他民族通婚。

2. 丧葬：老人死后，即入殓棺内，并杀猪招待亲友。嫁出的姑娘应牵羊及粑粑上祭。小孩死后即安埋。

3. 乐器：过去有铜鼓及跳叉的乐器。

4. 宗教节日：

正月初二至十二，过大年。过年时停工，不搞生产。

三月初三清明节时，上坟祭祖。

六月二十四日，祭田公地母，祈求风调雨顺，粮食丰收。

七月半送祖，祭奠时并焚烧纸衣。

八月十五日过中秋节，圆饼在祭献月亮后才能吃。

八月吃新米。

五、小结

傲族于1958年建州时归为僮族，从其语言和风俗习惯等方面来看，我们认为党委的处理是正确的，同意党委对傲族的归系的意见。

1960年6月4日

文山自治州广南县“秧”民族识别调查报告

一、人口分布、名称、历史

秧族分布于广南县塘上[1]农场普竜管理区秧连村[2]，共48户，人口234人：男114人，女120人；党员1人，团员4人。

秧族自称为“布哈”，别名叫“仆秧”。

该村解放前识字的人只有8个，解放后由1953年该村成立学校直到现在，入学儿童共30人，男22人、女8人；上农业中学2人。看此，该村文化是发展的。秧族自己没有文字，都是学习汉文。

此外出去的人员共10人，参军1人、当工人9人。

另外，当晚开老年会座谈历史情况共5人：农文显，54岁；农方谷，63岁；农凹卖，62岁；农治国，55岁；何兴志，53岁。

根据这几个老人谈秧族历史，原住广西柳州、弄墨、弄秧等地方，那时宋朝时代，侬智高起反宋朝，但是反不过宋朝，被宋朝撵跑离丌那些地方，在那个年间不了解年代了。在那个时候，秧族人民跟侬智高共7批人，在侬智高逃跑之时，有6批人前走，剩下1批人在后，由广西出来先到坡歇安居落户，后由坡歇迁移秧连村。到现在为止，不了解有多少年代。

据说那6批人已经跑到外国，跑到的地区是大老抓，现在是老挝；有一部分逃到小老抓，现在是越南。在旧政府统治时候，六批的人由大老抓来信，但是信到底圩汪团首看见着他烧掉。现在所住秧连村的人民就是七批。该村大姓侬、陆、何3姓比较多。

二、语言

在秧族有自己的语言，在村中说自己本民族的语言，出外就说沙族、侬族的语言，其

① 塘上，本文又作“堂上”。——编者
② 秧连村，本文又作“秧联村”。——编者

中有少部分语言同沙、侬族的语言。

广南县堂上农场普竜管理区秧联村秧族语言调查总结：

据初步调查，秧族语言应属于汉藏语系僮侗语族，究竟属哪个语支，尚不好确定。

仅以450多个基本词汇中，词汇与僮侗语族诸语支差异较大，但从音韵结构等方面来看，还具备了僮侗语族的一般特征。有元音韵尾i、n等，鼻辅音n、m、ŋ以及塞辅音韵尾的p、t、k，并且有前喉塞音ŋ。辅音及元音也是较为丰富：塞音、塞擦音、鼻音、边音、擦音、清浊、送气不送气等，元音——开、半开、半闭、闭以及单元音和复合元音皆有。词汇中，与傣仂（西双版纳）比较相同和半同的有31个，占词汇中的8.3%。语法现象也基本一致。

由于秧族人口较少，与邻近的汉、沙、侬等族人民经常往来，关系密切，因此，大多数秧族人民能掌握了汉、沙、侬等族语言，作为交际和交流思想的工具。在本民族之间仍是讲民族语。

据沙、侬两族人来说："秧族的话，我们听不来，只有个把字相同或相近。"

三、社会经济

秧族居住地区都是河坝有田有水的地方，农作物以水稻、苞谷为主，附带种红米很少一部分，红薯都是在解（放）以来才种。主要种棉自给自用。爱打鱼、捕猎。副业主要养猪、鸡、鸭、牛、马等项。

另外，秧族所住房屋皆楼房，上面人住，下面关牛、马、猪、鸡等。这个民族原来有木匠、泥水匠等技术人，起房盖屋大家帮助，没有人专业。主要依靠农业维持生活。在生产上男女分工，男的犁、耙、挖，女的栽、薅、织布、纺纱。另外，不分媳妇、姑娘，头上都是挽头发鬏鬏。本民族没有专业商人，多以副业出卖换取日用的需要。

这个民族原来男子都是留长头发，女子穿裙子，衣裳大袖子。在民国时才解（改）装，现在服装、生活与沙族一样。

四、生活习惯、宗教信仰

（一）婚姻

主要与沙族、侬族通婚，不与其他民族通婚。青年婚姻由父母包办代替，先请媒人问女方父母同意，后开八字。礼聘、登门之日，男方去礼金银50元、猪肉50斤、酒30至40斤。在新娘的父母自备嫁妆给姑娘。男方接之日办喜酒3日。在接新娘的时候，去媒人2个，媒婆1人，共3人。送亲1男1女。过了3天喜酒之后，新娘即回爹娘家，过了三年两载才正式当家落户。在婚姻当中，一般青年爱唱歌，但没有本民族的山歌，都是唱沙族的山歌。

主要同姓不同宗也能开婚，另外表兄表妹可以开亲。原来已有部分自谈恋爱为婚。

秧族原来都是一夫一妻制，只有个别无儿无女才一夫二妻。

（二）丧葬

老人死的时候，男女不戴白帕，日常戴的头帕摘下，这样表示戴孝。老人死，只停灵3至5天即发送，亦不择日埋，亦不请“么工”开路。另外，男女脱了帕子下来，另拿两根谷草拴在头发上作为戴孝，但在老人死之时杀1头猪给老人用，“么工”念点咒语交给亡人，但那条猪的肚杂下水外人不能得吃，只有族内（人）才得吃。另外，不请“么工”开亡魂路，只要他的儿子点一把火把，出大门3次，回来白口说“觅不着么工了，日子好不好都抬出门啰”，这样大家帮助就抬去埋了。

老人归仙没有棺材装，儿女不得吃饭，哪时间有棺材装后儿女才得吃饭。另外，母亲死儿女不吃饭5天，父母死忌饭不吃3天。另忌高床不得睡，木板凳不得坐，忌螺蛳3年不吃。

（三）节日

正月十五接老祖宗，不杀鸡鸭，只打鱼来献，或鸡蛋，忌4天不搞生产。

二月上坟，不定哪日，用鸡1个献。不挂清，不烧香。

三月头属马日子，献山神土地，原因是怕着瘟就献，共要5个鸡，4个母鸡、1个公鸡，不用酒献，以求免遭瘟疫。用一种查皮来舂，用清水来泡作为酒了。

还有老人厅，在属猴的日子，就献土地，主要依靠土地保护庄稼好，六畜兴旺。另在属鸡的日子亦祭龙，全村斗钱买1头小猪，要不满双月的小猪杀祭之，大猪不要，满双月以上的猪不要。

四月，属兔献杨六、七郎。主要杀牛献，要献生肉，不烧香，不用酒。这个节日原来秧族没有，因受沙、侬、雅影响。

五月，属鼠献杨六郎，献在家中晒台上。主要依靠天下雨，保护庄稼好。

没有端午节。

六月，过老年，属虎那天就过。杀猪、鸡、鸭等，接老祖宗，拿芭蕉叶来居神桌，挂神龛，芭蕉叶作为红底。这个民族不用红纸贴神龛，若有个别的户，都是别的民族影响。

七月、八月、九月、十月、冬月没有节日。

腊月过老年，都是别的民族影响。

五、识别小结

从秧族自称为“仆哈”，别民族叫“布秧”，从历史、风俗习惯、宗教信仰来看，是属于侬、沙一样。他们结婚都是与沙族、侬族结婚，不能与其他民族结婚，经济生活是与沙、侬亦有密切联系。支书陈有长说，在1957年经有地委4个同志到达他们村调查过。在1958年成立僮苗自治州，归为僮族，他们很同意。现在到达他们村，问“你们是什么民族”，他们都说“我们是僮族”，他们很满意。

小组意见认为，根据民族特征、本民族的意愿和党委已正式宣布为僮族，可归于僮族。

文山自治州富宁县“洋”民族识别调查报告

一、人口分布、名称、历史

“洋”分布于富宁县谷拉公社马贯管理区的马贯寨、峩村寨，竜万管理区的郎架寨，人口共1039人。多居住于海拔700公尺至800公尺之半山、石山之间，周围与僮族支的侬、土、黑衣相杂而居，属亚热带气候。

自称“秧”，土族称他们为“焕秧”或“干秧”。

历代皆世居此地，从何处迁来，已无从所知。

二、语言

“洋”语是汉藏语系僮侗语族的一种近亲语言。虽然“洋”语的词汇跟僮傣语的词汇有着显著的区别，但就其语音和语法的结构特点来看，“洋”语初具有大部分的僮侗语族的语言特点。比如在音韵结构上，“洋”话的元音也分长短。m、n、ŋ、p、t、k除作辅音外，也还作韵尾；声调有8个，6个舒声调、2个促声调。在语法方面，语词一般是缺之形态变化，句子成分的位置固定，基本语序是主语—谓语—宾语。定语成分除数量词外，大都在中心词后面。部分副词状语，也是位于中心词之后的。疑问句式用疑问助词表示，如“我吃饭”句中，“我”是主语，“吃”是谓语，“饭”是宾语。在“马尾巴”和“很好”词组中，定语成分和状语成分都是在中心词的后面的。

“洋”语内部分歧较大（主要表现在词汇和语音的差异上），因此各地的“洋”族不能互相通话。他们除使用本语外，尚能持用僮语跟外人交际。

三、社会经济

“洋”主要以农作物为主，种植水稻、苞谷之类，早已使用铁质农具，手工业尚未从农业分离开来。

“洋”族没有自己的山林、土地。受地主高利贷、租佃、雇工等残酷剥削，高利贷达100%，租额以食物作平半分。农民给地主当长短工、雇工的另一形式是包工，借以刺激农民生产，得到更多利润。农民常年过着贫苦的生活。解放以后，实行了土改，“洋”族人民开始有了自己的土地，走上了互助合作化的道路。农业在1958年增产的基础上，1959年更得到大丰收。

四、风俗习惯、宗教信仰

（一）家庭生活

“洋”族是一夫一妻制的小家庭。所居之屋为竹楼或土楼，上住人，下关牲畜。屋外有凉台，屋内用竹板或木板分成两格，以作卧室。中堂供有神龛，堂侧置有火塘。妇女着青布短衫，无领，大面襟；裤脚肥大。男子着青布对襟衣。

从前过节日时，青年男女围成圆形而舞，并击木鼓、鸣锣、吹笛、拉二胡以伴奏，同时扎成鸡毛球，男女互抛，以示爱慕。

（二）婚丧

在婚姻中，“同姓不婚”，姑舅表不婚，弟娶寡嫂，但兄不能娶弟媳。婚姻由父母包办，媒人说亲，婚礼视家庭贫富而定，一般是送定钱20元半开、猪肉10斤至60斤、酒60多斤。结婚时，男方出100元半开，肉、米、酒各120斤；女方送男家牛1条、锅1口、衣被、垫单之类。新娘出嫁之日，送礼者一般为6人（父母及亲戚）。解放前与土族有通婚关系，不与其他族通婚。

人死，停棺3天至9天，请“魔公”超度亡魂。起棺时，则将门外所拴之水牛或黄牛杀死，以表示牛给了死者。选择坟地时，由“魔公”先看好风水，择吉日安埋。棺木停于中间，孝子卧于棺之侧，席地而坐，不能用桌凳，吃饭不用碗筷。埋后，坟上插小白王香。

若是凶死，即原地安埋，或抬于寨边，施以棺木，请“魔公”超度亡魂，不杀牛。小孩死，亦请“魔公”超度，否则小孩找不到路去，使家中不干净。

（三）宗教信仰

崇拜祖先，中堂有神龛，逢年节以供奉祖先。最大的年节为春节和七月十日。

节日：正月过大年。初二日，请“魔公”念经，用木削成木刀，做纸旗，供于寨边神庙。十五日献老祖。三月三清明节扫墓。五月初五，过端阳节。六月初六，蒸糯米饭、烧香供老祖。七月十四日过大节，蒸糯米饭献祖宗。十月初十献祖宗。十一月冬至，烧香祭祖。十二月过大年。

五、小结

据民族自称，“秧”语言系属汉藏语系僮侗语族的一种近亲语言，虽语言跟僮侗语相差大，但其语言和语法结构，大部具有僮侗语的特点。经济上与土族、黑衣有密切来往。婚丧、宗教、节日基本与土族同，并于解放前即与僮族各支通婚。

该族1958年建州时，党委已归于僮族，本民族亦愿归僮族。

小组认为，根据以上特征、本民族的意愿，可以归于僮族。

文山自治州“仡佬”民族识别调查报告

一、人口分布、名称、历史

“仡佬”人口共××人，分布于马关县仁和公社，西畴县西沙、铁厂、杨万3个公社，富宁县木央公社。大都居于海拔980公尺到1640公尺之间的半山区，气候较凉，与僮族各支、汉族、苗族相杂而居。

解放前，自称“仡佬”，内部视其语言、服饰而分为“青仡佬”“花仡佬”“红仡佬”“白仡佬”4种，他族则称之为“格老”“国老”“角[①]老”等。《马关县志》谓“革老是由土族中革出而取名，其风俗习惯，与土族多无差异”。

“仡佬”，据老人谈：从贵州省安顺、新城、遵义等地迁来，先后居于西畴县之董干、东里一带地方，后始迁往各地。

二、语言

“仡佬”语在音韵结构上与藏缅语族的语言比较接近。在语法规律上，大抵与僮侗语族的语言相类似。因此，对“仡佬”语言做过比较后，才能提出。

“仡佬”语在语音上辅音较丰富，各类音都清浊相当，塞音及塞擦音中有一套送气音，元音简洁，基本上以单元音为主，并有n、ŋ鼻音韵尾。在语法方面，缺乏词的形态变化，具有僮侗语族语言的基本特征。句子成分的位置是主语—谓语—宾语。定语在中心词的后面（数量词定词在前面），状语在中心词的前面。如：“我喜欢劳动”“红仡佬话”“我的锄头”。

云南“仡佬”语内部有红仡佬、白仡佬两种话，这两种话间的语法现象基本一致，词汇差异较悬殊，语音间没有明显的对应规律，彼此间不能通话。“仡佬”语一般用于家庭日常生活上，对外社交、往来或集体会议上均使用汉语，与僮族杂居的仡佬人也兼晓僮语。

① 角，云南话发音为 guó。——编者

三、社会经济

农作物以种植玉米、红米为主，生产工具已使用铁质农具，手工业尚未从农业分离开来。能制粗略木器，铸造犁铧、刀、锄之类。没有商人，仅有少数农民于集市中煮酒、杀猪或做米粑出卖。妇女能自织麻布，一般不出卖。

本民族内部已出现阶级分化。据杨万公社半坡寨调查，共15户仡佬中，有2户中农、13户贫农。居月亮湾16户中，全部耕种地主土地。俗言“仡佬无地方，老鸦无桩桩”，农民开垦出土地后逐年加租，若拿不出，地主即强行“抽佃”“转当”，地主对农民高利贷雇工剥削很重。生产技术很低。解放后，农民分得土地，耕作技术得到提高，每亩施肥4000斤到6000斤厩肥和人粪肥，产量从解放前每人平均不到300斤口粮而跃入800斤。

四、生活习俗、宗教节日

（一）家庭生活

“仡佬”实行一夫一妻制。在风俗禁忌上，凡媳妇及嫁出去的姑娘，不得上楼，若上楼是认为不吉利的事。白仡佬于屋侧中开一道小门，凡老人死和孕妇满月之前，应由小门通过，他们认为“小门为大，大门为小”。还有筑土墙时，不能筑高，以避免老人归世后，从墙上进不来（但花、青、红仡佬无此禁忌）。

住宅，一般富裕之家筑土墙，有木楼，穷者用竹编为墙，用泥巴涂之。屋状各仡佬略有差别。花仡佬屋为长形，有数个火塘，红、白、青仡佬为“一间三格”，白仡佬右屋处多开一道小门。

着装上，白仡佬妇女是无领大面襟短衫，衣角绣花边，头戴青布大包头。花仡佬妇女大面襟，边镶银泡，穿青布长褶裙，戴青布包头。一般男子多穿对襟衣，裤脚肥大，与汉族服装同。

（二）婚丧

婚姻由父母做主，青年男女从小即“定亲”。弟娶寡嫂，但兄不能娶弟媳。同姓不婚。属各种仡佬内部可以通婚，不能与其他民族通婚。

婚礼视家庭经济情况而定，一般给奶母钱1.2元，给岳父母各人1件布，礼钱12元到30元不等，酒、肉各10斤到30斤，而女方陪嫁以服装、嫁奁之类。

老人死，3天即安埋，50岁以上者满7个月“烧齐”，制一木人，杀猪或鸡以祭之。“烧齐”时，红、白仡佬均杀牛。凶死者仅施以棺木，就地埋葬。孕妇死者，不能从正门，只能从后门或挖后墙抬出。不能靠近祖宗。

（三）宗教、节日

盛行祖先崇拜，诸事皆祈求于鬼神，请“魔公”（亦称“端公”“白马”）祭祀。解放前，曾有专职“端公”，俗称“阳传祖师”和“阴传祖师”。若要投拜“阴传祖师”时，必须到深山之山洞内，不能闻鸡犬之声，学习诵经和烧灵化纸3个月。无文字，全凭心记。对“阳传祖师”是父能诵经，自小即会，又投师传授，皆比一般学者为聪慧也。解放后，“魔公”逐渐死亡，现白仡佬中，尚留有两个祖师。

过去仡佬族人民受到反动政府和外族地主的残酷剥削，人民生活贫困，人有病，只好祈求“祖先”，请“魔公”叫魂（花仡佬有）。另一种“献菩萨”，到属虎日，杀猪祭献，并举行一定仪式（白仡佬有）。逢3年祭一次财神。祭时杀1头小母猪、1只公鸡，于腊月除夕供，希望祖先保佑庄稼好，人畜平安。在祭祀中，不开口，只能用心祷告。居于马关县之仡佬，还保存着每年祭“屋神”一次。祭时，要献家中中柱，杀5只鸡，或5块刀头（即5块猪肉），先献房后，再献中柱。亲戚来时，必送1筒米或1筒苞谷，不许讲话，由“魔公”念经（与侬族同），同样供奉“八仙祖师”（与仆族同）。仡佬族每户的中堂或侧房，皆置有“神龛”，“神龛”置有竹筒制成或土罐当成香炉，“神龛”下摆一张小四方桌，凡逢年节，均烧香点灯。

节日：凡腊月三十到大年初三，杀猪过大年，烧香点灯，供奉祖先。居于马关之仡佬，尚保留一些原始遗俗。在杀猪前，必杀一头刚满双月小猪，然后再杀肥猪。杀时留猪脊梁上一丛鬃毛，将猪水花油铺于猪脊上，以表示献祖宗之隆重。正月初四献“四官老爷”（管牛、猪、鸡、人）。三月三祭山神，杀1对鸡，到山上祭一祭“山林”，防止野兽残害庄稼。五月五过端阳，七月半烧包献祖宗，九月九献“观音老母”。

五、小结

自称“仡佬”，从贵州省安顺、遵义等地迁来，音韵结构上，与藏缅语族的语言比较接近，与僮侗语法相类似。生活习俗方面与侬族相近，但不祭祀杨六郎。婚姻不与其他族通婚。1958年建州时，本民族不愿归于僮族，愿作“单一民族”处理。我组认为，按其民族特征和本民族意愿，仡佬属贵州省之仡佬族，流散于滇南各县之地，可归于贵州之仡佬族，但其语言，还需做进一步对比研究。

仡佬族民族识别调查报告

（1960年5月）

一、人口分布、名称、历史

“仡佬”人口共××户××人，分布于文山僮族苗族自治州各县，与汉族、苗族相杂而居。分布于马关县仁和公社阿峨乡的宿布[①]新寨5户24人，于西畴县西沙公社××户630人，铁厂公社普度管理区、杨万公社杨万管理区共××户××人，富宁县木秧公社木杠管理区8户39人。大都居于海拔980公尺到1640公尺之间的半山区。

格老族，又称仡佬，一般老人谈，从前都称为“国老”，后来由于常年迁徙，逐渐服装和语言亦各有不同，因而分为“青格老”“白格老”“花格老”“红格老”之别。各种格老大都相杂而居，但青格老仅居于董度管理区石桥4户26人、马波公社小寨数户；红格老居于杨万管理区方坡2户××人，木杠管理区3户7人，董度新寨3户；花格老居于杨万管理区方坡12户，董度管理区月亮湾、冲冲寨、冲样等寨，马波公社数户；白格老多居于董度管理区的月亮湾、冲坝、马吉、普龙、石门坎、龙平、龙华等寨。

起初，他们自称为“国老”，他族称为“革老”“格老”“角老”，但迁到这个地方来后，才喊为“格老”。据马关县宿布新寨杨朝纪老人谈：格老是由于妇女挽发时分左右两个，后用帕子包，呈现两只角形，因之汉族称为“角老”。其他民族又称“革老”，而本民族原来自称则为“仡佬”。解放后，始自称为“国老”。《马关县志》谓“革老是由土族中革出而取名，其风俗习惯，与土族多无差异”。

二、历史迁徙

格老族，究竟从何处迁来，多已不知，只知从“家乡”迁来。据方坡花格老罗（杨万管理区主任，州人代表）谈：过去迁徙地方很多，先后共搬了十几个地方，才居于现在的方坡。花格老的迁徙路线是：马鹿塘—方南（贵州地）—那苦—包达—平广—新城—安顺—格勒—红岩—沙扎—鸡场—罗脚—罗底—双山—纸来—桂花—方坡。上述地名，大都于贵州境内。

而白格老只知从“家乡”地方迁来，但已不知“家乡”为何地。少数老人谈是从贵州省□□[②]等地迁来。据白格老谈，他们知家乡地方居有1人，甚苛，生活不好过。听说这个地方好，结个瓜猪要吃一夜，还可钻入瓜内；种的作物长出来，穗是谷子，杆是苞谷，根

① 宿布，本文又作“布宿”。——编者
② 此处地名因所写纸张受潮字迹已看不清。——编者

是山药。好苦吃苦穿，于是相约逃到此地找吃。

居于马关县宿布新寨的格老，据杨朝纪老人说：最初由贵州遵义府迁到麻栗坡的董干（现为西畴县董干公社），由董干又迁于西畴的东里三甲半[①]，然后才是到马关县的宿布新寨。初迁来时，共10户。后遭遇反封建斗争，抵抗不过，大部又迁往文山县平坝区（不知于何处），后只剩下杨家1户，至今又发展为5户（迁往戛基寨1户）。

他们迁到宿布新寨时，是由于他们精吹喇叭，被新寨周地主家所喜而叫来，迄今已居5代，约100年之久。

关于格老人，都流传着“洪水”故事，大意为洪水暴涨后，人烟被淹没，只剩两兄妹，躲在葫芦里，在大海中漂浮。待水落后，葫芦落于沙滩，兄妹破葫芦而出，见人烟全无，兄妹两人欲成亲，以传后世，但还要天之作合。妹妹说“我拿针，你拿线，若穿着即可成亲”，后线果然穿着。妹妹又说“我俩各抱一盘磨，各从一个山顶滚下，若合即可成亲”后磨果然合，两兄妹即成亲。可是生出一个肉团……将肉酱抛于李树下，即变成李姓；抛于桃树下，变为陶姓；抛于园子，即变为袁姓……

三、语言、文化

仡佬语在音韵结构上与藏缅语族的语言比较接近。在语法规律上，大抵与僮侗语族的语言相类似。因此，对仡佬语言的系属意见，需要在跟这些语族的语言及贵州的仡佬语言做过比较后方能提出。

仡佬语在语音上辅音较丰富，各类音都清浊相当，塞音及塞擦音中有一套送气音；元音简洁，基本上以单元音为主，并有n、ŋ鼻音韵尾。在语法方面缺乏词的形态变化，具有僮侗语族语言的基本特征。句子成分的位置是主语—谓语—宾语，定语在中心词的后面（数量词定语在前面），状语在中心词的前面。如：“我喜欢劳动”“红仡佬话”“我的锄头”“不吃”。

云南仡佬语内部有红仡佬和白仡佬两种话，这两种话间的语法现象基本一致，词汇差异较悬殊，语音间没有明显的对应规律，彼此间不能通话。仡佬语一般是用于家庭日常生活上，和外人社交往来或集体会议上均使用汉语，与僮族杂居的仡佬人也兼晓僮语。

四、社会经济

格佬族，一般居于中越边界的半山腰，多与汉、苗族相杂而居。解放前，主要种植苞谷、红米两种，生产工具，已会使用铁质农具、犁架、犁耙之类，会使用耕牛。手工业尚未从农业分离开来，只有在农暇时进行生产活动。白格老只会制水桶，红格老能盖屋架

① 三甲半，本文又作“三家半”。——编者

梁。铁器，花格老能铸犁铧，能打刀和刮锄两种。尚没有以商业为生职业，仅有少数农民于赶集中煮酒、杀猪和制糯米或苞谷粑粑卖。杨万的格老族，每月则上给反对政府的烟酒税5元半开。妇女能自己搓麻，自织成白麻布，会缝衣，很少染色，也很少出卖。

在格老所居地区，一般土地所有权皆属汉族地主，少数属僮族地主。本民族内部已出现阶级分化。据杨万管理区半坡寨15户格老中，有中农2户、贫农13户；居住于月亮湾16户，全部是格老族，全部佃农，种旱地，自己全没有一块土地。俗言“仡佬无地方，老鸦无桩桩”，向地主领一块地，开垦出来后，头年即给地主上100斤、二年上200斤、三年上300斤。若拿不出300斤，地主即前来强行“抽佃”或“转当”。高利贷很重，若借10元法银，年利出100斤苞谷。其次是雇工剥削，雇工来源，多半是家庭贫困或欠债抵债，一般在欠10元法币时，即帮1年长工，仅供吃和穿破衣；另一种是给地主包挖地，若该地栽10斤苞谷，需3个工，农民即包来栽种。解放前，土地受地主剥削，农民生产技术很低，土地不施肥，栽白籽，仅于南瓜籽放一点肥。地犁四五寸深，只犁一道耙两道即栽。水稻仅有少数人种。解放后，农民分得土地，由于生产关系的改变，生产力大大地提高了。栽种时，采取深耕密植，按时栽插，犁二道，耙二道，薅二道。1955年，平均每亩施500斤厩肥和人畜肥；1956年，办起初级社后，每亩至少施4000斤到5000斤厩肥和人畜肥。产量从解放前每人平均不到300斤的口粮而跃到800斤。到1959年，全管理区共节约了2万多斤粮食，并支援铁厂、黄定等地粮食之不足。

五、婚丧、习俗、宗教节日

（一）家庭婚姻

格老之婚姻，凡属4种称呼之格老，即可开亲，但严禁与僮、彝各支系通婚。同姓不婚。

婚事全由父母做主，青年男女从小即“定亲”，定亲后，别人则不再谈亲。兄嫂可转房，但（兄）不能娶弟媳。婚礼视家庭经济情况而定，一般给奶母钱1.2元、两位岳父母各给1件布、礼钱12元到30元不等、酒10多斤、猪肉10斤到30斤不等。而这些礼钱，即由女方制服装、嫁奁之用。

格老盛行祖先崇拜，人之生、老、疾病、死亡皆祈求于祖先，凡事皆请求“魔公”（亦称“端公”“白马”）往前祭祀。解放前，曾有专职的“端公”，俗称“阳传祖师”和“阴传祖师”。按“阴传祖师”必须于深山洞内，距寨远，不能闻鸡鸣犬吠声，学习念经和烧灵化纸3个月。全凭心记，要能念3天3夜。而“阳传祖师”是父会念经，自小会一些，后又由别人传授也。而今各种格老已忘，只有白格老尚有几个祖师。解放前，曾有马吉、广南等地请他们去念经。

格老族，解放前由于反动政府的剥削压迫，人民贫困，人有疾病，没有医药，只好祈求祖先，并请“白马”祭祀祖先，称为“叫魂”（花仡佬有）。另一种是“献菩萨”，到属虎日杀猪祭献，并举行一定仪式（仅白仡佬有）。逢3年祭1次“财神”，祭时杀1头小母猪、1个公鸡，于腊月除夕供，希祖先保佑庄稼好、人畜平安（青格老）。在祭祀中，不开口，用心祷告。居于马关县仁和公社的仡佬，还保持着每年祭“房后”1次。祭时，要献家中中柱，杀5只鸡，或用5个刀头（5块猪肉），先献房后，再献中柱。亲戚来时，必送1筒米或1筒苞谷，不许谈话，由“白马”念经（与侬族同），同时供奉“八仙祖师”（与仆族同）。

格老每户皆于中堂或侧房置有神龛，神龛置竹筒制成的或土罐香炉，神龛下摆小四方桌，凡逢年节，均烧香点灯，供神龛中。白红仡佬于侧室中开一道小门，凡属死者和孕妇，在一个月零3天内，只准由侧门出入，而花格老可直从大门出入，无侧门。

一般人死后，3天即安埋，先择坟地，施以棺木。老人于50岁以上者，死后满7个月“烧齐”，制一木人，杀猪或鸡以祭之。“烧齐”时，红、白仡佬均杀牛。若遇凶死，即施以棺木，就地安葬，不做“烧齐”。孕妇死者，不能从正门，只能从后门或挖后墙抬出，不能靠近祖宗。

（二）节日

凡腊月三十到大年初三，杀猪过大年，烧香点灯，供奉祖先。居于马关之仡佬，尚保留较原始遗俗，即杀年猪前先杀一头刚满双月小猪，后杀肥猪。在肥猪脊梁上留一丛鬃毛，将肥猪水花油铺于肥猪脊上，以表示献祖隆重。正月初四献“四官老爷”（管牛、猪、鸡、人）。三月三祭山神，杀1对鸡，到山上祭一祭“山林”，防止野兽来伤害人畜。五月五过端阳节，七月半烧包献老祖，九月九献“观音老母”，是病人许愿于那天去献给祖宗的。

（三）风俗①

在风俗习惯上，凡媳妇及嫁出去的姑娘，不得上楼，若上楼是认为不吉利的事。白格老于侧屋中开小门，凡老人死和孕妇满月时，才由小门出入。他们认为是以“小门为大，大门为小”。另白格老筑土墙时，只能筑到腰高，不能再打高了，以免老人归世后，从墙上进不来（花、青、红仡佬无此禁忌）。

着装上，白仡佬妇女是无领大面襟短衫，衣角绣花边，袖缝两节，头节肥大，次节较小，节于天节。大裤脚，绣花边。头戴青布大包头。花仡佬妇女服装，则大面襟，镶有银泡，穿青布长褶裙，戴青布包头。一般男子多穿对襟衣，裤脚肥大，与汉族服装相似。

房屋建筑，一般富裕之家筑土墙，有木楼，贫者用竹编为墙，用泥巴涂之。其形状亦各有不同，花仡佬之屋多为长形，有数个火塘，红、白、青仡佬则为“一间三格”，白仡佬右屋处多开一道小门。

---

① 此标题为编者所加。——编者

六、民族识别意见

系从贵州省安顺和遵义迁来，自称"仡佬"。音韵结构上与藏缅语族的语言比较接近，与僮侗语法相类似。风俗、经济及婚丧、宗教方面与依族、仆族和汉族皆相同，但不祭祀杨六郎。婚姻严禁与僮、彝各族通婚。

1958年建州时，本民族不愿归于僮族，愿作为"单一民族"处理。我组认为，按照民族特征和本民族意愿，可归于贵州之"仡佬"族，但必须进一步与贵州仡佬族做对比研究。

（《民族团结》1960年第6期中"仡佬族"的介绍文章中，已将文山州各县仡佬族并于贵州之仡佬。）

格老（国老）历史介绍

我县格老族，据口传，150年由越南拉达迁来，主要居杨万、普峰、马街等地。自称"红岩卡"，居住分散，部分已失去本民族语言。

主要居半山区，种植苞谷为主，有红米、小米等杂粮。100年前，主要是刀耕火种，逐步巩固下来种苞谷，改田。解放后，小米、杂粮很少种。

他们每年在屋后种1棵黄生树，把鸡拉到树边杀，当时不许说汉语，迷信说了祭祖不灵。

五月五日，杀1对鸡，到地祭土地神，认为保护庄稼。每逢节日，不准砍树，砍了小孩会得神经病。

西畴县委统战部

1959年6月17日

对国老族的了解

国老族在我（县）共有5户24人，居住四区阿蛾乡的宿布新寨、戛基。这个民族来源于贵州遵义府（杨朝纪述），他们说：最初由贵州遵义府搬来到麻栗坡的董干，由董干又搬到西畴的东里三家半后，从东里三家半又搬到马关四区宿布新寨。到宿布新寨初期共有

10户，后实遇二次反封建斗争，因抵抗不过，大部又迁往文山县的平坝地区。此宿布新寨只剩下1户（即杨朝纪家），到现在又发展到5户（分至戛基1户）。

他们迁宿布新寨3次，是由于他们精巧吹喇叭，被宿布新寨地主周××喜爱而叫来。他们在此居住的历史到现在已有5代，大概百年之久。

国老族的名称起源是：由于妇女挽髻时为左右两个，然后用帕子包起，即呈现出两只角形，依此人们即称之为“角老”。其他民族又称“革老”。本民族原自称为“仡老”，土改时报仆族。工作干部交代政策时，他们又说是“国老”，因此现在叫“国老”。《马关县志》谓“革老是由土族革出而取名。其风俗习惯与土族多无差异”。

本民族的语言，由于他们搬到马关后，是少数民族中的少数，加之客观环境的影响，到二代之后就失掉了。现在只有杨朝纪的娘娘会说两句本民族话，即叫辣子为“磋冇”，叫筷子为“妈柱”（也是仆族语言）。

国老的风俗习惯与其他民族也有异同之点。

国老族

居住在我县四区阿蛾乡三布宿新寨4户、戛基1户，共24人。戛基这一户是从阿蛾新寨分居的。全县就是这5户。

据这次了解，他们本族中杨朝纪反映：我们这个族首先是从贵州遵义府迁到云南的麻栗坡市的董干住，后搬来东里三甲半（马关于封建统治之所取地名，即现在的西畴），后即迁来马关的布宿新寨。来到布宿初期共10户左右，从搬到布宿后，曾遇二次的反封建斗争，大部分即迁往文山的平坝地方，结果只剩下1户，即杨朝纪家。到现在发展到5户。

怎样迁来布宿？

因为他们这个族喜好吹喇叭，由于吹得较精，即为当时的统治阶级所看中，所以被地主周××叫来布宿住的。种的土地均伙找佃地主，就是这样搬来布宿住的。从西畴的东里三甲半搬来到现在只5代人，也不过百余年的历史。

他们究竟是什么民族？

当他们到布宿的第一、二代人还有自己本民族的语言，从第二代以后即将自己本民族的语言失传了。由于本民族的语言失传，这就使其本族的真正的民族名称也遗失。杨朝纪及其母说：“我们由于不有本民族的语言，在土改时，我们当时报名为仆族，后经工作干部的解释，即我们是国老族，又名仡老，因之这个民族是土改以后才发现有国老族。”杨朝纪说：“我的大娘娘还晓得几句我们本民族的语言。”后我们派往杨茂松了解，他的娘娘说：“我们的话喊辣子为‘磋冇’，喊筷子为‘妈柱’。”其余的她就不会说了。我们据报这两句话是仆族语言，而不是国老族的语言。我们又问杨朝纪的母亲（已60多岁的老人家）：“为什么叫你们为国老呢？”杨大妈说：“因为我们族的妇女挽发的时候是挽成两个发，左边一个、右边一个，然后用帕子包上，在头上即现出两只角来，所以人家依此就叫我们为角老。布宿附近的侬族称之为仡老。”《马关县志》据之称为“仡老是由土族革除（出），其语言、风俗习惯与土老无多异”。

从他们失去语言，主要是一个族，又是光一户与其他民族居住在一处，兼之用本民族语在交往上不便，年深日久，也就逐渐失去本民族语言。从过去已搬去戛基这一户，现在报民族名称上是报仆族。这个民族是否是国老族，由于失去其民族语言，因此他们掌握不了情况，无法得出结论，是否是国老族，还得与其他地区了解结合起来才会得到可靠的推断。但是他们还有一些风俗习惯与其他民族相同的地方，也有其独特的地方，列举如下：

一、信仰方面

每年祭房后1次，祭的同时还要献家里的中柱，在祭的时候杀5只鸡，不有鸡也得要5个刀头（猪肉）抵献。祭时候，先在房后祭，外边献好即转献家中的中柱。当亲戚来吃的时候，有的送1筒米，有的送1筒苞谷，亲戚从送礼到家直到吃饭结束回家，均不允许谈话，认为是很不吉利的事。献房后时只许要本族“白马”，这与侬族同。由于他们献房后同时要献中柱，所以他们盖什么房子都留两棵中柱，这与其他民族不同。好吹喇叭，供奉八仙祖师，这与仆族同。

家里还供奉“阴传祖师”和“阳传祖师”。杨朝纪说：“我家供的祖师，他对我家一代人要传一个，被传着的人有特征后，一天到晚跳闹，先‘嘟吃’‘嘟吃’‘嘟吃’地叫，面黄肌瘦，被传的人均称属牛的，不分男女。”现在杨朝纪正为他家里的人担心，因此他们对阴传这方面的迷信信仰深。杨还说：“我家上边几代人都曾有这样的事。”

二、风俗习惯

家里的媳妇及嫁出去的姑娘不得上楼，如果他们上了楼是极不吉利的事。哪些人上楼？老年人及家里的男子、未嫁出的小姑娘可以上楼。这与一部分苗族的习惯相似。

据杨朝纪的母亲说：“我们的那些老辈子妇女穿的是罗福衣，宽袖子，滚边，多系青布和蓝布。男子穿的裤子滚脚边，又名为滚豇豆边。”男子穿的衣裤较宽大，这与仆族相似。

每年在杀年猪时，必须先杀1头刚满双月的小猪，后杀肥猪。把肥猪杀之后，背上留一丛鬃不刮，并将肥猪的水花油铺在肥猪背上，这样表示献礼的隆重。这与其他民族不同。

三、婚姻关系

由于他们这个民族在布宿来说是少数，就以我们县来说，也是极少数，因之在婚姻关系上较开通。杨朝纪的家里所讨的媳妇，有土族，有仆族，有汉族。现在他家的姑娘快要与侬族结婚了。在杨朝纪之下一辈均懂得侬族语言，这主要是受侬族影响。

国老族的情况，所了解的就是这样的一些。

马关、河口"摆衣"民族识别调查报告

一、人口分布、名称及迁徙

摆族主要分布于文山州的马关、文山两县以及红河州的河口市，人口以文山州的马关县为最多，共672户3415人；文山县××人；河口市的桥头公社107户527人。

摆族自称"傣"，侬族称之"荡"，汉族称摆族。就其服装分为3种，即白摆衣（裙子镶白边得名），又名水摆；花摆（裙子脚边压上3道约1分宽的色布），又名黑摆（穿衣裙戴帕均青黑色）；还有一种红摆。

据传说，来源于江西，经四川来云南的。年代不清，又无家谱。到四川时，曾讨当地摆族姑娘为妻，年代一久，也就变成摆族了。据老人说："以前称我们为'僰'。"又说现在滇蜀之间尚有此种人。

二、语言

摆语应属于汉藏语系僮侗语族的傣语支。这次语言调查记录了396个基本词和一些句子，从材料整理中，看出它有傣语中几种显著的特点：

（一）语音

有双唇鼻音m、舌尖鼻音n、舌根鼻音ŋ以及入声字的p、t、k作韵尾。声母的音位系统非常整齐，共出现25个音位，经过初步整理，可归纳为21个音位，即p、ph、b、m、f、v、ts、tsh、s、t、th、d、n、l、j、k、kh、x、ŋ、ʔ、h。其中要说明的一点：舌尖前送气的塞擦音"tsh"仅出现借词中，如"tsho˥"错，又"tsha˥"茶。因吸收了汉语词而增添了新的音位。舌尖前带音的擦音"z"和舌面中带音的擦音"j"是不对立的自由变体，如饿"zak˥"或"jak˥"皆可，因此把"z""j"作为一个音位处理，"z"归纳为"j"音位，因为"j"在记录的词中出现得多，而"z"仅出现1次。"tɕ""ne""ɕ"3个音的出现是因"ts""n""s"与"i""e˨""ɛ˨"3个韵母相拼时，相对地变成

“tɕ”“nɕ”“ɕ”，否则“tɕ”“nɕ”“ɕ”3个音不会出现。因此，未把这3个音作为音位处理。

元音：i、e、ε、ɑ、ɡ、o、u、ɯ、ə为基本韵母，复合元音也较丰富，如iu、ui、ai、au、ia、ua、ɑə等等，并有长短元音之分。

语音上与傣仂语（西双版纳）和傣纳（德宏）相同，尤其是傣仂。

（二）声调[①]

摆语的声调基本上是6个，并且与傣仂和傣纳方言有显著的而且很整齐的对应规律。如傣仂方言的阴平调值是高平˥ 55，而摆语阴平调值是高升˧˥ 35，这与傣纳方言的声调完全相同的。

（三）词汇

396个词汇中，与傣仂方言的词汇比较，完全同的、半同的或有显著对应规律的（如傣仂的“u”韵母到摆语中一部分变为“a”韵母，如“酸”傣仂为sǔmλ，摆语为sămʎ），就有339个词相同，占396个词的85.6%。与傣纳方言词汇比较，完全同的、半同的或有显著对应规律的（摆语的“d”到傣纳方言中则变成“l”），就有357个词相同，占396个词的90%强。

（四）语法现象，与傣仂、傣纳完全一致

从以上4方面来看，摆语与傣语是相同，甚至比方言内部之间的差别还小，如德宏与耿马是同一个方言，它们的差别可以说是土语。照这么一推，摆语与傣纳的差别应是次土语间的差别，至少也是土语间的差别（注：红摆无自己的语言，讲汉话）。

三、社会经济基本情况

摆族居住地势较低、气候温和、水源比较充足的地方（如马关县健康农场攀枝花管理区，海拔740公尺。又文山县红旗公社攀枝花管理区海拔比周围低，在1260公尺），以农业生产为主，种植水稻、苞谷，其次有大豆、高粱、小米等等。饲养牲畜有牛、马、猪、鸡。解放前本族无有专门从事商业的人，也没有本族的市场，他们按期到附近的市集（赶街），以农产品和家庭副业产品换取生活必需的盐巴、布匹、线等日用品。铁匠、木匠、泥水匠都有，但不是专业的。在盖房子时，多半是找侬、沙和其他地方的汉族的木匠来做。生活多半同于侬、沙。

① 此标题为编者所加。——编者

四、风俗习惯

为了叙述方便，分成以下几方面谈：

（一）衣服和装饰

1. 花摆（黑摆）

衣、裙、头帕均青黑色，衣裳短小，大面襟，滚面襟口，在面襟前面用白线绣成白点，分行9寸左右长、宽3寸，袖滚镶。腰间系围单1块，其带较长，均以色布做。裙子脚边压3道色布。发挽髻于正头顶，用帕包之，帕的两端搭于头顶的左右两边。在背后，另有以色线绣的约有3寸长、宽约3寸的一块方形牌，顶上银泡。有2寸长的包布搭在后面。

2. 白摆

与花摆不同的是，妇女多喜穿青、黑、粉色等颜色的衣服，不穿裙子，均穿长衫，腰系与衣色相同的腰带1根。妇女头发不挽髻，编成辫，绕于头部，用帕包之，与顶平行。

（二）婚姻

1. 花摆

婚姻由父母包办，青年男女无自由选择的权利。一般是请媒人到女方说亲，订婚时，规定男方送女方家几桌菜，备宴请宾客。结婚的当天早上（鸡刚鸣），父亲将女儿送出门外檐口下，女小伴陪，待男方来接时，从门外接走。新娘到婆家3天至7天，返回娘家，生产农忙季节女方可到男方家住，3年左右才坐家。有婚后不落夫家的风习。与侬、沙、汉等族均有通婚关系。

2. 白摆

与花摆相异处，结婚时，男方备马接新娘，新娘骑马到男方家，陪亲规定男女各4人。

3. 红摆

说定后，男方要送彩礼，银镯1只（大约30大洋）以及猪、酒、米，另外还需配给新娘1套衣服。女方的爹娘只给姑娘1套衣服、被褥。举行婚礼时，需宴请宾客。新娘过门后，头两年一般是两家皆住，以后才坐落夫家。解放前不与外族通婚。

（三）丧葬

1. 花摆

人死后，行土葬，杀猪献死者，谓之“交生”，做法与侬、土相同。老人死后，用绳子将手扎着，防止弯曲。用花放于死者胸前，待入棺时将花和绳取下。丧事发送后设灵堂，3年后将灵堂烧之。死者的灵位才正式上神龛（谓之“归宗”）。这与侬、土两族不同。

2. 红摆

人死后，行土葬，请人找吉日选墓地，并请道士诵经超度亡魂。埋葬时行开路，死者的女儿缠白帕表示戴孝。丧葬不宴请宾客，近亲挚友，需杀鸡、蒸饭（1包）并亲身献之。

3. 白摆

丧事均与侬族同。

五、宗教节日

解放前，多信“五海”“雷神”“阴兵”等。家中有病人时，请端公、“白马”，杀鸡、鸭送鬼，认为病势可轻。

1. 花摆

①最隆重的节日是六月二十三日火把节。②每逢年节三十晚上，要献神龛。③初二早上开始杀鸡，正式过年，祭献祖宗，后献猪圈、牛栏等。与侬族同。④正月十六日送年。⑤三月清明祭祖。⑥五月端午节。⑦七月十四日祭祖。⑧八月十五日中秋节。⑨过冬蒸粑粑。

2. 红摆

①腊月三十日晚上过年，正月初六便开工下地。②正月十六日送年仪式不隆重，一般是杀鸡送年。③二月初二和六月初六祭献土地。请土地献是保护土地和免除牛马等牲畜的瘟疫。④祭龙：献祭龙神与献祭土地同一天举行。⑤三月清明，杀鸡祭祖。⑥五月端午节，有人杀鸡、吃粽子、煮面。⑦六月二十四日火把节。这是红摆最隆重的节日。⑧七月十五日，与汉族同，主要是祭祖先。⑨八月十五日中秋节，一般是煮吃花生。⑩立冬：一般是吃汤圆。

在建州时，地委把摆族归并为僮，我们这次调查只提供资料。

从摆族的自称和语言来看，是傣族，在风习和节日上受其他民族影响较大，与僮支系的侬、沙、土有很多共同点，因此归并为僮是完全可以的。在归系时，地委也考虑到摆族与周围的侬、沙等族经济上来往密切，语言又是一个语族。

我组讨论认为，摆族可以归为僮，而且地委已经正式宣布了，因此不再变动。

文山自治州马关、文山两县“摆族”识别调查报告

调查几种民族的语言

摆族、土族的语言是与侬族语言比较；孟武、卓拉是与仆族的语言来比较；拉基族无别族语言来对；都匀族有无本民族的语言，本民族都不懂，据说只有一种反话，都是汉语词，无法调查。

花摆语言74个单音词与侬族相同相近39个，占52.7%；

白摆语言62个单音词与侬族相同相近53个，占87%；

土语语言64个单音词与侬族相同相近14个，占21.8%；

孟武语言69个单音词与仆族相同相近17个，占24.63%；

卓拉语言69个单音词与仆族相同相近8个，占8.7%。

根据以上几种民族语言情况，我们认为花摆、白摆、土族是僮傣语族，孟武、卓拉是彝族语支。

我们这次所了解的7种民族中，除都匀、国老、拉基3种民族语言失传外，我们将摆、土、孟、卓4种民族语言与仆、侬2种相对比。

摆族：我县摆族共3种——花摆（即黑摆）、白摆、红摆，我们仅了解花摆及白摆。我们将所了解的花摆情况整理在下边：

花摆

据传说来源于江西，年限不清，无家谱记载。分布在我县三区之板桥、倮洒中寨、小麻固乡之新寨及坡脚等，四区之博车、那哈、格洒乡之剌黑等。300多户，1000余人。有语言，无文字，其风俗习惯与其他民族有相同之处，也有独特地方。

多住坝区田地较好的地方，生活条件好，住的房子多系瓦房（楼房），成年妇女结婚后（如儿媳）不得住楼上，均住楼下，老年人住楼上，这与其他民族不同。

每逢年节时三十晚上，神龛上献饭、肉各3碗（熟），酒3杯，1碗清水，还献3碗粑粑（每碗3个，中间一个较大的）。这与侬族相似。初一整天均吃“吊浆巴”，这相似于土族元旦吃“汤圆”。初二日才开始杀鸡，正式过年，祭献祖宗后，献猪圈牛栏……这与侬族相似。

在节日上，过二月三十，叫过小年，主要是接自己家里嫁出去之姑娘，不管年代多久，只要还活着，都要接来过年。不出工3天。

另一个节日是过六月二十三，名叫过“六月二十三”。这一天杀猪、鸡，做3升糯米的花饭，早上祭献祖宗，不祭杨六郎、杨七郎，仍将家里嫁出去的姑娘接回。忌6天工，与其他均不同。五月端午、六月二十四、七月半、八月十五等均与其他民族相同。

婚姻方面：订婚时女方家庭许可后，即规定要男方家办几桌的菜（肉类及酒）。在结婚当天早上（鸡叫时），父母把姑娘送出门外檐口脚下，小伴陪，等待男方来接时从门外处接去。姑娘在天没明时，送出门外哭1次，男方接时哭1次。这与其他民族不相似。新娘到男方家里3天至7天后即回娘家，在生产农忙季节每年到男方家往返2次至3次，如是3年左右才坐家。婚姻多系父母包办，这与侬、土两族相同。婚姻关系上与侬、汉、仆均通。

丧事：老人死后，立即赎魂、买命，杀猪给死者，用白绳1根，一端拴在猪的脖子上，另一端引至死者灵前，经端公念后杀之胸膛，待装入棺材后，才将死者手上的绳子解了，将犁铧起了。从赎魂买命这个仪式上看，与侬、土、孟等族有不同之处。当丧事发送后，另一灵堂供奉死者，3年后才将灵堂烧了，死者之灵才正式迁上神龛。这与其他民族有不同之处，其余均同侬、土两族。

从语言上看，与侬族相同相近，大部分不与侬族同。从泰族本族自称“普歹”，我们认为摆族是属泰系，很可能摆族是汉族称谓。

本族自称“普歹”，侬族亦称之“普歹”，在74句单词语句上与侬族相同相近的39句，占74句词中的52.7%。如床铺叫“滴卵”、狗叫“骂”、碗叫“万”、猪圈叫“娄母”、脚叫“跨”，这些与侬共同。又如冷叫“闹”、被子叫“爬”、玉麦叫“抬”，在有些语言不共通，出入较大。

穿衣和装饰：衣、裙、帕均为青色，衣服是大面襟，但在面襟前后用白线绣成白点，分行1尺左右、长宽约3寸，袖滚镶，腰带用花丝线绣，裙脚用色布压上3条豇豆边。这是花摆之得名。头挽髻于顶上，用帕包之，帕之两端搭于头之左右两边，似观音顶帕，后边另有以丝线刺花约3寸宽长1块，钉上银泡坠以饰之，这与其他民族不同。

白摆

来自越南，散居在我县之五区八宋、南楼、城子上、老寨等，共240户1245人。多住坝区，生活条件较好，有语言，无文字。本族自称“普歹”，在62句单词中，与侬族相同相近的共53句，不同的9句，相同相近的占62句单词的87%。如叫房子“啊冷”，人叫“管”，老人叫“普供”，天晴叫“发亮”；不同不近的如下雨（叫）“拢分”，姐姐叫“阿”，帽子叫“木”，石头叫“骂”。其风俗习惯大部分与侬族相近，但也有不同之处。

风俗习惯：穿衣及装扮上，女子多穿青、蓝、粉色的衣料，色较优雅。不穿裙，穿的是长衫，相似汉族男穿。发不挽髻，编成辫绕头部，用帕包之，（与）顶平行。这与其他民族不同。

在年节方面，均与侬族同，但在每年六月初一早上祭献杨六郎，做花饭时不杀猪、牛。六月六日早上祭献家里的祖宗。这与侬族不相同。

婚姻方面：在结婚时女方骑马至男方家送亲，青年男女各4人。这与侬族不同，其余如丧事，人死后两三天即抬走，用白马等。摆族虽风俗习惯、语言大部与侬族同，我们认为摆族还是傣族支。

文山一区高登寨乡照屋居调查摆族名称识别情况

一、历史概况①

全寨25户，人口127人。解放前，汉族叫摆衣，解放后叫摆族。全寨6个姓，董3户、李3户、胡3户、刘2户、张2户、马2户、白10户。姓董、胡二姓，从马关县沙为冲迁来，已5代。原来二姓来2户，现发展到6户，原因是造反而逃难来。姓董在沙为冲现还有人。姓李从马关都依来上门白家，已有4代。姓马从马关沙卡来，已4代，以前是仆族，现已变为摆族，不知本族语、姓名，不知从何处来，听老人说，未有文山城以前即来。

二、语言

现还说本族语，和侬族通30%、土族相通20%，与其他民族全不通。

三、居住

过去和侬族居一处，后成瘟疫死好些，侬族即跑别处去。爱住平坝区有水地方，喜住地房，爱养水牛。

① 此标题为编者所加。——编者

四、经济生活

1. 以稻谷为主，70%为稻谷，30%为苞谷。
2. 副业以养水牛、猪、鸡为主要。
3. 手工业只有编席子，不是专业。
4. 男女劳动一样。
5. 经济作物：甘蔗、棉花、豌豆。
6. 解放前，土地是摆族自己开的，后来落入汉族手里。解放后，土地始回老家。
7. 生产、生活都相同其他民族，同侬族系，工具多用板锄、犁、耙、犁铧等。
8. 经济生活：过去全寨20多户，够吃1/3，现在全寨都够吃，今年还卖去9000多斤余粮。

五、社会文化

1. 过去村寨制度，发现纠纷小的事情寨老来解决，大的事情由官家解决。
2. 二月祭龙，杀猪1头、鸡1对、鸭1只，3年杀1条牛。三月祭田头，杀猪1头、鸡7个，3年杀1条牛和做糯米粑粑，不要黄毛猪做。三月十六祭山神会，杀1对鸡。六月初六做土地会，全寨杀1对鸡；本月二十四火把节，祭杨六郎，杀1个鸡，1头猪，用糯米饭。若有动物近寨子，在二十五日打扫，用旗插田头。寨头用稻草编，用木刀插，以给风调雨顺，虫不会吃庄稼，给土地保佑，全寨安全，不给野兽吃牲口。

六、婚姻

同姓9代以上可开亲，9代以下不能开亲。出该（除开）汉、苗、瑶外，其他民族可通婚（解放前不能同其他民族通婚）。过去婚姻买卖、包办，不得自由，彩礼视家庭经济。迎亲人去4个，送亲来20个左右，做3天客，新娘回门3天到1个月，接回后当家。

七、丧葬

人死后戴白帽，据家庭经济，死后留3天至7天，不看日子。死人供灵牌，满百天烧包、满3年烧灵牌，戴孝100天，不理发。

八、节日

一年主要节日有正月、六月二十三日、五月十五日、十月一日。

正月过三十晚上，杀猪、鸡、鸭，蒸粑粑等。初一全家吃素，不准舂米，不用刀砍其他东西，不准别人进家，不得打开柜子。初二打牙祭，不管男女都可进家，至十六号可以出山做生产。

二月一日过小年，家有姑妈、姑娘接来过小年，休息3天，不出山做生产。

三月清明，有杀羊、鸡、鸭等，祭3天，不做生产。

五月初五，杀鸡，做粽包。

六月份，六月二十四，火把节。杀1个鸡、猪1头，糯饭等，献杨六郎。

七月十四日，送主烧包。

八月十五，吃团圆饼。

九月十六，做神会，杀1对鸡，祭土地庙。

十月一日，做牛王会，杀1个鸡，糯米粑先给牛吃，那天不犁地，还给它戴花。

十一月过冬，做当团粑吃。

十二月二十三，送灶王，到正月初一接天地。

以上节日，最喜欢六月二十四日、二月过小年、一月初一日正月等。

服装：男穿同以前不变，女穿裙，头戴高头，每人戴银器半斤左右。

马关县仁和公社崩卡管理区崩卡寨黑摆衣人习俗调查

杨毓骧　提问
盖兴之　记录
节在德　口述

一、迁徙

我们的祖先是汉族，由江西迁来，路线是经由四川来云南的，究竟有几代人，年代已遗忘了。到四川时曾讨当地摆族姑娘为妻，年代久了也就变成摆族了。以前称我们为僰，现在蜀滇之间尚有此种人，在四川的称为摆夷。

摆夷有二：一是白摆衣，由裙子是白边而得名；一是花摆衣（即黑摆衣）。以前我们是摆衣，由外地迁来崩卡，所以是佃户。

二、节日

花摆衣最隆重的节日是火把节，过六月二十三日。其他一些节日是：正月过年，正月十六日送年，三月清明祭祖，五月端午节，七月十四日祭祖，八月十五，冬月过冬蒸粑粑。

三、丧葬

人死后，需备棺木，行土葬。有钱人家还需制大长钱1串，无钱时可不制。一般都需扎制纸房竹屋。停灵只二三天，葬时请道士诵经超度亡魂。丧服比较简单。

四、婚姻

同姓不婚。婚后两年，女方才居住夫家。兄终弟及的现象较少，姊死由妹填房者较多。一般不与其他民族通婚。有钱人及无后者可娶妾。

五、财产的继承

长子大了，则与父母分居，父母需分给部分财产。年小不能独立生活的与父母同居一起。

如果无儿子，可招婿入赘，但是仅能承继些微财产。财产大部由族人来分。

六、姓氏

有董、李、刀、张、陶、钱、普、刘等氏。

河口县桥头公社牛江山大队石岩脚村红摆衣黑摆衣的习俗调查

材料供给者：董大妈，年80岁，红摆衣人；刘大妈，年73岁，黑摆衣人

记录整理者：盖兴之

一、节令

（一）红摆衣的节令

1. 过年：腊月三十日晚上过年，新年正月初六日便结束年节开工下地。正月十六日送年，仪式不隆重，一般是杀鸡送年。

2. 清明：清明节那天，杀鸡祭祖，没有其他活动。

3. 端午节：在这天，有人杀鸡、吃粽子、煮面来过节。

4. 火把节：这是红摆衣最隆重的节日，在每年的六月二十四日过。

5. 七月十五：与汉族类同，主要是祭祖先。

6. 祭土地：每年的二月初二和六月初六日，祭献土地。它的意义是请土地显灵，保护土地和免除牛羊等牲畜的瘟疫。

7. 祭龙：献祭龙神跟献祭土地一天举行。

8. 中秋：对中秋节不重视，一般是煮吃花生过节。

9. 立冬：一般是吃汤圆过冬。

（二）黑摆衣的节令

1. 过年：腊月三十日晚上过年，新年正月初三就开工下地。

2. 火把节：每年的六月二十四日过，过节时吃糯米饭。

3. 七月十五：主要是祭祖宗。

4. 中秋：有钱人家吃粑粑、蒸蒸糕，无钱人家煮点花生。

5. 祭龙：秧苗栽插完后，举行3天的祭龙活动。

6. 献土地：七月十四日用牲品祭献土地。

二、婚姻

（一）红摆衣的婚姻

婚姻由父母包办，个人无自由选择的权利。一般是请媒人去女方说亲，同意后拿定礼银镯1只。结婚时，彩礼需30大洋，无银之时可折合成铜板；礼猪60斤，礼酒60碗（斤），礼米60斤，另外还需配带新娘的1套服饰。女方仅给新娘1套衣服、被褥。

举行婚礼时需宴请宾客，大都是4顿宴席。如果新娘是黑摆衣人，则吃6顿。新娘过门后头两年，一般是在婆家、娘家两边居住，两年后才坐居夫家。解放前不与其他民族通婚。

（二）黑摆衣的婚姻

是父母包办婚姻。父母在子女的幼年时期，便请媒人为儿子说亲、定亲，大了时再迎娶。彩礼分别有60块、30块银圆的，礼猪、礼酒需由女方带来。过门后两年，才居夫家。

三、丧葬

1. 红摆衣人死后行土葬，请人找吉日选墓地，并请道士诵经超度亡魂。葬埋时要开路，亡者儿女头缠白帕表示戴孝。

丧葬不宴请宾客，近亲挚友需杀鸡蒸饭（1包），并亲身带来祭献死者。

2. 黑摆衣人死后行土葬，丧葬仪式由经济地位来决定。一般在家停灵不超过3天，葬埋时只杀鸡请村人行开路仪式即可。有钱富户则看地找日子、做斋、请道士超度亡魂等。

1960年6月26日

西双版纳州和思茅专区的民族识别工作计划提纲

壹、尚未识别的各“族称”基本情况

一、族称、人口分布

	地区	族称	人口
（甲）	西双版纳	（1）攸乐	3860人
	西双版纳（易武）	（2）插满	1125人（包括金平人口）
	西双版纳	（3）阿克	1002人
	西双版纳	（4）空格	399人
	西双版纳	（5）苦聪	289人
	西双版纳	（6）阿嘿	245人
	西双版纳	（7）仆戛	216人
	西双版纳	（8）莫苏	96人
	西双版纳	（9）品	50人
	西双版纳	（10）等	47人
	西双版纳	（11）补蚌	42人
	西双版纳	（12）南尼	38人
	西双版纳（江城）	（13）蒙痛	28人
	西双版纳	（14）濮固	4人
		（15）三达	1000人
（乙）	澜沧（西盟）	（1）老乜	1000人
	澜沧	（2）亢	243人
	澜沧	（3）阿茨戛	92人

续表

	地区	族称	人口
（丙）	普洱	（1）达头	254人
	普洱	（2）阿利	62人
	普洱	（3）尼尼	42人
	普洱	（4）三教	33人
	普洱	（5）坡克	5
	普洱	（6）他郎	5
	普洱	（7）龙希	4
	普洱	（8）唐	2
	普洱	（9）阿英	—
	普洱	（10）阿罗	—
（丁）	景东	（1）红哑	3
	景东	（2）维	—
	景东	（3）摩风	—
（戊）	镇沅	（1）阿版	3人
		（2）兰抓	15人
（己）	墨江	黑蒲	675人

二、识别的线索

西双版纳州14个族称、澜沧3个、普洱10个、景东3个、镇沅2个、墨江1个，共33个族称，占尚未识别的全部族称80个的1/3强。

此次识别工作重点放在100人以上的族称，计11个，即攸乐、插满、阿克、空格、苦聪、阿嘿、仆戛（以上西双版纳）；老乜、亢（以上澜沧）；达头（普洱）；黑蒲（墨江）。

以上11个重点识别的族称已经有重点线索或材料可凭的是：

1. 攸乐：自称“基洛”。共同地域：允景洪攸乐山。已经1958年云南民族调查组做过社会调查，认为近于彝族。语言材料：1956年7月杨和中、蔡朝真做过，初步认为“词汇有一少部分在语音上和彝族相近，或可感到有对应规律可循，只是数量较少”，认为“攸乐族是具有一些特殊的不同于彝族的，也可以说是和彝族特点相差较远的特点”。这个判断缺乏充足论据，所以还值得深入进行识别。

2. 插满：在版纳易武，金平县也有，两地1125人。易武的“插满”，据说自称“克篾”（Khmer），语文队的语言材料证实其语言与布朗族、崩龙族语言相近，但还未做出语系的结论。可能是一个单一民族。识别时除易武、金平两地的“插满”做比较研究外，还应和马关县的普标（也自称“克篾”）进行比较研究。

3. 亢：澜沧县243人。据确证，是“载瓦”一支，迁移到澜沧，不必深入调查，可做结论。

4. 达头：在普洱，确系彝族，解放前被汉族辱称为“大头人”，因该族妇女包裹一二丈的黑头巾，帽形特大，而被呼为“大头”。不必深入调查，可做结论。

5. 苦聪：在西双版纳，289人。实地调查可联系他们和金平的“苦聪”作对比，即得结论。

6. 阿克：在西双版纳，1002人。是否是“阿卡”？若是，应即是哈尼族。

7. 黑蒲：在墨江，675人。1954年新平县的黑蒲已确定属傣族的支系。并说：“墨江布朗族——濮曼亦被汉人称为‘黑蒲’，操布朗语（属瓦崩语支），掺杂傣语词汇，与新平‘黑蒲’不同。二者的关系有（待）进一步研究。”这可提供此次识别的线索。

8. 老乜：1000人。主要分布于澜沧，而西盟也有。据李晓村同志谈：“实有人数不止1000。”自称“古叭”（儒叭），语言与彝语不同，与拉祜族通婚，而不与佧佤通婚。需要在澜沧实地调查。

9. 空格：399人。

10. 阿嘿：245人。

11. 仆戛：216人。

以上11个单位，是百人以上的人口单位，须实地调查。

据了解攸乐山及勐海还有“本人”，也就近调查，可能是佧佤族。

若发现当地尚有未列入的未识别族称，一并进行调查。100人以上的，尽可能搜集材料；20人以下的，若无法调查，从略。

贰、调查计划

一、编组

成立西双版纳州思茅专区民族识别调查小组，调集识别工作已完毕干部及留昆的识别干部，共应有6人（6人，语文3人，可以配成3个小小组）。

二、划分“分组”

必要时分3个小小组同时分片进行：

1. 第一小小组：地点在澜沧，主要调查对象为“老乜”“阿茨戛”及其他（亢）。

2. 第二小小组：地点在允景洪附近，主要调查对象为“攸乐”……

3. 第三小小组：地点在易武，主要调查对象为“插满”“苦聪”（查明确实居住地点，再分至已在小小组，进行调查）。

视上列3小小组工作进度，先完毕的调往普洱、墨江，重点进行调查“黑蒲”及其他。

三、时期

6月初出发，至迟8月中旬结束田野调查，返昆尽8月底以前做出族别总结。

依各族称单位的分布地区，若分组适当，规划妥当，还可提前完成。如此则可以腾出时间（8月下半月）进行全省总结。

四、协作

与彝族组商议互相支援：6月初进行“攸乐”人调查时，请彝族组协作进行。

五、小组进行识别

另拟具详细调查工作进度规划。

到达当地时，服从当地各级党委的领导，结合中心工作，与各族人民“三同”。

在确定族系的意见时，广泛探求本民族大多数的意愿，并逐层争取各级党委的具体指示。

几年来，若已经当地党委做出正式归并族系的决定，可搜集与决定族系有关的材料，报省进行研究。

上述未识别的族称，若已迁移或其他原因无法寻找，则做出记录，不再调查。

附录

全省百人以下、分散居住的族称单位调查意见

表（一）

族称单位	人口	地点
1. 过拉	63	宾川
2. 拉西	62	河口
3. 棕	39	东川矿产
4. 南京	46	镇雄
5. 高山	6	南华
6. 阿尼	18	楚雄
7. 乌	5	镇雄
8. 平头	4	泸西
9. 贵族	4	巧家
10. 米司	3	开远
11. 客家	2	昭通

续表

族称单位	人口	地点
12. 纳华	1	个旧
13. 阿里	1	蒙自
14. 莫英	1	个旧
15. 手头	1	泸西
16. 腊	1	昆明
17. 孟	—	个旧
18. 仅	—	东川

表（二）　已委托德宏景颇族史志组代为调查，提供材料的族称单位

族称单位	人口	地点
1. 克板	23人	云县
2. 仆尼	18人	云县
3. 腊	6人	保山
4. 黑	60人	凤庆
5. 京东	36人	腾冲
6. 戛	6人	云县
7. 汰西	4人	云县
8. 崩龙族	3000人	德宏
9. 本人	5100人	德宏、镇康

调查处理意见：

1. 委托有关的史志组代为调查：

（1）过拉（宾川）：白族组

（2）拉西（河口）：哈尼族组

（3）南京（镇雄）：彝族组

（4）棕（东川）：彝族组

2. 30人以下的单位，不再派小组实际调查，尽可能向参观团访问了解。

民族识别调查报告（草稿）

（未经领导审核，仅供内部参考）

云南省民族事务委员会“民族识别综合调查组”写

1960年8月25日

民族识别调查报告（草稿）

目录

云南省民族事务委员会“民族识别综合调查组”写

1960年8月25日

壹、西双版纳傣族自治州、思茅专区人委会《民族人口统计表》（1958年）上所列民族族系的初步识别意见简表

西双州民族人口统计表（1958）		已公布或核准的民族的族系	1960年民族识别初步意见		备注
原表族的名称	人口289254	1954年已经识别中央批准公布的单一民族；省委核准备案的民族支系	单一民族	民族支系	
1. 傣族	131332	1. 傣族			
2. 哈尼族	55889	2. 哈尼族			
3. 汉族	40749	3. 汉族			
4. 布朗族	19773	4. 布朗族			
5. 拉祜族	14502	5. 拉祜族			
6. 瑶族	5898	6. 瑶族			
7. 佤族	499	7. 佤族			
8. 苗族	120	8. 苗族			
9. 景颇族	43	9. 景颇族			
10. 回族	651	10. 回族			
11. 彝族	398	11. 彝族			
12. 壮族	3	12. 壮族			
以上是单一民族					
13. 香堂	1774	①彝族支系			
14. 倮倮	4	②彝族支系			
15. 作多	4	③哈尼族支系			
16. 西摩	15	④哈尼族支系			
17. 布多	4	⑤哈尼族支系			
18. 毕约	157	⑥哈尼族支系			
19. 作别	129	⑦哈尼族支系			

续表

西双州民族人口统计表（1958）		已公布或核准的民族的族系	1960年民族识别初步意见		备注
原表族的名称	人口 289254	1954年已经识别中央批准公布的单一民族；省委核准备案的民族支系	单一民族	民族支系	
20. 木塞	323	⑧拉祜族			傣语称拉祜族“木塞”
21. 沙仁	431	⑨壮族族系			“沙仁”即沙人
22. 濮满	285	⑩布朗族			“濮满”是汉称
23. 攸乐	5639			（1）初步认为是彝族支系	族称拟改为“基洛”
24. 本	3855			（2）初步认为彝族支系	
25. 岔满	918		初步可考虑是单一民族	（3）或认为布朗族支系	族称拟改为“高棉”
26. 阿克	2337			（4）初步认为哈尼族支系	
27. 空格	10			（5）初步认为布朗族支系	1960年勐养区委会统计为479人
28. 布夏	586			（6）初步认为哈尼族支系	
29. 三达	946			（7）初步认为彝族支系	
30. 苦聪	174			（8）初步认为拉祜族支系	
31. 补谷（角）	145			（9）初步认为布朗族支系	
32. 八甲	225			（10）初步认为傣族支系	
33. 布里	145				
34. 其他	1366				
布崩	100			（11）初步认为哈尼族支系	
品（扁）	40			（12）初步认为哈尼族支系	

续表

西双州民族人口统计表（1958）		已公布或核准的民族的族系	1960年民族识别初步意见		备注
原表族的名称	人口 289254	1954年已经识别中央批准公布的单一民族；省委核准备案的民族支系	单一民族	民族支系	
思茅专区澜沧县					
1. 老缅	2830		似不宜认为是单一民族	（1）初步认为拉祜族支系	
2. 阿茨戛	50			（2）初步认为彝族支系	
3. 老亢	345			（3）认为是景颇族支系	
墨江县					
4. 黑蒲	675			（1）初步认为布朗族支系	他们的自称是“娃”（wa┐）

贰、西双版纳州民族识别小结

一、“攸乐”识别小结

西双版纳的“攸乐”，应识为是彝族的支系。

（一）名称、人口、历史

1. 名称：自称“基洛”，汉称是“攸乐”。

2. 人口：5369人（州人委1958年《民族人口统计表》）。

3. 历史及迁徙路线：

“攸乐”人口传兄妹开荒定居在勐遮（一说勐海）的故事，涉及“攸乐”人和傣族在古代通过斗争，形成坝居、山居之别。故事提及最早定居于攸乐山的姐祖山梁上，建立第一个寨——石坝，现在仍存。

全山分为两个民族大集团：一为“来西”，是“前半山”村寨的民族集团，包括曼雅、生牛、龙帕、帕尼、窝专、磨羊、茨通等寨；一为“来暖”，是“后半山”的民族集团，包括曼漂、石嘴、鲊发、鲊品、曼坡、且麻。曼雅寨是整个攸乐山的领头寨子，茨通是“父寨”，曼别是“母寨”，这是依照血缘联系来划分村寨。

“攸乐”人普遍盛传“随孔明南征，在孔明北返大理、康藏时被‘丢落’了的民族”的历史故事。

“攸乐”人死、送鬼的方向是东方，孔明山下设有神座，是攸乐人送鬼的所在地，象征着他们迁徙的方向。

“攸乐”人也流传着葫芦故事，反映他所接触的民族先后程序：最初出世是“空格”人（即布朗族），其次是“攸乐”“本人”，再次是汉族，最后是傣族。由上面神话、历史传说中，结合语言属系及历史上的民族关系研究，初步证明：①“攸乐”是汉藏语系藏缅语族彝族族系；②是由青藏高原沿无量山南迁，直到西双版纳攸乐山定居；③早就定居在攸乐山的姐祖山梁；④在古代就和布朗族、“本人”、汉族发生关系；⑤攸乐与彝族同源，但长期以来，由于历史发展中经常和内地彝族没有直接联系，加之地理上的阻隔，因而保留更多的落后因素（如现竜帕和大曼山还保存大家族公社的全家共居制）。

（二）语言

“攸乐”话是属汉藏语系藏缅语族彝语支彝族语言的话，基本词汇音大部分和彝语相同相近，“攸乐”话和当地的“本人”话、“三达”话可以相通，属于彝语支的各族人民能很迅速地学会“攸乐”话。

（三）共同地域

“基洛洛克”是“攸乐”人的共同地域（“洛克”是指整体），包括村寨，“攸乐”人聚居在这连成一片的山区里。汉称攸乐山。

1956年后，攸乐山划为景洪县的一个区。

（四）经济生活

“攸乐”人长期以来，在闭塞的山区中，度着贫苦落后的生活，（有）较多的原始落后的残余。

“攸乐”人以农业生产为主，兼事狩猎、采集。作物有旱谷、苞谷等，广种棉、茶，而以茶为特产。生产技术落后，不用犁耕，铁器由汉区输入。不施肥，不薅草，采刀耕火种、广种薄收耕作方式。

解放前，自15世纪以来，汉商由内地输入生产工具、盐等，换取攸乐山的“贡茶”。清代雍正中经过云贵总督鄂尔泰推行改土归流政策，于攸乐山设“攸乐同知”，前哨站设在茨通寨和曼别，有兵营、城堡、烧窟洞、梯田，现在遗迹尚存。

“攸乐”的土地所有制是多结构的，可分为：①傣族领主的土地所有制；②残存的村社的土地公共占有制；③残存的以组为单位的氏族土地公共占有制；④以个体家庭为单位的土地私人占有制。1958年攸乐山进行民主改革补课，同时在党的社会主义建设总路线的光辉照耀下，“攸乐”人正向合作化的康庄大道迈进。

（五）共同心理素质特征

1. 氏族组织的残余，比较浓厚。表现在：

（1）村寨的构成上：分“前半山”寨和“后半山”寨，分“父寨”“母寨”。

（2）“攸乐”共有6个大家族集团，叫作“著巴”“著生”“著嫂”“掌灯”“科普罗”“坦赛”。每个大家族集团由男性的固定各家（如白腊腰、白腊紫等）和女性的9个固定各家（如白腊纽、白腊尾等）组成。一家族之内严禁通婚，大家族间男女互婚。

每一大家族，共有一块土地本家族内的成员，可以自由耕耘，家族以外的人要耕耘，须租入土地。各家族占有土地多少不同，已形成富裕和贫困等阶层。

曼雅寨人口800余，有5个不同的大家族，其他寨则较少。

（3）大家庭公社的同族，共同居住在一个“大房子”内，其中小家庭各有锅庄，家庭内的妇女（媳）轮流煮饭，食物取自公共仓库。这种居住形式还完整地存在于龙帕寨和大曼山寨。一个“大房子”内有的锅庄（户）多至43个。

2. 父子连名制：“波先”分给“基洛洛克”的男子7个名家。每个名家，又以连名的方式一代一代往下传，传到七八代又和祖宗的名家循环起来。

3. 每年全寨祭大竜1次、小竜5次。阴历六月十五日祭大竜时，居民不得出寨，外人不得进寨。由祭司“周斯”和“周巴”主祭；既要在本寨祭，又要到茨通寨、曼朵寨祭。

4. 原来“攸乐”男子头上留3绺头发，逢家中人死的年份，家人要剃掉这3绺，次年孝期满再留起来。

人死土葬，墓地新盖草房，内陈死者生前用具。

5. 民族关系：

（1）“攸乐”和“本人”的关系：“攸乐”葫芦故事提及“本人”的出世问题，攸乐山和猛旺区①都有“本人”居住，“攸乐”人一致认为他们叫“布忍”，“我们攸乐是同民族”。曼别寨——紧接攸乐山的曼空大寨（“本人”居住）之西，原先是“攸乐”人，逐渐与“本人”融合而自认是“本人”了。“攸乐”与“本人”语言基本相通，互相通婚，感情融洽，根据这些情况，我们认为“攸乐”和“本人”是同一族源（彝族族系）。

（2）“攸乐”和“三达”人的关系：景洪县景洪区三达乡的“三达”人，自认为是倚邦搬来的，“本人”自认为“三达”话和“本人”话是一种，也认为“三达”话和“攸乐”话易通，而和哈尼话只是接近，因此，“攸乐”和“三达”在古代也是同一族源。

（3）“攸乐”和汉族的关系：“攸乐”早就与汉族接触，明代以来，由于茶、盐的互通贸易，汉族和“攸乐”的劳动人民长期友好往来。清代在攸乐山设立军事政治统治机

① 猛旺区，本文又作“勐旺区”。——编者

构，汉族和“攸乐”接触更频繁。但“攸乐”和汉族的民族特点显然有别，在历史上和汉、傣的民族隔阂较深（1943年有武装斗争）。

（4）“攸乐”和傣族的关系：“攸乐”人定居在“基洛洛克”的过程中和坝区傣族有长期的接触。傣族领主土司通过“波朗”制度，对“攸乐”人采取“贡纳制”方式，委派各级头人，实行间接统治。

解放前，车里宣慰使就职时，还请“攸乐”老人参加。新宣慰则拉着老人华丽长衣的彩织飘带，从不尊重。

“攸乐”人和傣族的族别，迥然不同。

6. 本民族及他族对“攸乐”的族别意见：“攸乐”人认为本民族与汉、傣、“空格”、哈尼的族别不同。

“攸乐”人认为本民族和“本人”是同一族源，语言基本相通，彼此通婚，感情融和。“本人”也认为和“攸乐”是同一族源，语言基本相通。“三达”人认为自己是倚邦搬来的“本人”，和“攸乐”话基本相通。哈尼族副州长车罗表示：“‘攸乐’不是哈尼族，是与彝族有关。”

“攸乐”人民不了解自己的历史族源和彝族的关系。解放后，“攸乐”的一些干部、代表曾和内地彝族接触，承认两族语言基本互通。关于“攸乐”和彝族的族别关系，就“攸乐”干部的意见观察，可分为以下几种：①认为和彝族同源，可以归入彝族系之内（如石嘴乡长、州政协副主席）；②语言基本相通，但彝族先进，“攸乐”落后，风俗习惯有些不同（如区委白腊腰）；③无意见，“阿爹时没说过”（曼雅乡长兼省人民代表）；④坚持认为是单一民族（区委书记何贵同志）。由上看出，民族干部内部意见仍不一致。

攸乐区委会关于族别意见，尚在研究中。

（六）族别意见

从族源、迁徙路线、语言和某些心理素质的共同性看和彝族有关，“攸乐”和当地“本人”“三达”也是同一族源，基本相同于彝族。

根据以上情况，“攸乐”人应认为是彝族的支系。

调查人：张凤岐、陈福全

二、“插满”识别小结

（一）名称、人口、历史

1. 名称：“插满”（注一）自称为“高棉”（注二），傣族称之为“哈蒙”，汉族称之为“插满”（“岔满”）。解放前，本民族只得勉强承认是“哈莫”或是“插满”，但他们不愿意，因为傣文佛经上的“哈莫”指的是马鹿而言，是带有侮辱性的。

2. 人口：共计918人，勐腊区283人、勐捧457人、尚勇178人。

3. 历史：“插满”人，古代以来就聚居在西双版纳的易武县，口传本族历史都认为“插满”人古代一代传一代都定居在勐腊坝区。他们直到1958年，都不和国境外的各族来往，也不到国境线外。长期以来，他们和当地的傣族过从很密，政治上受坝区傣族领主土司的统治，经济生活上也与傣族经济有密切联系。一部分人仍居住坝区，一部分已移到坝边和半山区。

近几十年间，也有一小部分“插满”人是由老挝国移入易武县的。勐腊区第二乡回乾寨（14户83人）是由老挝南乌（Nam U，即乌江）搬来的，其中有1户是四五年前才移入的。

考证我国孟高棉语族的各族是在古代2000年前后，就是定居在滇西和滇西南的，公元初年我国文献已有记载。又据苏联大百科全书选译《越南》一书（8—9页）记载说“孟高棉部族大都是印度支那最古居民的后裔”，所以，在我国国境内外自古代就有孟高棉语族的各族定居着。

（二）语言

易武县勐腊区的“插满”话属南亚语系的孟高棉语族，和佧佤语、布朗语有一定的关系。

易武县的“插满”人内部仍讲本民族话，但也能讲流利的傣语。因此，“插满”话里傣语借词很多。

（三）共同地域

“插满”人聚居在易武县，主要分布在勐腊区的坝边和小坝子内，如尚勇、募募、募竜等地，也分布在勐捧的坝边和半山区，他们的居住地区连成一片。

（四）经济生活

“插满”人从事农业生产，种水稻为主，多占有“雷响田”，有犁、锄头、镰刀、砍刀等铁质农具。耕耘方式大体与当地傣族相同。

民族内部已有阶级分化。1958年以来正向合作化迈进，并成立了勐腊区第二乡人民公社。

“插满”人的住屋陈设大体与傣族相同。

生活方式如服饰：男子包头，女子穿裙子，与傣族近似。

（五）共同心理素质特征

婚姻采一夫一妻制，与傣族通婚，但他们不和当地的哈尼族、布朗族、瑶族、“补角”通婚。

“插满”人参加傣族的泼水节，但他们也有自己的节日。和布朗族的信仰不同，“插满”人虽和傣族长期杂居，但不信仰佛教，他们仍崇拜自然，也祭献傣族最大的鬼“丢那”，方式是全寨居民走出村寨，入山林中杀牛献鬼，祭期共15天。

解放前，本民族有自己的禁忌，但自1958年生产大跃进，“插满”人破除迷信，已不遵守禁忌，也不总提及了。

（六）族别意见

易武县“插满”在古代即定居在西双版纳，在我国文献中早有记载。从自称、历史发展、共同地域、共同语言、经济和民族心理素质的主要特征综合分析，他具有单一民族的一些特征。因此，从构成民族的特点看，在进一步比较研究的基础上，可以考虑为单一民族。民族的名称应改为“高棉”（或“克明”），以切合本族的自称。

从古代族源、语言的属系关系，以及从某些民族文化所表现的共同心理素质的共同性上观察，“插满”与布朗族有一定的关系，尤其从“插满”人的发展前途着想，在本民族自愿的基础上，通过说服教育，可考虑和布朗族形成一个民族共同体，即列入布朗族。同易武县领导初步研究过一下，也倾向于这个意见。

[注一：在红河哈尼族彝族自治州的金平县三区，也有“插满”共5寨，计302人。经1960年4月进行识别后，已知金平的“插满”人自称是“布芒”，语言属孟高棉语族，可能是孟语支，他的自称、语言等和易武县的“插满”（自称“高棉”）有别，其族系正在研究分析中。

注二：在老挝国，有两种族的称呼，一种叫“布雷”，另一种叫“高锝”，是两个民族，其共同名称叫“克明”。]

调查人：张凤岐、陈福全

三、“本人”识别小结

西双版纳的“本人”，应认为是彝族的支系。

（一）名称、人口、历史

1.名称、自称已不易查考，一般称为“本人”。“攸乐”人称他们为“布忍”。

2.人口及其地理分布：全州人口3855人，其中景洪县人口为1589人，易武县人口为

2268人。分布地域最北至勐旺区，在布远江畔，有布远、连相和调进3寨。攸乐山有3寨，即曼空大寨、新寨、银厂，聚居在倚邦区，多数已操汉语，从汉俗。聚居在易武的，还保有本民族的语言及习俗。他们的居住地域可以连成一片。

3. 历史：因和汉（族）接触频繁，“本人”的历史来源已不易考。“本人”和汉族历史上来往的媒介，主要是茶叶。倚邦、易武、攸乐山是六大茶山的所在地，都有“本人”聚居。公元8世纪南诏、大理时代，洱海统治民族的贵族即习惯把茶叶作为饮料。15世纪时，明代把这里的茶叶作为“贡茶”，可以推知“本人”种茶时期和与汉族的经济联系，当不是很短的时代。清乾隆二年曾征调倚邦的“本人”壮丁参加贵州军后，汉族成分的曹姓，以军功封为倚邦土司，曹家也成为“本人”民族成分。

景洪区“三达”人也自称“本人”是他们的祖先。

（二）语言

“本人”话是属于汉藏语系藏缅语族彝语支彝语的。勐旺区布远寨的“本人”话和墨江的彝话相近，攸乐山的“本人”话和“攸乐”话亦相近。

现在“本人”采本民族语的主要在易武一带。在倚邦，30岁以上的人能讲本族话的仅有两寨，大多数都讲汉话。

（三）经济生活

“本人”主要居在半山区，也有居在坝子的，如勐旺区的布远、连相、调进3寨。

他们主要从事农业生产，并以采茶为主要副产，种旱谷、苞谷、豆、花生等，也种棉花，仍采刀耕火种、广种薄收的耕作方式。

居住房屋是平地茅顶，与“攸乐”人的竹楼有别。

民族内部阶级已分化，地富已经出现。1956年以来，坝区实行和平协商土地改革，1958年实行民主改革补课，正向合作化迈进中。

（四）共同心理素质

1. “本人”有许多习俗和彝族相同，如：

（1）祖宗崇拜，供奉灵台。彝族是采用竹节做成手指长的小人，“本人”是采用一种“老祖宗树”制成小人灵台，供在楼上的左边，非亲人不许入左楼，只供最近一代祖宗，更前的则烧毁。

（2）古代“本人”妇女（未婚）戴尖头帽，和内地彝族（子君）及“攸乐”少女同。“本人”妇女早期用白布裹在前身，作为裙裤，后改用傣族妇女的筒裙。

（3）“本人”每年祭竜，这和内地彝族及“攸乐”人每年祭竜相同。

（4）“本人”每年新谷入仓，有“吃新米”的风俗。这和彝族、“攸乐”人的风俗相同。

（5）“本人”有父子连名制，彝族都有这个风俗。

（6）“本人”流传着“仙人宝刀”的神话故事，“攸乐”人也同样流传。

2. “本人”对本族的意见和看法：“本人”的历史来源，本民族已不自知，但肯定是少数民族，而不承认是汉族。“本人”群众一般认为“本人”“攸乐”“三达”在古代是一族。

“本人”群众认为是彝族的支系，没有反对的意见，但不愿说是“乡谈”（香堂）的组成部分。

（五）族别意见

从族源的一些线索、语言属系和某些共同心理素质的特征和本民族对族别的意见上综合分析：西双版纳的“本人”是和彝族同为一族，和“攸乐”“三达”人同一族源。

因此，“本人”应认为是彝族的一个支系。

调查人：张凤岐、普永发

四、“阿克”识别小结

西双版纳的“阿克”应认为是哈尼族的支系。

（一）名称、人口、历史

1. 名称：自称“勾克”，是一个大家族的名称。附近傣族和哈尼族称他们为“阿克”。

2. 人口及共同地域：自治州人委《民族人口统计表》（1958）列为2337人，其中景洪县2053人，主要集中在勐罕区、勐笼区，景洪区三达乡有两寨；勐海县191人；易武县93人。以上分布地区可以连成一片。

3. 历史：据帕千大寨“阿克”老人自述：“阿克”人原来聚居在墨江县（他郎地方——1912年设他郎厅），因为受了反动统治者的压迫和剥削，后来一部分仍留居原地，一部分迁徙到西双版纳，最后就定居在帕千大寨（现有人口51户244人）。依照他们的家谱推算，共推到12代，前4代住墨江，后8代（约三四百年）移居西双版纳。他们有“煮螃蟹停留不前”和“砍芭蕉为赶路标记”的历史传说。

（二）语言

“阿克”话是属于哈尼语的一种地方话，在语音结构词汇和语法构造大抵与哈尼族相同，跟一些彝语的方言也较接近。比如以743个词与新平彝族话相比，其中相同相近的有234个，占31%。“阿克”人除使用“阿克”话外，尚能采傣语，并以它作为对外交际的主要工具。

（三）经济生活

“阿克”人居住在半山区，以农业生产为主，旱地出产旱谷、苞谷、棉花、荞子、花生等。解放前仍采刀耕火种，一般不施肥，铁质农具由内地汉区或傣族坝区购来，仅有一食指长的小铁锄、小锯齿镰刀。不会犁耕。本族无专业的商人、匠人，交易是用副产品（皮、棉等）换取盐、布、饰器等。“阿克”人是由墨江（他郎）地方的“阿梭拉补”（“拉补”，“阿克”话，意思是“汉人”）（这是地名，也泛指那里的汉族及其他民族人民）移来的。解放前“阿梭拉补”人不断由墨江到帕千，其中有药材商、布商和银饰商等，进行不等价交换。

解放前，“阿克”寨是傣族土司的农奴寨。土地属于土司，谁号地即归谁使用，土地丢荒后可自由占用。全寨以户为单位，进行个体经营（种耕）。本民族内部阶级分化不明显，唯个别地、富已出现。

（四）共同心理素质

家庭是社会的基本单位，村寨由不同姓氏的家族组成。“阿克”共有13个家族，而帕千大寨有4个家族，即“勾克”“顿布”“包千”“包群”，无族长，有村长头人“蒙拔”。祭竜时，四姓一道共祭，由“蒙拔”主持。此外，尚有村寨性的原始互助习惯，如婚丧、盖房、帮工互助等。

婚姻是一夫一妻制，多为男女自由恋爱，父母若不同意，则与家庭分居。婚前性行为自由，同姓不婚，大部是舅表婚配，寡妇可改嫁外姓。

民族节日：①过年（“欧托托”），大致在秋收后十一月间。②祭山神（“娄群”），全寨杀猪1头、狗1只、鸡6只，四姓一道由“蒙拔”主持。祭后第二天开始播种。妇女不能参加祭献，不能吃祭品。③过新年（“口席”），在三月间舂糯米、煮汤圆并祭家神。

人死后木棺土葬。墓地坟上有草房，其中放置死者生前一套用具。“阿克”人信鬼神、自然崇拜，也有祖先崇拜。祭祖在屋内，无灵台，但用一根以“祖拉阿保”树削制成的小木棒，同时用来祭献祖先的牲畜，也需用此棒敲杀。

有本族的男女巫师，统称“毕摩”，无师授，也无经典，主要为病人驱鬼禳灾。

“阿克”人喜弹三弦，婚丧节假时也有歌舞，曲调旋律同哈尼族。

攸乐山“攸乐”老人反映说：“‘阿克’和‘阿卡’（即解放后的僾伲族）两支合在一起，就构成‘哈尼族’了，单说一支还不够。”可见，“阿克”是哈尼族的组成部分。

（五）族别意见

由“阿克”的族源地、迁徙路线、语言、风俗、信仰，以及民族意愿综合分析，应认为“阿克”是哈尼族的一个支系。

调查人：普永发、盖兴之

五、“布夏”识别小结

西双版纳的“布夏”应认为是哈尼族的支系。

（一）“布夏”的人口、自称及历史

“布夏”分布于景洪县勐竜区国境边缘上，计有7个寨子，共95户474人。

“布夏”自称“撒空”，傣族称他们“布夏”。附近的其他民族，也大都采用这个他称。

“布夏”人对本民族的来源不清楚，附近民族对“布夏”的历史来源，有这样两种不同的推断：

1.“布夏”与“阿克”是同一个族源。勐竜区委书记阿久（哈尼族）同志说：“布夏”与哈尼族有一定的历史关系，从各方面看来，他同“阿克”人是属于一个族源的，由于历史的发展和地理环境的变迁，方在现象上形成了许多相互区别的特点。

2.“布夏”来自老挝。这是勐竜区的一个傣族和尚说的。从国内外民族的地理分布情况及当地居民的迁徙历史事实看来，这种说法是无客观依据的。“布夏”与当地的傣族、哈尼族来往较多，有密切的经济联系。一般说来，跟哈尼族感情融洽，极为和睦。

（二）语言

“布夏”话就其基础语和语法构造来说是属于哈尼语的。它受傣语的影响较深，在语言的各个方面都有渗透，比如声韵中增加了p、m、n、ŋ、p、t、k等韵尾。语汇中借用了大量的傣语词，如犁、锄、镰、花生等。“布夏”除使用本族语外，尚通晓傣语、哈尼语，并作为主要对外的交际工具。

（三）经济

“布夏”大都居住半山，他们在山腰种植旱谷、苞谷，另外也还种棉花、花生、豆类等作物。耕地多为轮歇地，尚没完全固定下来，因之常常迁居。接近坝区等也有少量水田。一般是刀耕火种，不施肥，薅锄粗糙。农具主要是小锄头，不犁、耙田地。本族无铁匠、木匠等工艺匠人，也无商人，市场大都在傣族地区。“布夏”虽无以畜牧为生的人，但都喜好狩猎。

在“布夏”地区，土地完全为傣族勐竜土司所占有，本族未有耕地。解放前向傣族土司缴纳粮税，一般是土司摊派税额，全寨人户平均负担。因而本族内部尚无阶级的分化，绝大部分“布夏”都是贫苦农民。

“布夏”妇女不会织布，日用布匹衣服皆由傣族售给。

（四）风俗习惯、宗教信仰

“布夏”保存有氏族残余，村寨有寨长，主要是主持祭祀、管理村寨事务，由村寨内各家轮流担任。村寨有不同姓氏的家族组成，例如：帕仑乡布夏寨有玛茨、干拔思楞、阿巴、佑娄达、板鹅等5个。家庭多系小家庭，儿家婚后便与父母分居，如果弟兄间能团聚相处，则不分家。祖房不分，其他资财由父母做主，分给儿子，多少不拘，并选择自己喜爱的儿子留居身边，供养自己。

婚姻是自主婚姻，父母无权包办。同家族不婚，夫死妻可改嫁，一般是外嫁给他人，弟不能娶寡嫂（兄亦不能娶弟媳）。“布夏”少年时就开始性生活，因之身体孱弱，生育能力低下，男子多夭折，无老人亦少有幼婴。

丧葬仪式简单，死后用竹篾板裹尸埋葬。丧期是3天，第一天杀猪祭奠，第二天午后杀水牛送鬼，第三天杀狗、猪、鸡等祭品，多在当地煮吃，剩余的须大家分吃，不能留给丧家。送鬼由巫师“毕母”主持，鬼魂送往四方。

“布夏”信奉自然神祇，并有祖先崇拜。主要神祇有水神“夏米”、蚁鬼“擦保内”、山神“内戛”和家神“永内”。室内悬有方形篾板以象征祖先的灵位，逢年过节都需祭献。

节日多，主要有3个大的年节：

（1）阴历三月间过年，“布夏”话称“夏扁烘”，节后栽谷子。祭品是两只猪（寨长杀1只，全寨合杀1只），祭祀需由寨长主祭。

（2）阴历四月过新年，“布夏”话称“委拉烘”。

（3）阴历六月间谷子扬花时过年，“布夏”话称“宰拉烘”。过节时杀猪、鸡，打秋千，为时二天，第一天男的出山打猎，女的外出捕鱼。

另外，阴历九月间全寨还祭献神树、山神，祈福禳灾。每月月初都还过小年，仪式简单，也不忌火，祭品是1枚鸡蛋、1条干鱼（大小均可）。

（五）族别意见

从族源、民族关系观察，“布夏”和当地的哈尼族支系“阿克”有密切的关系。从语言上看，“布夏”话属于哈尼族语言，某些风俗信仰如祭神树、祭竜也和哈尼族同。我们认为“布夏”是哈尼族的一个支系，勐竜区委也认为“布夏”应归入哈尼族系。

调查人：陈福全、盖兴之

六、“补角”识别小结

西双版纳易武县的“补角”应认为是布朗族的一个支系。

（一）名称、人口、历史

自称“补角”（或译为“仆戛”“布谷”）。

据《1958年西双版纳傣族自治州人口统计表》上列为212人，聚居在勐腊区距城子10多华里的公路边上，仅有1寨。

“补角”的老人由历史传说中述说：本民族在古代就居住在勐腊坝子中。又据熟稔民族历史的傣族领导同志研究，也肯定勐腊的“补角”是本地的始祖（即土著民族）。

近四五百年间，内地哈尼族迁入西双版纳，与“补角”相遇，先前定居的“补角”遂统治了当地迁来较晚的哈尼族。这个统治关系后来又移转入傣族领主土司手中，“补角”寨也成为勐腊傣族土司的农奴寨。

（二）语言

“补角”话就是布朗族语言，属南亚语系孟高棉语族布朗语支。

“补角”人长期和傣族人民来往，男女都会讲傣语。“补角”男子由于政治、经济生活的需要和当地哈尼族多有接触，也会讲哈尼话，但女人则不会讲哈尼话，“补角”人的家庭话仍普遍讲自己固有的布朗族语言。

（三）经济生活

“补角”人主要从事农业生产，种水稻，耕作技术、方法和使用农具都和邻近坝区傣族相同。

物质生活也大抵采取傣族人民的。居住竹楼房，与傣族同。男子头上包头巾，女子穿短袖上衣，腰系筒裙，也都和傣族男女服饰相似。

（四）共同心理素质

“补角”人也和勐遮曼敦区或勐海布朗山的布朗族一样长时期以来和傣族人民来往，向傣族吸取了同一信仰——佛教，学习傣文和念傣文佛经。他们也参加傣族的民族节日如泼水节等。

（五）族别意见

“补角”人是古代定居在勐腊坝最早的，这和我国西南边疆地区古代聚居着布朗族的历史情况相符合。“补角”话属布朗族语言，他们的许多风俗信仰也向傣族人民学习，吸收过来，成为自己的物质和文化生活的组成部分。

因此，我们认为“补角”是布朗族的支系。

调查人：张凤岐、陈福全

七、“空格”识别小结

西双版纳的“空格”，应认为是布朗族的支系。

（一）名称、人口、历史

据了解，古代有自称，已遗失了。“空格”（或“困格”）是傣语，意为“隔离开了的人”。解放前，傣族土司称之为“卡格”（“卡”是傣语，指山区的奴仆之意）。

1960年勐养区委会人口统计是429人。“空格”人很早就居住在西双版纳，首先居住在勐养的三头山，建立了寨子。据“攸乐”人神话故事（葫芦）反映，最早出世的是“空格”人，其次是“攸乐”人，再次是汉族、傣族和本人。据1954年识别调查：勐遮曼敦区的一部分布朗族是由勐养的曼雅寨迁去的，这里就是“空格”原先的居住地区，曼敦的一部分布朗族与勐养的“空格”在族源和迁徙路线上有直接关系。“空格”人死送魂方向是东方，象征他们是由凤庆、思普等县迁徙来的。

（二）语言

“空格”话是布朗族语言，属南亚语系孟高棉语族的布朗语支。

勐养区曼景坎乡空养寨的空养人，勐满距勐养一日程，从前有“空养”人、“空满”人、“空宏”人，以及景劳区的“空宏”人，都讲布朗族语言，这些人们和“空格”人讲话都能互通。“空格”人和大勐龙的布朗族也基本上能通话。“空格”人男女都能讲傣语。

（三）共同地域

“空格”人现聚居在勐养区的空格山，分布在曼纳庄乡，计1寨（曼广笼寨）；曼洒浩乡，计5寨（纳惠帕、曼巴罗、曼本汤、曼把腰、西板），与大勐龙区、三达山乡的布朗族各村寨连成一片。

（四）经济生活

解放前，“空格”人居住半山区，以农业为主，种旱谷、苞谷、棉花，早期也种茶树，解放前夕已废弛，每寨仅留一二株。种地采刀耕火种广种薄收的方式，认为牛犁地不合理。1块旱地轮种3年（棉花、旱谷、苞谷），然后丢荒7年至9年，也有丢15年的。

旱地私有，砍地时每户自己号起地来。土地有租借，但无买卖。解放前攸乐山扎砝寨的“攸乐”人以1元半开租地1块等（第二年不收租），“空格”人亲友之间，则付半元。阶级已有分化，但私有地不多。

“空格”有本民族的木匠、铁匠。妇女能织出结实美观的细布毡和挂包。

（五）共同心理素质

1. 婚姻、家庭：实行一夫一妻制，婚姻是自由恋爱，但也有少数是父母包办。男方不送聘礼，无上门入赘的习俗。结婚须经头人“拴线”，双方可以离婚。舅表家不通婚，视为禁例。解放前，有男方串姑娘的风俗。

2. 政治组织：解放前，宣慰使在景洪设有“波朗”制度，叫作“叭阿翁”，来管理“空格”人民。勐养区傣族土司也设有“波朗”，“空格”寨子每5户编制成1班，替宣慰使舂米，负担无偿劳役，是封建领主土司的农奴寨。

每户向土司纳门户钱，最低2元至15元不等。土司委派头人须献礼钱，“老叭”级献18元半开，“老鲊”4.5元至5元，“老献”3.5元。各级头人不世袭。

3. 宗教、节日、丧葬：“空格”人信仰自然崇拜，不信仰佛教，寨内无佛寺或佛爷。

曼广咙寨（18户43人）居民，因信傣族所信仰的“琵琶”鬼而为全族所不容，驱逐出来，另在公路6公里旁建寨。

“搭色”（或译“赵奢”）是宗教祭司，世袭，主持择卜吉日砍地，主持过新年。（二月）新年之月，全寨不劳动3天，第四天全寨各户共同出外砍新地。“搭色”禁忌入病家或丧家。

“祭竜”，约在收谷收棉花前的八九月举行，每户一人参加献祭，到山上献竜，杀猪祭祀后分吃，由“搭色”和头人主持。

“空格”人不参加傣族的泼水节、开门、关门等节日。人死土埋。

4. 民族关系：据访问，“空格”与布朗族同属一个族源。据历史故事反映：早期“空养”人有氏族领袖3个，最有声望的是召法莫干；“空格”人有一个，名叫召发·会·布朗，各族领袖管理本民族人民。召法莫干等4人与傣族统治者进行斗争，战至澜沧江边，“空养”“空格”人先胜利了，后败，逃往缅甸孟艮（三岛）地方，“空格”群众跟随外逃，一部分留在勐养居住，就是被隔绝的人——“空格”人。现在“空养”人每年仍祭其氏族领袖的大鬼。解放后，“空养”人已承认为布朗族。

景洪县山区民族是团结的。1943年攸乐山全部“攸乐”人投入反国民党反动派的武装斗争，获得了“空格”人民、瑶族人民的热烈支援。

“空格”人不和其他民族通婚。

（六）族别意见

从族源、民族迁徙、语言、历史上的民族关系看，“空养”人和“空格”人都是和布朗族同为一个民族。解放后，1953年建自治州时，“空养”人已合并为布朗族，“空格”人当时也赞同合并，但未实行。现在从民族的意愿表现观察，本民族不愿保留“空格”族系、族称，亟愿合并为布朗族。

我们认为，“空格”是布朗族的一个支系，族称建议改为布朗（由于“空格”的民族领袖人物原来叫“召法·会·布朗”）。

调查人：张凤岐、普永发、陈福全

八、“苦聪”识别小结

西双版纳易武县的“苦聪”应认为是拉祜族的支系（即“拉祜拿”）。

（一）名称、人口、历史

1. 名称：自称为“拉祜”。这里苦聪人的习惯称呼是把澜沧县的拉祜族称为“拉祜喜”，自己的自称是“拉祜拿”。“苦聪”是解放前历代反动统治时代带有侮辱歧视性的他称，解放后他们已恢复了自己历史上的民族自称——拉祜族。

2. 人口及共同地域：1958年自治州人委《民族人口统计表》列为174人，勐腊尚勇及原始森林里原有3个“苦聪”寨，共26户276人（男147人、女129人）。1958年大跃进时，当地党委和区人委动员原来住在尚勇区山上南歪寨的傣族居民下坝，把南歪寨让出来给3寨“苦聪”人聚居在一起。

3. 历史及迁徙路线：易武县“苦聪”人民的来源有两种说法。

（1）清代从澜沧县辗转移来的：他们原来聚居在澜沧和孟连一带，清代嘉庆年间，清政府派迤南道刘春霖用兵镇压澜沧拉祜族人民，他们遂被迫转移到西双版纳州的易武县和红河州金平县的国境线一带散居。

（2）从墨江县移来的：据尚勇区南歪寨的“苦聪”人扎约（58岁）谈迁徙路线，自汉官（指清政府）迫使“苦聪”人移入深山老林里，百年来流浪，从墨江到江城，到越南、老挝，本族互相失却联络。现在“苦聪”人大部分还在国外，以老挝最多。出国后，曾经迁移到勐乌、乌得、勐岩、南腊，有的人又移到祖国的易武县来。扎约本人是在勐乌附近的勐梭出生的，30年前他搬到勐腊尚勇区山上。直到1958年在党和政府的领导和帮助下，“苦聪”才定居下来。

（二）语言

“苦聪”话属汉藏语系藏缅语族彝语支的拉祜语，“苦聪”话与澜沧县拉祜族的语言完全相通。

（三）经济生活

解放前，“苦聪”人在森林中漂泊不定，主要从事刀耕火种的旱地生产，和以狩猎、采集为辅，每年缺粮，以山茅野菜充饥，间或以捕猎品向邻近的瑶族换取破旧衣裤或食盐。女子不会织布或缝衣。

阶级分化不明显，都是贫苦的劳动人民。

（四）共同心理素质

“苦聪”人全族男女都不吃狗肉，似奉狗为图腾崇拜。

男子不剃头发，这个特征和澜沧“拉祜拿”一支的习俗相同。

男子普遍称为“扎”，女子称为“娜妹”。

解放前西双版纳的封建领主、山主还在“苦聪”3个寨封派各级头人收“封官钱”，转嫁到人民摊派上，被封派的“老叭”“老鲊”“老献”要为领主土司提供全寨居民的官租、杂派、赋税、无偿劳役等。

“苦聪”人和瑶族、哈尼族人民多有往来，感情融洽，但不与瑶族通婚，与当地的哈尼族通婚，上述扎约老人的母亲就是哈尼族。

（五）族别意见

从自称、民族历史、迁移路线、语言、民族心理素质特征和本民族人民对族别的意见，做综合的分析，易武县的“苦聪”应认为是拉祜族的支系（“拉祜拿”），族称也应改称“拉祜”。

调查人：张凤岐、陈福全

九、“三达”人识别小结

西双版纳的“三达”人，是由倚邦、易武迁移来三达山的“本人”，应认为是彝族的支系。

（一）名称、人口、历史

1. 名称：“三达”是汉称，傣话称他们为“兰千”，是在三达山的“三达”人成为车里宣慰使的农奴寨的过程中，由傣族统治者取名的。

2. 人口：946人（州人委《1958年民族人口统计表》），分布在景洪县景洪区的三达乡，计14寨。除乡人委所在地的大寨团山寨外，余均和他族杂居。

3. 历史：最早的“三达”人居住在三达山，现只有七八户了。“三达”人绝大部分是由倚邦、易武搬来的“本人”。搬来的“本人”约两代前在三达山建立三达旧大寨，约

60户，因时疫，后分散居住，形成今天杂居的情况。

（二）语言

“三达”话属汉藏语系藏缅语族的彝语支，“三达”人都会讲汉话。在乡人委大寨中，60岁以上的仅有两个老妇（杜大妈、刘大妈）还能略记忆一些词汇。由所记录的90个词中，与彝语相同的占60%，与哈尼语相同的占50%，主要交际工具是汉语，会讲本民族话的人很少。“三达”话和“攸乐”话相通。

（三）经济生活

“三达”人居半山区，主要从事刀耕火种的旱地农业生产，有旱谷、苞谷、豆等作物，也广种棉花，不会犁耕、不施肥、不薅草。

阶级已分化，已出现地主、富农。

解放前三达山的土地属宣慰使所有，通过曼德寨的“老叭”，每年向“三达”人抽收地租。

住屋是平房，以草排搭成，颇结实宽大，分里间、外间。

男子服饰，包头巾，青布衣裤，女子穿筒裙，与“攸乐”族相似。

（四）共同心理素质

祭竜是唯一宗教大典，在团山寨，居民5天不出工，其他各寨3天。寨外有竜山，山有竜树1棵，由祭司（“毕莫”）主祭。竜山有草屋（神庙），每寨祭竜日，派人运送辣子1驮奉献给宣慰使，宣慰使还给槟榔8背，全寨人民都分嚼槟榔。这种供奉反映了山居民族与坝居封建领主的关系。

供奉灵台：供在寨前上方，采凶兰树（叶细长，如手指，树皮滑腻，树大可合抱，禁止砍伐烧毁）的树皮，制作祖先的似“小人”的灵台。彝族有同一风俗。

祭谷魂：三四月旱谷地的稻芽成长，杀鸡祭献。八九月谷熟，将代草的谷穗扎成方形（彝族编成X形）放在谷堆上，以供奉谷魂。

“三达”人除过大年和汉族相同外，其余节日均不采汉俗。

“三达”人均认为是讲汉话的少数民族，不承认是汉族，明确肯定是倚邦、易武县搬来的“本人”。

（五）族别意见

由族源、迁徙的历史、路线、语言、风俗习惯、宗教信仰、本民族对族别意愿的分析，“三达”人是三达山的“本人”，应认为是彝族的支系。

调查人：张凤岐、普永发

十、"八甲"识别小结

西双版纳州勐海县勐阿的"八甲"应认为是傣族的支系。

（一）名称、人口

无自称。300年前，他们（是从）原居住在景谷县老肩山的八甲地方迁居来的，从而以地名作为族称。本民族人民自认是"汉傣"。

人口225人（州人委《1958年民族人口统计表》）。最初移来时仅有11户。他们现在分布于勐海县勐阿区景播乡景播大寨、老寨、麻郎寨、马家寨，和当地汉族、傣族、拉祜族杂居于半山区。

（二）语言

"八甲"的语言是汉藏语系壮侗语族的傣语支。

（三）经济

以山地农业生产为主，有少量梯田，过去兼有狩猎和采集。农作物主要是旱谷、玉米，次为黄豆、豌豆、荞子、洋芋。经济作物有少量茶树，也有棉花。种蔬菜。

解放前，耕作方式多采刀耕火种，3年后抛荒。少施肥。早已采用铁质农具。在生产、生活中有互助习惯，男子犁地、耙田、铲埂，女子薅铲、点播谷物。副业：编织各种竹器，自给自用，棉花售予傣族，有脱产的铁匠、木工，有专业的商人。

阶级分化明显，有地主、富农。土地属私有。森林未经山主同意不能随意砍伐。梯田大部分为地主所有。

（四）共同心理素质

"八甲"共有刀、俸、李、张、符等姓。共同祭"大竜"。节日、宗教信仰大都相同。

采小家庭制。子女长大后分居，诸子平分财产。女子无继承权。长子分得祖屋，以赡养父母。婚姻是一夫一妻制，姑舅表可以婚配，同姓不同宗可婚。议婚通过媒妁，由父母包办。也有男子"抢亲"的风俗。婚后，女子"坐落夫家"。

"八甲"人能歌善舞，吹芦笙，弹三弦。凡过年节当中，有丢包、泼水节、玩高升，并集体舞蹈，风俗与傣族一样。

宗教：崇拜祖先，并信小乘佛教[①]。节日有堆沙、泼水、开门等，祭"大竜"。寨中

---

① 为"南传上座部佛教"的俗称。——编者

有佛寺。

人死，木棺土葬。祭师念经超度亡人，并掷鸡蛋，以选择坟地。

禁忌很多，如献祖的神房，外人不得入；楼上，妇女及客人不得入内。

（五）识别意见

从历史、迁徙路线、语言、共同心理素质和本民族人民对族别的意愿看，“八甲”应认为是傣族的支系。

调查人：杨毓骧、朱金和

十一、“布崩”识别小结

西双版纳的易武县勐腊区的“布崩”应认为是哈尼族的支系。

距易武县勐腊区约30华里的山区有布崩寨，是“布崩”人聚居的唯一村寨，人口约15户，居民百人左右。这里是前往国境边缘上居住着哈尼族（“卡别”）的各寨子所必经的道路。

“布崩”人有自己固有的语言——就是哈尼族语言，和墨江县哈尼族的一个支系“布蚌”的自称相同。他们和邻近的哈尼族“卡利”人来往很频繁，感情也融洽。

族别意见：

勐腊区的“布崩”应认为是哈尼族的一个支系。

易武县委统战部李光止同志也同意这个意见。

调查人：张凤岐、陈福全

十二、“品”识别小结

勐海县勐遮区的“品”，应认为是哈尼族的支系。

（一）名称、人口、迁徙历史

自称“比苏”，汉称为“老品”。

人口10户40人。现居住在勐遮区曼红乡老品寨。

在很早时期，从澜沧县的勐丙寨迁来勐海县的勐搞寨的，当时到达300多户。后有200多户又迁到缅甸大勐养。仍居曼搞寨的有80多户。20年前，大部分因时疫死亡。剩下现在的10户另建新寨——老品寨。

（二）语言

“品”的话属于汉族语系藏缅语族彝语支的哈尼语，但傣语借词很多，他们操纯熟的傣语。

（三）经济

居住在坝边，种水稻，使用犁耕，耕作技术与傣族同。

解放前，本民族内部无地主，10户中有下中农2户，其余是贫农。

（四）共同心理素质

婚姻：自由恋爱，采一夫一妻制。姨表、舅表优先婚配，姑表不婚。夫死妇嫁，弟不娶寡嫂，兄不娶弟媳。

宗教：仍信仰多神教，但祭的鬼不多。最大的神是“批勐”——土地神。有祖宗崇拜的习俗，但不供祖宗灵牌。有本民族的祭司，叫作“毕母”。

节日：三月过“新年”（4天）和“老年”（8天）。六月祭土地神。十月过火把节（叫作“玩火把”）。

民族关系：“品”和澜沧县勐丙乡的以及缅甸大勐养的“比苏”（自称）有认识、来往，自认是一个族。10年前，还迁去大勐养居住的有2户。他们与邻近的傣族、拉祜族通婚，但因与哈尼族地域上隔离较远，所以不通婚。

（五）族别意见

从主要的民族特征看，“品”和哈尼族相近或相同。“品”的话是哈尼族语言。他们表示，他们的族别取决于澜沧县勐丙的居民的民族成分（该寨有哈尼族、拉祜族杂居）。因此，我们认为西双版纳的“品”是哈尼族支系。

调查人：普永发、盖兴之

叁、思茅专区民族识别小结

一、澜沧“老缅”识别小结

澜沧的“老缅”，似不能认为单一民族。在本民族自愿的基础上，似可考虑与拉祜族同为一个民族共同体。族称改为“乌拔”。

（一）名称、人口、历史

自称："乌拔"，汉称为"老缅"或"罗缅"。

人口：共2830人，澜沧2112人、孟连480人、西盟238人，居住在高山的陡坡之上。

历史：据澜沧东主乡"老缅"老人谈，"老缅"原居于"木迈米迈"（拉祜语，即今临沧专区），200年前由于拉祜族人民反抗清朝封建统治而随之迁到澜沧木戛区。又受到佧佤族的干扰，遂大批迁入东主乡，当时这里已居住着傣族和拉祜族。后来又分散迁居他处。现在居住在澜沧的唐胜乡、拉巴区、西盟、孟连的"老缅"，就是当时东主乡迁出的。

（二）语言

"老缅"语是属于汉藏语系藏缅语族的话。根据目前已掌握的语言材料看，与彝语支语言相隔较远。是否是，或是否接近缅语支？须待进一步与缅语作比较研究。

（三）经济

以农业生产为主。种旱谷、苞谷为主，也种小红米、荞子等。有火麻。解放后种甘蔗、洋芋。

山地多为轮耕地，实行"刀耕火种"，不施肥。住宅附近有园圃，施以牛、猪厩肥，园地种蔬菜、豆。

生产工具早已使用犁耙、锄头、钐刀、斧子，多从汉区购入，一部分是从孟连购入生铁，托拉祜族铁匠制造。没有本族的石匠、木匠、泥水匠，也没有专业的商人。副业生产：老人编制日用竹器，妇女能织粗席、布口袋、小渔网。

劳动组织分工：男子犁田耙地，铲埂和狩猎；妇女从事家务、采集野菜。

荒地、森林属村寨公有，仅本寨成员有权开垦和砍伐。

阶级已分化，出现少数地主、富农。土改后，农民分得了水田。

（四）共同心理素质

村寨由不同氏族的本民族居民所组成，内有石、张、李、彭4姓。还保留原始互助的习惯，如劳动中换工互助、修盖房屋等。

本民族有习惯法，凡违反本族规矩的，由"约卡"（闾长）会同村寨老人共同处理。对犯罪者，多从正面予以道义上的教育和经济上的惩罚，绝少施以肉刑。

"约卡"还负责摊派各种苛捐杂税。

家庭：采小家庭制。个别富裕户还存在"四世同堂"。子女长大后即分居，诸子平分财产，女子无继承权。长子留居老屋，多分得部分土地，以赡养父母。无子可招赘，赘婿能继承，不改岳家姓，子随父姓。

婚姻是一夫一妻制，无子嗣也不能重娶。同姓在3代以外认为不同宗的可以互婚。姑表可以婚配。有姐死可娶妹的“妻姊妹婚”与“兄终弟及”的“夫兄弟婚”的习俗，但弟不能娶寡嫂。寡妇可改嫁。议婚由父母做主，媒妁说亲，男方送聘礼给女家。

妇女穿青布长衫，下身穿短裙或裤，不蓄发，有青布包头。装束与拉祜族同。男子穿圆领大面襟短衫，青布裤。

遇欢庆节日，仍流行本民族的音乐舞蹈，吹芦笙、竹口弦。

宗教信仰：信仰多神，并崇拜祖先。有本族的巫师，替人送鬼治病，超度亡魂。东主乡“老缅寨”全寨四大姓，同供一“山神”。山神庙是在寨外，用竹篱笆围成。

六月二十四日过火把节，与彝族习俗同。

人死，装木棺，行土葬。由寨中老人选择坟地。

本民族禁忌很多，例每月凡属“猪”“龙”两日，忌出工。

历史上的民族关系：200多年前，曾由缅甸景栋一带，部分缅甸族迁移过来，而后由临沧地区，先后和拉祜族南迁。但是否即是现在的“老缅”族？关于这方面的族源，本民族是否了解，也无旁说、物证可据。缅甸境内有些地名和人名称谓，也叫作“乌”。明末有桂家（贵家）宫里雁在缅甸老银厂“班海”开矿，有人认为是缅族。但是否与“老缅”有关，本族人民也不了解。

在近200年间“老缅”由缅宁、临沧向南迁徙中，在与拉祜族人民一道反对清代封建统治和共同防御佧佤族的干扰中，形成了共同行动。“老缅”人兼操拉祜话，在长期杂居中，和某些共同心理素质上，与拉祜族相同相近。在居住地域上，也和拉祜族连成一片。

根据本民族对族别的意愿，他们则认为与佧佤族、布朗族、彝族的族别不同，甚至在某些特征上和拉祜族也有一定的区别。

（五）识别意见

由主要的诸民族特征观察，“老缅”似不能认为是单一民族。

由本民族的发展前途着想，根据近200年来和拉祜族共命运、同生活习俗，和长期杂居在一处等具体情况看，通过长期宣传、教育、说服，在本民族自愿的基础上，似可以考虑：“老缅”与拉祜族为同一民族共同体，以利本民族的发展，即“老缅”可考虑为拉祜族的一个支系。

调查人：杨毓骧、朱金和

二、澜沧“阿茨戛”识别小结

澜沧县雅口区的“阿茨戛”，应认为是彝族的支系。

（一）名称、人口、历史

名称："阿茨戛"是他称，没有自称，自己认为是"彝族人"。

人口：分布于澜沧县雅口区雅口乡2户、南现乡8户，共10户，人口50多人。与当地彝族、汉族、傣族杂居于山区。

历史：百年前后，由于滇西"回民事件"，他们由镇沅的牛肩山随彝族人民迁来，迄今已传5代。

（二）语言

据老人说："以前未迁徙前有本民族的语言，但已消逝。"（可能是彝语中的一种话）现在使用当地彝语。也会讲汉话。

（三）经济

以农业生产为主，种旱谷、苞谷，兼种荞、高粱、小红米、饭豆、黄豆。经济作物有棉花。

采刀耕火种方式，不施肥。每户屋宅附近有小块园地，施以牛、猪粪肥，并种蔬菜。

生产工具由汉区输入犁、耙、板锄、钐刀、铲刀……

有互助习惯，如盖房建屋、婚娶，及狩猎中实行平均分配兽肉。男子犁田、耙地、铲埂，女子薅刈和管理家务。没有本族的匠人。妇女不会纺织。

阶级已经分化，在南现乡的8户中，有地主1户、中农4户、贫农3户。一般生活较本寨的彝族富裕些。

（四）共同心理素质

家庭：采小家庭制，子女长大后分居，诸子平分财产。赘婿有继承权，婿不改姓，子随父姓。

婚姻：同姓不婚，因而多与彝、汉人通婚。有"兄终弟及"的风俗，哥不能娶弟媳。议婚有媒妁，父母包办，"坐落夫家"。

信仰：迷信鬼神，并有祖先崇拜的习俗。每年祭"神庙"。有本民族的"老西多"（巫师），替人送鬼、禳病。

人死，土葬，由孝子掷鸡蛋，蛋破即是坟地。凡生育死、凶杀死或小孩死者举行火葬。

节日：与彝族、汉族同。有过大年、小年（正月十五日）、献"谷魂"（二月初八日）、端阳节、火把节（六月二十四日）、中元节、中秋节（取谷穗，供于天地牌上，供饭）等节日。

有本民族的音乐，乐器有芦笙、三弦、口弦。过节时跳象脚鼓、把陀螺，男女互丢沙包。

（五）识别意见

“阿茨戛”人与彝族一道，由景谷、镇沅迁来，自认是“彝族人”。

操彝语，许多共同心理素质与彝族同。本民族老人表示：“我们就是彝族，后来汉族叫我们为‘阿茨戛’。”

从自称、迁徙路线、历史以及共同心理素质看，从民族对族别的意愿看，“阿茨戛”应认为是彝族的支系。

调查人：杨毓骧、朱金和

三、澜沧“老亢”识别小结

澜沧的“老亢”应确认为是景颇族。

（一）名称、人口、历史

自称景颇族或“载瓦”，傣族称他们为“亢”，意为居住在山区的奴仆。汉称为“老亢”。

人口：孟连县279人、澜沧县27人、西双版纳州39人，共345人。

历史：据澜沧“老亢”老人反映，“原居住德宏州勐卯迁来；在六七十年前先经过龙陵、象达等地，后移居耿马，再迁来西双版纳、澜沧一带，部分迁往孟连、勐马。”

迁徙原因：当时孟连、耿马土司在勐卯招收景颇族人民当兵，后来就定居下来。

（二）语言

讲景颇族语言。

（三）经济

以农业为主，主要种水稻、旱谷、玉米。有自己的房宅附近的园地、菜圃。阶级已分化，出现富农。

（四）共同心理素质

政治上已无山官制度，大“董撒”即是村寨的头人。其他共同心理素质的特征，与德宏州的景颇族相同。

（五）识别意见

“老亢”实为景颇族。

调查人：杨毓骧、朱金和

四、墨江“黑蒲”识别小结

墨江县景回区的“黑蒲”，应认为是布朗族。

（一）名称、人口、历史

名称：自称“娃”，因为皮肤黝黑，解放前汉族辱称他们为“黑蒲”，意即黑色的濮满（族）。墨江县的“黑蒲”其实就是“濮满”，就是布朗族的两个不同他称之一。

人口：675人（1958年统计材料）；72户422人（1958年统计材料）。

主要分布在景回区（接近镇沅县）。

历史：是由景东县迁来的，与墨江县布朗族的迁徙路线符合。

（二）语言

“黑蒲”话上属南亚语系孟高棉语族的布朗语支，但掺杂傣语词汇。

（三）经济

“黑蒲”住山腰温暖处，种山地为主，产饭谷为多，次为苞谷、荞子；种少量棉花，一般3犁3耙，荞地多刀耕火种，不施人粪。普遍饲养水牛，会编篾筐、打铁农具，但不会铸铁。犁头向傣族购入。妇女不会纺织、缝纫。以前还集体狩猎。有木匠，没有泥水匠和专业的商人。民族内部没有地主，但已出现少数富农，贫、雇农占大多数。多租种汉人地主的土地，已实行土改。1958年以来成立了人民公社。

（四）共同心理素质

“黑蒲”的大家族，为罗、陶、李、杨姓，以罗姓（“他辽给”）为多，陶姓（“他被打给”）次之。凡同一姓氏严禁通婚。

“德晋”（伙头，也称“竜头”）是公选的，负责处理一切公共事务和“祭竜”。每一个“竜”有一个“伙头”，是政治、宗教活动的基本单位，多是数寨共祭一“竜”。

“黑蒲”实行族内婚，个别的与哈尼族、汉族通婚。姑舅表优先婚配，姨表可婚，有少数弟娶寡嫂和入赘的。婚姻是一夫一妻制，由父母包办，有聘礼。

供奉“山神”（1株栗树、黄梨树2株代表）、“火神”。也有祖宗崇拜，采用白株栗树1尺许，当作祖宗灵台，插在卧室角落。

节日：有过年、祭竜、送火神、祭新谷、中元节等。

人死，行土葬，请死者的舅舅钉棺。

（五）识别意见

墨江县的“黑蒲”是汉称，与新平县的“黑蒲”（自称“卡别”，已识别确定为傣族）的族别根本不同。

从墨江的“黑蒲”的自称、迁徙路线、语言、共同心理素质等特征综合分析研究，结合着1954年的访问材料和历年来的调查材料看，他们就是布朗族。

有关德宏州腾冲、梁河一带“本人”调查识别报告

梁河阿昌调查小组

1960年7月21日　芒市

有关德宏州腾冲、梁河一带“本人”调查识别报告

值1960年7月在梁河补充调查阿昌族材料的同时，抽了少许时间，将分布在腾冲、梁河一带地区的“本人”进行了访问了解。由于时间的紧促和人力的有限，我们只做了初步的识别工作，现将其识别情况分叙于下。

一、“本人”分布情况

据1954年省选民登记统计（估计）数，“本人”分布在保山地区的约有5198人，梁河一带有700人。又据1960年梁河边工委的最新统计，“本人”有60户252人。此外“本人”还分布在腾冲近郊的荷花公社一带地方。据荷花公社的统计，全公社有150户688人（男313人、女375人），分布在该公社的雨伞、朗蒲、民团等大队，其中以朗蒲为多，共70户384人。而朗蒲大队又以汪家寨最为集中，全寨有65户348人，其寨周围全是汉族村寨：上边有李家村（据说民国五年以前，它与今日的汪家寨同一称呼，李家村为上寨、汪家寨为下寨），南面接近朗蒲和尹家寨，西边有杏塘。其分布特点在于大分散、小聚居，并多与汉族相邻或杂居，其次才是傣族。

二、“本人”来源及口头传说

据访梁河龙窝寨“本人”，他们是从南京应天府大石板—腾冲（即腾冲的大街、西街）—汪家寨—龙窝寨。据说“本人”都是在汪家寨才开始分支的，现在腾冲的近郊汪家寨还有石碑记载。为了探索清楚“本人”的迁徙情况，便特地前往腾冲荷花公社所属的汪家寨进行调查访问，以探究其线索。

今日居住在汪家寨的“本人”，有梁、金、孟、赵4姓，汪家寨的汪姓，都搬到梁河的长寨去了，而该4姓中以曩（即梁姓）、金为早，孟、赵后来，据说都是客家。在汪家

寨村边尚有众姓石碑1块，是于民国二十五年描了旧石碑而新立的。因旧碑字迹不明，故新碑中有数处为缺空，抄录于下供参考。

历代流芳

自洪武年到腾，住居曩拍寨（按即今日的朗蒲街，又叫朗木寨），开基立业。□□氏原本姓梁，在南京应天府，于明洪武十五年始祖（何清）身（空白）到旗仕，从西平侯到腾落业西街镇彝关巡检司之职，奉旨征麓川有功（空白）……

大清道光十三年岁次癸巳清明月望六日同枝敬上

…………

从正碑文来看，今日的曩（即梁）姓，初来时住曩们（曩木寨、朗蒲街），但今天的朗蒲街已经没有“本人”。传说早先曩木寨梁是由曩、木二姓人住，因此汉名曩木，也就是碑文中的曩们，是读音的演化。又据说今日的朗蒲街原有个跑马场，原叫“撒马处”，因“本人”在那里住过，汉人因此称“撒马处”为“卡拉铺”，有侮辱之意，但可说明在这个地方曾有“本人”住过。

又传说朗蒲街原为两个放牧人居住，一个姓曩，一个姓木。今日的梁姓住到那里以后，为了隐姓（原因不清，只是说怕招惹是非），将梁姓改为曩姓。

又传说梁姓初来时有两兄弟，大的住在上寨（即李家村），同住的还有汪姓，小兄弟住在下寨（即今日的汪家寨）。今日李家寨的汉族李姓，早先是为梁、汪二姓放牧的，梁、汪二姓见其乖巧，于是给他讨了一个媳妇，让其成家立业，随后李家便逐渐发展了。李姓发展后，势大，梁姓因有其兄弟在下寨，故可以归落兄弟处，而汪姓无处为家，只好搬往长房，从此这里的农业方能发展，故今天这里的汪姓上、下寨一直沿用汪家寨之名称。到民国初年，上寨有一个外地的教师向李说：他们是不同于你们（汉族）的民族，随他们（指汪姓）叫汪家寨就不好了。因过去上寨姓李，便改称李家寨，而下寨一直还用汪家寨的名称。

从碑文中梁姓娶汪氏等情况看来，可能汪氏是土著居民，或者至少比曩姓早到此居住。

再结合“本人”中普遍流传的汪白爷“一望之地”的故事来看，汪姓可能是当地土著居民。据当地群众称：“本人”的祖先汪白爷，这个人非常老实，他原是一个伙头军，在一次打仗中表现勇敢忠实，同伙人见对方势众，纷纷后退，唯独汪白爷不退，终于打败敌人，因此让他选地方，分量是能望到哪里就给到哪里，即所谓“一望之地”。汪白爷很老实，如果站起来望，一瞄就是一大片，把别人的占多了不好，只消从胯下一望就够了，由此汉族便称“本人”为“卡拉”，是取的绰号。

从另一传说看，据说100多年前，有个汪连珠，他仿汉族包足而包得不像，被取绰号“汪大爪”，如果是汉族就无所谓仿效了。据说“本人”之称来源于他们不缠足而崇天足，因此还被称作“大足”。

三、关于称谓及与汉族异同处

从访问中，“本人”还有“卡拉”“卡瓦”“守土人”“客老”等称呼。梁河一带自认的“本人”，而腾冲汪家寨则流行“卡瓦”的称谓，以至问到“本人”一词时，当地干部和群众没头没脑，改问“住汪家寨的”，他们才立即回答：“啊！是卡瓦族。”至于“卡拉”是绰号，已如上述，而“卡瓦”一称从何而来则不清楚。“守土人”据说是汉族当中有道德的人称呼他们，而嘴辣的仍称他们“卡拉”（梁河一带“本人”，对汉族称他们“卡拉”非常反感，解放后这一称呼不再叫了，所以他们很感谢党和毛主席）。“客老”一称已有所不同，据说是汉族叫他们“卡拉”时，他们为了抗争，自称“客老”，意思是比汉族还来得早些。“本人”则是由于不缠足、好天足之意。

目前“本人”都操汉语，其服饰、居住地、饮食与汉族同，节日也大多相同，直接观察则看不出与当地汉族有何区别，后经细细追问，并将时间推回到过去的年代情况进行了解，始知当地群众认为有以下不同之处：

1. 汉族妇女缠足，“本人”妇女是天足。

2. “本人”妇女穿“帮尖鞋”（或称“翘头鞋”，在汪家寨还保存有，与大理白族的大致相同），汉族妇女不穿这种鞋。

3. 汉族管缠足，“本人”不缠足。“本人”衣服长宽、大袖头、系围腰等与坝区汉族不同，但与山上的汉族相同。

4. 宗教方面：“本人”有祭寨活动，与傣族同（祭寨时，用鸡祭，每年二、六月祭。全村参加，早上6点钟到10点左右。在祭寨时间内，村内村外人都不得出进，否则罚钱）。汉族不祭寨。

其次，“本人”还祭田，时间与祭寨同，但祭田用肉，下午祭。祭时无禁规（到土主庙）。

5. 节日：“本人”有春节、端午、火把节、七月半、八月十五，都与汉族同。

6. 婚姻：解放前，“本人”内部才通婚，但同姓不婚（不论同村或异村）。以前不曾有与汉族通婚，与傣族通婚的有一些，不多，与阿昌族通婚还不少。“本人”结婚时新娘骑马去婆家，汉族则是坐轿。

7. “本人”主要从事农业，生产上与汉族基本相同，如农具使用锄、镰、犁、耙等。作物有稻谷、山药、豆类等。

8. 饮食与汉族相同，以稻谷、玉麦、山药为主，菜类有白菜、茄子、辣椒、莲花白、瓜类等。

四、语言情况

据说“本人”有他们自己的话，但因与邻近汉族发生密切交往，因而受汉族影响很大，使用汉话更加便利于相互交往。另一方面，由于“本人”人数在当地不多，加之说“本人”话被汉族取笑，因此长久以来，由于不多讲，甚至不讲，以至于逐渐忘记而消失了。现在“本人”都讲汉话，分布在梁河一带的“本人”已经不会“本人”话了，连龙窝寨68岁的老人都不会讲了。在腾冲汪家寨，现在的老人也没有能完整讲的了，后经多次追问，有3个老人提供了一些语汇，现将其语音记录如下：

1. 酒——bēi、lēi。
2. 吃饭了——suań ńi（甲ńi）。
3. 男人、汉子——bĕi（北）。
4. 小人——guān jang（官姜）。
5. 日头落（即太阳落）——ie hua lao（叶化老）。
6. 吃饭——酸。
7. 吃饱了——酸国老。
8. 穿衣服——找北。
9. 走路——滦老。
10. 去了——来滦。
11. 不去——不滦。
12. 吃肉——酸格（ge）尼老。
13. 吃鸡蛋——酸孤东。

五、解放前“本人”的政治、经济、文化情况

以腾冲汪家寨“本人”为例：汪家寨有65户“本人”，没有地主，只有富农1户，下中农11户，其余54户全是贫农，解放前遭受李家村汉族地主、富农、乡官、举人、贡爷的压迫剥削。李家村的李天顺[①]（乡官）、李兴道等，凭借权势，随时可以到汪家寨杀猪捆人。如有一次“本人”在村边大树上砍了几根柴，便说是犯了李家风水，借此故就下来杀猪吃。

解放前，汪家寨只有65户人，但仅仅只有3箩2斛种土地，其他全为租种（租种腾冲和顺乡和城关地区的田），每年要把全年的收获物的2/3交给地主，而且还要送到家。

除缴租子外，还要给地主谷份，借1箩还2箩，如果还不出，就强横拉走牛马。为了维持最低生活，向地富借钱，还深受高利贷的剥削，1块大洋月利便是3分、5分、1毫。农民往往被迫卖新谷，在栽播时就把谷子卖给了地主，谷子一收获便要交给地主。此时一要交租，二要还谷份，三要交新谷，结果便剩下无几了。

卖工：生活无着，就只得卖工，有日工、月工、年工、长工（竟有一辈子当长工的）。汪家寨有70%至80%都是卖工找吃，据梁德贞说，他父亲和叔父是在李顺天家苦死

① 李天顺，本文又作“李顺天”。——编者

的。梁德清的父亲和叔父是在李兴道家受苦死的。类似情况不胜枚举。

文化上很落后。解放前生活苦，村里立不起学校，读书人很少，现在凡30岁至40岁这辈人识字的不上三四个，40岁以上的更不用提，是小学生极少、中学生一个没有的文盲景况。

过去村里有铁匠1户，会打锄、镰；石匠2户，会打石足、打碑记；木匠也只有2户，会盖房子，但不长于做桌凳和细活。

妇女不会纺织，但会针线（做鞋、做衣服）。据说民国以前，70岁的老人会自己绣花，成线后兑布穿，或者兑花来纺。老一辈人还会绣花。

“本人”的服装，多喜欢青色和黑色，男的喜翠蓝色，女的喜欢蓝色和黑色（与汉族相似）。

住宅：有瓦房，也有茅草房，但以草房为多。1家1院、2家1院、3家住1院（此为少数），房屋外面有土墼砌成的墙，房内墙壁多用篱笆编成，个别的也有四周皆用篱笆做成。房屋都打一点石足（与当地汉族同）。

汪家寨的“本人”多往和顺乡进行交易，梁河一带则多往遮岛、九保赶街，卖出者大多是谷、豆子、菜、马草等，跟汉族买布（据说祖辈曾会织布，近两三代以来，已经不会织了）、买盐及其他日用品。与周围汉、傣族都有交往，但与汉族尤为密切，如果不与汉族交往，便会极大地影响生产和生活。“一伙离不得一伙”，“本人”除农业品自给自足一部分外，其他生产、生活需用品主要靠周围“街子”（集市）解决，在经济上联系密切。

总之，从这次调查访问材料看，“本人”之分布大多为大分散、小聚居，并与汉族居住地邻近或杂居，关系尤为密切，无论从生产、物质文化、生活等方面看，从经济发展水平看，与汉族无甚差异，基本相同。

据这次去梁河“本人”群众中了解，他们始终认为自己是一个民族，认为与汉族在许多方面相同，但又肯定不是汉族，不是阿昌族，也不是傣族，自来就是“本人”的肯定说法。又据梁河边工委介绍：当梁河召开第一届人代会时，没有“本人”代表，于是他们就提意见了，后又予以代表出席。根据这种情况，当地已普遍称之为“本人族”，“本人”自己也承认自己是“本人族”。又兼之所了解记录的语言情况看不是当地汉语，也不同于德宏地区的傣语、景颇语、阿昌语，因此，为了进一步识别清楚，今后还有必要专门记录语种话语。据了解在腾冲附近的甘蔗寨有名叫王茂章者还讲得很好，因去甘蔗寨无人记录识别语音，因此有待进一步组织专人前往记录予以识别。其次，认为“本人”除现在已经了解过的腾冲、梁河一带的情况以外，该人口分布最多地区还算保山，共计有5198人。为了更加慎重地加以识别，也有必要再组织人力前往调查识别，以做出更为全面的识别结论。

如果语言上据调查确实是一民族语言的话，再根据其他方面，那“本人”便可能是一单一民族。

梁河阿昌调查小组

1960年7月整理

关于确定普米、崩龙为单一民族的意见[①]

云南省民族事务委员会党组

1960年11月5日

关于确定普米、崩龙为单一民族的意见

省委：

关于我省"西番"的族别和族称以及"崩龙族"族别问题：1954年民族识别总结认为西番的族别须进一步做比较研究，族称应更改；现经识别补充调查，并经丽江专署召集本民族代表开会，均认他是单一民族，族名从其自称改为普米族，专署做成报告，经地委同意，已于3月30日上报省人委。崩龙族，1954年已识别，未下结论，后来中央民委多次讨论，已肯定他是单一民族[②]。兹将西番和崩龙的识别情况及确定族别问题报请省委审核批示后，由我们以行政程序补报中央民委核示备案[③]。

我省"西番"族，经1954年民族识别研究，作出识别小结说："云南省西番，经与四川境内的西番进行比较研究后，可考虑认为是单一民族，惟民族名称应更改。"[④]曾报经省委核准。

近几年来，我省各级人民代表大会、各级政协及各级地方国家机关中，已经有西番族代表、委员及干部；1956年成立宁蒗彝族自治县时，已经选出了该族的代表人物为人民代表和副县长，并在该县西番族聚居地区成立了民族乡。事实上已经确定他是单一民族。

国庆十周年时，中央民委举办"十年来民族工作展览"，在全国少数民族中，暂时还没有把他列上。原因是"西番"系旧时统治阶级对他们的称谓，"番"字具有侮辱歧视的含义。是否确属单一民族以及更改族称，均须进一步考虑。

关于我省西番族是否应作为单一民族，我们根据1954年民族识别研究的结果，又进行

① 有关这份文件，我们看到有两个文本，主要内容基本相同，细节稍有差异，比如另一份文件就没有此标题。我们选录其中的一份，另一份的部分内容以脚注形式补入。——编者

② 在另一份文件草稿中，在"已确定他是单一民族"之后，有"我们曾组织综合识别组进行复查研究，确认普米族与崩龙族为单一民族"字样。——编者

③ 在另一份文件草稿中，在"由我们以行政程序补报中央民委核示备案"之后，落款有"省民委会党组，1960.11.5"字样，为我们标明了这份文件的起草日期。——编者

④ 见《云南省民族识别报告》，载云南省编辑组编《云南少数民族社会历史调查资料汇编》（三），云南人民出版社 1987 年版，第 12—51 页。——编者

了两次补充调查，一致认为云南西番族的语言、社会经济、民族来源、文化生活与心理状态等方面，都和云南的藏族或其他少数民族有显著不同，也和解放以前历代泛称青、川、康、藏等区域一些少数民族的“西番”有所区别。而四川省境内的西番人长期和四川藏族交错杂居，已经趋向于自然融合，因此，该省西番人已被并入藏族。而我省西番族人民则未与我省藏族或其他民族融合，作为一个单一民族的要求很强烈。我们原已认为可以区别对待，承认云南西番族是单一民族。

在长期调查研究的基础上，经与丽江专署联系，于今年2月14日至17日召开了西番族中各方面代表人物的会议，认真讨论西番族的社会经济、民族特点及族称，一致认为确是单一民族，并决定从其自称改为“普米”（意译为“白人”），以后不再使用带侮辱性的“西番”二字。专署已做出报告，经地委同意，于今年3月30日上报省人委备案。①

我们同意丽江专署意见，请省委核示！

关于崩龙族，在1954年进行民族识别时，尚未做出结论，后经中央民委多次研究，已经肯定为单一民族，并且在“十年来民族工作展览”中正式公布，我们没有其他意见。②

因此，我省的少数民族已经增加为21个。

以上报告是否恰当？请省委审批。

附件一：《关于进一步识别普米族和更改民族名称的意见》

附件二：云南省丽江专署报省人委《关于民族支系报请备案的报告》（抄件）

云南省民委党组

---

① 丽江专署的报告，应指本文件的附件二，即云南省丽江专员公署《关于民族支系报请备案的报告》（抄件），在私人收藏的这份文件中没有附件二。——编者

② 在另一份文件草稿中，关于崩龙族的描述如下：

关于崩龙族问题，1954年进行民族识别时未做结论，后中央民委多次直接调查研究，已经确定为单一民族，并在“十年来民族工作展览”中正式公布于世。

我们复查研究后认为，崩龙与卡瓦（自称布窂）、布朗两个民族在远古时代同源，语言相近（同属南亚语系孟高棉语族），两千年来住地分开，社会经济、政治制度、家庭婚姻、宗教信仰、生活习惯都各有特点，卡瓦、布朗早已确定各为一个单一民族，崩龙并入任何一族都不恰当，也非本族人民所意愿。

我省各级人民代表大会、政协委员会和州、县国家机关中已有崩龙族代表、委员和干部，德宏州与镇康县已有崩龙民族乡，事实上亦早已确认其为单一民族。我们完全同意中央民委直接确定其为一个单一民族的处理。

省民委会民族识别综合调查组
1960年11月1日

附件一：关于进一步识别普米族和更改民族名称的意见

一、普米族应当列为单一民族的根据

1. 云南普米族原是川、康、青、甘一带的牧民，于公元13世纪中叶随蒙古军南迁入滇，忽必烈北归时居住在宁蒗、丽江一带，以后受纳西族土司管辖。普米族人民现分布于宁蒗、丽江、兰坪、永胜4县这一狭长地带，有自己的共同地域。他们虽与纳西、彝、白等民族交错杂处，但自己聚村而居，通过家族、婚姻等关系，仍保存本民族内部的联系，有共同的民族自称“普米”。

2. 云南普米族有自己的共同语言，属汉藏语系藏缅语族的藏语支，与藏语、羌语并列。宁蒗普米语与中甸藏语比较，在800个词汇中，只有6个词的语音词义全同，占0.8%；有99个词相近，占12%强；其余695个完全不同，约占87%。而在99个相近的词中，没有显著的对应规律。语法上也有独特现象：普米语的形态变化较多，特别是动词多用变换词头表示语法的变化；藏语则多用附加成分和助词来表示。这说明宁蒗县普米语和中甸县藏语不是方言差别，而是两种不同的语言。

3. 云南普米族有自己的共同经济生活。在较古时期，普米族以畜牧业为主，农业为副。近400年来，农业逐步发展，畜牧业退居次要地位。河谷平坝耕地固定，种水稻、薯、豆；高寒山区采轮歇耕作，多种苞谷、小麦、荞、青稞，耕作粗放，产量较低。

宁蒗、丽江、兰坪的普米族人民，自公元13世纪历元、明、清3朝以来，均受纳西族封建领主（土司）统治；普米族头人多担任伙头，管若干村寨，是纳西族土司的重要支柱。普米族农民多向纳西土司领种“份地”，受领主劳役、物租和苛派等剥削；少数农民则从普米族头人手中转租纳西族土司小块土地，受土司、二地主双重剥削。16世纪明代中叶后，丽江、兰坪等地区向地主经济转化，普米族头人多变成地主、富农；近代宁蒗亦向地主经济转化，地主、富农已出现，地主、富农均约占总户数6%。1951—1952年丽江、兰坪普米族完成了土地改革；1956年宁蒗普米族人民采取和平协商方式完成了土地改革；现在都已经完成了社会主义改造。

4. 云南普米族有自己共同的心理素质。他们确认自成一个共同体，与邻近任何民族都有区别。他们实行族内婚，通过婚姻来巩固民族内部的联系。宁蒗县部分普米族还保持着较浓厚的母权制度及母系氏族残余，例如同氏族不婚；宁蒗同一氏族内火葬的骨灰罐放在同一山洞中；在同一氏族内各家过年祭锅庄时，都要相互提到各家3代祖先的名字。

普米族有自己的巫教，兰坪县以“师西毕”（巫师）占主要势力，有祭房头的特殊宗教仪式；并有阴阳师洞经会等道教成分。宁蒗以奔布（即西藏的钵教）占主要势力，有祭“宗巴拉”的特殊宗教仪式，并信喇嘛教（黄教）及“达巴”。两县都定期祭山神、龙潭。

宁蒗普米男女儿童于13岁行穿裤穿裙礼，仪式前夕全村儿童都陪着穿裤穿裙的儿童睡觉，次日陪他到各家磕头。

解放以来，普米族人民表示：普米族与邻近任何民族都有区别，普遍要求承认自己是单一民族。

二、民族名称更改问题

解放前普米族是自称，“西番”是他称（汉族和白族对他们的称呼）。“西番”是汉文历史文献中，对川西、甘南、康藏、青海一带各部落部族的泛称。并非专指某一族的族称。明代诰令上有一次才勉强同意以这个泛称指居住在川滇的普米族，诰令也说不出理由来。“西番”的“番”字有侮辱、歧视的含义，不宜作为少数民族的正式名称。本民族人民也不愿意接受。

云南“西番”族普遍自称为“普尔米”[①]或“帕米”。拟建议根据“名从其主”的原则，改称为“普米”，但须经该族广大群众的酝酿、本民族代表的协商，做出决议，再经当地党委审核同意，专署专案向上级人民委员会报告，并经省委、中央民委最后核定批准公布。

民族识别综合调查小组[②]

① 在另一份文件草稿中，直接写为“普米”，并在该词之后写道：“我们完全同意 1960 年 3 月 30 日丽江专署（60）署民字第 035 号报告，确定‘西番’为单一民族，并正式更名为普米族。”丽江专署（60）署民字第 035 号报告，应即附件二。——编者

② 在另一份文件草稿中，落款为“省民委民族识别综合调查小组”，并署有日期“1960 年 11 月 1 日”字样。——编者

附件二：云南省丽江专员公署关于民族支系报请备案的报告[①]

报：省人委

发：两州及各县人委、各有关科（局）

我们于2月14日至17日召集了少数民族代表座谈，出席会议的除彝、藏、景颇等族以外，还包括各民族支系（的代表）共27人。座谈历时5天。西番族的名称，根据名从主人的原则，经到会西番族代表的同意，确定为“普米”（系自称，意译为白人），以后不再使用带有侮辱性的“西番”二字。关于彝族、纳西、白族等各民族的支系问题，也经代表提供材料，并提出意见，加以归并整理，列表附后报请备案。

1960年3月30日

抄送：地委办公室

丽江区各少数民族支系名称简表

族名	支系名称	自称	他称	分布地区	人口	合计
普米	西番	普米、批米	西番	丽江、宁蒗、维西、兰坪、中甸、永胜	15087	15087
傣族		傣	摆依	永胜、华坪	4085	4085
僮族		哺衣	仲家	永胜、华坪、宁蒗、丽江	1509	1509
苗族				永胜、华坪、丽江、中甸、宁蒗	3431	3431
怒族		怒苏、可怒	怒扒、兔莪	怒江州及维西县	13974	13974
独龙族		独龙	俅扒、由子	贡山、维西	3660	3660
藏族				迪庆州	65319	65319
景颇族	茶山	喇期	茶山	片马地区	2000	2000
	浪速	浪峨	浪宋	片马地区		
傈僳族	傈僳、山后、下江、代司、黎族	傈僳、俚扒	山后、下甲、下江、土家、黎族	以怒江州为主，分布全专各县	200793	200793

① 在私人收藏的手稿中，本篇文稿只含附件一，不含附件二。在收藏本件手稿20多年以后，我们终于查到了附件二的手稿。该件手稿盖有“云南民族调查组”戳记，并未标明为“附件二”，其标题为“丽江区各少数民族支系名称简表及专署关于民族支系报请备案的报告”，内容先为“简表”，后为“报告”。为与本篇文稿及其附件一保持一致，本次收录时将两篇手稿合二为一，将附件二标题则一分为二，并按照附件二“列表附后报请备案”的叙述，将“简表”置于“报告”之后。——编者

续表

族名	支系名称	自称	他称	分布地区	人口	合计
纳西族	纳西	纳西	么些	德、永、丽、维、中	140000	140000
	摩梭	纳海	摩梭	宁蒗		
	马里马沙	吕西、乌马西	马里马沙	维西		
彝族	诺苏	诺苏	彝人	宁、永、华、中、丽、兰	77958	99016
	他留	他留薄	他留	永胜、华坪	3013	
	他谷	他谷薄	他谷	永胜	1249	
	腊鲁	腊鲁、腊鲁扒	水田、水彝、保族	永胜、华坪	12811	
	莨莪	勒马薄	莨莪	永胜	1289	
	浪薄	浪薄	乡堂	永胜	1224	
	纳咱	纳咱薄	纳咱	永胜	505	
	禄德	禄德薄	六德	永胜	126	
	那苏	那苏	梓里支彝	永胜	255	
	堂郎	土酋	堂郎	丽江	586	
白族	白	白子	民家	丽、兰、泸水	59577	83369
	勒墨	白总	勒墨	碧江、泸水	5876	
	拉马	白子	拉马	维西、兰坪	17916	

关于佧佤族的族称问题和意见

云南民族研究所

1962年1月24日

关于佧佤族的族称问题和意见

佧佤族是一个历史悠久、社会经济发展缓慢的民族，其定居于滇西南，较傣、拉祜等族为早。现人口17万余。两大聚居区的自称不统一，解放12年来，一直沿用历史上遗留下来的带歧视性的旧称，本族人民很多不满，要求改变；特提供族称情况和意见，请审查确定一个方案，以便与本族人民代表协商决定，报请上级批准公布。

（一）

佧佤语属南亚语系孟高棉语族佤崩语支，佧佤族主要有两个大聚居区，有两个自称，大体与方言一致。

佧佤族第一个大聚居区，是临沧专区沧源县（60280人）、耿马县（13399人）、双江县（6004人）和澜沧县北部上允、下允一带（10300人），共约90000人，讲布饶方言，自称“巴饶克”（亦译作“布饶克”），或音变为“巴劳克”“巴敖克”，其古称亦名“瓦”，现代也有部分同时自称“西瓦”（如耿马城西北的大寨乡）或“拉瓦”（如耿马勐撒区翁达寨）。在我国境之外、沧源西南之缅境内，10余万佧佤族也自称布饶克，古称亦名“瓦”。讲这种方言、用这种自称的受汉、傣两族影响较深，社会经济较先进，早不猎人头。

第二大聚居区是思茅专区的西盟县（39969人）、孟连县（13544人）、澜沧县中部南部（10000人）、西双版纳（4488人），共68000人，讲阿佤方言，自称“阿佤”，或者变为“阿卧”“阿佤尔”“勒佤卧”“勒佤”。在我国境之外，西盟、孟连之西的缅甸境内，也有10余万佧佤族自称阿佤，其中有少数自称“卧”“乌”“望”。讲这种方言、用这种自称的，社会经济发展较慢，原始落后因素较浓，大部分解放前尚保存着猎人头祭谷的风俗。

此外为杂居区，在临沧专区的镇康县（14276人）、凤庆县（764人）、德宏州的昌宁县（1338人）、保山县（688人）、腾冲县（817人）、梁河县（251人），共18000人，讲佤方言，自称“佤”或“乌”，这部分人受汉族影响较深，近代基本上已进入地主、富农经济。

巴饶克（布饶克）、巴劳克、巴敖克，均是一个词汇，因过去各部落间语音差别而产生的；对此一词，本族人民从传说中得知其意，为“住在森林中的人”或“种旱谷的人”。

“佤”“卧”“乌”“望”也是同一词，本族人民不解为何意，据佧佤语工作者的研究，与木门的语音相同，可能是“木门”的意思。“阿”“勒”均为词头，尔为词尾，属附加成分，没有意义。

据此归纳起来，佧佤族只有两个自称，一为巴饶克（布饶克）、一为阿佤（或佤），两个自称的人数也大约相等（90000人与86000人）。因此，过去两个自称的人互不让步，长期不能解决统一族称问题。

在汉文历史文献上，对佧佤族的称谓，各时期不同，但可发现一些规律。《新唐书》与樊绰《蛮书》称为“望蛮”、“望外喻”和“望苴子”，“望”可能是“佤”字的异译，语音相近，“外喻”可能是佤族某一部落的名称，“苴”为彝语，意为兵、勇士、奴仆，“子”可能是汉人记载时附加成分，“苴子”包含歧视的意思。元代，佧佤族大概包括在“蒲人”“蒲蛮”内（孟高棉语族瓦崩语支的佧佤、崩龙、布朗3个民族中，佧佤称布饶、崩龙亦称布饶，3族均以布音为首，“布”与“蒲”近，这可能是蒲蛮称谓的来源），“黑僰濮”“僰濮”中也包括了佧佤族和部分傣族。明、清时代如《蛮司合志》《南诏野史》等书，对佧佤族则称“哈剌”“哈喇”“喇拉”“卡瓦”等（“哈剌”“哈喇”“喇拉”都是“卡瓦”语音的讹化），近代则更恶劣地在“卡瓦”两字上加上了“犭”旁；当地汉族、傣族，也有对他们称为“卡拉”或“腊家”（“拉家”），都是由“卡瓦”语音转化而来。据此，历史文献主要是称“瓦”，“卡”字是附加的。

（二）

“佧佤族”这个称谓不够妥当，最好能改称“佤族”。理由如下：

1. “佧”是傣语“奴仆”的意思，是傣族统治阶级所加的，具有歧视和侮辱性。

2. 我们所接触过的佧佤族，大部分人都不愿意称佧佤，他们认为佧字有侮辱的意思。有些佧佤族群众和干部，对“佧佤”的称谓很不高兴，甚至意见很大。

3. 远自唐朝记录，这一族体就被称为“望”，“望”与“佤”音近，可能是根据其自称的误译，而且现在自称“阿佤”和“佤”的约占国内佧佤族人口的一半，而“阿”只是个词头，系附加成分，不含什么意思。另一半人自称“布饶克”，但自称布饶克的人有些有时候也自称“佤”，其古称也名“瓦”。“布饶克”这个族称也不太妥当，因为它的意思是森林中的人或种旱谷的人，这也包含落后的意思。据民族调查组接触过自称布饶克的佧佤人，他们中间的大部分也愿意称“佤族”。

对称为“佤族”，也有反对意见。如班洪某些头人就是如此。他们反对的理由：（1）认为“阿佤”是猎人头的、野蛮的佧佤族，因而自己不愿称“佤”，而要称“佧佤”，以和他们区分开来。但是，他们不了解一个民族是不能按猎人头与不猎人头来分的，是不能仅按其经济、文化落后与较为进步来分的，任何一个民族在社会、经济、文化发展上都可能发生不平衡。班洪有些人不愿称“佤”，他们认为“佤”表示“落后”，实际上镇康、凤庆乃至德宏州自称佤的佧佤族比班洪佧佤族进步得多。（2）班洪佧佤族除自称布饶克外，也接受“佧拉”或“拉家”的称呼，因语音相近，他们也接受“佧佤”这一族称。他们不了解“拉”和“佧”是傣语的“脏”和“奴仆”之意，都具有歧视的意思。

所以，如果能很好向班洪某些头人解释，消除他们的上述两点误解，他们或有可能接受“佤”这个称谓的。同时也要说明，班洪佧佤族人口仅占国内佧佤族总人口的7%左右，而坚持反对称为佤族的又仅是其中的几个头人，所以必须说服，也是可能说服的。反之，如改称巴饶克或布饶克，则须说服8万多的人，显然困难得多。

据此，我们建议：将“佧佤族”名称上的“佧”字去掉，称为佤族。

西双版纳的攸乐人

云南少数民族社会历史研究所

1961年9月10日

西双版纳的攸乐人

一、概言

攸乐山是西双版纳傣族自治州景洪县的一个生产文化站（区），东接勐仑，西临勐养，南界橄榄坝，北至勐旺，是为傣族居住的坝区环绕的山区。全区共约4.125平方公里。

区内气候温和，四季无霜，平均温度在18℃—20℃之间。雨量比较充沛，5—9月为雨季。境内主要河流是小黑江与帕尼河；在河谷及平缓的山梁上多系红壤土质，也有部分温润肥沃的油沙土，在山顶和山坡上多是砾质土或黄壤土。主要粮食作物是旱谷、苞谷，还盛产棉、茶等经济作物。区内有大片的原始森林，其中有许多珍禽异兽，如名贵的蜂猴和双角犀鸟就产在这里。矿藏丰富，很久以前就有人在此开采过铜矿。

在这个富饶的山区里居住的主要是攸乐人，共有6035人，占全区总人口的9%。此外尚有汉族240人、“本人”361人、布朗（自称“闲格”）25人、傣族15人、哈尼（自称“碧约”和“僾尼”）7人、彝族（自称“乡谈”）5人、三达人2人。

攸乐人自称“基诺”，攸乐之称可能是来自音译汉字。攸乐语属汉藏语系藏缅语族的彝语支。

攸乐人很久以来就住在这里，用辛勤的劳动开发着这片河山。攸乐山是知名的“普洱茶”的六大茶山之一，早在清初就有了比较详细的记载。道光《云南通志》就曾称赞这里的人民“种茶好猎”“男勤耕作，妇女任力”。

解放前，在云南军阀、国民党反动政府和傣族领主的重重压迫下，攸乐人的生产水平仍然相当原始，生活极为贫困。缺粮现象严重，每年都有许多劳动力到坝区帮工度日。1942—1943年的“攸乐事件”，就是攸乐山人民联合起来反抗云南军阀、国民党反动政府的武装斗争。这次斗争历时1年多，给云南军阀、国民党反动政府以狠狠的打击。

西双版纳解放后，1954年民族工作队来到攸乐山，经过“做好事、交朋友”“团结生产”等一系列的艰苦工作，团结了上层，发动了群众。党委根据这里的社会经济情况，把攸乐山划为直接向社会主义过渡地区，并建立了生产文化站。1955年，在群众原有互助习惯的基础上组织了“换工组”，1956年组织了评工记分的互助组，1957年底成立了第一个初级合作社。1958年9月以后，以5个乡为基础，在全区成立了5个高级社，旋于10月以全山为单位成立了人民公社。1959年调整生产关系，恢复原来的5个乡，在乡之下以村寨为基础建立了规模较小的合作社。目前，攸乐山人民正在党的领导下，在社会主义大道上稳步前进。

二、关于攸乐人的来源和发展的传说

攸乐人和彝语支各族一样，也有“洪水的故事”和“兄妹成婚”的传说。据说古时有一对同胞兄妹（有说是夫妻），男的叫麻黑，女的叫麻妞，在洪水漫天时他们带着一只鸡藏在鼓里（一说藏在挖空的树里），随波逐流。当鸡叫时水已退去，他们就用随带的小刀割破鼓皮，在地上住下来，并在经过种种曲折之后兄妹成了婚。其时天神也在问道于牛、毒蜂和蜜蜂之后找到这两个人种，并交给他们葫芦籽和旱谷种，让他们在地上繁衍生命。天神给的10颗葫芦籽只长出1蓬，结出的100个葫芦中只长大了1个；但这个葫芦不寻常，长得房子一般大，里面还有人在说话。剖开一看，出来了4种人，据说首先出来的是攸乐人，依次再出来的是汉、傣和哈尼（有说出来5种人，最后是布朗族），之后他们便各自寻找到了乐土。

攸乐人对孔明敬若神明（据说在区内海拔2600多公尺的孔明山下还有孔明庙），盛传孔明的故事，甚至认为攸乐人的来源也由孔明所引起。传说攸乐人是跟从孔明南征而来，孔明北归时，因为贪睡未起而被“丢落”；虽然他们醒来之后曾费力找到孔明，但已不能再被收留。没办法，他们只好向孔明求教生路，于是孔明赐给他们茶籽，并说好好种茶就会有饭吃，孔明还摘下了自己的帽子，示意攸乐人按帽子的式样搭屋而居（攸乐人的竹楼有点像戏剧中的孔明帽），因此不少攸乐人说自己是孔明北归时“丢落”的人。攸乐人以茶为生当然不会始于蜀汉，但从这个故事却可看出他们与汉族友好的历史交往的史影。

从传说中得知，攸乐人并非攸乐山的土著居民，在定居在攸乐山之前，他们曾经历过多次迁徙。有的说来自北方（攸乐人送魂也指向北方），曾经过昆明，在峨山县的墨切竜还住过数十年。有的说迁徙时曾经过西部的勐遮。在迁徙过程中，攸乐人曾与傣族发生过密切的交往和斗争，至今还流传着“地换田”“马鹿换马”的故事。据说攸乐人曾在坝区种水田，因谷子长不好和人畜多病，便同意傣族的意见，调换了山地。又说傣族过去只有马鹿为骑，攸乐人有马骑，有一次傣族骑着马鹿跑来说：马鹿跑得快，而且角多便于挂东西，于是攸乐人也同意用马换了马鹿，结果马没有了，傣族驯养的鹿也跑了。攸乐人传说中也有自己的文字，是写在牛皮上，因一次迁徙中过河被水打湿，在烤牛皮时被烧了，于是攸乐人也失掉了文字。

来到攸乐山后，攸乐人首先居住在一个被称为“姐祖”的山梁上，并在逐渐发展中形成可以通婚的两个姓。至今攸乐人还称这块地方为“特巴特千”，意即这是攸乐人所有的地方。从此以后，攸乐人来源和发展的传说便从天上回到地下。

据说过了许久，攸乐人慢慢发展起来，盖了高大的房子，骑马到坝区赶街，结果为傣族土司所不容，派兵来打仗。攸乐人敌不过，便由“姐祖”分居到山区的4个寨子。第一姓迁到祠通和曼夺，以后其子孙繁衍，形成今天曼更、曼海上中下3寨、曼桂、回真、回鲁、大曼山、小曼山、帕尼、俄庄、糯曼秀、生牛等13个子女寨，祠通是这些寨子的“寨父”，曼夺是“寨母”；第二姓首先迁到曼漂和曼坡，之后繁衍的子孙寨是竜帕、曼卡、磨洋、炸共、炸吕、石嘴、曼奎、曼别、钱麻等9寨，曼漂是这些寨的“寨父”，曼坡是“寨母”。按习惯，儿女寨每年要先到父寨（或母寨）去做完大竜（隆重的祭祀），然后才回各寨祭祖。父寨和母寨的“寨父”“寨母”，每3年要游巡子女寨1次，子女寨必须敬备猪、鸡招待，远出迎接。这反映了攸乐人村寨间的血缘关系。可能最先居住在“姐祖”的是一个民族，之后在发展中形成两对被称为“父寨”“母寨”的婚姻集团，最终发展为今天以姓为单位组成的可以通婚的各子女寨。

三、解放前社会经济的一般状况

农业是攸乐人的基本生产部门。他们的农业生产方法是比较原始的，生产工具有砍刀、钐刀、剁铲、镰刀、锄头，基本上是用刀耕火种的办法进行生产，耕地不固定的现象普遍存在。生产季节的安排大体是：七、八、九月砍山钐地，有的甚至一直砍到腊月间。几个月后树枝晒干了，二三月便烧山积肥，四月便开始播种旱谷和苞谷。播种一般用二指宽的剁铲或巴掌大的锄头戳个洞，便随即播种。有些挖过的为数不多的土地亦有播种的。苗棵长出后，至少要薅两次草，不然庄稼将被草“吃掉”而得不到收成。这种土地一般使用一二年即丢荒，一般丢13年后再来砍山耕种。在几十年前，攸乐人砍山、薅草等繁重劳动都是以姓为单位集体进行的。攸乐人有黄牛和水牛，然多用于祭鬼，很少用来耕种，其所以如此，除其他原因外，可能由于大多数土地是年年新垦的山地而不便于牛耕。在少数使用期较久的河谷地，在百余年前就曾使用牛耕。在这种生产条件下，一个一般劳动力在中常年景，每年大约可种50斤种的旱谷地和10斤种的棉花地，可收1250斤旱谷和200斤籽棉，收成各为籽种的25倍和20倍。

攸乐人的土地所有制，呈现出比较复杂的现象。作为全山的土地所有权，属于傣族的大领主，攸乐人每年要向领主缴纳贡赋。但对于每个村寨来说，又有如下几种情形：

一是残存的村社土地共有制。攸乐人的每个村寨都像一个“独立王国”，各有自己严格的土地界限，用竹、木或石制的枪刀形状的标志作为界碑，并有相当宽阔的森林相隔，其他寨子的人不得在此耕种或砍柴。所以对外寨而言，这个界限就是村社共有的外壳。解放前，属于村社共有的是森林和村寨附近的“养寨树”，以及部分村寨的公共墓地。

二是残存的以姓氏为单位的民族土地共有制。村寨各姓间也有自己的土地界限。解放前氏族长还掌握少量被称为“阿坐肖”的土地，这部分土地属氏族共有，用来调剂本氏族无地或少地的人户。但解放前这部分土地已开始成为头人用以剥削氏族内贫困成员的手段。此外，有的村寨还有以氏族为单位的公共墓地。

三是以个体家庭为单位的土地私人占有制。攸乐人称之为“可德可多”，即四四方方的土地之意。这是基本的土地占有制。据说土地由氏族分到个体家庭，还是近一百年的事。各户取得土地的长期使用权，曾向氏族长交纳过少量银两或鸡、猪之类的东西。可见攸乐人在土地所有制上有部分氏族的、村社的所有制残余，但基本上是在傣族领主土地上的私人土地占有制。

解放前，土地占有不平衡已经出现，以曼亚寨为例，贫苦农民占地一般每人平均约10斤种（250斤的产量），而个别富裕户每人即达60斤种（1500斤产量），比贫苦农民户高出6倍。土地租佃和买卖的现象也已出现。总的说来，攸乐人的土地是相当充裕的，辽阔的山区为攸乐人提供了充分的刀耕火种和轮番丢荒的自然条件，但因为历史和自然原因，各村寨间土地占有是不平衡的，因而有的村寨还要以姓为单位向外寨租种土地。如果具体到某个村寨，各姓间占有土地也不平衡，所以租种土地仅限于占地较少的氏族。这种土地占有的不平衡最终是归结到某氏族的贫困成员，多数土地都是这些贫困成员租种。土地租率一般较低，20年前租种土地，无论面积大小只出5角钱，之后逐渐增加，占了收获量的20%。有些贫困户可以向亲友或同氏族的成员借种土地，经过协商后交1只鸡或1只小猪作酬谢。土地买卖在村寨间、村寨内部、各氏族间均已出现。

借贷和类似家奴式的“雇工”也已发生。高利贷主要是富裕头人，利息一般为50%。因借贷无法偿还或失去生产手段的氏族成员便沦为“雇工”，他们整天为主人从事田间或家务劳动，结果只能混得半碗饭吃，偶有不慎还会遭到主人打骂。但是他们还有另立门户的机会。“雇工”中有部分原系孤儿寡女的人，地位则形同家奴，主人有买卖乃至生杀予夺之权。雇工的数量各村寨数量不一，最多的寨子有19个。

攸乐人的手工业和农业没有分离。普遍存在的家庭手工业是妇女进行的以手捻棉和腰机织布的纺织业。每寨一般都有自己的铁匠，可以打制和修补需要的生产工具，有的甚至可以打制火枪。有的铁匠还会打制首饰、胸饰、手镯、烟盒等银饰，铁和铜都来自内地。这些工匠一般都是在农闲时间工作。

攸乐人没有专门从事商业活动的商人。所种茶、棉，多由汉族商人来山区收购，一般用攸乐人缺乏的盐、铁、针、线之类交换。

四、政治制度、家庭婚姻与宗教、节日

在政治制度方面，也呈现出复杂的情况。清代雍正年间，清政府曾因“攸乐地方以高瞰下，最为扼要”，在攸乐山设攸乐同知1员，并设游击1员带兵500名，作为“经营思茅六茶山地方事务”的据点（至今在祠通还有旧城遗址），同时还设过“攸乐土目”，但

不久即裁撤。清末攸乐同知及驻军撤除以后，攸乐山又完全受辖于傣族领主。此外，在攸乐山东南部地区还设过布朗族土目。在这以前或以后的政治沿革，历史记录不详；至解放前，这里既有傣族委任的“叭”“鲊”“先”，也有自柯树勋以后委任的保、甲长，但他们基本上又多是攸乐人的氏族或家族头人。虽然有些攸乐头人身兼老叭和保长，但并没有因而使其原有的政治职能（头人）消失。

攸乐人的社会组织是以一村成一单位，还没有形成全山的统一组织和头人。每个村寨的政治头人又是通过血缘和宗教的环节与本村寨的氏族成员联系起来。每个村寨有“着巴[①]”（老火头）、“着生[②]”（老菩萨）各一名，攸乐人视“着巴”为寨父、“着生”为寨母，他们是由各村寨中固定的两个姓的最老的男性成员充任。两姓可以通婚。又有“二火头”“二菩萨”，他们年龄仅次于老火头、老菩萨，可在老火头、老菩萨死后递补。在攸乐人的观念中，他们有着相当重要的地位，甚至以为没有寨父、寨母一个村寨就过不下去，所以有的村寨就因寨父、寨母姓氏绝嗣无人继承而迁徙、并寨。寨父、寨母管理村中的各种事务，从排解纠纷到安排生产（经他们占卜并做出播种仪式时村内人才能播种），从祭祀祖先到驱鬼医病（他们多懂得一点草医），甚至过年和娱乐的日子也由他们选择。每到过年的前夜，藏在老火头家里的全村仅有的大牛皮鼓便敲起来，这时村内男女便习惯地到火头家歌舞庆祝过节。

每个村寨有两种会议，一为“达来”，即头人和每姓老年人的会议，会上讨论多种纠纷的处理和赋税的问题；一为“曼则”，是扩及各户家长参加的会议，在这个会议上决定寨与寨间纠纷的处理和分派各家负担。傣族土司和国民党政府，就是利用这些组织形式和上层头人，对攸乐人索取苛派。

攸乐人的家庭是一夫一妻制小家庭。父权制早已确立。和彝族一样，攸乐人也有以父系论算的父子连名制。每个个体家庭有一个“着勒”（男性家长），主持家务和参加寨内的政治活动。有的村寨还有全姓氏族合居的家族公社的“大长房”，每个小家庭各占这个大房子的一格，自有一个火塘。有多至20余户小家庭合居一屋的。

在婚姻方面，攸乐人还存有一些群婚残余。除了同姓之外，婚前男女性生活是自由的，私生子要跟母亲到夫家，在社会上不受歧视。和有些彝族地区一样，男女青年在16岁以后要参加一个叫“饶考”的组织，并集中到公房过夜，但在结婚以后，妇女就得严守贞操，且不得和丈夫离异。攸乐人的婚姻一般限于同村寨男女间，互相了解、恋爱之后便可请头人携酒到女方父母家说合，父母一般没有异议。男方在婚前要送些衣物、首饰之类给女方作聘礼，并在娶亲那天给女方舅父2元半开的接人费，给女方母亲1元半开的保姆费，女方也带1套农具和牛、猪之类到夫家。

攸乐人的宗教基本停留在万物有灵的阶段，而祖先崇拜也具有重要地位。随着前半山和后半山的划分，也产生了前半山及后半山各自的超出诸神的大神。在攸乐人的生产和

① 着巴，本文又作“卓巴”。——编者
② 着生，本文又作“卓生”。——编者

生活中，无处不与鬼发生关系，特别是遇到灾荒和疾病，更必须杀牲祭鬼。和哈尼等族一样，攸乐人最大的宗教节日是做大竜，这时要在村边扎起“竜巴”，人们不得出入村寨，要停止田间劳动3天至5天，并要杀牛祭祀。在宗教活动中，祭什么鬼要杀什么牲口，都由“着巴”“着生”决定，有牛、猪、鸡、狗之类。“寨父”“寨母”是村内最大的宗教头人，颇似古代彝族的“鬼主”，他们都可进行剽牛重祭，小头人也都能念咒驱鬼、看卦问卜（以中指和拇指拈米看数量以决吉凶），但没有单独进行剽牛仪式的资格。祭鬼时，他们身着白色的系有珠铃的袍、帽，以牛皮鼓为法器。

攸乐人丧葬是一种极大的耗费。人死时，家内有牛杀牛、有猪杀猪，用以宴请亲戚和全寨的人。死者一般都用挖空的树干装殓，当天或第二天埋葬。人们认为人死了灵魂还生活在另外一个世界，所以葬地要为死者搭一扎有篱栅的茅屋，并将死者生前的各种用具随葬。在死人死后1年之内，家人每日要祭奠3次，并献上最好的食物。

攸乐人的节日与宗教节日和生产季节是关联的。每年一度的祭大竜是最隆重的节日，要比播种、收获都要重视。已经有过年的习惯，但元旦在阴历腊月哪一天并不统一。

五、关于攸乐人族别的几个问题

首先从比较中谈谈攸乐人与周围诸族的关系。

攸乐男人头上留有3撮毛。这是攸乐人特有的一种风俗。道光《云南通志》和光绪《普洱府志》均说：“三撮毛，即倮黑派……男穿麻布短衣褂，女穿麻布短衣桶裙，男以红黑藤篾缠腰及手足。发留中左右三撮，以武侯曾至其地，中为武侯留，左为阿爹留，右为阿嫫留。又有谓左为爹嫫留，右为奔命留者。”这些记录与解放前的攸乐人的风俗也是基本相符的。100多年前的记载把攸乐视为“倮黑派”（拉祜族）不是毫无根据的，据方志记录和目前民族分布看，在攸乐山附近确有被称为“苦聪”的拉祜族居住。又据记录的200个攸乐词汇与拉祜粗疏比较，也有82个完全相通。可见攸乐与拉祜族的关系是密切的。

攸乐与哈尼族的关系也很密切，如祭竜仪式和父子连名制都基本相同。在攸乐山内和周围地区，也有哈尼族（自称“僾尼”）居住。在收集的200个攸乐词汇中，与哈尼语有85个词汇完全相通。

攸乐山内及其周围地区也有自称“乡谈”的彝族居住，与攸乐人关系也很好。攸乐人的习惯，如麻布褂子和阔大的裤子，如头帕和挂包上绣饰花纹，如男子左耳戴环，如父子连名，如械斗时用鸡毛、火炭通信的办法等，都与四川或云南的彝族相同。在平时收集的200个攸乐词汇中也有38个与彝族完全相通。

攸乐人处在傣族区的环绕中，联系比较密切，也接受了某些傣族文化。如攸乐人的干栏建筑，妇女的桶裙虽具特色，却可能是从傣族那里学来的。攸乐语中也借用了部分傣语词汇。

攸乐区内的布朗族（自称“困格”）与攸乐人的关系也不错。攸乐人“洪水故事”中还提到“困格人”。

攸乐人与山内及周围的“本人”关系至密。他们和北部勐旺的“本人”语言相通，服饰相同，山内的“本人”与攸乐也互通婚姻，互相融合的现象也不少。有许多攸乐人甚至认为勐旺的“本人”与攸乐没有区别。“本人”分布较广，除攸乐山外，北部勐旺、东南部的倚邦和易武都有，但族属亦未确定。攸乐山西边三达山上的“三达人”，也与攸乐之于“本人”一样，关系密切，但族属亦未定（三者族别问题有必要统一研究）。

最后谈一下攸乐人干部和群众对族别的看法及问题。

干部中都希望解决自己的族属问题，但有几种不同意见。有一部分只知自己是“攸乐”，不知属于何族，所以对分合问题的态度比较客观，以为只要有根据和哪一个民族合都可以。如区委白腊约同志，因在昆明民族学院学习时与彝族通了话等原因，认为如果还有更多的材料证明与彝族是同族，合并到彝族也可以；有的干部则坚持“攸乐人”应为单一民族，这种意见以区委书记何贵（攸乐人，自动到傣区帮工，并在解放前参加游击战争，解放后为区书）为代表，他的意见是：“从民族发展前途看可以认为是单一民族，理由是：（1）有共同居住的攸乐山区；（2）有共同语言；（3）从经济上形成攸乐山的自然经济；（4）有共同的风俗习惯与生活。”有部分干部则至诚持重地说：“阿爹阿嫫没说过，不好发表意见。”态度比较暧昧。这3种意见也一定程度地代表了群众对此问题的看法。

县委和地委都认为这个问题是复杂的，要很好解决识别问题，还需深入进行调查和比较研究，同时还需要在干部和群众中进行许多工作。

在不同历史与自然条件的长期发展中，攸乐人虽仍保留了彝语支各族的共同点和某些原始残余，但同时也产生了某些异于同语支各族的特点，因而，攸乐人的族属分合问题是处在两可之间的。解放后，地方党委对攸乐人一直是作为单一民族对待（但未明文规定），而且不少攸乐人干部也倾向于自成单一民族，所以成为单一民族的问题在攸乐人中不会有什么意见。如果从今后发展着想，合（归系）对攸乐人来说是有利的。如果将来要归系，根据其语言及风俗习惯的比较来看，攸乐人以合归于哈尼族为较为适当，其次是拉祜族和彝族。我们认为，攸乐人族别的解决应当慎重，而且应当和“本人”“三达人”的族别一起研究，根据历史和实际情况，从有利于攸乐人的发展出发，考虑干部和群众意见，加以解决。

云南少数民族社会历史研究所
1961年9月10日

基诺人的民族识别报告
云南省历史研究所编《研究集刊》
1979年第3期

基诺人的民族识别报告

基诺人共有1万余人，聚居于云南西双版纳傣族自治州景洪县的基诺洛克公社。基诺洛克公社是气候温和、物产丰富的亚热带山区，基诺话称之为基诺洛克，汉语旧译称为攸乐山。基诺人民勤劳勇敢、热爱祖国，与当地其他各族人民共同开发了祖国西南边疆富饶的基诺山区；他们为了反抗国民党的反动统治，曾进行过可歌可泣的英勇斗争。解放后，基诺人民在中国共产党的领导下，越过了几个历史时代，由原始社会末期向阶级社会过渡的农村公社阶段飞跃到社会主义，社会面貌发生了翻天覆地的变化。

1977年11月18日至12月4日，我们对基诺人的社会历史和语言进行了调查研究，现就其民族识别问题报告如下。

一、自称、他称和历史传说

基诺人的自称只有一个，就是“基诺”，汉族称基诺人为“攸乐”，清代历史记载中已有攸乐的字样，但都是基诺一名的不准确的音译，并无诬蔑之意。傣族称基诺人为“卡诺”，卡是野蛮之意，是傣族封建领主对基诺人的一种诬称，但“诺”字也是对“基诺”一名的不完全的译音。

基诺人无文字，没有成文的历史。汉文中也没有基诺历史的可靠记载。因此，传说故事便成为了解基诺人历史的重要线索。

有与云南许多民族大同小异的“洪水泛滥和兄妹成婚”的原始传说，也有颇具特色的基诺、汉、傣、布朗出于一个大葫芦的神话。这说明，基诺人同其他民族一样，曾经过原始群婚的时期，他们自古就是祖国多民族大家庭的一个成员。根据传说和巫师的送魂路线，基诺人是由云南北部南迁到基诺洛克的。

孔明的传说故事在基诺人中广泛流传，人们种的茶树、棉花，甚至住的房子，都被说成是与“孔明老爹”有关，有的老人甚至说基诺人是跟随孔明南征被丢落的人。这些说法并非历史真实，但它说明，基诺人早在古代就与汉族人民有着友好往来。从基诺人的传说中了解，基诺人与傣族交往的历史也相当早。

基诺公社石嘴大队的“解卓”山，是基诺人历史传说中的一个新的起点，自此以后，神话般的传说故事便由天上回到地面。基诺人都知道，解卓山是祖先们最先居住的地方。据说，古时候，解卓山有一个“寡妇”生了7女7男，之后他们人口繁衍，发展为可以互相通婚的两个姓。后来由于民族间的斗争，他们便到基诺洛克另择新居，第一个姓首先迁到茨通（被人们称为“父寨”）、曼夺（被称为“母寨”），他们又逐渐繁衍出曼雅、窝庄、曼海等13个寨子，这就是攸乐山的前半山。第二姓首先迁到曼坡（“父寨”）和曼飘（“母寨”），他们又分衍出龙帕、曼卡等9寨，这就是攸乐山的后半山。这个传说也有神话的成分，但它却用血缘的纽带把今日的基诺人的具体村寨联系了起来，至今解卓山上的土地仍被认为是基诺人共有的地方，被称为“特巴特缺”。从女性始祖和土地共有的传说看来，基诺人自北方迁居到解卓时，还处在原始社会。

二、语言

基诺话是汉藏语系藏缅语族的一种语言。据初步了解，基诺话语言内部一致，没有方言分歧，各村寨乡语虽有土语色彩，但并不影响语言的交际，都能互相通话。

基诺话的语法构造同藏缅语族基本一致，语音、词汇上同彝语支、缅语支都有明显的对应关系，语音结构接近彝语支，但在语音、词汇、语法上也有自己不少的特点。在词汇上就曼雅基诺话与景洪哈尼（僾尼）话1000个词的比较中有90%左右不相同。在语法上与凉山彝语、丽江纳西语、怒江傈僳语、澜沧拉祜语也有差别。怎样认识基诺话的这些特点，怎样划分基诺话的语支等问题，都有待今后在藏缅语族各语支的语言比较研究中去解决。它的特点是：

1. 以单元音为主；有复音母pr、p'r、mr、kr、k'r；在汉语、傣语借词的韵母中有韵尾。

2. 词汇以单音节词双音节词为主，汉语、傣语借词在词汇中占有一定的比例，有些借词已渗透到词汇中去，具有了构造新词的能力。

3. 词序基本上是主语—宾语—谓语，被修饰语在修饰语之前，如汉语“我吃饭”“白马”“一本书”在基诺话中应说成“我饭吃”“马白”“书一本”。

也有与之相反的词序格式，即主语—谓语—宾语和被修饰语在修饰语之后的，如汉语“我认识他”“一个人”在基诺话中也是说成“我认识他”“一个人”，与汉语的词序相同。

此外，还有些代词和名词用声调的变换表示语法上格的变化，比如“我”这个词在句中作主语时用降调，作宾语时用升调。“我打了一下”和“打了我一下”这两句话，前一句的“我”是主格，用“ηɔ˧˩”；后一句的“我”是宾格，用“ηɔ˧˥”。同一个词因在句子中的作用不同，词的形式也就不同，一个是“ηɔ˧˩”，一个是“ηɔ˧˥”。

三、社会经济

解放前基诺人以农业为主，生产上处在“刀耕火种”的落后阶段。土地不固定，每年用一半多的时间砍树刈草，将晒干的草木烧掉后便在草木灰烬上点种旱谷，一般耕种一至二年就要抛荒。有不少水牛和黄牛，但除少数村寨外，都不用牛耕。生产工具主要是一把随身佩带的砍刀，和手掌般大的小手锄，以及宽约二指播种用的小剁铲。

由于生产力低下和国民党反动派的压迫剥削，基诺人一般只有半年的口粮。因此，他们经常采集和食用的野菜达二三十种、野果达一二十种，人们日常佐餐的汤、菜，基本上是田间劳动中顺便采集的野菜。男子一般都随身携带着火枪和箭头带有剧毒的弓弩，猎取从松鼠到野牛之类的动物；妇女在劳动间歇时也常捕捉螃蟹和竹鼠之类的小动物。这应是基诺历史上经历过原始采集和渔猎生活的一种反映。

作为普洱茶的六大茶山之一，基诺山的采茶业曾在清代繁盛过一个时期，当时曾在基诺山设过茶厂。基诺人种茶树采茶的历史也相当悠久，直至不久前个别富裕的人家还藏有清代的上百两纹银，但在国民党统治时代，大部分茶园已经荒芜，茶叶只有靠附近的汉商来采购，以物易物或支付云南地方的半开银币。基诺人内部或与傣族等的商品交换，基本上是以物易物。基诺人内部没有产生专业商人，没有出现与农业完全分离的手工业者。

基诺山区是傣族最高领主召片领的辖区，对这一片世袭领地，傣族土司每年要派官员收取贡赋。尽管召片领名义上是基诺山区土地的最高所有者，但它只作为一种外在的超经济的政治权出现，并不干预基诺人对山区土地的占有和使用。作为基诺人内部的土地占有制形式，大致有如下3种：一是以村寨为单位的村社土地占有制；二是以姓氏为单位的氏族占有制；三是以个体家庭为单位的私人占有制。这3种土地占有制形式，各村寨都不同程度存在，但在多数村寨占优势的仍是以姓为单位的公有制。原始的土地租佃、买卖已经出现，雇工和高利贷也已发生，贫富分化的结果已产生了个别剥削者。在公有制村寨中，如龙帕寨每年砍树烧山时，则要以姓氏为单位重新分配土地，盛行伙耕伙种，收获时按劳动力平均分配。曼坡寨等则实行着以村社公有制定期分配耕地的制度。据说，土地私人占有和租佃、买卖，是近六七十年来发生的，过去整个基诺人地区都实行土地公有，伙耕伙种，平均分配。基诺人仍有一些平均主义的习惯，哪怕是打到一只小麂子，也要按传统习惯在全村平分。在生产力低下和生活贫困的条件下产生的原始平均主义，也给基诺人带来一些阶级社会见不到的好风尚，比如每人以得到有限的平均一份而满足，大家都靠自己的劳动所得而生活。一个很具体的事例是，基诺人房子旁边都有一个传统的竹木结构的小茅房——私人粮仓，尽管解放前人们常缺粮半年，但他们却不会为这唾手可得的粮仓的失盗而担心。（至今仍然如此）

四、社会组织与生活习俗

在基诺人的社会政治组织中，建立在父系家长制基础上的村社长老制占有重要地位。基诺人村寨是一个独立的自给自足的小天地，有着明确的边界，其他村寨的人不得越界耕作和渔猎。每个村社有一个“卓巴”（一寨之父）和一个“卓生”（寨母），他们是建寨最早的两个外婚氏族中的男性长者，其唯一的条件是年长，即使此人平庸无能，甚至是个瞎子也不得推辞，一旦他们去世，其位置即由同氏族中的男性长者继任。其职责与原始宗教密不可分，如下种前经他杀牲祭献鬼神，先由他撒几颗种子全村才能播种，等等。过年的日子也由他们测定，一旦其家中独有的大鼓和铓锣敲起，便宣告了新年的开始，届时全村老幼都要到长老家和着节奏起舞。在村社长老杀牲祭鬼等活动中，也有一定经济收益，但他们并无特权，在村社中享有崇高的威信。人们认为村社两位长老是村社的象征，没有他们就人畜不宁，有的村寨还因为“卓巴”或“卓生”氏族中找不到男性长者而迁徙。傣族封建土司曾在基诺人中委任老叭、老鲊、老先，民国以来国民党也委任过保长、甲长，其职责是为土司和反动政府收取贡赋和捐税，其性质与基诺人的村社长老制有根本区别。但是，也有不少村社长老被委任为老叭、老鲊和保、甲长。

基诺人男子穿的是无领对襟白上衣，妇女穿的下装是红布镶边的黑色合缝短裙。解放前有些村寨男子的头上留发3撮。基诺人居住的竹楼形式大致有两种：一种是一个火塘的竹楼，住在这里的是一个父系小家庭的成员，五六人至十余人不等。但1943年国民党大肆烧杀破坏前，这一种竹楼也相当可观，因为祖父、父亲在世就不分家，所以一个竹楼就往往居住着五六十个人，一个大家庭一个火塘吃饭，集体劳动。另一种是龙帕式的竹楼，这种村社的竹楼可以容纳一个氏族的数代人，长形的竹楼中间排列着各个小家庭的火塘，火塘两边是各小家庭的住室。30年前龙帕寨的一个竹楼曾住过27户137人。这种长形竹楼的建筑早就引起中外社会科学界的注意，近年来，曾有欧、美、亚洲7个国家的外宾指名来到龙帕寨参观。

基诺人的婚姻基本上是一夫一妻制，已有父母包办的现象，但仍存在着对偶婚的某些特点。同姓不婚。谈恋爱期间性生活比较自由，未正式结婚所生的子女不受歧视。

独木棺葬。人死后全村男子出动将大树砍倒，取其一段，从中划开，挖空中间，即成棺材。棺木深埋1米多，不留墓堆。殉葬品甚多，一般都有死者生前全套的生产用品，整个过程有许多烦琐的仪式。墓表要搭一小竹房，内置竹桌，死者家属一般每天要到墓地竹房桌子上献饭3次。大多数村寨有献饭1年的习惯，有些人家还要守墓数月，以表示对死者的怀念。但一两年后即不再对死者表示敬畏，甚至为了后死者安葬的需要，另一家人不仅可拆除原有的竹房，而且可将下面埋着的死者的棺木尸骨挖出，其原因是：每个村社的公共墓地面积狭小但又不得扩大。据说，扩大了“鬼”的世界对活人不吉利。这一墓葬制度所反映的“鬼”的世界，正是生者社会的一种影子。

疾病时多请巫师杀牲祭鬼，但有些巫师也懂些草医术，巫术与草药并用。基诺人的少数草药医生有独到医术，有人曾医好折断和破碎的肢骨。

五、结语

从历史传说、语言、社会经济和文化习俗等特点看来，基诺人当是古代自云南北部南迁的藏缅语族的一个原始部落。尽管他们长期受到傣族和汉族等的影响，特别是近几十年来开始出现了阶级分化，但总的说，尚未发展到定型的阶级社会。其社会形态尚处在原始社会末期向阶级社会过渡的农村公社阶段。

基诺人有自己的共同语言、共同居住地域，在经济和文化习俗上有一定特点，也有自己的共同心理状态。在公社党委组织的包括各行各业的座谈会上，不少同志说："基诺人与别的民族不一样，不是哪个民族的支系。"老人们说："从分天分地分界线时基诺人就同其他民族不一样，应当是一个民族。"

根据党的民族政策和马克思主义的民族问题理论，基诺人同我国其他人口较少的民族一样，具有了构成一个民族的条件。

（调查参加者有：由中国社会科学院和四川、云南等有关单位组成的《凉山彝族奴隶社会》编写组的吴德让、尚理、李绍明、孙印才、易谋远、周自强、王景阳、赵树勋、冯元蔚、张光显、伍精忠、曲比石美、徐铭、王家佑、张良春、林春、杜玉亭；云南历史研究所的刘家志、王军、周裕栋；云南民族学院的盖兴之、方炳翰；景洪县委的李志纯；基诺洛克公社的策白、张春、晓七。

报告的执笔者：杜玉亭。语言部分为盖兴之所写。

报告初稿曾经公社党委书记白腊约同志主持在公社党委讨论。）

基诺人识别调查组

1977年12月3日